2024年（第十届）全国大学生统计建模大赛获奖论文选

「大数据与人工智能时代的统计研究」

全国大学生统计建模大赛组织委员会
国家统计局统计教育培训中心 编

中国统计出版社
China Statistics Press

图书在版编目(CIP)数据

大数据与人工智能时代的统计研究 ：2024 年(第十届)全国大学生统计建模大赛获奖论文选 / 全国大学生统计建模大赛组织委员会，国家统计局统计教育培训中心编. —— 北京 ：中国统计出版社，2024. 12. —— ISBN 978－7－5230－0667－2

Ⅰ. C815－53

中国国家版本馆 CIP 数据核字第 20248W8V26 号

大数据与人工智能时代的统计研究——

2024 年(第十届)全国大学生统计建模大赛获奖论文选

编　委　会/全国大学生统计建模大赛组织委员会　国家统计局统计教育培训中心

责任编辑/荣文雅

封面设计/李雪燕

出版发行/中国统计出版社有限公司

通信地址/北京市丰台区西三环南路甲 6 号　邮政编码/100073

发行电话/邮购(010)63376909　书店(010)68783171

网　　址/http://www.zgtjcbs.com/

印　　刷/河北鑫兆源印刷有限公司

经　　销/新华书店

开　　本/880×1230mm　1/16

字　　数/588 千字

印　　张/17.5

版　　别/2024 年 12 月第 1 版

版　　次/2024 年 12 月第 1 次印刷

定　　价/89.00 元

目录

机器学习方法与文本特征工程:面向社交网络假新闻检测统计方法建模

合肥工业大学　丁洁、孙睿、邱莉洁

摘　要

在当今的大数据与人工智能时代,各种模态的信息都可以使用数据进行表达和理解。在此背景下,统计建模方法在数据驱动的人工智能任务上发挥着不可忽视的作用。本文希望以假新闻作为研究对象,结合统计建模和机器学习的优势,建立分类模型用于虚假新闻的检测。

在数据处理阶段,本文使用了开源数据集 Weibo2021-dataset。选用 BERT 预训练模型来提取新闻文本特征,将每个文本样本映射为了 1×768 维度的数据特征表示,获得 1018×768 的矩阵数据。之后使用 PCA 对获得的数据特征进行降维处理,将属性划分为 7 种线性无关的变量,并且建立了结合社交网络的传播关系的异质图数据结构。

在任务分类阶段,本文根据统计得到的文本特性,结合社交网络的传播关系,建立了基于蒙特卡罗 Dropout 优化 RGCN 异质图卷积神经网络分类器 MC-RGCN,基于此分类器训练得到了模型权重结果。本文还引入 Logistic 回归,决策树以及支持向量机三种模型进行对比实验。

在模型评估阶段,本文综合比较四种二分类模型,MC-RGCN 模型在测试集上的准确率达 88.6%,远高于其余三种统计学习和机器学习模型。

本文将文本数据转化为了特征数据处理,改变了以往利用传统统计学方法进行研究的思路,利用机器学习的技术对其进行数据预处理,降维以及图数据结构的建立操作,并且应用统计学习分类器和机器学习分类器获得了较好的结果,为后续学者提供了进一步的研究思路。

关键词:假新闻检测;BERT 预训练模型;PCA、MC-RGCN;模型对比实验

一、绪论

(一)研究背景及意义

1. 研究的对象及意义

随着互联网与移动通信技术的迅猛发展,以微博、Facebook、Twitter 为代表的社交媒体越来越广泛、深入地融入我们的日常生活中。然而,由于社交平台具有共享性、开放性、可读性强等特点,每个用户都有权利发表新闻,社交平台也成为了一部分人为达目的故意编造,传播虚假新闻的手段。因此,识别出网络中的虚假新闻变得尤为重要。

新闻主要是以文本的形式进行传播的,若直接使用变量表示文本,其将包含成千上万个变量,对于之后统计描述、回归分类任务造成极大的挑战,因此文本无法直接进行统计分析。传统的统计学方法已难以满足社交平台假新闻检测的需求。随着大语言模型的发展,我们拥有了更先进的工具来应对这些挑战。机器学习算法能够自动从海量数据中提取复杂的特征,适应数据的快速变化,并且具备强大的泛化能力。此外,机器学习还支持端到端的学习,可以构建复杂的模型来捕捉数据中的微妙关系,并通过持续学习来优化模型性能。机器学习方法已成为社交平台假新闻检测的有力工具,利用机器学习的方法探索隐藏在文本中的信息,将文字信息转化为数字向量,从而利用统计建模的方法对数字向量进行分析与处理,建立模型来检验新闻的真假。这种方法不仅可以提高社交平台假新闻检测的效率,避免谣言在全国各地用户之间迅速传播,也减轻了人工审核的工作量,为广大用户提供了一个更加安全的网络环境。

本文的研究对象为微博平台,选取人工标注过真假的新闻为数据集,使用有监督学习的方法,对数据进行统计分析与建模,目的是通过模型的建立来获得虚假新闻与其各特征的内在和外在联系,比较验证得出最佳的假新闻检测模型,为未来的社交平台假新闻检测提供参考。

2. 研究现状综述

随着社交媒体的不断发展,为避免造成不良影响与经济损失,遏制谣言的传播蔓延已成为当务之急。假新闻检测的本质为二分类问题,将一条新闻判定为真或假来实现检测。目前国内外的研究方法主要分为三类:统计分析方法,基于传统机器学习的方法与基于深度学习的方法。

(1)统计分析方法

夏[2]等使用 LogisticRegression 方法构建逻辑回归模型,然后对模型拟合训练,最后达到 98.91%的准确值。王[1]等利用 TF-IDF 对词袋特征进行加权,权值用以衡量每个词对分类的影响。统计学习方法在拟合数据上表现一般且模型泛化能力不足,不适用于复杂的非线性模型。

(2)基于传统机器学习的方法

Ma[13]等人通过对社会背景特征进行时间序列建模来对谣言进行分类。Wu[15]等人则提出了一种混合支持向量机(SVM)分类器,该分类器结合了径向基函数(RBF)核和基于随机游走的图核。Ma[9]等人还构建了一种传播树内核,通过比较其传播树结构之间的相似性来检测谣言。但这些方法不仅效率不高,而且在很大程度上依赖于手工提取的特征集来获取信息量丰富的数据特征。

(3)基于深度学习的方法

为了自动化地学习新闻的特征,有学者提出了一些基于深度学习模型的谣言检测方法。Ma[12]等人使用递归神经网络(RNN)来从时间特征中捕获隐藏的表示。Chen[4]等人通过将注意力机制与 RNN 结合,关注不同注意力权重的文本特征,从而改进了这一方法。Yu[16]等人提出了一种基于卷积神经网络(CNN)的方法,该方法可以学习分散在输入序列中的关键特征,并构建重要特征间的相互关系。Liu[8]等人将 RNN 和 CNN 结合起来,以获取基于时间序列的用户特征。Ma[11]等人还构建了一种树状结构的递归神经网络(RvNN),用以捕获传播结构和文本内容[10]的隐藏表示。然而,这些方法在理解传播结构特征方面的效率较低,并且也忽视了谣言传播的全局结构特征。

与之前提到的深度学习模型相比,图卷积网络(GCN)能够更有效地捕捉图形或树状结构中的全局结构特征。GCN 在处理图形数据的各种任务中表现出了领先的性能。Scarselli[14]等人首次将 GCN 引入作为一种特殊的图神经网络模型,适用于无向图或有向图。Bruna[3]等人随后基于谱图理论对无向图的图卷积方法进行了理论分析。Defferrard[6]等人开发了一种名为切比雪夫谱卷积神经网络(ChebNet)的方法,采用切比雪夫多项式作为滤波器。在这项研究之后,Kipf[7]等人提出了 ChebNet 的一阶近似版本,即 ChebNet(1stChebNet),该版本通过聚合节点本身及其相邻节点的信息来更新每个节点的状态。我们的谣言检测模型受到了 GCN 的启发。

(二)研究难点

在构建假新闻检测系统的过程中,一个核心难点在于如何有效地从文本中提取特征并将其数据化表示。文本数据虽然不同于传统的数值数据,但它蕴含的信息量巨大,包含了丰富的语义内容和隐含的模式。将这些非结构化的文本信息转换为结构化的、可分析的数据形式,是自然语言处理领域的一个重大挑战。这不仅涉及对文本内容的表层理解,更需要深入挖掘文本背后的语义联系、情感倾向、话题指向等深层次的语言特征和模式。

为了实现这一点,我们通常需要借助于预训练的语言模型,如 BERT(Bidirectional Encoder Representations from Transformers),BERT 等模型通过在大规模文本语料库上的预训练,能够学习到语言的深层次表示,捕捉到文本中细微的语义差别和复杂的依赖关系。然而,这一过程涉及复杂的模型架构设计,如注意力机制的引入、多层感知器的使用等,同时还需要进行大量的参数调整和优化,以适应特定的假新闻检测任务。此外,为了使模型能够准确地捕捉到与假新闻相关的细微线索,我们还需要精心设计预训练任务,并进行细致的超参数调整,这无疑增加了模型开发和训练的难度。所以文本特征如何提取和数据化表示成为了大多数统计方法存在的难题。

(三)本文研究内容与创新

1. 主要研究内容

图1阐述了本文的主要研究思路,即运用机器学习的方法,建立数据预训练模型提取假新闻文本特征,将提取的特征关系降维处理后用于构建异质图网络,最后基于优化后的异质图卷积神经网络方法使用weibo数据集训练模型,构建假新闻检测系统。

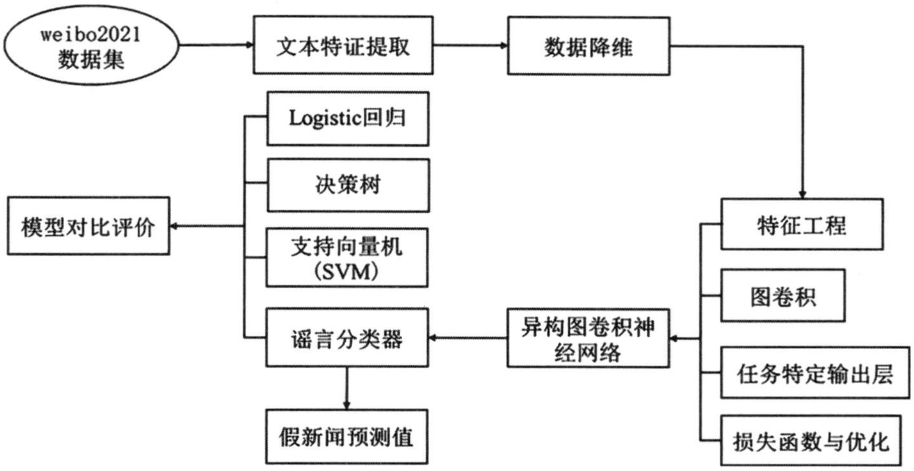

图1 总研究内容流程图

(1)文本特征提取

使用BERT预训练模型提取假新闻文本特征。首先将文本转换为标记序列,并赋予每个标记词嵌入、段落嵌入和位置嵌入,然后利用多个Transformer编码器层进行自注意力计算和前馈神经网络处理,以获取深度的双向语言表示。在预训练阶段,BERT执行遮蔽语言模型(MLM)和下一句预测(NSP)任务,并通过优化算法调整模型参数以最小化损失。预训练完成后,BERT可以在特定任务上进行微调,通过添加任务特定的全连接层并继续训练以适应该任务,最终输出每个token的表示。

(2)数据降维

使用主成分分析法(PCA)对提取出来的文本特征降维处理。对数据进行标准化处理,计算协方差,求解得到特征值和特征向量,根据特征值的重要性选择主成分,将数据映射到新特征空间,并对结果进行解释。

(3)图卷积

将降维处理后的特征根据一定的关系使用DGL库构建异质图网络。图卷积对每个节点,通过聚合邻居节点的特征信息来更新节点的特征表示,它包括以下三个步骤:

①邻居聚合:根据不同的节点和边类型,选择适当的聚合策略来聚合邻居节点的特征。

②特征转换:使用权重矩阵对聚合后的特征进行线性变换。

③激活函数:对变换后的特征向量应用非线性激活函数。

(4)模型优化

最后基于一种将贝叶斯方法与深度学习结合的方法——MC Dropout,通过在模型的推理过程中保留Dropout层的随机性,来估计模型的不确定性,进而防止模型过拟合,优化模型参数。

(5)模型对比评价

最后,基于优化后的RGCN异质图卷积神经网络方法使用weibo数据集训练模型,构建假新闻检测系统,同时我们选取Logistics回归,决策树,支持向量机(SVM)这三种算法来对比假新闻检测模型输出效果。

2. 主要创新点

(1)异质图卷积神经网络

异质图卷积神经网络的创新之处在于其能够处理包含多种节点和边类型的异构图,该网络通过定制化的图卷积操作,可以有效地聚合来自不同类型节点的信息,增强了模型对复杂数据结构的理解和学习能力。此外,模型引入了元路径的概念,通过预定义的路径来引导信息的流动和聚合,从而更好地模拟真实世界中实体间的多条关系。在注意力机制的辅助下,模型能够识别并重点学习对预测任务最为关键的节点特征。

(2)蒙特卡罗 Dropout 的优化应用

将蒙特卡罗 Dropout 应用于异质图卷积神经网络,以优化模型并估计模型的不确定性。这种贝叶斯视角为模型提供了一种量化预测不确定性的方法,揭示模型对新闻判断的可靠性。

(3)BERT 预训练模型的应用

利用 BERT 模型进行假新闻文本的特征提取,BERT 强大的上下文编码能力可以捕捉到文本中的细微差别,包括语气、用词习惯、语法结构等,这些特征对于假新闻的识别至关重要。

(4)PCA 降维在文本特征中的应用

将主成分分析(PCA)应用于高维文本特征进行降维处理,PCA 的使用不仅有助于减少后续模型训练的计算负担,还可以去除噪声和冗余信息,从而可能提高模型的性能。

二、文本数据的特征工程

(一)数据集描述

1. 数据来源描述

数据来源于开源数据集 Weibo2021-dataset,该数据集收集了微博官方辟谣系统中 2021 年所有经过验证过的真实与虚假新闻,并收集了每条新闻的发表用户、评论用户以及评论信息。

2. 数据集特征描述

本数据集包含 1018 条新闻数据,651 个发表用户,91107 个发表评论用户以及 103486 条评论数据,数据的表现形式都是文本。数据集是以新闻作为主要样本对象,包括“真”和“假”两种标签集,以此来区分其真实性,其中包含 519 条正例,499 条反例。数据集中每条新闻不仅作为一个独立的信息单元存在,而且通过发表它的用户、评论它的用户以及对应的评论内容与其他新闻相互关联。每个推文对应了多条发新闻的用户、评论用户以及新闻评论。每条新闻与其他新闻通过用户和评论进行连接,相互之间可以形成一种联系紧密的图网络结构。数据集包含的变量及其描述如表 1 所示。

表 1　数据集变量描述

变量名	定义	属性
weibo_id	发新闻用户 id	text
comment_user_id	评论用户 id	text
original_text	新闻内容	text
content	评论内容	text
created_at	评论发生时间	text
u_name	发新闻用户名称	text
label	新闻真假标签	text

(二)数据处理

1. 基于预训练 BERT 模型的文本特征提取

在假新闻检测任务中的难点是将文本数据转化为我们易于分析和处理的数字数据。为了将文本任务转化为统计建模任务,我们使用预训练模型 BERT 提取文本的特征。BERT(Bidirectional Encoder Representations from Transformers)是一种基于 Transformer 架构的预训练深度学习模型,用于理解自然语言。它由 Google 在 2018 年提出,并迅速成为自然语言处理(NLP)领域的一个基础工具。对于假新闻任务,我们分别对新闻内容、用户名、发新闻用户名以及评论内容进行文本特征提取。

以新闻内容为例,其处理过程如下:

步骤 1:第一步将进行词嵌入操作。当一条新闻输入 BERT 预训练模型中时,假设这条新闻为 $S=[w_1,w_2,\cdots,w_i]$,其中 w_i 是新闻中的第 i 个词。首先,新闻将通过 BERT 的分词器(Tokenizer)被转换为一系列的词标记(Tokens),这些词标记可以是单词、子词或特殊符号(如[CLS]和[SEP])。每个标记通过词嵌入矩阵 E 转化成一个固定维度的嵌入向量。对于句子中的第 i 个词,其词嵌入表示为 E_i。我们获取数据集词频最高的前 20 个词标记如图 2 所示：

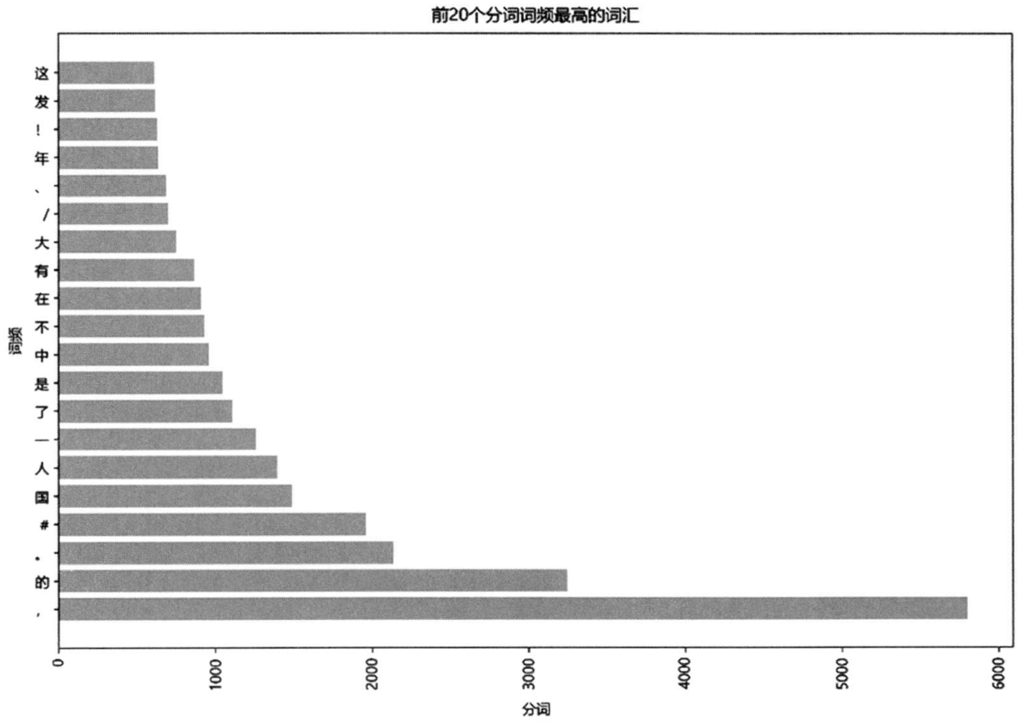

图 2　数据集词频最高的前 20 个词标记

步骤 2：引入了词嵌入后，为了提供词序信息，BERT 将引入位置嵌入 P_i 来提供词的位置信息，其代表第 i 个词的位置。将 P_i 与 E_i 相加，得到了位置感知的词嵌入 $Ei' = Ei + Pi$。

步骤 3：BERT 使用自注意力机制来捕捉词与词之间的关系，其核心组件是 Transformer 模型。Transformer 组件通过自注意力机制（Self-Attention Mechanism）和前馈神经网络（Feed-Forward Neural Network，FFNN）来处理输入序列。对于句子中的每个词，自注意力机制会计算其与句子中其他所有词的关系，生成一个加权和，然后通过前馈网络进行转换。如公式（1）表示：

$$A_i = \text{Attention}(E_i', E') = \text{FFN}\left(\sum_{j=1}^{N} \frac{E_j' \cdot E_i'^{T}}{\sqrt{d}}\right) \tag{1}$$

其中，N 是句子中词的数量，d 是嵌入的维度，这里我们使用 BERT-base 预训练模型，其转化的维度为 768 维，FFN 是前馈网络。

步骤 4：在自注意力机制和前馈网络的每一步之后，模型使用残差连接和层归一化来稳定训练过程并提高模型的表达能力。BERT 模型包含多层的 Transformer，每一层都包含自注意力机制和前馈网络。每一层的输出都是下一层的输入 O_i^{l-1}，O_i^l 的计算方法见公式（2）。这样逐层传递，逐步提取更深层次的特征。

$$O_i^l = \text{Transformer}(O_i^{l-1}) \tag{2}$$

步骤 5：最终，BERT 通过最后一个池化层，将所有 Transformer 层的输出进行池化，生成一个句子级别的表示，最终存储为我们所需要的多维度数据特征表示 Out。其计算过程如公式（3）所示：

$$Out = \text{Pooling}(\{O_i^L\}_{i=1}^{N}) \tag{3}$$

经过以上过程，我们可以得到每条文本的向量表示。由于 BERT-base 模型的隐藏层数为 768 层，我们将每个文本样本映射为了 1×768 维度的数据特征表示，获得 1018×768 的矩阵数据。通过此过程，可认为每条文本数据具有 768 个属性，这对于之后的回归与分类统计分析提供了数据支撑。

2. 基于 PCA 的文本数据特征降维模型

得到文本数据特征后，由于其维度过高，我们首先想到的是对其进行降维处理。主成分分析法（PCA）是一种常见的降维方法，其可以将属性划分为大量的线性无关的变量。这些线性无关的变量称为主成分。以新闻数据为例，其过程如下：

步骤1:我们需要将我们1018×768维数据(1018个样本,768个属性)的每个属性进行标准化处理。标准化处理公式(4)为:

$$X\text{standardized}=\frac{X-\mu}{\sigma} \tag{4}$$

步骤2:获得了标准化的矩阵后,我们将计算样本数据的协方差矩阵,用以衡量原始数据的相关性。协方差矩阵计算方法如公式(5)所示:

$$C=\frac{1}{m-1}X_{\text{standardized}}^{T}X_{\text{standardized}} \tag{5}$$

步骤3:根据协方差矩阵的特征值λ的大小,我们选择了最重要的k个特征向量$v_1,v_2,\cdots,v_k$,这些特征向量对应的特征值最大,表示他们能够保留大部分数据的方差。

步骤4:将原始的数据集X映射到k个主成分上,即可构造新的特征空间Y。其表示为公式(6):

$$Y=[v_1,v_2,\cdots,v_k]^{T}X_{\text{standardized}} \tag{6}$$

通过以上步骤方法,我们使用SPSS PRO软件对768维度的数据进行了降维。将其映射到Y上,Y的形状为$1018\times x$维,保留了95%的主成分信息。通过对数据维度的处理,可以大大降低计算资源的消耗,对于分类任务使用线性模型或机器学习方法提供很大便利。

我们设置总方差解释率为80%,使用SPSS PRO软件对768维属性进行PCA降维。在主成分对于变量解释的贡献率80%的情况下最终获得了7个主成分属性,如表2所示。

表2　总方差解释

成分	特征根		
	特征根	方差解释率(%)	累积方差解释率(%)
1	308.713	40.197	40.197
2	104.886	13.657	53.854
3	72.776	9.476	63.33
4	47.754	6.218	69.548
5	33.293	4.335	73.883
6	31.603	4.115	77.998
7	21.842	2.844	80.842

随后我们对其进行了描述性统计,绘制七个主成分的数据分布直方图以查看主成分对于结果的影响,如图3所示:

结果表明:七个主成分线性无关,且通过S-W正态检验后除了主成分3其余都显著不满足正态分布的假设。七个主成分的方差逐个递减,代表所蕴含的信息量逐个减少。之后基于降维的数据,我们即可通过有监督学习的方法,通过对不同的k个主成分进行拟合回归操作,最终实现二分类任务。

3. 基于图结构的社交网络新闻传播过程建模

在一般的统计学习模型中,对于分类问题,我们只能对于单一样本的不同属性进行建模。而对于社交网络新闻传播过程,只对单一的新闻文本所蕴含的信息进行建模,得到的效果未必很好,因为我们忽视了在社交网络中不同信息的联系属性。对于这种联系,简单的样本数据结构就难以进行良好的汇聚以及建模。

因此,为了挖掘更为完成的新闻文本信息以及传播过程中的联系,我们建立了图网络的数据结构。除了对上文提到的新闻文本进行特征提取与降维外,我们还将新闻评论、新闻发表用户、评论发表用户进行文本特征提取与降维。我们将获得的新闻信息、评论信息、发新闻用户信息以及发评论的用户信息,作为图的节点,用户——新闻——用户以及用户——评论——新闻——评论——用户两种连接关系,定义图的连接关系,获得了不同类型图节点和边界点的异质图的数据结构如图4所示:

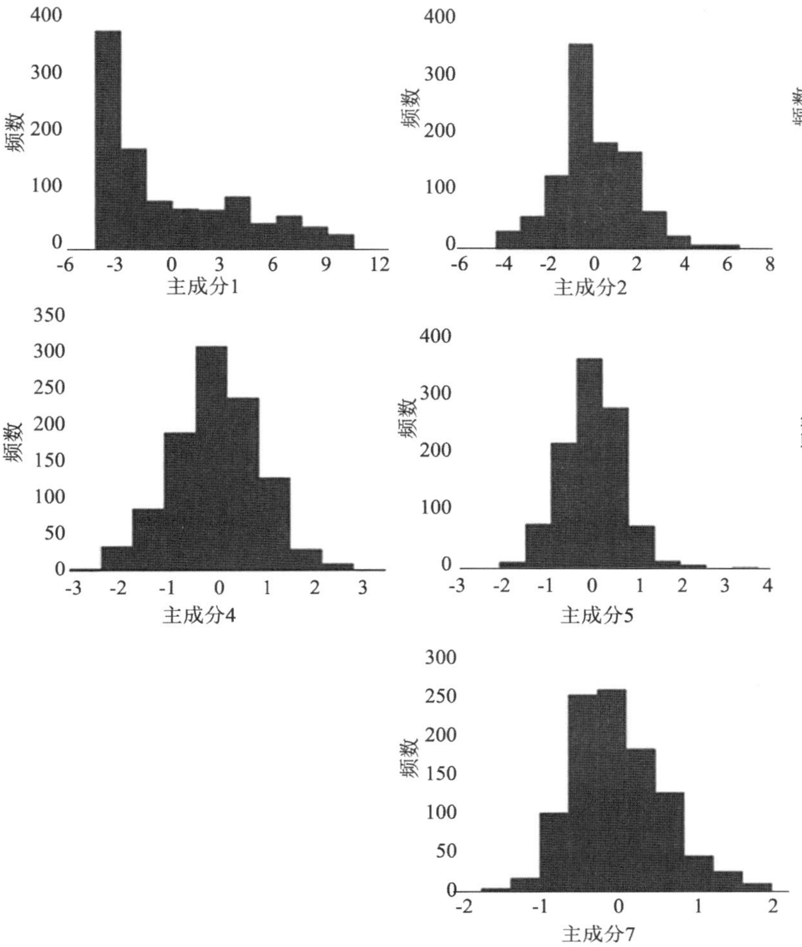

图3　七个主成分的数据分布直方图

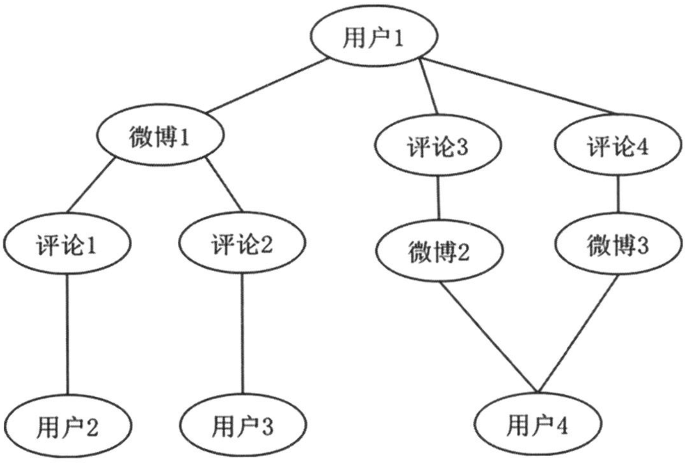

图4　图网络的数据结构

根据所构建的异质图网络关系,用户的行为在社交媒体平台上表现为复杂的交互模式,其中个体不仅能够生成内容(如发表新闻),还可以参与内容的反馈和讨论(如对新闻进行评论)。这种用户生成内容(User-Generated Content,UGC)及其互动评论构成了社交网络分析中的关键数据源。

微博数据的这种多对多的互动特性,即一个用户可以发布多条新闻,每条新闻又可能引发多条评论,为社交网络分析提供了丰富的结构化信息。这不仅有助于理解信息传播的动态过程,而且对于构建假新闻检测系统等应用,提供了捕捉用户行为模式和社交影响力的重要线索。

三、虚假新闻判别模型的建立

(一)Logistic 回归

Logistic 回归是一种经典的二元分类算法。其算法流程图如图 5 所示。逻辑回归的基本原理是利用输入特征的线性组合,并通过逻辑函数(sigmoid 函数)将结果映射到 0 到 1 之间的概率值。这个概率值表示样本属于某个类别的概率。通过最小化代价函数(通常是对数损失函数),利用梯度下降等优化算法来求解最优的模型参数,从而使得模型能够更准确地预测样本的类别。

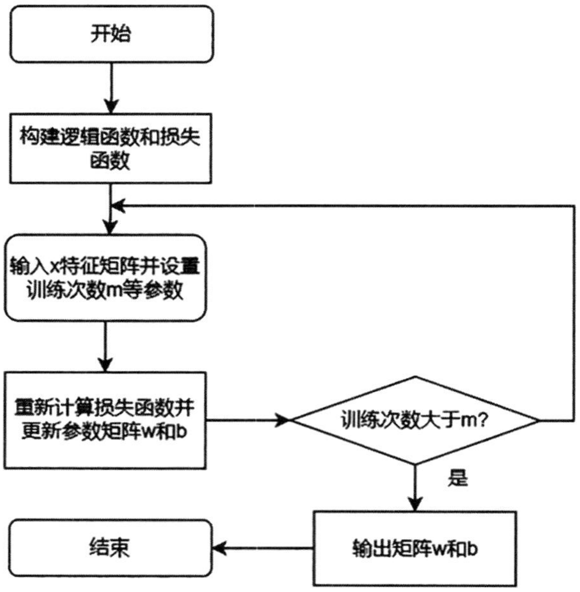

图 5 逻辑回归算法流程图

sigmoid 函数:

$$g(z)=\frac{1}{1+e^{-z}} \tag{7}$$

$$h_\theta(x)=g(\theta^T x)=\frac{1}{1+e^{-\theta^T x}} \tag{8}$$

$$g'(x)=\left(\frac{1}{1+e^{-z}}\right)'=\frac{e^{-x}}{(1+e^{-x})^2}=g(x)\cdot(1-g(x)) \tag{9}$$

为解决二分类问题也即概率问题,假定 $y=1$ 和 $y=0$ 时的概率分别为:

$$P(y=1 \mid x;\theta)=h_\theta(x) \tag{10}$$

$$P(y=0 \mid x;\theta)=1-h_\theta(x) \tag{11}$$

从而有:

$$P(y \mid x;\theta)=(h_\theta(x))^y(1-h_\theta(x))^{1-y} \tag{12}$$

将概率相乘,并将等式两边同时取对数从而得到对数似然函数,再对该函数进行求导,进而得到 θ 的梯度方程,将 θ 的梯度方程带入 $h(x)$ 函数即可求出逻辑回归概率函数:

$$h_\theta(x)=g(\theta^T x)=\frac{1}{1+e^{-\theta^T x}} \tag{13}$$

因此,逻辑回归的输出公式为:

$$\ln\left\{\frac{Pi}{1-Pi}\right\}=\beta_0+\beta_1 x_1+\beta_2 x_2+\cdots+\beta_n x_n \tag{14}$$

其中,χ_i 为因变量,β_i 为因变量前的系数。

(二)决策树模型

决策树是一种利用二分递归分割方法的分类算法,其算法流程图如图 6 所示。

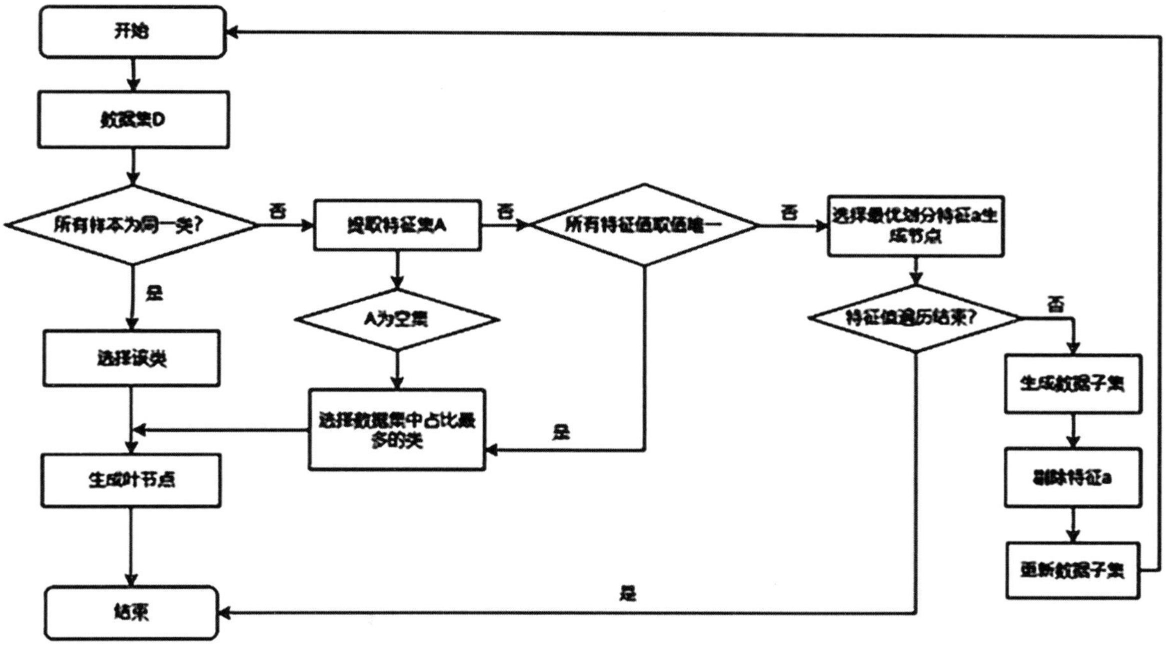

图 6　决策树算法流程图

决策树用于将样本集划分为两个子样本集,并生成每个非叶子节点的两个分支。其基本思想是通过递归地在训练样本集中划分自变量空间来构建树,并使用验证数据进行剪枝。决策树是一种树形结构,由根结点、内部节点和叶子节点组成。其中每个内部节点表示一个属性上的测试,每个分支代表一个测试输出,每个叶节点代表一种类别。因此,决策树的每一次分叉,都会使数据变得更纯。决策树判断纯度增益方式有三种:ID3(信息增益)、C4.5(信息增益率)、CART(基尼系数)。

1. ID3(信息增益)

信息熵描述了一件事发生的不确定性,若某件事有 n 个结果,每个结果发生的概率为 $p_i(i=1,2,\cdots,n)$ 则该件事的熵 $H(p)$ 定义为:

$$H(P)=\frac{1}{2}\sum_{i=1}^{n}p_i\log_2 p_i \tag{15}$$

单一变量的信息熵曲线如图 7 所示:

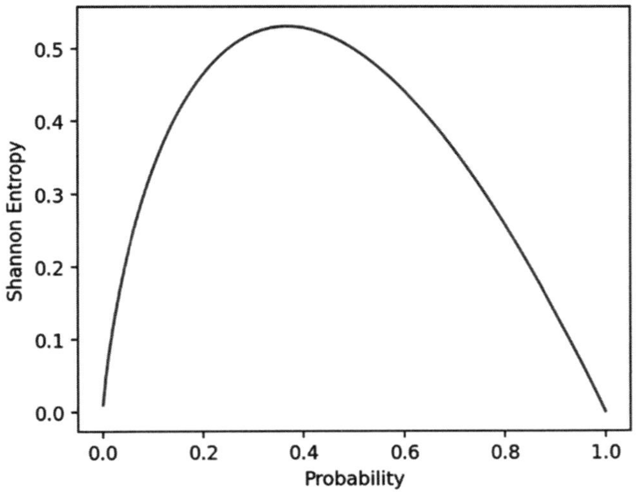

图 7　单一变量的信息熵曲线

由图 7 可知,对于某一事件而言,其发生的不确定性越大,其信息熵也越大。条件熵即为在某条件 Q 下,事件 P 发生的不确定性,记作 $H(P|Q)$,定义式为:

$$H(P \mid Q)=-\sum_{i=1}^{n} P(p_i \mid q_i) \cdot p_i \log_2 p_i \tag{16}$$

信息增益定义为已知某条件 a 后，事件 D 发生的不确定性降低的程度。写作 $Gain(D,a)$，其等于熵减去条件熵。数据集 D 某一维度 a 有 V 个不同的取值，因此，若使用 a 这一维度来对数据集 D 进行划分，则会产生 V 个分支节点，则信息增益为：

$$Gain(D,a)=H(D)-\sum_{i=1}^{V} \frac{|D^V|}{|D|} \cdot H(D^V) \tag{17}$$

由上式可知信息增益越大，则使用条件 a 来划分数据子集的纯度的提升越大。

2. C4.5(信息增益率)

信息增益率在信息增益的基础上增加了正则项，其可以理解为增加了一个权重 W_a，当属性 a 的取值数目越多时，对应的权重也会越小。因此，增益率对取值数目较多的属性较为重要，其计算公式如下：

$$W_a=\frac{1}{H(D_a)}=-\sum_{i=1}^{V} \frac{|D^V|}{|D|} \cdot \log_2\left(\frac{|D^V|}{|D|}\right)$$
$$Gainratio(D,a)=W_a \cdot Gain(D,a) \tag{18}$$

3. CART(基尼系数)

Gini 系数是衡量一个国家或地区居民收入差距的常用指标之一，其最大值为 1，最小值为 0，其 Gini 系数越趋于 0 表明收入越趋向于平等，其计算公式如下：

$$Gini(p)=\sum_{k=1}^{K} p_k(1-p_k)=1-\sum_{k=1}^{K} p_k^2 \tag{19}$$

(三)支持向量机(SVM)

SVM 模型[5]即支持向量机(Support Vector Machine)，是一种广泛应用于机器学习领域的监督学习算法，其算法流程图如图 8 所示。SVM 是一种用于预测、分类和异常检测的机器学习算法。它在二分类、线性

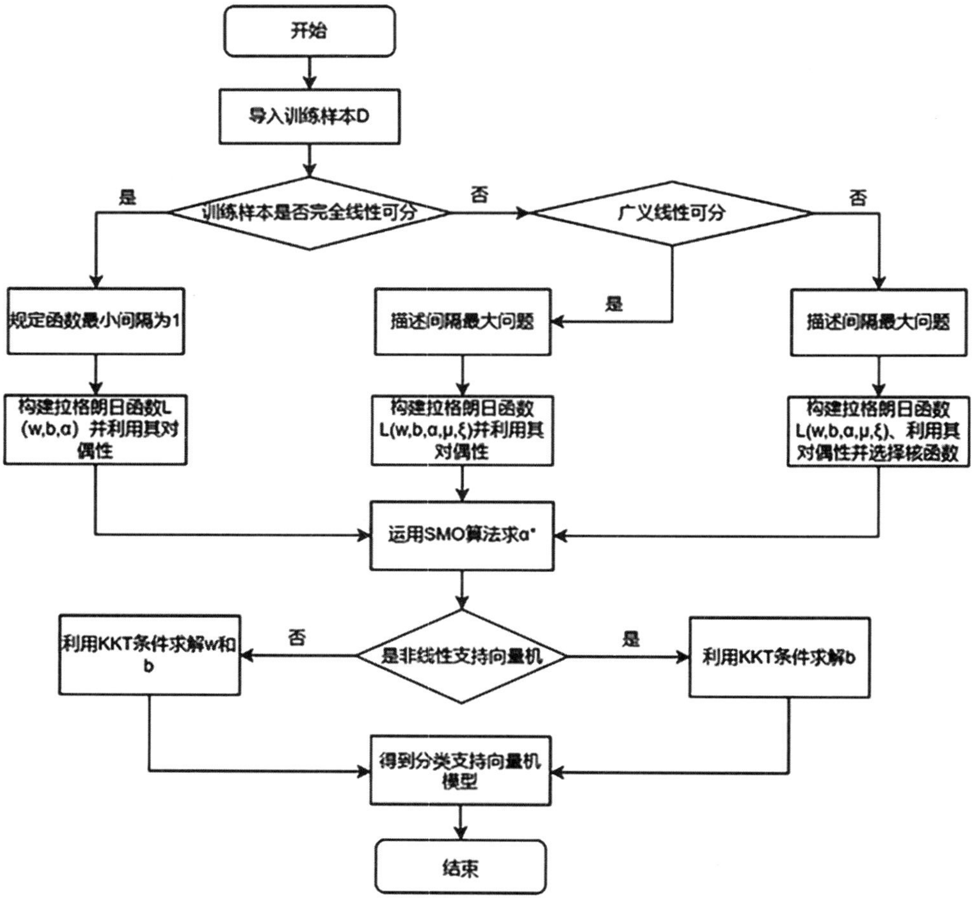

图 8　SVM 算法流程图

不可分以及高维数据的情况下表现出一定优势。SVM 的算法流程包括数据预处理、核函数选择、求解优化问题、构建决策函数、模型训练与验证、参数调优，以及模型应用。它的优势在于能够提供全局最优解、具有强大的泛化能力，并且能够有效处理高维数据。

SVM 的核心思想是通过找到最优的分割超平面，使得样本间的间隔最大化，从而实现对数据的高效分类，并且相较于其他分类模型，SVM 可以得到全局最优解。SVM 的简要算法流程是通过找出一个最优超平面来将数据分隔，然后构建分类决策面，并不断调整分隔间隔，将数据分为最优的两个部分。

1. 对于线性可分的情况

对于线性可分的情况，SVM 可以构造一个最优分类超平面，将数据分为两个部分，如图 9 所示。SVM 模型对线性可分数据构造最优分类超平面，不仅可以正确分类数据，还能够使两类之间的距离最大化，如图 10 所示，H 即为该模型中的最优超平面。

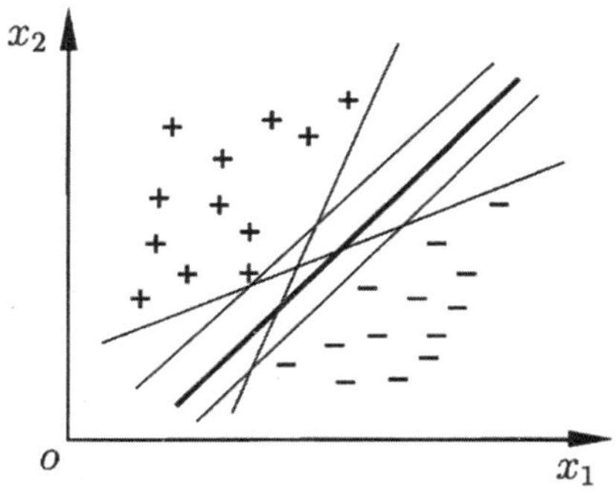

图 9　线性可分示意图

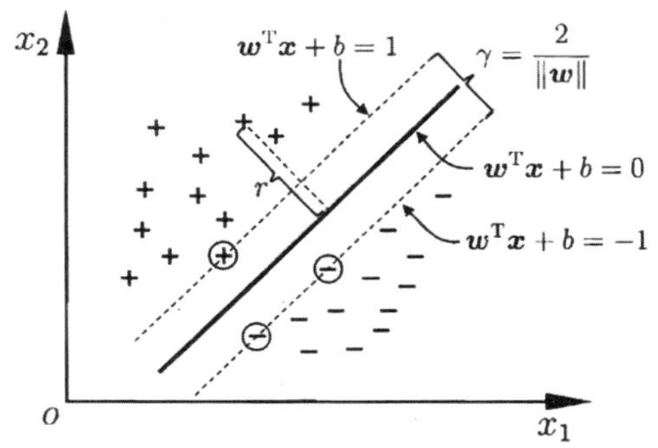

图 10　最优分类面示意图

2. 对于线性不可分的情况

在实际情况中，数据噪音等因素存在，使得难以找到合理的分割平面，限制了 SVM 的效果。为解决此问题，引入了核函数，其作用是将非线性变量映射到高维空间，使得非线性关系变得可以分割。引入核函数后的 SVM 优化形式与原模型基本保持一致，如图 11 中的灰线所示，二者的主要区别在于优化过程中样本点向量内积的计算转化为对应高维空间的向量计算。

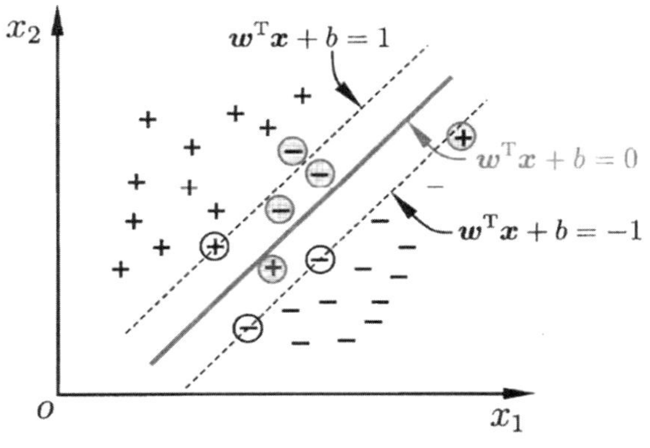

图 11　引入核函数后的 SVM 图

(四)MC-RGCN 假新闻分类模型

上述方法中，由于没有使用将不同信息聚合的数据结构，我们只能对新闻内容数据进行聚合，进而输入传统机器学习分类器学习，学习过程中没有考虑网络结构天然的联系关系。在第二部分得到了异质图后，通过聚合社交网络的不同传播信息语义，我们可对真正的假新闻检测二分类任务模型——异质图卷积神经网络(Relational Graph Convolutional Networks，后简称 RGCN)模型进行建模，完成我们的假新闻检测任务。

RGCN 模型来源于图卷积神经网络模型(Graph Convolutional Networks，后简称 GCNs)，其相较于 GCNs 引入了边类型和多类型节点特征的概念。对于所有的图神经网络，其原理基本都可以以三个步骤来描述:第一步是手机所有邻居节点的特征,第二步是以某种方式来聚合这些邻居特征,第三步是更新目标节点特征。在GCNs中,在处理所有邻居节点的特征时,其使用的公式如下公式(20)所示:

$$H^{(l+1)}=\sigma(\widetilde{D}^{-\frac{1}{2}}\widetilde{A}\widetilde{D}^{-\frac{1}{2}}H^{(l)}W^{(l)}) \tag{20}$$

其中,$\widetilde{A}$ 是整个图的邻接矩阵加上单位阵,加上单位阵的意义是需要聚合自身的特征,$\widetilde{D}$ 是一个斜对角矩阵,斜对角上放着每个节点连接邻居节点的个数。通过 $\widetilde{D}^{-\frac{1}{2}}\widetilde{A}\widetilde{D}^{-\frac{1}{2}}$ 得到了所有节点的关系的平均聚合。$H^{(l)}$ 是第l层节点的节点特征,和前面的项数相乘即可将节点特征聚合在关系中。$W^{(l)}$ 是可训练参数,代表权重,训练时通过训练 $W^{(l)}$ 来拟合模型。通过公式(20)即可得到邻居节点对于每层节点的信息聚合。

在GCNs中,对于所有的节点,只有一个权重矩阵 $W^{(l)}$,其代表的含义是,每个节点对于其邻居节点,其边的处理方式都是一致的,这与我们不同节点通过不同的关系连接起来的初衷相悖。于是,RGCN通过对引入多个权重,代表多个节点关系引入图网络中,即可映射多种行为(发评论、发推文等),将更多的联系信息考虑在图中,其每个的节点关系如下公式(21)所示:

$$h_i^{(l+1)}=\sigma\left(\sum_{r\in R}\sum_{j\in N_i^r}\frac{1}{c_{i,r}}W_r^{(l)}h_j^{(l)}+W_0^{(l)}h_i^{(l)}\right) \tag{21}$$

其中,R 代表关系,指的是不同节点间的不同关系,N 代表邻居节点。基于不同关系,有不同的权重矩阵 $W_r^{(l)}$,即可对不同的关系进行建模,最后通过累加关系聚合每一个节点的节点信息。

在模型前向传播过程中,我们引入了蒙特卡罗Dropout(Monte Carlo Dropout)方法。其是一种在深度学习中用于估计模型不确定性的方法。这种方法基于Dropout正则化技术,它在训练期间随机地将一些神经元的输出置零,以防止过拟合。在传统的Dropout中,测试时这些神经元是确定性的,不执行Dropout。然而,MC Dropout在测试时仍然应用Dropout,从而允许模型以概率的方式进行预测。设 T 为进行前向传播的次数,$f^{W_t}(x)$ 为第 t 次前向传播的输出,$E(y)$ 为所有 T 次输出的平均值,σ^2 为输出的方差,其结果可以表示为公式(22)和(23):

$$E(y)=\frac{1}{T}\sum_{t=1}^{T}f^{W_t}(x) \tag{22}$$

$$\sigma^2=\frac{1}{T}\sum_{t=1}^{T}(f^{W_t}(x)-E(y))^2 \tag{23}$$

其中,W_t 是神经网络的可训练权重矩阵。σ^2 就可以作为多次预测结果的不确定性表示。

在模型实现方面,我们构建了一个神经网络,它能够处理具有不同维度特征的数据。模型的输入层接收768维的图节点特征,这些特征全面地代表文本数据的多样性。为了提取关键信息并降低计算复杂度,中间隐藏层的维度被设置为20维。最终,输出层产生2维特征,用于预测微博节点的标签。在这个过程中,我们没有采用PCA降维,以保留尽可能多的原始信息,增强模型的预测能力。同时,模型还考虑了异质图信息,以更真实地反映和处理社交网络中的复杂关系。

我们设置了两个异质图卷积层,每个异质图卷积层都将进行上述不同层之间的处理过程。在神经网络前向转播的处理逻辑中,引入了蒙特卡罗Dropout正则化参数,在前向传播的过程中,以0.5的概率随机地将一些输入特征和隐藏层单元置零,避免过拟合。前向传播过程中,第一层图卷积将直接接收输入的异质图信息和输入特征,其输出的20维隐藏层特征将经过一个Relu层,再输入到下一层的网络中,最终返回2维的输出。

最终,将节点信息输入至模型中,设置out_feats为2,代表真新闻或者假新闻。通过对微博节点信息的聚合,输出微博推文节点的预测值和微博推文标签的交叉熵,反向传播训练。在训练过程,我们使用adam优化器训练,设置初始学习率为0.001,并设置早停策略。最后将模型权重保存为HAN_detect.pth存储。训练过程中准确率的收敛情况如图12所示:

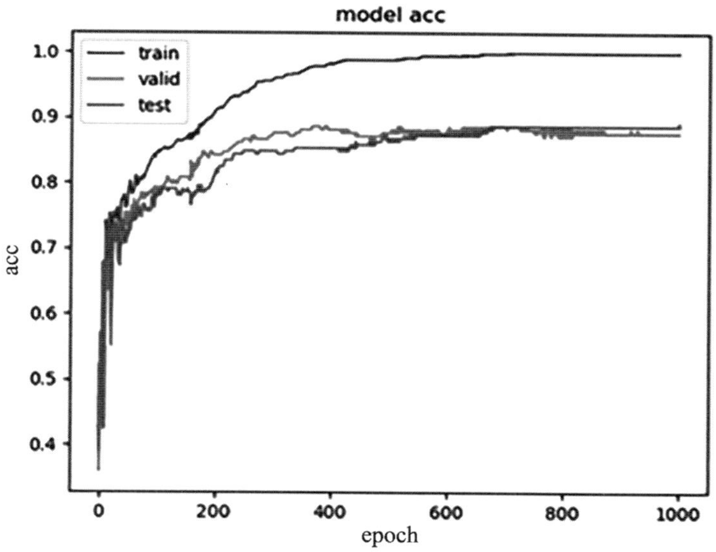

图 12　准确率收敛情况

四、模型判别力在测试集上的检验

(一)Logistic 回归模型在测试集上的检验

表 3　逻辑回归模型评估结果

	准确率	召回率	精确率	F1
训练集	0.765	0.765	0.77	0.764
测试集	0.725	0.725	0.726	0.725

表 3 中展示了逻辑回归模型中的交叉验证集、训练集和测试集的预测评价指标,这些指标可以帮助我们理解模型在不同数据集上的表现情况。

准确率即模型正确预测的样本所占比例,其在训练集上为 0.765,在测试集上的准确率略低于训练集为 0.725,这表明模型在训练过程中出现了一定程度的过拟合。

召回率即模型成功捕捉到正例样本的能力。该逻辑回归模型在训练集上的召回率为 0.765 即在训练数据中,模型能够成功捕捉到约 76.5%的真正例样本。而在测试集中召回率为 0.725,相比于训练集稍低,可能是模型在训练过程中过度拟合了训练数据的特征。

精确率(Precision):模型预测为正例的样本中,真正为正例的比例。在训练集和测试集上都略高于召回率,分别为 0.77 和 0.726。表明模型在做出正例预测时有一定的确信度。

F1 分数:综合考虑了精确率和召回率,是二者的调和平均值。在训练集和测试集上表现相似,分别为 0.764 和 0.725。

由于测试集中数据较多,因此表 4 只显示了部分数据。

表 4　逻辑回归模型预测结果

预测结果 Y	label	预测结果为 0 的概率	预测结果为 1 的概率
0	0	0.92661858	0.07338142
1	1	0.25606035	0.74393965
1	0	0.05208028	0.94791972
0	0	0.98538317	0.01461683
1	1	0.10409801	0.89590199
1	1	0.49013178	0.50986822
1	0	0.20733978	0.79266022

续表

预测结果 Y	label	预测结果为 0 的概率	预测结果为 1 的概率
0	0	0.96062354	0.03937646
1	1	0.26862404	0.73137596
0	0	0.89774667	0.10225333
0	1	0.58221288	0.41778712
0	1	0.55488578	0.44511422
1	1	0.15799233	0.84200767
1	1	0.24328011	0.75671989
1	0	0.47029331	0.52970669

表 4 展示了逻辑回归对测试数据的分类结果，概率最大的分类组别为最终的分类结果。如：表 2 第一行中结果 Y 预测为 0 的概率为 0.93>0.5，因此该行预测结果为 0。

(二)决策树模型在测试集上的检验

表 5　决策树模型评估结果

	准确率	召回率	精确率	F1
训练集	0.927	0.927	0.929	0.927
测试集	0.703	0.703	0.705	0.702

表 5 中展示了决策树模型中的交叉验证集、训练集和测试集的预测评价指标，这些指标可以帮助我们理解模型在不同数据集上的表现情况。

准确率：训练集上的准确率较高，达到了 0.927，但在测试集上下降到了 0.703。这表明模型在训练集上过度拟合，导致在测试集上的性能下降。

召回率：训练集和测试集上的召回率分别为 0.927 和 0.703，这表明模型能够捕捉到大部分的正例，但在未见过的数据上的性能相对较差。

精确率：训练集和测试集上的精确率分别为 0.929 和 0.705，这表示模型在预测为正例时的准确性较高，但在测试集上略有下降。

F1 分数：训练集和测试集上的 F1 分数分别为 0.927 和 0.702。F1 分数综合考虑了精确率和召回率，表明模型在训练集上具有较好的平衡性能，但在测试集上的性能略有下降。

由于测试集中数据较多，因此表 6 只显示了部分数据。

表 6　决策树模型预测结果

预测结果 Y	label	预测结果为 0 的概率	预测结果为 1 的概率
1	0	0	1
0	0	0.97560976	0.02439024
1	1	0.08717949	0.91282051
0	0	1	0
1	1	0.0625	0.9375
1	0	0.0625	0.9375
1	1	0.0625	0.9375
0	0	1	0
1	1	0.08717949	0.91282051
1	0	0	1
1	0	0	1
1	1	0	1
1	0	0	1
1	1	0.08717949	0.91282051
1	0	0	1

上表 6 展示了决策树模型对测试数据的分类结果，最终的分类结果为概率最大的分类组别，当预测结果为 0 的概率大于预测结果为 1 的概率，则判定预测结果为 0，反之判定为 1。如：表 6 第二行中结果 Y 预测为 0 的概率为 0.976 大于预测为 1 的概率 0.024，因此该行预测结果为 0，与 label 为 0 符合。

（三）支持向量机（SVM）在测试集上的检验

表 7　支持向量机模型评估结果

	准确率	召回率	精确率	F1
训练集	0.76	0.76	0.77	0.757
测试集	0.755	0.755	0.76	0.753

表 7 中展示了支持向量机模型中的交叉验证集、训练集和测试集的预测评价指标，这些指标可以帮助我们理解模型在不同数据集上的表现情况。

准确率：训练集准确率为 0.76，测试集准确率为 0.755。这表示在所有样本中，模型预测正确的比例分别为 76％和 75.5％。训练集和测试集准确率接近，这表明模型没有过拟合或欠拟合。但准确率的结果不够高，因此在实际应用中仍需要进一步优化并提高准确率。

召回率：训练集和测试集的召回率都是 0.76 和 0.755。这指出模型能够正确识别类别为正例的样本的能力，也就是模型找出了多少正例中的真正正例。同样，训练集和测试集召回率接近，这表明模型对于不同数据集的表现相对稳定。

精确率：训练集和测试集的精确率分别为 0.77 和 0.76。精确率衡量了模型预测为正例的样本中有多少是真正的正例。训练集和测试集精确率的差异不大，说明模型在预测正例时的表现较为一致。

F1 分数：训练集和测试集的 F1 分数分别为 0.757 和 0.753。F1 分数是精确率和召回率的调和平均值，它综合考虑了模型的准确率和召回率。这两个集合的 F1 分数接近，说明模型在正例和负例的识别上表现较为平衡。

由于测试集中数据较多，因此表 8 只显示了部分数据。

表 8　支持向量机模型预测结果

预测结果 Y	label	预测结果为 0 的概率	预测结果为 1 的概率
1	1	0.29408718	0.70591282
1	1	0.09517206	0.90482794
1	1	0.12132803	0.87867197
1	0	0.5	0.5
1	1	0.10639199	0.89360801
0	0	0.57867469	0.42132531
0	0	0.72101752	0.27898248
1	0	0.19179862	0.80820138
1	1	0.30294884	0.69705116
1	0	0.2932573	0.7067427
0	0	0.80781438	0.19218562
0	0	0.75005064	0.24994936
0	0	0.7517047	0.2482953
1	1	0.2073206	0.7926794
0	1	0.53714562	0.46285438

表 8 展示了支持向量机模型对测试数据的分类结果，概率最大的分类组别为最终的分类结果。如：表 8 第一行中结果 Y 预测为 1 的概率为 0.71＞0.29，因此该行预测结果为 1。

(四)MC-RGCN 假新闻分类模型在测试集上的检验

训练结束后,我们测得测试集的训练结果如表 9 所示,最高测试集准确率可达 88.6%。综合对比统计学方法、传统机器学习方法以及图卷积神经网络的机器学习方法结果,聚合多种行为关系的图卷积神经网络模型的检测模型的效果最好。

表 9　MC-RGCN 模型评估结果

	准确率	召回率	精确率	F1
训练集	1.000	0.987	0.992	0.989
测试集	0.886	0.843	0.862	0.852

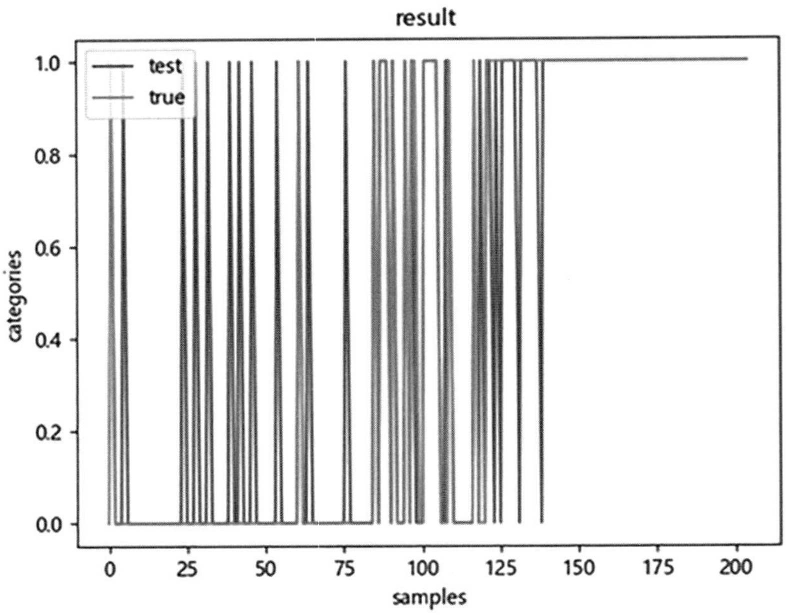

图 13　测试集结果和真实的新闻标签之间的对比

检验测试集结果指出训练集准确率可达 100%,测试集的准确率达到了 88.6%,模型没有出现过拟合现象。输出了测试集结果和真实的新闻标签之间的对比如图 13 所示,其中深色线代表预测错的部分,浅色线代表真实的数据集标签。可以看到测试集结果被真实结果基本覆盖,也验证了模型预测结果较为准确的事实。召回率、精确率和 F1 在测试集上的表现分别为 84.3%、86.2%和 86.2%,表示模型的真正率是一个非常高的指标,模型的泛化能力较好(图 13)。

综合对比所有模型,我们提出的 MC-RGCN 模型表现最为优异。

五、总结与展望

(一)结论

本文的总体研究思路:首先我们从微博平台找到了一份开源的数据集 weibo2021,通过 BERT 预训练模型提取假新闻文本特征,并使用主成分分析法对其进行降维处理。根据统计得到的文本特性,选用 Logistic 回归,决策树回归以,支持向量机与 MC-RGCN 分类模型进行训练比较结果。

本文经过尝试与比较,最终采用的模型及其结论为:

对于获取的 weibo2021 数据集,我们首先选用 BERT 预训练模型提取假新闻文本特征,将每个文本样本映射为了 1×768 维度的数据特征表示,获得 1018×768 的矩阵数据。

得到文本数据特征后,由于其维度过高,我们使用主成分分析法对其进行降维处理,将属性划分为大量的线性无关的变量。

随后我们根据统计得到的文本特性,选用 Logistic 回归,决策树回归以及支持向量机三种模型进行训练。随后我们将这些特征根据关系使用 DGL 库构建异质图网络,基于 Dropout 优化 RGCN 异质图卷积神经网络模型。

综合比较四种二分类模型,Logistic 回归模型在训练集和测试集上的准确性分别为 76.5%与 72.5%,决策树模型在训练集和测试集上的准确性分别为 92.7%与 70.3%,SVM 模型在训练集和测试集上的准确性分别为 76%与 75.5%,MC-RGCN 模型在训练集和测试集上的准确性分别为 100%与 88.6%。因此,从模型训练结果来看,四种模型性能比较,MC-RGCN 模型表现最为优异。

(二)展望

本文针对微博官方辟谣系统中 2021 年所有经过验证过的真实与虚假新闻数据进行分析处理,将文本数据转化为了特征数据处理,改变了以往利用传统统计学方法进行研究的思路,利用机器学习的技术对其进行数据预处理,降维以及图数据结构的建立以汇聚更多信息,并且应用统计学习分类器和机器学习分类器获得了较好的结果。为后续学者提供了进一步研究思路。

第一,针对文本数据,我们使用机器学习方法将其处理成矩阵数据处理。这样可以集合丰富的语义信息于数据中,进而使用不同的统计学习或机器学习方法进行分类工作。因此,后续的工作可以都基于此数据预处理方法展开。

第二,使用图结构进行信息的汇聚。本文使用异质图结构,不仅收集语义文本本身的特征信息,还集合了社交网络新闻传播过程的联系信息,通过图结构实现了更多信息的汇聚,得到了更好的分类结果。因此,后续可以使用集合更多语义信息的图结构进行机器学习训练工作。

第三,我们使用蒙特卡罗的方法去估计模型分类的不确定性。相较于机器学习方法 Softmax 分类器,其会造成过度自信的结果。我们使用多次预测的方差进行估计,获得了置信度的结果。因此,后续的研究可以对有监督学习任务的置信度进行进一步的估计。

【参考文献】

[1] 王立强. 面向社交媒体的网络和内容分析关键技术研究[D]. 山东大学,2019.

[2] 夏凉. 基于 LSTM 算法的新闻内容真假判断研究[D]. 对外经济贸易大学,2023.

[3] Bruna,J.; Zaremba,W.; Szlam,A.; and Lecun,Y. 2014. Spectral networks and locally connected networks on graphs. In International Conference on Learning Representations (ICLR2014),CBLS,April 2014,http-openreview.

[4] Chen,T.; Li,X.; Yin,H.; and Zhang,J. 2018. Call attention to rumors:Deep attention based recurrent neuralnet works for early rumor detection. In Pacific-Asia Conference on Knowledge Discovery and Data Mining,40—52. Springer.

[5] Cortes C,Vapnik V Support vector machine[J]. Machine leanvng,1995,20(3):273—297.

[6] Defferrard,M.; Bresson,X.; and Vandergheynst,P. 2016. Convolutional neural networks on graphs with fast localized spectral filtering. In Advances in neural information processing systems, 3844—3852.

[7] Kipf,N.,T.,and Welling,M. 2017. Semi supervised classification with graph convolutional networks. In Proceedings of the International Conference on Learning Repre sentations.

[8] Liu,Y.,and Wu,Y.—F. 2018. Early detection of fake news on social media through propagation path classification with recurrent and convolutional networks. In 32nd AAAI Conference on Artificial Intelligence,AAAI 2018,354—361. AAAI press.

[9] Ma,J.;Gao,W.;andWong,K.—F. 2017. Detect rumors in microblog posts using propagation structure via kernel learning. In Proceedings of the 55th Annual Meeting of the Association for Computational Linguistics (Volume 1:Long Pa pers),708—717.

[10] Ma,J.;Gao,W.;andWong,K.—F. 2018. Rumor detection on twitter with tree-structured recursive neural networks. In Proceedings of the 56th Annual Meeting of the As sociation for Computational Linguistics (Volume 1:Long Papers),1980—1989.

[11] Ma,J.;Gao,W.;andWong,K.—F. 2019. Detect rumors on twitter by promoting information cam-

paigns with generative adversarial learning. In The World Wide Web Confer ence,3049—3055. ACM.

[12] Ma,J.; Gao,W.;Mitra,P.; Kwon,S.; Jansen,B. J.; Wong,K. —F.; andCha,M. 2016. Detectingrumorsfrommicroblogs with recurrent neural networks. In Ijcai,3818—3824.

[13] Ma,J.; Gao,W.; Wei,Z.; Lu,Y.; and Wong,K. —F. 2015. Detect rumors using time series of social context informa tion on microblogging websites. In Proceedings of the 24th ACM International on Conference on Information and Knowledge Man agement,1751—1754. ACM.

[14] Scarselli,F.; Gori,M.; Tsoi,A. C.; Hagen buchner,M.; and Monfardini,G. 2008. The graph neural network model. IEEE Transactions on Neural Networks 20(1):61—80.

[15] Wu,K.; Yang,S.; and Zhu,K. Q. 2015. False rumors detection on sina weibo by propagation structures. In 2015 IEEE 31st international conference on data engineering,651—662. IEEE.

[16] Yu,F.; Liu,Q.; Wu,S.; Wang,L.; and Tan,T. 2017. A convolutional approach for misinformation identification. In Proceedings of the 26th International Joint Conference onArtifi cial Intelligence, 3901—3907. AAAI Press.

大数据与 RFID 技术在非法野生动物贸易监测与打击策略中的研究

首都经济贸易大学　吴沁埕、李芳璐、周于卜

摘　要

在贸易全球化的大背景下，非法野生动物贸易愈发频繁，严重威胁了生物多样性和公共健康。尽管国际社会建立了《濒危野生动植物国际贸易公约》(CITES)等法规，但监管不足以及执行力弱等问题仍然存在。因此，完善监测系统，弥补薄弱环节，成为保护生物多样性和维护公共健康的关键。为此，本项目将运用大数据技术，结合人工智能和 RFID 技术，构建科学的监测体系，提升监测和打击非法野生动物贸易的效果。

项目首先采用大数据分析和自然语言处理(NLP)技术，深度剖析社交媒体上非法野生动物贸易的舆情；通过 LDA 和 NMF 主题模型，探索公众对于非法贸易的态度和观点。接着运用层次分析法(AHP)和主成分分析法(PCA)识别并选择哥斯达黎加政府作为最佳策略执行地。然后利用 ARIMA 预测模型与非法贸易风险模型，结合 SLSQP 优化算法，构建基于代理的海龟运动模型，以模拟和预测非法贸易行为；运用蚁群优化(ACO)技术优化巡逻路线，为执法部门提供针对性的打击策略。最后，通过评估不同巡逻策略对非法拦截率的影响，结合蒙特卡罗模拟与风险降低系数模型，全面评估海龟保护战略在五年内的有效性。

研究结果显示，项目实施后，预计非法绿海龟贸易将减少 34.43%，且在未来五年内保持下降趋势。同时，研究着重指出巡逻效率在拦截非法贸易中的核心作用，并强调执法和监测质量对于打击非法贸易的重要性。基于以上结论，本文建议加强国际合作，提升全球监管网络的覆盖力；加大政府支持，包括法律授权、环境准入和资金支持，持续推动项目的深入实施。此外，未来可进一步优化数据分析模型，提高巡逻策略的针对性和效率，构建更为严密的非法野生动物贸易防控网络。

关键词：RFID 技术；自然语言处理技术；非法贸易；AHP；ARIMA；蚁群优化

一、引言

(一)研究背景

1. 背景概述

几个世纪以来，非法野生动植物贸易经历了巨大的变化，从早期简单的易货贸易，逐渐发展为涉及多国家、跨越多大陆的复杂全球性黑市。最初，非法野生动植物贸易的兴起源于高消费群体对药用、装饰性和奢侈品的需求。随着全球运输和数字通信技术的发展，跨境活动越发频繁且走私变得更加隐蔽，这使追踪和监管问题更为严峻。非法野生动物贸易不仅增加了物种灭绝的风险，破坏了生态平衡，提高了公共卫生风险。《濒危野生动植物种国际贸易公约》(CITES)是保护野生动植物资源最有力的国际公约之一，旨在确保濒危野生动植物的生存免受国际贸易的威胁。此外，在新冠疫情暴发以后，我国相继出台与修订了多项关于保护野生动物的法律法规。此类举措对非法野生动物贸易施加了一定的限制，但持续的需求和非法野生动物交易的巨大利润仍在推动其扩张。为有效遏制非法野生动物贸易，需要采用结合大数据分析和人工智能技术的方法加强全球合作和严格执法。当前，大数据和人工智能技术通过整合和分析大规模的数据集，实时监控和预测非法活动，为野生动物保护提供了强大的科技支撑。通过利用大数据分析趋势和模式，本项目可以更准确地预测和识别非法贸易活动，而人工智能技术可以辅助自动化监测和响应系统，提升在全球范围内打击此类贸易的效率和效果。

2. 自然语言处理(NLP):野生动物保护舆情分析

随着社交媒体的普及,公众对于野生动物保护和非法贸易的关注度日益增加。为深入了解公众对此类议题的看法,本研究运用自然语言处理技术(NLP),通过情感分析和主题分析,对社交媒体上的相关讨论进行深入研究,以期为政策制定者提供有价值的公众观点和情感倾向分析。

在数据收集阶段,研究利用自动化的网页爬虫技术(如 BeautifulSoup 库等),从广泛的社交媒体平台中迅速、连续地捕获相关讨论内容。经过初步处理,包括文本清洗(如去除停用词、标点符号等)、中文分词(使用 jieba 库进行精确分词),以及文本归一化(如词干提取或词形还原),确保文本数据的质量和准确性,并转化为适合机器学习模型处理的格式。为了更直观地展现社交媒体中野生动物非法贸易相关词频以进行下一步分析,我们绘制了词云图(见图1)。

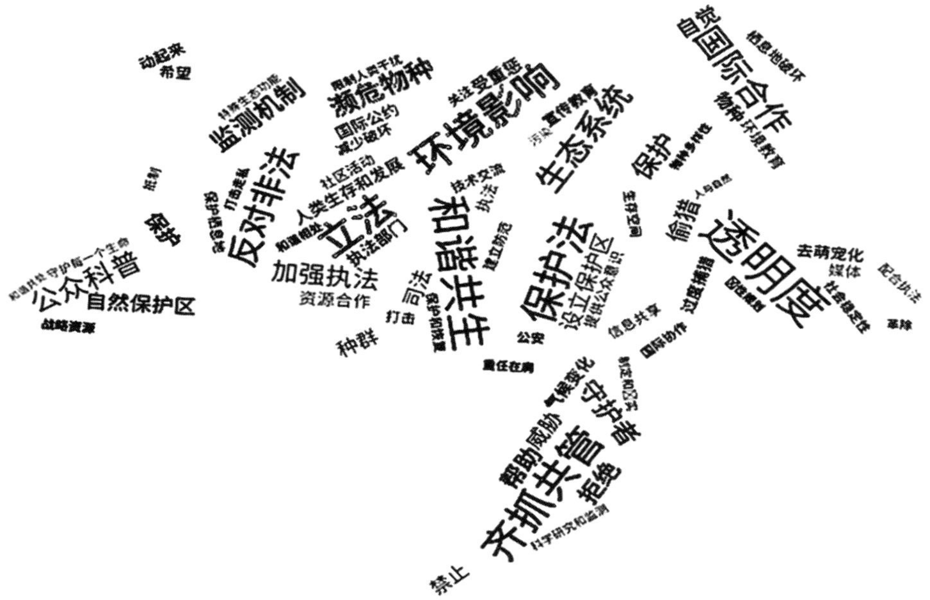

图1　野生动物保护舆情词云图

在情感分析部分,研究应用基于深度学习的情感分析工具(如 VADER),对每条文本进行情感评分,将文本分类为正面、负面或中性,从而迅速、准确地捕捉大规模文本数据中的情感倾向。最终得到结果如图2所示,可以看出75%的公众对野生动物保护的态度呈现积极正面的倾向,且仅有5%的公众表现出消极情绪,这反映了公众普遍支持野生动物保护的行动和政策。

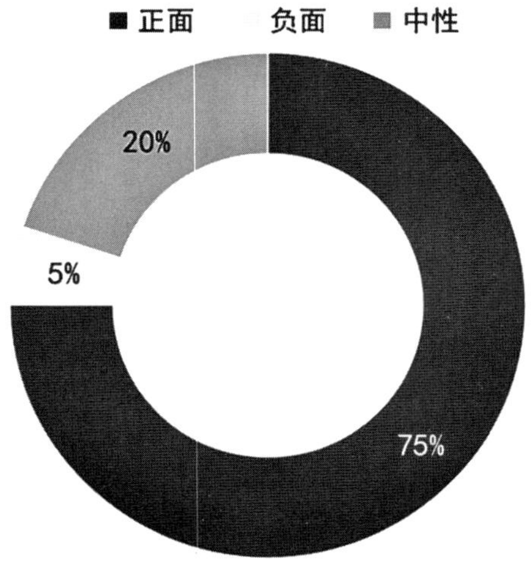

图2　情感分析结果

在主题分析方面，我们研究采用文档—词频矩阵（DTM）作为数据表示形式，并结合 LDA（Latent Dirichlet Allocation）和 NMF（Non-negative Matrix Factorization）等主题模型，对文本数据进行深入的主题挖掘。通过模型训练、主题解释和模型迭代等步骤，识别出文本数据中的主要主题，并分析各主题在数据集中的分布情况。LDA 模型的具体公式如下：

$$P(z \mid w)=\frac{p(w \mid z)p(z)}{p(w)} \tag{1}$$

其中，$p(w \mid z)$ 是给定单词 w 下主题 z 的条件概率，$p(w \mid z)$ 是给定主题 z 下单词 w 的生成概率，$p(z)$ 是主题的先验分布。

主题分析的结果（见图 3）显示，“打击非法贸易”是公众最多提及的主题，而“生态系统”则相对较少。

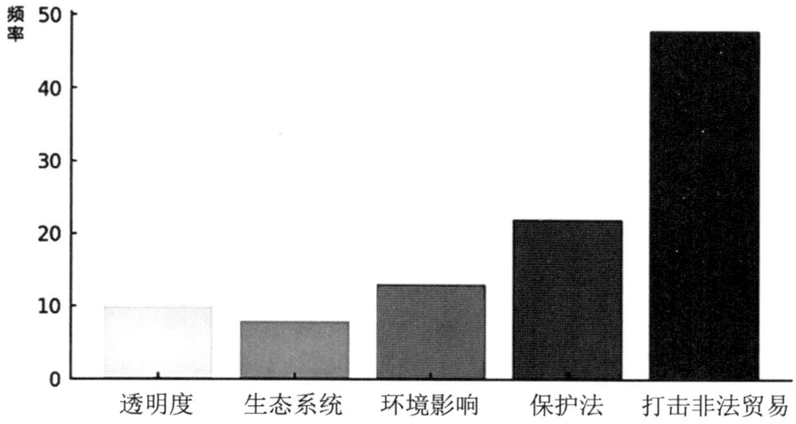

图 3　主题建模结果

这些发现能够为制定更加符合公众期望、更加有针对性的政策和行动计划提供有力的数据支撑。通过结合这些分析和公众的期望，决策者能够制定更加有效的措施，保护野生动物资源，打击非法贸易活动，推动社会的可持续发展。

（二）项目综合规划

首先，本项目采用层次分析法建立了方案落实地选择的层次结构。通过主成分分析确定了标准层因子的权重，以确保判断矩阵的一致性和可靠性。然后根据指数权重和每个计划在标准层上的表现计算分数，最后得出最佳策略执行地是哥斯达黎加政府的结论。

接着，本项目将超高频射频 RFID 技术与地理信息系统（GIS）结合，实时监测绿海龟在指定海域内的移动情况，确保它们在安全的海域内活动。文献分析有助于进一步理解哥斯达黎加的生态环境、相关经验及法律框架，我们建立了由数据分析驱动的环境评估系统，以预测模拟项目实施后海龟保护的改善情况。

由于仅靠监测绿海龟活动无法从根本上遏制非法贸易，我们假设哥斯达黎加政府将提供经济、法律和执法支持，尤其是执法部门和巡逻人员的提供。

随后，项目的预期成果表明，非法贸易的拦截率将大幅提高。通过利用收集到的海龟移动相关数据进行预测建模，有利于优化资源分配，提高执法行动的效率。为了使项目呈现更好的结果，我们建立了非法贸易风险模型，采用序列最小二乘法（SLSQP）提升模型的精度。此外，通过建立海龟运动模型，具体分析了季节行为、海龟的代理运动、温度偏好、随机性和模拟时间步长等因素。随后，我们利用蚁群优化（ACO）算法，从战略上提高巡逻路线的效率。

最后，我们通过详细的风险分析评估该项目的稳健性，以确保技术可行性和财务稳定性。此外，通过敏感性分析，我们发现了外部变量的影响，包括该项目对自然环境变化的适应性、对社会政治变化的弹性、对技术进步的适应性以及在经济波动下的灵活性（图 4）。

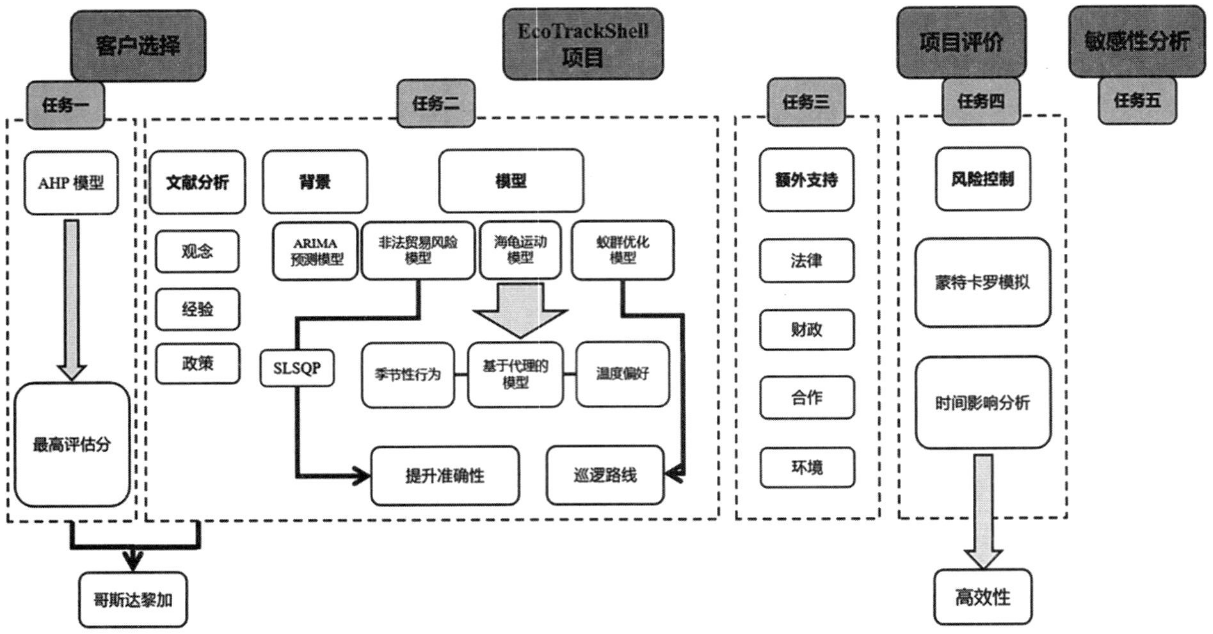

图4　工作流程图

二、模型准备

1. 假设

假设1:RFID技术的应用不会显著改变绿海龟自然行为下的存活率。

考虑到先前的研究表明干扰极小,该假设简化了该技术对野生动物的评估。

假设2:影响绿海龟栖息地的环境条件在项目期间保持稳定。

这一假设简化了模型,气候或栖息地条件的潜在快速变化可能对项目造成的影响不纳入考虑范畴。

假设3:技术故障与数据丢失对项目整体数据完整性的影响可忽略不计。

基于RFID技术和数据收集过程展现出的高可靠性,该简化假设其能有效预防数据丢失的发生,从而显著减少对数据丢失应急计划的需求。

2. 数据收集和预处理

建立综合索引系统的基础在于获取充足的数据,我们使用的数据来源见表1。

表1　数据库信息

Database	Website
World Bank	https://data.worldbank.org/
BEA Data	https://www.bea.gov/data
INTERPOL	https://www.interpol.int
CITES Wildlife Trade View	https://tradeview.cites.org

3. 填补缺失值

当不同年份之间的数据存在很强的相关性时,我们采用了插值法,这包括使用现有的非缺失数据进行迭代多项式拟合、逐步填补缺失值,直至完成全过程。如果没有实质性的相关性,我们选择用其他年份的平均值来填充缺失数据。

4. 异常值处理

我们使用箱线图来检测数据中的异常值,然后应用逆高斯法进行异常值处理。这包括计算数据的平均值和标准差,然后计算标准化分数来衡量它们的偏差程度。基于预定义的阈值,识别并去除异常值,以提高数据的可靠性和准确性。

5. 数据换算与标准化

通过将指标分为效益和成本，然后在[0,1]范围内进行缩放，以消除不同指标之间的幅度差异，从而能够在一致的尺度上进行数据对比分析

三、方案落实地的选择

(一)定量分析:层次分析法

1. 层次结构的建立

通过建立层次分析法(AHP)模型，我们识别并划定了五个对决策最为重要的影响因素，形成准则层。同时，我们确定五个潜在的政府客户作为备选方案，这些政府分别为澳大利亚、印度尼西亚、墨西哥、马来西亚和哥斯达黎加政府。鉴于这些国家的辖区内存在绿海龟种群，这一条件与我们专注于绿海龟保护工作的研究重点高度契合。层次结构如图5所示。标准层中的每个准则层中分别表示为 Z_1、Z_2、Z_3、Z_4 和 Z_5，而方案层中的每个方案分别表示为A、B、C、D和E。

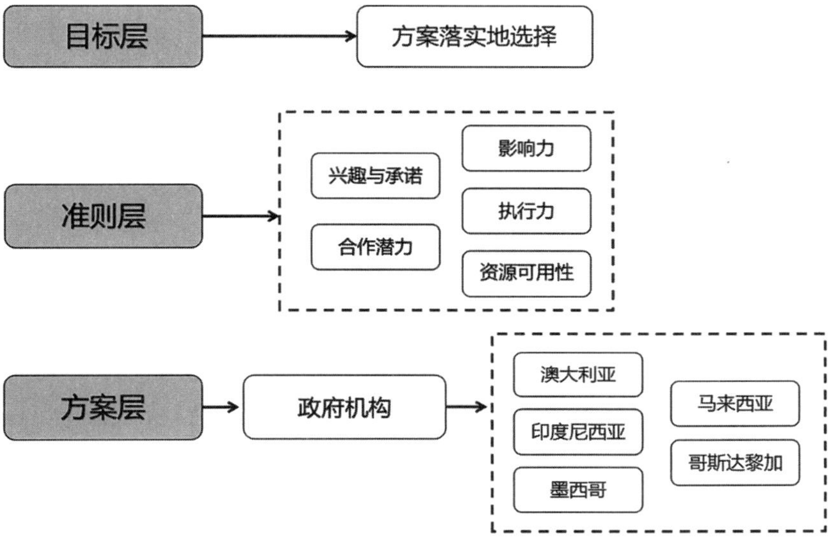

图5 AHP层次结构模型

2. 一致性验证和决策评分

我们采用了主成分分析法(PCA)来降低准则层数据集的维度。综合文献综述得出主要因素的重要性排序如下：影响力 > 资源可用性 > 执行力 > 合作潜力 > 兴趣与承诺。在得到一个比较矩阵后，使用一致性指标CI(Consistency Index)和CR(Consistency Ratio)来确保判断矩阵的一致性和可靠性。随后，我们计算得到一致性比率(CR)为0.07，该值小于0.1的阈值，表明判断矩阵具有一致性。这表明判断矩阵通过了一致性验证，肯定了判断矩阵的可靠性。随后，根据主特征值对应的特征向量，计算出每个主因子的权重分配：影响力(0.396)、资源可用性(0.221)、兴趣与承诺(0.076)、执行力(0.17)和合作潜力(0.13)。最终，我们得到了不同政府的得分(如图6所示)。基于这些评估结果，对上述因素综合评估，哥斯达黎加政府成为本项目最优的方案落实地。

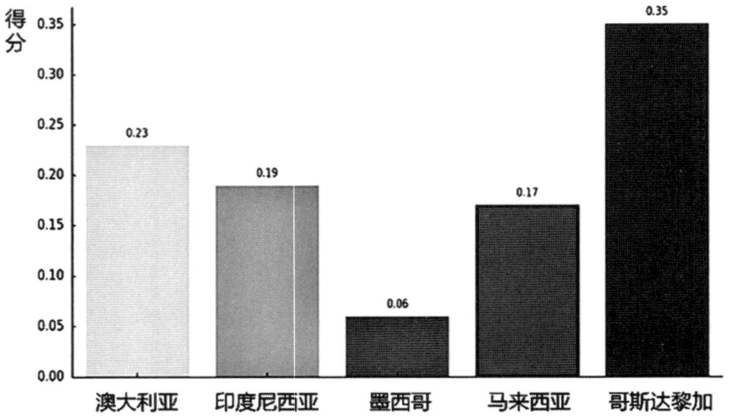

图 6　不同政府的评估得分

(二)定性分析:文献综述

哥斯达黎加政府从优秀的环保理念、完善的法律框架和充足的经验积累三方面展现其在野生动物保护方面的显著优势(见图7)。

在观念上,该政府高度重视人类与野生动物的冲突,鼓励建立自然保护区,以进一步解决地理发展不平衡问题[8]。这种可持续发展理念与我们项目的核心理念相符,有助于项目的进一步推进。

在经验上,哥斯达黎加已落实过多次绿海龟保护方案。在2020年,哥斯达黎加政府采用结合了GPS技术的模拟海龟蛋技术来打击非法贸易,这一举措充分展现了其对环境保护的技术创新[6]。此类相关经验作为潜在优势,有利于推进本项目在该政府的深入贯彻。哥斯达黎加政府对先进技术的高接纳度为部署RFID(无线射频识别)技术的创新解决方案创造了有利条件,为增强濒危物种的监测与保护工作提供了有力保障。

在法律与战略布局上,哥斯达黎加为保护野生动物建立了完善的法律体系。而本项目与哥斯达黎加已建立的生态保护战略的高度协同,这种对战略目标的高度一致性有利于本项目得到来自哥斯达黎加政府的支持[7]。由于本项目需要执法部门的介入才能从根本上抑制非法绿海龟贸易的产生,这些法律与战略上的支持无疑有利于项目的持续推进。

综上所述,哥斯达黎加政府凭借多维度的优势上为本项目的可持续实施提供了有力保障。因此,哥斯达黎加政府无疑是与本项目合作的理想合作伙伴。

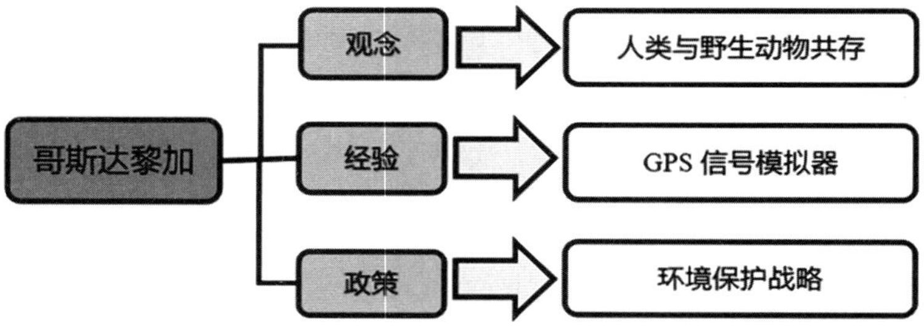

图 7　哥斯达黎加政府的优势

四、模型构建:基于RFID的野生动物保护系统

(一)野生动物保护系统的背景

1. 野生动物贸易概况

该项目旨在通过利用射频识别(RFID)技术,加强对绿海龟贸易的监测和监管。通过全面的探索性数据分析(EDA),我们依据各国进出口贸易量深入分析了该类贸易范围和动态,确定了主要的进口商和出口商(见图8),同时从国家和具体物种两个层面描述了非法野生动植物贸易的现状。

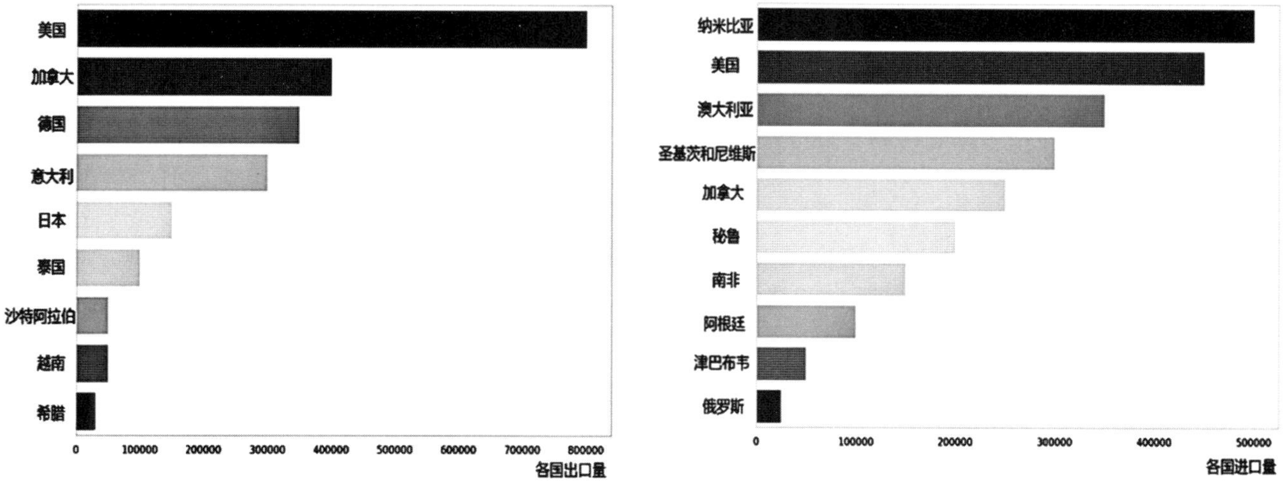

a. 十大进口国　　　　b. 十大出口国

图 8　全球贸易十强

本项目深入研究了非法野生动物市场，包括活体、兽皮和象牙的交易，揭示了其独特需求和模式。通过物种分析，我们确定了被非法交易频率最高的物种(见图 9)，其中占比最大的是食肉目动物，占据了整个非法交易总量的 54%，其次是灵长类、偶蹄目物种，分别占据了 18%和 9%的份额。

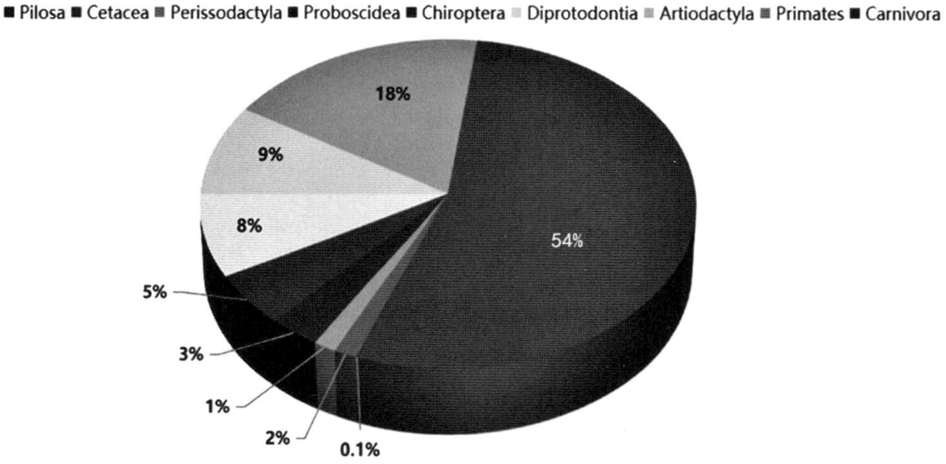

图 9　非法交易物种走私量占比

随后，我们应用 ARIMA 预测模型和多元线性回归来描述贸易量随时间的变化趋势(见图 10)。其中，非法贸易量在 2016 年达到顶峰，随后呈下降趋势。通过这种方法，我们可以评估不同干预措施在遏制非法贸易方面的效果。

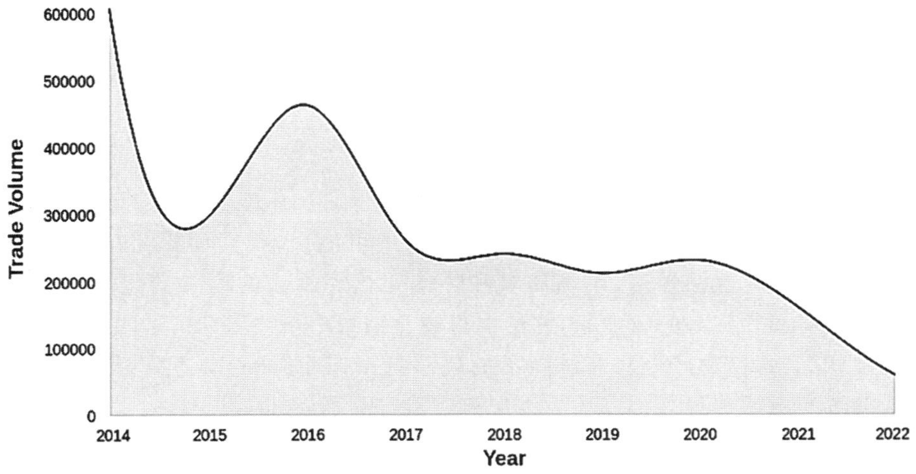

图 10　贸易量随时间的变化图

2. 缘何聚焦绿海龟

作为海洋生态系统中的关键物种之一,绿海龟在维持海洋生态平衡、保护生物多样性方面扮演着不可或缺的角色。然而,由于非法偷猎、栖息地退化和气候变化等多重因素的威胁,绿海龟濒临灭绝。此外,由于绿海龟的栖息地相比于陆地生物较广,绿海龟保护策略具有广泛普适性,易于推广至监测范围较小的陆地濒危动物。因此,制定海龟保护策略是当务之急[3],本研究特地选定绿海龟为研究对象,进行深入的监测和研究。

通过采用RFID技术进行实时跟踪和监控,本项目将深入研究濒危野生动物的生态行为、栖息地和迁徙模式,根据获取的数据规划出最短且最高效的巡逻路线。这有助于优化保护工作及建立智慧保护区,从而进一步完善野生动物保护工作及野生动物走私监测工作,更高效地打击该类非法贸易行为。

(二)RFID监控系统简介

用于野生动物探测的RFID(Radio Frequency Identification)技术,具有信号穿透性强,成本低廉等诸多优点。它作为一种高效的研究工具,特别适用于追踪与监测动物个体的行为、迁徙模式以及生存状况。该技术的工作原理(见图11)是通过无线电波自动追踪并识别带有RFID标记的物体。这一过程无须依赖肉眼观察或身体接触,从而显著减少外界对动物自然行为的干扰。因此,RFID技术有助于研究人员在不影响动物日常活动的情况下,进行长期、持续且准确的监测。

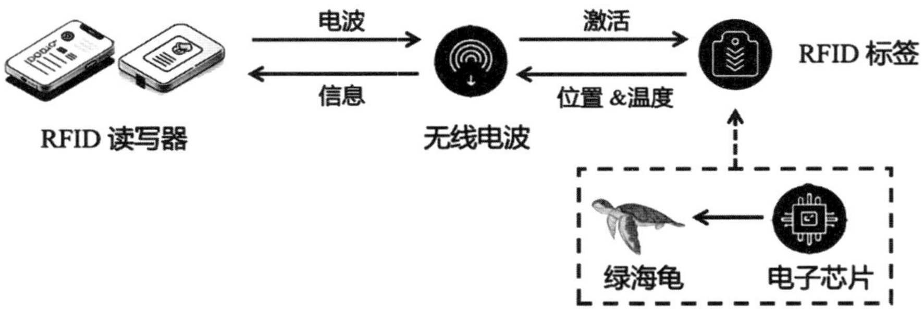

图11 RFID工作流程

1. RFID标签:这些标签包含一个微小的电子芯片和一个存储数据的天线。有两种类型的标签——主动标签和被动标签。主动有源标签内置电池,可以主动发送信号;无源标签没有电池,需要被读取器的电磁场激活来发送信号。

2. RFID读写器:该设备通过发出特定频率的无线电波信号来激活并读取附近的RFID标签中存储的信息。读写器的设计灵活性允许其既可以是固定安装的,也可以是便携移动的,以满足不同研究场景下的需求。当携带有RFID标签的动物进入读写器可操作范围时,标签会被激活并自动发送存储的数据,读写器则捕获这些信息并记录,从而实现对动物的检测和追踪。

RFID监测系统用于监测海龟的实时位置和温度。受监测的海龟携带便携式RFID标签,定期向监测系统输送位置和温度数据,从而将海龟的运动轨迹和温度变化记录在监控系统,为海龟代理运动的后续轨迹分析提供可靠数据来源。考虑到其识别距离有限且定位精度不佳等问题,项目将采用顶部标签布置的RFID识别方法和双重指纹匹配的搜索算法对RFID技术进行优化处理[5]。

(三)野生动物保护系统中的模型

1. 非法贸易风险评估:概率性方法

为了量化动物种群在特定时间可能受到非法贸易威胁的可能性,我们计算了在t点的非法野生动物贸易风险的概率。该指标反映了执法强度、市场需求和环境变化等因素的动态变化。根据前几年的数据,我们预测了未来的非法野生动物贸易的营业额,并给出可视化结果。折线图(如图12)显示,除去2020年受到疫情影响导致的异常状况,我们预计未来非法贸易的风险将持续下降,这体现了项目长期实施及打击非法贸易措施所展现的持续有效性。

2. 海龟运动分析:基于代理模型

动物运动分析模型采用基于代理的建模方法,通过建模动物的自然行为,包括觅食、休息和繁殖规律

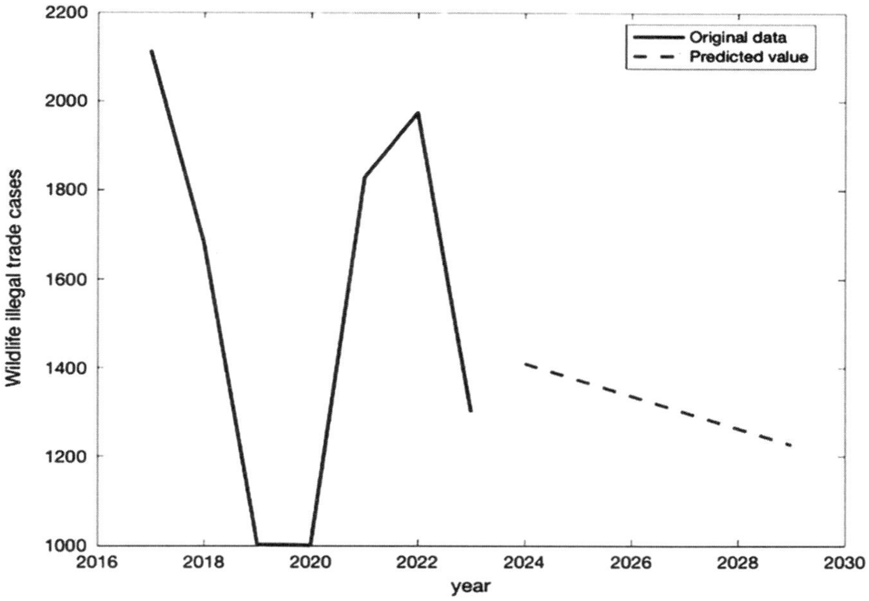

图 12 非法野生动物贸易案件预测图

等，模拟出动物真实的运动方式。该模型充分考虑了几个关键因素，包括季节行为、海龟的代理运动、随机性、温度偏好和模拟时间步长。这些因素的结合使该模型能够更真实而准确地模拟与分析绿海龟的运动模式(见图 13)。

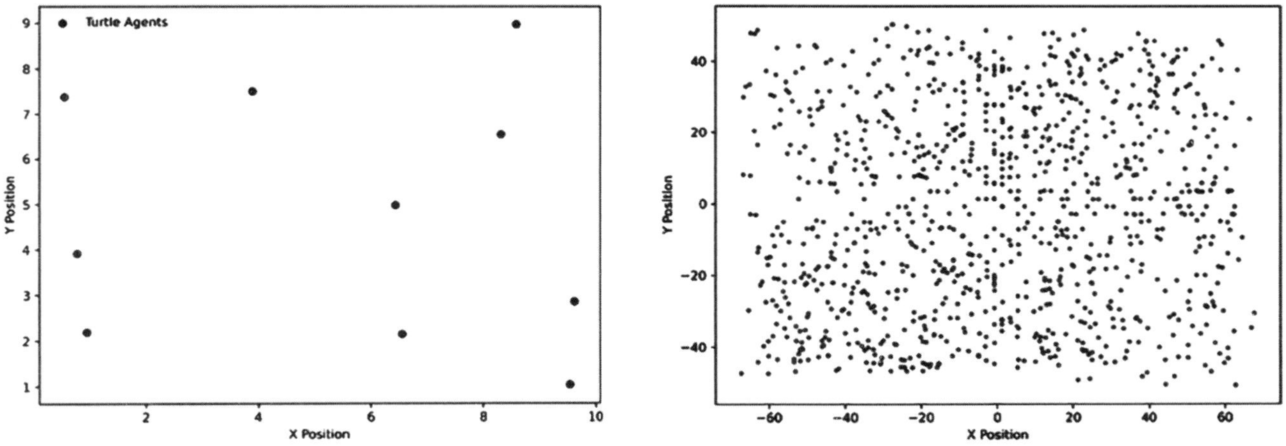

a. 海龟代理位置　　b. 海龟移动坐标

图 13 海龟行动轨迹

最初，我们引入了季节性行为的概念，用整数 s 表示每个季节，如春季 $s=1$、夏季 $s=2$ 等，每个季节都有其特定的平均温度。

根据文献中海龟生存适宜温度范围([28,32])预设统计规律和参数，通过随机抽样方法精确生成 Ts 及温度值。基于代理模型的运动由二维坐标 (X_t,Y_t) 表示，其中 t 表示时间步长。在每个时间步长内，海龟代理的位置通过公式(2)进行更新：

$$\begin{cases} X_{t+1} = X_t + \Delta X_t \\ Y_{t+1} = Y_t + \Delta Y_t \end{cases} \tag{2}$$

其中，ΔX_t 和 ΔY_t 的值代表随机产生的小增量，模拟海龟在单位时间内的移动。此外，通过随机数生成算法生成 ΔX_t、ΔY_t 和 T_t 的值，引入了随机性，反映了海龟运动和温度变化的不可预测性，从而使模型更接近真实世界的条件。

温度偏好在模型中至关重要。在每个时间 t 的步骤中，模型都会评估当前位置的温度 T_t 是否在海龟生存的最佳范围内。如果是，当前区域符合海龟停留的条件；反之，它们就会寻找更合适的温度区域。通过用不同的图形表示四季,得到不同季节时海龟栖息位置的可视化结果(见图14)。这一过程与 RFID 系统记录的实际温度数据进行了验证,以提高模拟的准确性。

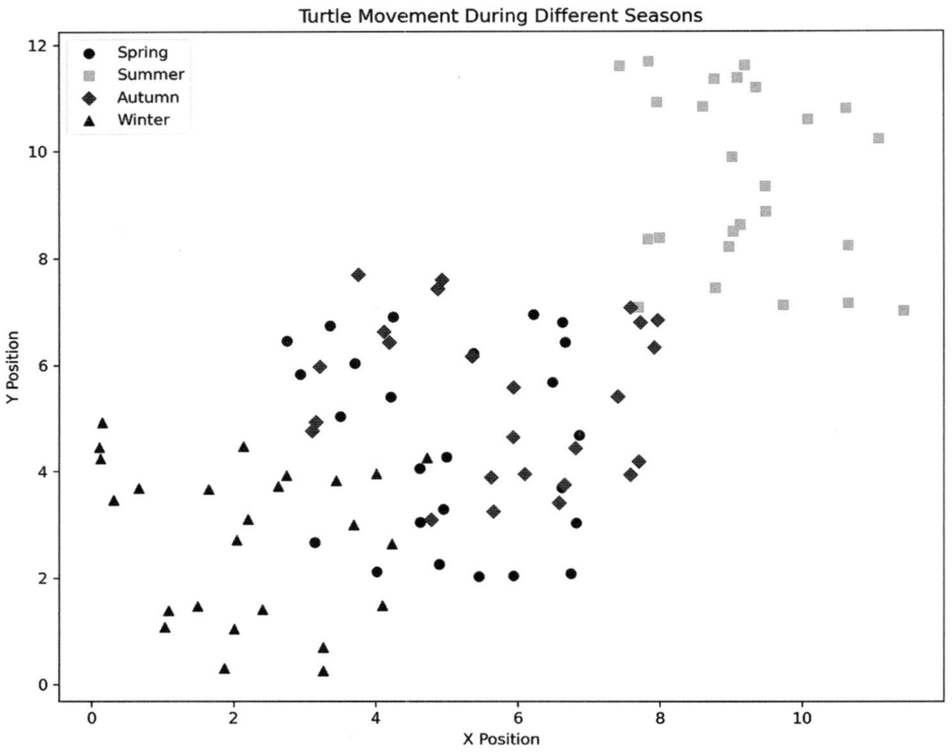

图14　海龟在不同季节的活动情况

该模型是研究海龟行为的有力工具,有助于为生态研究和制定保护战略提供了参考。

3. RFID 精度提升:SLSQP 算法

利用前面讨论过的动物运动模式模型,本节将介绍一种复杂的优化算法,旨在完善 RFID 跟踪系统的数据解读。

我们采用序列最小二乘法(SLSQP)来合理分配绿海龟跟踪监测资源。优化目标函数为 $\max\sum_{i=1}^{n}x_i$,其中每个变量 x_i 定量代表跟踪过程的一个方面,如数据采集频率或 RFID 跟踪点的数量。该模型确保了在三个约束条件下的全面监测框架:

(1)预算约束:该约束要求所有决策变量 x_i 的总和不得超过预先确定的预算 B。用数学方法表示为

$$\sum_{i=1}^{n}x_i \leqslant B \tag{3}$$

其中,n 表示决策变量的数量。这一限制确保了所有决策变量的总支出不会超过可用的预算资源。

(2)最大读取器约束:该约束条件与 RFID 读取器的数量有关,但完整的等式在图像中并不完全可见。假设符号 M 代表可使用读取器的上限,则可表示为

$$n \leqslant M \tag{4}$$

其中,n 表示实际使用或需要的读取器数量,M 是允许的最大读取器数量。

(3)设备故障率约束:该约束涉及设备故障率 k,必须小于阈值 F。设定该阈值可能是为了确保系统的可靠性,可写成

$$\frac{k}{n} < F \tag{5}$$

其中,k 可能表示一定时间内设备故障的数量,n 是设备总数,因此 $\frac{k}{n}$ 代表故障率,需要低于允许的最大故障率 F。

应用 SLSQP 算法得出的解决方案是，在各决策变量之间统一分配资源，具体表现为 x_i 各决策变量的值均设为 1。这一结果意味着监测资源得到了公平分配，同时遵守了约束条件，并实现了目标函数总和为 99.999999973042 的最优解，这表明该模型能够在资源有限的情况下最大限度地提高数据收集效率。

资源的优化分配对于准确模拟 RFID 系统显示的绿海龟迁徙行为至关重要。将模型的输出结果与真实世界的温度数据和记录的运动模式进行交叉对比，可确保模拟的可靠性。此外，这一优化过程还为 RFID 传感器的战略部署提供了信息，以捕捉重要数据，尤其是有关海龟行为和季节性迁徙的数据。

4. 巡逻路线优化：蚁群优化

本研究利用蚁群优化技术(ACO)来加强对 RFID 跟踪数据的解读，特别适合优化野生动物监测的巡逻路线。ACO 是一种基于生物启发的概率技术，用于路径优化问题。

这一模式包含几个关键因素：

(1)可见度系数 η_{ij} 表示从点 i 移动到点 j 的可取性，通常与两点之间的距离呈反比。

(2)信息素水平 τ_{ij}，象征路径的学习可取性，在模拟蚂蚁穿越并建立有效路径的过程中不断更新。

(3)信息素的更新规则考虑了蒸发率和新信息素的添加，其计算公式为：

$$\tau_{ij} = (1-\rho) \cdot \tau_{ij} + \Delta\tau_{ij} \tag{6}$$

其中，ρ 是信息素蒸发率，$\Delta\tau_{ij}$ 是信息素沉积量，通常是所走路径质量的函数。

蚂蚁选择从 i 点移动到 j 点的概率按下式计算：

$$p_{ij} = \frac{[\tau_{ij}]^{\alpha} \cdot [\eta_{ij}]^{\beta}}{\sum_{l \in \text{allowed}_k} [\tau_{il}]^{\alpha} \cdot [\eta_{il}]^{\beta}} \tag{7}$$

其中，α 和 β 分别平衡信息素轨迹和可见度的影响，allowed_k 是蚂蚁 i 从点 k 出发的下一个可能位置的集合。

通过实施 ACO 模型，本项目确定了不同季节(春季、夏季、秋季和冬季)下的最优化巡逻路线，具体路径如图 15 所示。此外，本项目依据巡逻路线的实际长度和 RFID 技术收集到的数据，对这些路线进行系统性的评估，评估结果展现了 ACO 模型对季节变化的高度适应性以及在数据收集方面的高效性和实用性。

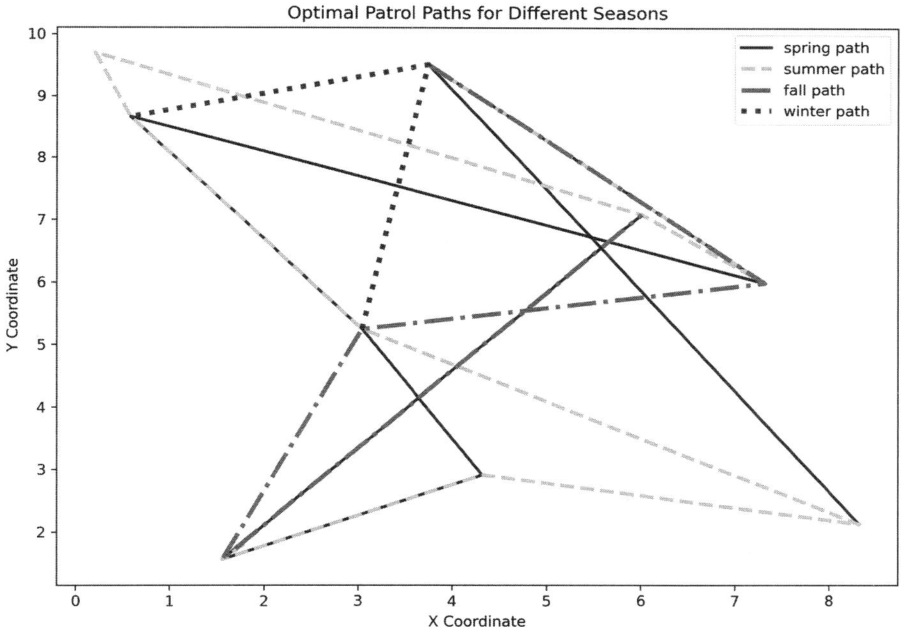

图 15　不同季节最佳巡逻路线的比较

总之，ACO 在 RFID 数据分析中的应用标志着生态监测领域的重大进步，为适应野生动物的环境和行为变化提供了一种动态、高效的方法。

(四)额外的支持

1. 法律授权

由于 RFID 系统安全性直接影响采集信息的真实性，相关研究者提出了众多轻量级以及超轻量级安全协议[5]。在通过RFID技术收集保护动物的相关数据时,需要事先获得相应的许可证。同时,相关人员也要获得法律授权,以确保有权在特定地区或特定时间进行巡逻,并在特定情况下进行搜查。

2. 环境准入水平

环境准入水平保障了保护机构在指定自然保护区或野生动物栖息地内进行监测和巡逻的权益。此外,它涵盖了在这些区域内安装监测设备或执行保护活动所需的土地使用权,从而确保野生动物得以在安全的栖息环境中繁衍生息。这一标准对于野生动物保护工作的顺利开展具有至关重要的意义。

3. 国际合作与协定

在全球化背景下,国际合作与协定对于打击跨境非法野生动物贸易至关重要。与邻国达成的合作协议,不仅有助于共同打击非法活动,还能确保遵守国际野生动物保护公约,如《濒危野生动植物种国际贸易公约》,从而共同维护全球生物多样性[4]。

4. 财政支持

作为国家治理的基础和重要支柱,财政在野生动物保护方面肩负重任[1]。为项目提供充足的资金,确保对监测设备和RFID等技术支持的投入,对于提高保护效果至关重要。此外,财政支持还能促进相关研究和培训,推动野生动物保护工作的持续发展。

五、项目评估

(一)过程评估

根据RFID监测数据和海龟移动模型数据,我们评估和预测了巡逻策略对非法拦截率的影响,分析了项目的有效性。此外,鉴于时间因素对项目成效的潜在影响,本项目采用了风险降低系数模型与蒙特卡罗模拟模型相结合的综合评估系统,从而对未来五年海龟保护的总体成效进行了全面而严谨的评估。

1. 风险降低系数

该分析的重点是巡逻频率、RFID覆盖范围和实施效率对非法贸易风险的影响。以上关系可以用公式(8)量化表达:

$$R = r + f_{frequency} + g_{area} + h_{efficiency} \tag{8}$$

该研究表明,提高巡逻频率和效率可大大降低非法贸易风险,而扩大RFID覆盖范围带来的收益则会递减。

2. 蒙特卡罗模拟

模拟估算出的非法贸易事件数量 Y_i 具有正态分布,具体表现为:

$$Y_i = N(\mu, \sigma 2) \times (1 - R) \tag{9}$$

蒙特卡洛模拟的结果(见图16)表明,与未实施干预措施相比,实施项目干预措施后非法贸易事件的数

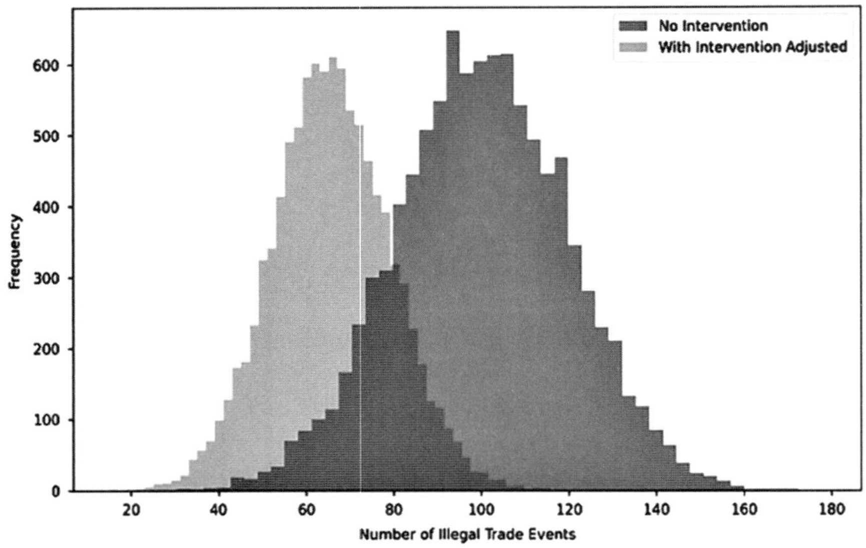

图16 蒙特卡罗非法野生贸易预测

量显著减少，这表明该项目在拦截非法野生动植物贸易方面效果显著。具体而言，干预后事件的平均数量减少了约 34.49 起，平均减少百分比为 34.43%，进一步证实了干预措施的有效性。

3. 时间序列分析

为研究五年计划对截获非法贸易的效果，我们建立了线性回归模型：

$$Y=\beta_0+\beta_1\cdot C+\beta_2\cdot T+\beta_3\cdot C\cdot T+\varepsilon \tag{10}$$

其中，Y 表示非法贸易事件的数量，C 是二进制变量（0 表示对照组，1 表示干预组），T 是连续变量，表示时间，以反映干预效果的变化。结果如图 17 所示，实线代表未实施任何干预，而虚线代表施加干预措施。在未来五年，非法贸易量在干预的情况下逐年减少，这证明了措施的持续有效性。

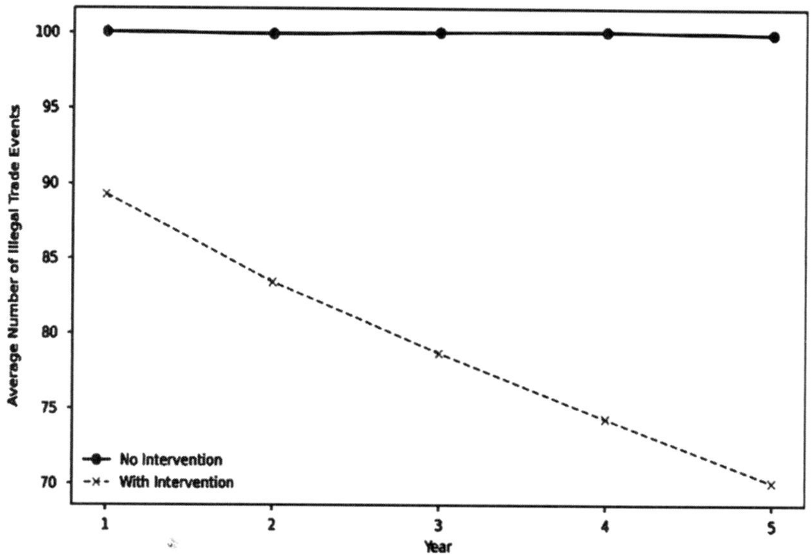

图 17　项目对非法贸易的影响随时间而变化

（二）敏感性分析

考虑到项目实施后的资源分配会产生不同权重，且不同的资源分配会对非法贸易的拦截产生不同的影响。因此，我们选择了影响项目实施的主要因素——巡逻频率、RFID 监测覆盖范围和巡逻效率，作为敏感性分析（如图 18）的三个关键参数，以探讨它们对拦截非法野生贸易概率的影响。此外，我们引入随机波动来模拟在实际项目实施过程中可能遇到的不确定性。

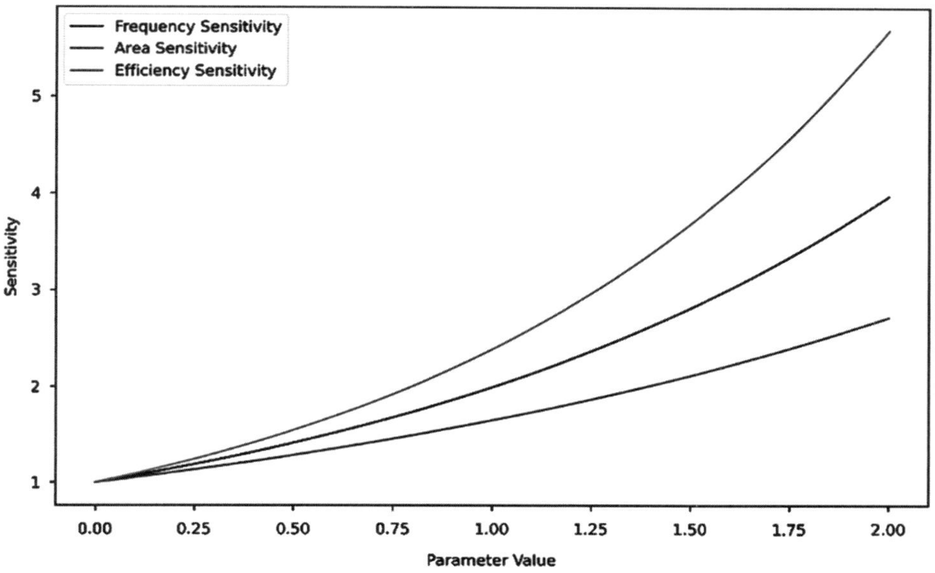

图 18　敏感性分析结果

敏感性分析表明,巡逻效率对拦截成功率有核心影响,其次是监测覆盖区域,而巡逻频率的影响相对较小,但适当的频率调整能提高资源范围内的整体非法贸易拦截成功率。研究结果表明,在资源有限的情况下,提高执法行动的质量比简单地增加巡逻次数更有效。可以通过对人员进行更专业的培训、提供更好的武器和更先进的技术支持来改进巡逻方法。此外,相关部门应针对高风险时段和地区进行有针对性的巡逻。

综上所述,提升巡逻效率是拦截非法野生贸易的关键,其次是扩大 RFID 监测范围和安排合理的巡逻频率。基于此,相关执法部门应该综合利用这三种战略,合理部署资源配置和战略,高效实施野生动物保护项目。

(三)项目优势

1. 通过海龟运动分析增强监测

本项目利用 RFID 技术对海龟的移动模式进行详尽分析,从而准确识别出海龟的重要栖息地和迁徙路线,精确划定重点保护区域。通过深入洞察海龟活动的空间分布和时间模式,本项目确保了保护工作的战略部署能精准聚焦于最需关注的地区,从而大幅提升保护措施和资源分配的效率。

2. 利用蚁群算法优化巡逻策略

本项目创新性地应用了蚁群优化算法来制定最优化的巡逻策略。该方法使执法部门能够动态地分配资源,并优先监控高风险地区,从而有效降低非法贸易的发生率。同时,本项目基于海龟移动模式及历史非法活动的数据驱动分析来确定巡逻路线,确保了执法工作的针对性和高效性。

3. 优化执法策略以减少非法野生动植物贸易

本项目的干预措施对减少非法野生动植物贸易产生了显著且可量化的影响。经过严格的评估,可以确定本项目不仅有效减少了非法活动,而且随着时间的推移提高了非法贸易的拦截率。这种持续的成功彰显了本项目在打击野生动物犯罪方面的显著优势。通过对比有项目干预与无项目干预地区的数据,研究结果进一步强调了实施有针对性的执法和监测战略在长期保护目标中的核心作用。

(四)项目劣势

在 AHP 模型中,为了确定不同指标的权重,我们对世界各国的多个指标进行了数据分析。由于数据量庞大,这些指标会包含少量的缺失值,这导致权重的确定存在一定的不准确性。

在预测该模型对未来非法贸易的影响时,不可预测因素的随机性会对曲线的发展趋势产生一定的影响。

【参考文献】

[1] 陈少强,覃凤琴.财政支持野生动物保护应有序推进[J].环境经济,2020,(12):20—23.

[2] 廖星宇.Iot 下 Rfid 系统超轻量级的双向认证及权限转移协议研究[D].电子科技大学,2022.Doi:10.27005/d.Cnki.Gdzku.2022.004333.

[3] 劳淇,端金霞,陈小莲,等.广东惠东海龟国家级自然保护区动物多样性调查[J/OL].水生态学杂志,1—8[2024—05—15].

[4] 张一康,陈燚涛,刘芳,等.基于顶部标签的 Rfid 室内定位优化算法研究[J].计算机仿真,2024,41(04):335—340.

[5] 朱江,魏辅文.论缔约方科学机构在履行《濒危野生动植物种国际贸易公约》中的作用[J].中国科学院院刊,2022,37(11):1614—1622.

[6] Janzen D. H. ,Hallwachs W. Area De Conservaci'On Guanacastenorthwestern Costa Rica:Converting a Tropical National Park To Conservation Via Biodevelopment[J]. Biotropica,2020,52(6):1017—1029.

[7] Ricardo S V. Conservation Strategies,Protected Areas,And Ecotourism In Costa Rica[J]. Journal Of Park And Recreation Administration,2018,36(3):115—128.

[8] Sáenz-Bolaños C. ,Fuller K. T. ,J. C. E. Wildlife Diversity And Relative Abundance Among a Variety Of Adjacent Protected Areas In The Northern Talamanca Mountains Of Costa Rica[J]. Diversity,2020,12(4):134—134.

基于实时流量数据的交通网络脆弱性研究

郑州轻工业大学　王静怡、钟毅、朱姣姣

摘　要

在全球化和信息化的背景下，中国政府发布《交通强国建设纲要》，旨在通过科技创新推动交通行业的质量、效率和动力变革。智慧交通作为关键领域，利用大数据等技术提高交通管理的智能化和精细化，对于促进经济社会发展具有重要作用。

本文提出了一个基于实时道路流量数据的交通网络脆弱性研究框架，并给出了交通网络静态和动态脆弱性分析方法。首先，本研究选用贵州省某城市交通网络道路信息数据集，对数百万条数据进行清洗与处理，并进行时间序列分析和聚类，为实现精准的交通流量预测和网络脆弱性分析奠定了基础。其次，构造了基于复杂网络理论的拓扑结构，从度、介数、接近度中心性和特征向量中心性等角度构建了静态脆弱性测度体系，提出了静态脆弱性分析的框架与方法。再次，基于交通流量预测数据，构建了交通网络级联失效模型，进行了动态脆弱性分析，模拟了早高峰时段可能发生的级联失效情况。最后，针对识别出的脆弱路段，给出了科学的交通管理对策与建议，不仅为交通管理部门提供了技术支持，还为城市交通政策的制定和优化提供了决策依据。

本研究提出的交通流量预测与网络脆弱性分析框架和方法不仅为城市交通流量的精准预测和交通网络鲁棒性评估提供了科学的方法，还给实时交通流量监测、应急政策制定和交通基础设施建设等提供了有力的政策支持。

关键词：交通流量预测；级联失效模型；网络脆弱性分析；智慧交通

一、引言

（一）研究背景和意义

在全球化和信息化时代背景下，中共中央、国务院于2019年印发的《交通强国建设纲要》标志着我国对交通运输行业的未来发展方向进行了全面而深远的规划。该纲要不仅是一份宏观的战略决策，更是一项具体的行动计划，旨在通过科技创新驱动加快建设交通强国，实现交通运输行业的质量变革、效率变革、动力变革。这一决策深刻体现了我国政府对交通发展重要性的认识，并且明确了建设交通强国的具体目标和行动指南，为我国未来一段时间内的交通发展提供了清晰的路线图和行动框架。

《交通强国建设纲要》中提出的发展目标，具体包括到2020年完成全面建成小康社会交通建设任务，到2035年基本建成交通强国，以及到本世纪中叶全面建成人民满意、保障有力、世界前列的交通强国。这些宏伟目标涵盖了构建现代化综合交通体系、提升人民满意度、实现城乡区域交通协调发展等多个方面，为交通管理的智能化和精细化提供了明确的方向。实现这些目标，需要依托于新一代信息技术与交通运输的深度融合，即智慧交通的发展。智慧交通作为推动交通运输行业创新实践最为活跃的领域，不仅代表了新型基础设施建设的重要方向，也是数字经济的重要组成部分，对于提升交通运输全要素生产率、推动经济社会发展具有重大意义。

智慧交通与新能源车辆的协同发展还将带动相关产业的发展，如智能交通设备制造、交通信息服务、车联网技术服务等，进一步提高道路利用效率、优化道路通行成本。智慧交通将运用先进的信息技术，采集到海量实时数据，实现交通管理的智能化、精细化，从而提高交通系统的运行效率和安全性。因此，如何高效利用智慧交通的大规模交通信息数据，提高道路通行效率，已成为一个亟待解决的现实难题。

本研究立足智慧交通的创新发展需求，基于对实时交通流量数据的挖掘和处理，给出交通网络脆弱性分析框架与方法,不仅丰富了智慧交通领域的理论基础,提供了新的研究视角,而且为智慧交通技术的进步和实际应用开辟了新的道路。通过准确预测交通流量,可以更有效地进行交通需求管理,优化交通流的分配,减少交通拥堵,从而提高道路使用效率。

本研究还可以直接指导交通管理部门制定和实施更为科学和精确的交通管理策略,在交通高峰时段提前识别潜在的交通瓶颈,及时采取预防措施,如调整交通信号灯的时序、实施交通管制或发布出行建议,从而有效缓解交通压力。此外,本研究还能为城市交通规划提供数据支持,帮助政策制定者优化交通基础设施布局,提高公共交通的服务质量和效率。

(二)文献综述

本文以基于实时交通流量的网络脆弱性分析为研究目标,需要基于实时流量数据来预测可能发生的道路流量超负荷引起的网络级联失效。因此,本部分将从以下三个方面的研究现状展开阐述。

1. 时间序列预测

对于时间序列预测问题,线性模型和 ARIMA[1]被广泛应用。随着机器学习和深度学习研究的深入,时间序列预测有了新的发展方向。SVM 算法一直被称为金融时间预测的经典算法[2-4]。Jain 等人[5]将传统的时间序列方法与神经网络相结合来预测时间序列,显示出两种方法的优势。Zhang 等人证明了神经网络在线性时间序列预测中的有效性[6],并利用神经网络对带有趋势成分的季节性时间序列进行建模和分析[7],随后提出了 ARIMA 和神经网络的混合模型来预测时间序列[8]。Liu[9]、Siami-Namini[10]、Sagheer[11]等人验证了使用 LSTM 算法预测时间序列的优异性能。

2. 级联失效

城市交通网络级联失效模型的研究主要集中在负荷一承载模型上,该模型假设承载能力与初始负荷成正比[12-14],并模拟了不同攻击模式下网络级联失效的演化过程[12,15]。Zhengetal.[14]提出了基于城市交通网络特征的 Crucitti-Latora-Marchiori(CLM)优化模型,引入拥堵效应确定节点负荷,并将实际容量引入成本函数,以此反映城市交通网络级联失效。Wang 等人[16]提出了灾害传染的动态模型,模拟了城市交通网络级联失效的演变。彭[17]建立了基于城市交通网络双层网络模型的灾害传播动态模型。经过对自修复因子等参数的仿真分析,模型可以模拟网络失效的演化过程。国内的王正武等[18,19]基于道路交通的级联失效现象改进了路网节点重要度的测算方法,随后采用正交实验法完成了交通网络级联失效的影响源识别。

3. 网络脆弱性分析

过去 20 年来,复杂网络一直是广泛的研究焦点。1998 年 Watts 在《自然》杂志上发表了《Small World》,1999 年 Barabasi[20]在《科学》杂志上发表了《ScaleFree》,复杂网络的结构和特性研究越来越受到关注,并已渗透到数学、计算机科学、社会学、交通网络[21]和电力网络[22]等领域。在交通领域,网络的鲁棒性已被广泛研究,如公路网络、海洋网络、地铁网络[23]和公交网络[24,25]。网络的性能可以用脆弱性的概念来衡量。在交通系统中脆弱性通常被定义为对可能导致网络可用性降低的事件的易感性[26]。网络可用性降低的可能性[26]。

一般来说,许多研究都讨论过城市道路网络(URN)的脆弱性和稳健性,这些研究可分为两类。一些研究人员关注 URN 的拓扑结构。在 URN 中,事故和拥堵通常发生在交叉路口或固定路段。故障后影响最严重的关键位置网络被认为是关键网络[27]。Bono 和 Gutierrez[28]通过复杂网络理论和空间分析,对 2010 年海地地震后的道路网络可达性进行了分析和评估。通常,研究人员将连通性或可达性作为复杂网络的性能指标,如度、间度、聚类系数[29-31]等。研究人员根据节点的位置和节点间不同的流量研究节点间的相互作用,从而检验 URN 的脆弱性。

另一些研究员专注于对严重的交通问题建立交通流量模型。在这些模型中,有一种是宏观交通模型,主要通过研究交通密度、交通流量和交通速度等交通参数之间的关系来描述宏观交通特性[32]。由于整个城市路网的交通流量\研究范围大、数据获取复杂,因此研究难度很大。目前,一些研究人员考虑利用交通加权法构建网络,并将其纳入城市道路网络的脆弱性评估中。随着城市的发展和人口的增加,城市交通网络变得越来越复杂,对运行可靠性的要求也越来越高[33]。道路交通网络本质上是加权的动态网络,在受到干扰后会发生演变。因此,从拓扑学角度看 URN 的属性和中心性已逐渐不能满足发展的需要。He 等人[34]开发了一个多链路货运网络,发现交通量对脆弱性有不同的影响。Wang 等人[35]提出了一种基于真实出租车轨迹的新型路网脆弱性分析框架。Zeng 等人[36]通过道路在一天中不同时间段的流量并利用时序网络确定了拥堵传播过程。Ma 等人[37]研究了网络结构如何影响不同速度下的拥堵率。

4. 文献综评

基于以上研究分析发现，对于时间序列预测，虽然上述提出的模型已经具备较好的性能，但针对于交通网络流量的时间序列预测的准确性仍有提升的空间；对于级联失效，城市交通网络的级联失效模拟具有较为完善的理论模拟方法，但基于实时数据的级联失效模拟仍有不足；对于网络脆弱性分析，尽管存在基于交通网络结构特征和交通流量的网络脆弱性分析，但缺乏系统的基于实时流量数据的交通网络脆弱性分析框架。因此本研究将展开时间序列模型预测方法的优化，基于实时流量数据的网络级联失效模拟以及网络脆弱性分析框架的构建三项工作。

(三)研究内容和方法

1. 研究内容

本文首先搜集道路交通数据，对其进行 3σ 异常值检测和剔除，再对产生的缺失值进行移动平均插值数据；后基于道路网络的连接情况构建城市交通网络的拓朴图；再根据城市交通网络流量的时间序列数据利用 XGboost 和 ARIMA 的加权融合模型预测网络中每一条道路的指定时间内的流量数据；后基于该流量预测数据，通过负载容量模型模拟城市交通道路网络级联失效；最后同时利用静态的传统网络拓扑结构测度和动态的城市交通网络级联失效推演完成交通网络的脆弱性分析，以此得到该道路交通网络中的最重要边。

2. 研究方法

本文的具体研究方法包括：(1)文献研究法。梳理城市交通网络分析相关文献，形成研究架构，为项目开展提供理论基础。(2)数学建模与模型分析法。基于时间序列预测理论、级联失效理论、网络脆弱性分析理论，构建基于交通流量时间序列的预测模型、城市综合交通网络级联失效模型及分析城市交通网络的脆弱性。

3. 技术路线图

本研究的技术路线图如图 1：

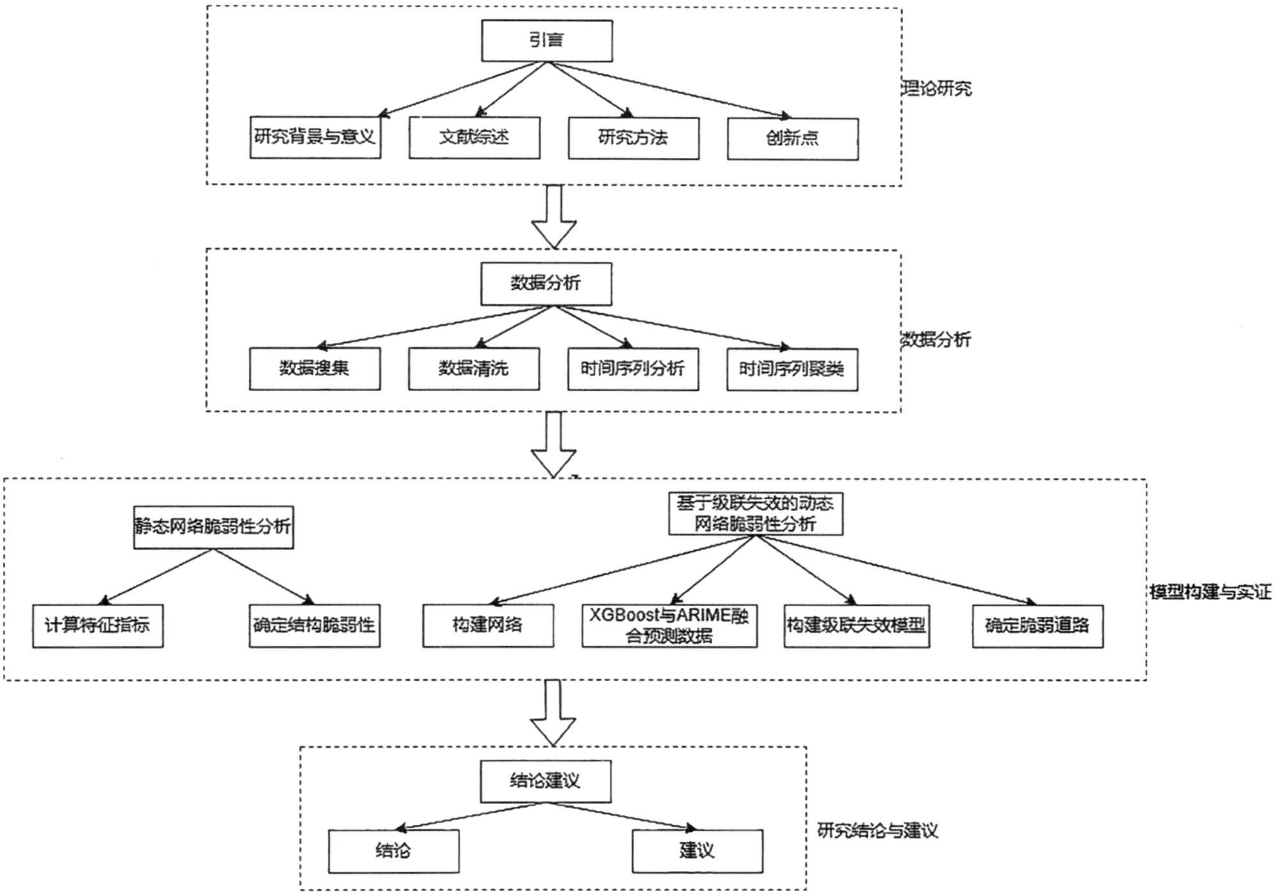

图 1　技术路线图

(四)本文的创新点

本文创新性地构建了一个基于道路实时交通流量数据的交通网络脆弱性识别研究框架,提出了一种融合多源数据的交通流量预测模型,该模型能够准确预测早高峰时段的交通流量变化。在此基础上,本文给出了一种流量级联失效模型,用于模拟和分析交通网络在高峰时段可能发生的级联失效情况。通过该模型,本文对级联失效过程进行了详细的仿真分析,揭示了交通网络在面临各种干扰时的动态响应和失效传播机制。

进一步地,本文建立了一套静态和动态的交通网络脆弱性识别方法,通过定量分析网络结构的脆弱性,识别出早高峰时段最易失效的道路和静态网络拓扑结构上的脆弱路段。这些方法的应用,为交通管理部门提供了科学的决策支持,帮助其提前识别潜在的交通瓶颈和风险点,从而进行有针对性的交通组织和优化。

三、数据处理

(一)数据搜集

在数据收集阶段,首先分析了美国加州的 PEMS(Performance Measurement System)08 和 PEMS04 道路数据集,这些数据集因其较高的数据质量和较少的缺失值而受到关注。然而,美国与中国在道路设计、交通规则以及驾驶习惯等方面的显著差异,如,美国与我国在汽车驾驶位置的不同,以及在人流量上的显著差异,若直接采用该道路数据分析中国交通网络存在局限性。继而,转向寻求国内的道路数据。深圳市拥有一个官方的交通数据平台,提供了包含实时交通流量信息的街道数据,该数据集包含超过五百万个道路记录,数据量充足。但是,该数据集缺少了描述道路连接关系的关键信息,且未提供道路编号与实际路段之间的对应关系,这限制了基于数据驱动的道路网络构建和进一步分析。

经过深入调研,最终确定使用阿里云天池大数据众智平台提供的一份贵州省的道路数据集。该数据集不仅详细记录了道路的连接信息,而且数据量庞大,包含超过七百万条数据记录。此外,该数据集的道路平均旅行时间数据采集频率为每两分钟一次,这为实现在更精细时间尺度上的道路流量预测提供了可能。尽管如此,数据集本身存在的缺失值和异常值较多,这给数据处理工作带来了一定的挑战。

1. 数据来源

来自于天池大数据众智平台①。

2. 数据基本说明

贵州道路数据具有 132 条道路的静态信息,以及这些道路之间的上下拓扑结构,提供 2017 年 4 月 1 号 0:00 至 2017 年 6 月 30 号 23:58 每条路段的平均旅行时间,每两分钟记录一次。

①路段(link)属性表

每条道路的每个通行方向由多条路段(link)构成,数据集中会提供每条 link 的唯一标识,长度,宽度,以及道路类型,如表 1 所示;图 2 示例了地面道路 link1 和 link2 的属性信息。

表 1 路段属性表

属性	类型	说明
link_ID	string	每条路段(link)的唯一标识
length	double	link 长度(米)
width	double	link 宽度(米)
link_class	int	link 道路等级,例如 1 代表主干道

②link 上下游关系表

link 之间按照车辆允许通行的方向存在上下游关系,数据集中提供每条 link 的直接上游 link 和直接下游 link,如表 2 所示;图 3 示例了 link2 的 in_links 和 out_links。

① 网址:https://tianchi.aliyun.com/competition/entrance/231598/information.

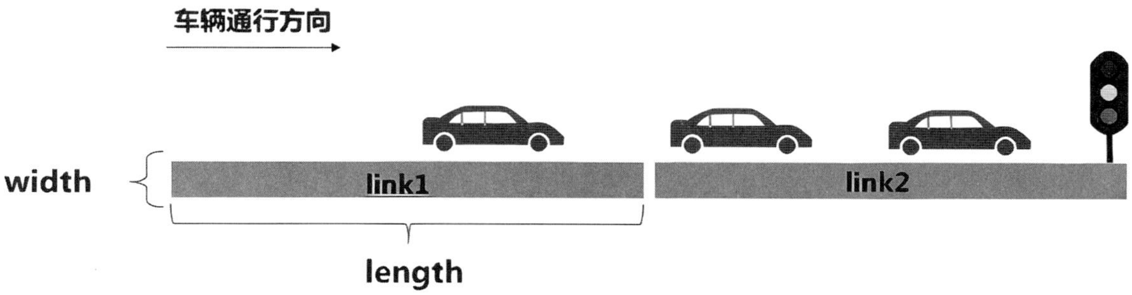

图 2　路段属性信息示意图

表 2　link 上下游关系表

属性	类型	说明
Link_ID	string	每条路段(link)的唯一标识
In_links	string	link 的直接上游 link,linkID 之间以 # 分割
Out_links	string	link 的直接下游 link,linkID 之间以 # 分割

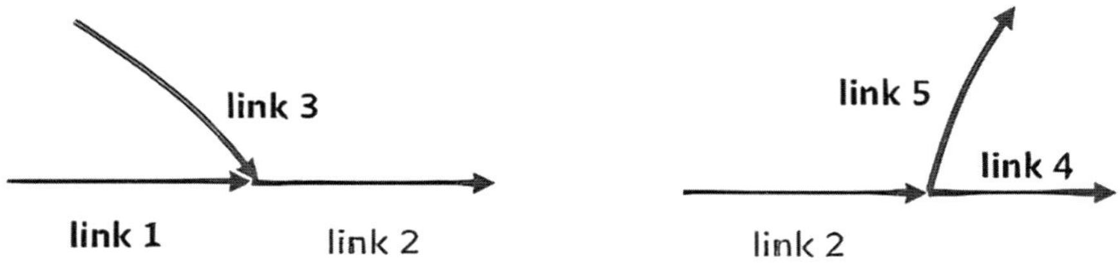

图 3　路段上下游关系图

③link 历史通行时间表

数据集中记录了历史每天不同时间段内(2min 为一个时间段)每条 link 上的平均旅行时间,每个时间段的平均旅行时间是基于在该时间段内进入 link 的车辆在该 link 上的旅行时间产出。字段解释如表 3 所示:

表 3　link 历史通行时间表

属性	类型	说明
Link_ID	string	每条路段(link)的唯一标识
Date_time	date	日期。例如‘2015－10－01’
Time_interval	string	时间段,例如(2015－09－01,00:00:00,2015－09－01,00:00:10)
Travel_time	double	车辆在路段上的平均旅行时间(秒)

(二)数据清洗与处理

由于道路的各项交通数据可能受到交通管制,道路修理,极端天气的影响及对外信息披露透明度不足问题,需对数据中异常值进行检测和处理。

1. 数据正态性分析

①道路车辆平均旅行时间的分布

为探究道路车辆平均旅行时间的分布情况,如图 4 直方图所示,发现平均旅行时间是一个长尾分布,大多数的平均旅行时间值比较小,只有很小的部分的平均旅行时间比较大。

因此对道路的平均旅行时间做对数变换。将道路平均旅行时间经过对数变换后,从图 5 可以看出数据的分布均匀,符合正态分布。

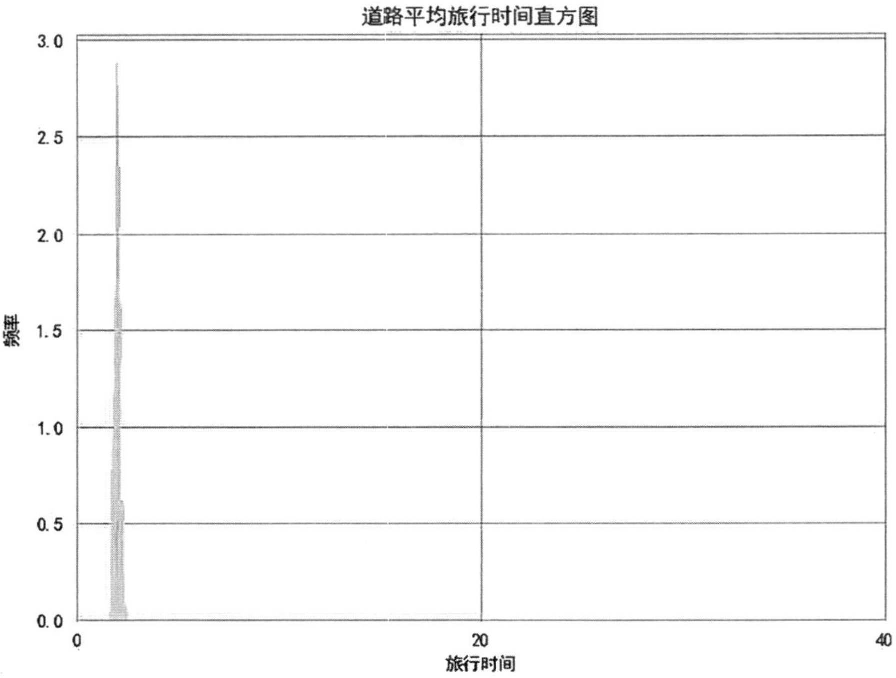

图4　道路平均通行时间直方图

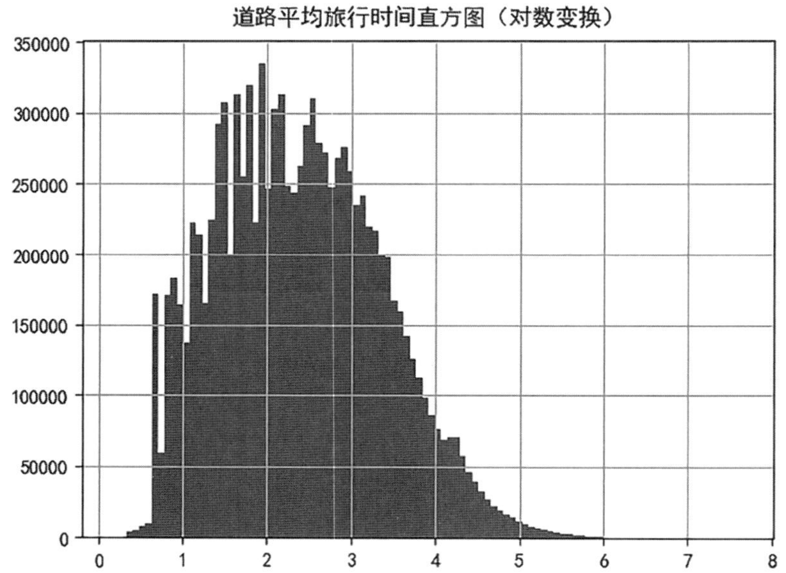

图5　经过对数变换的道路平均旅行时间直方图

②正态性检验

为进一步确认道路的平均旅行时间数据是否符合正态分布，利用Q-Q图(Quantile-Quantile Plot)用来检验道路平均旅行时间的原始值与其正态分布的理论值是否同分布。如图6所示，大部分数据点近似地落在了一条直线上，表明数据近似服从正态分布，也有一些数据点(特别是在图的两端)偏离了这条直线，这表明数据的尾部行为与正态分布有所不同，因此考虑对这部分数据进行清洗。

2. 3σ 准则检验异常值

根据上述正态性检验，得到道路平均旅行时间数据基本符合正态分布，因此基于 3σ 准则，剔除异常大或异常小的值。

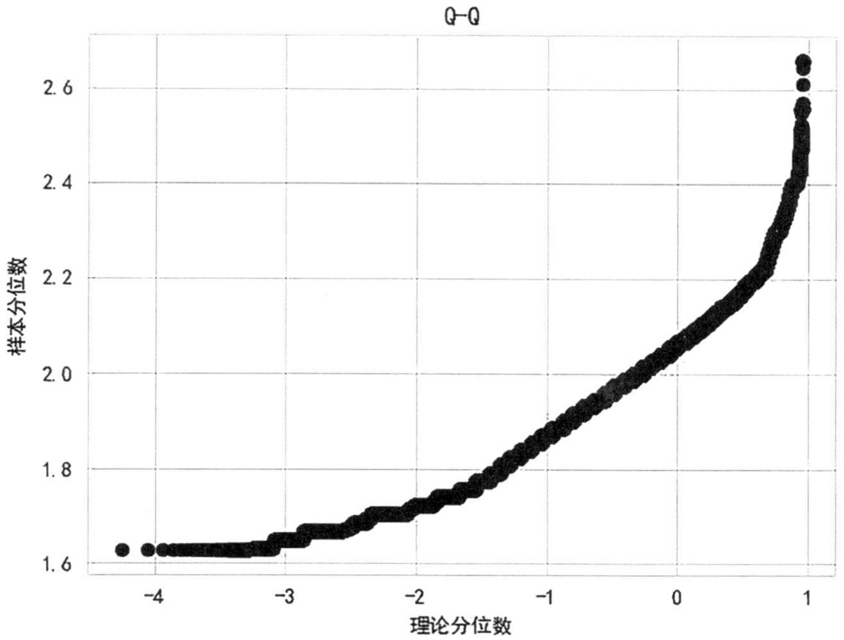

图 6　道路的平均旅行时间的 Q-Q 图

3. 缺失值补充

由于存在道路数据因为现实情况产生的缺失值以及前文经过 3σ 准则检验剔除极端异常数据后出现的缺失值，为了保证数据的完整性与平稳性，需要对这些缺失值进行插值。

在时间序列分析中，移动平均插值(Moving Average Interpolation)用一个滑动窗口在时间序列上滑动处理缺失值，核心思想是利用时间序列中相邻数据点之间的相关性，通过取一段时间内的平均值来估计缺失数据点的值。因此，这种方法需要假设时间序列在短期内具有稳定性和连续性。

如图 7 为道路 ID 为 3377906280028510514 的路从 4 月到 6 月每个小时的道路平均旅行时间的变化，离散点表示真实数据，直线表示对这个时间序列数据的趋势的线性回归。图中可以看出这条路从 4—6 月的车辆平均旅行时间的趋势相对平稳，故可以利用移动平均插值对缺失值进行补充，

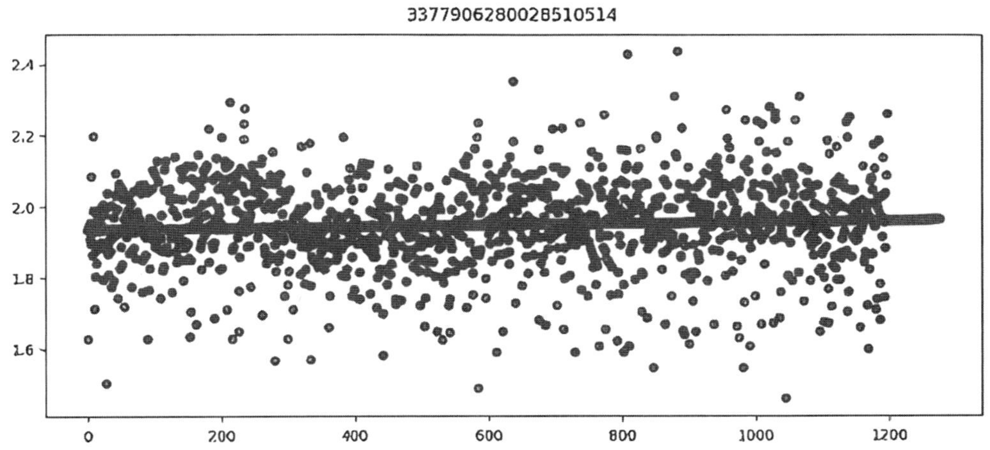

图 7　对道路平均旅行时间的回归示意图

对于道路平均旅行时间的移动平均插值，其公式如下：

$$\hat{Y}_t = \frac{1}{n}\sum_{i=t-k}^{t+k} Y_i \tag{1}$$

其中，$\hat{Y}_t$ 是时间点 t 的插值估计，n 是时间窗口的大小(即 $2k+1$，其中 k 是窗口的一半长度)，$\hat{Y}_i$ 是时间点

t 的观测值。

插值步骤如下：首先，定义一个滑动窗口，该窗口包含 20 个连续的时间点的数据点，且随着时间序列的进行而移动；其次，当滑动窗口移动至包含缺失数据点的位置时，计算窗口内所有非缺失数据点的平均值；再次，将计算得到的平均值赋给窗口中心的缺失数据点，作为该点的估计值；最后继续移动滑动窗口，重复步骤上述步骤，直到处理完所有的缺失数据点。

插值后的数据与原始数据的对比如图 8，粗线条是原始数据，细线条是插值后数据，可以看到经过移动平均插值后的数据保留了原始数据的趋势性，并且在数值上也符合 3σ 检验，这表明此插值合理且可使用的。

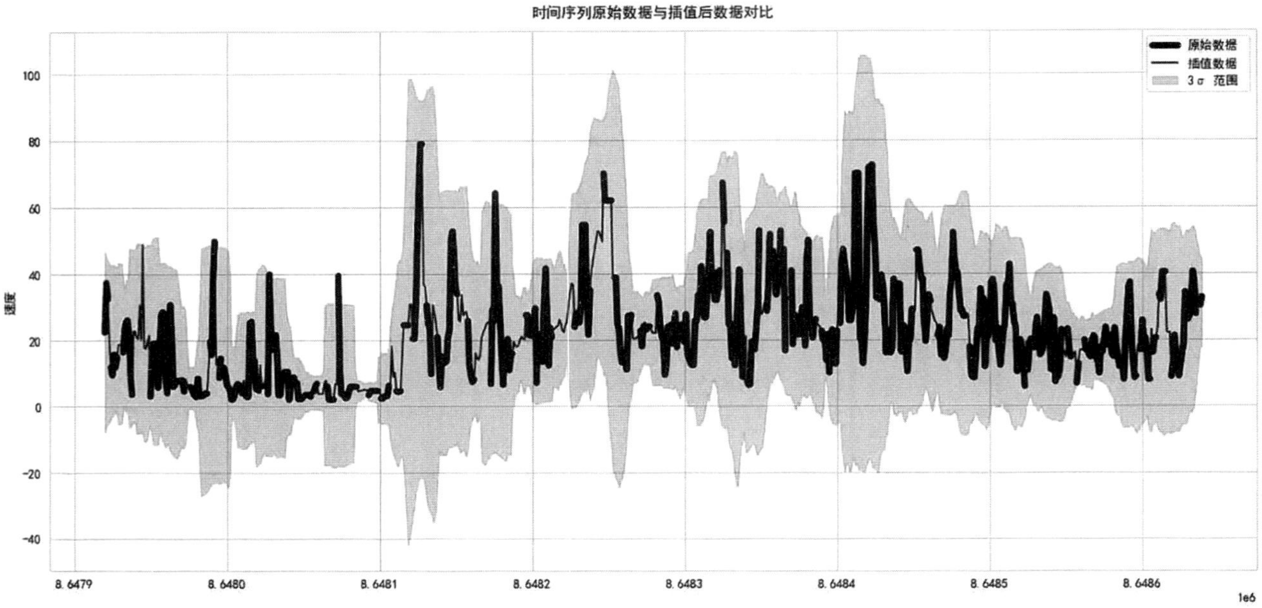

图 8　时间序列原始数据与插值后的数据对比图

4. 数据统计量描述

道路长度(Road Length)：数据显示道路长度的分布非常广泛，从 5 米到 839 米不等。均值为 86.01515 米，但标准差高达 113.6054 米，表明道路长度之间存在很大的差异。这可能意味着道路的规模和类型非常多样化，从非常短的小巷到较长的主干道都有。

道路宽度(Road Width)：与长度相比，道路宽度的分布较为集中，均值为 9.931818 米，标准差为 3.014452 米。最小宽度为 3 米，而大多数道路(75%)的宽度在 9 到 12 米之间。这表明虽然存在一些较窄的道路，但大多数道路的宽度相差不大，显示出较好的一致性。

道路平均通行时间(Travel Time)：道路的平均通行时间也显示出较小的变异性，均值为 8.367045 秒，标准差为 2.403522 秒。最短通行时间为 0.9 秒，而大多数道路(75%)的平均通行时间在 7.4075 到 9.75 秒之间。这可能反映出道路的通行效率普遍较好，尽管有一些道路的通行时间较短，而另一些较长。由表 4 所示：

表 4　原始道路车辆旅行时间数据描述性统计量

columns	count	mean	std	min	25%	50%	75%	max
RoadLength	132	86.01515	113.6054	5	29	55.5	103.25	839
RoadWidth	132	9.931818	3.014452	3	9	9	12	15
TravelTime	132	8.367045	2.403522	0.9	7.4075	8.75	9.75	12.73

(三)时间序列分析

1. ADF 检验

在交通流量预测工作中，需要基于平稳的交通流量数据进行后续的时间序列分析。本文采用增广迪基一富勒(Augmented Dickey-Fuller,简称 ADF)检验道路平均旅行时间的平稳性。

ADF 检验通过回归模型来描述时间序列数据的动态变化特征,并检验该回归模型的残差是否存在单位根。如果残差存在单位根,则说明时间序列数据是非平稳的。

其中,在一个自回归过程中:

$$y_t = by_{t-1} + a + \varepsilon_t \tag{2}$$

如果滞后项系数 b 为 1,就称为单位根,当单位根存在时,自变量和因变量之间的关系具有欺骗性,因为残差序列的任何误差都不会随着样本量(即时期数)增大而衰减,也就是说模型中的残差的影响是永久的。

针对以上交通数据,通过 ADF 检验得到其 ADF 统计量的值是−25.525488,p−value 值是 0.000000。因为 ADF 统计量在 1%的显著性水平下,其绝对值远大于 1,且 p−value 值远小于 5%,因此认为有足够的证据表明序列是平稳的。

2. 季节性分解

季节性分解将一个时间序列分解为三个主要的部分:趋势(Trend)、季节性(Seasonal)和残差(Residual)或称为不规则成分。这种分解有助于理解时间序列的结构和模式,从而可以进行更有效的预测和分析。

本文利用了每天 24 个小时共 720 条的速度数据(使用道路长度数据除以道路平均旅行时间得到),经过季节性分解之后,生成了原始数据,趋势线,季节性成分,残差的示意图如图 9 所示。图解如下:

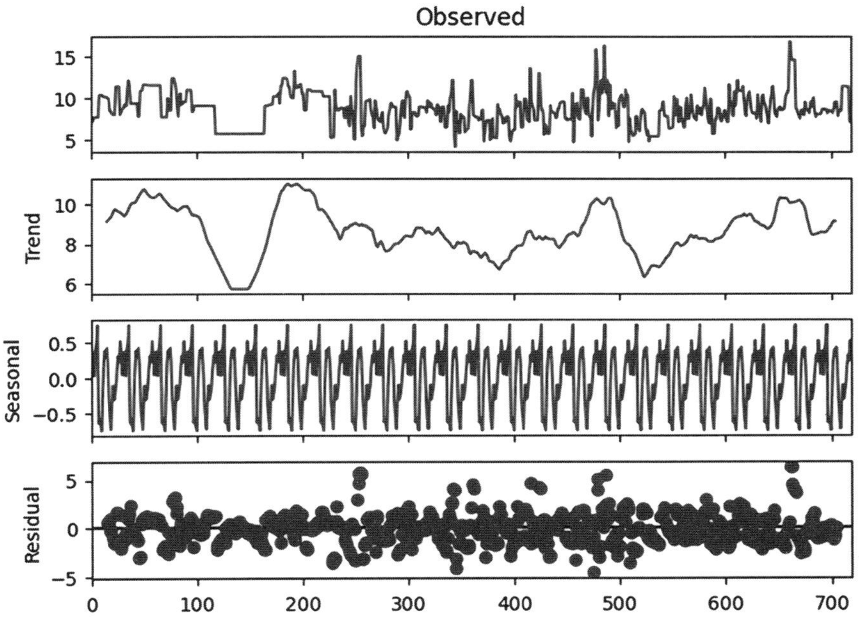

图 9 时间序列的季节性分解图

①趋势:趋势是指时间序列随时间推移而表现出的长期发展方向,从趋势线可以看出时间序列数据整体具有一定的周期性。

②季节性成分:季节性是指时间序列中重复出现的模式,反映出基于实时道路交通的时间序列数据具有明显的周期性,周期长度为一天。

③残差:残差是原始时间序列数据在去除趋势和季节性成分后的剩余部分。图中余留下的残差比较随机,表明趋势和季节性成分被准确估计,已经很好的从原始数据中分离出来。

由以上分析可以推断得到经过处理的时间序列数据集具有很明确的周期性。故接下来的研究中可以通过原始的时间序列数据预测一天内的交通流量情况。

3. 自相关分析和偏自相关分析

后续的时序模型预测中,需要基于交通流量的时间序列数据来预测指定的时间范围内的交通流量,考虑到 ARIMA 模型这一传统时间序列回归模型,绘制了交通流量时间序列的自相关函数图和偏自相关函数图,如图 10。

自相关图:图中自相关系数在值为1后随着滞后的增加迅速衰减到0,故ARIMA模型中的 q 值可考虑取1。

偏自相关图:图中偏自相关系数在值为2的滞后之后迅速衰减到0,故ARIMA模型中的 p 值可考虑取2。

再根据上述ADF检验,可知的时间序列数据是具有平稳性的,故ARIMA模型中的差分值可考虑取0。

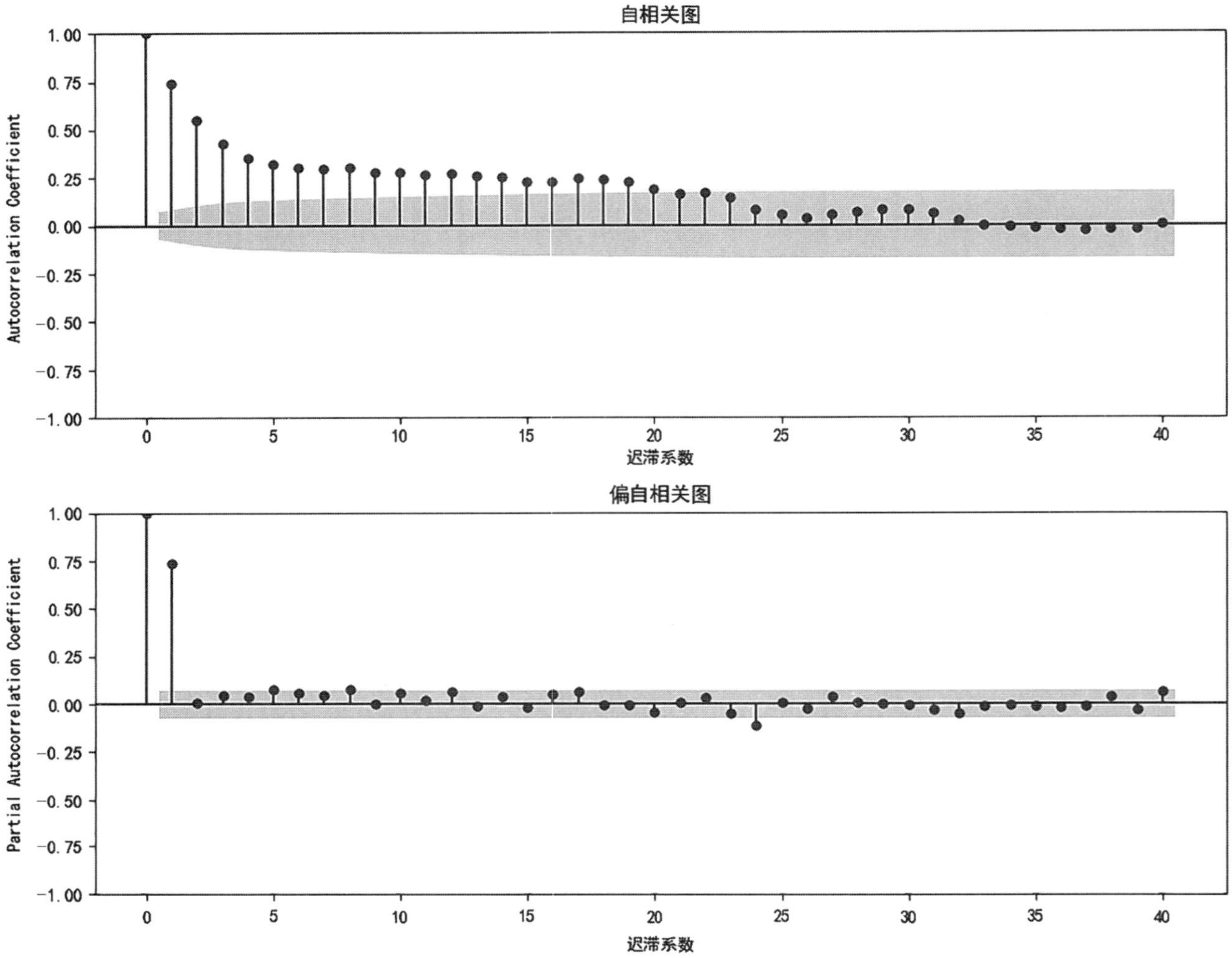

图10　交通流量时间序列的自相关函数图和偏自相关函数图

(四)时间序列聚类

为将大量的时间序列数据分为具有相同模式或行为的时间序列类别,以方便进行某特定类的时间序列分析,本文对道路的平均车辆速度数据进行了时间序列聚类。

1. 肘部法则

聚类度量:时序数据间欧几里得距离(Euclidean Distance)是一种非常常见的距离度量方式,尤其是在K-Means聚类算法中。欧几里得距离是最直接的距离度量方式,它测量的是多维空间中两点之间的直线距离。并且考虑到本文使用的时序数据集规模很大(包含七百万余条数据),出于降低计算成本的考量,故选择使用欧几里得距离作为聚类度量,其数学描述如下:

肘部法则(Elbow Method)是一种用于确定聚类分析中最佳聚类数(K)的启发式方法,尤其在K-means聚类中广泛使用。这种方法的核心思想是,随着聚类数 K 的增加,聚类的误差平方和(SSE,即簇内误差Sum of Squared Errors)会逐渐减少,但是减少的速率会逐渐降低,直到达到一个点,之后每增加一个聚类,SSE的减少量会骤减,形成一个"肘部"。

图11可以看到SSE值在聚类数为3处有一个肘部,但曲线斜率在此值处的变化并不很显著,故初步将聚类设置为三类进行可视化并观察实际聚类效果。

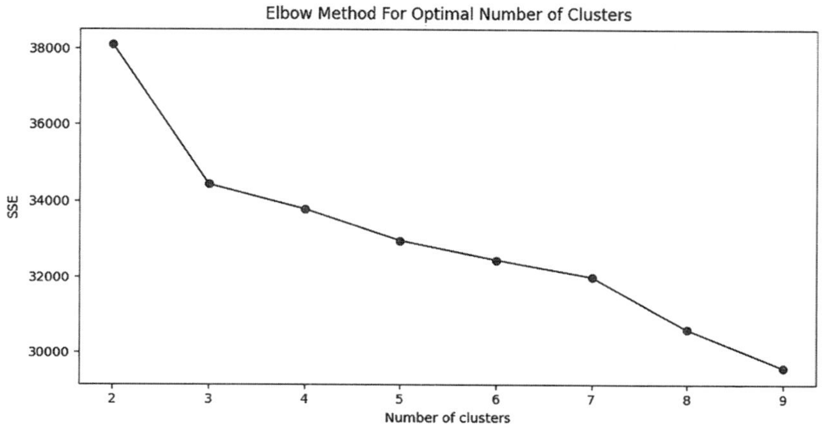

图 11　时序聚类的肘部法则示意图

2. 时间序列聚类结果

观察所得的时序聚类效果图，如图 12，可以清晰地辨识出三种不同的类别特征，则该道路车辆速度数据的时间序列可以划分为三种不同情况。

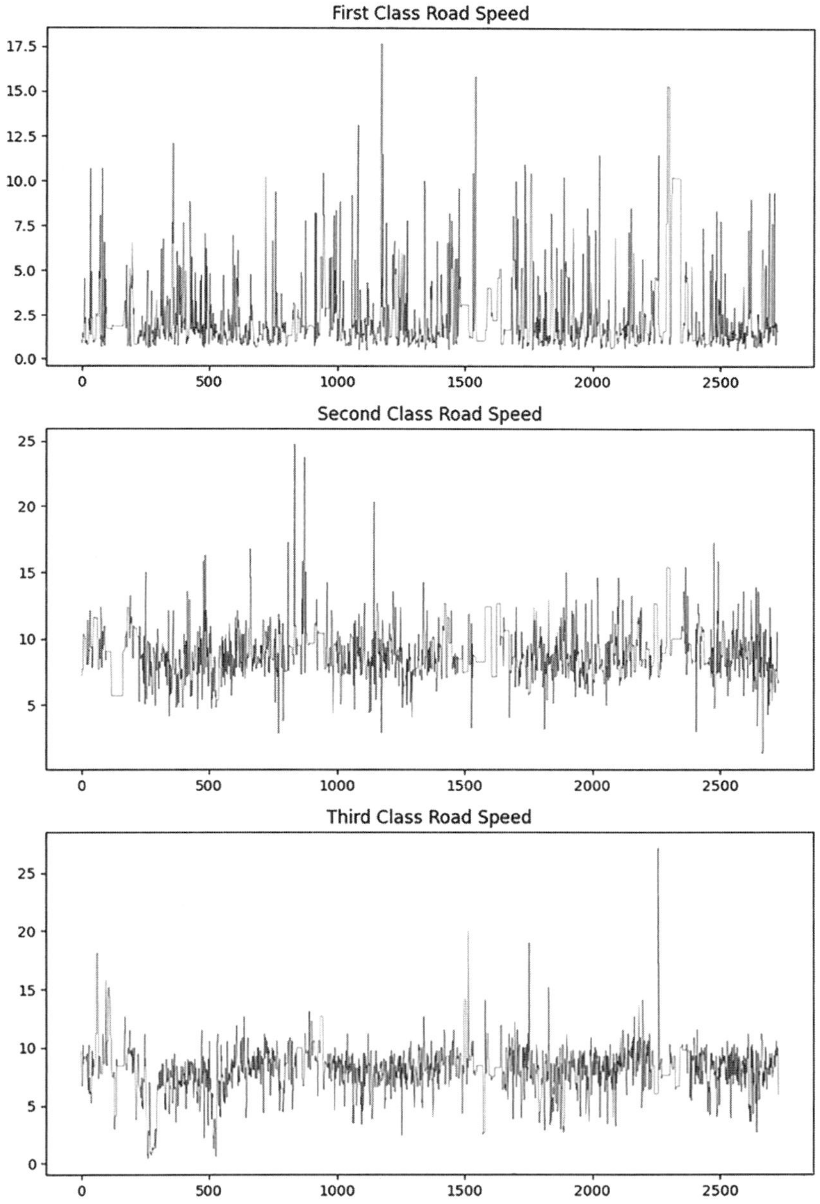

图 12　时间序列聚类后三种类别的速度序列效果

三、基于道路实时数据的交通网络脆弱性分析

本文采用原始法来对道路网络进行抽象，即将现实中的道路网络中的交叉口抽象为拓扑网络结构中的节点，道路抽象为边。再根据交通网络的基本结构及特性，采用图论中的无向图来表示道路交通网络。其公式如下：

$$\begin{aligned} &G=(E,V)\\ &V=\{v \mid v \in nodeelement\}\\ &E=\{e \mid e \in edgeelement\}\\ &V=\{v_i \mid v_i \in (e_{jhead},e_{ktail})\} \end{aligned} \tag{3}$$

其中，曲线图 G 用于表示交通网络，V 是节点集合，E 是边集合。$v_i \in (e_{jhead},e_{ktail})$ 表示两条边的上下游连接构成一个节点。

由于本文重点研究交通网络图中边的失效对于整体网路结构的影响，故节点仅具有"节点名称"属性—— $nodeelement$，而边具有"道路容量""初始道路车辆数""某时刻该道路平均速度"等属性—— $edgeelement$。

(一)交通拓扑网络构建

对于每一条道路，创建了两个节点，分别代表道路的起始端和终止端。这两个节点通过一条边相连，边的权重和容量基于道路的长度和宽度计算得到。

为了简化网络结构，对网络中的节点进行了合并处理。即对于每一条道路，将其上游道路的终止端节点与该条道路的起始端节点合并，其下游道路的起始端与该条道路的终止端点合并。在这一过程中，特别注意避免产生自环，保留道路的原始空间特征。

然而，在道路网络构建过程中，发现有部分道路与主要道路离散，故选择删除离散道路，只构建主要道路的网络拓扑图。

(二)交通拓扑网络可视化

构建出的交通拓扑网络图如图 13 所示，图中较低的流量值用浅灰调表示，而较高的流量值则用黑色或深黑调表示，来直观地识别出道路交通流量的情况和潜在的交通问题。

从基于道路实时数据的交通网络模型图中可以观察到不同颜色的道路交会处的颜色变化，例如，灰色道路交会处呈现黑色，表明平均速度值较高的黑色道路的分支道路也会存在较高平均速度的路段。此外，浅灰色道路也会分流出黑色、灰色、浅灰色、深黑色道路，进一步证明了该网络模型能够反映现实世界的道路交通流量情况。

图 13　交通拓扑网络图

(三)道路属性与车辆速度的相关性分析

由于探查道路本身属性与车辆速度的相关性,本文通过计算道路信息的三个关键属性—宽度、长度和速度的众数值之间的相关系数矩阵对其进行关联性分析。为方便展示,对相关矩阵进行可视化,最终得到以下相关性系数图 14。

然而,图中并无明显黑色色块,表明速度属性与道路的宽度和长度这些几何特征之间的相关性并不显著。由此可知本研究中道路的属性特征并不需要进行相关性处理。

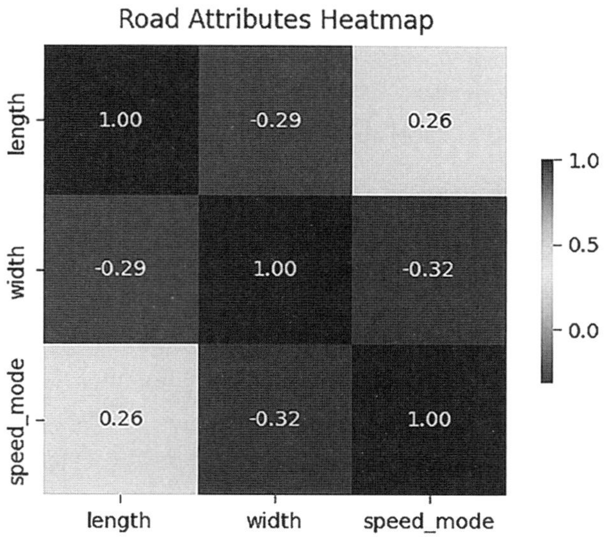

图 14　数据相关性矩阵图

然而,上图除了对角线中并无明显黑色色块,表明速度属性与道路的宽度和长度这些几何特征之间的相关性并不显著。由此可知本研究中道路的属性特征并不需要进行相关性处理。

在建立的交通网络拓扑模型的基础上,本文通过搭建脆弱性测度体系从网络拓扑结构总体上评估该交通网络的静态脆弱性。

(四)网络拓扑结构脆弱性测度

本文的交通网是由道路节点和道路边组合而成,当道路流量过高,超过道路本身的车辆容量后,该道路就会发生拥堵,若存在特性相同的道路来替代该失效的道路或该道路在该网络中连接的道路较少,则对网络脆弱性影响较小。而当道路发生拥堵后,不存在特性相同的道路来替代该失效的道路或该道路在该网络中连接的道路较多,则会影响网络的连通性。复杂网络理论中,拓扑结构测度是从连通性角度评估网络脆弱性的基本指标,本文选取常见的拓扑指标构建网络拓扑结构脆弱性测度。

1. 度

度(Degree)是一个节点的相邻连接数量。对于每条边来说,它的度是连接该边的两个节点的度之和。边的度越高,表示连接该边的节点在网络中具有更多的相邻节点,因此该边在网络中的重要性更高。

计算公式如下:

$$\text{Degree}(e)=\sum_{i=1}^{n}A_{ei} \tag{4}$$

其中,n 是边 e 的邻居节点集合,A_{ei} 表示第 i 个与边 e 之间的连接权重

2. 介数

介数(Betweenness)衡量了一条边在网络中作为最短路径的中介程度。如果一条边位于许多节点间的最短路径上,那么它的介数值就会很高,表示它在网络的信息传播中起到重要作用。

计算公式如下:

$$\text{Betweenness}(e)=\sum_{s\neq e\neq t}\frac{\sigma_{st}(e)}{\sigma_{st}} \tag{5}$$

其中,σ_{st} 是从起始边的上游节点 s 到目标下游节点 t 的最短路径数量,$\sigma_{st}(e)$ 是从节点 s 到节点 t 的最短路

径中通过边 e 的数量。

3. 接近度中心性

接近度中心性(Closeness Centrality)衡量了一条边到达其他节点的平均距离。较高的接近度中心性意味着一条边到达其他节点的平均距离较短,表示该边连接的节点更为集中。计算公式如下:

$$\text{Closeness}(e)=\frac{1}{\sum_{e'\neq e} d(e,e')} \tag{6}$$

其中,$d(e,e')$ 是边 e 到边 e' 的最短路径长度。

4. 特征向量中心性

特征向量中心性(Eigenvector Centrality)考虑了边连接到的节点的质量,即一个边的重要性不仅取决于它的两个节点连接的边数,还取决于它所连接的边的重要性。计算公式如下:

$$\text{Eigenvector}(e)=\frac{1}{\lambda}\sum_{e'\in N(e)} C_E(e') \tag{7}$$

$C_E(e')$ 是边 e' 的特征向量中心性,λ 是最大的特征,$N(e)$ 是边 e 的节点相邻连接的边。

(五)基于网络拓扑结构的网络静态脆弱性分析

计算得到该交通网络中每一条道路的拓扑特性指标值如表5所示:

通过对表中数据,以'Betweenness''Closeness Centrality''Eigenvector Centrality'这三个指标进行降序排序,得到重要度最高的边 road_30,其具有如下特性:

发现 Degree 为 6,说明上下游各连接着两条道路,故这条道路共连接着 5 条道路,表明该道路是一个连接节点较多的边。

介数(Betweenness)衡量的是边在网络中的桥梁作用,即边在连接网络中不同部分的能力。该道路的介数值为 0.507024,这个数值较高,表明这条边在网络中的许多最短路径上扮演了中介角色,对网络的连通性有较大影响。

表5 交通网络中每一条道路的网络拓扑特性指标值

	Degree	Betweenness	Closeness Centrality	Eigenvector Centrality
road_0	4	0.112379	0.060514	0.045081
road_1	4	0.085601	0.057354	0.023777
road_2	4	0.454346	0.073075	1.74E−05
road_3	4	0.463565	0.074786	2.86E−05
road_4	5	0.138279	0.063919	0.084940
road_5	5	0.085601	0.041917	4.44E−06
road_6	5	0.112379	0.043580	5.5E−06
road_7	3	0.029412	0.041762	2.75E−06
road_8	4	0.491659	0.077550	0.001576
road_9	4	0.485953	0.076402	0.002842
road_10	5	0.294996	0.059631	0.350801
road_11	8	0.138279	0.057056	0.526314
road_12	5	0.163301	0.057102	0.346308
road_13	4	0.085601	0.049619	0.051538
road_14	4	0.057946	0.047408	0.026572
road_15	4	0.029412	0.051932	2.35E−06
road_16	6	0.029412	0.054202	0.424738
road_17	4	0.454346	0.071976	0.013662
road_18	4	0.444249	0.070242	0.024501
road_19	4	0.444249	0.071288	1.07E−05
road_20	4	0.112379	0.051966	0.097718

续表

	Degree	Betweenness	Closeness Centrality	Eigenvector Centrality
road_21	4	0.313872	0.062003	0.199447
road_22	3	0.029412	0.045323	0.012543
road_23	5	0.479368	0.075118	0.005272
road_24	4	0.503512	0.079104	0.000123
road_25	4	0.505707	0.079573	0.000208
road_26	6	0.029412	0.054202	0.424738
road_27	4	0.433275	0.069443	6.69E−06
road_28	5	0.507024	0.079857	0.000368
road_29	4	0.029412	0.077034	0.000335
road_30	6	0.507024	0.079857	0.000563
road_31	6	0.029412	0.054202	0.424738
road_32	6	0.029412	0.054202	0.424738
road_33	4	0.500439	0.078456	7.99E−05
road_34	4	0.210711	0.046934	4.11E−06
road_35	4	0.233099	0.048673	3.35E−06
road_36	4	0.138279	0.054458	0.184120
road_37	5	0.313872	0.054179	2.78E−06
road_38	4	0.331870	0.056036	2.1E−06
road_39	4	0.365233	0.059837	1.56E−06
road_40	4	0.380597	0.061766	1.66E−06
road_41	4	0.057946	0.054420	0.012259
road_42	3	0.029412	0.051691	0.005787
road_43	4	0.433275	0.068449	0.045423
road_44	5	0.421422	0.066613	0.085040
road_45	5	0.275241	0.052320	3.08E−06
road_46	4	0.254609	0.050468	3.02E−06
road_47	5	0.187445	0.045255	5.4E−06
road_48	4	0.421422	0.067554	4.29E−06
road_49	5	0.471905	0.076405	4.76E−05
road_50	5	0.085601	0.074616	4.7E−05
road_51	5	0.496488	0.077639	6.29E−05
road_52	5	0.057946	0.076938	0.000495
road_53	3	0.029412	0.071594	0.000238
road_54	4	0.029412	0.071901	0.004856
road_55	5	0.057946	0.043525	4.96E−06
road_56	4	0.408692	0.065636	2.86E−06
road_57	4	0.395083	0.063703	2.06E−06
road_58	4	0.029412	0.040305	2.98E−06
road_59	4	0.348990	0.057924	1.71E−06
road_60	3	0.029412	0.065306	1.36E−05
road_61	5	0.500439	0.079386	0.000704
road_62	4	0.496488	0.078549	0.000950
road_63	5	0.331870	0.064447	0.130187
road_64	4	0.029412	0.040305	2.98E−06
road_65	4	0.057946	0.069724	2.66E−05
road_66	5	0.463565	0.073635	0.008443

五、基于 XGboost-ARIMA 加权融合模型的流量预测

基于上述时间序列分析结果，尽管道路的几何特征与行车速度的相关性不高，但时间序列分析揭示了交通流量数据在不同时间点之间存在显著的统计依赖性，故采用时间序列预测方法来对交通流量进行建模和预测，利用时间序列数据的自相关性，捕捉并预测交通流量随时间的变化趋势。

从上述的基于时间序列数据的自相关系数和偏自相关系数的分析以及 ADF 检验可知，该时序数据是一个平稳时间序列数据，适合用 ARIMA 模型来拟合。考虑到时间序列并不总是线性，融合 XGBoost 模型，利用 ARIMA 处理数据的线性趋势，XGBoost 照顾到非线性因素，可以增强模型对非线性和非平稳时间序列的预测能力，并提高模型的鲁棒性、适应性。

(一)预测模型建立

1. 预测时段的选择

在本研究中，专注于对贵州省道路车辆数据集中的早高峰时段(8:00 至 10:00)的车流量进行预测。该时段被选作研究对象，原因在于其交通流量的复杂性较高，且车流量集中，易于发生交通拥堵，这为研究道路级联失效现象提供了理想的条件。数据集本身覆盖了 3 个月内每天 24 小时以 2 分钟为一个时间间隔的交通流量信息，提供了充足的数据来挖掘和分析交通流量的特征。

2. ARIMA 模型的参数调整

在 ARIMA 模型中，有三个超参数需要给定：p（自回归部分的阶数），d（差分阶数），q（移动平均部分的阶数），如图 15。

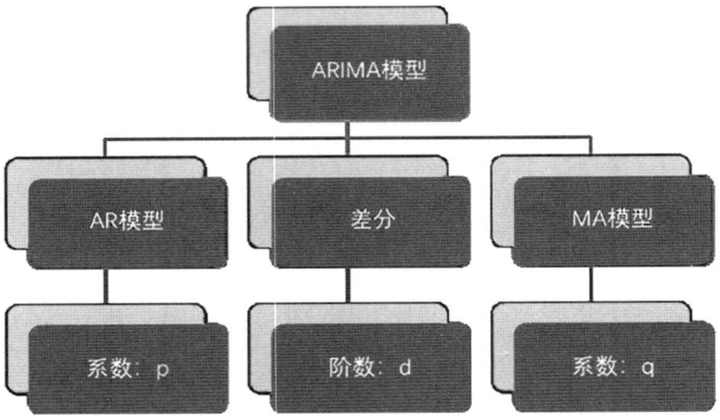

图 15　ARIMA 模型示意图

由于超参数的初始设置对于模型性能的影响较大，故用不同组超参数分别拟合的 ARIMA 模型并给出预测数据，然后使用皮尔逊相关系数来计算预测值和原始的时间序列数据的实际值之间的相关系数来评估经不同超参数设置的模型的性能，如表 6，拟合出的模型对应的相关系数可以看出在(2,0,1)时已经有了显著的增加，再增加阶数，模型预测表现也没有明显的增加，再结合前文偏自相关图——图中偏自相关系数在值为 2 的滞后之后迅速衰减到 0，和前文 ADF 平稳性检验——数据的在不经过差分(即 0 阶差分)的情况下平稳性便已经足够高，同时为避免模型过拟合，选择(2,0,1)作为 ARIMA 模型的超参数。

表 6　不同组超参数的性能评估表

	model_1	model_2	model_3	model_4	model_5	model_6
p	1	1	2	3	4	1
d	0	1	0	0	0	0
q	1	1	1	1	1	2
performance	0.740485	0.733301	0.740499	0.746341	0.746748	0.741253
	model_7	model_8	model_9	model_10	model_11	model_12
p	2	2	2	2	2	2
d	0	0	0	0	1	1
q	2	3	4	5	2	3
performance	0.746214	0.746476	0.747071	0.748253	0.736024	0.735995

图 16 是拟合了该模型之后的时间序列数据的自相关图和偏自相关图，因为拟合数据点展现出了明显的"拖尾"效果，故可说明拟合后数据的具有明显的平稳序列特征。结合前文的各超参数组合对应的模型表现，则可充分证明 ARIMA 模型的 (p,d,q) 参数选取(2,0,1)是合理的。

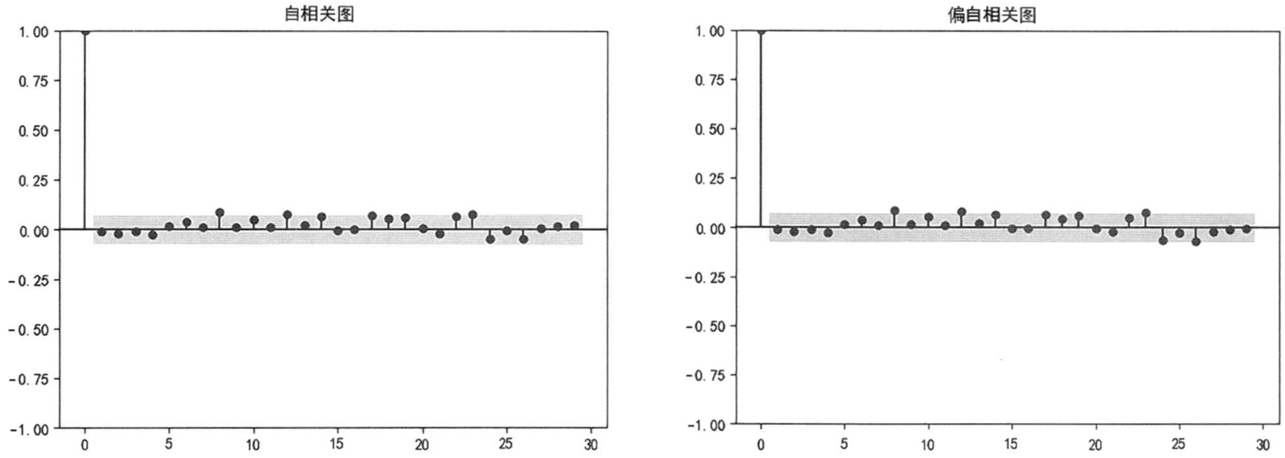

图 16　拟合了 ARIMA 模型后的时间序列数据的自相关图和偏自相关图

3. XGboost 模型的超参数调整

XGboost 模型的滞后时间期数的设定基于对交通数据周期性的理解，由于本文着眼于早高峰时段(8：00 至 10：00)中道路交通网的相关研究，故选择了 840 作为滞后的时间期数(每隔 2 分钟采集一次数据，1 小时 30 条数据，则每天 8：00 至 10：00 采集 2×30＝60 条数据，2 星期采集 2×7×60＝840 条数据)。

4. 加权融合模型的权重选择优化

为了更好的结合 XGBoost 和 ARIMA 模型的优势，将各模型的预测结果赋予权重并加和以得到与真实值相比误差更小的预测结果。对于权重值的选择，则有以下步骤：

①设定最优化目标函数：

$$\min_{x_1,x_2} MAE = \frac{1}{n}\sum_{i=1}^{n} \left| (x_1 \cdot XGBoost_i + x_2 \cdot ARIMA_i) - Truth_i \right| \tag{8}$$

其中，i 表示道路 id，$XGBoost_i$ 与 $ARIMA_i$ 表示两模型在道路 i 的预测结果。x_1 和 x_2 为模型结果赋予的权重值。

②优化约束条件：

$$\text{不等式约束：}\begin{cases} 0 \leqslant x_1 \leqslant 1 \\ 0 \leqslant x_2 \leqslant 1 \end{cases}$$
$$\text{等式约束：} x_1 + x_2 = 1 \tag{9}$$

③优化方法：

差分进化算法(DE)是一种基于种群的全局优化算法，适用于连续空间的优化问题。它通过模拟自然选择的过程来迭代地改进解的质量。

差分进化算法的基本步骤如下：

首先初始化：生成一个初始种群，种群中的每个个体都是问题的潜在解，这里指的是一组权重 x_1，x_2；后变异：通过组合现有个体生成新的个体，即变异操作；再交叉：通过交叉变异后的个体与现有个体产生后代，后选择：在后代和现有个体之间选择适应度更好的个体，以形成下一代种群；最后迭代：重复变异、交叉和选择步骤，直到满足最大迭代次数或其他终止条件。此处设置种群大小 Pop 为 20，最大迭代次数 MaIter 为 100。得到最优权值结果为：$x_1=0.48050451$，$x_2=0.51947561$。

综上，关于使用差分进化算法来优化模型融合的权值的流程如图 17：

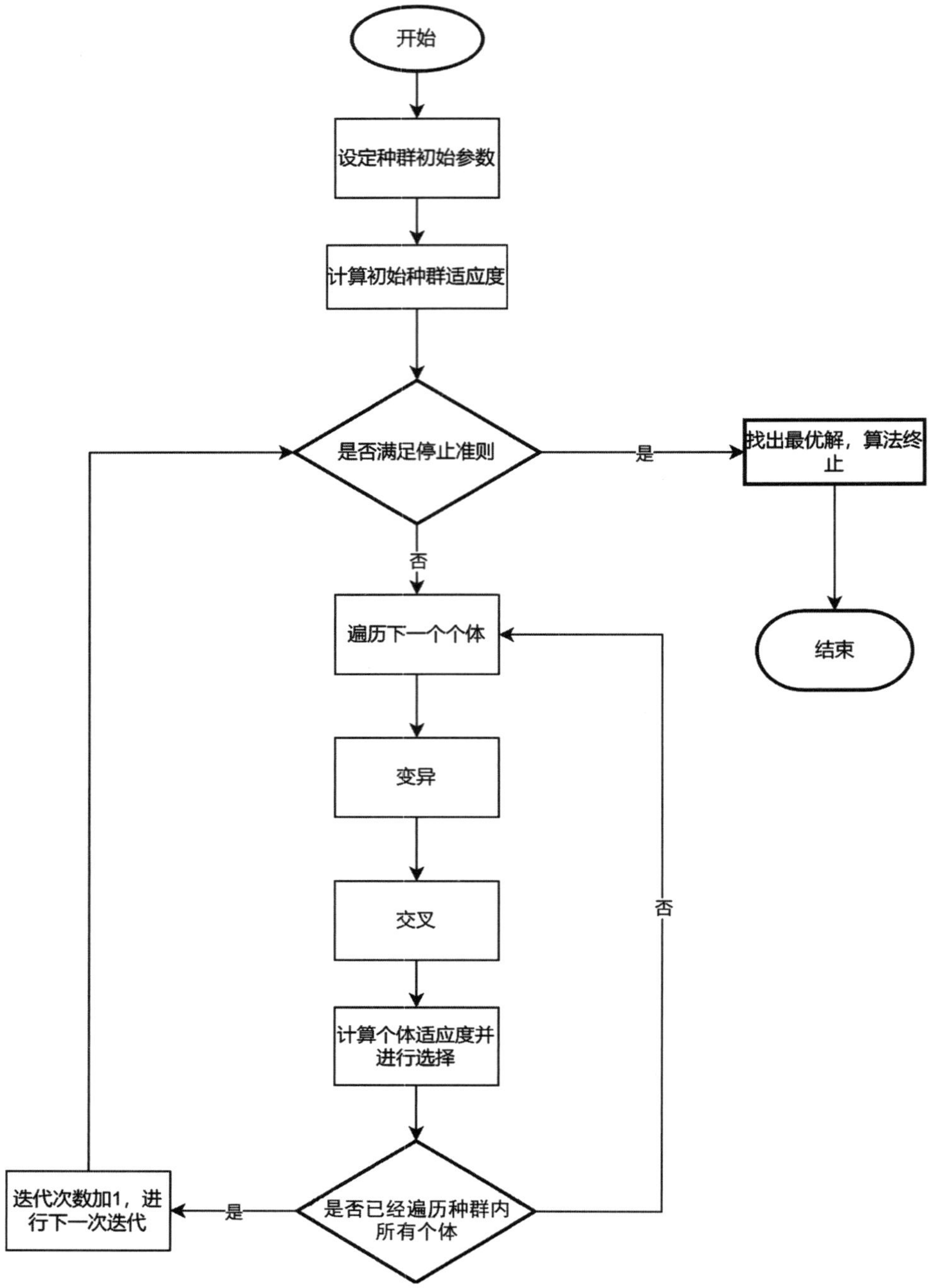

图 17　差分进化算法流程图

(二)预测模型评价

本研究使用平均绝对误差（*MAE*）、均方误差（*MSE*）、均方根误差（*RMSE*）、平均绝对百分比误差（*MAPE*）来评估 XGboot 模型，ARIMA 模型，XGBoost 与 ARIMA 加权融合模型的性能。公式如下：

$$MAE=\frac{1}{n}\sum_{i=1}^{n}|y_i-\hat{y}_i| \tag{10}$$

$$MSE=\frac{1}{n}\sum_{i=1}^{n}(y_i-\hat{y}_i)^2 \tag{11}$$

$$RMSE=\sqrt{\frac{1}{n}\sum_{i=1}^{n}(y_i-\hat{y}_i)^2} \tag{12}$$

$$MAPE=\frac{1}{n}\sum_{i=1}^{n}\left|\frac{y_i-\hat{y}_i}{y_i}\right|\cdot 100\% \tag{13}$$

其中，n 是预测的道路数量，y_i 是第 i 个真实的道路平均速度，$\hat{y}_i$ 是第 i 个预测的道路平均速度。

由表 7 中数据，显然，XGBoost 与 ARIMA 加权融合模型的各项评估值都明显优于单独的模型。

表 7　XGboot 模型，ARIMA 模型，XGBoost 与 ARIMA 融合模型的评价

	XGBoost	ARIMA	XGBoost＋ARIMA
MAE	2.73823	2.411524	1.766125
MSE	11.83923	9.390131	4.955728
RMSE	3.440818	3.064332	2.226146
MAPE	1.104913	0.628383	0.319651

从图 18 中可以看出，单一的 XGboost 模型和 ARIMA 模型都不能很好的拟合真实数据，但二者的加权融合则可以结合模型的优势——XGBoost 模型可以得到与真实数据较为一致的波动趋势但与真实数据在数值上相差较大，ARIMA 模型与真实数据相比在数值上较为贴近但无法拟合出足够优秀的涨落趋势。

由此可以验证前文所言，“ARIMA 模型处理数据的线性趋势，XGBoost 照顾到非线性因素，可以增强模型对非线性和非平稳时间序列的预测能力”，故经加权融合的 XGBoost 与 ARIMA 模型可以得到更优的预测效果。

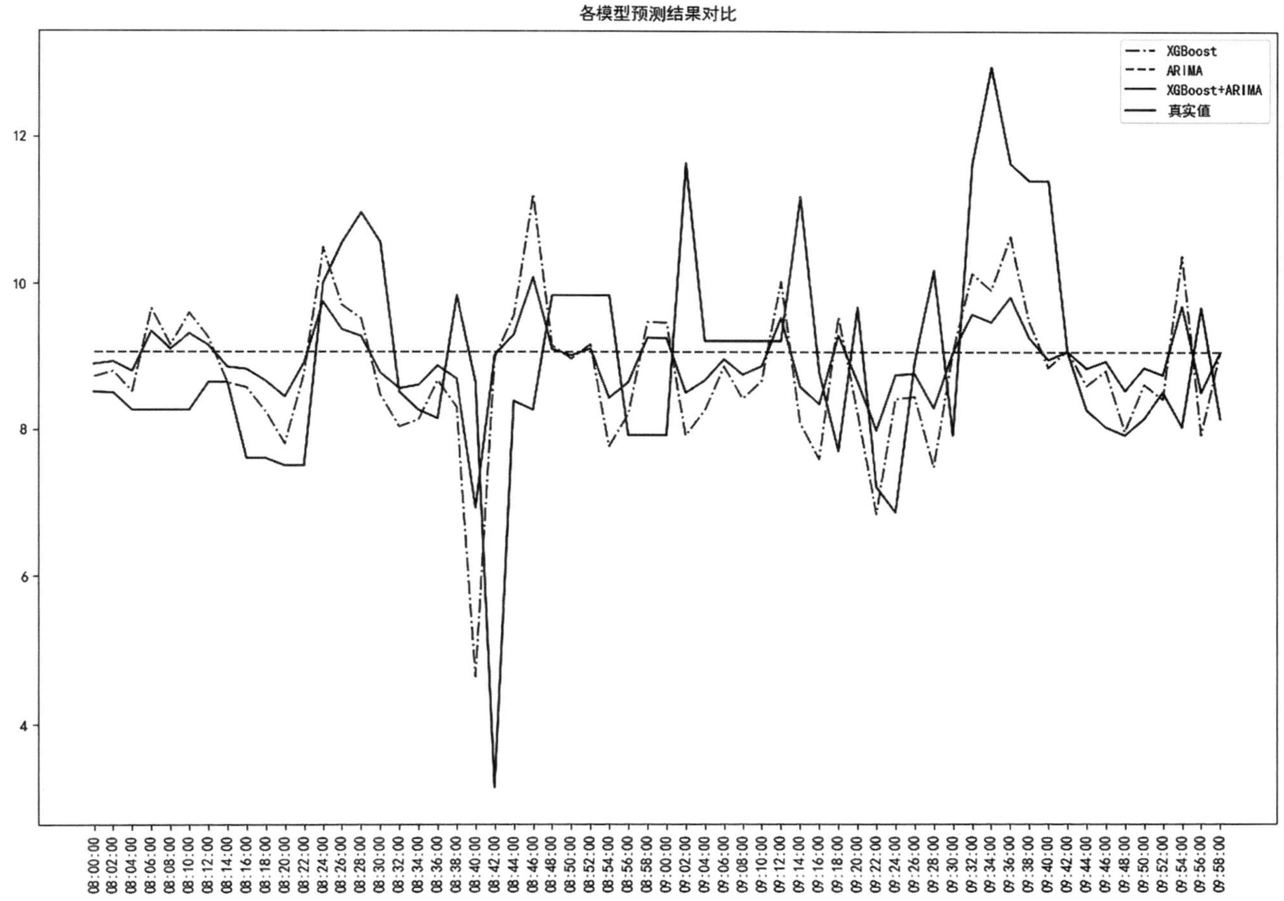

图 18　各模型预测结果对比示意图

五、基于流量预测的交通网络动态脆弱性分析

在本研究的上文中，构建了一个基于无向图的道路网络模型，以模拟和分析交通系统中的级联失效现象。级联失效是指由于某些道路的失效导致邻近道路相继失效，进而可能引发整个交通网络性能的下降。本文建立负载容量失效模型来模拟道路交通网络的级联失效。其建立流程如图 19，级联失效示意图如

图20。

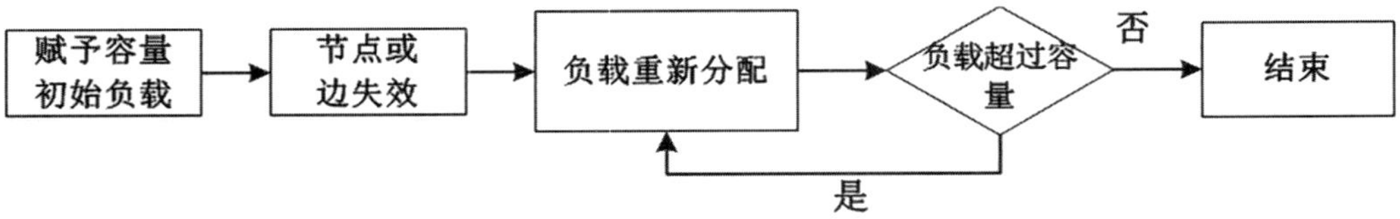

图19 负载容量级联失效模型流程图

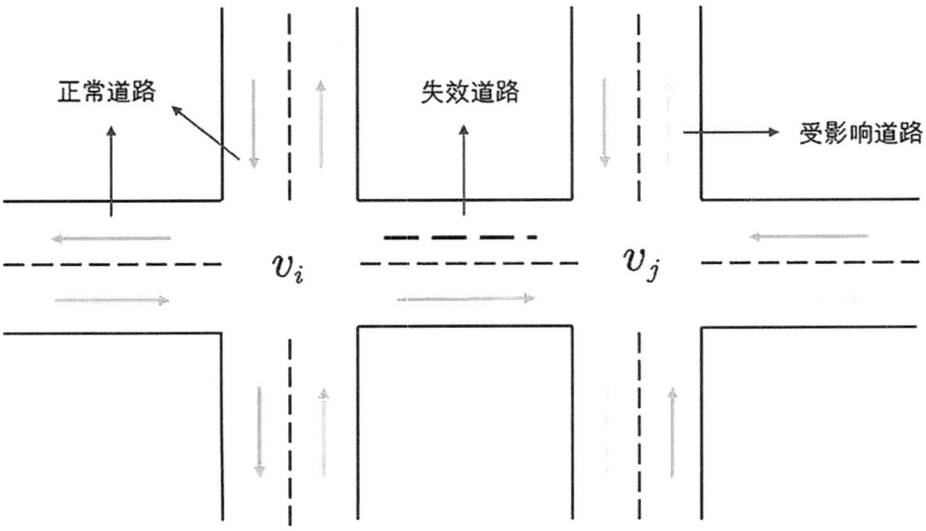

图20 级联失效示意图

(一)道路级联失效的假设

假设1:道路失效的条件为当前道路边 $e(i)$ 的车辆数量超过其承载容量,边 $e(i)$ 发生拥堵。

假设2:车辆在道路上的行驶涉及安全距离的考量,即车辆与前车之间应保持足够的间隔以避免追尾事故,故车辆占据的道路长度由车辆长度加上安全间距决定,该间距与车辆的速度相关,经查,《GB7258—2017机动车运行安全技术条件》中对乘用车行车制动器制动性的要求中,车辆的制动加速度 α 为 $5.9\mathrm{m/s^2}$。并考虑到人类的平均反应时间 t 约为0.3秒,道路平均速度 v 根据给定时刻的实时预测数据得到,则根据运动学公式,前后两辆车之间的道路安全距离计算公式如下:

$$SafetyDistance = vt + \frac{v^2}{2a} \tag{14}$$

假设3:道路的车辆容量由道路的长度、车道数以及每辆车占据的道路长度共同决定,

$$RC_{e(i)} = \frac{RL_{e(i)} \times NL_{e(i)}}{CL + SD}, i \in E \tag{15}$$

其中,表示第 i 条道路的道路容量 *Road Capacity*,$RL_{e(i)}$ 是道路 i 的长度 *Road Length*,$NL_{e(i)}$ 是道路的车道数 *Number Lanes*,CL 是车辆长度 *Car Length*,在此处设置 $CL=4$ 米,SD 是基于假设2得到车辆行驶安全距离 *Safe Distance*。

假设4:由于本文重点研究早高峰时段(8:30至10:00)交通网络结构,在该时段的道路上车辆较多,故设置每条道路的初始车辆数量为其容量的80%,

边 $e_{(i)}$ 的初始车辆数 $OriRC_{e(i)}$ 与该道路边的容量是正比关系,计算公式为:

$$OriRC_{e(i)} = \alpha RC_{e(i)}, i \in E, (0 < \alpha < 1) \tag{16}$$

其中,$RC_{e(i)}$ 代表边 $e(i)$ 的容量,α 为控制道路初始车辆数的系数,在本研究中为80%,则 $\alpha = 0.8$。

假设5:道路的车辆流入/流出量由该道路的在时刻 t 的实时预测速度、每轮推演时间间隔、道路的车道数决定,计算公式为

$$Flow_{e(i)}=\frac{Speed_{e(i),t}\cdot Time}{CL+SD}\cdot NL_{e(i)} \tag{17}$$

其中，$Flow_{e(i)}$ 表示道路 i 的流入/流出车辆数，$Speed_{e(i),t}$ 表示道路 i 的在时刻 i 的实时预测速度，$Time$ 为每轮推演中的时间间隔，$NL_{e(i)}$、CL、SD 与前文假设一致。

假设 6：在假设 5 的基础上，对于道路之间车辆的流入流出，考虑到实际生活中车辆会优先选择那些仍有较大容量的下游道路，由此构建了一个流量分配机制，当车辆从一条失效道路 Link1 流出时，其流量将根据下游各分叉道路 Link2 和 Link3 的剩余容量进行加权分配。具体地，每条分叉道路的权重计算公式为该道路剩余容量与所有下游道路剩余容量之和的比值。公式如下：

$$\Delta L_{i\to j}=Z_jL_i=\frac{e^{Q_j}}{\sum_{j\in\Gamma_i}e^{Q_\beta}}L_i(0) \tag{18}$$

其中，$\Delta L_{i\to j}$ 表示失效节点的相邻节点分担的负载量，Z_j 表示相邻节点分担节点负载的比例，Q_j 表示相邻节点 j 的容量，Γ_i 表示失效节点 i 的集合。

$$\Delta L_{j\to h}=\frac{Q_h}{\sum_{Q_\beta\in\Gamma_j}Q_\beta}(L_j-Q_j) \tag{19}$$

$\Delta L_{j\to h}$ 表示过载节点的相邻节点分担的负载量，Q_h 分别表示过载节点 j 的相邻节点 h 的容量，Γ_j 表示过载节点的相邻节点 j 的集合。网络中所有节点的自身负载小于自身容量，网络的级联失效过程结束。

在本研究中还考虑了通过次级连接可能到达的道路 Link4，Link5，Link6，Link7 和 Link8 的道路容量，上述所描述的道路的连接情况如图 21 所示。

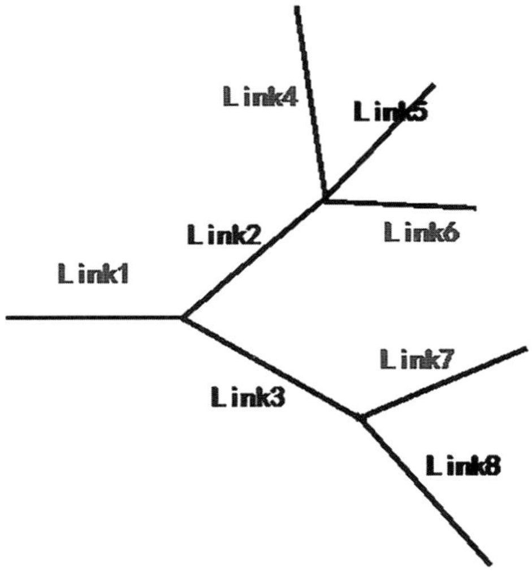

图 21　流量分配时道路连接示意图

(二)道路网络失效的模拟推演

级联失效模拟过程中，计算每个时间间隔 $Time$ 车辆的流入和流出，以此更新每条道路的车辆数量，通过移除车辆数量超过其容量的边来模拟道路失效，该模拟持续进行，直到达到预设的模拟截止时间或图中没有更多的道路会发生失效为止。

应用上述假设和流量分配逻辑，设定每轮推演的时间间隔 $Time=2$(分钟)，设定当前时刻为 $t=8:30$，交通网中剩余可通行道路数随时间变化的模拟推演过程如下图所示。

由图 22 可观察到从 8：30 到 10：00，交通网中剩余可通行道路数逐渐减少，表明道路网络的失效在逐步扩大。并且，从图中也可以直观看出，从 9：06 开始到 9：38 这一段时间的道路失效数量急剧增加，而在则相对平稳，这也与现实生活中该时段早高峰多数道路会发生堵塞的实际情况相符合。

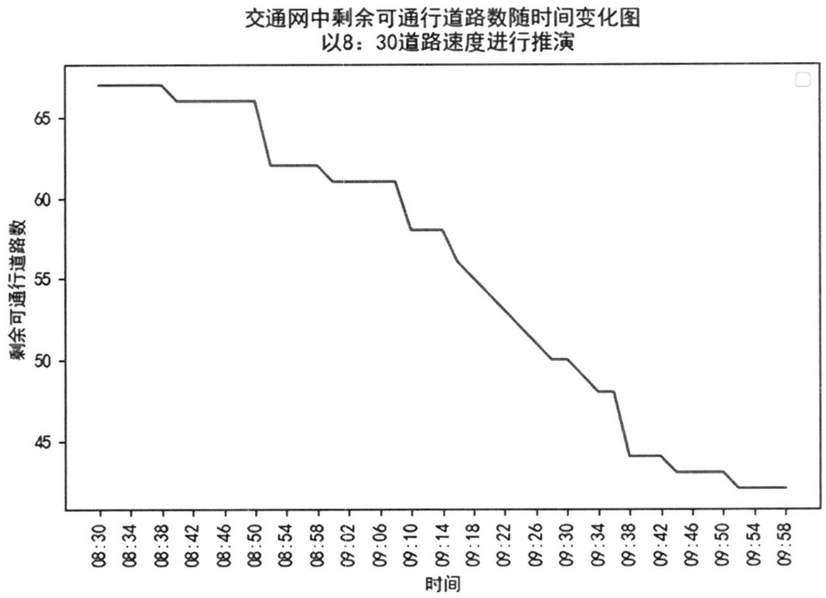

图 22　交通网中剩余可通行道路数随时间变化的模拟推演过程

(三)道路网络失效的可视化

道路交通网络级联失效状态的可视化结果如图 23 所示：

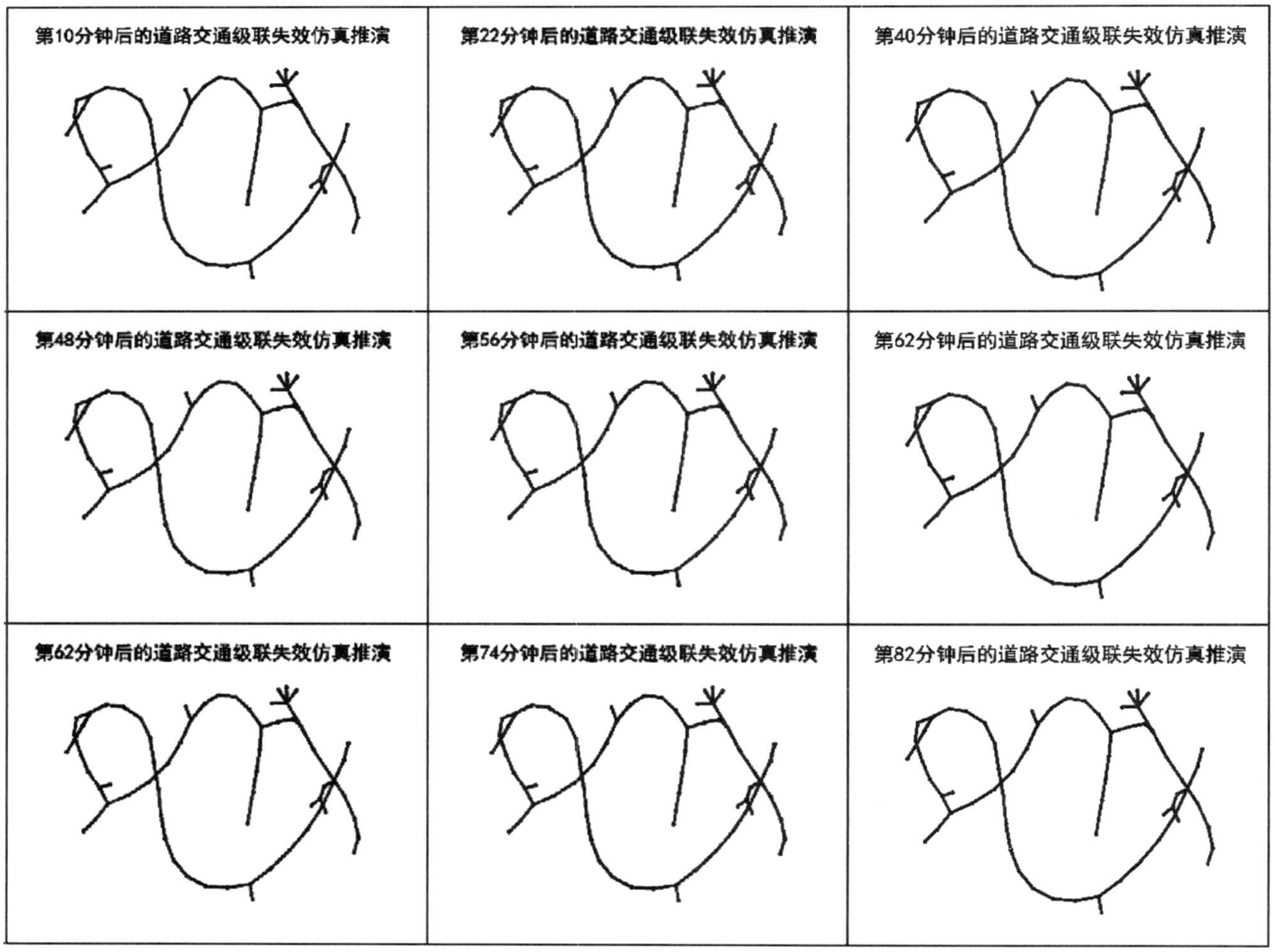

图 23　道路交通网络级联失效状态的可视化过程

(四)基于级联失效模型的交通网络动态脆弱性分析

在建立的负载容量交通网络级联失效模型的基础上，本文通过道路级联失效模拟推演评估该交通网络的动态脆弱性。

基于上述级联失效模型的构建，在 8∶00—10∶00 内每两分钟选取一个时间节点共 60 个时间节点，针对每个时间节点做级联失效推演分析，并将每次推演中的最先失效的路段编号存储起来，找到基于实时预测数据推演级联失效时最先失效次数的那条道路，认为它就是交通网络中在实时道路数据上最容易受到影响的道路。

图 24 展示了两种网络脆弱性分析分别得出的最重要的道路。

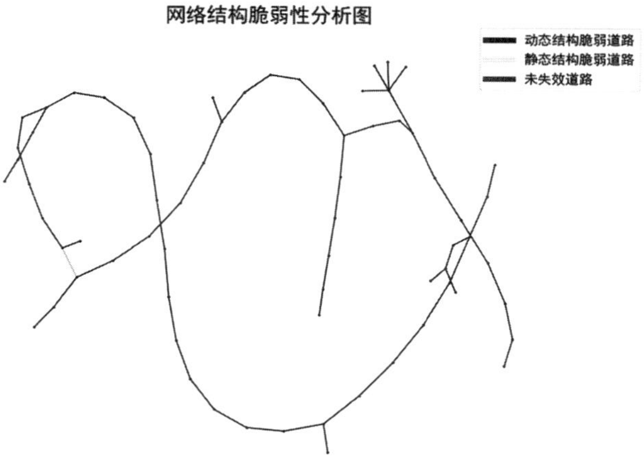

图 24　网络结构脆弱性分析图

六、结论与建议

(一)结论

本文立足于智慧交通的发展需求，通过对实时交通流量数据的分析和处理，预测早高峰时段的交通流量，并开展交通网络级联失效推演，旨在为交通管理部门提供科学的决策支持。

1. 本研究首先对贵州省的道路数据集进行了深入分析，包括数据搜集、清洗与处理。通过分析路段属性、上下游关系以及历史通行时间，研究者构建了城市交通网络的拓扑图。网络构建采用了原始法，将交叉口抽象为节点，道路抽象为边，利用无向图表示道路交通网络。此外，研究还对网络中的节点进行了合并处理，以简化网络结构，并删除了离散道路，专注于主要道路的网络拓扑图构建。

2. 本研究中对道路的平均车辆速度数据进行了时间序列分析，包括 ADF 检验、季节性分解、自相关分析和偏自相关分析。通过这些分析，确定了时间序列数据的平稳性，并揭示了交通流量数据在不同时间点之间的统计依赖性。此外，研究还采用了时间序列聚类方法，将大量时间序列数据分为具有相同模式或行为的类别，以便于进行特定类别的时间序列分析。

3. 本研究构建了一个基于负载容量的交通网络级联失效模型，模拟了道路交通网络中由于某些道路的失效导致邻近道路相继失效的过程。该模型假设道路失效的条件是当前道路边的车辆数量超过其承载容量。研究中提出了车辆安全距离的计算公式，并基于此计算道路的车辆容量。通过模拟推演，研究了交通网中剩余可通行道路数随时间的变化，以及道路网络失效的可视化过程。

4. 脆弱性分析研究通过搭建脆弱性测度体系，从总体上评估了交通网络的静态脆弱性。选取了度、介数、接近度中心性和特征向量中心性等拓扑指标，构建网络拓扑结构脆弱性测度。通过计算得到每一条道路的网络拓扑特性指标值，识别出了交通网络中在实时道路数据上最容易受到影响的道路。此外，研究还基于级联失效模型进行了网络脆弱性分析，通过实时预测数据推演级联失效，找到了最先失效次数最多的道路，进一步确认了交通网络中的脆弱路段

(二)建议

1. 推动构建基于实时道路数据的综合交通网络脆弱性驱动的交通管理策略与路径设计规划。根据本

文提出的研究方法和理论,在拥堵发生时鼓励使用网络中的冗余或备用路径,从而在关键路段发生失效时,能够快速重新分配流量,减少对网络的影响,而不会由于流量的转移造成进一步的拥堵。

2. 强化交通网络结构的鲁棒性,加强交通基础设施的弹性建设:改进交通的基础建设与配套设施,以减少因道路发生意外事故导致的交通中断时间。

3. 制定相应的应急处置预案分级制度,建立预案管理平台,实现预案的数字化存储、快速检索和实时更新,提高预案管理的效率。构建一个更加科学、高效、透明的应急管理体系,有效提升交通管理部门应对各种突发事件的能力。

【参考文献】

[1] Barabási, A. L., Albert, R. Emergence of scaling in random networks[J]. Science, 1999, 286 (5439): 509—512.

[2] Bono, F., Gutierrez, E. A network-based analysis of the impact of structural damage on urban accessibility following a disaster: the case of the seismically damaged Port Au Prince and Carrefour urban road networks[J]. Journal of Transport Geography, 2011, 19: 1443—1455.

[3] Cao, L. J., Tay, F. E. H. Support vector machine with adaptive parameters in financial time series forecasting[J]. IEEE Transactions on Neural Networks, 2003, 14(6): 1506—1518.

[4] Cats, O., Koppenol, G. J., Warnier, M. Robustness assessment of link capacity reduction for complex networks: application for public transport systems[J]. Reliability Engineering and System Safety, 2017, 167: 544—553.

[5] Duan, Y., Lu, F. Robustness of city road networks at different granularities[J]. Physica A, 2014, 411: 21—34.

[6] He, Z., Navneet, K., Dam, W. V., et al. Robustness assessment of multimodal freight transport networks[J]. Reliability Engineering and System Safety, 2021, 207: 107315.

[7] Jain, A., Kumar, A. M. Hybrid neural network models for hydrologic time series forecasting[J]. Applied Soft Computing, 2007, 7(2): 585—592.

[8] Jakaša, T., Andročec, I., Sprčić, P. Electricity price forecasting-ARIMA model approach[C]. In: 2011 8th International Conference on the European Energy Market (EEM). 2011: 222—225.

[9] Kim, K. J. Financial time series forecasting using support vector machines[J]. Neurocomputing, 2003, 55(1—2): 307—319.

[10] Liu, H., Zhong, X., Ouyang, M., et al. Vulnerability analysis of public transit systems from the perspective of urban residential communities[J]. Reliability Engineering and System Safety, 2019, 189: 143—156.

[11] Lu, Q. C., Zhang, L., Xu, P. C., et al. Modeling network vulnerability of urban rail transit under cascading failures: a Coupled Map Lattices approach[J]. Reliability Engineering and System Safety, 2022, 221.

[12] Ma, J., Li, M., Li, H. J. Traffic dynamics on multilayer networks with different speeds[J]. IEEE Transactions on Circuits and Systems II: Express Briefs, 2021, 69(3): 1697—1701.

[13] Michael, A. P., Taylor, S. Remoteness and accessibility in the vulnerability analysis of regional road networks[J]. Transport Research Part A, 2012, 46: 761—771.

[14] Peng, S. Disaster sprawling dynamics model for the cascading failure in urban road traffic network [D]. Changsha University of Science & Technology, Changsha, China, 2014.

[15] Sagheer, A., Kotb, M. Time series forecasting of petroleum production using deep LSTM recurrent networks[J]. Neurocomputing, 2019, 323: 203—213.

[16] Siami-Namini, S., Tavakoli, N., Namin, A. S. A comparison of ARIMA and LSTM in forecasting time series[C]. In: 2018 17th IEEE International Conference on Machine Learning and Applications

(ICMLA). 2018: 1394—1401.

[17] Spiliopoulou, A., Kontorinaki, M., Papageorgiou, M., et al. Macroscopic traffic flow model validation at congested freeway off-ramp areas[J]. Transport Research Part C, 2014, 41: 18—29.

[18] Tay, F. E., Cao, L. Application of support vector machines in financial time series forecasting[J]. Omega, 2001, 29(4): 309—317.

[19] Tian, J., Fang, H., Wang, Y., Ren, C. On the degree correlation of urban road networks[J]. Transactions in GIS, 2018, 22: 119—148.

[20] Wang, S., Chen, C., Zhang, J., et al. Vulnerability assessment of urban road traffic systems based on traffic flow[J]. International Journal of Critical Infrastructure Protection, 2022, 38: 100536.

[21] Wang, S., Lv, W., Zhang, J., et al. Method of power network critical nodes identification and robustness enhancement based on a cooperative framework[J]. Reliability Engineering and System Safety, 2021, 207: 107313.

[22] Wang, Z. W., Chen, X. L., Li, C. L. Identifying influence sources of cascading failure for road traffic network[J]. China Journal of Highway and Transport, 2015, 28(10): 98—104.

[23] Wang, Z. W., Kuang, A. W., Wang, H. J. Calculation of traffic network node importance of cascading failure[J]. Highway Traffic Technology, 2012, 29(5): 96—101.

[24] Wang, Z. W., Peng, S., Huang, Z. X. Disaster sprawling dynamics model for the cascading failure in urban road traffic network[J]. Journal of Safety and Environment, 2014, 14(3): 96—101.

[25] Wu, J., Sun, H. J., Gao, Z. Y. Cascading failures on weighted urban traffic equilibrium networks [J]. Physica A: Statistical Mechanics & Its Applications, 2007, 386(1): 407—413.

[26] Wu, J. J. Studies on the Complexity of Topology Structure in the Urban Traffic Network[D]. Beijing Jiaotong University, 2008.

[27] Wu, J. J., Gao, Z. Y., Sun, H. J. Effects of the cascading failures on scale-free traffic networks[J]. Physica A: Statistical Mechanics & Its Applications, 2007, 378(2): 505—511.

[28] Yunpeng, L., Di, H., Junpeng, B., Yong, Q. Multi-step ahead time series forecasting for different data patterns based on LSTM recurrent neural network[C]. In: 2017 14th Web Information Systems and Applications Conference (WISA). 2017: 305—310.

[29] Zeng, J., Xiong, Y., Liu, F., et al. Uncovering the spatiotemporal patterns of traffic congestion from large-scale trajectory data: a complex network approach[J]. Physica A, 2022, 604: 127871.

[30] Zhang, G. P. An investigation of neural networks for linear time-series forecasting[J]. Computers & Operations Research, 2001, 28(12): 1183—1202.

[31] Zhang, G. P. Time series forecasting using a hybrid ARIMA and neural network model[J]. Neurocomputing, 2003, 50: 159—175.

[32] Zhang, G. P., Qi, M. Neural network forecasting for seasonal and trend time series[J]. European Journal of Operational Research, 2005, 160(2): 501—514.

[33] Zhang, J., Wang, M. Transportation functionality vulnerability of urban rail transit networks based on moving block: the case of Nanjing metro[J]. Physica A, 2019, 535: 122367.

[34] Zhang, L., Zeng, G., Li, D., Huang, H. J., Stanley, H. E., Havlin, S. Scale-free resilience of real traffic jams[J]. Proceedings of the National Academy of Sciences, 2019, 116: 8673—8678.

[35] Zheng, J. F., Gao, Z. Y., Zhao, X. M. Modeling cascading failures in congested complex networks [J]. Physica A: Statistical Mechanics & Its Applications, 2007, 385(2): 700—706.

[36] Zheng, Z., Huang, Z., Zhang, F., et al. Understanding coupling dynamics of public transportation networks[J]. EPJ Data Science, 2018, 7: 1—16.

[37] Zhou, D., Hu, F., Wang, S., et al. Power network robustness analysis based on electrical engineering and complex network theory[J]. Physica A, 2021, 564: 125540.

高校负面舆情成因与演化路径研究

吉林财经大学　汪凯祯、姬静欣、王睿哲

摘　要

【背景/目的】在高等教育深化改革发展的浪潮中，网络舆论对高校形象的冲击日益显著。为了协助高校细化舆情监管方向，为高校的决策提供坚实的科学依据，进而有效维护其形象和声誉，本文将从高校负面舆情热点现状出发，探究高校负面舆情成因与演化路径。

【方法/过程】本文主要研究内容分为三个部分：第一，研究高校负面舆情热点现状。运用 python 爬取并筛选出合适的高校舆情案例，通过词频统计和时间序列分析得出其舆情热点现状。第二，研究高校负面舆情成因。运用 QCA 方法探究出负面舆情成因组合。第三，研究高校负面舆情演化路径，从多种成因组合中选出一种组合的典型案例集，爬取其文本信息。首先通过 Sentence-BERT 与 LDA 结合的主题识别模型进行主题演化分析；接着运用基于内容相似度的 CNM 社群发现算法进行社群演化分析；最后利用 Attention-BiLSTM 情感分析模型进行情感演化分析，综合归纳出高校负面舆情演化路径。

【结果/结论】本文研究结果包括三个方面：高校负面舆情热点现状：呈现上升趋势且大多集中爆发在每学期初末。高校负面舆情成因：负面舆情成因多样，其中覆盖率最广的成因组合为“非一流大学建设高校”&“有意见领袖参与”&“有谣言产生”。高校负面舆情演化路径：第一，主题演化路径中，高校舆情主题数量先增长后下降，主题深度逐步深化。第二，社群演化路径中，大致分为大学生、自媒体、校媒体及政府媒体社群，他们分别扮演高校舆情传播主力军、扩声器、引导者及中立者的角色。第三，情感演化路径中，多数自媒体社群的作用会带来极大的消极情绪，而校媒体社群带来的情绪引导取决于其处理态度及方式。

【创新点】研究视角的创新：系统地从现状—成因—演化的角度阐述了当今时代背景下高校负面舆情的基本情况。研究方法的创新：在社群演化研究中，运用 CNM 社群发现算法时，以内容相似度代替了空间距离来衡量网络节点的相似度，使社群划分效果显著。

关键词：高校舆情；热点现状；舆情成因；演化路径

一、引言

(一)研究背景及意义

1. 研究背景

高等教育深化改革发展的大背景下，良好的高校形象愈发凸显其价值与意义。高校作为网络舆情的重要产生地和传播地，涉及的领域广泛，包括学校形象、教学质量、学生行为及校园安全等各个方面。

同时，我国社会信息化水平不断提高，网络信息传播呈现出前所未有的速度和广度，这使得任何微小的事件或言论都可能在极短的时间内引发广泛的关注和讨论，导致大多高校在面临突发舆情时并不能迅速给予回应、把控其舆情演化并及时给出应急预案。放任负面舆情演化会给高校形象管理带来巨大压力，其社会化特征也使得高校在处理舆情时必须考虑到社会各界的反应和态度，为高校的网络舆论引导及治理工作带来极大挑战。

近年来，我国高度重视高校舆情工作，出台了一系列相关政策，要求各高校加强网络舆情监测与分析，及时回应社会关切，有效引导舆论。大数据的发展为高校舆情的控制带来了前所未有的助力。借助其强大的数据收集、分析和预测能力，可以迅速筛选关键信息，洞察舆情动向，及时预警，以便采取针对性的措施进行干预和引导，为舆情管理工作提供了强大的技术支持。

2. 研究意义

①高校作为人才培养的摇篮、科技创新的基地、文化传承的载体，研究高校负面舆情有助于高校维护形

象和声誉。

②掌握其成因帮助高校细化舆情监管方向。高校舆情的形成是一个复杂而多元的过程，剖析高校舆情的形成条件，对其认识更加清晰和全面，促进高校对热点问题和舆论趋势更细致准确的把握。

③明确舆情演化过程为高校决策提供科学依据。探究高校舆情演化的路径，包括高校舆情的主题、社群及情感演化路径，结合舆情生命周期理论，得出舆情演化中主题、社群、情感的变动，帮助高校在舆论形成之后对其传播及演化精准把控，为学校决策提供科学依据。

(二)文献综述

为避免高风险网络舆情爆发，降低突发事件对社会的负面影响。近年来学术界对舆情属性与成因及演化规律的研究颇多。

1. 舆情属性与成因相关研究

①舆情特征与现状的研究

刘燕和李颖[1]得出高校舆情内容存在多元性与分散性、速捷性、主体特殊性等特点。陈远宏[2]认为在自媒体时代，媒介传播使信息交互和共享更加便利。张柳[3]认为网络舆情信息生态中的信息生产、组织及消费等行为与传统舆情生态环境有显著区别。王楠和王保华[4]指出高校负面信息会以“滚雪球”的方式连锁放大损害高校形象。张恒[5]等学者认为高校网络舆情的生命周期分为萌芽期、爆发期、稳定期和衰退期四个阶段。

②舆情成因机理的研究

刘琼[6]基于245个案例的实证分析得出高校知名度、触发事件性质、传播过程与舆情应对等都对结果的出现具有重要作用。樊琳[7]等提出外部社会环境的复杂因素、高校内部存在的诸多问题和师生自身素质等多重因素。

2. 舆情演化规律相关研究

①舆情主题演化的研究

郭宇和张传洋[8]等构建动态主题演化模型研究突发事件网络舆情的主题演变规律。丁晟春和刘笑迎[9]用TF-IDF算法融合评论影响力选择主题特征词最终分析与挖掘出舆情事件中网民观点随时间的演化形式与演化规律。

②舆情社群演化的研究

张继东和蒋丽萍[10]对SEIR模型进行优化与改进，增加群体规模、从众效应和社会强化效应的影响机制，对四类群体在社会网络中的舆情传播机制进行动态分析。黎红友和陈宇[11]搭建网络舆情分析技术平台得出“意见领袖”在传播中具有枢纽作用。

③舆情情感演化的分析

胡媛和王智[12]提取情感因素得出情感强烈程度和突发程度的属性差异是影响因素分布和强度特征的关键。张晓君和黄微[13]等基于SKEP模型挖掘情感知识，进行情感遮蔽，然后经由Transfommer编码得出情感分类预测值。

3. 文献评述

过往研究已经较为详细地阐述了舆情属性与成因及演化规律。其指出，当下舆情成因在媒体环境的催化下日益复杂，多为突发事件且传播十分迅速，对社会造成严重影响。在对网络舆情演化过程的相关研究中，发现舆情演化受其主题及传播社群共同影响，舆情发展与大众情感倾向密切相关。

这些学者为我们理解舆情成因机制及其演化路径奠定了坚实基础，为后续研究提供了有益支撑。然而，已有文献针对高校负面舆情框架下的研究内容较为单一。因此，本文将从高校负面舆情的现状、成因和演化路径三个方面系统地展开研究，旨在更全面地理解和把握高校负面舆情的动态变化和发展规律。

(三)研究内容与创新点

1. 研究内容

本文针对高校负面舆情成因与演化展开系统研究。具体涵盖以下三个方面：第一，高校负面舆情热点现状分析。首先爬取并筛选出具有合适的高校舆情案例，通过词频分析、时间序列分析等方法，揭示当前高校负面舆情的热点现状及变化趋势。第二，高校负面舆情成因分析。针对多个典型案例采用QCA方法剖析高校负面舆情的成因。为后续的演化路径分析提供了坚实基础。第三，高校负面舆情演化路径分析。以一种组合的典型案例集为例，爬取其文本信息，分别利用 Sentence-BERT 与 LDA 结合的主题识别模型、基于内容相似度的 CNM 社群发现算法、Attention-BiLSTM 情感分析模型，进行主题演化、社群演化、情感演化分析。最终得出高校负面舆情演化路径。研究框架如图 1 所示：

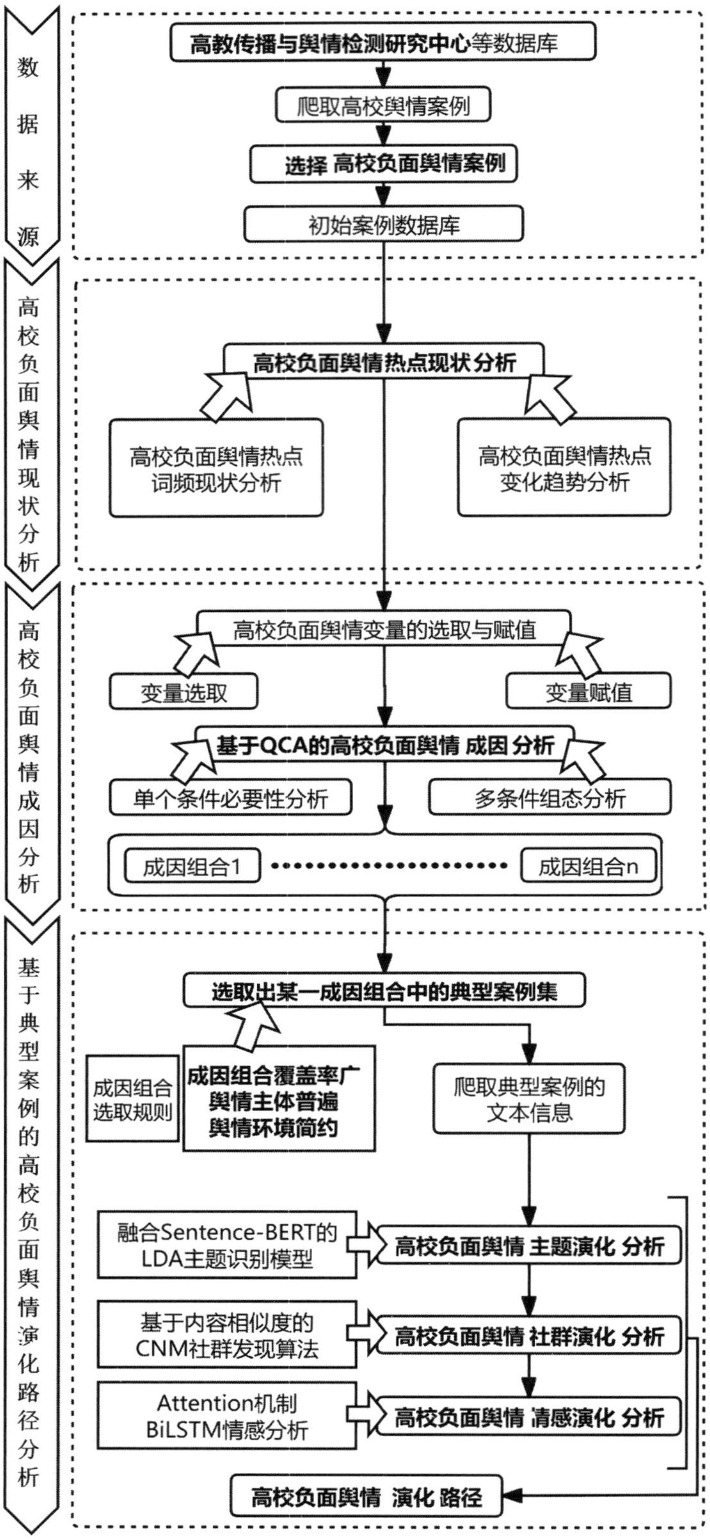

图 1　研究框架图

2. 创新点

本研究在以下两个方面创新。

研究视角的创新：本研究从现状、成因到演化的全链条视角，对高校负面舆情进行了系统性研究。这一视角不仅有助于全面把握高校负面舆情的整体态势，还能为后续的应对策略提供有力支持。

研究方法的创新：在社群演化研究中，本研究创新性地采用基于内容相似度的 CNM 社群发现算法。这一方法突破了传统空间距离的限制，以文本内容的相似性作为网络节点相似度的衡量标准，结合了网络结构和节点属性信息，提升了社群划分的准确性和效果。

二、高校负面舆情热点现状分析

本节旨在通过案例获取和处理，结合词频统计和时间序列分析，从热点词频及变化趋势的角度研究高校负面舆情热点现状，帮助高校把握热点问题，同时为后续研究奠定基础。

（一）案例数据的获取与处理

1. 案例数据的获取

为了探究高校负面舆情热点现状，本文首先从中国传媒大学高教传播与舆情监测研究中心、慧科检索等权威舆情数据平台收集了 2020 年 1 月至 2024 年 2 月前发生的高校舆情案例数据。其中包括正面舆情数据与负面舆情数据，共计 200 余例。

2. 案例数据的处理

根据筛选条件（见表 1）选取符合本文研究的案例，将选取的舆情案例按照时间顺序排列，并构建出本文初始案例数据库。

表 1　筛选规则表

条目	筛选规则
1	舆情事件性质为负面，此类舆情方能构成危机
2	舆情具有一定知名度，曾引起大范围关注
3	舆情类型尽量多元，包含师德师风、学术腐败、校园安全等多类型
4	舆论还可追溯，有过往舆论数据参考

（二）高校负面舆情热点词频分析

对上文初始案例数据库中网友关注的热点话题进行词频统计，并绘制词云图，如图 2 所示。

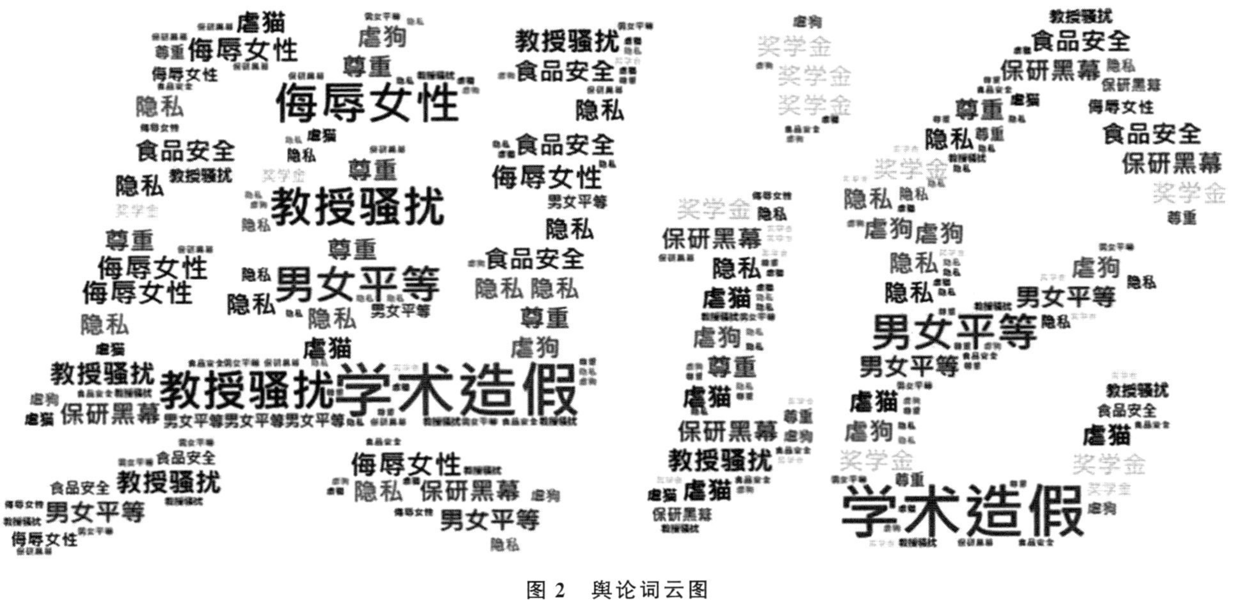

图 2　舆论词云图

由图2可见，高校舆情中“学术造假”“骚扰侮辱”“男女平等”“保研”等词频繁出现，热度不断。在高校舆情监控过程中可重点关注此类事件。

(三)高校负面舆情热点变化趋势分析

通过时间序列拆分探索高校负面舆情热点变化。基于乘法模型的时间序列公式如下：

$$Y_t = T_t \times S_t \times C_t \times I_t \qquad \text{公式(1)}$$

首先计算出初始案例数据库中每月的案例数量，并绘制散点图，如图3(a)所示，再根据时间序列乘法模型对其进行分解，得到长期趋势 T、季动趋势 S、循环趋势 C，如图3(b)—(d)所示。

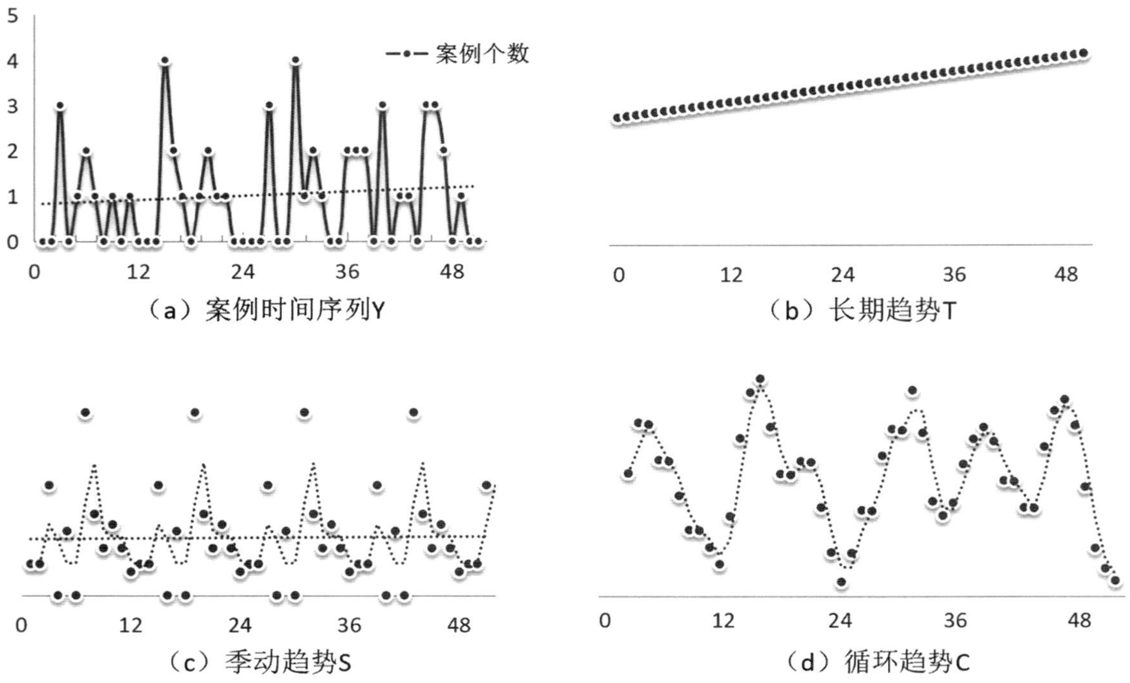

图3　时间序列分解图

由图3(b)可见，根据长期趋势 T，得到近年来高校舆论热度呈现持续上升趋势，若无法及时发现舆论并对其做出正确的引导，将严重损害高校形象。这也印证了本选题的必要性。如图3(c)所示，根据季动趋势 S，得到高校舆论的爆发期多集中在每学期的期初和期末，寒暑假中高校舆论的发生频次明显下降。因此，高校可重点监测学期初和期末的舆情走向，减少恶性舆情产生。如图3(d)所示，未能发现较明显的循环趋势，从某中程度上也证明了高校舆情具有突发性。

三、高校负面舆情成因分析

本节在把握热点问题的基础上，帮助高校明确易影响高校形象的负面舆情成因，细化舆情监测方向，开展高校负面舆情成因分析。已有文献大都采用QCA方法探究网络舆情危机产生的内在逻辑。本文将延续此方法开展相关研究。

(一)高校负面舆情变量的选取与赋值

借鉴网络舆情预警指标[15]和舆情热度评价[16]的相关研究，从中选取合适的变量构建高校舆情变量表并对其进行赋值，如表2所示。

其中，条件变量——网民诉求中的利益诉求指代网民对事件中利益或责任的清晰划分，情感诉求指代网民希望从事件处理中获得对应的情绪价值。结果变量——舆情影响指数为案例平均得分。条件变量赋值规则：对具体案例进行条件类型的细分，并将各条件类型中权重值最高的赋值为1，其余赋值为0。结果变量赋值规则：案例得分高于舆情影响指数则赋值为1，低于则赋值为0。

表 2　高校舆情变量表

变量类型	属性	条件类型	解释变量	权重	赋值
条件变量	事件属性	事件性质	师德师风类	32%	1
			管理失误类	27%	0
			学术腐败类	22%	0
			校园安全类	19%	0
		矛盾指向者态度	消极	82%	1
			积极	18%	0
		舆情本体	领导/教师	70%	1
			在校学生/毕业生	30%	0
		网民诉求	利益诉求	58%	1
			情感诉求	42%	0
		高校属性	“一流大学建设高校”	56%	1
			非“一流大学建设高校”	44%	0
		舆情热点	符合舆情热点	56%	1
			不符合舆情热点	44%	0
	传播属性	中央媒体	有中央媒体报道	52%	1
			没有中央媒体报道	48%	0
		意见领袖	有意见领袖参与	72%	1
			没有意见领袖参与	28%	0
		谣言	产生谣言	76%	1
			没产生谣言	24%	0
结果变量		影响高校形象程度	舆情影响指数以上	58%	1
			舆情影响指数以下	42%	0

(一)基于 QCA 方法的高校负面舆情成因分析

1. QCA 方法的基本思想

QCA 分析法是一种组态比较方法，它通过识别不同情境下导致相同结果的特定因果路径来评估“多重并发因果关系”，从而揭示一组潜在机制间的复杂关系。在高校舆情对高校形象的影响研究中，存在着大量由多重诱因导致舆情的复杂现象，而 QCA 分析恰巧擅长考察复杂社会现象的原因组合路径和影响方式。基于此，本文选择 QCA 方法开展研究。

2. 负面舆情成因结果与分析

①单个条件必要性分析与结果

首先检验单一条件变量是否为影响高校形象的必要条件。在 QCA 分析中，一致性作为必要条件的重要检测标准。通常认为，如果条件 X 是结果 Y 的必要条件，则其对应的一致性指标值应大于 0.9。

表3　必要性分析表

是否影响＼条件变量	是		否	
	一致性	覆盖度	一致性	覆盖度
师风师德类	0.6116	0.5535	0.6555	0.6116
非师风师德类	0.5708	0.6164	0.5214	0.5805
积极	0.7409	0.6585	0.5590	0.5122
消极	0.4513	0.4982	0.6273	0.7139
领导/教师	0.6857	0.6339	0.5796	0.5524
在校学生/毕业生	0.5158	0.5434	0.6158	0.6688
利益诉求	0.5437	0.5283	0.6363	0.6374
情感诉求	0.6269	0.6258	0.5292	0.5445
“一流大学建设高校”	0.6488	0.6103	0.6001	0.5819
非“一流大学建设高校”	0.5555	0.5740	0.5981	0.6371
符合舆情热点	0.7287	0.7064	0.4723	0.4720
不符合舆情热点	0.4553	0.4557	0.7061	0.7285
有中央媒体报道	0.6401	0.6043	0.5599	0.5449
没有中央媒体报道	0.5179	0.5330	0.5934	0.6296
有意见领袖参与	0.6393	0.5941	0.5948	0.5697
没有意见领袖参与	0.5370	0.5625	0.5762	0.6222
产生谣言	0.6986	0.6300	0.5784	0.5377
没产生谣言	0.4874	0.5286	0.6020	0.6731

如表3所示，所有条件变量的一致性水平均小于0.9，所以不存在明显影响高校形象的单个必要条件。

②多条件组态分析与结果

由于单个条件变量并不能很好地解释高校负面舆情成因，故而采取多条件变量组态分析，试图揭示由多个条件构成的不同组态引起结果产生的充分性。运用fsQCA3.0进行布尔最小化计算，建立分析模型后得到简约解。

表4　QCA结果路径

	原始覆盖度	唯一覆盖度	一致性
成因组合1	0.2751	0.0837	0.9562
成因组合2	0.2905	0.1060	0.9302
成因组合3	0.3133	0.0353	0.9097
解答覆盖率：0.8229			
解答一致性：0.9052			

如表4所示，共有3种能够导致结果现象出现的简约解。成因组合一的覆盖率为27.5%，成因组合二的覆盖率为29.1%，成因组合三的覆盖率为31.3%。简约解成因组合的解答一致性为0.91，解答覆盖率为0.82，说明运算结果达到了理想范围(≥0.8)。

成因组合一：“积极回应”&“情感诉求”&“一流大学建设高校”。具体可解释为某著名高校在发生负面事件后，虽然积极回应了，但未满足网友情感诉求，反而有损高校形象。在大众普遍认知中“一流大学建设高校”聚集了一批高素质、高水平的人才，是中国高等教育的标杆，若在某类负面舆情中回应迂回、含糊其词、避重就轻，反而更易催化舆情发酵，说明盲目积极回应不一定带来正面反馈。

例如，“某高校回应‘要求学生成绩正态分布’事件”。事件中校方虽积极成立了调查组，但迟迟未给出公众满意的回应，既没有回应后续成绩是否变动，也没有清晰表明此要求的合理性，任由事件发酵，仅微博的阅读量就高达 1.3 亿次。此事件对高校形象产生了极大的负面影响。

成因组合二："领导或教授"&"符合舆情热点"&"中央媒体报道"。具体可解释为以高校领导（或教授）为舆论本体，并被中央媒体报道，符合舆情热点的负面事件，此类条件组合会对高校形象产生极大不良影响。高校领导（或教授）社会地位较高，更易受到网民的关注，其相关的负面事件，在中央媒体的参与下会迅速扩散。对高校形象的影响或不可逆，说明以高校领导或教授为舆论主体的恶性事件更容易损害高校形象。

例如，"某职业学院校长发表题为'熟鸡蛋反生'的论文事件"。此话题一出，迅速引起网民质疑，再加上中央媒体的跟进报道，越来越多的网民开始质疑高校论文审核流程等问题。对该高校造成几乎不可逆的形象损害。其话题浏览量全网超 6 亿。

成因组合三："非一流大学建设高校"&"有意见领袖参与"&"有谣言产生"。具体可解释为某高校在发生负面事件后，存在意见领袖和谣言引导，此时更易损害高校形象。对于"非一流大学建设高校"而言，其本身存在感较低，非本校生几乎不会关注。但若存在"意见领袖"且有"谣言"产生，负面事件的热度会呈指数增长。其对高校形象的影响程度也不容小觑。

例如，"天津某技术大学助学金案例"，学生小朱发布多则网络视频，称在助学金评选中遭遇不公平对待以及评奖有黑幕等，但后续事件反转，此学生称是因自己的嫉妒心理作祟而歪曲了事实，但舆论并未平息，主要因为"意见领袖"的引导，使得谣言四起，导致案例扑朔迷离。最终核心问题"助学金评选的过程是否合理公开"也未得到妥善的处理，反而是学校、学生和事件主人公不断遭受谴责。不仅有损高校形象，也掩埋了真相。该话题的全网浏览量超 8.3 亿。

五、基于典型案例的高校负面舆情演化路径分析

为了提升高校对舆情信息的利用效率，确保用户身份辨识及舆情用户管理的准确性，明确用户的情感需求，防止舆情反复。本节通过选取典型案例，构建其主题演化路径，并对用户社群及情感演化过程进行系统分析，探究出一条高校负面舆情演化路径。这是研究高校舆情信息传播的重要环节之一。

（一）典型案例的选取与舆论时期的划分

1. 典型案例的选取

本文从前文得到的三种舆论成因组合中，选取第 3 种成因组合进行进一步深入研究，主要基于以下原因：

首先，成因组合 3 所包含的成因组合覆盖范围最广；其次，成因组合 3 所涉及的舆论主体为"非一流建设高校"，这一类高校数量庞大，相对于一流建设高校，其舆情监测机制相对薄弱；最后，相较于"一流建设大学""非一流建设高校"的舆情环境更为简单明了，易于研究。

我们对成因组合 3 所涵盖的所有案例进行编码，并通过生成伪随机数的方法抽取若干典型案例，如"某学院工人被指随意进入女生宿舍""天津某技术大学助学金纠纷"等典型案例，以深入探究高校舆情演变的机制。为方便文章叙述，下文以"江西一高校饭菜中疑吃出鼠头"事件为例展示分析过程。

2. 典型案例评论数据的获取与处理

①评论数据的获取

为了探究高校舆情演化路径，本文利用 python 爬取在新浪微博和抖音等主流自媒体平台发布的相关高校舆情案例中的评论文本数据，其中包括"用户 ID""用户地址""评论时间""文本内容""转发""点赞"等共计 71640 条数据。

②评论数据的处理

首先对文本数据进行去重和清洗操作。例如原句为："公信力就这?""公信力还不如一个道歉"，数据清洗之后为"公信力""道歉"。接着进行二次去重，采用 Jieba 库对文本进行中文分词。在分词操作中，仅保留名词、动名词、其他专名和名形词。最后对事件中出现的"指鼠为鸭""科技狠活"等新词添加至自定义词表，同时使用哈尔滨工业大学停用词表过滤无意义的词语，并在后续持续更新停用词表[17]。

经过去重、数据清洗和二次去重的处理之后，最终得到 55166 条文本数据。在保存数据时，按照时间顺序对数据进行排列，建立原始评论数据语料库。

3. 典型案例舆论时期的划分

对舆论时期的划分有助于梳理舆情演化过程，王晰巍[18]等人运用百度指数曲线图结合话题事件特征，将微博话题划分为四个生命周期状态。本文亦采用此方法，对若干典型案例进行舆论时期的界定并分析。

根据百度指数的数据统计，“江西一高校饭菜中疑吃出鼠头”事件的舆情周期为 2023 年 6 月 1 日至 2023 年 6 月 18 日，其中舆情在 2023 年 6 月 10 日达到高峰。结合本次舆情事件的特点，将其舆情周期划分为上升期、爆发期、稳定期和衰退期四个阶段，如图 4 所示。

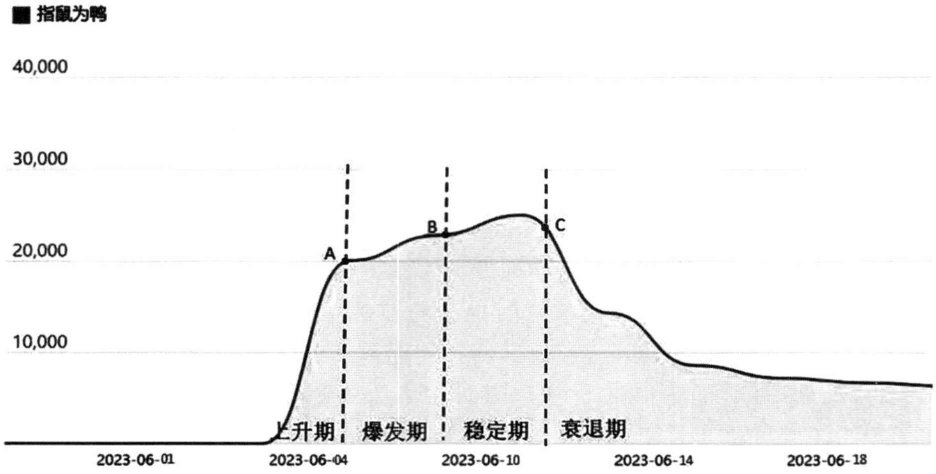

图 4　指鼠为鸭舆论生命周期图

另外，也采用相同的方法对“某学院工人被指随意进入女生宿舍”“天津某技术大学助学金纠纷”等典型案例的舆论时期进行划分，得到了相似的结果。

(二)典型案例的高校舆情主题演化分析

高校舆情主题演化是深入研究高校舆情发展的基础，同时对主题演化过程进行研究有助于发现舆情中的热点话题，从而降低舆情监测成本。

本节首先确定不同舆论时期的主题数量，再划分出其对应主题。最终将建立一条高校舆情主题演化路径，以系统地揭示舆情事件的发展轨迹。

1. 不同舆论时期下舆情主题数量的确定

本节使用 Sentence-BERT 与 LDA 结合的主题识别模型，对预处理后的文本进行分类训练。同时，根据舆论时期的不同，分别计算困惑度以确定最适宜的主题数量。

①Sentence-BERT 与 LDA 结合的主题识别模型

在舆论文本数据中，通常存在着大量主观情感的表达，这可能导致语义不足和主题连贯性不强等问题。一些学者如阮光册、黄韵莹[19]等人将 Sentence-BERT 句子嵌入模型与 LDA 模型相结合，以提升评论文本主题的语义性。

该方法是利用 Sentence-BERT 模型获取评论文本句子层面的向量特征，同时采用 LDA 模型获取评论文本的概率主题向量。然后，通过使用自动编码器将得句子嵌入向量与 LDA 主题模型获得的文本主题向量进行串联，从而建立评论文本向量以识别主题。具体流程可参见图 5 示。

②困惑度确定主题数量

本文采用上述模型获得评论文本的主题嵌入向量。为了确定最佳的主题数，采用困惑度进行判断。在统计学中，困惑度用于评价模型的性能优劣。具体而言，困惑度越小，表明模型对实验的文本数据具有更好的概括能力[20]。并且更高的一致性分数表示更好的可解释性，意味着语义上更连贯。

以“江西一高校饭菜中疑吃出鼠头”事件的上升期为例，如图 6(a)所示，在主题困惑度变化中，主题数为 11 时出现了明显的拐点，同时 11 处对应的一致性最高。基于此，确定了上升期的主题数量为 11。其他三个舆情阶段也按此方法确定主题数量。最终四个舆论阶段共划分出 32 个主题。

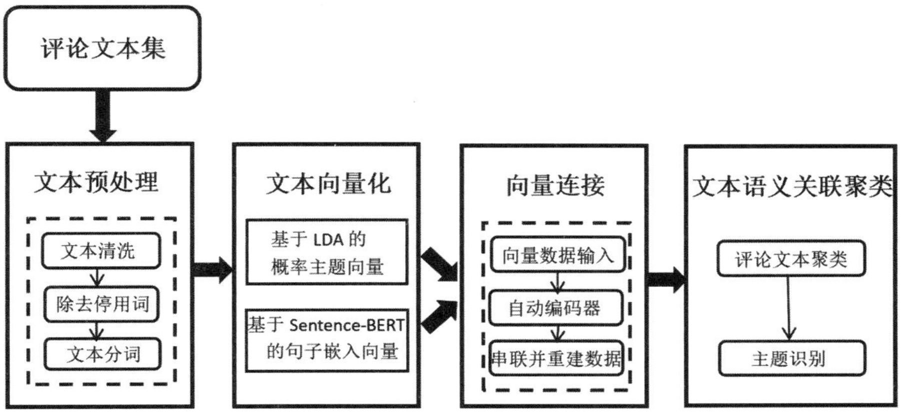

图 5　Sentence-BERT 与 LDA 结合的主题识别模型流程图

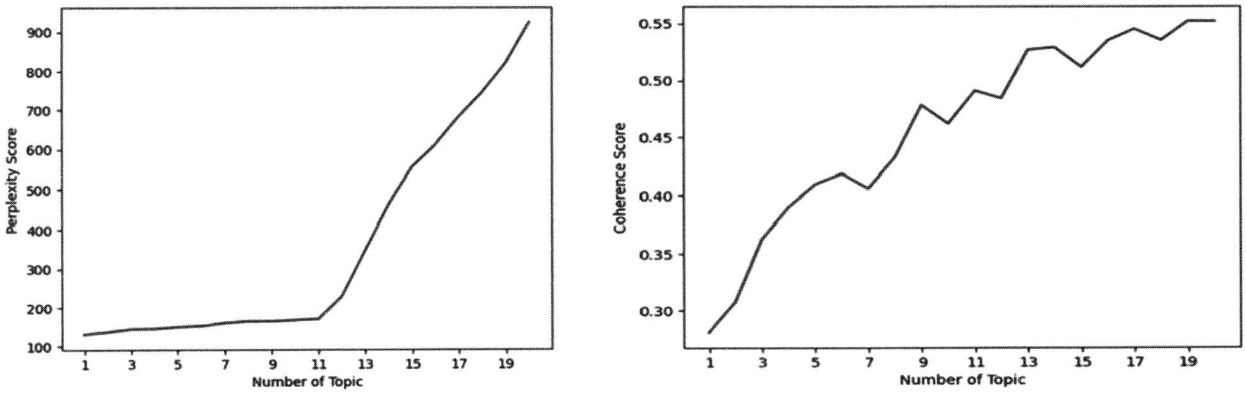

（a）上升期

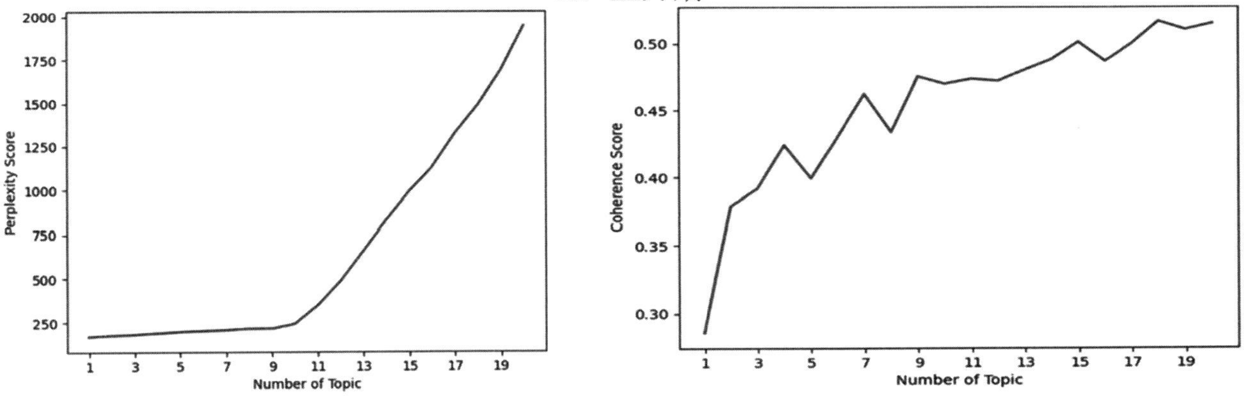

（b）爆发期

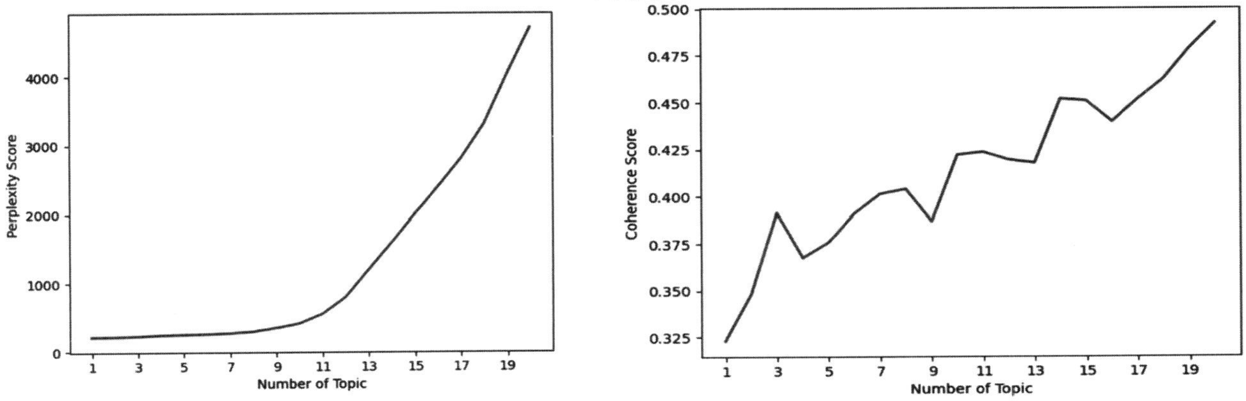

（c）稳定期

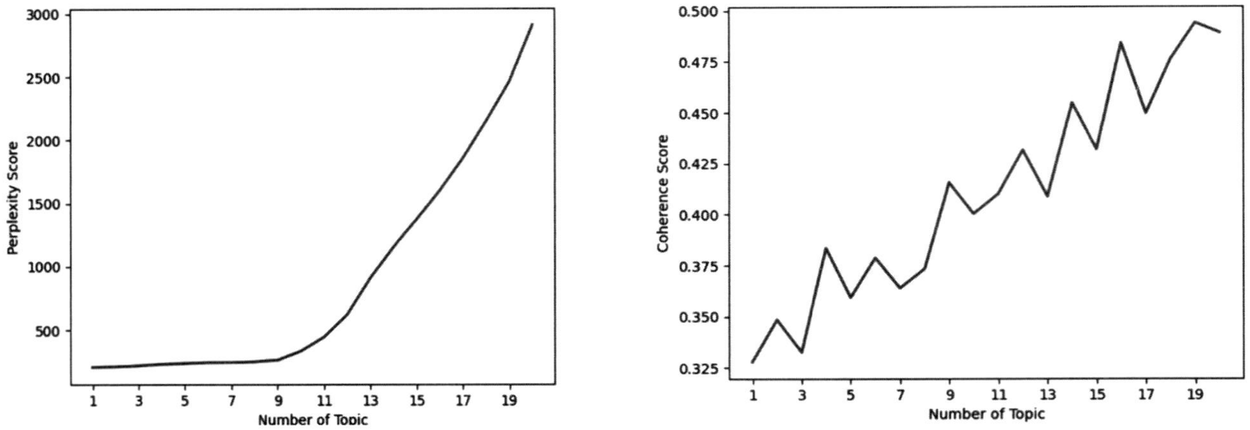

(d) 衰退期

图 6 困惑度及主题一致性

2. 不同舆论时期下舆情主题的划分

在选定所有主题数目后，进行主题划分为得到更精确的主题演化分类，本文探索利用 R 语言的 LDAvis 工具包(https://git hub. com/cpsievert/LDAvis)绘制交互式核心技术主题可视化图谱。

LDAvis 将这个数字用圆圈的大小来表示主题出现的频率。主题之间的位置远近表现了主题之间的相似性，可以反映主题间的差异度，气泡有重叠说明两个主题的特征词有交叉[21]。

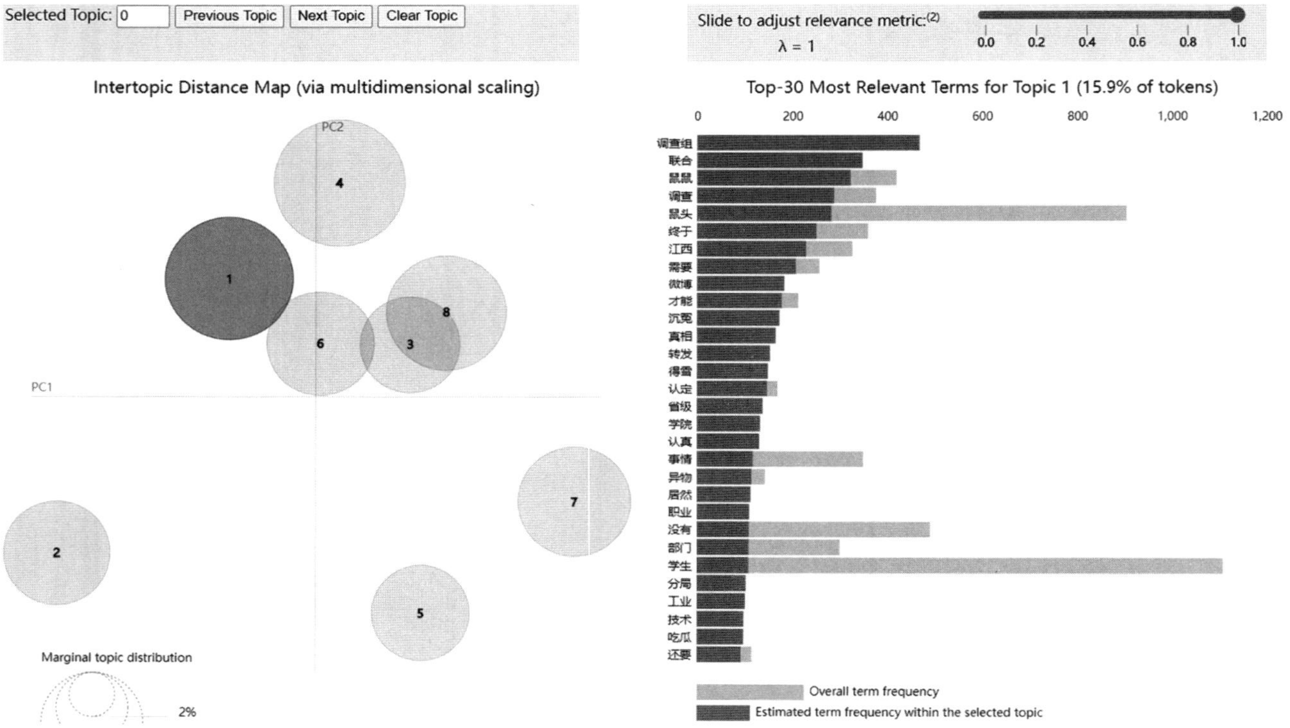

图 7 LDA 主题可视化图

以衰退期为例，其基本可视化布局及含义如图 7 所示：主题气泡各个之间均存在一定的距离，主题间重叠度较小，故主题识别效果较理想。

因此，本文在每个阶段的可视化图谱中选择高分布概率词项和重复度高词项，并对重复度高词项进行合并处理，在 32 个主题中提取出 7 个共同主题。其中上升期选取 2 个主题，爆发期选取出 5 个主题，稳定期选取出 3 个主题，衰退期选取出 2 个主题。如表 5 所示。

表 5 LDA 主题划分表

主题	主题时期归属	关键词(占比前七)
主题 1： 指鼠为鸭	1,2	指鼠为鸭(0.041)、赵高(0.041)、牙齿(0.032)、长毛(0.029)、胡须(0.025)、眼睛(0.020)、鸭头(0.018)
主题 2： 欺骗群众	1,2,3,4	欺骗(0.073)、群众(0.067)、说瞎话(0.039)、终于(0.013)、傻子(0.010)、裂开(0.010)、眼睛(0.009)
主题 3： 专家见解	2	专家(0.136)、见解(0.084)、谬论(0.025)良心(0.015)、DNA(0.014)、歪曲(0.012)新闻(0.011)
主题 4： 食品安全	2,3	食品安全(0.052)、食堂(0.038)、外卖(0.031)、干净(0.020)、高蛋白(0.017)、农药(0.017)、动物(0.015)
主题 5： 公信力失效	2	公信力(0.078)、失效(0.027)、送检(0.023)、问题(0.019)、无效(0.015)、骗人(0.013)、嘴硬(0.010)
主题 6： 调查组责任	4	调查组(0.147)、责任(0.055)、联合(0.037)、归属(0.014)、鉴定(0.011)、市监局(0.010)、监督(0.009)
主题 7： 处罚涉事人员	3	处罚(0.066)、涉事人员(0.051)、管理局(0.027)、企业(0.022)、官方(0.019)、市场(0.018)、学校(0.016)

注：主题时期归属列：1 为上升期，2 为爆发期，3 为稳定期，4 为衰退期。

舆情上升期：此时主题集中在“指鼠为鸭”和“食品安全”两大主题上。形成这一现象的原因在于舆情尚处于初期阶段，网民讨论的焦点仍在事件本身，主题数量相对较少。在“是鸭脖还是鼠头”的讨论下，衍生出的食品安全问题使舆情快速升温。

舆情爆发期：此时舆情开始进入集中爆发阶段，主题数量增加至 5 个。除了上一阶段的主题外，还衍生出了“处理涉事人员”“调查组责任”和“专家见解”三类主题。这是因为随着事件的发酵，更多的网民加入了讨论，校方及校外专家的介入为事件带来了新的热点。网民开始追溯事件的源头，对责任进行划分，产生了情感上的诉求。

舆情稳定期：此时舆情的话题重心已经偏移并趋于稳定。与其继续讨论“是鸭脖还是鼠头”相比，网民更加关注事件责任人的回应态度。由于校方回应不积极、调查组调查结果虚假，欺骗了网友，因此产生了“调查组责任”和“欺骗群众”的主题。

舆情衰退期：舆情的热度开始下降，主题数量减少至 2 个，为“食品安全”和“公信力失信”。虽然官方媒体和校园媒体持续报道，但由于前期的“欺骗群众”行为以及演化成的“公信力失信”结论，网民已不再愿意关注事件的后续发展。舆情对高校形象产生了负面影响。

3. 舆情主题演化路径的确定

本研究通过对多个典型案例进行相似的分析，并从不同舆论时期下的主题数量和主题深度的视角，推导出了一条负面舆情的主题演化路径。这一路径如图 8 所示。

舆情上升期：主题数量较少且浅显，网民主要关注事件本身的矛盾之处。舆情爆发期：主题数量突然增加，涵盖了舆情的前因后果以及责任的归属。舆情稳定期：主题数量减少，网民产生了更多的利益和情感方面的诉求。舆情衰退期：事件的热度逐渐下降，主题数量保持稳定，舆情的属性已经大致确定。

(三)典型案例的高校舆情社群演化分析

高校舆情社群演化分析承接了前文的主题分析，也为后续的情感分析奠定了基础，有助于高校更好地了解用户的信息偏好。通过研究不同偏好网络用户的行为特征和规律，可以提高舆情用户管理的准确性。

传统的社群发现算法通常使用空间距离度量来衡量网络节点的相似度，但这种度量方法只能从距离的角度来解释用户相似性。本文受钟磊[22]等提出了一种基于文本内容相似度的谱聚类方法的启发，沿用内容相似度的思想，用于改进 CNM 社群划分算法，以便深入地理解高校舆情社群的形成和演化过程。

1. 不同舆论时期下网络用户内容相似度的确定

本节根据原始语料库中的“用户 ID”“用户 IP”确定出网络用户，同时结合上文中得到的不同舆论阶段中

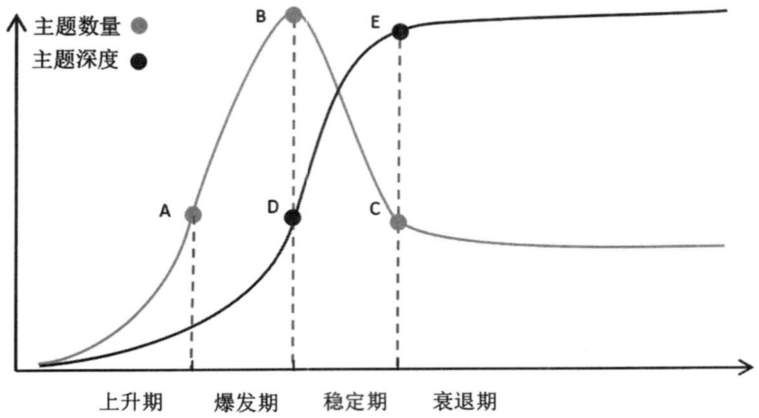

图8　舆情主题演化图

各用户对主题的关注衡量出网络用户的内容相似度。若两位网络用户在同一阶段关注的主题重合度很高,就代表这两位网络用户的内容相似度较高。以舆论第二阶段为例,运用python运算共清洗出25311位网民的内容相似度,其中节点代表每位网民,结果如表6所示。

表6　用户内容相似度表

节点	1	2	3	4	…	25311
1	1	0.6	0.67	0.4	…	0.33
2	0.6	1	0.33	0.75	…	0.25
3	0.67	0.33	1	0.5	…	0.67
4	0.4	0.75	0.5	1	…	0.8
…	…	…	…	…	…	…
25311	0.33	0.25	0.67	0.8	…	1

2. 不同舆论时期下网络用户的社群划分

本节基于内容相似度的CNM社群发现算法,挖掘出高校舆情社群。该算法的特点是非常适合大量和复杂的网络数据。社群可以定义为节点的子集,指网络中的一些密集群体,这些节点彼此紧密相连,而与其他社群的节点松散相连。

在CNM算法中,首先将每位网络用户作为一个单独的社群,每次选择内容相似度最大的社群合并,直至整个网络用户融为一个社群。以舆论第三阶段为例,划分出4类舆论社群。再根据其中囊括的网民特征(粉丝数量、IP地址、年龄、官网认证标志等)将其概括为"大学生社群""自媒体社群""校媒体社群""政府媒体社群"。运用ChiPlot绘制社群网络图,结果如图9所示。

舆情上升期:此时事件关注度低,参与话题的人数较少,存在两类社群,分别为"大学生社群"以及"自媒体社群"。舆情由大学生社群发起,多在本地传播。"自媒体社群"通过制作短视频、表情包发起话题并在抖音、微博等主流自媒体平台上病毒式传播,加快舆情发酵。

舆情暴发期:由于事件热度过高,已经初步影响到高校,此时"校媒体社群"参与引导舆情走向,防止事件不可控。"校媒体社群"通过发出声明通知,对事件梳理还原,安抚学生情绪等手段稳定舆情,避免舆情恶性发酵。

舆情稳定期:"大学生社群"等待"校媒体社群"事件处理结果通知。"自媒体社群"由于热度的消散逐渐淡出。"政府媒体社群"理性客观地总结事件,进行责任追溯。舆情开始进入衰退期。

舆情衰退期:"大学生社群"诉求得到回应,退出事件。"政府媒体社群"以及"校媒体社群"进行最终的定论,平息舆情,将理性观点提升至主导地位,形成相对稳定的舆论态势。

3. 舆情社群演化路径的确定

该研究通过对多个典型案例进行类似分析,总结出高校负面舆情演化过程中各个社群的主要特征,并

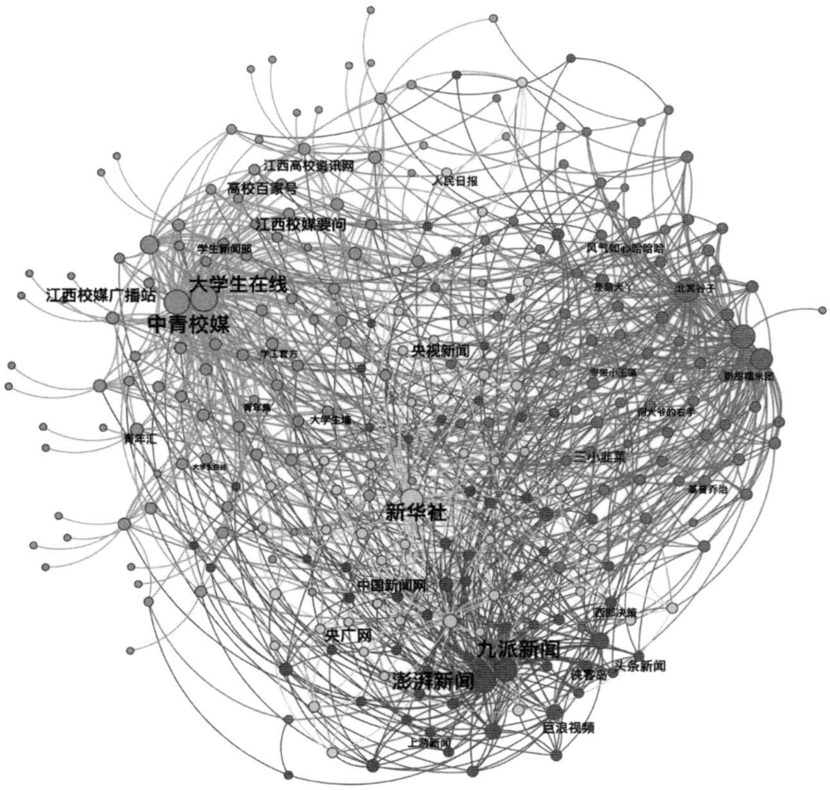

图 9　稳定期社群网络图

从不同舆论时期下的社群规模的视角出发，推导出了一条负面舆情的主题演化路径。这一路径在图 10 中展示。

①社群特征

大学生社群：新兴媒体的忠实用户、网络信息活跃参与者、高校舆情传播主力军。大部分高校舆情由大学生社群发起。自媒体社群：热度流量的追求者、高校舆情传播的扩声器。擅长利用自媒体平台，制作传播性极强的话题。校媒体社群：高校舆情的引导者。安抚学生情绪，防止舆情失控。政府媒体社群：高校舆情事件的理性人，中立者。理性客观地还原事件的来龙去脉。

②主题演化路径

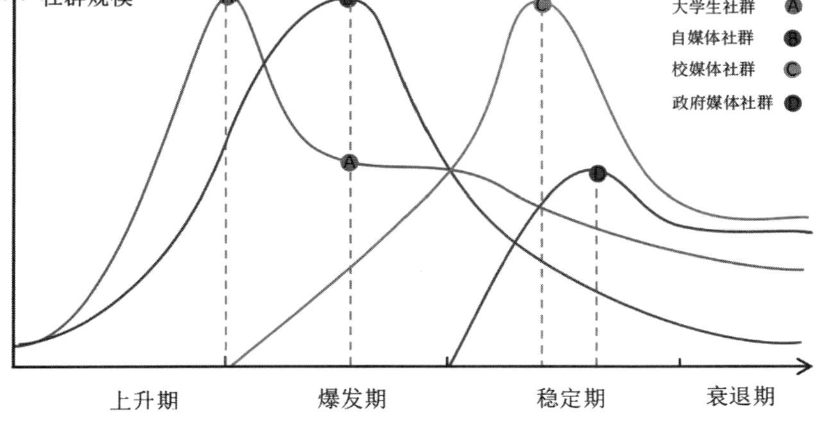

图 10　舆情社群规模图

舆情上升期：高校舆情由大学生社群发起，大学生社群规模迅速扩张达至顶峰。自媒体社群紧随其后，规模持续上涨，并对事件进行二次传播扩大影响力。舆情爆发期：自媒体社群规模达到顶峰，同事件热度也达到高潮，校媒体社群初步回应同时安抚大学生社群，稳定舆情。舆情稳定期：校媒体社群规模壮大，校媒体陆续做出后续回应，大学生社群缓慢退出。政府媒体社群作为中立者，完整理性还原事件，舆情热度逐渐下降，自媒体社群规模急剧缩减。舆情衰退期：校媒体社群规模减小，但还有部分留存以防止舆情二次发酵。政府媒体社群也将持续关注直至舆情完全消退。

(四)典型案例的高校舆情情感演化分析

本节通过研究不同社群的情感在网络中的传播路径和传播规律以及如何在社交网络中扩散和影响其他用户的，帮助高校更好地理解舆情的传播机制，及时调整舆情传播策略，减少负面情感的传播和扩散。

在舆情情感分析中，会遇到情感文本数据匮乏及上下文语义不连贯等问题。为了解决这些问题，曾莉、杨添宝[23]等人将 Attention 机制融入 BiLSTM 模型中，这一方法不仅保留了文本序列的上下文信息，还能够在一定程度上缓解对文本数据的要求。本文将借鉴此方法，进行高校负面舆情情感演化分析，以更准确地捕捉情感变化的动态和规律。

1. 不同舆论时期下情感分析模型的构建

本文采用 Attention-BiLSTM 的方法对微博评论文本进行情感倾向分析，此模型由 4 层网络构成，包括词向量嵌入层、BiLSTM 层、Attention 层和输出层。模型框架图如图 11 所示。

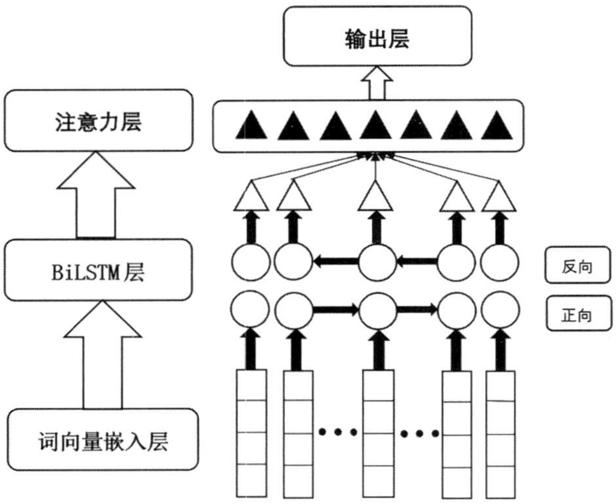

图 11　Attention-BiLSTM 情感分析结构图

将原始语料库中的数据放入词项量嵌入层，利用 BiLSTM 层分别以正向和反向的顺序学习输入序列，并拼接两者的输出向量。最后通过 Attention 的输出输入层对情感演化进行效果预测。

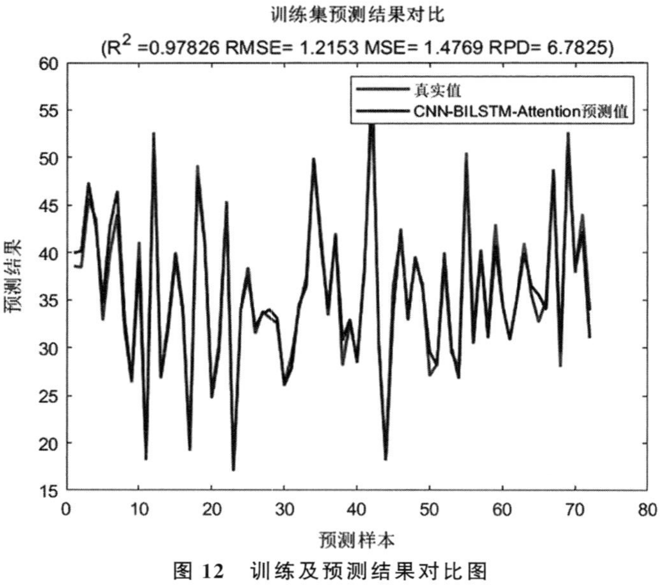

图 12　训练及预测结果对比图

如图 12 所示，预测值和实际值曲线重合度较高，模型对评论情感得分较为准确。因此该模型训练良好，对评论文本的情感倾向分析科学合理。

2. 不同舆论时期下网络用户情感测度

接着通过上述模型计算出各时期情感得分及占比。如表 7 所示，负面情感在整个事件发展过程中占比最大，积极情感与消极情感相差不大。随着舆情的发展，消极情绪逐渐下降，中立情绪逐渐上涨，积极情绪在小范围之间波动。

表 7　主题与情感演化表

阶段	主题编号	情感得分	负面情感占比/%	正面情感占比/%	中性情感占比/%
上升期	1,2	−1462.3	58.50	14.23	27.27
爆发期	1,2,3,4,5	−2267.6	54.32	10.78	34.91
稳定期	2,4,7	−123.98	50.92	19.59	29.49
衰退期	2,6	−942.13	46.94	22.99	30.07

为了更清晰地展示每个时期的情感波动情况，将上述表格内容可视化，绘图如图 13。

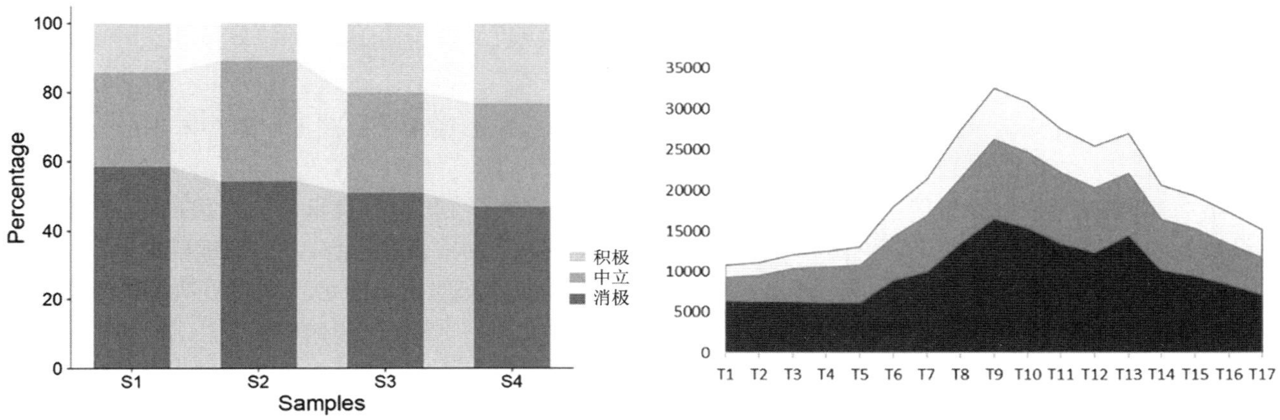

图 13　舆情情绪波动图

舆情上升期：消极情绪远远大于积极情绪。消极情绪多源于大学生对于食品安全、监管的担忧。积极情绪源于大众对学校的过往印象，认为高校可以妥善处理问题。

舆情爆发期：消极情绪进一步上涨，此趋势由于自媒体社群的舆情引导。部分持积极态度的网民转变为中立或消极情绪。由于“校媒体社群”初步介入，还未形成强大的舆情引导能力，难以控制舆情情绪。

舆情稳定期：消极情绪开始有下降趋势，源于“校媒体社群”开展的多方面舆情引导工作。再加上舆情热度已经平稳，“自媒体社群”逐渐退出，给予了“校媒体”“政府媒体”更广阔的传播空间。中立态度的网民规模也因此逐渐上涨。

舆情衰退期：此时期舆情属性大致稳定，大众从“校媒体、政府媒体”社群得到相应的声明回应。消极情绪进一步下降，中立态度占比持续上涨。

3. 舆情情感演化路径的确定

该研究通过对多个典型案例进行相似的分析，从不同舆论时期下的各情感占比出发，推导出了一条负面舆情的情感演化路径，并得出各社群间的情感相互作用。路径如图 14 中展示。

①情感演化路径

舆情上升、爆发期：消极情绪不断上涨，中立，积极情绪占比下降。大学生社群消极情绪受自媒体社群影响不断扩大。

舆情稳定、衰退期：三类情绪均有下降。消极情绪的下降是源于校媒体、政府媒体的回应。而中立及积极情绪源于舆情的热度降低。

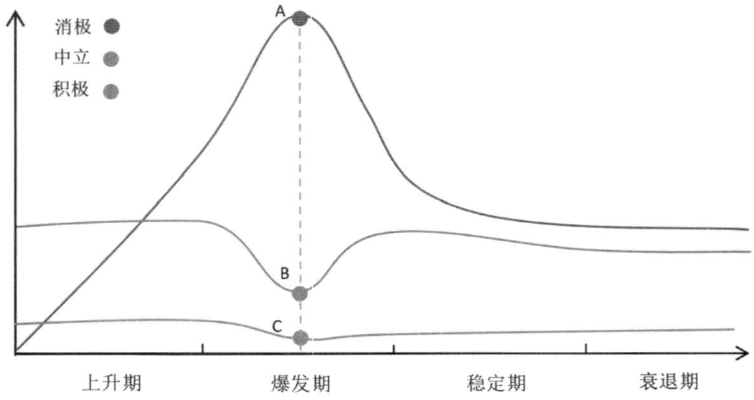

图 14　舆情情绪演化图

②社群之间的情感影响

大学生社群起初多为消极，易受自媒体社群引导。多数自媒体社群的夸张的宣传作用会带来极大的消极情绪。校媒体社群带来的情绪引导取决于其处理态度及方式。政府媒体社群的客观属性提升了中立情绪的占比。

六、结论与建议

(一)结论

第一，高校负面舆情热点的出现呈现出显著上升趋势，并且这些热点往往在每学期初末集中爆发。这一现象表明，高校在特定时期需要加强对负面舆情的监控与管理。

第二，高校领导或教授为舆论主体、舆情发生地为一流建设大学、高校的盲目回应，这三类因素更易对高校形象产生直接负面影响。因此，高校在管理和决策过程中应更加审慎，避免触发这些敏感点。

第三，在主题演化方面，呈现出先增长后下降的趋势，同时主题深度逐步深化。这表明高校舆情正逐渐从表面现象向更深层次的社会问题延伸，高校应关注舆情背后的深层次原因。

第四，在社群演化方面，高校舆情社群大致可分为四类：大学生社群作为高校舆情传播的主力军，其情绪易受舆情引导；自媒体社群作为舆情传播的扩声器，追求热度与流量；校媒体社群则扮演着高校舆情的引导者角色；而政府媒体社群更倾向于保持理性中立的立场。这四类社群的相互作用共同构成了高校舆情的复杂生态。

第五，在情感演化方面，消极情绪占据主导地位，积极情绪占比相对较低。自媒体社群的传播往往会扩大消极情绪的增长，而校媒体和政府媒体的有效回应则有助于引导部分消极情绪转变为中立或积极情绪。舆情走向与大众情绪倾向密切相关，因此高校在应对舆情时应注重引导积极情绪，减少消极情绪的传播。

(二)建议

基于上述结论，本文按照舆情生命周期为高校提出以下建议：

舆情未产生时，高校应加强对领导、教师的品行管控，强化师风师德建设。同时，加强校媒体建设，完善其功能，通过自媒体平台积极打造高校形象，提升公众对高校的认知度和好感度。

舆情上升期时，高校应密切关注舆情动态，及时回应学生需求，优先安抚学生情绪。通过积极有效的沟通，减少矛盾激化，降低消极情感的出现。

舆情暴发期时，由于舆情环境激烈且高校处于被动地位，高校应配合相关部门进行调查，尽快理清责任归属。此时不宜过度参与舆情引导或压制，以免引发更大的社会关注。

舆情稳定期时，高校应对事件进行梳理和总结，发布事件声明。对于属于自身责任的部分进行积极改善，并通过校媒体不定期报道改善情况。这样有助于降低舆情对高校形象的冲击，恢复公众信任。

舆情衰退期时，高校仍需保持警惕，进行动态的观察和评估。防止舆情出现二次发酵的可能性，确保高校形象得到持续维护。

【参考文献】
[1] 刘燕,刘颖.高校网络舆情的特点及管理对策[J].思想教育研究,2009,(04):46—48.
[2] 陈远宏.自媒体背景下高校舆情传播特点及引导分析[J].西部广播电视,2019,(17):24—25.
[3] 张柳.社交网络舆情用户主题图谱构建及舆情引导策略研究[D].吉林大学,2021
[4] 王楠,王保华.网络舆情对高校形象的影响因素研究——基于30个案例的定性比较分析[J].国家教育行政学院学报,2020,(08):77—85.
[5] 张恒.基于生命周期理论的网络舆情及其管理研究[D].北京邮电大学,2013.
[6] 刘琼.社交媒体时代高校突发事件网络舆论传播规律研究[D].中南财经政法大学,2022.
[7] 樊琳,张生,丁社教,等.高校网络舆情的演化机理及其应对策略[J].当代青年研究,2020(04):90—95+115.
[8] 郭宇,张传洋,张海涛,等.危机管理视角下突发事件舆情主题演化与治理分析[J].图书情报工作,2022,66(08):113—121.
[9] 丁晟春,刘笑迎,李真.融合评论影响力的网络舆情热点主题演化研究[J].现代情报,2021,41(08):87—97.
[10] 张继东,蒋丽萍.融入用户群体行为的移动社交网络舆情传播动态演化模型研究[J].现代情报,2021,41(05):159—166+177.
[11] 黎红友,陈宇.自媒体时代网络舆情生成和传播机制研究——基于大数据社会网络分析视角[J].当代传播,2016,(01):24—25.
[12] 胡媛,王智,陈国东,等.突发网络舆情中用户情感演化成因机制研究[J/OL].情报科学:1—26[2024—05—13].
[13] 张晓君,黄微,赵旭.网络舆情用户传播行为的心理距离感知强度测度及实证研究[J/OL].情报理论与实践:1—13[2024—05—15].
[14] 高虒源,张桂蓉,孙喜斌,等.公共危机次生型网络舆情危机产生的内在逻辑——基于40个案例的模糊集定性比较分析[J].公共行政评论,2019,12(04):101—123+192.
[15] 刘毅.基于三角模糊数的网络舆情预警指标体系构建[J].统计与决策,2012,(02):12—15.
[16] 黄怡璇,谢健民,秦琴,等.影响网络舆情热度评价的主要因素识别研究[J].情报科学,2017,35(10):49—54+62.
[17] 滕飞.价格促销对消费者满意度的影响——基于在线评论的情感分析[J].商展经济,2024,(05):23—26.
[18] 张柳,王晰巍,王铎,等.微博环境下高校舆情情感演化图谱研究——以新浪微博"高校学术不端"话题为例[J].现代情报,2019,39(10):119—126+135.
[19] 阮光册,黄韵莹.融合Sentence-BERT和LDA的评论文本主题识别[J].现代情报,2023,43(05):46—53.
[20] 薛佳奇,杨凡.基于交叉熵与困惑度的LDA-SVM主题研究[J].智能计算机与应用,2019,9(04):45—50.
[21] 张雷,谭慧雯,张璇,等.基于LDA模型的高校师德舆情演化及路径传导研究[J].情报科学,2022,40(03):144—151.
[22] 钟磊.基于内容相似度的社区发现算法研究[J].微电子学与计算机,2021,38(04):69—73.
[23] 曾莉,杨添宝,周慧.基于LDA与注意力机制BiLSTM的微博舆情分析模型[J].南京理工大学学报,2022,46(06):742—748.
[24] 李良荣,郑雯,张盛.网络群体性事件爆发机理:"传播属性"与"事件属性"双重建模研究——基于195个案例的定性比较分析(QCA)[J].现代传播(中国传媒大学学报),2013,35(02):25—34.
[25] 王彬彬,李晓晔.融合多头注意力和ConvBiLSTM的文本情感分析[J].福建电脑,2024,40(04):20—24.
[26] 曾子明,陈思语.基于LDA与BERT-BiLSTM-Attention模型的突发公共卫生事件网络舆情演化分析[J].情报理论与实践,2023,46(09):158—166.

基于卷积神经网络的阿尔兹海默症脑图像分类

江西财经大学　薛丽君、丁皓、曾洁颖

摘　要

阿尔兹海默症是一种常见的神经退化性疾病，容易引起记忆力、注意力、判断力的下降，随病情恶化，可能出现更严重的认知障碍。根据世界卫生组织的数据，目前全球有5500万痴呆症患者，其中阿尔兹海默症占60%—70%的病例。因此如何正确判断阿尔兹海默症的症状程度成为国内外学者研究痴呆症的一个重要难题。

在以往的阿尔兹海默症MRI分类问题中，多采用人工设计的特征提取和模型构建方法，而这些方法都需要依赖于专家的知识和经验，考虑到人工分类在大规模数据下仍然存在效率低下、精确度低等问题。由于在大数据和人工智能时代，CNN作为一种强大的深度学习模型，推动各行业的创新和发展，因此本文提出了基于Inception V3的阿尔兹海默症脑图像分类方法。本文从阿尔兹海默症神经图像组织(ADNI)数据库搜集数据，建立分类模型，用于临床阿尔兹海默症病情预测。构建过程如下：

首先，利用Python对数据进行预处理，对图像进行调整大小、归一化、数据增强等。其次，使用预训练的Inception V3模型作为基础模型，加载ImageNet上的权重并在其顶部添加全局平均池化层和扁平化层，在每个全连接层后面添加批归一化层和Dropout层，以防止模型过拟合。其次，选择优化器Adam并使用交叉熵损失函数来训练模型，以最小化预测结果与真实标签之间的差异。接着，模型进行训练并使用验证集进行模型性能评估。通过各评估指标生成分类报告和混淆矩阵，以评估模型的预测结果。最后，利用Grad-CAM技术，对脑图像重点区域进行提取，生成可视化热力图，得出结论海马体的结构变化是阿尔茨海默症重要的病理变化。

根据以上模型构建，并结合与其他各类深度学习方法比较，得出结论，本文所构建的基于Inception V3的分类模型总体预测准确率能达到98%以上，能够在实际医学研究中高效划分阿尔兹海默症病情程度，避免了人为误差，提高了效率和精确度。

关键词：阿尔兹海默症；SMOTE算法；Inception V3；Grad-CAM

一、引言

(一)研究背景

阿尔兹海默症(Alzheimer's Disease，AD)是一种慢性进行性神经系统退化性疾病，其多发于65岁以上人群。[1]它主要影响大脑的记忆、思维和行为功能，其不可逆性会对人脑多个区域造成不同程度的损伤，从而使患者出现认知功能下降和痴呆的症状，最终导致死亡。[7][8]根据2018年的调查报告，全球患有AD的人数约为5000万，每3秒钟就有一位患者产生，每百个65岁以上的老人中大约有7人患病，并且年龄每增加五岁患病率增加1倍。[9]有调查研究显示，目前我国AD患者人数位居世界首位。随着世界人口老龄化的加剧，预计到2050年全球AD患者人数将达到1.5亿。[10][11]这将不仅使AD患者及其家庭的生活质量下降，而且意味着整个社会将面临着高昂的诊断及护理成本，对世界卫生保健产生重大影响。

然而，阿尔兹海默症的诊疗率与发病情况差异显著。在全球阿尔兹海默症及其它类型痴呆患者中，仅有22%接受过诊断。同时由于目前科学技术以及研究的不足，AD的发病原因尚未完全明确，其诊断仍然依赖于临床症状和专业医师的主观判断。因此，利用AI准确诊断AD，尤其是正确诊断其早期阶段的轻度认知障碍(MCI)，对AD的早期发现、治疗、延缓病情发展至关重要。[10]

AD临床学的最突出特征是神经元损失，从特征区域(如海马体和杏仁核)蔓延至整个皮层区域。这一变化可以通过磁共振成像(MRI)扫描来检测。[2]近年来,国内外已开展了大量对于AD患者大脑MRI图像的研究,而深度学习的普及与发展更是给医学影像分析带来了许多优越的成果,其处理医学影像分析所具备的高效诊断的能力,被普遍应用于在许多脑部研究甚至临床试验中,是未来检查许多疾病的关键方法。基于以上研究现状,如何通过构建深度学习模型,从大量的MRI脑图像中提取关键部位信息,对比未患病者与AD患者发病的不同时期的脑图像特征,实现不均衡数据下AD患者脑图像的多分类,成为本次研究的重点。

(二)研究意义

对于AD患者和临床诊断而言,利用经过训练的深度学习模型可以提高对阿尔兹海默症等神经退行性疾病的识别准确率,有助于医生根据患者的实际情况制定个性化治疗方案,优化医疗资源分配,帮助疾病的早期诊断和干预,为后续的治疗奠定基础。

对于科学技术研究和发展而言,通过运用卷积神经网络(CNN)深度学习模型对不均衡的脑图像数据进行处理,不仅有助于开发AD智能辅助诊断系统,也为其他进行性神经系统退化性疾病的研究提供了借鉴和参考,为未来的医疗诊断和研究提供更加高效、准确的工具和方法。

对于世界卫生健康而言,在全球人口老龄化的时代背景下,应用深度学习模型对被测样本进行分类预测,准确筛选高危人群,有望大幅降低全球老年人及其家庭的医疗成本,对于提高社会健康总体水平具有深远影响。

(三)研究现状

Wang等人[12]将大脑皮层划分成若干个区域后利用基于小波变换的统计分析法,证明功能连接的中断发生在MCI患者受试者的整体、节点和连接三个水平上,且患者与正常组的分类具有较高的敏感性和特异性,结果分别为86.5%和85.1%。刘丽萍等人[4]用患者脑部MRI的海马体区域萎缩作为特征,通过模型实现阿尔兹海默症的自动诊断。这是国内较早的开始将机器学习运用于医疗诊断领域。Shaik Basheera等人通过[13]构建了深度学习模型,在提取AD患者脑图像的部分特征后,进行二分类和多分类任务,取得了较高的分类准确率。这篇文章是较早具有MCI的情况下对是否患有AD进行判断的论文,启发了后来者的思路。YigiT等人[14]对三维磁共振数据进行预处理,提取了轴位等的二维图像设计了三种卷积神经网络模型。随着层数和参数改变,比较不同模型的分类性能,从中传递出初步的对图像新的处理的思路以及更多模型的组合。Dai Yin团队[15]发现单模态图像训练下,CNN模型的准确率为0.906;在融合图像训练下,CNN模型的准确率为0.941。

(四)研究内容

本文以公开数据集阿尔兹海默症神经影像计划(Alzheimer's Disease Neuroimaging Initiative,ADNI)数据库(http://adni.loni.ucla.edu)中的MRI数据集和Kaggle网站上的"Alzheimer's Dataset 4 class of images"公开数据集为研究对象,对该数据进行预处理,利用卷积神经网络深度学习训练模型,将数据集中的MRI脑图像进行分类,代表疾病四个阶段——非痴呆、非常轻微痴呆、轻微痴呆和中度痴呆。

本次研究过程基于Inception V3的CNN深度学习模型训练,使用约6400张图像及标签,具体包括数据准备、模型构建、模型训练、模型评估、模型有效性验证等关键步骤;同时比较研究基于各种机器学习方法建立的预测模型性能、适用场景及相互对比结果。用于对比的机器学习方法涵盖ResNet18、ResNet50、VGG19、DenseNet121、MobileNetV2等五种机器学习方法。

二、本研究的整体流程(图 1)

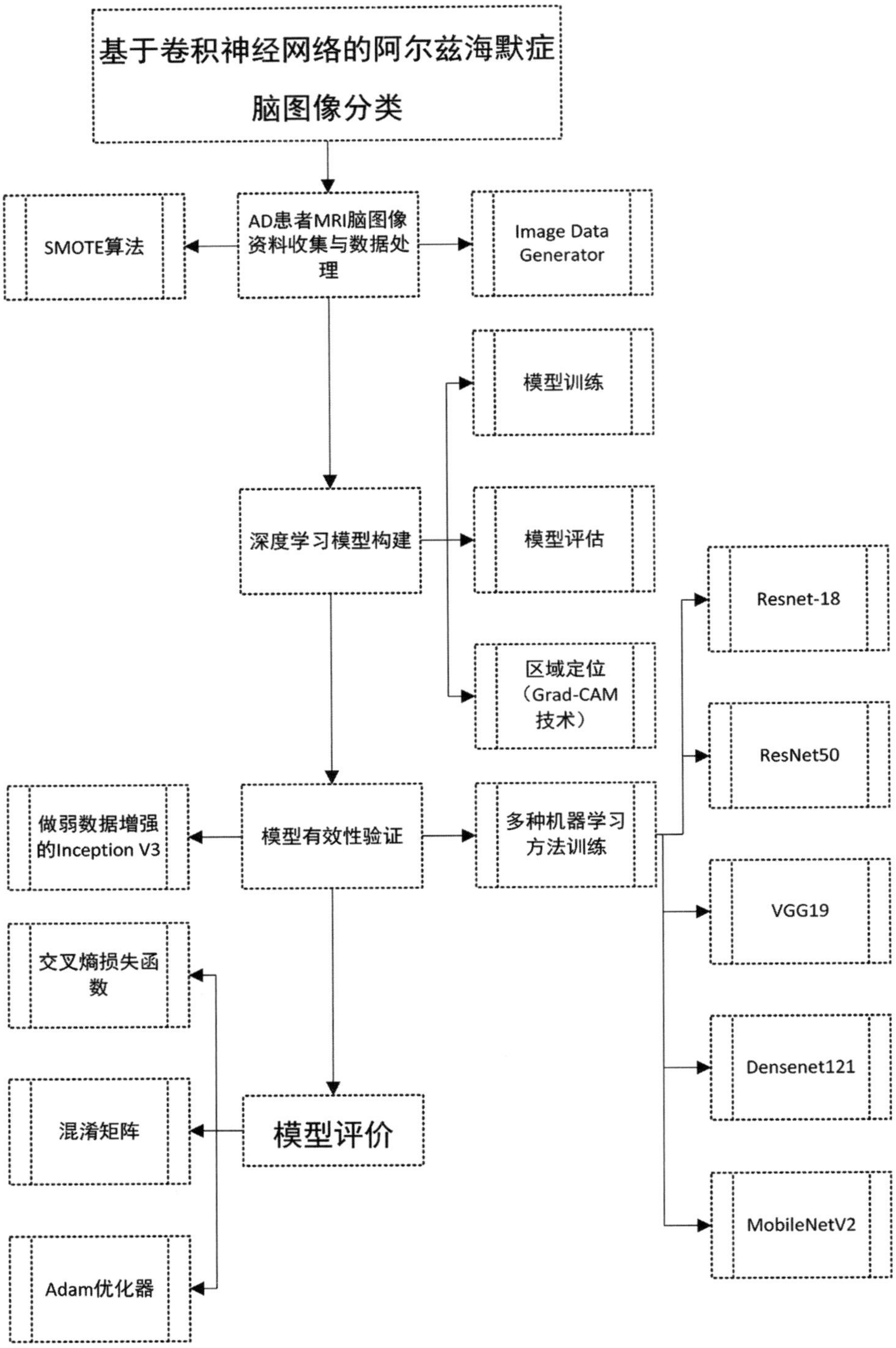

图 1　研究技术路线图

三、模型原理

(一)数据预处理

1. SMOTE 算法用于解决数据不平衡问题

SMOTE 算法的基本思想是通过合成新的少数类样本来平衡数据集,从而提高模型性能。它基于 K 近邻算法,对于每个少数类样本,SMOTE 算法会计算其 K 个最近邻样本,然后在两个随机选择的最近邻之间生成新样本。这样既能增加少数类样本的数量，又能保持数据的分布特性，有效缓解数据不平衡问题。[5]

关键步骤包括计算少数类样本的K近邻和生成新样本(图2)：

(1)对于每个少数类的样本 x，在采用 K 近邻算法时，我们计算该样本与少数类样本集中所有其他样本之间的欧氏距离，为识别出与 x 距离最近的 K 个样本。公式为：

$$dist(X,Y)=\sqrt{\sum_{i=1}^{n}(x_i-y_i)^2} \qquad \text{公式(1)}$$

(2)当面对样本不平衡问题时，可以根据不平衡的比例设定一个采样比例，进而确定一个采样倍率 N。对于每一个少数类样本 x，从其 K 近邻中随机选择若干个样本，假设选择的近邻为 x_{ij}，然后基于 x 和 x_{ij} 生成新的合成样本。

$$X=x_i+\gamma\times(x_{ij}-x_i) \qquad \text{公式(2)}$$

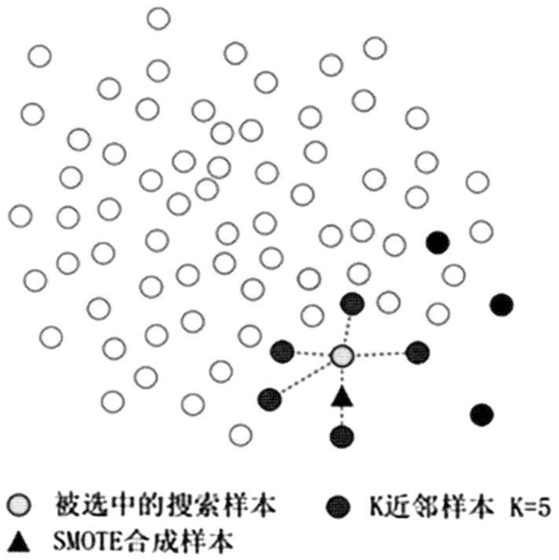

图2 SMOTE算法应用举例

在机器学习中，当数据集中不同类别的样本数量存在显著差异时，传统的分类算法可能会倾向于多数类，导致对少数类的识别性能不佳。SMOTE算法通过合成少数类样本来实现数据集的平衡，使得模型能够更好地学习和识别少数类的特征，从而提高分类性能(图3)。

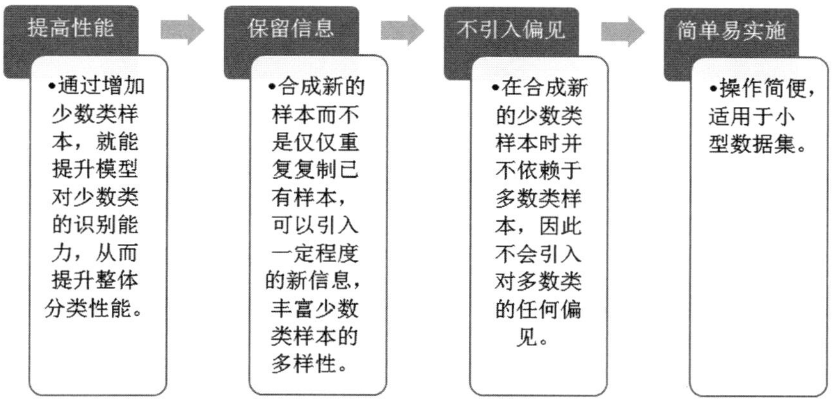

图3 SMOTE算法的主要优势

(二)深度学习模型

1. 卷积神经网络CNN

20世纪80年代，Rumelhart和McCelland等人提出了反向传播神经网络，通过反向传播算法对多层神经网络的权重进行更新，解决了非线性分类问题，其最基本结构如图4所示，因而又被称为全连接前馈神经网络。[16]这也是后来的卷积就神经网络雏形。

卷积神经网络(CNN)是多层感知机的变种。生物学家Hubei和Wiesel在早期进行猫视觉皮层的研究

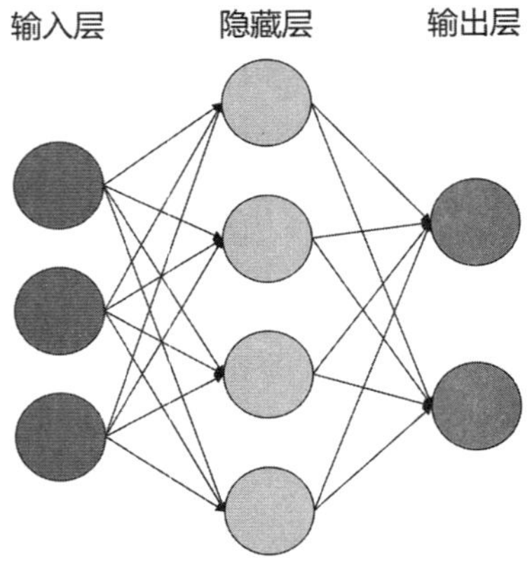

图4 反向传播神经网络

时提出了感受野这个概念。[17]它成功的原因在于其所采用的局部连接和权值共享的方式,使得网络易于优化,减小了过拟合的风险。这种前馈神经网络是目前深度学习领域最有影响力的算法之一。

CNN基本构造如图5所示:

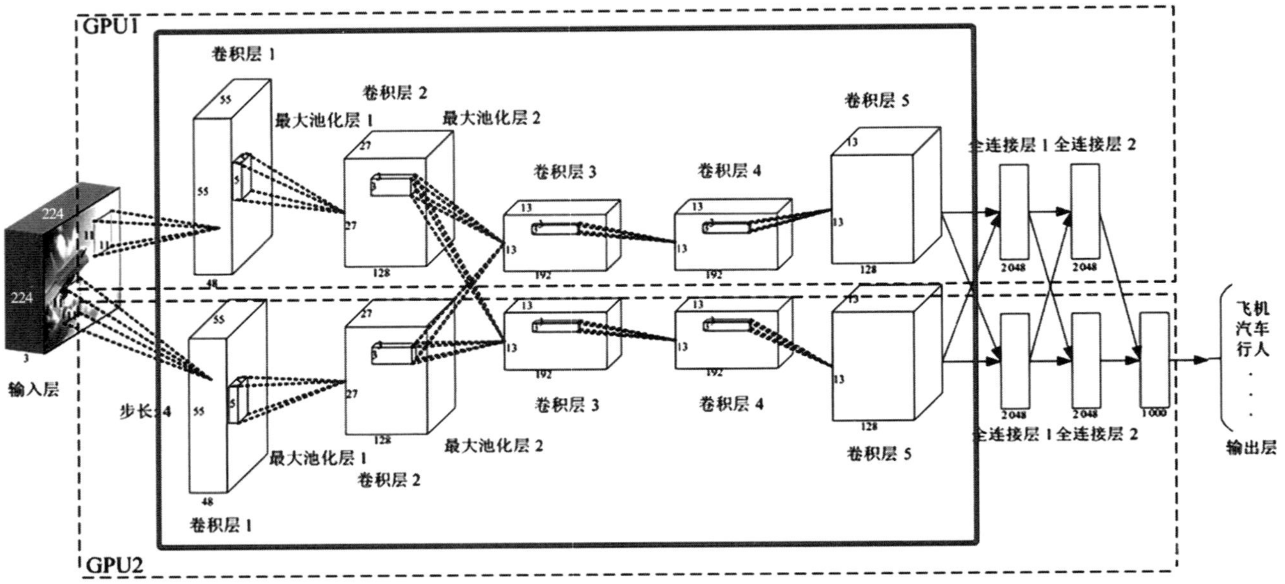

图5 CNN基本构造

(1)输入层

输入层主要是输入训练数据、图像等信息,对原始图像进行预处理,其中包括去均值、归一化、白化等。

(2)卷积层

卷积层是积神经网络的核心结构,通过提取输入图像底层特征,对输入数据隐藏信息抽象化,有效减少神经网络的权重参数,降低学习复杂度,提升学习效率。

计算任意给定卷积层的输出的大小的公式是:

$$O=(W-K+2P)/S+1 \qquad \text{公式(3)}$$

其中,O是输出尺寸,K是过滤器尺寸,P是填充,S是步幅。

卷积层计算过程如图6所示:

Dropout可以在不同批次的网络训练中,以一定概率随机"关闭"部分神经元,以减少神经元间的过度依赖,并利用余下的神经网络单元完成本次迭代训练,从而降低模型的共适应性。普通卷积神经网络计算公式:

$$\left\{\begin{aligned} z_i^{(l+1)} &= w_i^{(l+1)} y^l + b_i^{(l+1)} \\ y_i^{(l+1)} &= f(z_i^{(l+1)}) \end{aligned}\right\} \qquad \text{公式(4)}$$

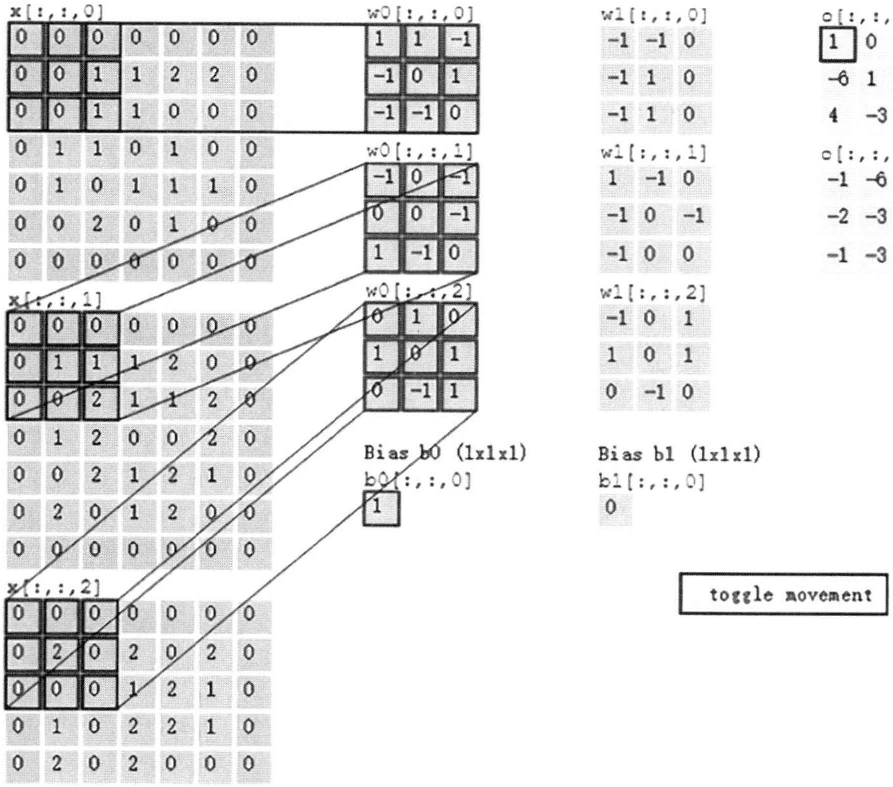

图 6　卷积层计算过程

引入 Dropout 之后网络的计算公式为(公式 5)。其中 Bernoulli 是以概率 p 随机输出 0 或 1 向量。

$$\begin{cases} r_j^{(l)} \sim \text{Bernoulli}(p) \\ y^{(l)'} = r^{(l)} \times y^{(l)} \\ z_i^{(l+1)} = w_i^{(l+1)} y^{(l)} \\ z_i^{(l+1)} = w_i^{(l+1)} y^{(l)} \end{cases} \qquad \text{公式(5)}$$

(3)池化层

池化层又称为下采样,通常位于连续卷积层之间。它可以提取主要特征,降低输出尺度,压缩输出特征,减少网络参数量,防止过度拟合。

池化操作通常分为平均池化和最大池化两类,它们的运算分别如图 7 和图 8 所示。

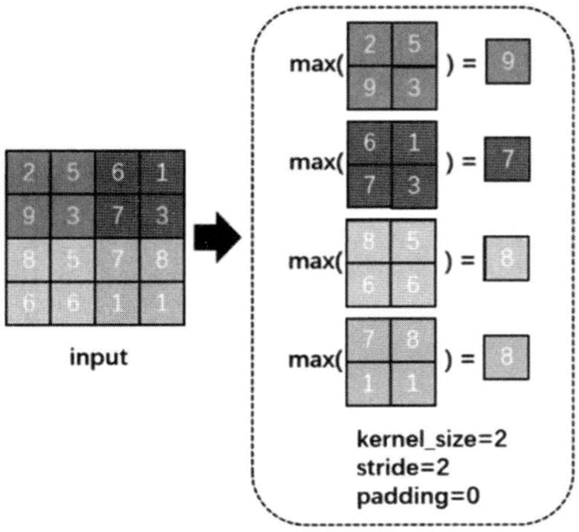

图 7　最大池化的过程

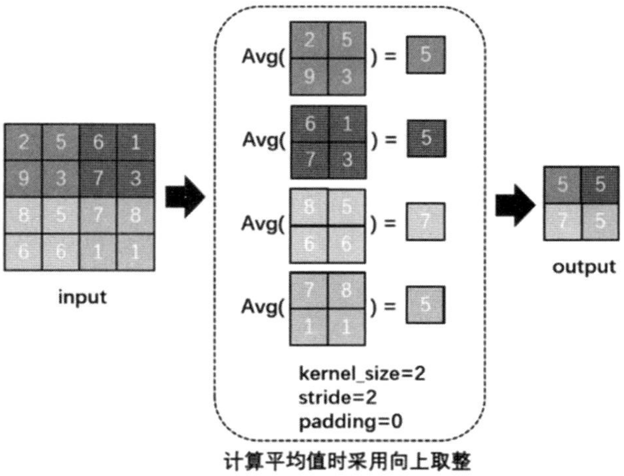

图 8　平均池化的过程

由于池化层计算是线性的,但实际的数据通常是非线性分布的,而池化函数可以给神经网络引入非线性计算,有效强化神经网络提取特征的学习能力。如运用ReLU(修正线性单元)激活函数。其特点是收敛快,求梯度简单。ReLU函数公式如下所示:

$$f(x)=\max(0,x) \qquad \text{公式(6)}$$

(4)全连接层

全连接层两层之间所有神经元都有权重连接,能够将卷积层和池化层网络提取、激活、筛选后的特征进行汇总,所得输出值送给分类器(图9)。

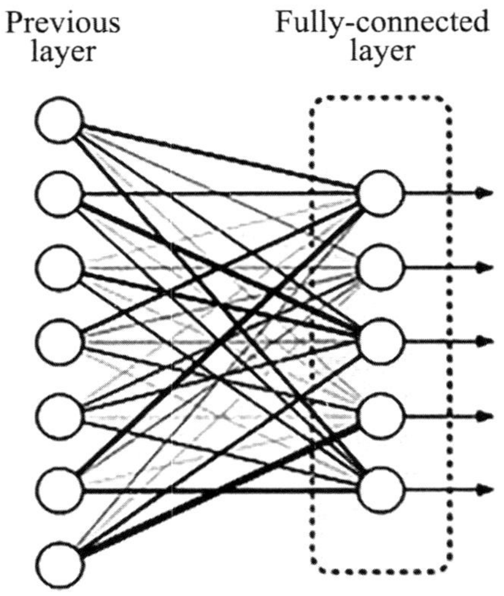

图9 全连接层训练过程

(5)输出层

输出层是全连接层的信息得到概率最大的预测结果。输出层在深度学习中,识别的结果一般都是多分类的,因此每个类别都会有一个对应的概率值,其过程如图10所示。通过精细调整模型参数,可以优化识别准确性,从而达到最高的模型准确率。

在卷积神经网络的分类任务中,输出层也需要特定的激活函数将神经网络训练得到的特征转化为分类结果的概率。例如Sigmoid函数在多分类上的推广——softmax激活函数,它将对每个输出单元的原始值进行归一化,确保概率之和为1,并以概率形式展示分类结果。

其第 i 个元素的softmax值定义为:

$$\sigma(z)_i=\frac{e^{z_i}}{\sum_{j=1}^{K}e^{z_j}}\text{for } i=1,\cdots,K \text{ and } z=(z_1,\cdots,z_K)\in R^K \qquad \text{公式(6)}$$

该公式计算给定模型输入(图像)的每个类的条件概率。每个分类都有一个条件概率。

2. Inception V3预训练模型

Inception V3由谷歌研究员Christian Szegedy等人在2015年提出[18],它比之前的Inception网络结构更深,这使网络可以提取更多层次的特征,从而在图像识别任务上取得更好的结果。

在模型进行预训练时,通过构建Inception V3模型(如图11),将较大的卷积核分解为串联小卷积核,同时并联卷积和池化,避免表征瓶颈,从而有效增大卷积网络规模有用效果。

(三)模型评价

1. 交叉熵损失函数

对于神经网络的训练,损失函数是衡量模型训练效果的评价标准,是衡量预测概率分布与真实概率分布之间的差异。损失函数的输出值越小,说明神经网络的训练结果越准确。在CNN的输出层中,我们利用softmax函数所得出的类别概率分布,计算损失函数和预测类别。交叉熵损失函数公式:

$$L=\frac{1}{N}\sum_i L_i=-\frac{1}{N}\sum_i\sum_{c=1}^{M}y_{ic}\log(p_{ic}) \qquad \text{公式(8)}$$

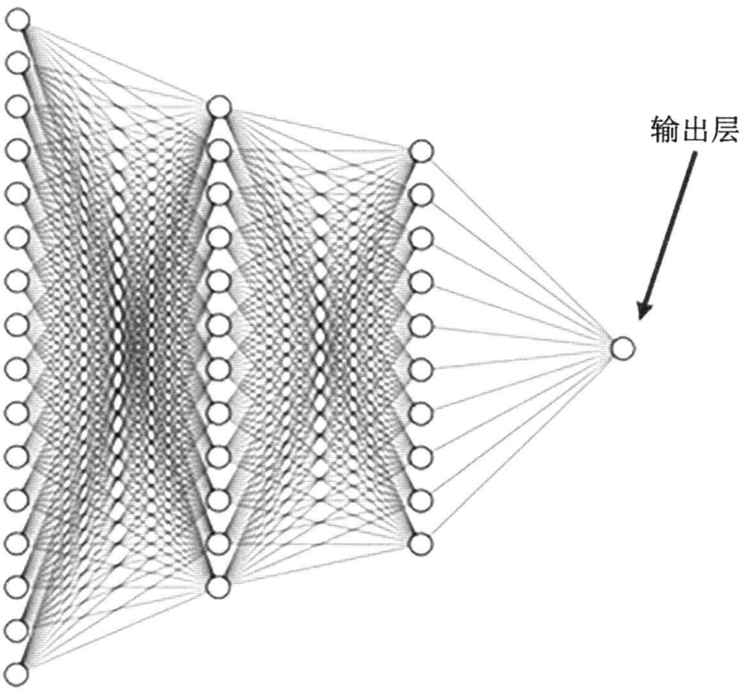

图 10　输出层示意图

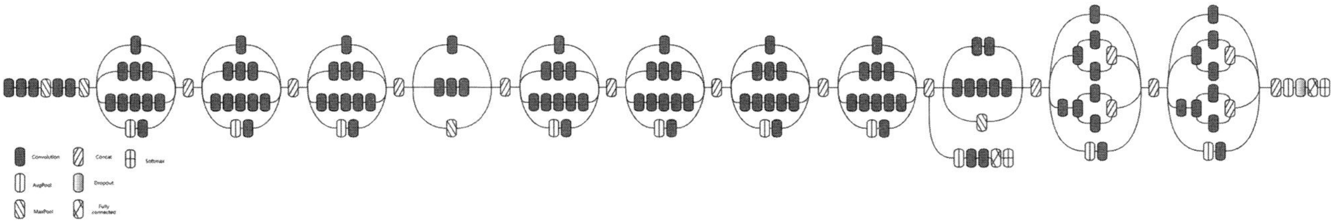

图 11　Inception V3 整体训练结构

其中，M 表示数据集类别的数量，y_{ic} 是符号函数(0 或 1)观测样本 i 的真实类别，如果为 c 则 $y_{ic}=1$，否则 $y_{ic}=0$。p_{ic} 为神经网络预测 i 为类别 c 的概率。交叉熵损失函数因其性能优异而被广泛用于分类问题中，是目前最常用于神经网络分类问题的损失函数之一。

在训练结束后，模型将会输出并绘制在测试集上的损失值、准确率、召回率等指标变化情况图。

2. 混淆矩阵

混淆矩阵也称误差矩阵，是用于评价模型分类能力的 N×N 矩阵。

表 1　二分类混淆矩阵预测结果

二分类混淆矩阵		预测值	
		阳性	阴性
真实值	阳性	TP	FN
	阴性	FP	TN

如表 1 所示，当混淆矩阵为二分类矩阵时，主体为两行两列，包含四部分信息：真阳性(TP)表明将正例预测为正例的样本数；真阴性(TN)表明将反例预测为反例的样本数；假阳性(FP)表明将反例预测为正例的样本数；假阴性(FN)表明将正例预测为反例的样本数。

从混淆矩阵中，可以衍生出许多评价指标。我们一般计算其中几个评价指标来判断模型性能的优劣：

(1)总体分类准确度(Overall Accuracy)

$$总体分类准确度(OA)=\frac{TP+TN}{TP+FN+FP+TN} \quad 公式(9)$$

或

$$OA=\frac{1}{N}\sum_{i=1}^{r}x_i \quad 公式(10)$$

(2)召回率(Recall)

也称为真正类率或灵敏度。

$$召回率(R)=\frac{TP}{TP+FN} \quad 公式(11)$$

(3)精确度(Precision)

$$精确度(P)=\frac{TP}{TP+FP} \quad 公式(12)$$

(4)特异性(Specificity)

$$特异性(S)=\frac{TN}{FP+TN} \quad 公式(13)$$

(5)F1-Score 值(F1 值)

F-Score 是基于精确度和召回率的调和平均定义,其一般形式是:

$$F_\beta=\frac{(1+\beta^2)\times P\times R}{(\beta^2\times P)+R} \quad 公式(14)$$

其中,$\beta>0$ 表示召回率对精确度的相对重要性;$\beta=1$ 表示精确度和召回率权重相等,此时称为 F1-Score 或 F1-Measure;$\beta>1$ 时表示召回率影响更大;$\beta<1$ 表示精确度影响更大。

F1-Score 的定义:

$$\frac{1}{F1\text{-}Score}=\frac{1}{2}\cdot\left(\frac{1}{P}+\frac{1}{R}\right) \quad 公式(15)$$

或

$$\mathrm{F1-Score}=2\cdot\frac{P\cdot R}{P+R} \quad 公式(16)$$

F1-Score 取值范围从 0 到 1。1 代表模型的输出最好,0 代表模型的输出最差。

(6)宏平均(macro avg)

对每个类别的精准度、召回率和 F1-Score 求和,再计算平均值。

$$\mathrm{macro}-P=\frac{1}{n}\sum_{i=1}^{n}P_i \quad 公式(17)$$

$$\mathrm{macro}-R=\frac{1}{n}\sum_{i=1}^{n}R_i \quad 公式(18)$$

$$\mathrm{macro}-\mathrm{F1}=\frac{1}{n}\sum_{i=1}^{n}\mathrm{F1}_i=\frac{2\times \mathrm{macro}-P\times \mathrm{macro}-R}{\mathrm{macro}-P+\mathrm{macro}-R} \quad 公式(19)$$

(7)微平均(micro avg)

不区分样本类别,计算样本整体的精准度、召回率和 F1-Score 值。

$$\mathrm{micro}-P=\frac{\overline{TP}}{\overline{TP}+\overline{FP}} \quad 公式(20)$$

$$\mathrm{micro}-R=\frac{\overline{TP}}{\overline{TP}+\overline{FN}} \quad 公式(21)$$

$$\mathrm{micro}-\mathrm{F1}=\frac{2\times\overline{TP}}{2\times\overline{TP}+\overline{FP}+\overline{FN}}=\frac{2\times \mathrm{micro}-P\times \mathrm{micro}-R}{\mathrm{micro}-P+\mathrm{micro}-R} \quad 公式(22)$$

(8)加权平均(weighted avg)

这是对宏平均的一种改进。它考虑了每个类别样本数量在总样本中占比。

$$\text{weighted avg} = \frac{TN+FP}{TP+TN+FP+FN} \times \frac{TN}{TN+FN} + \frac{FN+TP}{TP+TN+FP+FN} \times \frac{TP}{TP+FP}$$

公式(23)

在不同的任务条件下，我们需要根据实际情况去对混淆矩阵的形式进行转换，并选择对于评估模型训练效果更为重要的评价指标。

3. Adam 优化器

Adam 算法是 Momentum 算法和 RMS prop 算法的结合。Adam 优化器结合了动量优化和自适应学习率的特性，是一种常用的自适应学习率优化算法，能够在训练中有效地调整学习率，并且对不同参数的更新进行适当的归一化。其迭代公式如下所示：

$$\begin{cases} v = \beta_1 v + (1-\beta_1)\,dw \\ s = \beta_2 s + (1-\beta_2)\,dw^2 \\ w = w - \alpha\,\dfrac{v}{\sqrt{s+\sigma}} \end{cases}$$

公式(24)

(四)区域定位(Grad-CAM 技术)

作为一种典型的 CAM 技术，梯度权重的类激活图(Grad-CAM)使用梯度的全局平均值作为权重。虽然由于梯度消失会产生一定量的噪声，但是其在多分类任务中可分辨性表现较好。[6]

Grad-CAM 首先对输入图像进行前向传播送入深度学习模型，获取模型的输出结果；接着针对目标类别，计算模型输出相对于卷积层特征图的梯度；然后将梯度信息与卷积层的特征图相乘，得到每个特征图位置的权重。对于每个位置，将权重汇总为热力图，突出显示模型在输入图像中关注的区域。相关公式如下：

(1)计算类别得分 y^c 的梯度：

$$\alpha_{kc} = \frac{1}{z}\sum_i \sum_j \frac{\partial y^c}{\partial A_{ij}^k}$$

公式(25)

(2)权重分配：

$$L_{\text{Grad-CAM}}^c = \mathrm{ReLU}\left(\sum\nolimits_k \alpha_{kc} A^k\right)$$

公式(26)

Grad-CAM 根据模型输出的特定类别的梯度信息，对卷积层的特征图进行加权，突出显示对该类别预测有重要贡献的区域，生成的热力图可以直观地展示模型在图像中关注的重要区域，帮助理解模型的预测过程。

四、模型构建

本文所用 MRI 脑图像数据来自于阿尔兹海默症神经图像组织（ADNI）数据库(www.adni.loni.usc.edu)和 Kaggle 网站上的"Alzheimer's Dataset 4 class of images"公开数据集。本次任务所获得的全部脑图像为研究对象首次采集的基准图像，总共 6400 例样本数据，所有样本对象均知情同意。

对于所有的数据，将所获取的全部诊断图像数据分为训练集和测试集。我们主要使用了 Python 的 os 模块来遍历目录和文件，收集图像路径和标签——0 表示轻度痴呆，1 表示中度痴呆，2 表示非痴呆，3 表示非常温和的痴呆，并存储这些信息。

(一)数据预处理

1. 导入库

通过导入一系列 Python 库，用于数据处理、模型构建、图像处理和可视化。为四种痴呆类型(轻度痴呆、中度痴呆、非痴呆、非常温和的痴呆)创建空列表，用于存储加载的图像。其中，需要强调的是，本文所构建的模型，是针对整个 MRI 扫描，而不仅仅局限于大脑特定区域的处理，这样做对医学影像能有更全面的把控，也增加了模型的通用性。

2. 读取数据

读取图像文件的路径和它们对应的标签，并将这些信息存储在 images 列表中。创建一个包含图像路径和标签的 DataFrame，用于进一步的数据处理和分析。

3. 数据可视化

为简化大量、复杂的数据，本文利用 saeborn 库将其转化为直观的图表，横轴表示类别，纵轴表示每个类别中样本的数量，从而更好地展示每个类别中样本的数量统计(图 12)。

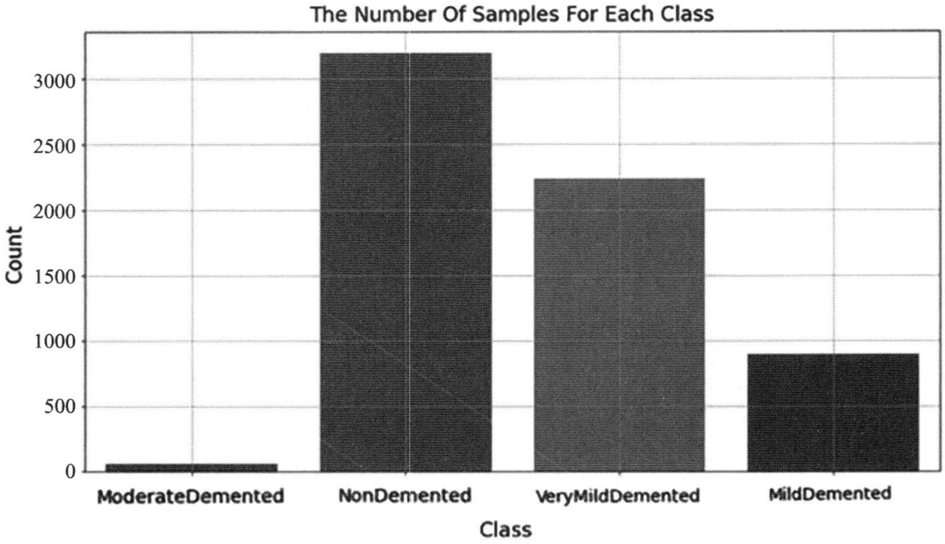

图 12　类别数量条形图

为了直观地观察数据集中的样本，模型随机选择了 20 张图像，同时将图像调整为 224×224 像素的统一大小和转换格式，从而对数据集的内容和特征有一个直观的认识(图 13)。随机选择样本可以展示数据集中的多样性，有助于评估数据集是否涵盖了各种场景和情况，以及模型是否能够应对不同类型的输入。

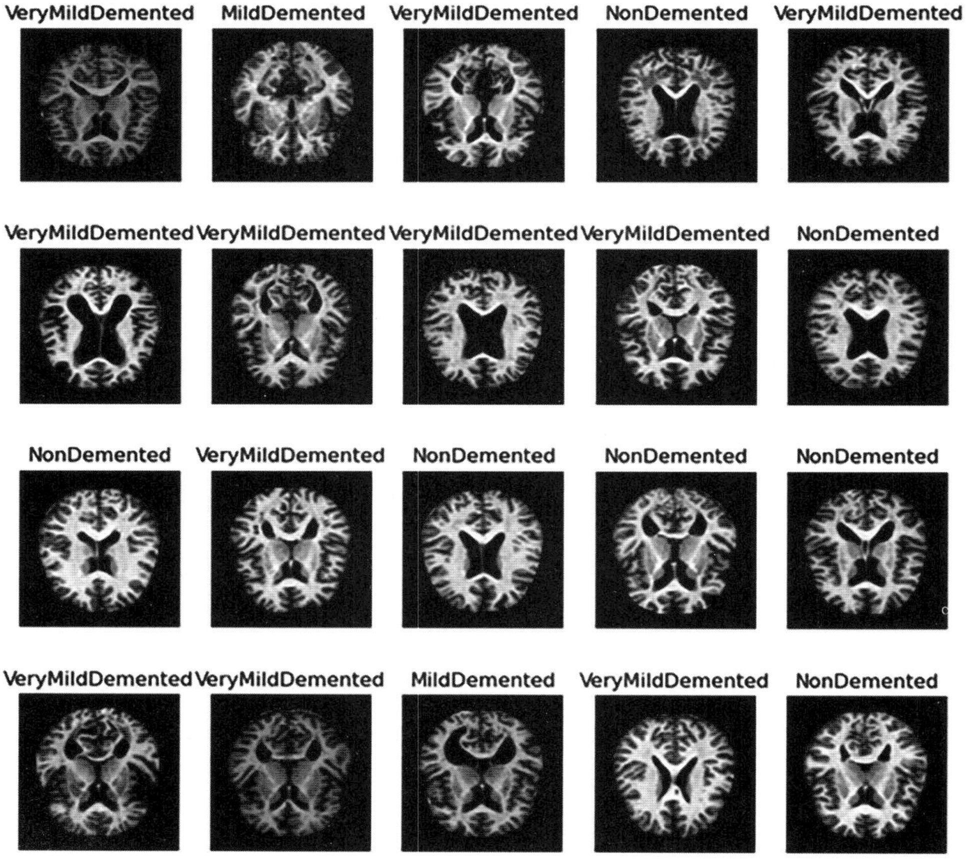

图 13　20 张图像的子图网络

4. 数据增强

对图像数据进行增强(如旋转、平移、剪切、缩放、通道偏移和水平翻转等),扩大数据集的大小,增加数据多样性并阻止模型过度拟合。通过循环遍历四种痴呆阶段的每一张图像,生成多个增强版本。

(1)生成训练数据生成器

生成训练生成器用于批量读取图像数据并进行预处理,创建数据生成器对象对数据进行归一化处理,进行简单的像素值缩放。使用数据生成器生成批量的训练数据,读取图像路径和标签,并调整大小为176×176像素。从训练数据生成器中获取一个批次的训练数据和对应的标签,并对类别标签进行排序后输出结果。

(2)利用SMOTE算法解决数据集中类别不平衡的问题

通过SMOTE对训练数据进行过采样以解决数据集中类别不平衡的问题,然后将重采样后的数据进行了形状调整,并输出调整后的数据形状。经过SMOTE过采样后每个类别样本数量条形图如图14:

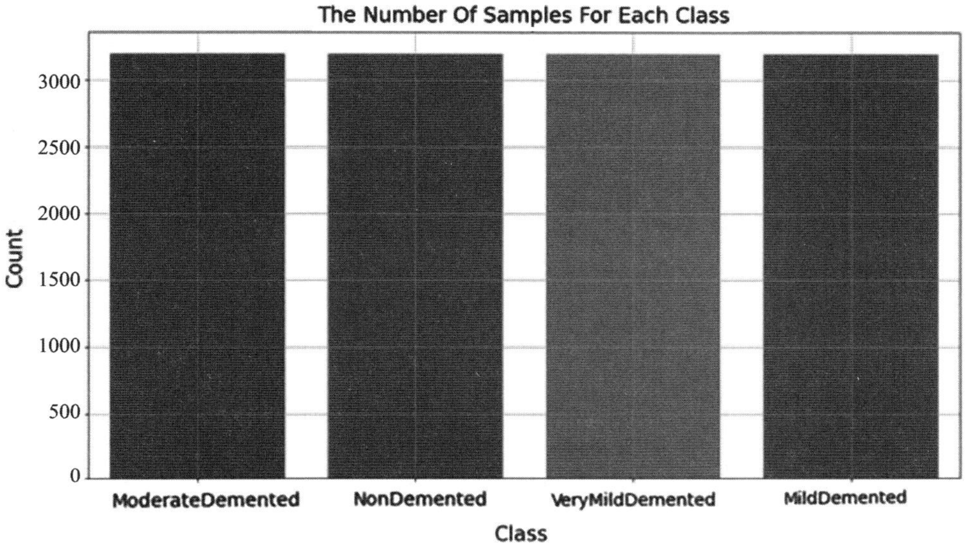

图14 过采样后的类别数量条形图

(3)将数据划分为训练集、测试集和验证集,并打印出各个数据集的形状信息。

(二)构建Inception V3模型

1. 模型构建

随着CNN的不断发展,针对经典模型存在的普遍问题,许多学者也提出了相关的优化方法。而在本次研究不均衡数据下阿尔兹海默症患者脑图像多分类问题中,我们通过构建Inception V3模型、添加Dropout层、使用合适的学习率、尝试使用交叉熵损失函数进行算法优化。

本文定义了一个用于图像分类任务的Inception V3模型,这个模型已经在大规模图像数据集上进行训练,能够提取丰富的图像特征。我们把所有层设置为不可训练状态,这样在训练过程中不会更新这些权重;并添加自定义层来帮助提取特征和减少过拟合。

2. 模型训练

使用Adam优化器编译模型,选择交叉熵作为损失函数输出一个四维向量,以准确率作为评估指标,并将模型拟合到训练数据集上,指定训练轮数和验证集以监控模型的性能。同时,使用回调函数来保存最佳模型和在验证集上实现早停,以避免过拟合。(在此项模型训练中,输入层为每个类别的图像数据创建了相应的标签:0表示轻度痴呆、1表示中度痴呆、2表示非痴呆、3表示非常温和的痴呆。)

在此部分,我们添加了四个卷积层,每个卷积层后跟一个最大池化层,并添加了Dropout、全局平均池化、扁平化层和批量归一化层来防止过拟合。

3. 模型结果

输出模型的摘要信息,显示每一层的结构、参数数量和输出形状,有助于了解模型的整体架构,可视化和保存模型。

(三)模型评估

模型评估是深度学习中非常重要的一环,用于衡量模型的性能和精确度,对模型进行正确的评估对模型调整改进都有重大意义。本文在模型评估方面主要采取通过学习曲线、混淆矩阵和评估指标对上述模型展开评估。

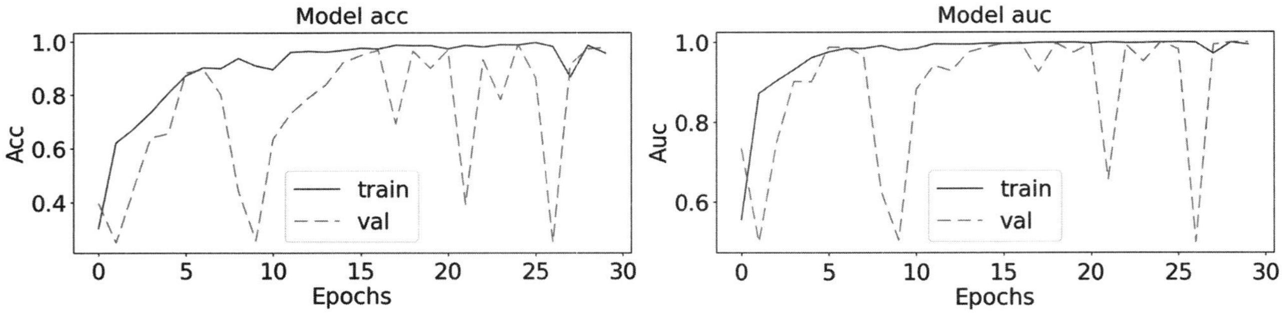

图15　acc和auc曲线图

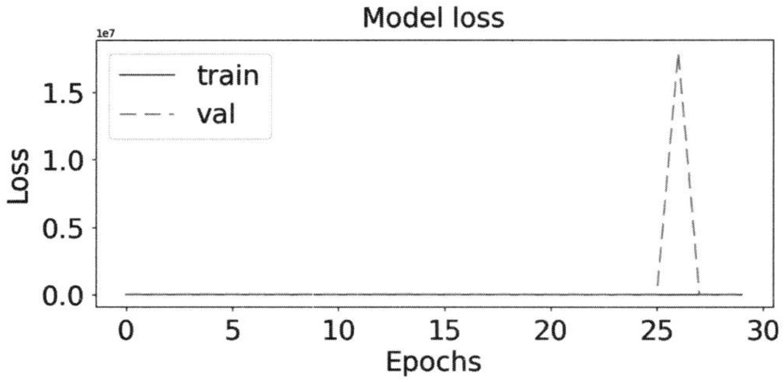

图16　损失曲线

在图16中的精确度和损失曲线上可以看出,模型并没有走线性路线;在评估过程中可以看出仍然存在一些噪声,但测试集上的准确率达到0.9864;ROC-AUC值为0.9997,非常接近于1,说明模型整体性能优异;测试集上的损失仅有0.0422。各优秀的测试结果表明模型在阿尔兹海默症诊断中取得良好的预测结果。

在混淆矩阵中(图17),可以看出几乎没有错误分类发生。只有少数错误发生在"非痴呆"和"非常温和

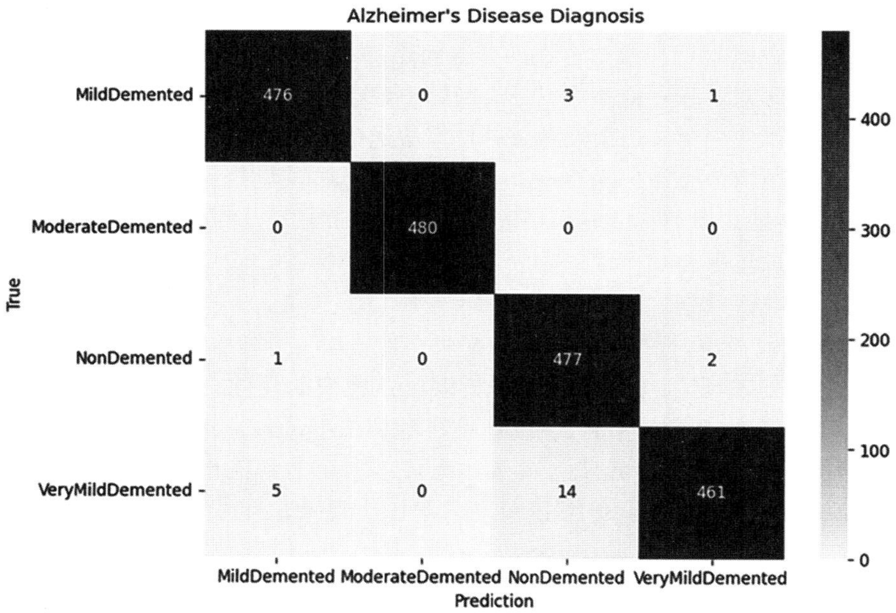

图17　混淆矩阵的百分比热图

的痴呆”之中，因为相对其他类别，“非痴呆”和“非常温和的痴呆”的区别最小。总之，该矩阵表明该模型不容易被错误分类。

表 2 模型评估指标概览表

	精确率	召回率	F1 值	支持数
0(轻度痴呆)	0.99	0.99	0.99	480
1(中度痴呆)	1.00	1.00	1.00	480
2(非痴呆)	0.97	0.99	0.98	480
3(非常温和的痴呆)	0.99	0.96	0.98	480
微平均	0.99	0.99	0.99	1920
宏平均	0.99	0.99	0.99	1920
加权平均	0.99	0.99	0.99	1920
样本平均	0.99	0.99	0.99	1920

1. 精确率：该模型对四种类别样本的分类精确率均达到 0.97 及以上，其中对中度痴呆样本集的分类完全正确(1.00)，表示该模型在大多数情况下都能预测出真正的正样本。

2. 召回率：该模型的总体召回率均达到 0.96 及以上，其中中度痴呆的召回率达 1.00，即该模型能正确找到所有真实为该类别的样本。

3. F1 值：各部分的 F1 值均达到 0.98 及以上，说明该模型整体性能输出良好。

4. 微平均：微平均对每个样本的贡献权重相同，均为 0.99，适用于类别不平衡的情况。

5. 宏平均：是对所有类别的指标(精确率、召回率、F1 值)进行算术平均，各部分的宏平均数值为 0.99，即该模型在各类别上平均表现较好。

6. 加权平均：是对所有类别的指标进行加权平均，考虑每个类别的样本数量。

从表 2 综合来看，总体准确率约为 98.64%，本文构建的基于阿尔兹海默症脑图像的分类模型整体上表现良好，在测试集和实验集上准确率接近且均处于高水平状态，可见对模型对阿尔兹海默症患者识别度极高。

(四)区域定位

本文为研究阿尔兹海默症 MRI 图像中对患病程度具有决定性作用的重点区域，采用 Grad-CAM 技术，将梯度与卷积层特征值相乘，得到每个特征图位置的权重，而这些权重则反映了特征图中每个位置对于目标类别预测的贡献度。本文构建的模型中，随机选取一张图片，生成可视化热力图如图 18：

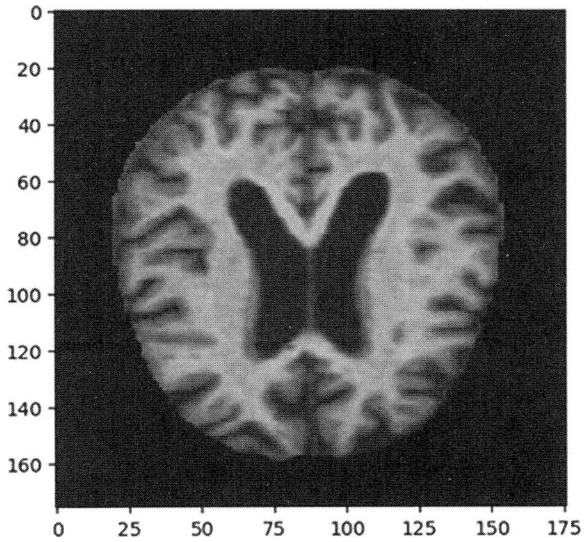

图 18 脑图像重点区域提取热力图

其中颜色亮度较高(如白色)则是模型需要关注的重点区域，即对预测结果有重要影响的图像区域，对比非痴呆的脑图像的重点区域,容易看出阿尔兹海默症重点体现在皮质性的脑萎缩和脑室扩大,伴有脑沟裂的增宽,颞叶特别是海马结构的选择性萎缩是阿尔茨海默症重要的病理变化。这对今后医学研究阿尔兹海默症脑部区域和病理机制提供了重要线索。

五、模型有效性验证

为进一步验证我们所构建和改进的 CNN 模型对于不均衡数据下的脑图像多分类具有较高的准确率和显著的训练效果,我们选取多种不同的机器学习方法,用相同的训练集和验证集分别进行模型训练,并计算出相关的评估指标,实现不同模型间的学习效果对比。

(一)做弱数据增强的 Inception V3

对我们所构建和改进的 CNN 模型导入测试集,在 Inception V3 部分进行弱数据增强。训练结果如图 19 所示:

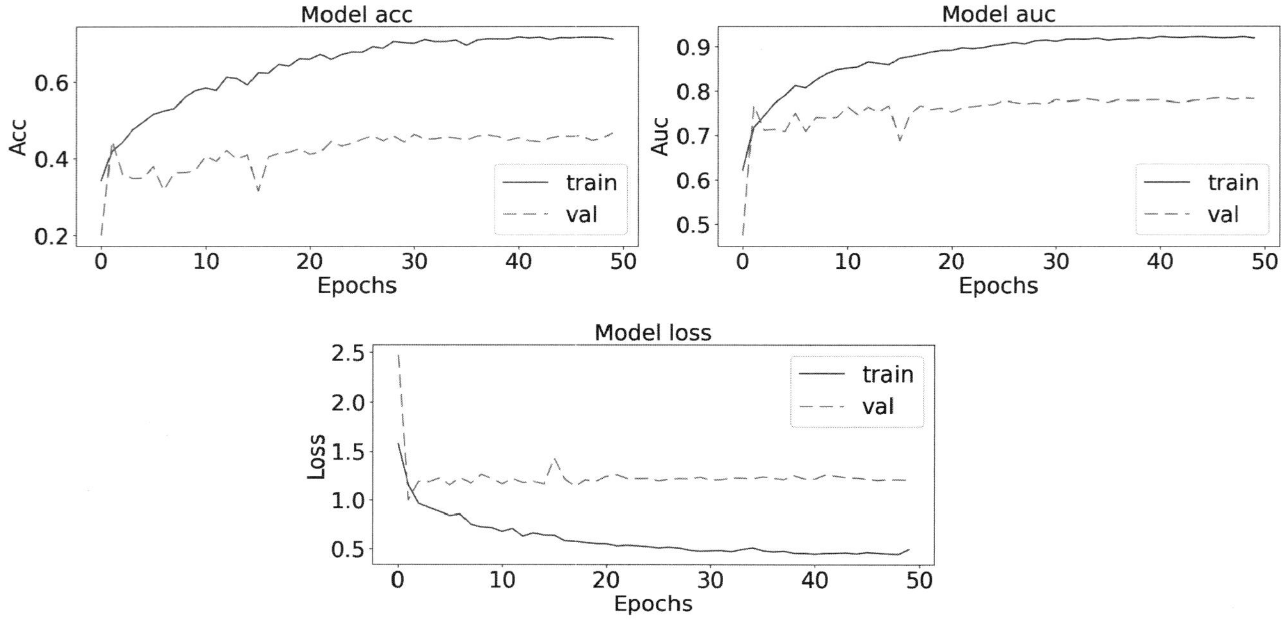

图 19 做弱数据增强的 Inception V3 的 AUC 值和 LOSS 值

此模型在测试集上的准确率约为 0.6654,损失值约为 0.7126,AUC 值约为 0.9026,F1 值约为 0.6574。由这些结果可以看出,做弱数据增强的 Inception V3 模型学习效果不佳,其原因是该训练集是一个不均衡集,即没有阿尔兹海默症患者的 MRI 图是占据了绝大多数,中度痴呆数据集的较少,所以该模型的学习效果对于验证集来说没有很好的拓展性,但也具有现实意义。

(二)多种机器学习方法训练

表 3—7 为各模型混淆矩阵评估指标结果。图 20 至图 24 为各模型混淆矩阵热力图。表 8 为各模型和我们所构建的模型对训练集训练结果的 ACC 值、AUC 值及 LOSS 值汇总表。

1. ResNet-18

表 3 Resnet-18 评估指标结果

	精确率	召回率	F1 值	支持数
0(轻度痴呆)	0.97	0.99	0.98	480
1(中度痴呆)	1.00	1.00	1.00	480
2(非痴呆)	0.82	0.92	0.87	480
3(非常温和的痴呆)	0.91	0.77	0.84	480
微平均	0.92	0.92	0.92	1920
宏平均	0.92	0.92	0.92	1920
加权平均	0.92	0.92	0.92	1920

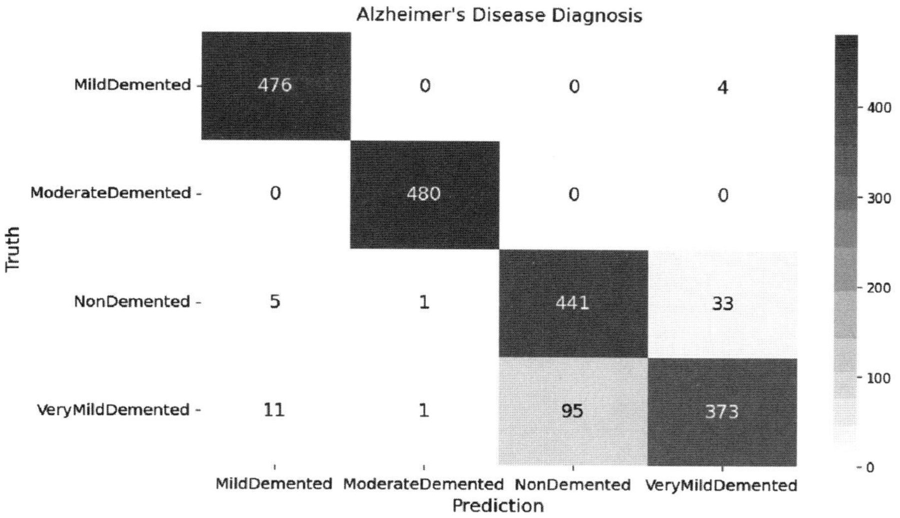

图 20　Resnet-18 混淆矩阵热力图

2. ResNet50

表 4　ResNet50 评估指标结果

	精确率	召回率	F1 值	支持数
0(轻度痴呆)	0.99	1.00	0.99	480
1(中度痴呆)	1.00	1.00	1.00	480
2(非痴呆)	0.95	0.80	0.87	480
3(非常温和的痴呆)	0.82	0.95	0.88	480
准确率			0.94	1920
宏平均	0.94	0.94	0.94	1920
加权平均	0.94	0.94	0.94	1920

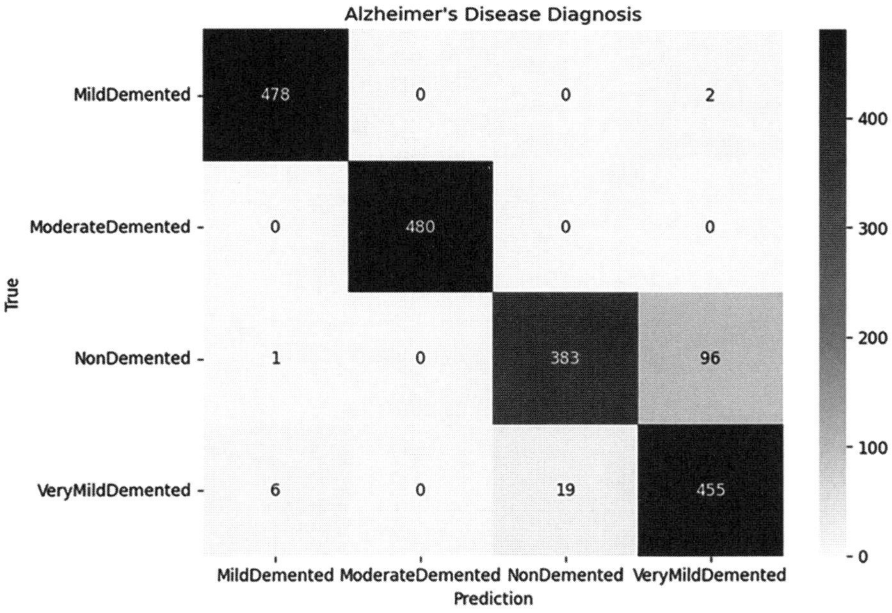

图 21　ResNet50 混淆矩阵热力图

3. VGG19

表5 VGG19评估指标结果

	精确率	召回率	F1值	支持数
0(轻度痴呆)	0.99	1.00	0.99	480
1(中度痴呆)	0.99	1.00	1.00	480
2(非痴呆)	0.97	0.96	0.96	480
3(非常温和的痴呆)	0.96	0.96	0.96	480
准确率			0.98	1920
宏平均	0.98	0.98	0.98	1920
加权平均	0.98	0.98	0.98	1920

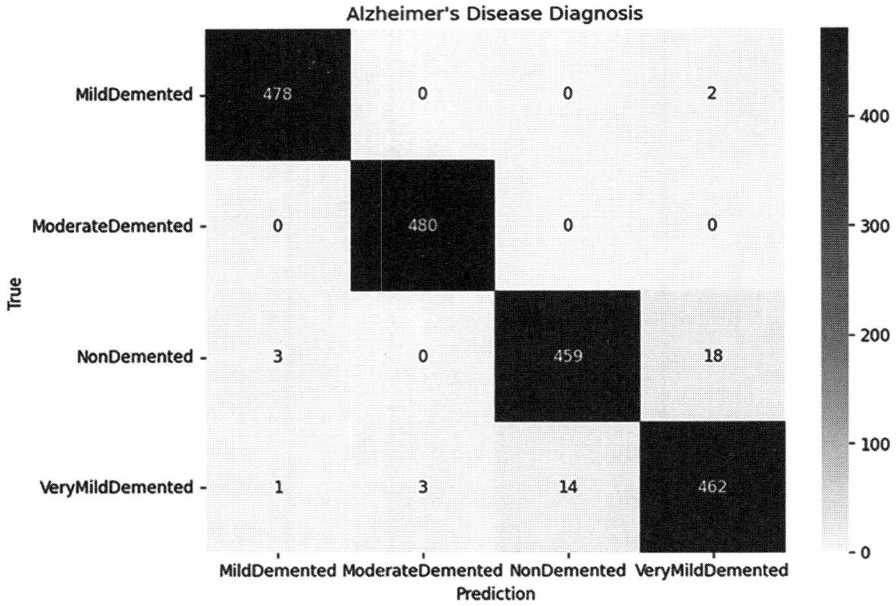

图22 VGG19混淆矩阵热力图

4. DenseNet121

表6 DenseNet121评估指标结果

	精确率	召回率	F1值	支持数
0(轻度痴呆)	0.99	0.99	0.99	480
1(中度痴呆)	1.00	1.00	1.00	480
2(非痴呆)	0.96	0.93	0.94	480
3(非常温和的痴呆)	0.93	0.96	0.94	480
准确率			0.97	1920
宏平均	0.97	0.97	0.97	1920
加权平均	0.97	0.97	0.97	1920

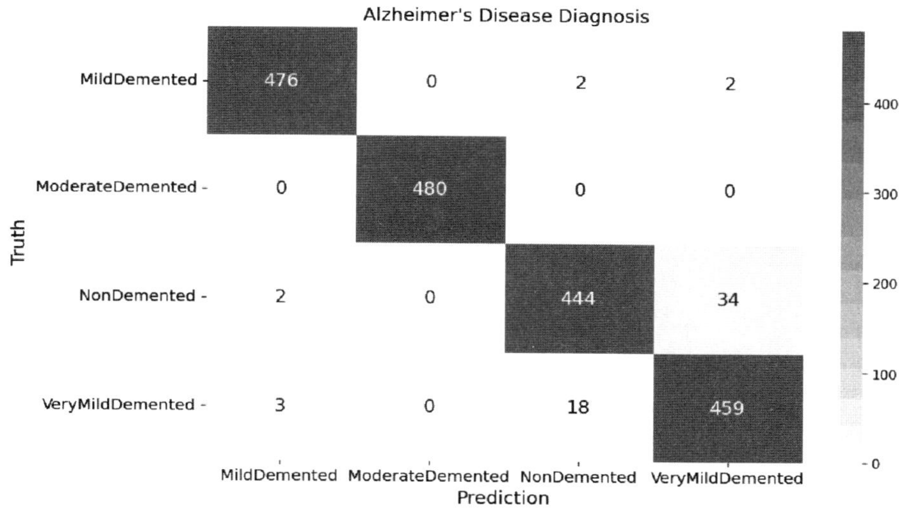

图 23　DenseNet121 混淆矩阵热力图

5. MobileNet V2

表 7　MobileNet V2 评估指标结果

	精确率	召回率	F1 值	支持数
0(轻度痴呆)	0.94	0.95	0.94	639
1(中度痴呆)	1.00	1.00	1.00	635
2(非痴呆)	0.86	0.84	0.85	662
3(非常温和的痴呆)	0.82	0.84	0.83	624
微平均	0.90	0.90	0.90	2560
宏平均	0.91	0.91	0.90	2560
加权平均	0.90	0.90	0.90	2560

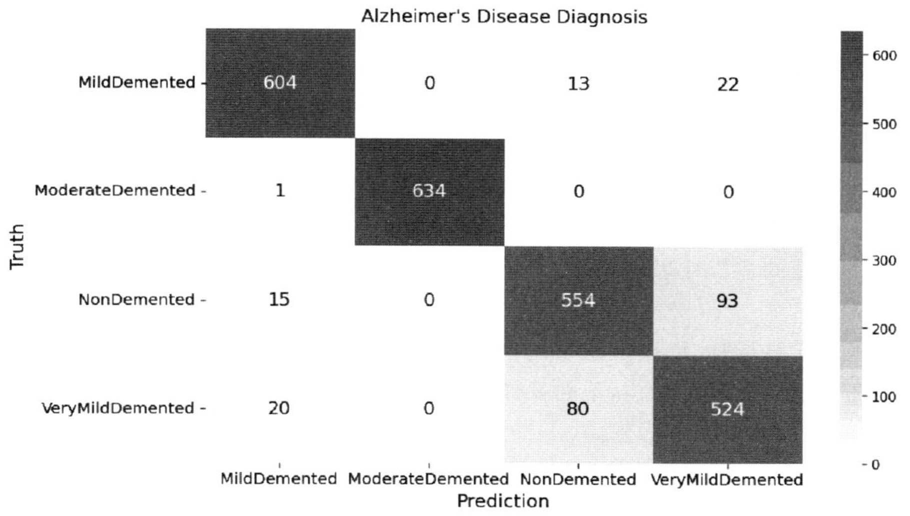

图 24　MobileNetV2 混淆矩阵热力图

表8 各模型分类性能评价指标

	ACC	AUC	LOSS
Inception V3	0.9864	0.9997	0.0422
Resnet-18	0.9076	0.9867	0.2257
Resnet-50	0.9354	0.9940	0.2051
VGG19	0.9786	0.9989	0.0685
DenseNet121	0.9599	0.9978	0.1094
MobileNetV2	0.9047	0.9864	0.2670

(三)结果分析

从表8中可以看出,所用于验证的模型ACC值、AUC值、LOSS值均有较高的数值,但我们改进后的CNN模型的在本次多分类任务中表现最佳,具有较高的准确率(0.9864)和AUC值(0.9997),以及较低的损失(0.0422),效果最优。这说明该模型在不均衡数据下的脑图像多分类任务中能够很好地捕捉到脑图像中的局部特征和空间关系,具备良好的多分类性能。因此,我们构建和改进的CNN模型对于处理MRI脑图像、助力阿尔兹海默症研究发展以及未来的医疗诊断具有重大意义。

五、结论与展望

(一)主要结论

1. Inception V3模型可以完成较高准确性的预测并完成有效的特征学习,具有重要的临床应用价值。基于Inception V3的分类模型在测试集上总体预测准确率能达到98%以上,表明该模型性能优越。在此次任务中Inception V3模型网络层次较深、宽度较大的结构,使得模型能够在学习过程中捕获更丰富的图像信息,从而提高了模型对阿尔兹海默症脑图像的理解、分类,以及对关键特征的捕获和集中学习能力。

2. 影像预处理和高质量大规模数据集对于深度学习模型在脑图像分析中的泛化能力至关重要,能显著提高诊断效率和精确度,减少人为误差。本次研究所构建的深度学习模型可快速自动处理分析大规模数据。其中,图像标准化和归一化有助于模型快速稳定学习;高质量大数据集有助于模型学习图像特征,让数据集尽可能代表真实世界中的数据分布。

3. 利用Grad-CAM技术对阿尔兹海默症患者脑图像重点区域进行可视化分析发现,海马体结构的选择性萎缩结构变化是阿尔茨海默症重要的病理变化,这为AD的发病机制研究提供了新的视角,并为未来的治疗策略提供了潜在的靶点。

(二)特色与创新

1. 结合SMOTE算法进行数据平衡和增强

由于接近现实情况,数据集在类别不平衡的情况下,通过SMOTE算法对数据集进行平衡和增强处理,可以有效减少模型对少数类别的过拟合现象,提高模型的性能。此过程包括实现数据增强操作,如旋转、翻转、缩放等,从而增加数据的多样性,提高模型的泛化能力。

2. 多尺度特征提取

本研究采用的多分支结构,允许模型在不同尺度上捕捉图像特征。不同大小的卷积核能够确保模型关注并提取图像中的细节信息和全局结构,池化操作的多尺度设计能够进一步强化模型对不同尺度信息的感知能力,为准确分类脑图像提供了有力保障。

3. 引入Grad-CAM技术进行可视化分析

为了深入理解模型在分类过程中的决策依据,本研究利用Grad-CAM技术生成热力图,对脑图像的关键区域进行可视化分析,并通过这一技术成功揭示了海马体结构变化与阿尔兹海默症之间的紧密联系。这为后续的医学研究提供了有价值的线索。

4. 高性能的预训练模型的应用

预训练模型在大规模图像数据集上的训练,使其具备了捕捉图像中复杂结构信息、纹理特征和局部模式的能力,有助于提高模型对MRI图像中病变区域的识别和分类准确性。随着技术的不断发展,该模型可以持续更新，通过利用最新的预训练模型权重获得更先进的特征表示和更高的分类性能。

5. 采用 Inception V3 模型作为基础架构开放性和可复用性

本次研究的 Inception V3 模型，以其开放的架构和强大的可扩展性，能够轻松适应不同的 MRI 数据集和分类需求，为用户提供了广泛的定制和扩展空间。同时，作为开源项目，该模型拥有庞大的社区支持，用户可以在社区中获取技术支持、交流经验，并分享自己的定制化和扩展成果，实现资源的共享与共赢。

(三)不足

我们改进的模型虽在一定程度上能正确进行阿尔兹海默症患者不均衡的脑图像多分类，但仍存在以下三个不足：

1. 过拟合风险

在处理脑图像不均衡数据时，过采样技术可能导致模型对于少数类别的过度拟合，需要谨慎选择合适的类别平衡处理策略。

2. 数据质量依赖

脑图像数据的质量可能因采集设备、图像清晰度、运动伪影等因素而有所不同。低质量的数据可能影响模型的性能，并引入误导性的特征。对于大规模数据集的标签可能存在主观性或不一致性，这可能会影响模型的训练和评估，导致模型学习到错误的特征或者做出不准确的预测。

3. 解释性差

深度学习模型通常被认为是黑盒模型，即其决策过程难以解释。在医疗应用中，模型的解释性是至关重要的，医生需要了解模型是如何做出预测的，以便做出正确的临床决策。

因此，在未来的阿尔兹海默症患者不均衡的脑图像多分类问题中，我们可以在过采样、欠采样和生成合成样本等类别平衡处理方法中选择合适的策略，以平衡数据集并降低模型的偏差；同时采用集成学习技术(如投票、Bagging、Boosting 等)结合多个模型的预测结果，提高整体模型的性能和稳定性以及可解释性；使用交叉验证技术来评估模型的泛化能力，防止模型对训练数据过度拟合；还应注意对标签进行严格的质量控制和验证以提高数据质量和一致性。最后，还可以通过尝试更复杂的网络结构、引入注意力机制、利用多模态数据等方法来优化模型的性能和泛化能力，提高其对不均衡数据的适应性。

(四)展望

阿尔兹海默症的计算辅助诊断是 AI 医疗的热门研究方向，也是一项极具临床价值和社会意义的课题。尽管如今的 AI 医疗行业已展现蓬勃发展之势，但由于数据库权限、涉及患者隐私、数据来源有限等问题，能够获取到的样本数据有限。除了神经影像学的数据，智力测评、基因信息、病史等丰富的临床医学数据对于阿尔兹海默症的诊断同样具有重要价值。在未来的研究中，可以尝试将这些信息融入模型进行综合分析，提升诊断精度，这也有助于揭示阿尔兹海默症的发病机制和影响因素。

基于 Inception V3 的 CNN 分类模型有望实现对个体患者的个性化医疗诊断和治疗方案制定，提高治疗效果和患者生活质量。我们期待在未来将会有更多的数据样本供研究人员分析，同时希望通过发展 AI 辅助诊断系统，整合学科知识推进跨领域合作，为阿尔兹海默症的预判和诊断做出积极的贡献。

【参考文献】

[1] 武冬冬，陈玉辉，刘芳，等. 脑小血管疾病合并中枢神经系统退行性疾病机制的研究进展[J]. 诊断学理论与实践，2022，21(05)：644—649. DOI：10.16150/j.1671—2870.2022.05.018.

[2] 李莹，钱美齐，邱雪. 阿尔兹海默症生物标志物和早期诊断新技术[J]. 分析测试学报，2022，41(04)：553—561. DOI：10.19969/j.fxcsxb.21123001.

[3] 马翰章. 阿尔茨海默病质子磁共振波谱与神经心理测评的相关性研究[J]. 中国医学工程，2015，23(04)：32—33.

[4] 刘丽萍，仲伟伟，董文南，等. 基于深度学习的阿尔兹海默症自动诊断方法研究[J]. 科学咨询(科技·管理)，2021，(07)：54—55.

[5] 王晓霞，李雷孝，林浩. SMOTE 类算法研究综述[J]. 计算机科学与探索，2024，18(05)：1135—1159.

[6] 李慧. 基于类激活图的卷积神经网络可视化解释方法研究[D]. 吉林大学，2023. DOI：10.27162/d.cnki.

gjlin. 2023. 001394.
[7] Ferri C P, Prince M, Brayne C, et al. Global prevalence of dementia: A Delphi consensus study[J]. Lancet, 2005, 366(9503): 2112—2117.
[8] Mucke L. Neuroscience: Alzheimer's disease[J]. Nature, 2009, 461(7266): 895—897.
[9] London, UK: Alzhcimer's Disease Intemational(ADI), 2018Patterson. World alzheimer report 2018—the state of the art of dementia research new frontier[R].
[10] Ewers, Buerger, Teipel, et al. Multicenter assessment of CSF-hosphoryl-tau for the prediction of conversion of MCI[J]. Neurology, 2007, 69(24): 2205—2212
[11] Anna K. GSK3 and Alzheimer's Disease: Facts and Fiction[J]. Frontiers in Molecular Neuroence, 2011, 4: 17.
[12] Smith S M, Vidaurre D, Beckmann C F, et al. Functional connectomics from resting-state fMRI[J]. Trends in Cognitive Sciences, 2013, 17(12): 666—682
[13] Shaik Basheera, M Satya Sai Ram. Deep learning based Alzheimer's disease early diagnosis using T2w segmented gray matter MRI[J]. International Journal of Imaging Systems and Technology, 2021, 31(3).
[14] A YiğiT, Z Işik. Applying deep learning models to structural MRI for stage prediction of Alzheimer's disease[J]. Turk J Elec Eng&Comp Sci, 2020, 28(1): 196—210.
[15] Dai Yin, Bai Wenhe, Tang Zheng, Xu Zian, Chen Weibing. Computer-Aided Diagnosis of Alzheimer's Disease via Deep Learning Models and Radiomics Method[J]. Applied Sciences, 2021, 11(17).
[16] Rumelhart D E, Hinton G E, Williams R J. Learning representations by back-propagating errors[J]. nature, 1986, 323(6088): 533—536.
[17] Hubel D H, Wiesel T N. Receptive fields, binocular interaction and functional architecture in the cat's visual cortex[J]. The Journal of Physiology, 1962
[18] Szegedy C, Vanhoucke V, Ioffe S, et al. Rethinking the Inception Architecture for Computer Vision. [J]. CoRR, 2015, abs/1512.00567.

碳价格预测

——基于新闻情感增强和多目标优化器的集成学习预测框架

东北财经大学　陈雨节、金明瑶、周哲宇

摘　要

碳价格预测对决策者至关重要，但由于供需动态和新闻文本影响的复杂相互作用，它仍然是一项具有挑战性的任务。现有的模型主要依赖于历史数据，忽略了新闻文本的影响。一些研究通过多目标优化算法将多个模型的预测结果线性组合来提高预测精度，但忽略了帕累托前沿解集上的选择过程。

为了解决这些问题，本文提出了一种基于新闻情感增强和多目标优化器的集成学习预测框架。在基于数据去噪和新闻情感增强的数据预处理模块中，我们使用连续变分模式分解（SVMD）进行数据去噪，使用 Hampel Identifier（HI）进行异常值去除，并使用 LDA 获得每个时间点相关新闻文本的 Document-Topic Matrix 作为输入特征。在集成学习模块中，我们从足球队训练算法（FTTA）过渡到多目标优化算法（MOFTTA），该算法允许我们对模型池中的单个预测结果进行优化和分配权重。在基于膝点策略的帕累托前沿收缩模块，为了客观在帕累托前沿选择最优解，考虑解在不同目标函数的权衡关系，我们使用 KPITU 得到的膝点作为最优解集。最后将最优解作为各个单一模型预测结果的权重，通过加权线性集成得到预测结果。

两组实验分别证明了数据预处理模块（SVMD-HI-LDA）提高了预测精度，集成学习优于单一的人工智能方法。讨论中，我们设计了一个交易策略验证了该框架在实际应用中的适用性。

关键词：碳价格预测；集成学习；多目标优化；LDA；帕累托前沿收缩策略

一、背景与动机

（一）碳价格预测的重要性

随着工业革命带来人类社会科技的飞速发展，碳排放量逐年攀升，全球气候环境日益恶化，碳排放问题已成为全球各国共同面对的严峻挑战。为合理规划碳排放问题、建立碳排放秩序，世界各地逐渐开始建立试点进行碳交易[9]。在市场框架下，碳价格自然成为政府、企业和投资者最为关注的问题之一、公司和投资者最为关注的问题之一。然而，各种因素，如复杂的供求关系和政策变化等各种因素，导致碳价格波动剧烈，难以跟踪[10]。因此，在这种背景下碳价格预测一直是一项重要而艰巨的任务。而对碳交易价格进行预测是碳交易活动中必不可少的一环，在传统的碳价预测模型研究的基础上，以提升碳价预测模型的稳健性、准确性、普遍适用性为出发点，开发出新的碳价预测模型来实现对碳交易价格的精准预测。

近年来，混合模型因其精度高而成为主流。然而，现有的预测模型大多只使用历史数据来预测未来数据，没有考虑新闻文本的影响，忽略了模型的鲁棒性和稳定性。一些研究通过多目标优化算法对多个单一模型的预测结果进行线性加权组合得到最终预测结果，提高了预测精度，但这是如何选择帕累托边界上的点是一个具有挑战性的问题。针对上述问题，本文提出了一种基于新闻情感增强和多目标优化器的集成学习预测框架，在预测模型中考虑新闻文本的影响，在缺乏先验知识的情况下，能够帮助决策者在帕累托前沿上客观地选择最优解。

（二）文献综述

碳交易有利于合理分配碳配额，以减缓全球变暖的进程，有效地预测碳价格不仅对制定应对策略、推动绿色经济发展具有重大意义，更对全球环境的可持续发展具有深远的影响。近年来，国内外针对碳价格预

测所设计的模型大致可分为三类:

1. 传统的统计学模型

传统的统计学模型的使用为采用基本的统计方法,对某地区、某时段的碳排放进行整理,在人工智能模型未出现时使用较为广泛,现多见于政府与统计部门等年度统计数据报告中。如自回归综合移动平均法(ARIMA)(Wulff等,2017)[11]和广义自回归条件异方差(GARCH)(王江涛等,2021)[1]线性预测工具,在碳预测中被普遍采用,用于预测碳交易的线性特征和可解释性,并取得了良好的效果。此类模型统计结果大多局限于数据的线性特征,而随着互联网的逐渐普及与搜索软件的推广,非线性数据逐渐变得广泛,并在分析中的影响逐渐增强,而传统的统计学模型因其精度太低,无法捕捉碳排放的非线性特征。

2. 人工智能模型

随着碳价格市场的复杂性和非线性越来越明显,传统统计方法的局限性促使人们向人工智能方法的转变。在这些模型中,Zhu 和 Chevallier(2017)[12]提出的 SVM 是一个具有非平稳和非线性特征的能源价格预测集成范式,引起了广泛的关注,并成为碳价格预测领域的基石之一。随后,学者们采用了不同的最优算法,其中 Huang 和 Dun(2008)[13]与 Sun 和 Wang(2020)[14]将最小二乘法(LS)和粒子群优化(PSO)结合到 SVM 中,从而形成了性能更好的 LS-SVM 模型。此外,王娜(2017)[2]提出使用 Boosting-ARMA 模型,以获得较高的碳价预测准确性。赵领娣和王海霞(2019)[3]用分数阶灰色预测模型预测平均碳价的变化趋势。Zhao-Peng L 等(2020)[15]利用前馈神经网络(Back Propagation,BP)模拟碳期货价格在多个场景中的长期走势。随着计算资源的改进,出现了以 Hochreiter 和 Schmidhuber(1997)[16]和 Ji 等(2019)[17]提出的长短期记忆(LSTM)为代表的深度学习的更强大的碳价格预测算法。此类机器学习方法有能力处理非线性碳数据,在碳预测方面取得更深入的进展。虽然单一人工智能模型显著提高了碳预测的准确性,但它们在适应不同数据集方面的困难和对参数设置的敏感性表明有很大的改进空间。

3. 混合模型

因此,混合模型和集成模型越来越成为主流的预测方法。Jiang and Wu (2016)[18]通过利用 ARIMA 和随机森林算法对分解后的国际碳价格序列进行线性和非线性预测,并将两部分相加得到最终结果,提出进行碳价格预测的新方法。Zhu(2018)[19]将 EMD 和 SVM 结合高频、低频和趋势成分建立了 EMD-HLT-SVM 模型,Ning 等(2022)[20]进一步地将 EMD 整合到 ARIMA-SVM 组合模型中,提出了 EMD-ARIMA-SVM 方法,该方法已被证明是目前预测碳价格的最佳模型之一。谢旭升和严思屏(2021)[4]通过建立 ARMA-BP 组合模型,从最优权重和残差优化两个角度预测福建省碳价的变动规律,比单一模型得到更为精准的数据。Shaozhou Qi 等(2022)[21]通过构建 EEMD-BP-ELM 模型预测中国未来碳价的高低频分量,并采 CHINAGEM-E 模型预测基线下碳价格的趋势成分。吴丽丽等(2024)[5]通过结合 GA-VMD 与 CNN-BiLSTM-Attention 模型,对区域碳排放交易价格预测,并在确定性预测的基础上加入区间预测,提前测量碳市场的波动性,为市场参与者提供更多信息。

而为了进一步提高预测的精度和稳定性,提高模型的泛化能力和鲁棒性,并将新闻文本的影响考虑到预测模型中,本文提出了基于新闻情感增强和多目标优化器的集成学习预测框架。该框架集分解—预测—优化—集成为一体。

(三)我们的贡献

1. 基于 LDA 的新闻情感增强提高了预测精度

本文创新性的将新闻文本转换为结构化数据加入碳价格的预测中,通过 IF-IDF 进行文本向量化,并利用 LDA 得到 Document-Topic Matrix 作为特征输入。实验结果表明该策略提高了预测精度。

2. 同时考虑预测精度和稳定性的集成学习预测框架

我们提出了一个结合了数据去噪、新闻情感增强,多目标优化器,和帕累托前沿选择策略的集成学习预测框架,通过这种分解—预测—优化—集成的方式,提高了预测精度和稳定性。

3. 将 FTTA 改进为 MOFTTA 适用于多目标优化问题

本文通过非支配排序和拥挤距离将 FTTA 改为 MOFTTA,使其适用多目标优化问题。

二、数据选择与模型参数

(一)价格数据选取

为证明我们构建的预测框架的合理有效性,实现对碳价格的合理预测,我们从广东碳排放交易所官方网站获取了广东碳排放配额的相关价格数据。数据集包括收盘价、成交均价、当日成交量、当日成交额、累计成交量、累计成交额 6 个特征,从 2019 年 3 月 25 日到 2024 年 2 月 27 日,共计 1200 天(每一天为一个时间点)的碳价格交易数据。我们将前 900 天作为训练集,接着 150 天作为验证集,最后 150 天作为测试集,以方便全面的模型训练、验证和测试。数据集中广东碳排放权收盘价的基本特征如图 1 及表 1 所示。

表 1　广东原始收盘价描述性统计

指标	最大值	最小值	平均值	标准误差	方差	数据总量	训练集	验证集	测试集
数值	95.26	20.24	50.741	23.077	532.53	1200	900	150	150

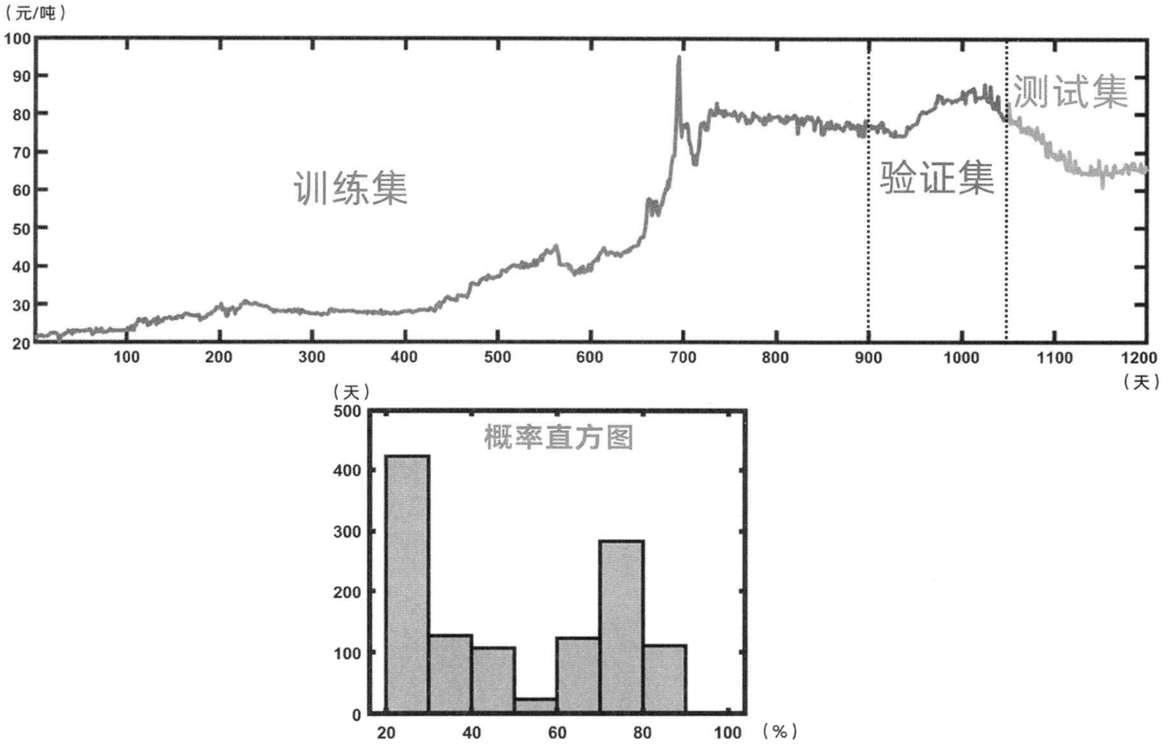

图 1　广东原始收盘价可视化①

(二)新闻文本爬取

将与碳价格相关的大量新闻信息获取、分析、量化,并与碳价格融合进行预测,有助于提升预测精度[6]。全面考虑到新闻对碳价格交易的影响,我们从每经网、中新网爬取了从 2019 年 3 月 25 日到 2024 年 2 月 27 日,共计 1200 天的 2012 条与碳市场相关的新闻标题和摘要文本。下表为爬取的新闻示例:

表 2　新闻文本示例

日期	新闻文本
2024 年 01 月 04 日	全国碳市场今日收跌 2.37%,报 74.99 元/吨每经 AI 快讯,据全国碳交易微信公众号消息,今日全国碳市场综合价格行情为:开盘价 74.08 元/吨,最高价 76.81 元/吨……
2024 年 01 月 05 日	本周全国碳排放配额总成交量 1181972 吨每经 AI 快讯,全国碳交易公众号消息,本周全国碳市场综合价格行情为:最高价 76.81 元/吨,最低价 73.36 元/吨,收盘价较上周五下跌 7.63%……
2024 年 01 月 06 日	中共中央　国务院关于全面推进美丽中国建设的意见进一步发展全国碳市场,稳步扩大行业覆盖范围,丰富交易品种和方式,建设完善全国温室气体自愿减排交易市场……

① 本文数据来源:广东碳排放交易所官方网站 https://www.cnemission.com/.

(三)模型参数

1. 文章框架的超参数(表3)

表3　文章框架的超参数

Model	Parameters	Values
SVMD	MaxAlpha	10
	Tau	0
	Tol	1e−3
	Stope	4
	Init omega	1
Model Pool	Time step	10
	Batch size	64
	Maxcpoch	200
	Learning rate	0.001
	Drop output rate	0.25
	Output size	1
KPTTU	K(the amount of knee point)	20
MOFTTA	Pop	100
	Archive	100
	Maxlter	1000
	P_{stduy}	0.2
	P_{comm}	0.2
	P_{error}	0.001

2. 深度学习和机器学习的内部参数(表4)

表4　深度学习和机器学习的内部参数

	Model	Parameters	Values
Deep learning	CNN	Layer Number	2
		Kernel size	3
		Padding	1
		Pooling Kernel size	3
		Pooling Stride	2
	BiLSTM	LSTM Layer Number	2
		LSTMHiden size	128
	BiGRU	GRU Layer Number	2
		GRUHiden size	128
	Transformer	Kernel size	3
		Padding	1
		Pooling kernel size	3
		Pooling Stride	2
		Transformer Encoder Layers	2
		Head Number	12
		FC Layer Input size	128
		FC Layer Output size	96
		Output size	1
		Dropout rate	0.25
Machine learning	SVM	C	1000
		Epsilon	0.005
		Gamma	0.005
Neural network	BP	Layer Number	4
		Hiden size	256

三、框架结构

本文提出了基于新闻情感增强和多目标优化器的集成学习预测框架。该框架分为三个模块。在基于数据去噪和新闻情感增强的数据预处理模块，我们使用 SVMD 对原始信号进行分解，将频率最高的 IMF 作为白噪声去除，然后重构数据以获得更清晰的输入。同时我们用 HI 去除奇异值的影响，提升模型训练效果。考虑到新闻文本对碳价格交易的影响，我们利用 LDA 获得每个时间点相关新闻文本的 Document-Topic Matrix 作为输入特征。在基于多目标优化器的集成学习模块中，我们将足球队训练算法（FTTA）改为多目标优化算法（MOFTTA），首先分别使用模型池中的模型进行预测，然后利用 MOFTTA 在验证集上同时优化 MAPE 和 STD，得到模型池中各个模型的权重，对单一预测结果进行赋权。在基于膝点策略的帕累托前沿收缩模块，为了客观在帕累托前沿选择最优解，考虑解在不同目标函数的权衡关系，我们使用 KPI-TU 得到的膝点作为最优解集。实验证明，该框架显著提高了预测的精度和稳定性，优于单一人工智能方法。讨论也验证了我们的框架在实际应用中的适用性。图 2 展示了全文的技术流程图。

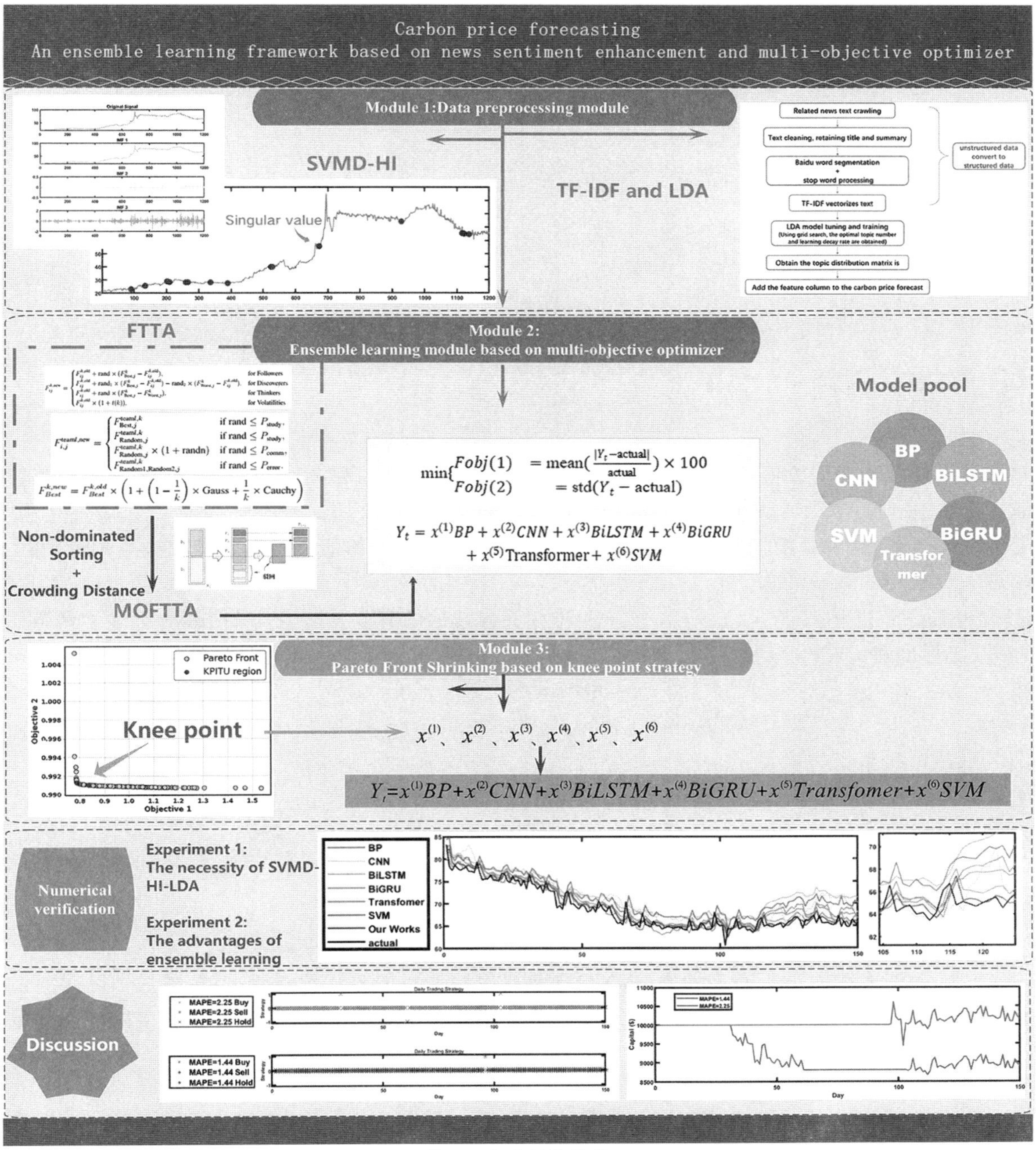

图 2　文章整体结构

四、基于数据去噪和新闻情感增强的数据预处理模块

(一)基于SVMD-HI的数据去噪

我们首先使用SVMD对广东碳排放权的收盘价进行分解,然后去除频率最高的IMF作为白噪声,得到去噪后的数据集,最后使用HI从序列中去除异常值。经过SVMD-HI处理的数据,通过过滤掉最不稳定的分量和异常值,呈现出更清晰、更一致的趋势。处理后的数据保留了原始序列的基本动态,同时最大限度地减少了噪声和异常峰值的影响。

1. 模型理论

(1)逐次变分模态分解(SVMD)模型

变分模态分解(VMD)常用于将信号分解成具有特定中心频率的子信号。但是,当模态数量未知时,其有效性会降低[22]。而SVMD通过连续提取模式来解决这些限制,无需预先确定模态数量[23]。整个分解过程由以下优化问题控制:

$$\min_{\{u_i\},\{\Omega_i\}} \sum_{i=1}^{I} \| \partial_t[(\rho(t)+\frac{j}{\pi t})\times u_i(t)]e^{-j\Omega_i t} \|_2^2 \qquad 公式(1)$$

其中,优化目标是将带宽 $u_i(t)$ 最小化,每个模式都与一个中心频率 Ω_i 相关联,同时总和重建原始信号 $s(t)$ 确保这些模式,例如:

$$\sum_{i=1}^{I} u_i(t) = s(t) \qquad 公式(2)$$

$$\begin{aligned} G(\{u_i\},\{\Omega_i\},\mu) = & \beta\sum_{i=1}^{I} \| \partial_t[(\rho(t)+\frac{j}{\pi t})\times u_i(t)]e^{-j\Omega_i t} \|_2^2 \\ & + \| s(t)-\sum_{i=1}^{I}u_i(t) \|_2^2 + \langle \mu(t), s(t)-\sum_{i=1}^{I}u_i(t) \rangle \\ & + \| s(t)-(u_I(t)+s_u(t)+\sum_{i=1}^{I-1}u_i(t)) \|_2^2 \\ & + \mu(t), s(t)-(u_I(t)+s_u(t)+\sum_{i=1}^{I-1}u_i(t)) \end{aligned} \qquad 公式(3)$$

SVMD方法采用增广拉格朗日函数指导分解,通过积分二次惩罚和拉格朗日乘子实现有效约束管理和目标信号特性,并通过双上升优化[24]。

随着每次迭代,SVMD细化模态函数及其相关频率,逐步得出原始信号的精确和计算效率的分解。

(2)Hampel Identifier(HI)

HI是一种在数据序列 $X=\{x_1,x_2,\cdots,x_n\}$ 中检测异常值的有效方法[25],采用滑动窗口计算局部中位数 m_i 和修正标准差 σ_i:

$$m_i = \text{median}\{x_{i-k},\cdots,x_{i+k}\} \qquad 公式(4)$$

$$\sigma_i = k' \cdot \text{median}\{|x_{i-k}-m_i|,\cdots,|x_{i+k}-m_i|\} \qquad 公式(5)$$

其中,$k' \approx 1.4826$。

如果离群值偏离局部中位数超过 n_0 倍 σ_i,则确定离群值:

$$y_i = \begin{cases} x_i, & \text{if } |x_i - m_i| \leqslant n_0\sigma_i \\ \text{outlier}, & \text{if } |x_i - m_i| > n_0\sigma_i \end{cases} \qquad 公式(6)$$

其中,n_0 通常被设为3。

2. 模型效果

在数据预处理模块中,我们首先使用SVMD对碳排放数据集的收盘价进行分解,然后去除频率最高的IMF作为白噪声,得到一个去噪的数据集。这一过程使得输入数据更加清晰,增强了模型的训练效果。此外,我们使用HI从序列中去除异常值。

图3展示了我们将收盘价数据进行分解,得到了IMF 1,IMF 2,IMF 3,其中IMF 3频率最大。我们把频率最大的IMF 3进行了删除,然后再合成数据。

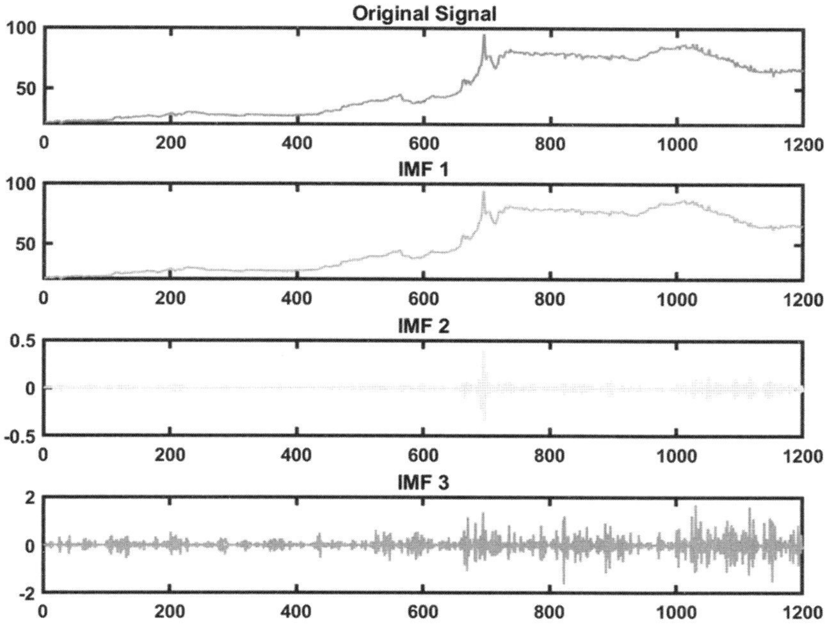

图 3 数据分解图

图 4 比较了用 SVMD-HI 处理的数据和原始数据。点表示使用 HI 处理过的点。可以观察到，经过 SVMD-HI 处理的数据，通过过滤掉最不稳定的分量和异常值，呈现出更清晰、更一致的趋势。SVMD-HI 处理的数据保留了原始系列的基本动态，同时最大限度地减少了噪声和异常尖峰的影响。

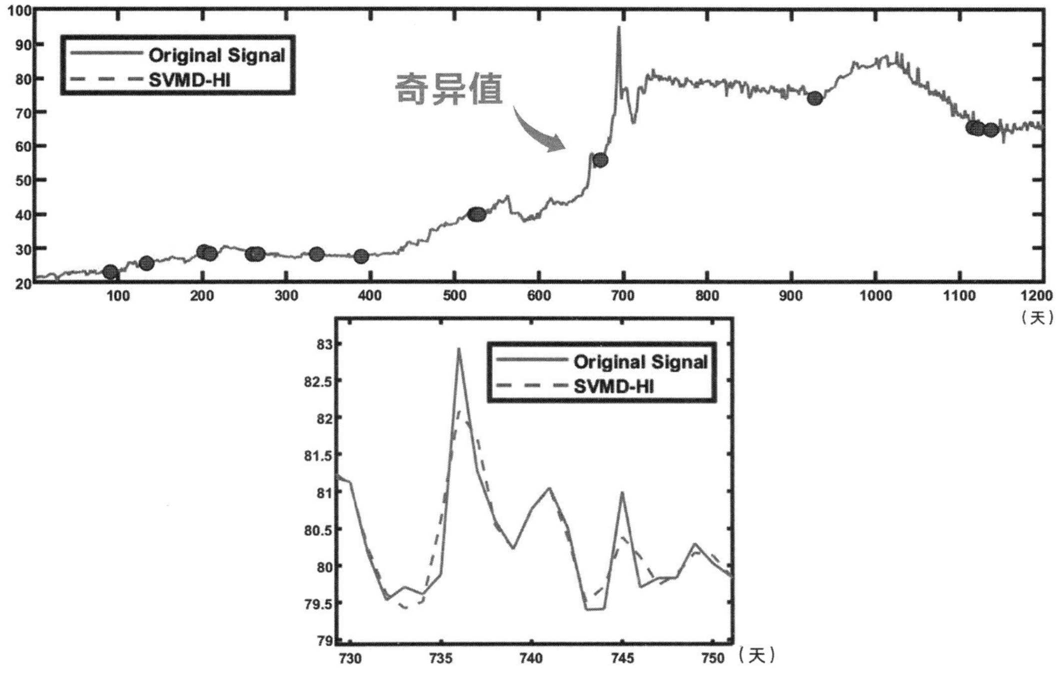

图 4 SVMD-HI 处理前后数据

(二)基于 TF-IDF 和 LDA 的新闻情感增强

我们从多个新闻源收集了 2012 条新闻文本数据，这些数据包括新闻的标题、摘要以及正文内容。我们首先利用百度的分词包(LAC)和停用词包进行分词和停用词的处理。接着利用 TF-IDF 对文本进行向量化，将非结构化的文本数据转化成为结构化数据，接着利用 LDA 模型调化与训练，得到对应的 Document-Topic Matrix 作为特征输入碳价格预测的特征列。图 5 展示了技术过程：

1. TF-IDF 向量化

TF-IDF(Term Frequency-Inverse Document Frequency)是一种常用的文本向量化方法。其核心原理

在于评估一个单词或短语在文本中的独特性和重要性[26]。

$$TF\text{-}IDF = TF \times IDF \quad \text{公式(7)}$$

其中,TF 表示词条(关键字)在文本中出现的频率。这个数字通常会被归一化(一般是词频除以文章总词数),以防止它偏向长的文件。

$$tf_{ij} = \frac{n_{i,j}}{\sum_k n_{k,j}} \quad \text{公式(8)}$$

其中,$n_{k,j}$ 是该词在文件 d_j 中出现的次数,分母则是文件 d_j 中所有词汇出现的次数总和。

IDF 是 Inverse Document Frequency,某一特定词语的 IDF,可以由总文件数目除以包含该词语的文件的数目,再将得到的商取对数得到。

如果包含词条 t 的文档越少,idf 越大,则说明词条具有很好的类别区分能力。

$$idf_i = \log \frac{|D|}{|\{j : t_i \in d_j\}|} \quad \text{公式(9)}$$

其中,$|D|$ 是语料库中的文件总数。$|\{j : t_i \in d_j\}|$ 表示包含词语 t_i 的文件数目(即 $n_{i,j} \neq 0$ 的文件数目)。如果该词语不在语料库中,就会导致分母为零,因此一般情况下使用 $1 + |\{j : t_i \in d_j\}|$

2. LDA 模型调参与训练

LDA(Latent Dirichlet Allocation)是一种无监督的机器学习算法,用于从文档集中发现隐藏的主题结构。它的基本思想是将文本看作是一组词的集合,每个文本又可以包含多个主题,每个主题又可以包含多个词,通过建立统计模型来发现文本中潜在的主题。LDA 的主要步骤如下:

(1)为每个文本中的每个词随机指定一个主题。

(2)针对每个文本中的每个词,基于当前分配的主题和所有其他文本中的同一单词的主题分配情况,重新分配一个主题。

(3)重复第(2)步骤,直到收敛。

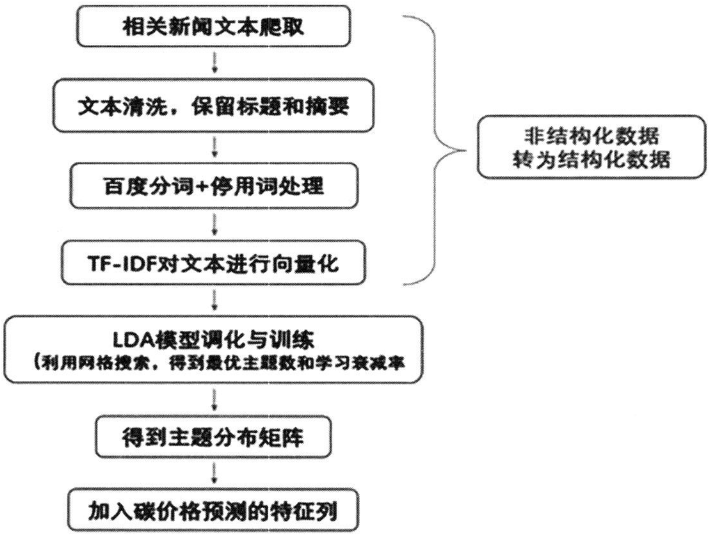

图 5 技术流程图

通过以上处理过程,我们将新闻文本转化为了计算机可以理解的数值形式,并利用 LDA 模型发现了隐藏在文本中的主题结构,将 Document-Topic Matrix 作为特征输入碳价格预测的特征列,以此将新闻文本主题情感考虑到了我们的预测框架中。

五、基于多目标优化器的集成学习模块

在本节中,我们利用 BP、CNN、BiLSTM、BiGRU、Transformer、SVM 六个模型分别进行预测,接着利用 MOFTTA 在验证集上同时优化(最小化)MAPE(均方根误差)和 STD(稳定性),得到模型池中各个模型的权重,最后将各模型的结果进行线性加权集成。下文将介绍所使用的单一模型以及多目标足球队优化算法

(MOFTTA),最后将介绍如何进行集成得到最终预测结果。

(一)多目标足球队优化算法(MOFTTA)

1. 足球队训练算法(FTTA)

FTTA是一个元启发式优化算法,通过模拟球员在高水平足球运动员训练中的行为来实现。FTTA算法包括三个主要阶段:集体训练、群体训练和个人额外训练[27]。FTTA算法包括集体训练、小组训练和个人额外训练三个阶段。FTTA的伪代码如图6所示:

Pseudo code of the FTTA
CLC
CLEAR ALL
Set Objective Function
Parameters:
Set *Maxgen* = 500 (The number of iterations is 500)
Set *nPop* = 50 (The population is 50)
$p_{study} = 0.2$; $p_{comm} = 0.2$; $p_{error} = 0.001$
/*Set the paraments of FTTA*/
/*Initialize population */
FOR I = 1: MaxGen DO
FOR EACH i : $1 \leqslant i \leqslant nPop$ DO
Calculate the fitness value of each football player F_i
End For
Find the Best & Find the Worst
Do Collective Training:

$$F_{i,j}^{k}\ new = \begin{cases} F_{i,j}^{k}\ old + rand * (F_{Best,j}^{k} - F_{i,j}^{k}\ old) \\ F_{i,j}^{k}\ old + rand_1 * (F_{Best,j}^{k} - F_{i,j}^{k}\ old) - rand_2 * (F_{Worst,j}^{k} - F_{i,j}^{k}\ old) \\ F_{i,j}^{k}\ old + rand * (F_{Best,j}^{k} - F_{Worst,j}^{k}) \\ F_{i,j}^{k}\ old * (1 + t(k)) \end{cases}$$

Divide the Population into Groups and Do Group Training:

$$F_{i,j}^{k,team_l}\ new = \begin{cases} F_{Best,j}^{k,team_l}\ \text{if}\ rand \leqslant p_{study} \\ F_{Random,j}^{k,team_l}\ \text{if}\ rand \leqslant p_{study} \\ F_{Random,j}^{k,team_l} * (1 + randn)\ \text{if}\ rand \leqslant p_{comm} \end{cases}$$

$$F_{i,j}^{k,team_l}\ new = F_{Random_1,Random_2}^{k,team_l}\ \text{if}\ rand \leqslant p_{error}$$

FOR EACH i : $1 \leqslant i \leqslant nPop$ DO
Calculate the fitness value of each football player F_i
END FOR
Update the Players
Find the Best
Do Individual Extra Training

$$F_{Best}^{k}\ new = \begin{cases} F_{Best}^{k}\ old * (1 + (1 - \frac{1}{k}) * Gauss + \frac{1}{k} * Cauchy)\ \text{if}\ F(F_{Best}^{k}\ new) < F(F_{Best}^{k}\ old) \\ F_{Best}^{k}\ old\ \text{if}\ F(F_{Best}^{k}\ new) > F(F_{Best}^{k}\ old) \end{cases}$$

END FOR
/*Store the Optimal solution in Archive*/
$t = t + 1$
END WHILE
END FOR

图6 FTTA伪代码

2. FTTA改进为MOFTTA

我们利用非支配排序和拥挤距离,将FTTA改进为了MOFTTA。

非支配排序的目的是将群体分级,拥挤距离排序的目的是对同一级别中的个体进行排序。最终选择级别高,拥挤距离大的个体作为下一代。具体原理如图7:

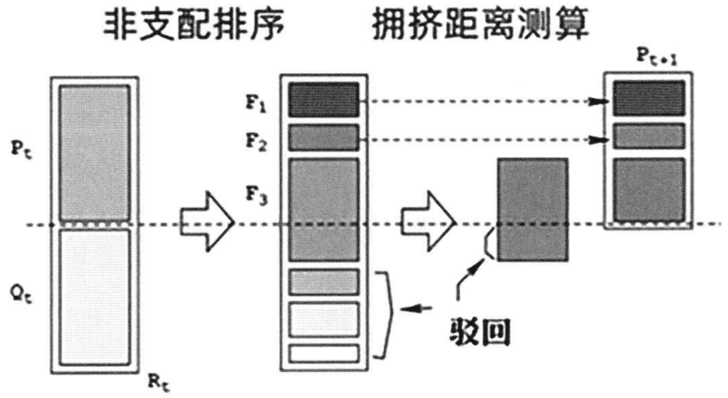

图7 非支配排序和拥挤距离示意图

(1)非支配排序

多目标优化问题(MOPs)要求同时优化多个目标,其典型特征是相互冲突的关系,即提高一个目标往往会导致降低其他目标。

$$\min F(x)=\{f_i(a),f_i(a),\cdots,f_i(a)\},x\in\Omega \qquad \text{公式(10)}$$

其中,$X=(x_i,x_2,\cdots,x_n)$ 是决策变量,Ω 是决策空间。M 指的是目标的维度,对于 $M>3$ 的问题称为多目标优化问题。

帕累托优势 $a<b$ 对于两个候选方案 a 和 b,当且仅当 a 在任何目标上都不弱于 b,并且在一个目标上优于 b 时,a 才会支配 b:

$$\begin{cases}\forall i\in\{1,2,\cdots,M\},f_i(a)\leqslant f_i(bB)\\ \exists j\in\{1,2,\cdots,M\},f_j(a)\leqslant f_j(bB)\end{cases} \qquad \text{公式(11)}$$

(2)拥挤距离测算

拥挤距离越大越容易被保留。对于一个解,其拥挤距离越大,这个解周围就越稀疏,选取这样的解,对于保持种群的多样性有益。

拥挤距离计算公式为:

$$d_i=\sum_{j=1}^{m}\frac{|f_j(x_i)-f_j(x_{i+1})|}{f_j^{\max}-f_j^{\min}} \qquad \text{公式(12)}$$

其中,m 表示目标函数的数量,$f_j(x_i)$ 表示第 i 个解在第 j 个目标函数上的函数值,$f_j^{\max}$ 和 $f_j^{\min}$ 分别表示第 j 个目标函数在所有解中的最大值和最小值。

$\frac{|f_j(x_i)-f_j(x_{i+1})|}{f_j^{\max}-f_j^{\min}}$ 表示第 i 个解和第 $i+1$ 个解在第 j 个目标函数上的函数值之差除以该目标函数的取值范围。

(二)模型池中六个模型

本研究在模型池中选择了六个模型,包括:深度学习模型(CNN[7]、BiLSTM[28]、BiGRU[29]、Transformer[30])、机器学习模型(SVM)[8]和神经网络(BP)[31]。限于空间,本文不再赘述具体的原理,图 8 显示了每个模型的结构。

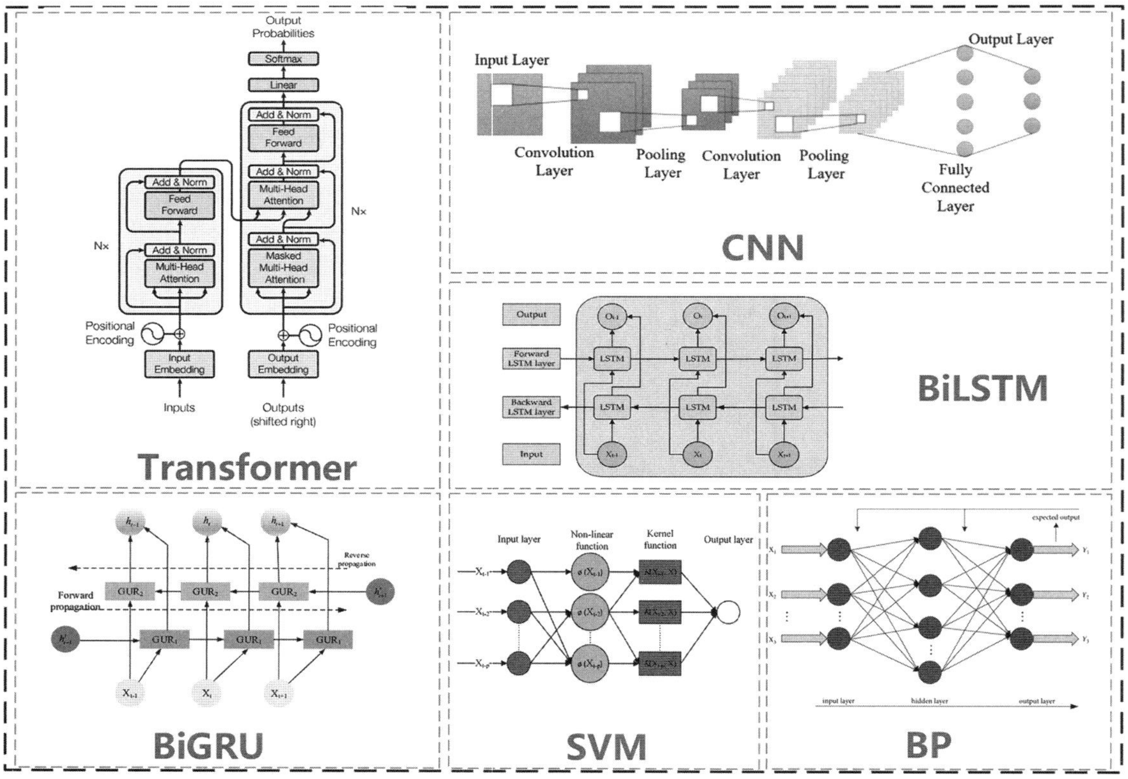

图 8 模型池理论

(三)预测集成

如公式(13)所示,我们首先分别利用上述六个模型计算得出了预测结果,然后在验证集上以最小化平均绝对百分比误差(MAPE)和预测误差的标准差(Std)作为目标函数,这在保证预测精度的同时最大化了模型的稳定性和鲁棒性。接着我们使用 MOFTTA 算法得到模型池中各个单一模型的权重,最终进行线性加权集成得到最终预测结果。计算公式如下:

$$\min\begin{cases}Fobj(1)=\text{mean}\left(\dfrac{|Y_t-\text{actual}|}{\text{actual}}\right)\times 100\\ Fobj(2)=\text{std}(Y_t-\text{actual})\end{cases}\qquad \text{公式(13)}$$

$$Y_t=x^{(1)}BP+x^{(2)}CNN+x^{(3)}BiLSTM+x^{(4)}BiGRU+x^{(5)}Transformer+x^{(6)}SVM\qquad \text{公式(14)}$$

公式(14)是一个无约束的加权问题,我们将上下界分别设置为 5 和 −5。由于没有一种方法可以普遍地满足所有种预测任务,因此模型池包含多种方法:深度学习模型(CNN,BiLSTM,BiGRU,Transformer),机器学习模型(SVM)和神经网络(BP)。多样化的设置确保了不同数据集和预测任务的适应性,在给定任务上表现优异的模型被赋予更高的权重。

六、基于膝点策略的帕累托前沿收缩策略(KPITU)

(一)膝点策略

通过多目标优化算法,虽然可以得到一组分布良好、融合良好的解,但决策者很难从解集中选择少量感兴趣的解。为了解决这个问题,需要将来自决策者的偏好信息引入到优化过程中,从而导致更集中的搜索。但是当决策者缺乏先验知识时如何选择合适的解成为一个具有挑战性的问题。传统的选点方法是随机选点方法,此方法在帕累托前沿上随机选择一个最优解可能导致结果的不稳定性。

为了帮助决策者客观在缺乏先验知识的情况下客观选择最优解,我们引入膝点策略。膝点是各个目标函数的权衡点,因为需要在至少一个目标上做出很大的妥协,才能在其他目标上获得少量的利益。我们通过 KPITU 选择膝点,权衡了不同的目标函数,得到最佳权衡解。

(二)KPITU 算法的理论

1. 基于权衡效用(KPITU)的拐点识别

KPITU 算法在一组非支配解中识别这些拐点,利用拐点优势系统地识别最优选的解[32]。

2. 权衡实用程序

两个非支配解 x^1 是和 x^2 是 的权衡效用为:

x^1 和 x^2 是

$$U(x^1,x^2)=G(x^1,x^2)+D(x^1,x^2)\qquad \text{公式(15)}$$

其中,G 和 D 表示净增益和劣化,定义为:

$$G(x^1,x^2)=\sum_{i=1}^{m}\left(\frac{f_i(x^1)-f_i(x^2)}{z_i^{\max}-z_i^{\min}}\right)^+\qquad \text{公式(16)}$$

$$D(x^1,x^2)=\sum_{i=1}^{m}\left(\frac{f_i(x^1)-f_i(x^2)}{z_i^{\max}-z_i^{\min}}\right)^-\qquad \text{公式(17)}$$

使用 $[x]^+=\min\{0,x\}$ 和 $[x]^-=\max\{x,0\}$

3. 膝关节支配和局部膝点

KPITU 通过以下方式进行:

(1)使用权重向量将目标空间划分为子区域。

(2)将每个解决方案与子区域相关联。

(3)通过评估权衡效用来识别局部拐点。

对于一组局部拐点 K,x_k^i 的累积权衡效用是通过将权衡效用与 K 中的所有其他点相加来计算的:

$$K(x_k^i)=\sum_{j=1,j\neq i}^{|K|}U(x_k^i,x_k^j)\qquad \text{公式(18)}$$

然后通过最大化 K 来选择最佳拐点,表示所有考虑的目标之间的最佳权衡。

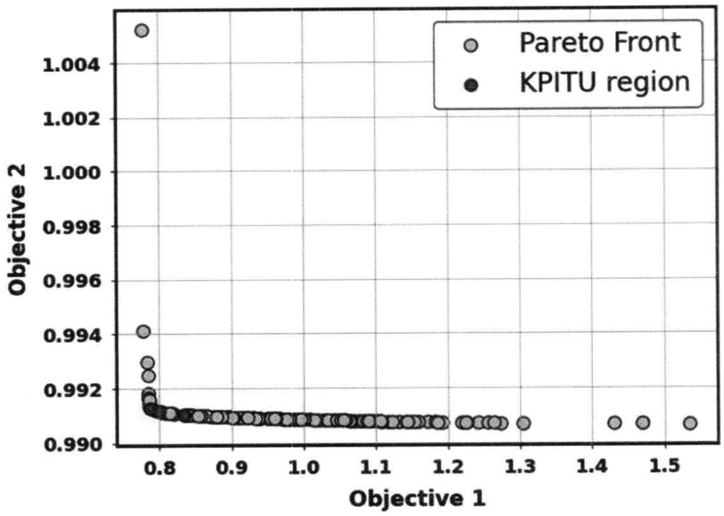

图 9 帕累托前沿图

经过上述步骤得出图 9 为帕累托前沿图,其中所有分布点为帕累托前沿,深色点为膝点,即权衡点。

七、数值验证

在本节中,我们设计了两组实验,对数据集进行了比较分析,以验证我们提出的碳价格预测框架的有效性。通过观察框架在所有评估指标(MAE、MSE、RMSE、MAPE、R^2 等)上的综合表现,我们分别确定了使用 SVMD-HI-LDA 模型的必要性、集成学习比单一人工智能预测模型效果的优越性。

(一)实验一:SVMD-HI-LDA 的必要性

在这一部分中,我们使用 BP 神经网络,分别比较了原始数据,SVMD-HI(收盘价数据去噪后),SVMD-HI-LDA(数据去噪加新闻情感增强)的效果,为了保证实验的有效性,我们在框架中保持了其他模块的一致性。具体实验数据如表 5 所示:

表 5 SVMD-HI-LDA 模块各评估指标综合表现

	MAE	MSE	RMSE	MAPE	R^2
Original-BP	1.773785	4.411309	2.100312	2.599129	0.810937
SVMD-HI-BP	1.573576	3.326821	1.823958	2.306443	0.857417
SVMD-HI-LDA-BP	1.295390	2.491496	1.578447	1.896837	0.893218

由表 5 可见,完整的 SVMD-HI-LDA 策略的应用比原始的 BP 模型有了显著的改进。我们观察到 MAPE 从 2.5991 降低到 1.8968,MAE 从 1.7738 下降到 1.2954。R^2 由 0.810937 提高到 0.893218。可见,结果的误差减少,模型拟合实际值精度有所提高。

总体而言,在所有数据集上应用 SVMD-HI-LDA 策略,不仅在几个指标上,而且在所有指标上,预测精度都有显著提高,从而证实了数据预处理策略在碳价格预测中的有效性。

(二)实验二:集成学习的优势

在这一部分中,我们分别比较了六个单一模型和我们所构建的集成学习模型的效果,为了保证实验的有效性,我们在框架中保持了其他模块的一致性。

表 6 中的实验数据显示了各种单一模型与我们提出的框架在 5 个指标上的比较。我们的集成框架在所有指标上都显示出了实质性的改进。其 MAE 为 0.9928,大大低于 SVMD-HI-BiLSTM 的最高 MAE 3.3414,降低了 70.29%。在 MAPE 方面,我们的结果减少到 1.4403,明显优于 SVMD-HI-BiLSTM 的 4.9617。对于 R^2,我们的方法达到 0.9289,显著高于 SVMD-HI-BiLSTM 的 0.3869,表明模型预测精度和拟合提高了 58.35%。

表 6　集成学习模块各评估指标综合表现

	MAE	MSE	RMSE	MAPE	R^2
SVMD-HI-LDA-BP	1.295390	2.491496	1.578447	1.896837	0.893218
SVMD-HI-LDA-CNN	2.407456	8.692950	2.948381	3.541891	0.627432
SVMD-HI-LDA-BiLSTM	3.341394	14.304258	3.782097	4.961663	0.386938
SVMD-HI-LDA-BiGRU	1.531217	3.863708	1.965632	2.255583	0.834407
SVMD-HI-LDA-Transformer	1.632800	3.652568	1.911169	2.389285	0.843456
SVMD-HI-LDA-SVM	3.000265	11.161402	3.340868	4.438884	0.521637
OUR WORK	0.992777	1.659398	1.288176	1.440286	0.928880

图 10 说明了单个模型和我们的框架在测试集上的性能，其中黑线表示实际值，箭头表示我们的框架所做的预测，由图可见我们所构造的框架的预测结果显著优于其他单一模型的预测结果，与真实值更加贴合。

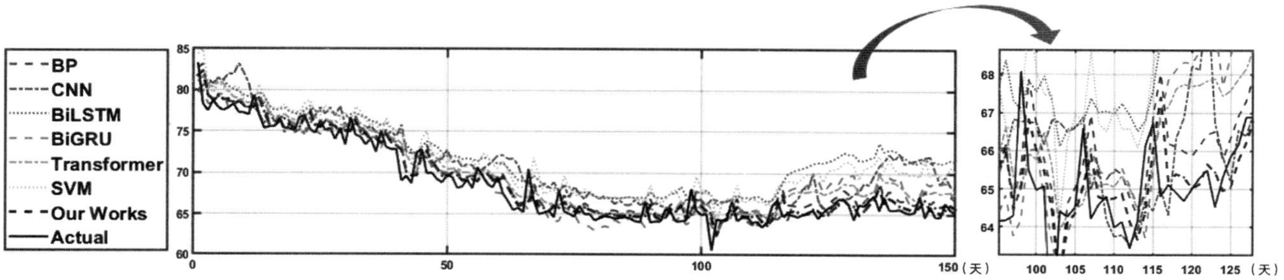

图 10　各评估指标实际与预测对比

总体而言，集成学习框架在所有数据集和指标上始终优于独立模型，所有指标的一致和显著改进证实了我们方法的稳健性和可靠性。

八、讨论

深度学习技术的进步使得预测准确性的显著提高变得越来越具有挑战性，因此，我们有必要探究预测准确性的适度提高是否会显著影响给定任务的结果。为了研究这一点，我们探讨了预测精度的提高对碳价格交易的影响。

我们建立了一个简单的交易策略，使用广东碳交易收盘价数据集，并从前述模型池中选择了两个模型，MAPE 分别为 1.44 和 2.25。我们将交易策略应用于测试集的 150 天，初始资本为＄10,000，交易阈值为 2.5%。具体来说，我们有三种交易策略：买入、持有和卖出。如果明天的期货价格与今天的实际价格的预测变化率大于 2.5%，我们将投入所有资金购买期货；如果低于－2.5%，我们将出售所有持有的股票；否则，我们会保持不变。

MAPE 值的大小与经济回报的增加显著性大小有关。从这 150 天内资本的稳定和大幅增长中可以看出，MAPE 为 1.44 的模型显示了更有效的交易策略。这表明，即使预测准确性略有提高，也可以在金融应用中带来显著的好处，通过更明智的决策过程优化投资回报。

九、总结

本文提出了一种基于新闻情感增强和多目标优化器的集成学习预测框架。该框架分为三个模块。在基于数据去噪和新闻情感增强的数据预处理模块中，我们使用 SVMD 对原始信号进行分解，去除频率最高的 IMF 作为白噪声，然后对数据进行重构，得到更清晰的输入。同时，利用 HI 去除奇异值的影响，增强模型的训练效果。考虑到新闻文本对碳价交易的影响，我们使用 LDA 获得每个时间点相关新闻文本的 Document-Topic Matrix 作为输入特征。在基于多目标优化器的集成学习模块中，我们将足球队训练算法改为多目标优化算法（MOFTTA）。利用模型池中的模型分别得到预测结果，然后利用 MOFTTA 同时在验证集上对 MAPE 和 STD 进行优化，得到模型池中各模型的权重，并将权重赋给单个预测结果。在基于膝点策略的帕累托前沿收缩模块中，为了客观地选择帕累托前沿处的最优解，并考虑解在不同目标函数中的权衡关系，我们使用 KPITU 得到的膝点作为最优解集。实验表明，该框架显著提高了预测的准确性和稳定性。

除了其在预测准确性和稳定性方面的强大性能外，我们的框架在经济和工程领域的应用都具有重要的前景。在经济领域，对碳价格的准确预测可以帮助决策者和企业在碳交易策略、投资规划和风险管理方面做出明智的决策。这有助于提高市场运作效率，更好地符合环境法规。在工程领域，我们增强的预测能力可用于优化能源系统、管理可再生能源和提高电网的可靠性。通过整合新闻情绪分析和先进的优化技术，我们的框架提供了一个强大的工具，可以解决不同行业的复杂、现实世界的挑战。

【参考文献】

[1] 王江涛，黄立玮，崔翔宇. 基于自适应权重的混频 GARCH 模型及其应用[J]. 统计研究，2021，38(05)：97－108.

[2] 王娜. 基于 Boosting-ARMA 的碳价预测[J]. 统计与信息论坛，2017，32(03)：28－34.

[3] 赵领娣，王海霞. 碳交易价格预测研究——以深圳市为例[J]. 价格理论与实践，2019，(02)：76－79.

[4] 谢旭升，严思屏. 基于 ARMA-BP 组合模型的碳排放交易价格预测——以福建省为例[J]. 龙岩学院学报，2021，39(02)：107－115.

[5] 吴丽丽，郃庆瑞，卞洋，等. 基于 GA-VMD 与 CNN-BiLSTM-Attention 模型的区域碳排放交易价格预测研究[J/OL]. 运筹与管理，1－8[2024－05－06]. http://kns. cnki. net/kcms/detail/34. 1133. G3. 20240319. 1523. 002. html.

[6] 张大斌，黄均杰，凌立文，胡焕玲. 融合新闻影响力衰减的碳价格多元分解集成预测[J]. 河南科技大学学报(自然科学版)，2024，45(01)：51－61＋7－8.

[7] 尹海员，南早红. 基于深度学习的投资者情绪挖掘及其对股价崩盘风险的影响[J]. 中央财经大学学报，2024，(03)：36－56.

[8] 张庆昭，陈子怡，方匡南. 多源异常检测的整合单类 SVM 方法及应用[J]. 统计研究，2023，40(04)：138－150.

[9] Narassimhan，E.，Gallagher，K. S.，Koester，S.，& Alejo，J. R. Carbon pricing in practice：A review of existing emissions trading systems. [J]. Climate Policy，2018 18(8)，967－991.

[10] Wang，J.，& Zhuang，Z. A novel cluster based multi-index nonlinear ensemble framework for carbon price forecasting. [J]. Environment，Development and Sustainability，2022，1－23.

[11] Wulff SS. Time Series Analysis：Forecasting and Control，5th edition[J]. Journal of Quality Technology，2017，49(4)：418－419.

[12] Zhu，B.，Han，D.，Wang，P.，Wu，Z.，Zhang，T.，& Wei，Y. －M. Forecasting carbon price using empirical mode decomposition and evolutionary least squares support vector regression. [J]. Applied Energy，2017，191，521－530.

[13] Huang，C. －L.，& Dun，J. －F. A distributed PSO-SVM hybrid system with feature selection and parameter optimization. [J]. Applied Soft Computing，2008，8(4)，1381－1391.

[14] Sun，W.，& Huang，C. A carbon price prediction model based on secondary decomposition algorithm and optimized back propagation neural network. [J]. Journal of Cleaner Production，2020，243，Article 118671.

[15] Zhao-Peng L，Li Y，Yi-Nan Z，et al. Scenario simulation of the EU carbon price and its enlightenment to China [J]. Science of The Total Eironment，2020，723 (prepublish)：137982.

[16] Hochreiter，S.，&Schmidhuber，J. Long short-term memory. [J]. Neural Computation，1997，9(8)，1735－1780.

[17] Ji，L.，Zou，Y.，He，K.，& Zhu，B. Carbon futures price forecasting based with ARIMA-CNN-LSTM model. [J]. Procedia Computer Science，2019，162，33－38.

[18] Jiang L，Wu P. International carbon market price forecasting using an integration model based on SVR

[C],2015.

[19] Zhu,B. ,Ye,S. ,Wang,P. ,He,K. ,Zhang,T. ,& Wei,Y. —M. A novel multiscale nonlinear ensemble leaning paradigm for carbon price forecasting[J]. Energy Economics,2018 70,143—157.

[20] Ning C,Hongxin S,Qi Z,et al. A Short-Term Wind Speed Forecasting Model Based on EMD/CEEMD and ARIMA-SVM Algorithms [J]. Applied Sciences,2022,12(12):6085—6085.

[21] Shaozhou Q,Shihan C,Xiujie T,et al. Predicting China's carbon price based on a multi-scale integrated model [J]. Applied Energy,2022,324.

[22] HongRu W,FangFang L,GuangQian W,et al. Shrinking Pareto Fronts to Guide Reservoir Operations by Quantifying Competition Among Multiple Objectives [J]. Water Resources Research,2022,58(2):

[23] Chunying W,Jianzhou W,Yan H. Deterministic and uncertainty crude oil price forecasting based on outlier detection and modified multi-objective optimization algorithm [J]. Resources Policy,2022,77.

[24] Zhengling Z,Shaolong S,Jingyun S,et al. A novel hybrid model with two-layer multivariate decomposition for crude oil price forecasting [J]. Energy,2024.

[25] Wang J,Niu T,Du P,et al. Ensemble probabilistic prediction approach for modeling uncertainty in crude oil price [J]. Applied Soft Computing Journal,2020,95.

[26] Zhuohao W,Dong W,Qing L. Keyword Extraction from Scientific Research Projects Based on SRP-TF-IDF [J]. Chinese Journal of Electronics,2021,30(04):652—657.

[27] Tian Z,Gai M. Football team training algorithm:A novel sport-inspired meta-heuristic optimization algorithm for global optimization [J]. Expert Systems with Applications,2024,245:123088.

[28] Zhe L,Fei H,Qinghua L,et al. A many-objective optimization evolutionary algorithm based on hyper-dominance degree [J]. Swarm and Evolutionary Computation,2023,83.

[29] B. D V,Kirill R,Sergey I,et al. Are CDS spreads predictable during the Covid—19 pandemic? Forecasting based on SVM,GMDH,LSTM and Markov switching autoregression [J]. Expert Systems With Applications,2022,194116553—116553.

[30] Yang Z,Dai Z,Yang Y,et al. XLNet:Generalized Autoregressive Pretraining for Language Understanding [J]. CoRR,2019,abs/1906.08237.

[31] Junfeng T,Handing W,Lin X. Surrogate-assisted multi-objective optimization via knee-oriented Pareto front estimation [J]. Swarm and Evolutionary Computation,2023,77.

[32] Qianyi X,Xiaojia H,Jianzhou W,et al. A novel multivariate combined power load forecasting system based on feature selection and multi-objective intelligent optimization [J]. Expert Systems With Applications,2024.

寻“迹“先知

——基于车辆轨迹预测的驾驶行为安全预警方法研究

同济大学　付壮壮、李佳成、凌茂

摘　要

大数据与人工智能时代,国民汽车保有量和驾驶员数量大幅增长,随之也会产生大量数据与统计信息。本研究从交通安全领域数据分析建模出发,着眼于判断驾驶员驾驶过程中是否出现非正常驾驶行为。研究使用车辆变道时产生的轨迹曲线,利用大数据处理技术与人工智能算法完成驾驶员个性化轨迹预测建模,并对比其实时变道曲线,完成对驾驶员是否有非正常驾驶行为的判断。本研究的技术关键为对于驾驶员建立个性化的特定变道轨迹模型并能完成轨迹的预测,作为判断的对比基准。

本文基于研究者导师课题组采集的自然驾驶数据,依次进行快速路片段筛选、牛顿插补法数据插补与车辆换道轨迹提取;基于车辆轨迹存在极强的时空相关性,构建并训练驾驶员个性化的CNN-LSTM车辆轨迹预测模型,对比不同时间步长输入对模型精度的影响,证明适当增加时间步长输入有助于提高CNN-LSTM换道轨迹预测模型的预测精度;并通过与同时间步长的LSTM车辆轨迹预测模型的预测精度的对比,证明了所用改进算法的有效性。

基于驾驶员个性化车辆轨迹预测模型,构建异常驾驶行为识别CNN-BiLSTM-attention模型,剔除外界环境因素剔除,设置指标和阈值判定是否非正常驾驶、是何种非正常驾驶,对非正常驾驶行为进行预警和纠正,降低危险驾驶风险。本文证明在本网络的需求下已经能够很好的识别出具体的异常驾驶行为,研究计划应用于车机辅助驾驶系统中,通过数据统计与分析提升驾驶安全水平。

关键词:大数据;人工智能;轨迹预测;安全预警

一、绪论

(一)研究背景及意义

如今,大数据和人工智能的发展如火如荼、应用场景不断扩大、技术不断创新,为各个行业带来了巨大的变革和发展机遇。以“大数据与人工智能时代的统计研究”作为大方向,关注到交通领域存在大量的有关“人、车、路”的数据及统计信息。交通领域作为“最生活化”的工科领域,与人民生活息息相关,在大数据和人工智能时代受到深刻的影响。以此为出发点,研究人员利用大数据与人工智能相关技术解决交通领域的统计研究问题,将目光聚焦于驾驶行为安全方向。

驾驶行为安全是保障驾驶人和乘车人生命安全的基本要求。由国家统计局数据可知,我国2022年交通事故死伤人数超32万,致死的主要原因之一是疲劳驾驶。根据驾驶员心理状态和生理状态是否正常,将酒驾、醉驾、毒驾、路怒驾驶、疲劳驾驶、被挟持驾驶等情况定义为驾驶员非正常驾驶行为。非正常驾驶行为会对道路交通流组织和交通安全造成极大的危害,如果在驾驶员存在不当的驾驶行为时,车辆辅助驾驶系统能够及时发现并实施预警,就能在很大程度上降低交通事故的发生概率。

目前国内外学者提出对非正常驾驶行为识别的方法主要分为三类:

1. 第一类是对驾驶员生理信息进行采集,驾驶员佩戴一定的生理信号传感器来收集其生理参数,直接反映驾驶员的驾驶状态;

2. 第二类是对驾驶员行为进行视频采集,在驾驶舱内安装不同角度的摄像头,并通过视频检测以及分类算法,对驾驶员行为进行监控,如打哈欠,脖子变红等。此类方法算法先进且研究较多,但突出的问题为对用户的隐私保护较差，多次出现用户监控视频泄露的案例；

3. 第三类是对车辆参数状态监测。使用一系列传感器采集例如车道位置、速度、加速度、角速度等参数，综合评估车辆的行驶状态。

车辆轨迹属于第三类车辆参数状态监测，但是车辆轨迹非常复杂，特征信息太多，难以统一处理计算，因此仅选取车辆在变道时的轨迹。在变道时车辆的速度、角速度、各方向轴上的加速度都会发生变化，也就将驾驶员的行为特征进行了放大。

车辆轨迹预测指根据车辆的历史轨迹和周围环境信息，通过算法和模型来预测车辆未来的运动轨迹。这项技术在自动驾驶和智能交通系统中具有重要的应用价值，可以帮助车辆规划路径、避免碰撞、提高行驶效率等。在非正常驾驶行为检测中，由于每位驾驶人有不同的驾驶偏好，变道轨迹各有差异，无法针对相同的标准做出判定是否为非正常驾驶，如果采用车辆轨迹预测计算，建立对于每一位驾驶员的个性化模型，得到常规状态下该驾驶员理想的变道轨迹曲线，那么实际的变道轨迹曲线就有了能够进行对比的基准，能够完成"是否"的二分类判断。

因此若要使用车辆变道轨迹作为判断驾驶人行为是否符合常规的切入点，关键在于得到每一位驾驶员个性化的变道轨迹曲线预测模型。

(二)文献综述

自动驾驶中，轨迹预测一般位于感知模块的后端、规划与控制的前端，作为承上启下的模块。也就是说，轨迹预测对一个系统的要求首先是对周围环境有一定的认知能力，即最基本的就是要能够识别环境；接下来就是需要理解环境；再上一层就是对环境的预测。在对目标进行预测后，规划与控制就可以根据预测信息进行路径的规划，并做出决策以应对可能出现的危险情况。

目前，针对前车轨迹预测方法的研究，YANG 等应用无迹卡尔曼滤波器(Unscented Kalman filter，UKF)来预测周围车辆的轨迹，以确保实时生成安全的轨迹，但是对于前车复杂运动情况仍无法有效解决。张一鸣等基于前车运动轨迹预测的高速车辆运动规划算法，考虑运动模型和驾驶意图预测轨迹，此方法假设工况较为理想。

此外，在基于神经网络的车辆轨迹预测方面，ALAH 等提出了一种(Long Short-term Memory，LSTM)用于聚合轨迹信息的方法，并通过池化操作对所有信息进行综合，最终使用解码器来生成预测轨迹。SHENG 等利用 GNN 和 CNN 相结合的方式处理轨迹中的时空信息，并使用门控循环单元(Gated Recurrent Unit，GRU)进行解码以获得预测轨迹。DEO 等则通过关注车辆的机动特征，使 LSTM 对车辆轨迹进行编码，从而输出最终的预测轨迹。XU 等针对场景下运动物体数量不同的问题，构建了一个多尺度异构网络，并通过解码实现了对目标的预测。为在预测过程中体现周围交通参与者对目标车辆运动趋势的影响，并在海量冗余特征中高效提取关键信息，注意力机制被广泛采用。KAOUTHER 等使用多头注意力机制，对车辆行驶的动力学和类别信息进行编码，提出了一个基于注意力机制的多模态轨迹预测框架。HUANG 等提出了时空图注意力网络(Spatial-temporal Graph Attention Mechanism，STGAT)，该网络结合 LSTM 和 GAT 获取交通参与者的时空特征，以生成目标车辆的轨迹信息。LUO 等针对车辆行驶时的车道信息，提出使用注意力机制整合车道和轨迹特征，以生成多种预测结果。GUO 等提出了一种结合车辆运动势的空间注意力机制，将目标车辆与周围车辆的空间信息结合，减少预测轨迹的不确定性。黄玲等考虑换道过程中的相互作用，采用 LSTM 网络对车辆换道路径进行预测，并通过训练参数优化，取得了更高的预测精度。

本文所引入的是 CNN-LSTM 神经网络。CNN-LSTM 网络是一种用于车辆轨迹预测的深度学习模型。它结合了卷积神经网络(CNN)和长短期记忆网络(LSTM)的优势，能够有效地捕捉车辆轨迹中的时空信息。其关键步骤包括数据预处理、特征提取、序列建模、预测输出和模型训练与优化以及后期的模型评估等。CNN-LSTM 网络的优势在于能够同时考虑车辆轨迹的空间和时间信息，能够更好地预测车辆的未来行为和轨迹。通过合理的网络设计和训练，CNN-LSTM 网络可以在车辆轨迹预测任务中取得较好的性能。

二、自然驾驶数据集

本文的研究内容基于研究者导师课题组在 2012—2014 年期间收集的自然驾驶数据。这些数据通过实验车辆搭载传感器，长期跟踪采集；涵盖了多名驾驶员的长期自然驾驶信息，数据跨度广泛，主要包括驾驶员特征、车辆状态、环境因素三方面，数据规模庞大，足以满足本文建模需求；采集的驾驶数据种类(部分)如表1所示：

表1 驾驶数据种类表

	标准变量单位	数据描述
System. Time_Stamp	/	雷达的实时记录时间
vtti. timestamp	/	雷达的实时记录时间
vtti. file_id	/	文件编号
IMU. Accel_X	g	车辆纵向加速度
IMU. Accel_Y	g	车辆横向加速度
Head_Unit. Heading	heading_gps	从GPS上得到的车辆转向角
Road Scout. Left_Lane_Distance_To_Right_Side	mm	车辆中心线到右侧车道标线的距离
Road Scout. Left_Lane_Distance_To_Left_Side	deg/s	车辆中心线到左侧车道标线的距离
IMU. Gyro_Z	deg/s	Z轴角速度
…	…	…

其中，车道偏移值(RoadScout. Lane_Offset)是指车辆中心线与车道中心线的距离，如图1所示；当车辆中心线在车道中心线左侧时，车道偏移值为负，反之为正，车道偏移值可以反映车辆横向位移的变化。

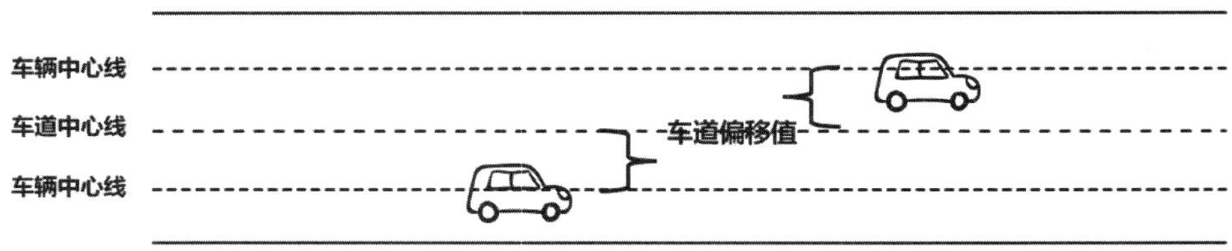

图1 车道偏移值定义图

三、自然驾驶数据的预处理

(一)快速路片段筛选

车辆在道路上的行驶轨迹受到诸多因素的影响，呈现出复杂而多变的特点。为了简化研究模型，本文选择将研究范围限定在驾驶环境较为简单的快速路段。在这样的路段上，车辆行驶相对直线，交通流量相对稳定，驾驶环境相对清晰，有利于更加准确地观察和分析车辆的运动行为。

基于自然驾驶数据中采集的路段类型(1代表上海快速路/高速公路)，提取其中所有的快速路段；由于数据量过于庞大，不便保存，因此仅保存快速路片段所在的文件名(File_name)，快速路段开始点(Lowerbound)与结束点(Upperbound)，如表2所示：

表2 快速路片段筛选表

	File_name	file_id	Lower bound	Upper bound
1	File_ID_115452. csv	115452	19355	19475
2	File_ID_115452. csv	115452	20109	20229
3	File_ID_115452. csv	115452	21105	21225
4	File_ID_115452. csv	115452	29753	29873
5	File_ID_115452. csv	115452	30364	30484
6	File_ID_115452. csv	115452	31508	31628
7	File_ID_115452. csv	115452	32239	32359
8	File_ID_115547. csv	115547	800	920
9	File_ID_115547. csv	115547	887	1007
10	File_ID_115547. csv	115547	1538	1658
…	…	…	…	…

(二)牛顿插补法数据插补

采集的数据中存在车道偏移值等的缺失,这是由于采集设备等原因的限制,然而,车辆运动轨迹是一条连续且平滑的曲线,为了填补缺失值,消除数据缺失对模型精度的影响,本文采用了牛顿插值法(Newton)。这种插值方法可以根据已有数据点之间的关系,推断出缺失数据点的值,从而保持数据的连续性和平滑性,提高模型的精度。

定义牛顿插值多项式为:

$$N_n(x)=a_0+a_1(x-x_0)+a_2(x-x_0)(x-x_1)+\cdots+a_n(x-x_0)(x-x_1)\cdots(x-x_n) \quad 公式(1)$$

可见,牛顿插值多项式是插值多项式的另一种表示形式,与 Lagrange 多项式相比它不仅克服了"增加一个节点时整个计算工作重新开始"的缺点,且可以节省乘除法运算次数,同时在 Newton 插值多项式中用到差分与差商等概念,又与数值计算的其他方面有密切的关系。

定义 m 阶差商为:

$$f[x_0,x_1,\cdots,x_m]=f[x_1,x_2,\cdots,x_m]-\frac{f[x_0,x_1,\cdots,x_{m-1}]}{x_m-x_0} \quad 公式(2)$$

由上述牛顿插值多项式公式(1)和差商公式(2)可推出牛顿插值公式其中系数:

$$a_0=f(x_0)$$
$$a_1=f[x_0,x_1]$$
$$a_2=f[x_0,x_1,x_2]$$
$$\vdots$$
$$a_k=f[x_0,x_1,x_2,\cdots x_k]\ k=1,2,3,\cdots,n \quad 公式(3)$$

将求得系数代入多项式中即可得到 n 次牛顿插值公式:

$$N_n(x)=f(x_0)+f[x_0,x_1](x-x_0)+f[x_0,x_1,x_2](x-x_0)(x-x_1)+\cdots+f[x_0,x_1,x_2,\cdots x_n](x-x_0)(x-x_1)\cdots(x-x_n) \quad 公式(4)$$

其余项为

$$R_n(x)=f[x_0,x_1,x_2,\cdots x_n](x-x_0)(x-x_1)\cdots(x-x_n)=\frac{f^{(n+1)}(\varepsilon)}{(n+1)!}\prod_{i=0}^{n}(x-x_i) \quad 公式(5)$$

根据以上牛顿插值法原理,对上述筛选的快速路段中,车道偏移值等缺失的数据进行插值处理,处理流程图如图 2 所示:

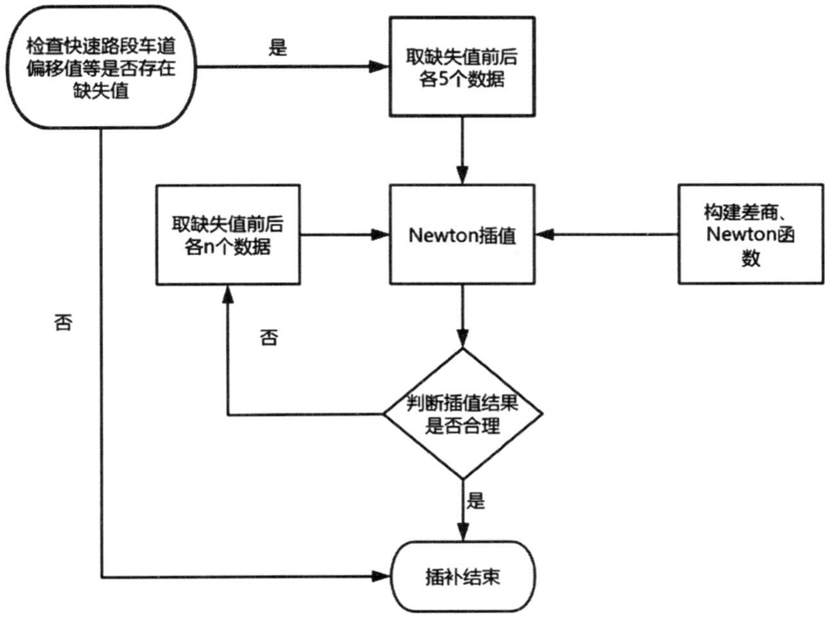

图 2 "牛顿插值法"流程图

处理结果示意图如图3所示,其中方块代表插补的数据:

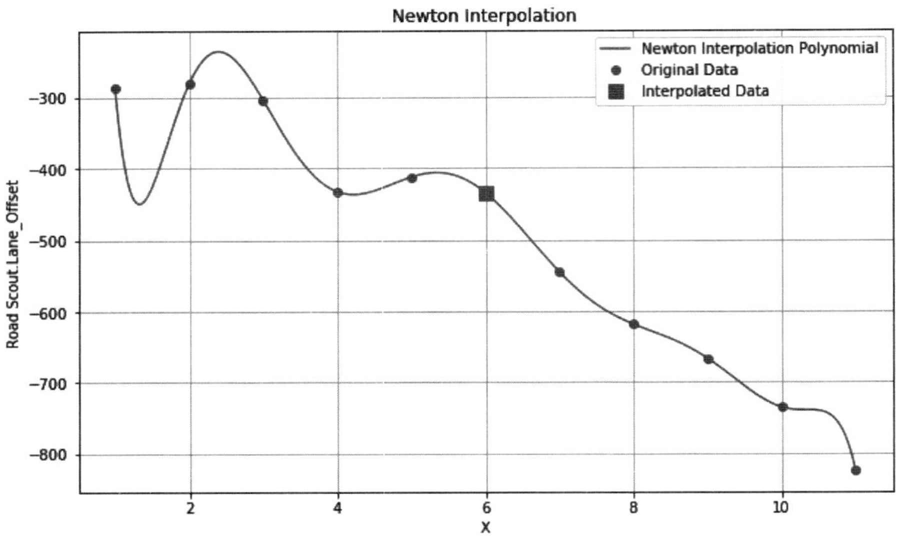

图3 “牛顿插值法”结果图

为验证上述牛顿插值法,对车道偏移值等缺失的数据进行插值处理的准确性,故从快速路段中随机抽取2000个无缺失值的连续数据片段,数据片段的长度皆为11,将最中间的数据假设为 NA,然后利用牛顿插值法进行插值处理,将得到的插值结果与原有数据进行对比分析,计算两者之间的 $RMSE$

$$RMSE=\sqrt{\frac{1}{N}\sum_{i}^{2000}(\hat{Y}_i-Y_i)^2} \qquad \text{公式(6)}$$

式中,$\hat{Y}_i$ 表示预测值,Y_i 表示真实值。其中RMSE的值越小表示预测值与真实之间的偏差和越小,模型的预测精度越高;

绘制RMSE的频率分布直方图,结果如图4所示:

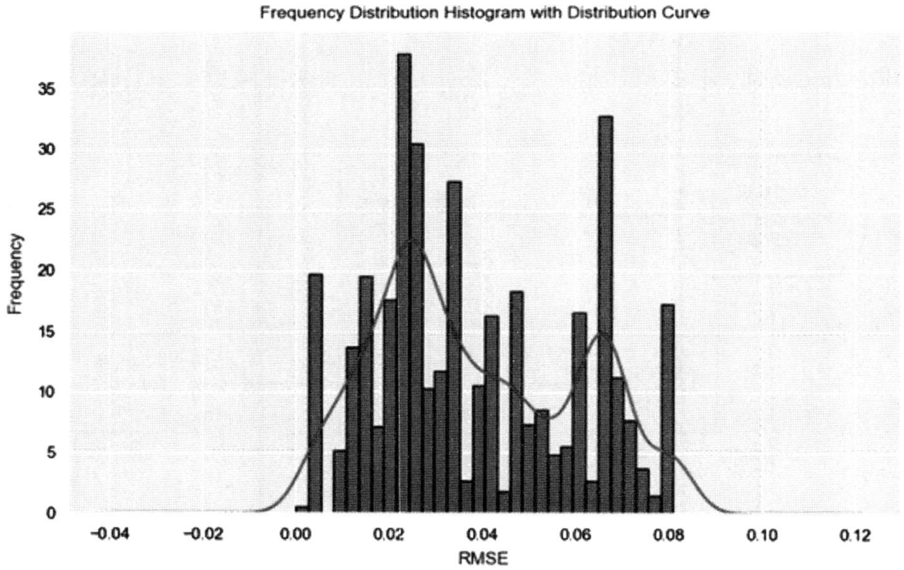

图4 插值法RMSE频率直方图

由图4可以看出,RMSE值均在0.10以下,且频率直方图出现两个高峰,分别在0.01—0.03和0.06—0.07之间,这说明牛顿插值法在处理缺失值时具有较高的准确性和精度。这也意味着通过牛顿插值法处理后的缺失值能够较好地反映真实的车道偏移情况,与实际观测值之间的误差较小。因此,实验数据的可靠性得以保障。

(三)车辆换道轨迹提取

车辆的纵向运动预测相对直接,因其受到诸如加速度、速度等因素的影响,具有一定的规律性。然而,横向运动的预测却更为复杂,涉及到诸如变道、转弯等行为,这些操作受到驾驶员意图、交通流量、道路条件等多种因素的综合影响。因此,为了更准确地研究和预测车辆的行为,本文选择了含有变道行为的车辆行驶片段作为模型的基础数据,以便更好地模拟和分析实际行驶场景中的横向运动情况,为车辆行为预测模型的建立提供可靠的数据基础。

本文主要通过识别换道行为越线点提取换道行为,车辆换道过程示意图与车道偏移值与时间的变化曲线,如图 5 所示:

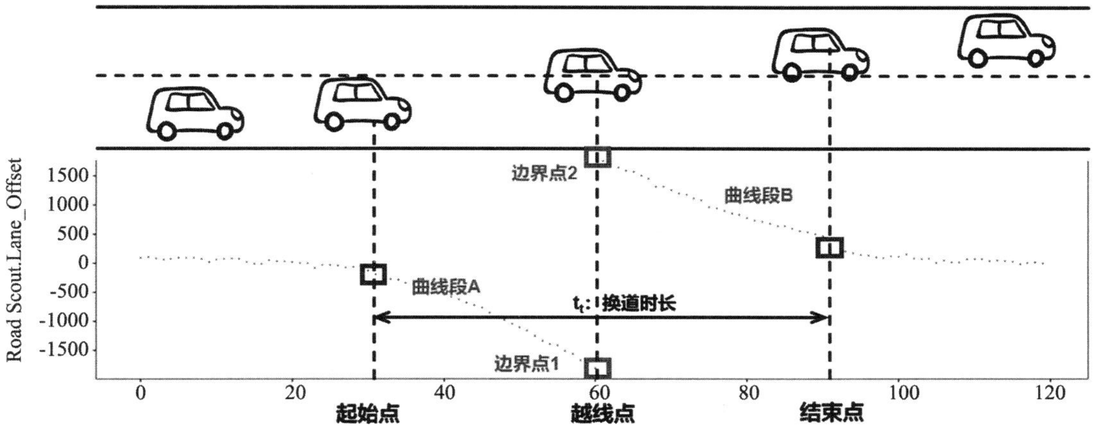

图 5 换道过程及车道偏移值与时间变化曲线

1. 车道宽度估计:自然驾驶数据中包括车辆中心线到左侧车道标线的距离(RoadScout. Left_Lane_Distance_To_Left_Side)与到右侧车道标线的距离(RoadScout. Left_Lane_Distance_To_Right_Side),两者相加即为车道宽度;理想情况下,快速路段的车道宽度应为一个固定值,但由于受采集设备与驾驶环境的影响,实际采集的车道宽度存在一定的变化。本文然后取所有距离之和的平均值作为该快速路段的车道宽度,这样可以尽可能地减小单个数据点的影响,得到更准确的车道宽度估计值;

2. 边界点识别:快速路段中,寻找车道偏移值明显变化的连续两点,若两点车道偏移值的差的绝对值大于 4/5 车道宽,则将该两点作为边界点 A、B,区分得曲线段 A 和 B;

3. 确定换道片段:如果曲线段 A 靠近 1 点的 20 个点的正负和曲线段 B 靠近 2 点的 20 个点正负恰好相反,并且曲线段 A 靠近 1 点(曲线段 B 靠近 2 点)的部分斜率的绝对值大于阈值,则确定为换道行为,提取 12s 换道周期。

与上述相同,由于数据量过于庞大,不便保存,因此仅保存换道片段所在的文件名(File_name),换道片段开始点(Lowerbound)与结束点(Upperbound),以及驾驶员 id(dri_id),如表 3 所示:

表 3 换道片段筛选表

	File_name	Lowerbound	Upperbound	dri_id
0	File_ID_115452. csv	19355	19475	9
1	File_ID_115452. csv	20109	20229	9
2	File_ID_115452. csv	21105	21225	9
3	File_ID_115452. csv	29753	29873	9
4	File_ID_115452. csv	30364	30484	9
5	File_ID_115452. csv	31508	31628	9
6	File_ID_115452. csv	32239	32359	9
7	File_ID_115547. csv	800	920	9
8	File_ID_115547. csv	887	1007	9
9	File_ID_115547. csv	1538	1658	9
10	File_ID_115547. csv	1619	1739	9
…	…	…	…	…

根据驾驶员 id 进行分类统计，结果如表 4 所示：

表 4　换道轨迹数统计表

驾驶员 ID	9	5	3	16	6	7	…
换道轨迹数	321	214	189	186	156	123	…

四、CNN-LSTM 车辆轨迹预测模型

(一)CNN-LSTM 模型原理

首先，CNN(Convolutional Neural Networks)是一种深度学习模型或类似于人工神经网络的多层感知器，常用来分析视觉图像。

其神经网络架构如上图 6 所示，输入端可以是多个特征图，区别于传统的向量。整体网络主要由以下五层组成：数据输入层、卷积计算层、ReLU 激励层、池化层和全连接层。

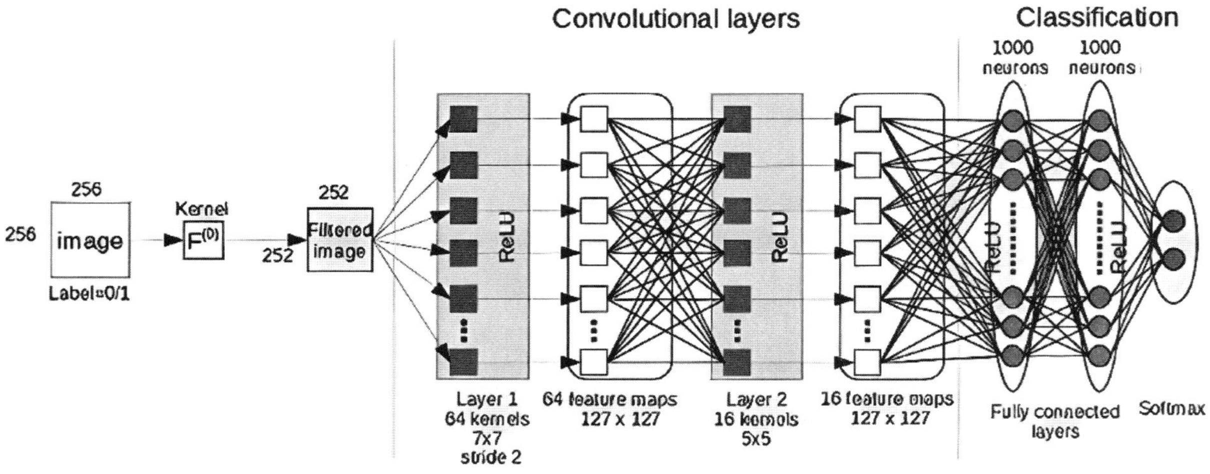

图 6　卷积神经网络架构

数据输入层主要针对原始图像进行预处理，包括如均值、归一化和 PCA/白化。其效果图分别如图 7 所示：

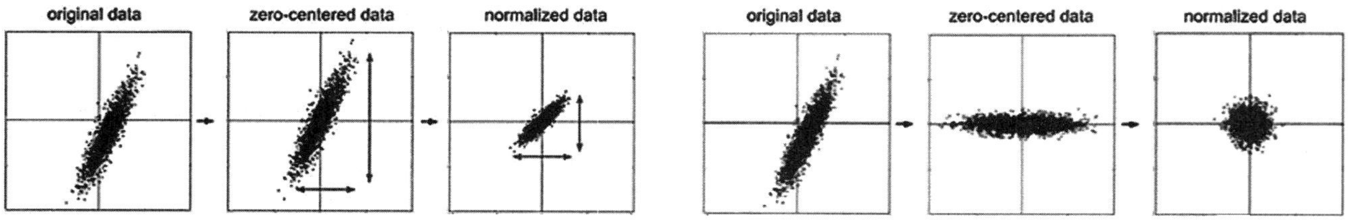

图 7　去值化与归一化(左)去相关与白化(右)

卷积计算层中，每个神经元被视为一个滤波器，通过局部关联和窗口滑动对局部数据进行卷积计算，参数包括深度、步幅和填充值。

ReLU 激励层一般使用 ReLU 函数对卷积计算的结果进行激活，将卷积层输出结果做非线性映射，增加网络的非线性能力。

池化层：池化层用于降低特征图的空间维度，减少计算量。常用的池化操作包括平均池化和最大池化。

全连接层：全连接层将池化层的输出连接到最后的分类器，用于进行分类或回归任务，如图 8 所示。

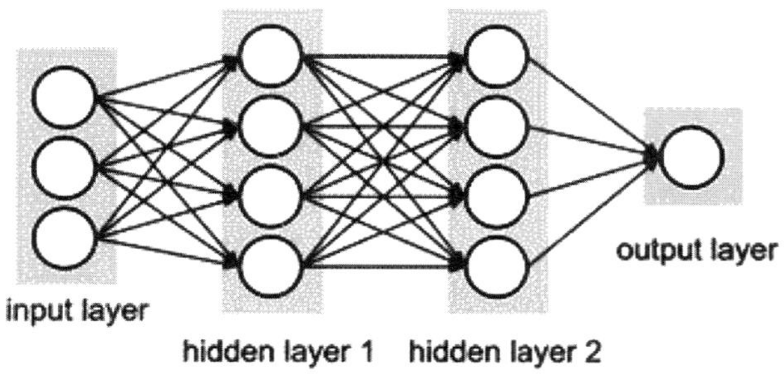

图 8 全连接层

LSTM(长短期记忆网络)是一种特殊的递归神经网络,用于解决传统递归神经网络中的长期依赖问题和梯度消失或爆炸问题。

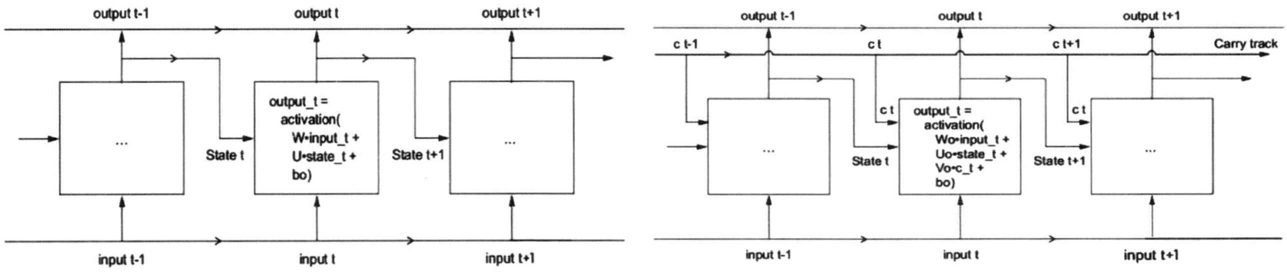

图 9 RNN 结构图(左)LSTM 结构图(右)

LSTM 是 SimpleRNN 的变体,通过增加一个可以相隔多个 timesteps 来传递信息的方法,解决了梯度消失的问题。如图 9 所示,增加一个 carry track 后,每个时间节点的信息都可以放到该 carry track 上,或者从上面拿下来,以及更新上面的信息等。这样就可以保存储存了很久的信息,防止了信息的丢失。

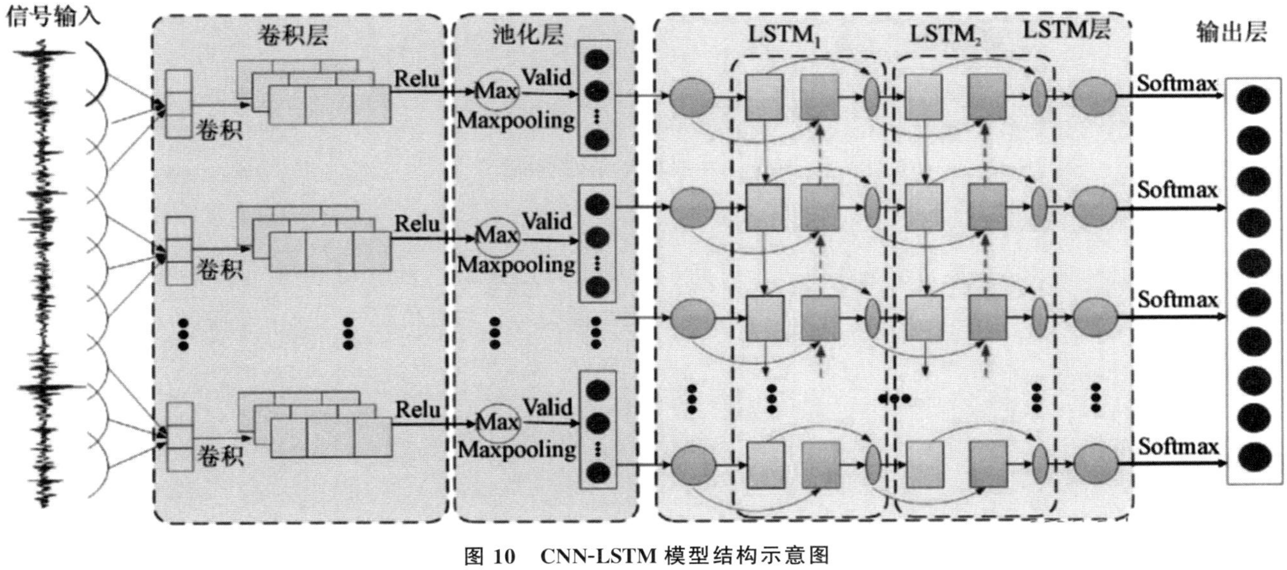

图 10 CNN-LSTM 模型结构示意图

本文所涉及的 CNN-LSTM 网络则将上述卷积神经网络(CNN)和长短时记忆网络(LSTM)两者结合起来,取两者的长处,其结构图如图 10 所示;其不但具备数据特征强提取的能力,又能很好地处理时间序列,还可以捕捉到数据之间的长期依赖关系,针对序列数据的处理具有很好的表现。因此,CNN-LSTM 网络更加适合于车辆轨迹预测。

(二)模型输入数据

本文采用车辆轨迹序列预测法对车辆未来换道轨迹进行预测，由于上述得到的并不是完整的车辆换道轨迹，因此将曲线B段的数据加(或减)车道宽除以2，可得到完整的车辆换道轨迹，如图11所示(部分)；本文分别从横、纵向采用前 N 个时刻的历史轨迹数据，来预测未来 $N+1$ 个时刻的数据。在预测过程中，输入是由前 N 个连续的历史轨迹数据组成的序列 X，输出则是预测值 Y。图中虚线代表驾驶员的真实车辆换道轨迹，实线代表模型预测的换道轨迹，前10个数据点二者描述CNN-LSTM的预测方式时，可以从时间步的输入方式角度将其分为单时间步输入和多时间步输入。

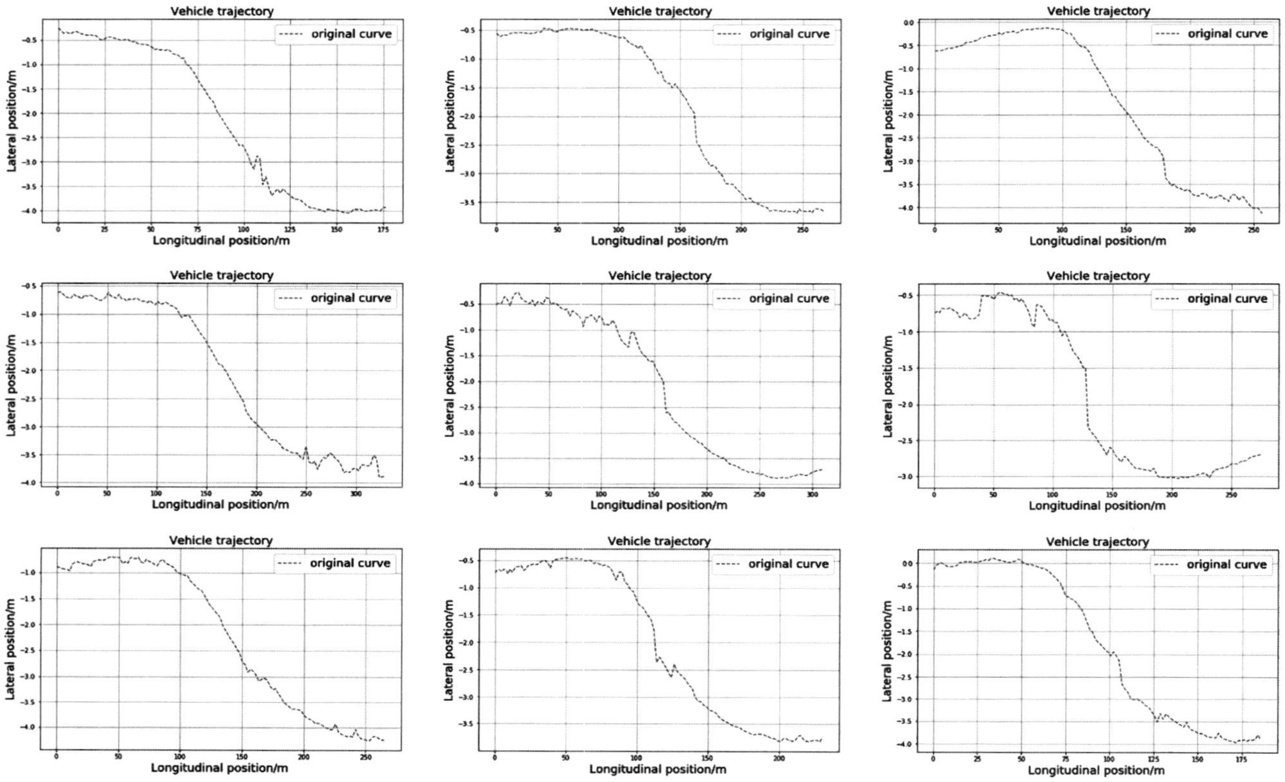

图11　完整车辆换道轨迹图

1. 单时间步输入

在单时间步输入中，模型每次只考虑一个时间步的历史轨迹数据作为输入，并预测未来的一个时间步的数据。这意味着模型在每个时间步都会接收一个固定长度的历史轨迹数据序列 X，并输出1个未来时间步的预测值 Y。

$$X = y_t$$
$$Y = y_{t+1} \qquad 公式(7)$$

2. 多时间步输入

在多时间步输入中，模型考虑多个时间步的历史轨迹数据作为输入，并预测未来一个时间步的数据。这意味着模型在每个时间步都会接收一个长度为 N 的历史轨迹数据序列 X，并输出未来1个时间步的预测值 Y。这种方式可以更好地捕捉时间序列中的长期依赖关系和趋势。

$$X = [y_{t-N}, y_{t-N+1}, y_{t-N+2}, \cdots, y_t]$$
$$Y = y_{t+1} \qquad 公式(8)$$

(三)模型建立

利用CNN可以提取样本数据的特征，而LSTM可以捕捉长期成分，在深度学习中 *CNN* 常用来做编码器一解码器中的编码器，LSTM常用来做解码器，将 *CNN* 与LSTM结合起来可以用于处理序列数据中的空间和时序信息。而车辆轨迹具有极强的时空相关性，故本文利用Python与PyTorch构建CNN-LSTM模型，将两种神经网络结构相结合，充分利用它们的优势，对车辆轨迹进行更精准的预测，主要包括卷积层、LSTM层与全连接层等。

模型中卷积层的输入通道数(conv_input)为1，卷积核的尺寸为1，卷积步长设为默认值；2个LSTM层堆叠在一起，每个LSTM层都会接收来自上一层的输出，并将其作为输入，*LSTM*单元体的隐藏层单元个数(hidden_size)为128；模型的损失函数设为"MSE"，MSE的函数曲线光滑、连续，处处可导，便于使用梯度下降算法，是一种常用的损失函数。而且，随着误差的减小，梯度也在减小，这有利于收敛，即使使用固定的学习速率，也能较快的收敛到最小值；

优化器选择自适应矩估计(Adaptive Moment Estimation，Adam)对，学习速率设置为0.0001，在每个epoch中训练模型，每次使用的批次大小为64，共进行500个epoch的训练。Adam通过自适应地调整步长优化器能够更好地适应不同参数的梯度变化，从而更快地收敛到最优解。这种动态调整学习率的策略使得Adam在训练过程中更具鲁棒性，并且能够克服传统优化算法中需要手动调整学习率的缺点。

LSTM模型在结构上可以分为单时间步输入—单时间步输出、多时间步输入—单时间步输出、单时间步输入—多时间步输出与多时间步输入—多时间步输出四种组合；在本节中，分别快速路段上车辆的横、纵向轨迹进行预测，因此采用单时间步输入—单时间步输出与多时间步输入—单时间步输出的形式：根据轨迹预测中不同时间步长的输入，可以分为以下三种情况：

1. 单时间步输入—单时间步输出；
2. 五时间步输入—单时间步输出；
3. 十时间步输入—单时间步输出。

包含了两种不同的多时间步长的情况，以验证时间步长对预测精度的影响；车辆的横、纵向轨迹预测后，利用五次多项式对横、纵向进行拟合。

(四)模型结果

将筛选出的换道片段分为向左和向右换道两部分，每部分划分80%的数据作为训练集，20%的数据作为测试集；同时，考虑到驾驶员之间的差异，为每位驾驶员分别建立向左、向右换道预测的CNN-LSTM模型；针对每个驾驶员的向左(或向右)换道轨迹，分别建立三种不同输入结果的CNN-LSTM模型：单时间步输入单时间步输出、五时间步输入单时间步输出和十时间步输入单时间步输出。同时为了验证改进算法的有效性，将所建立的CNN-LSTM模型的预测结果与使用传统LSTM算法的换道轨迹预测模型的结果进行比较分析。以下将以驾驶员id为9的轨迹预测结果为例，进行不同预测模型之间的对比分析。

1. 单时间步输入单时间步输出轨迹预测结果分析

假如已知前10个数据点的横、纵向位置信息，相邻数据点之间的时间间隔dt为0.1s，利用结构为单时间步输入单时间步输出的CNN-LSTM轨迹预测模型，预测之后110个数据点的横、纵向位置，总计120个数据点(12s换道周期)，模型预测结果如图12、13所示。在代码中设置，LSTM层的输入神经元单位个数(input_size)设置为1。

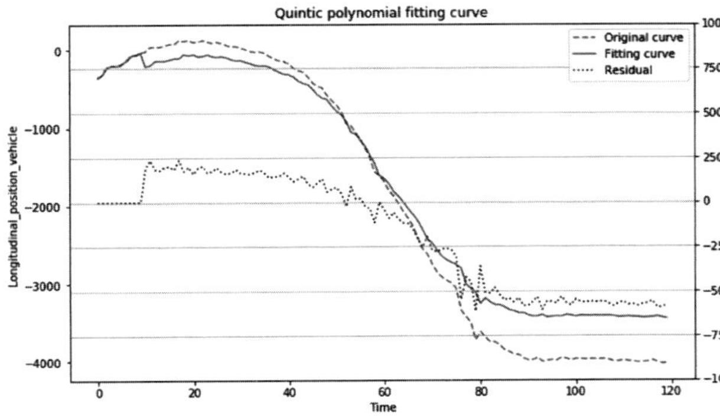

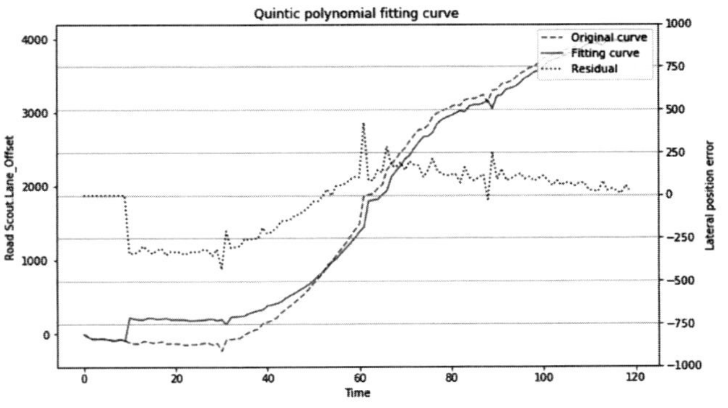

图12　单时间步输入单时间步输出横向轨迹预测(左、右)

图13、14中，"Original curve"代表驾驶员的真实车辆换道轨迹，"Fitting curve"代表模型预测的换道轨

迹,前10个数据点二者中皆为真实数据,“Residual”代表真实轨迹与预测轨迹之间的偏差。通过对图13的分析可以发现,在横向轨迹预测中,单时间步输入单时间步输出模型的首个预测值(第11点)与真实值之间存在明显差异,并且在预测序列的末尾也存在一定程度的偏差。相比之下,纵向轨迹预测整体效果更佳,但在某些位置也可能出现较大的偏差。具体而言,横向轨迹预测的最大绝对偏差分别为0.524m和0.475m,而纵向轨迹预测的最大绝对偏差分别为5.114m和9.844m。对于横向、纵向轨迹预测模型的需要进一步优化和改进,以提高其准确性和稳定性。

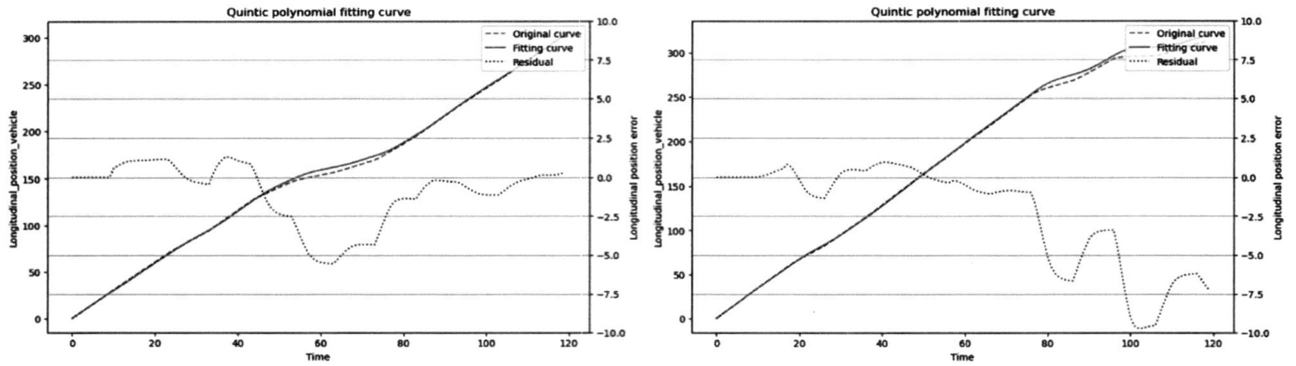

图13 单时间步输入单时间步输出纵向轨迹预测(左、右)

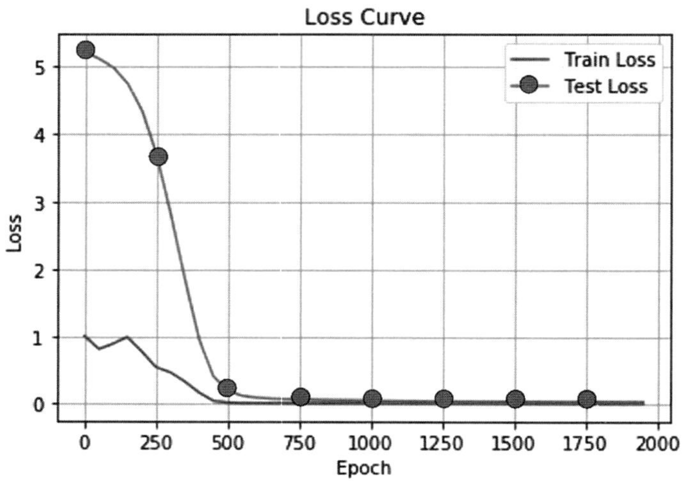

图14 横向轨迹预测模型迭代训练误差损失

在轨迹预测的研究中,重点关注了车辆横向位置的变化。接着,对横向轨迹预测模型的迭代训练误差损失进行了分析,见图14。从图中可以观察到,训练集和测试集的初期损失值相对较高,但随着进一步训练,损失值迅速下降,而后逐渐收敛于0.0281、0.0197。具体来说,在训练次数分别达到400、500次后,训练集的损失开始趋于稳定,而在训练次数分别达到750、520次后,测试集的损失也呈现出相似的稳定趋势。然而,我们需要特别关注的是,在后续训练过程中,右换道训练集的损失出现了一些小范围的波动。

2. 五时间步长输入单时间步输出轨迹预测结果分析

假如已知前10个数据点的横、纵向位置信息,相邻数据点之间的时间间隔dt为0.1s,利用结构为五时间步输入单时间步输出的CNN-LSTM轨迹预测模型,预测之后110个数据点的横、纵向位置,总计120个数据点(12s换道周期),模型预测结果如图15、16所示。在代码中设置,LSTM层的输入神经元单位个数(input_size)设置为5。

通过对图15的分析可以发现,在横向轨迹预测中,采用五个时间步的输入和单个时间步的输出模型时,尽管首个预测值(第11点)与实际值之间仍然存在着一定的差异,而且在序列末尾也略有偏差,但与以单个时间步为输入和输出的模型相比,这种偏差明显减小了。这意味着模型在捕捉轨迹变化方面取得了一定的进展,尽管仍然存在改进的空间。相比之下,纵向轨迹预测的整体效果更为出色,没有明显的偏差。具体而言,横向轨迹预测的最大绝对偏差分别为0.490m和0.487m,而纵向轨迹预测的最大绝对偏差分别为

2.612m 和 6.245m。

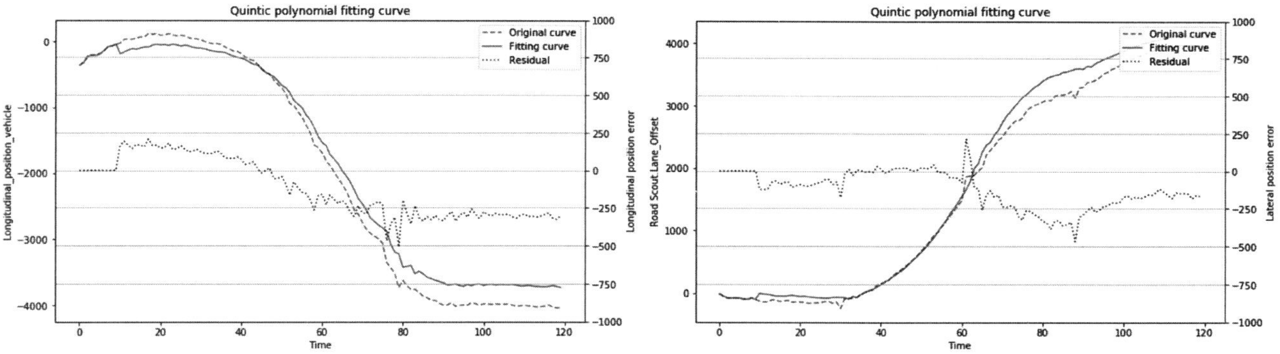

图 15　五时间步长—单时间步横向轨迹预测(左、右)

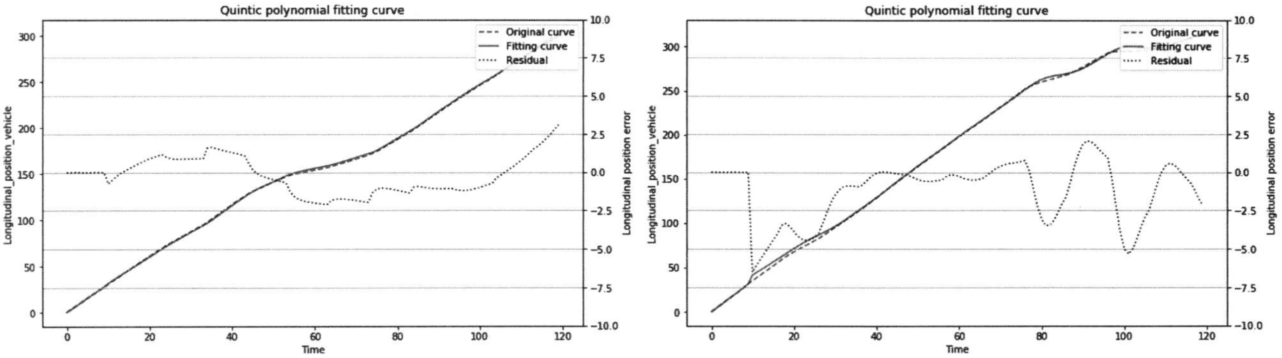

图 16　五时间步长—单时间步纵向轨迹预测(左、右)

对横向轨迹预测模型的迭代训练误差损失进行了分析,见图 17。从图中可以观察到,训练集和测试集的初期损失值也相对较高,但随着进一步训练,损失值迅速下降,而后逐渐收敛于 0.00879、0.00789,最终损失误差相较上述模型明显降低。具体来说,在训练次数分别达到 150、250 次后,训练集的损失开始趋于稳定,而在训练次数分别达到 1250、375 次后,测试集的损失也呈现出相似的稳定趋势。

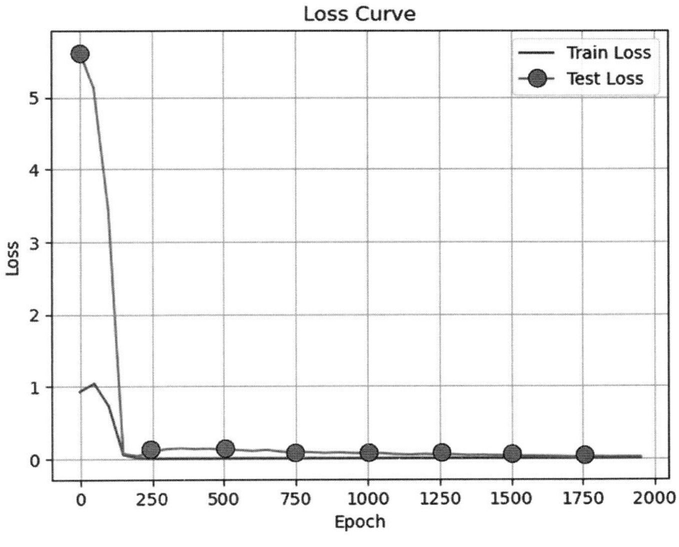

图 17　横向轨迹预测模型迭代训练误差损失

3. 十时间步长输入单时间步输出轨迹预测结果分析

假如已知前 10 个数据点的横、纵向位置信息,相邻数据点之间的时间间隔 dt 为 0.1s,利用结构为十时间步输入单时间步输出的 CNN-LSTM 轨迹预测模型,预测之后 110 个数据点的横、纵向位置,总计 120 个数据点(12s换道周期),模型预测结果如图18、19所示。在代码中设置,LSTM层的输入神经元单位个数(input_size)设置为10。

通过对图18的分析可以发现,在横向轨迹预测中,十时间步输入—单时间步输出模型的整体预测序列中都不存在明显的偏差,展示出良好的预测性能与优越性,并且,纵向轨迹预测整体效果仍然很好。具体而言,横向轨迹预测的最大绝对偏差分别为0.240m和0.261m,而纵向轨迹预测的最大绝对偏差分别为2.542m和4.458m。

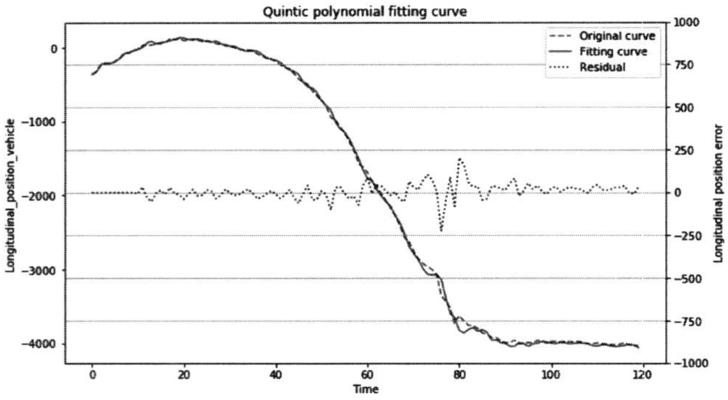

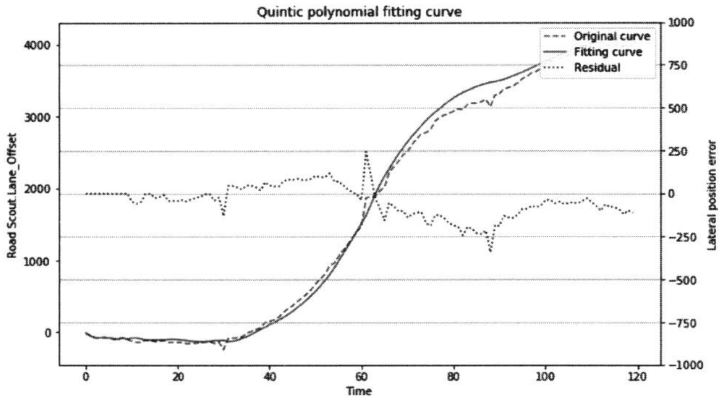

图18 十时间步长—单时间步横向轨迹预测(左、右)

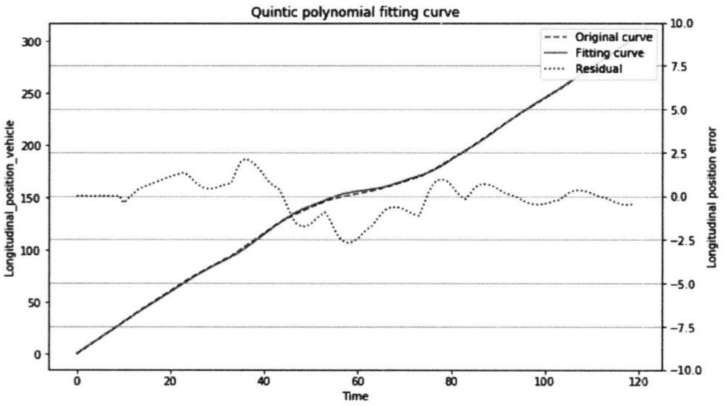

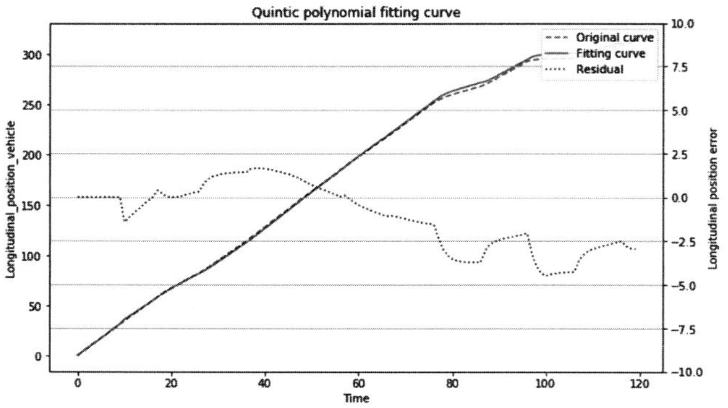

图19 十时间步长—单时间步纵向轨迹预测(左、右)

对横向轨迹预测模型的迭代训练误差损失进行了分析,见图20。从图中可以观察到,训练集和测试集的初期损失值相对较高,但随着进一步训练,损失值迅速下降,而后逐渐收敛于0.00540、0.00596,最终损失误差相较上述两种模型都存在不同程度的降低。具体来说,在训练次数分别达到75、80次后,训练集的损失开始趋于稳定,而在训练次数分别达到250、130次后,测试集的损失也呈现出相似的稳定趋势,相较于之前提到的其他两种模型,该模型的稳定训练所需的次数明显减少,反映其更快的学习速度或更高的收敛性能。

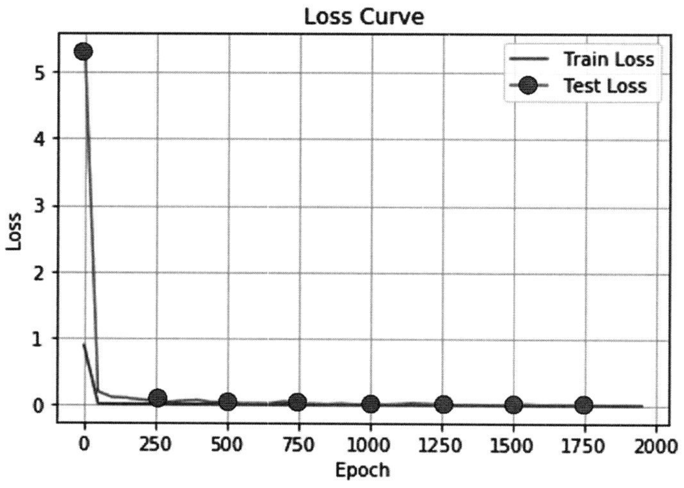

图20 横向轨迹预测模型迭代训练误差损失

4. LSTM 十时间步长轨迹预测结果分析

假如已知前 10 个数据点的横、纵向位置信息，相邻数据点之间的时间间隔 dt 为 0.1s，利用 LSTM 轨迹预测模型，预测之后 110 个数据点的横、纵向位置，总计 120 个数据点（12s 换道周期），模型预测结果如图 21、22 所示。在代码中设置，LSTM 层的输入神经元单位个数（input_size）设置为 10。

通过对图 21 的分析可以发现，在横向轨迹预测中，LSTM 模型的在预测序列的末尾存在一定程度的偏差；纵向轨迹预测整体效果也较优。具体而言，横向轨迹预测的最大绝对偏差分别为 0.512m 和 0.271m，而纵向轨迹预测的最大绝对偏差分别为 4.854m 和 5.012m。但是与上述十时间步输入—单时间步输出模型的预测结果对比，该模型预测效果明显不尽如人意，尽管两个模型都采用了相同长度的输入序列，但是 CNN-LSTM 模型利用 CNN 提取了更具有代表性的特征，有助于更好地捕捉轨迹数据的时空信息，在轨迹预测精度上表现更优。

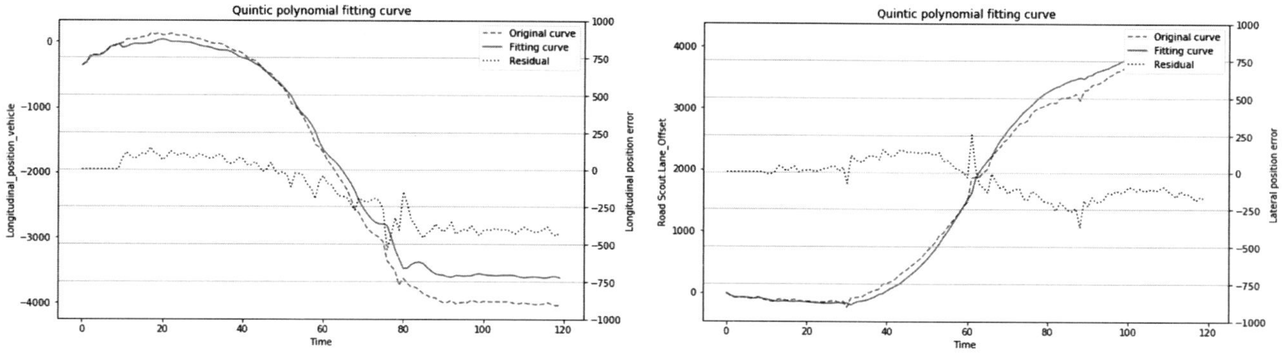

图 21　LSTM 十时间步长横向轨迹预测（左、右）

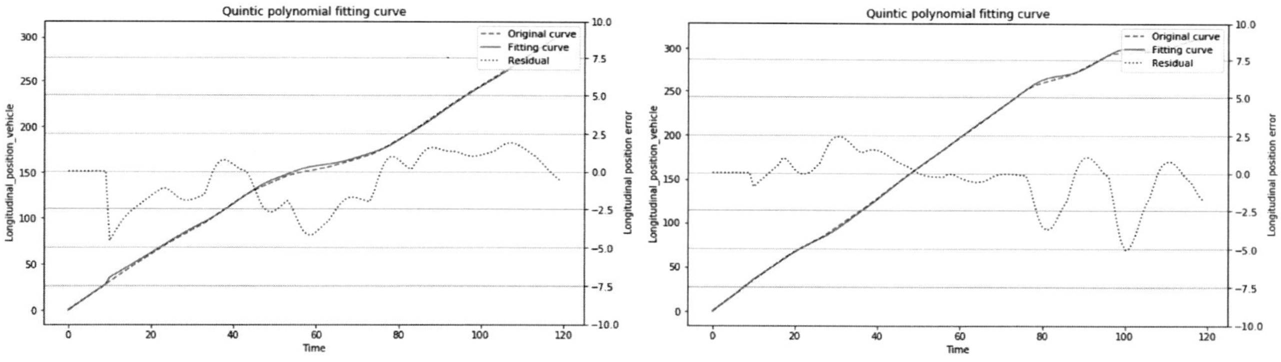

图 22　LSTM 十时间步长纵向轨迹预测（左、右）

对横向轨迹预测模型的迭代训练误差损失进行了分析，见图 22。从图中可以观察到，训练集和测试集的初期损失值也相对较高，但随着进一步训练，损失值迅速下降，而后逐渐分别收敛于 0.00815、0.00928、。具体来说，在训练次数分别达到 125、270 次后，训练集的损失开始趋于稳定，而在训练次数分别达到 130、160 次后，测试集的损失也呈现出相似的稳定趋势。

5. 换道轨迹预测评价

根据对上述横、纵向轨迹预测图的观察，可以发现单时间步长输入单时间步长输出和五时间步长输入单时间步长输出的预测轨迹与真实车辆换道轨迹存在一定程度的偏差，而十时间步长输入单时间步长输出的预测轨迹与真实车辆换道轨迹更为吻合。为了更好地比较这三种输入结构对预测精度的影响，本文采用均方根误差（RMSE）进行分析，见公式（6）。且大多数研究表明，在换道过程中，车辆主要受到横向运动的影响，因此在评估换道轨迹预测精度时，本文主要关注对车辆横向运动轨迹点的预测结果：

观察到无论是单时间步长输入—单时间步输出轨迹预测还是多时间步输入单时间步输出轨迹预测，RMSE 值都相对较低，这表明所建立的 CNN-LSTM 换道轨迹预测模型能够成功完成对车辆轨迹的预测任务。同时，发现在多时间步长输入轨迹预测中，十时间步长输入预测的轨迹比五时间步长输入更为精确，这

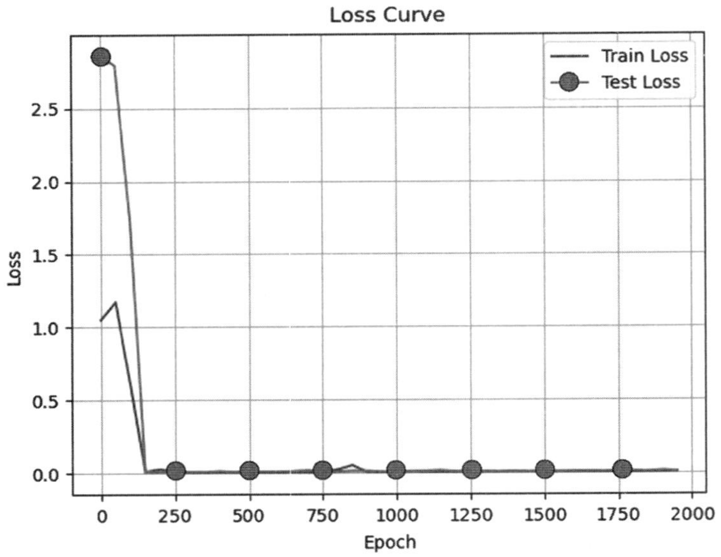

图 23　LSTM 横向轨迹预测模型迭代训练误差损失

表明适当增加时间步长输入有助于提高 CNN-LSTM 换道轨迹预测模型的预测精度。

从表 5 中也可以看出，在相同步长的情况下，LSTM 轨迹预测模型的 RMSE 值比 CNN-LSTM 轨迹预测模型的 RMSE 值大 0.0349，即在预测精度上所用改进算法相比基础的预测算法提高了 38.99%，证明了所用改进算法的有效性。

表 5　三种输入方式及 LSTM 横向轨迹 RMSE 对比表

评价指标	单时间步长输入 单时间步输出	五时间步长输入 单时间步输出	十时间步长输入 单时间步输出	LSTM 十时间步长
RMSE	0.189	0.124	0.0546	0.0895

五、异常驾驶行为识别网络的建立

(一)网络基本组成

完成上文变道轨迹曲线预测建模后，对于每位驾驶员都建立了具有个性特征的模型，能够根据该驾驶员的个性化习惯预测生成变道轨迹曲线。而有了这个曲线之后研究者将其应用于非正常驾驶行为预警上。对于非正常驾驶行为如酒驾、醉驾、毒驾、疲劳驾驶、被挟持驾驶等，驾驶员的心理与行为都会较之平时出现差异，从而导致车辆的行驶状态发生不同。研究者将车辆变道轨迹曲线作为指标，因为变道轨迹曲线与车辆多维度参数都有关系，能够将驾驶员驾驶行为的差异进行放大，能够更好地判断是否出现异常情况。

要完成识别工作，需要建立网络完成以下工作：首先要对于每一位驾驶员收集到足够的驾驶数据，在其日常驾驶过程中不断地采集变道轨迹信息，输入上文的轨迹预测系统中进行学习与建模，得到驾驶员个性化模型；确立轨迹异常评估标准，拟采用 RMSE 值，设定各参数判定阈值，初步二分类是否属于异常驾驶行为；搭建神经网络模型，输入多种异常驾驶行为训练集进行训练，评估训练情况；实时输入驾驶数据，进行数据处理，进行综合研判是否输入异常驾驶行为。网络各板块如图 24 所示：

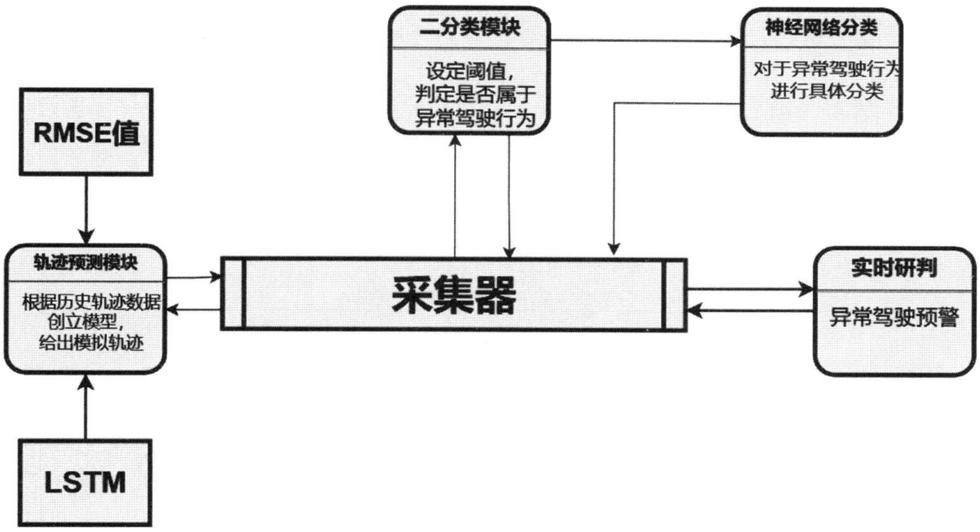

图 24　异常驾驶行为识别网络示意图

(二)轨迹预测模块

对于上文建立的轨迹预测模型并不能简单使用，因为外界因素也会影响驾驶人变道轨迹的各种参数，对于轨迹造成影响。因此需要对轨迹预测模型进行处理：对于数据采集时加入非驾驶员因素标签，如室外温度、适度、可见情况、时刻、路段坡度等，这些标签可以由车机传感器等获取；根据数据标签将将同一驾驶员的轨迹分类训练，得到单一驾驶员不同外界条件下的训练结果；在采集器输入轨迹数据需要预测时，根据标签即可得到不同条件下的预测结果。如此就有效地规避了非驾驶人因素造成的轨迹偏差问题。

1. 特征提取

重新训练模型，选取不同各非驾驶员因素属性，利用 RMSE 值计算各因素的边际效应，通过控制变量法得到对于轨迹影响较大的两个主要因素为：驾驶员周围车辆数以及是否夜间。

2. 分类再建模

将驾驶员周围车辆数采用分段划分法，在半径 30m 范围内，车辆数设置区间 0—2，2—5，5—10，分别对应周围车辆少，中，多三种情况。对于同一位驾驶员，将上述两种标签进行组合分类，预测其轨迹曲线，得到示例，如表 6 所示：

表 6　标签组合分类表

标签类型	周围车辆少	周围车辆中	周围车辆多
日间	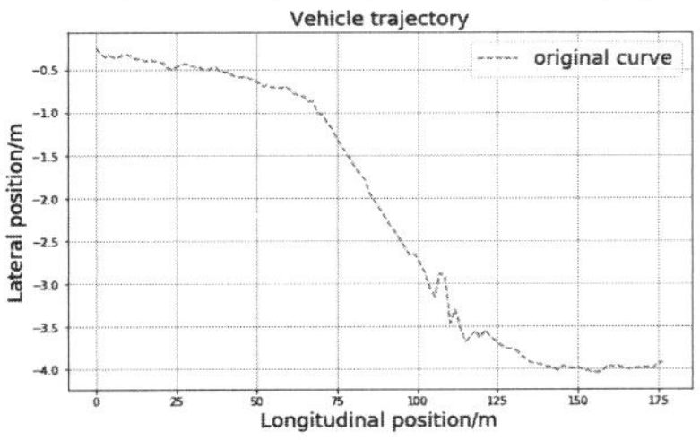	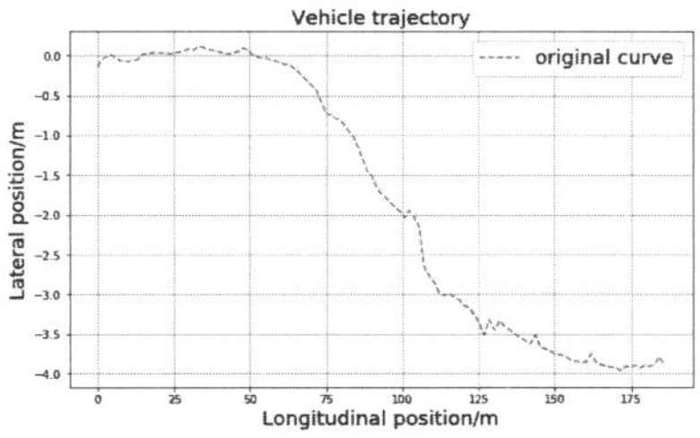	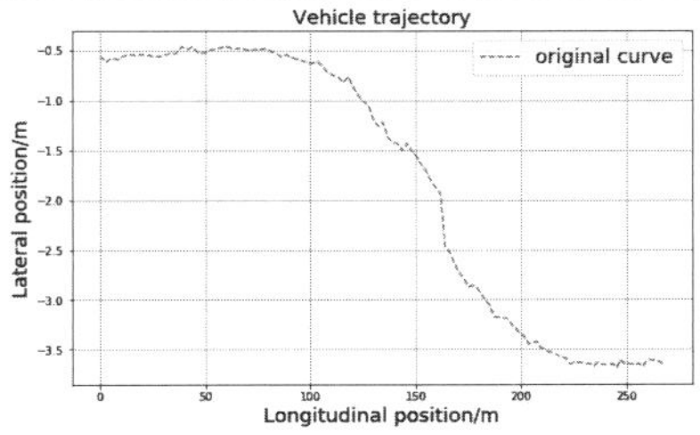
夜间	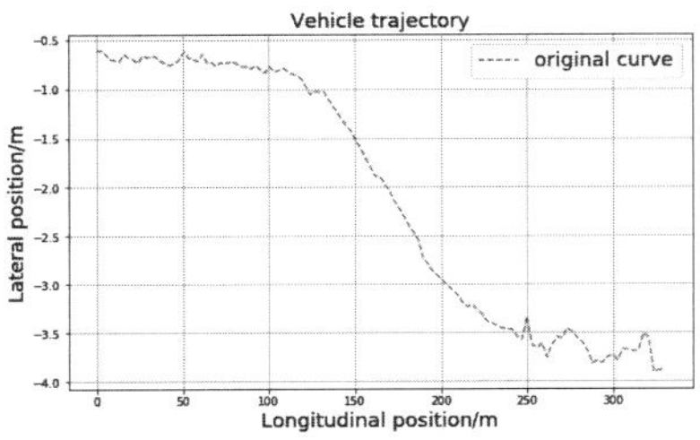	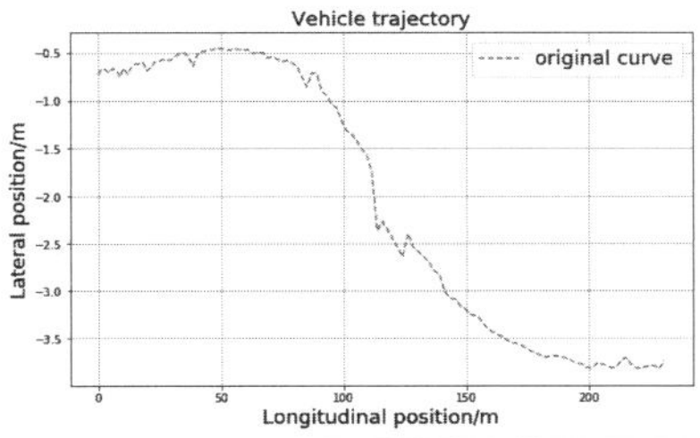	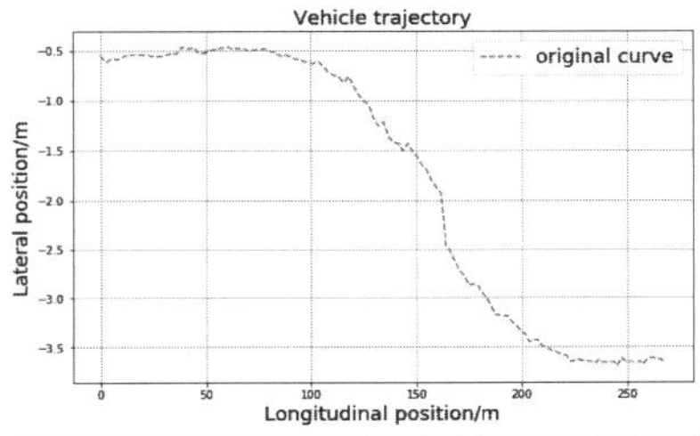

本研究只采用了影响较大的两个影响因素,后续研究如需达到更好的效果可以加入更多非驾驶员因素进行分类建模。通过以上操作后便解决了外部空间对于驾驶员操作的影响,得到的曲线可以供以非正常驾驶的实时判断。

(三)二分类初步判断模块

为了作为预警非正常驾驶的先决条件,提升后续算法的准确率,先对实时获得的车辆变道轨迹与模型预测的轨迹进行对比,类似于预测模型的建模过程,只关注同一时刻下偏移车道线的距离,计算每个横坐标对应的两者残差,如图 25 所示:

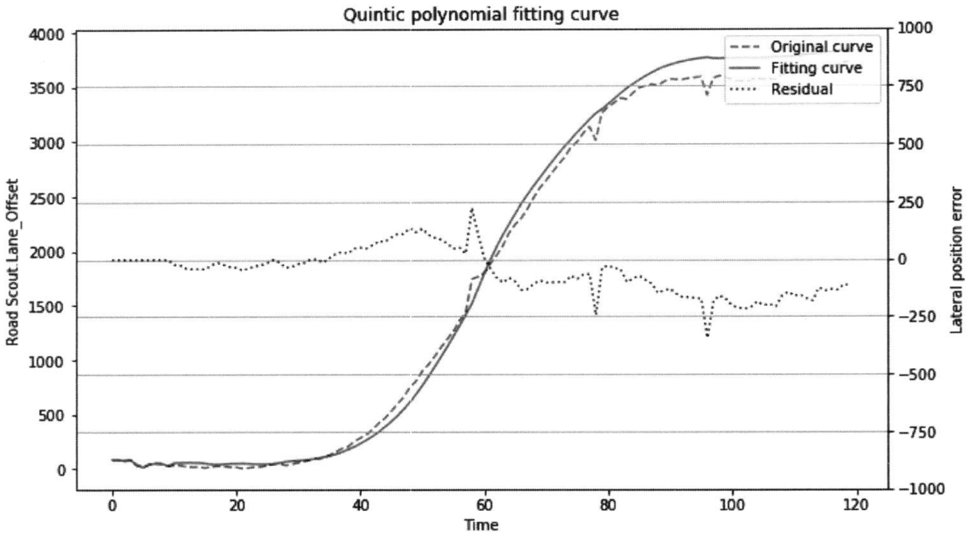

图 25 轨迹对比及残差图

图 25 中所示的“Original curve”“Fitting curve”两条曲线之间在变道过程中存在不同程度的偏移,也就是驾驶员实际驾驶过程中变道轨迹与模型根据个性化特性预测的轨迹之间存在的偏移。如果驾驶员不变且充分考虑外界因素下,两轨迹存在较大的差距时,我们有理由怀疑驾驶员在进行非正常驾驶,需要进行进一步的判断和预警。为了定量地说明轨迹曲线偏移程度,仍然计算同一时间下偏移车道线距离的差值,也就是 Y 轴的差值,对于所有的偏移值计算 RMSE 值。

根据提取到的大量样本,将所有驾驶曲线存在偏差得到的 RMSE 值进行统计分析,分布如图 26 所示:

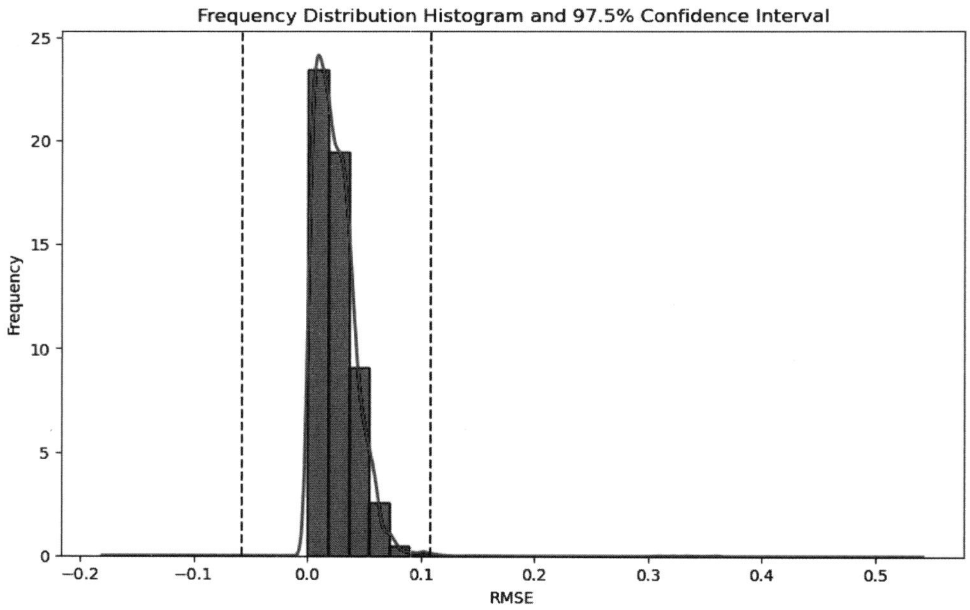

图 26 偏移值 RMSE 频率分布直方图

考虑到样本的有限和安全预警的高度可靠性，取 97.5%作为置信区间，对应的 RMSE 值约为 0.108，即超过 0.108 的结果在设定置信区间的条件下，可以被认为是驾驶员在进行异常驾驶变道得到的图像。

此处值得注意的技术是：驾驶员实时比对的轨迹是自己个性化模型生成的预测轨迹，每个驾驶员对比的曲线都不相同，但是 RMSE 计算值阈值是统一标准 0.108。

(四)神经网络分类模块

对轨迹进行二分类以后，对于异常驾驶的轨迹期望能判断驾驶员采取的是何种驾驶行为。只通过轨迹曲线，研究人员拟采用神经网络的方式进行学习，输入不同异常驾驶行为轨迹曲线，由模型做出决策。

由于二分类模块已经完成了最为重要的是否判断的工作，此模块是为了更好地针对驾驶员具体行为进行预警，研究者采用杜绎如等学者使用的 CNN-BiLSTM-attention 算法，构建神经网络。

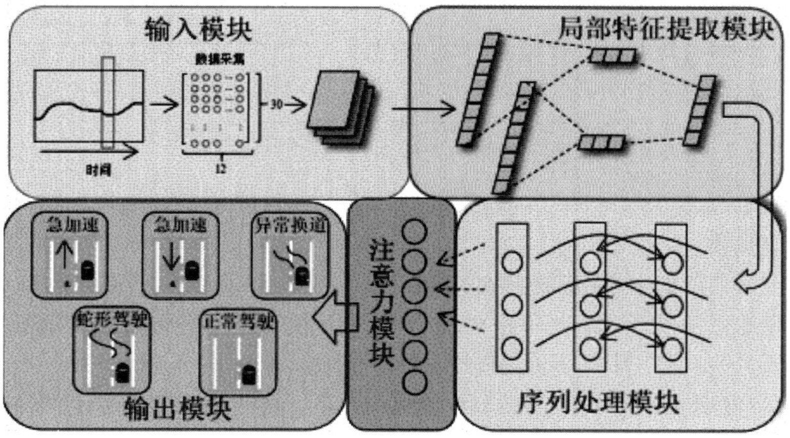

图 27 CNN-BiLSTM-attention 神经网络结构图

如图 27 所示，CNN-BiLSTM-attention 模型在异常驾驶行为的识别时可分为输入模块、局部特征提取模块、序列处理模块、注意力模块和输出模块五个部分。

其中，输入模块用于接收驾驶行为数据。这些数据可以包括车辆传感器数据、车辆控制数据等，此处研究即为车辆的轨迹数据，同第三章节的介绍。输入模块将原始数据转换为模型可以处理的格式。

局部特征提取模块用于从输入数据中提取局部特征。对于异常驾驶行为轨迹识别，这可以包括提取与异常驾驶行为相关的特征，例如在关键时间点处偏移车道的距离差异等。这些特征可以通过卷积神经网络(CNN)来提取，以捕捉输入数据中的空间和时间相关性。

序列处理模块用于处理从局部特征提取模块获得的特征序列。在驾驶行为识别中，利用双向长短期记忆网络(BiLSTM)，用于建模输入数据中的时序关系。BiLSTM 可以有效地捕捉到特定异常驾驶行为的长期依赖关系，并提供对序列数据的建模能力。

注意力模块用于对序列中的不同部分进行加权，以便模型可以更关注与异常驾驶行为相关的重要特征。在 CNN-BiLSTM-attention 模型中，注意力机制通过在 BiLSTM 输出上应用注意力权重来实现。这样，模型可以自动学习并集中注意力于与异常驾驶行为相关的关键特征。

输出模块用于预测驾驶行为中是否存在异常。根据具体的问题设置，输出可以是二分类(例如是否酒驾)或多分类(不同类型的异常驾驶行为)。输出模块通常包括一个或多个全连接层，最后使用适当的激活函数(如 sigmoid 或 softmax)来生成预测结果。

在建立好模型后，对于不同的异常驾驶行为(醉驾、酒驾、毒驾、疲劳驾驶、挟持驾驶等)构建不同的训练集进行训练，再将训练集中 20%的数据作为测试集。调整测试过程中的调节步长等超参数。

为了更好评估模型训练的好坏，参考文献使用识别率和损失函数作为定量参数，"损失函数值越低，模型识别出异常驾驶行为越准确，模型越优越"。

图 28 为训练得到模型的识别率和损失值结果：

图 28 中"Training acc"为训练集结果，"Validation acc"为测试集结果。由图 28 可以看出，尽管前期因为部分离群值造成了曲线较大的波动，但识别率和损失值经过 300 次迭代后都呈现了较好的收敛效果，识别

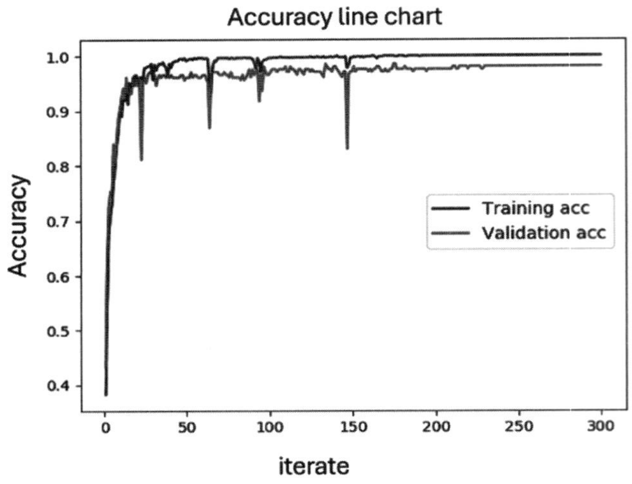

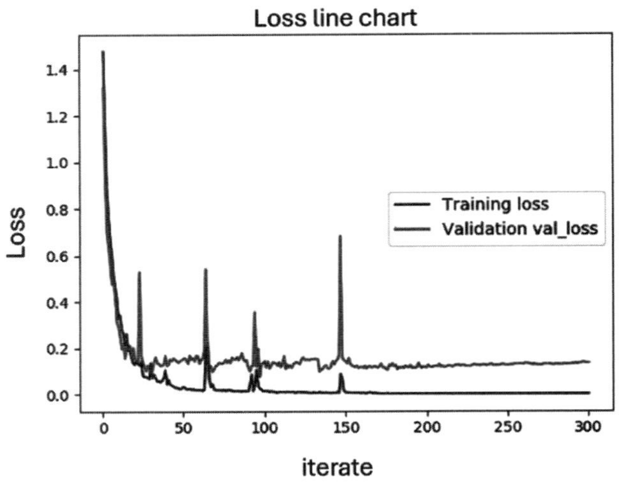

图 28　模型训练识别率(左)模型训练损失值(右)

率稳定接近于 1,损失率也降至 20%以下,在本网络的需求下已经能够很好的识别出具体的异常驾驶行为。

(五)实时研判预警模块

经过上述处理模块后,在驾驶辅助系统中能够得到驾驶员此时是否为正常驾驶以及异常驾驶的具体类别。若驾驶员出现了异常驾驶行为,驾驶辅助系统会及时将信息传递给人车交互系统,向驾驶员传达修正异常驾驶行为的预警信息,并进一步监测接下来的驾驶行为。若判断驾驶员大概率出现醉驾、毒驾等违法行为,辅助驾驶系统希望得到进一步权限将车辆安全停止,并上报相关管理部门进行核实,避免危险驾驶行为危害道路交通安全。

六、研究总结

(一)研究结论

本文基于研究者导师课题组采集的自然驾驶数据,开展基于车辆轨迹预测的驾驶行为安全预警方法研究。

基于车辆轨迹存在极强的时空相关性,本文利用 Python 与 PyTorch 构建驾驶员个性化的车辆轨迹预测模型——CNN-LSTM 模型,将两种神经网络结构相结合,利用 *CNN* 提取样本数据的特征、LSTM 捕捉长期成分,对车辆轨迹进行更精准的预测。对比不同时间步长输入对模型精度的影响,证明适当增加时间步长输入有助于提高 CNN-LSTM 换道轨迹预测模型的预测精度;通过与同时间步长的 LSTM 车辆轨迹预测模型的预测精度的对比,在预测精度上所用改进算法相比基础的预测算法提高了 38.99%,证明了所用改进算法的有效性。

基于上述驾驶员个性化轨迹预测 CNN-LSTM 模型,本文构建了异常驾驶行为识别 CNN-BiLSTM-attention 模型,剔除外界环境因素,设置指标和阈值判定是否非正常驾驶、是何种非正常驾驶,对非正常驾驶行为进行预警和纠正,降低危险驾驶风险。模型识别率稳定接近于 1,损失率也降至 20%以下,证明在本网络的需求下已经能够很好的识别出具体的异常驾驶行为。

(二)创新点

1. 针对隐私性:目前的疲劳驾驶预警系统通常使用摄像头或其他传感器来监测驾驶员的行为和状态,以便及时提醒驾驶员休息或采取其他安全措施。然而,这种监测行为在数据收集和使用时可能会引发一些隐私问题。本文通过判断车辆轨迹的异常性进行预警,避免了因摄像头而造成的隐私问题。

2. 针对个性化:目前的车辆轨迹预测方法中对于危险行为的判定阈值(如航向角、方向盘专转角等)缺乏定制性,没有考虑到用户的个性化需求与偏好。本文所涉及的车辆轨迹预测可以针对不同人群定制自己的驾驶习惯曲线,实现定制化与个性化。

【参考文献】

[1] 杜绎如.基于轨迹信息的异常驾驶行为检测[D].长安大学,2022.

[2] 黄玲,郭亨聪,张荣辉.人机混驾环境下基于 LSTM 的无人驾驶车辆换道行为模型[J].中国公路学报,2020,33(7):156166.

[3] 王雪松,李艳.基于自然驾驶数据的驾驶员变道特征分析[J].交通信息与安全,2016(1):17—22.

[4] 赵林峰,丰肖,方婷.基于前车轨迹预测的智能车辆高速主动避撞方法[J/OL].机械工程学报,1—13[2024—05—12].

[5] 张一鸣,周兵,吴晓建.基于前车轨迹预测的高速智能车运动规划[J].汽车工程,2020,42(5):574—580.

[6] ALAHI A, GOEL K, RAMANATHAN V. Social-LSTM: Human trajectory prediction in crowded spaces[C]//IEEE Conference on Computer Vision and Pattern Recognition(CVPR), Las Vegas, USA, 2016:961—971.

[7] DEO N, M. Multi-modal trajectory prediction of surrounding vehicles with maneuver based LSTMs [C]// IEEE Intelligent Vehicles Symposium, Changshu, China, 2018:1179—1184.

[8] GUO H, MENG Q, CAO D. Vehicle trajectory prediction method coupled with ego vehicle motion trend under dual attention mechanism[J]. IEEE Transactions onInstrumentation and Measurement, 2022, 71:1—16.

[9] HUANG Y, BI H, LI Z. STGAT: Modeling spatial-temporal interactions for human trajectory prediction[C]//IEEE International Conference on Computer Vision(ICCV), Seoul, Republic of Korea. 2019: 6271—6280.

[10] KAOUTHER M, ITHERI Y, ANNE V. Attention based vehicle trajectory prediction[J]. IEEE Transactions on Intelligent Vehicles, 2021, 6(1):175—185.

[11] LUO C, SUN L, DABIRI D. Probabilistic multi-modal trajectory prediction with lane attention for autonomous vehicles[C]//IEEE International Conference on Intelligent Robots and Systems (IROS), Las Vegas, USA, 2020:2370—2376.

[12] SHENG Z, XU Y, XUE S, et al. Graph-based spatial-temporal convolutional network for vehicle trajectory prediction in autonomous driving[J]. IEEE Transactions on Intelligent Transportation System, 2022, 23(10):17654—17665.

[13] Wang J, Yu L C, Lai K R, et al. Dimensional sentiment analysis using a regional CNN-LSTM model [C]//Proceedings of the 54th annual meeting of the association for computational linguistics(volume 2: Short papers). 2016:225—230.

[14] XU C, LI M, NI Z, et al. GroupNet: Multiscale hypergraph neural networks for trajectory prediction with relational reasoning[C]//IEEE Conference on Computer Vision and Pattern Recognition (CVPR), New Orleans, USA, 2022:6488—6497.

[15] YANG X, TANG X, YANG K, et al. Local motion planning framework for autonomous vehicle considering position uncertainty in highway[C]//International Conference on Vehicular Control and Intelligence(CVCI). Hangzhou, China. New York: IEEE, 2020:471—474.

基于复杂网络理论的成都市轨道交通应急救援站选址研究

西南民族大学　胡佳怡、高誉洁、高羽茜

摘　要

在大数据和人工智能盛行的时代下,轨道交通已发展成为各大城市居民交通出行的首要选择。然而,城市轨道交通的特殊性在于其建设成本高昂、运行环境封闭且人流量较大,这给运营安全带来了严峻挑战。在缺乏安全防护的情况下,一旦突发严重事故,极可能导致网络瘫痪和重大损失。在城市轨道交通站点附近设置应急救援站可以提高整个轨道线网抵抗突发事件的能力,降低突发事件产生的消极影响。但由于救援站建设成本高、地址难以迁移,所以科学合理的应急救援站选址至关重要。

本文以复杂网络理论为基础,对成都市开展轨道交通应急救援站选址研究。首先,本文利用 Space P 方法建立了成都市轨道交通网络的拓扑结构模型。随后,结合轨道交通网络的结构特征和站点在实际运营中的客流量聚集能力与功能属性,选取了点度中心性、接近中心性、介数中心性、客流中心性和站点属性五项站点重要度评价指标,采用变异系数-VIKOR 的综合评估方法,建立轨道交通站点重要度评价模型,并依据重要度对站点进行排序。接着,构建整数规划模型进行成都市轨道交通应急救援站选址,该模型通过最小化轨道交通网络中的最大应急救援距离,与设置网络中的重要站点为应急救援站必建站点的同时,结合应急救援站选取原则确定待建站点,大大提高了城市轨道交通的应急救援效率与水平。最后利用模拟退火原理,在 MATLAB 软件上编写程序对选址模型进行求解,得到模型的最优解,给出成都市轨道交通应急救援站选址的方案。

通过本文研究我们发现:(1)复杂网络理论能够帮助我们更好地理解城市轨道交通的网络结构和关联,不仅使选址过程的考虑更加全面,还提高了选址的效率。(2)重要度较高站点在整个网络中占据中心地位,受到蓄意攻击后呈现脆弱性,在其附近建立应急救援站较为合理。(3)本研究考虑了救援站对所有站点的覆盖,并优先保护重要度高的站点,从而解决了现实存在的覆盖不全面、布局不合理等问题,具有实际参考价值。

关键词:复杂网络;应急救援站选址;Space P 方法;变异系数-VIKOR 法;模拟退火算法

一、绪论

(一)研究背景及意义

随着成都市轨道交通网络的快速发展,轨道交通已成为市民出行的重要方式之一。然而,由于城市轨道交通具有建设成本高昂,运行环境相对封闭且人流量大等复杂性和特殊性,一旦发生事故或突发事件,其影响往往具有范围广、影响大、后果严重的特点。因此,建立一个高效、合理的轨道交通应急救援体系,对于保障市民生命财产安全、维护社会稳定具有重要意义。其中,应急救援站的选址是构建这一体系的关键环节之一。

成都市轨道交通应急救援站的建设和运营虽然取得了一定成效,但仍存在一些问题和不足。例如,部分站点选址不够合理,导致救援效率不高;部分站点设施配备不完善,难以满足实际救援需求等。这些问题的存在,不仅影响了应急救援工作的及时性和有效性,也给轨道交通系统的安全运行带来了潜在风险。

本研究将基于复杂网络理论对成都市轨道交通应急救援站选址进行深入研究,提出科学合理的选址方法和建议,以优化应急救援站的布局,提高救援效率,降低事故损失。具体来说,本研究的意义主要体现在以下几个方面:

1. 通过优化选址,使应急救援站更加贴近事故易发区域,提高救援效率。

2. 应急救援站的特点是建设成本高，地址搬迁困难，如果不能满足实际需求，搬迁或新建应急救援站将造成经济损失和资源浪费。因此合理的选址还可以确保救援资源的有效利用，避免资源浪费。

3. 研究将采用科学的研究方法和手段，对成都市轨道交通应急救援站选址进行深入探讨和分析。本项研究成果不仅具备为成都市轨道交通应急救援站的建设与日常运营提供坚实理论依据的功能，还可以为其他城市的轨道交通应急救援站选址研究提供参考和借鉴。

综上所述，处于大数据时代，对城市轨道交通应急救援站的选址问题开展分析对确保整个交通网络的稳定运行、提高轨道交通系统的自我救援能力以及节约资源成本具有重要的实用价值。

(二)研究思路与技术路线

在大数据与人工智能蓬勃发展的时代背景下，城市轨道交通运营正迈向更高程度的网络化。鉴于城市轨道交通的复杂性和敏感性，加强应急管理和提升突发事件救援能力已成为运营管理中的核心问题。为此，本研究将聚焦于成都市轨道交通应急救援站的选址问题，旨在为救援站的选址制定科学的理论体系和方法框架。优化整个城市轨道交通网络中应急救援站的位置将提高救援行动的整体水平和效率，为城市轨道交通突发事件的快速响应和事发点的高效物资供应提供坚实的理论基石与实践指导，从而确保轨道交通系统的安全稳定运行。

技术路线如图 1 所示：

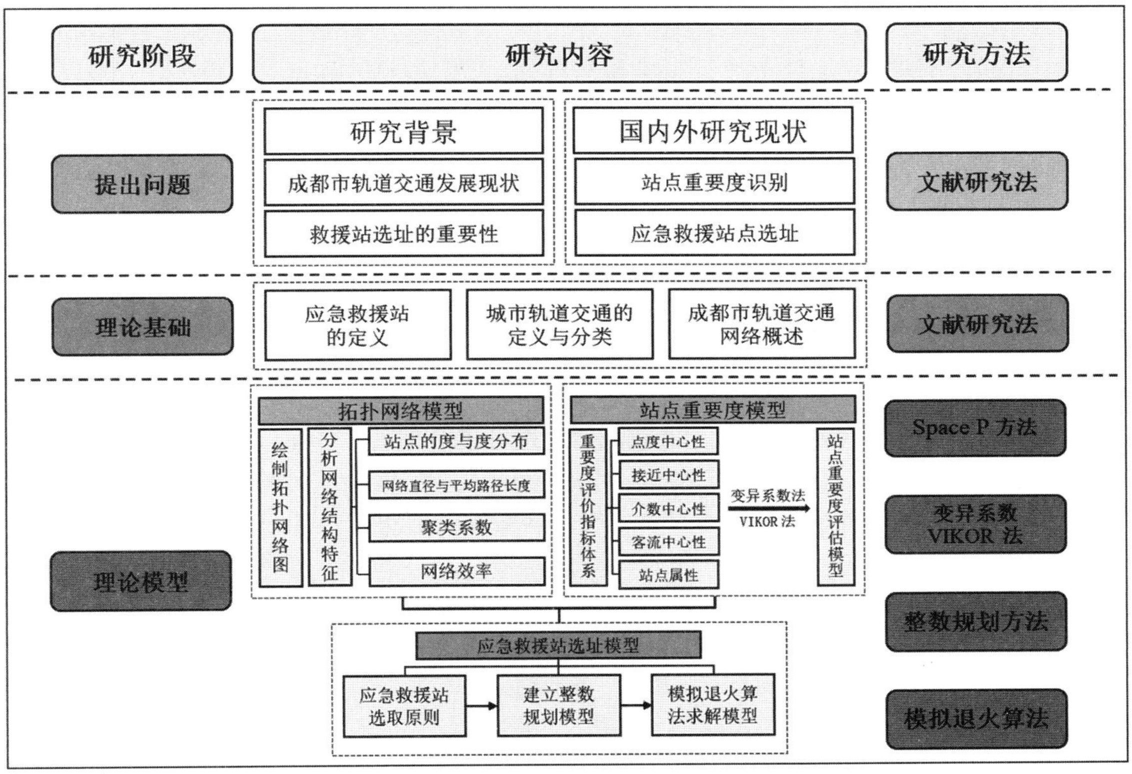

图 1　技术路线

主要研究思路如下：

首先，简要介绍 Space P 方法并阐述本文选择其进行研究的原因。应用该方法于构建网络拓扑模型，并深入分析复杂网络特征，为在成都市轨道交通网络中精准识别关键站点提供坚实的理论基础。

其次，结合复杂网络理论与实际轨道交通运营情况选取合适的评价指标，并构建出一套全面的站点重要度评价体系。为了更精准地评估成都市各站点的重要性，我们采用变异系数-VIKOR 综合评估法，构建了轨道交通站点重要度评价模型，并依据此模型对站点进行科学的排序。

最后，基于上述研究，我们根据预设的应急救援站选取原则，建立基于整数规划的应急救援站选址模型对成都市应急救援站选址。为了高效求解该模型，我们采用了模拟退火算法，以确保选址决策的准确性和高效性。

(三)特色与创新

总结以往研究,本文具有以下创新点:

1. 当前,关于城市轨道交通应急救援站选址问题的研究文献尚显不足。为此,我们基于复杂网络理论,为选址问题提供更为全面且创新的理论框架与实践方法。

2. 过去的文献多侧重于采用 Space L 方法构建拓扑网络结构模型并进行模拟仿真。考虑到 Space P 方法更能精准地反映轨道交通换乘的便捷性,本文选择运用 Space P 方法,以构建更为贴近实际的城市轨道交通拓扑结构网络模型。

3. 目前的研究普遍采用单一的静态指标来评估站点的重要度。然而,这种评估方式忽略了实际轨道交通运营中站点客流量的动态变化以及站点在换乘其他交通方式时所发挥的关键作用。因此,本文在已有研究的基础上,引入了客流中心性和站点属性两项指标,旨在更全面地评估站点的重要度。

二、文献综述

在深入探究成都市轨道交通网络的优化策略时,本文首要任务是对网络中各站点的关键性进行了详尽的评估。基于这一评估结果,本文进一步探讨并分析了应急救援站点布局规划的模型构建。基于上述研究过程,本节旨在对当前国内外在站点重要性评估技术和应急救援站点规划策略两方面的研究成果进行梳理与总结。

(一)国外研究现状

针对站点重要性的分析,Yang[9]等基于复杂网络理论,采用熵权法,利用点度中心性,接近中心性和介数中心性三个指标对轨道交通站点的重要度展开了评价研究,Meng[10]等考虑到加权和非加权两种不同状态网络,提出了以点度中心性、接近中心性、介数中心性和特征向量中心性作为站点重要性评分指标的多元决策方法。

国外研究选址问题起步时间较早,在 1964 年,Hakimi[11][12]首次提出在网络中采用"p－中心"和"p－中值"解决设施选址问题。人们将方法广泛应用于确定通信网络中"交换中心"和高速公路系统中"警察局"的最佳位置,以提高工作效率。该研究成果对解决应急服务设施选址问题具有划时代的意义。Shariff[13]等人提出了使用最大覆盖模型来解决医疗选址问题,并采用了遗传算法来求解该模型。

(二)国内研究现状

叶青[1]等人利用特定的网络特征参数对站点脆弱性进行了量化评估,从而精准识别出轨道交通线网中的关键站点,这些识别结果对后续运营管理的优化与改进具有重要的参考价值。薛锋[2]等人则在复杂网络理论的基础上,结合实际的客流情况以及城市轨道交通网络的运营状况,运用改进的关键节点识别与选择策略,成功识别出成都地铁的关键站点。

针对地铁网络运行中可能遭遇的突发事件及其潜在严重后果,孙彩红[3]构建了一个多目标模型,旨在最小化地铁网络中的救援时间和救援站数量。祝蕾[4]则采用了综合网络计算方法,并在模型构建中融入了脆弱性分析,通过增加易损车站的覆盖深度,构建了一个地铁应急救援规划决策的多目标选址模型,这一模型旨在实现快速响应、成本优化以及全站点覆盖的目标。

(三)综述总结

在城市轨道交通网络的构建中,针对站点重要度的识别,虽然已有大量基于复杂网络理论的研究成果,但这些研究多数仍聚焦于单一的静态指标进行评估,忽略了实际运营中站点功能的多样性和动态性。因此,为了更全面地评估站点在城市轨道交通网络中的重要性,我们需要超越传统的静态评估方法,考虑更多的动态因素和实际运营情况。就国内外研究现状来看,城市轨道交通网络应急救援站选址的研究起步较晚,尤其在国内。国外已有多种经典模型和算法理论,但近年来缺乏改进和创新。国内取得了一些成果,但大多是对国外模型和理论的重复描述或拓展,缺乏本质创新。因此,国内对应急救援设施选址问题的理论研究尚未形成体系,需要进一步根据我国城市和轨道交通的特点进行探讨和研究。

三、相关概念阐述

本部分将对论文中的相关名词和概念进行阐述,包括城市轨道交通的定义及分类,应急救援站的定义。

(一)城市轨道交通的定义及分类

城市轨道交通,作为一种车辆运输系统,其核心在于采用轨道交通结构来实现承重和导向功能。它根据城市交通总体规划的指导,设立了全封闭或部分封闭的专用轨道线路。这种交通方式以列车或单车为运载工具,旨在满足相当规模的客流量需求,成为城市公共交通的重要组成部分[5]。

我国根据 2007 年发布的《城市公共交通分类标准》[5],将城市轨道交通分成七类,如下图 2 所示:

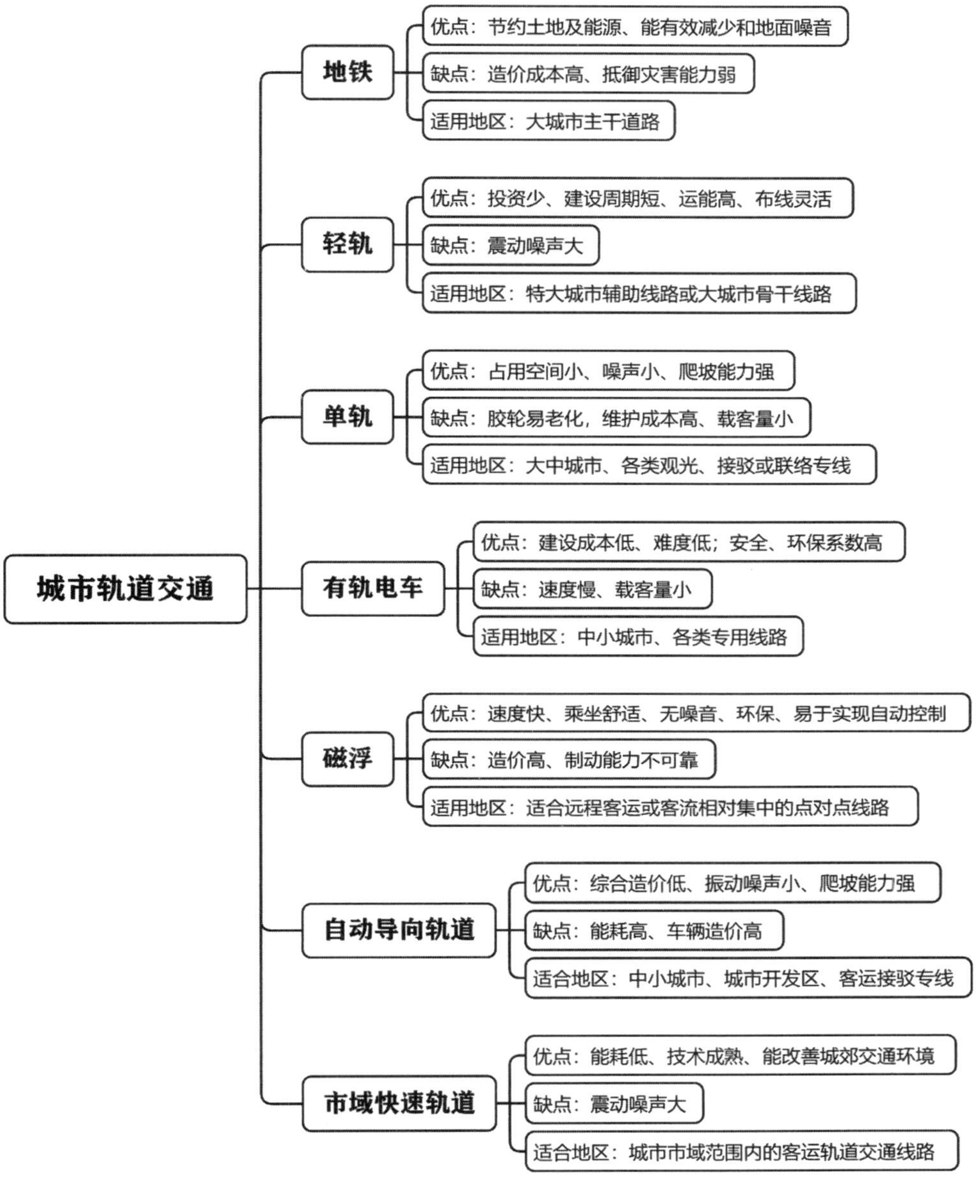

图 2　城市轨道交通类别

(二)应急救援站的定义

应急救援站是预防、响应和恢复行动计划的核心。对于应急救援站来说,其基本设立要求涵盖了人员配备、相关器材的齐全以及强大的战斗力。这些站点的主要功能在于确保在面对各类紧急事件时,能够迅速响应,并以最快速度抵达现场,进行高效且有序的处置,从而最大程度地减少损失,并促使受影响区域尽快恢复到正常状态。

(三)成都市轨道交通网络概述

成都市作为西南地区重要的中心城市,在"十四五"交通规划中被中央确定为国际综合交通枢纽城市。成都市轨道交通发展迅速,总长度已跃居全国第五。截止 2023 年 12 月 31 日,已开通运营线路 15 条、站点 290 座,运营里程突破 600 公里,累计客运量达 99.9722 亿人次,具体运营情况如图 3 所示。

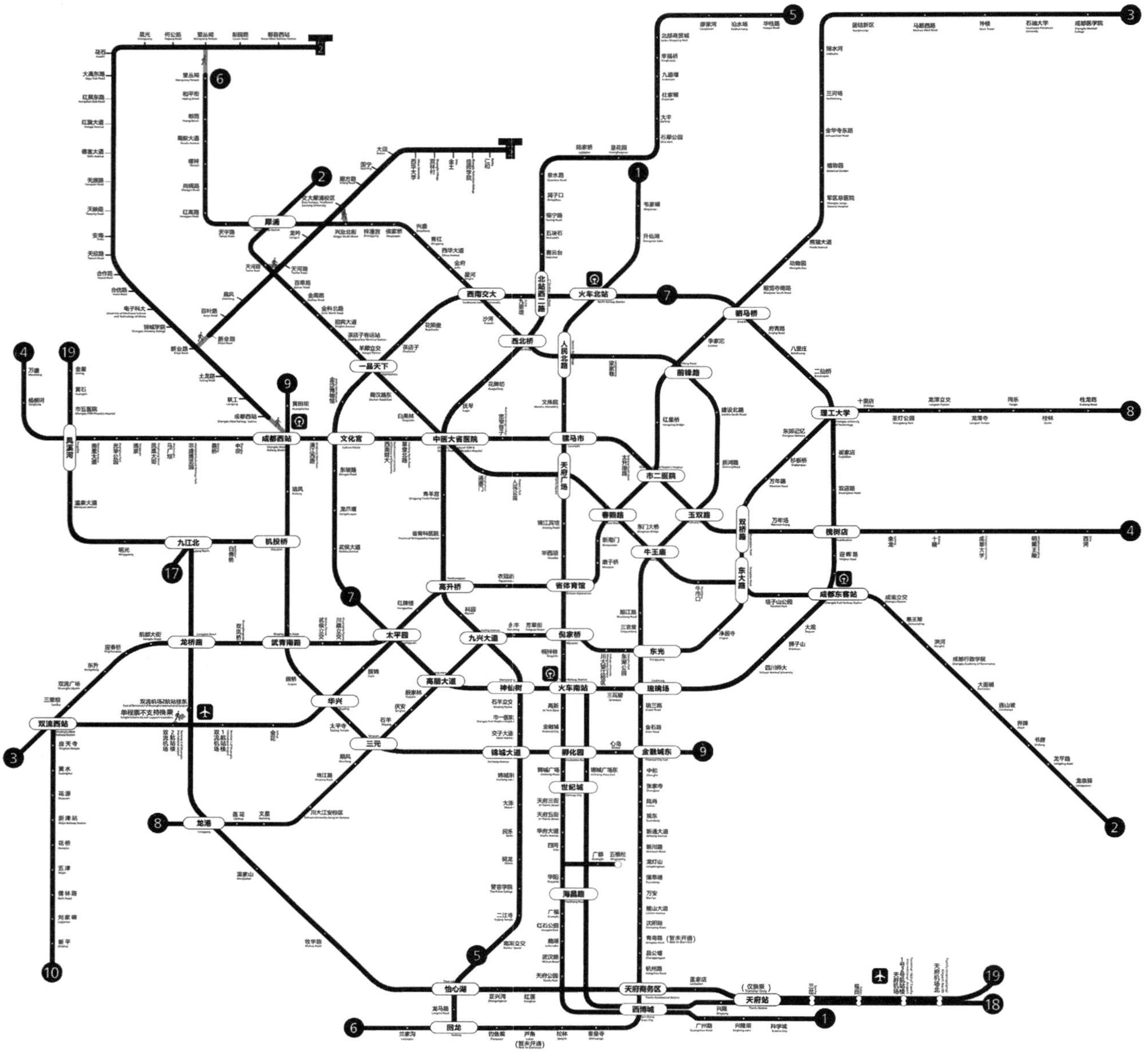

图3　成都市轨道交通运营图

四、数据来源与说明

(一)数据来源

成都市城市轨道交通站点实时拥挤度:成都地铁 APP

站点之间轨道长度:轨道图 RailMap 公众号

换乘站点属性:五路的小窝公众号

(二)数据说明

1. 因客流数据收集原因,只考虑截止到2023年12月已开通的成都市轨道交通网络站点、运营关系以及客流量等数据进行分析。

2. 为了避免各站点客流拥挤度数据因节假日、平高峰等因素造成的偶然性,本文考虑2024年4月8日至2024年4月14日的日均客流量数据作为计算依据。

五、基于 Space P 方法的网络构建与特征分析

构建城市轨道交通网络模型的方法主要包括:Space B、Space C、Space L 和 Space P 四种。基于文献分

析可知,只有 Space P 方法能够清晰准确地呈现轨道交通网络中不同线路间的换乘情况,本文特此选用 Space P 方法来进行研究。

本部分将简要阐述 Space P 的基本原理,然后使用该方法构建成都市轨道交通拓扑结构网络模型。

(一) Space-P 基本原理

Space-P 是一种用于建模复杂网络的方法,尤其适用于公共交通网络等实体网络的研究。其基本原理是将城市轨道交通中的站点抽象为网络中的节点和边,并映射到空间中的不同位置,若站点之间无需换乘即可直达,则他们之间存在连边。

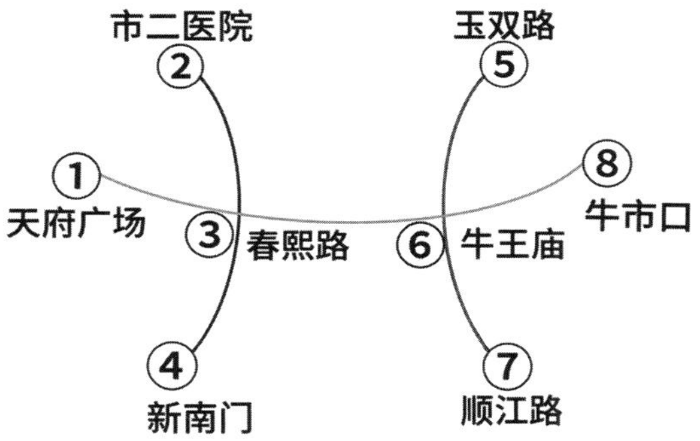

图 4　成都市部分轨道交通运营线路

图 4 是成都市部分轨道交通运营线路,我们使用不同的灰度对线路进行区分,其中①至⑧分别表示位于三条不同线路上的站点。根据基本原理,将实际运营线路抽象为拓扑结构,具体连接情况如图 5 所示:

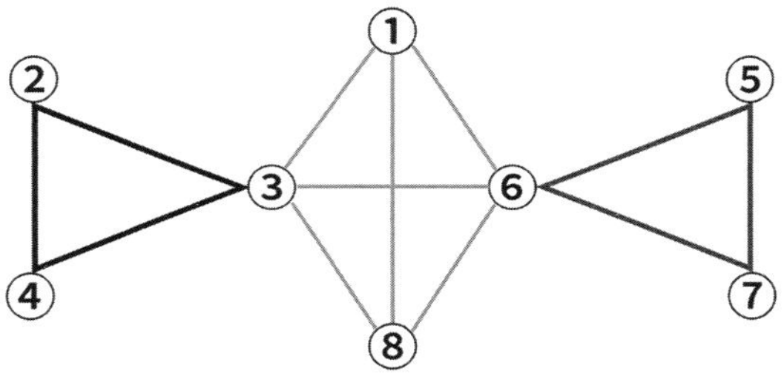

图 5　Space P 方法构建的拓扑网络图

该拓扑结构清楚地展现了站点之间的直达关系,例如同一线路上的站点①、③、⑥、⑧之间无需换乘即可实现直达,因此这些站点两两相连。根据该拓扑结构不但可以得到站点之间的换乘关系,还可以获取从一个站点到达另一个站点所需的最少换乘次数。例如,站点②到站点⑧之间的最少换乘次数为 2。

(二)Pajek 软件成都市轨道拓扑结构网络模型

1. 模型假设

我们基于 Space P 方法构建城市轨道交通网络模型,需要对轨道交通网络作以下假设:

(1)轨道交通网络中的任意两个站点间的列车运行均遵循双向原则,将轨道交通网络视为一个无向且不加权的网络结构。

(2)若两个站点之间存在无需换乘即可直接到达的情况,那么这两个站点之间便存在直接的连线关系。

2. 模型构建

基于 Space P 方法,使用 Pajek 软件绘制成都市轨道交通拓扑结构网络图,具体步骤如下图 6 所示:

图 6　Pajek 软件绘制拓扑图步骤

步骤 1:站点编号

对成都市所有轨道交通站点进行编号,原则上只对现已运行的站点进行编号,并且每个站点仅有一个编号,共计编号 291 个车站。

步骤 2:构建邻接矩阵

为构建站点数为 291 的成都市轨道交通网络,使用矩阵 $A=(a_{ij})_{291\times 291}$ 来表示该网络中各站点之间的连接关系,其中 a_{ij} 表示第 i 号站点和第 j 号站点间的连接关系。若相连,则 $a_{ij}=1$,反之为 0。限于篇幅,部分站点的邻接矩阵如图 7 所示:

1	...	200	201	202	203	204	205	206	207	208	209	210	211	212	213	214	215	216	217	218	219	220	221	222	223	224	...	291
...	...	...	...	...	...	...	...	...	...	...	...	...	...	...	...	...	...	...	...	...	...	...	...	...	...	...	...	...
200	...	1	1	1	1	1	1	1	1	1	1	1	1	1	0	0	0	0	0	0	0	0	0	0	0	0	...	0
201	...	1	1	1	1	1	1	1	1	1	1	1	1	1	0	0	0	0	0	0	0	0	0	0	0	0	...	0
202	...	1	1	1	1	1	1	1	1	1	1	1	1	1	0	0	0	0	0	0	0	0	0	0	0	0	...	0
203	...	1	1	1	1	1	1	1	1	1	1	1	1	1	0	0	0	0	0	0	0	0	0	0	0	0	...	0
204	...	1	1	1	1	1	1	1	1	1	1	1	1	1	0	0	0	0	0	0	0	0	0	0	0	0	...	0
205	...	1	1	1	1	1	1	1	1	1	1	1	1	1	0	0	0	0	0	0	0	0	0	0	0	0	...	0
206	...	1	1	1	1	1	1	1	1	1	1	1	1	1	0	0	0	0	0	0	0	0	0	0	0	0	...	0
207	...	1	1	1	1	1	1	1	1	1	1	1	1	1	0	0	0	0	0	0	0	0	0	0	0	0	...	0
208	...	1	1	1	1	1	1	1	1	1	1	1	1	1	0	0	0	0	0	0	0	0	0	0	0	0	...	0
209	...	1	1	1	1	1	1	1	1	1	1	1	1	1	0	0	0	0	0	0	0	0	0	0	0	0	...	0
210	...	1	1	1	1	1	1	1	1	1	1	1	1	1	0	0	0	0	0	0	0	0	0	0	0	0	...	0
211	...	1	1	1	1	1	1	1	1	1	1	1	1	1	0	0	0	0	0	0	0	0	0	0	0	0	...	0
212	...	1	1	1	1	1	1	1	1	1	1	1	1	1	0	0	0	0	0	0	0	0	0	0	0	0	...	0
213	...	0	0	0	0	0	0	0	0	0	0	0	0	0	1	1	1	1	1	1	1	1	1	1	1	1	...	0
214	...	0	0	0	0	0	0	0	0	0	0	0	0	0	1	1	1	1	1	1	1	1	1	1	1	1	...	0
215	...	0	0	0	0	0	0	0	0	0	0	0	0	0	1	1	1	1	1	1	1	1	1	1	1	1	...	0
216	...	0	0	0	0	0	0	0	0	0	0	0	0	0	1	1	1	1	1	1	1	1	1	1	1	1	...	0
217	...	0	0	0	0	0	0	0	0	0	0	0	0	0	1	1	1	1	1	1	1	1	1	1	1	1	...	0
218	...	0	0	0	0	0	0	0	0	0	0	0	0	0	1	1	1	1	1	1	1	1	1	1	1	1	...	0
219	...	0	0	0	0	0	0	0	0	0	0	0	0	0	1	1	1	1	1	1	1	1	1	1	1	1	...	0
220	...	0	0	0	0	0	0	0	0	0	0	0	0	0	1	1	1	1	1	1	1	1	1	1	1	1	...	0
221	...	0	0	0	0	0	0	0	0	0	0	0	0	0	1	1	1	1	1	1	1	1	1	1	1	1	...	0
222	...	0	0	0	0	0	0	0	0	0	0	0	0	0	1	1	1	1	1	1	1	1	1	1	1	1	...	0
223	...	0	0	0	0	0	0	0	0	0	0	0	0	0	1	1	1	1	1	1	1	1	1	1	1	1	...	0
224	...	0	0	0	0	0	0	0	0	0	0	0	0	0	1	1	1	1	1	1	1	1	1	1	1	1	...	0
...	...	...	...	...	...	...	...	...	...	...	...	...	...	...	...	...	...	...	...	...	...	...	...	...	...	...	...	...
291	...	0	0	0	0	0	0	0	0	0	0	0	0	0	0	0	0	0	0	0	0	0	0	0	0	0	0	1

图 7　成都市轨道交通部分站点邻接矩阵

步骤 3:绘制拓扑网络图

将上述邻接矩阵以后缀为“.net”的文件格式导入 pajek 软件,得到成都市轨道交通拓扑结构网络模型,如图 8 所示。

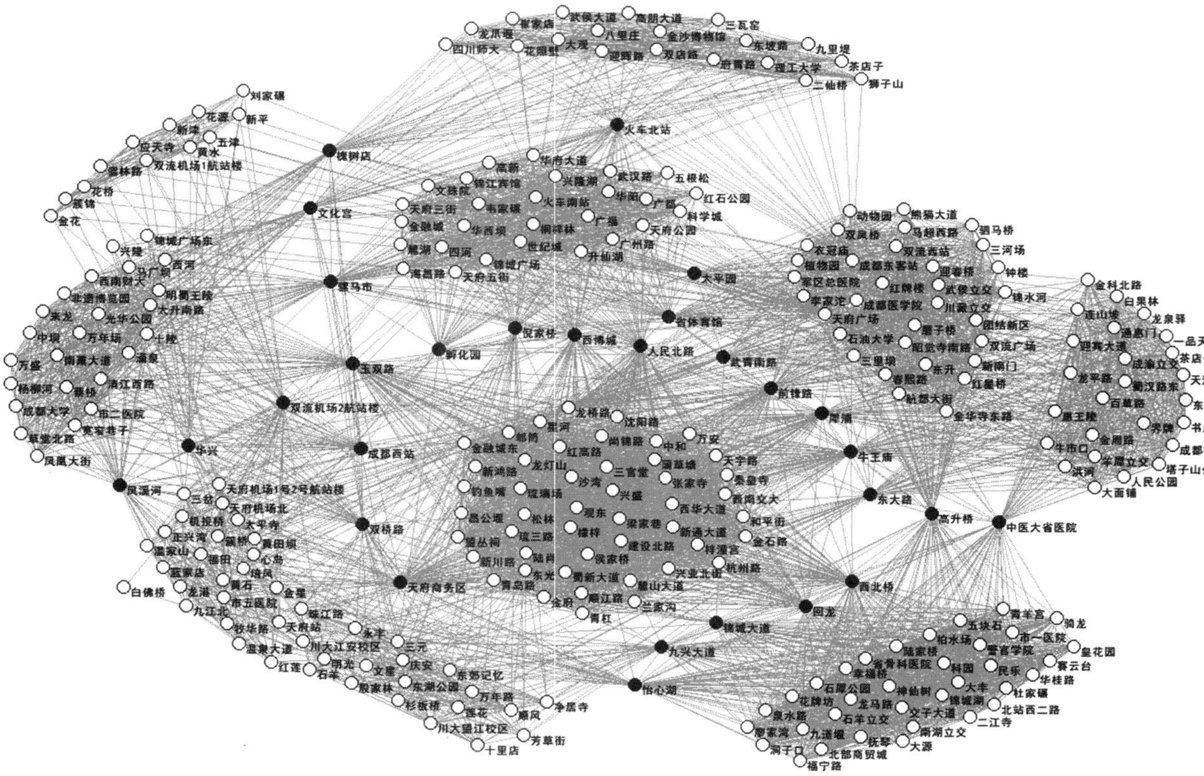

图 8　成都市轨道交通网络的拓扑结构网络模型图

(三)复杂网络特征分析

通过成都市轨道交通网络的拓扑结构网络模型,可以对其复杂网络特征进行分析,本文主要研究四项常见的交通网络拓扑结构特征,分别是:站点度和度分布、网络直径、平均路径长度、聚类系数和网络效率。

1. 站点的度与度分布

站点的度 $d(i)$ 的数值表示的是与第 i 号站点直接连接的站点的数量,反映出第 i 号站点与其他站点的连接情况。站点 $d(i)$ 值越大,则说明第 i 号站点在网络中的连接情况越好,便捷度越高,站点影响力越大,其计算公式为:

$$d(i)=\sum_{j}^{M}a_{ij} \qquad \text{公式(1)}$$

其中,M 表示网络中站点的总数,$i,j \in M$;a_{ij} 表示第 i 号站点与第 j 号站点的连接情况,若第 i 号站点与第 j 号站点之间存在连接关系,则 $a_{ij}=1$,反之 $a_{ij}=0$。

平均度 $\bar{d}$ 表示网络中所有站点的度之和的平均值,其公式为:

$$\bar{d}=\frac{\sum_{i}^{M}d(i)}{M} \qquad \text{公式(2)}$$

度分布 $P(d)$ 是指网络中某个随机站点的度为 d 的概率,也就是度为 d 的站点在整个网络所有站点的占比,其公式为:

$$P(d)=\frac{nd}{M} \qquad \text{公式(3)}$$

其中,nd 表示网络中度值为 d 的站点数量。

根据公式(1)、(2)(3),计算出成都市轨道交通所有编号站点的度值,并对结果进行可视化。各站点度值分布如图 9 所示,度总体分布情况见图 10。

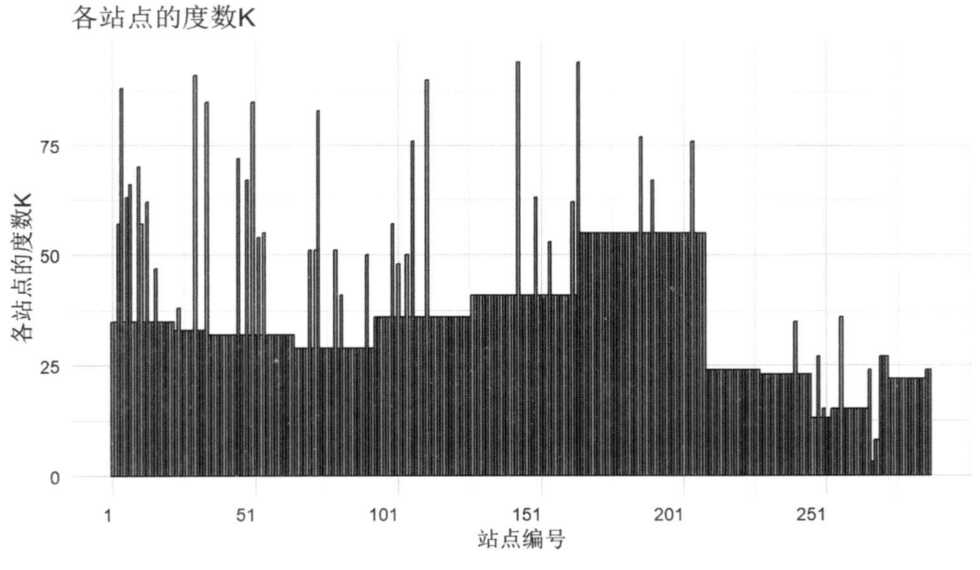

图 9　站点度值的分布情况

由图 9 可知,度值突出部分共有 45 个站点,其余度值呈现阶段性一致的趋势。说明存在部分站点的便捷程度远超其他的站点。

分析图 10 可知,成都市城市轨道交通站点的度值主要聚集在 55 及其以下,度值高于 55 的站点极少,说明成都市城市轨道交通中无需换乘可直达的站点数属中上水平,可满足人们平时的基本出行需求。

根据计算结果列出成都市轨道交通网络中度值最大的前 10 个站点如表 1 所示:

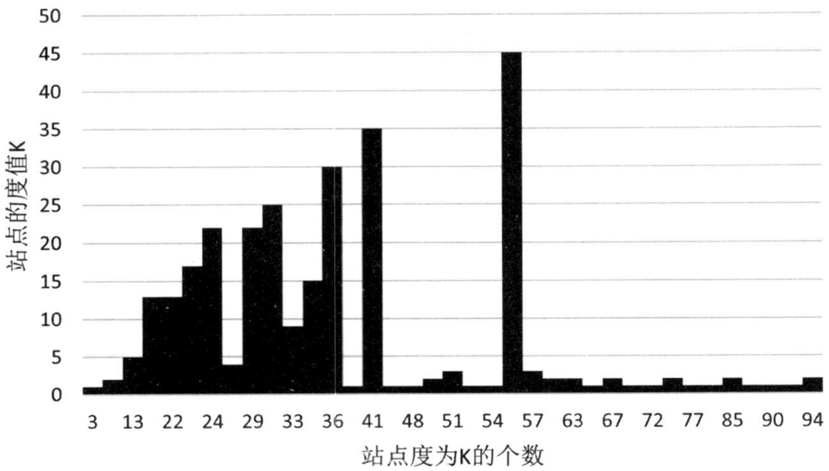

图 10　成都市轨道交通站点的度分布图

表 1　站点度值排序前十的站点

排序	站点名称	站点名编号	站点度值	是否为换乘站
1	西北桥	144	94	是
2	回龙	165	94	是
3	西博城	30	91	是
4	前锋路	111	90	是
5	人民北路	4	88	是
6	犀浦	34	85	是
7	牛王庙	50	85	是
8	玉双路	73	83	是
9	东光	189	77	是
10	高升桥	106	76	是

由表 1 可知，前十的站点均为换乘站，其中度值最大的站点是西北桥站，度值为 94，表示无需换乘可直达 94 个站点。经计算站点的平均度 $\bar{d}$ 值为 37.928，说明每个站点平均能一次性直达 37 个站点。

2. 平均路径长度与网络直径

平均路径长度 L 和网络直径 D 用于描述网络的全局连接特性，它们提供了网络紧密程度和效率的量度。平均路径长度 L 是网络中节点对之间最短路径长度的平均值。平均路径长度的值越小，说明站点之间越紧密，反之则说明站点之间越分散，网络直径 D 是指网络中所有节点对之间最短路径长度的最大值。

利用 pajek 中的 Network-Create Vector-Distribution of Distance 功能，得到成都轨道交通网络的网络直径与平均路径长度，具体结果如图 11 所示：

由图 11 可知，该网络的平均路径长度 L＝2.14850，这意味着从一个站点到达另一个站点的平均路径为两条。该网络的网络直径 D＝4，说明连通所有站点需乘坐的线路为 4，即在本网络中，到达任意站点最多需换乘 3 次。需要换乘最多的两个站点为 35 号天河路站和 271 号白佛桥站，即换乘 3 次才能到达目的站点。

3. 聚类系数

在探讨站点的聚类特性时，我们引入了一个重要的度量指标——聚类系数，这一系数衡量的是一个站点与其邻近站点之间实际连接的边数与在理论上这些站点之间可能存在的最大边数之间的比值。这一比值能够直观地反映站点之间的聚类或集聚水平。为全面评估整个网络的集聚特性，我们引入网络整体的聚类系数这一概念，它实际上是网络中所有站点聚类系数的平均值。这一指标为我们提供了一个衡量网络中所有站点间联系紧密程度的量化标准，有助于更深入地理解网络的结构特征。

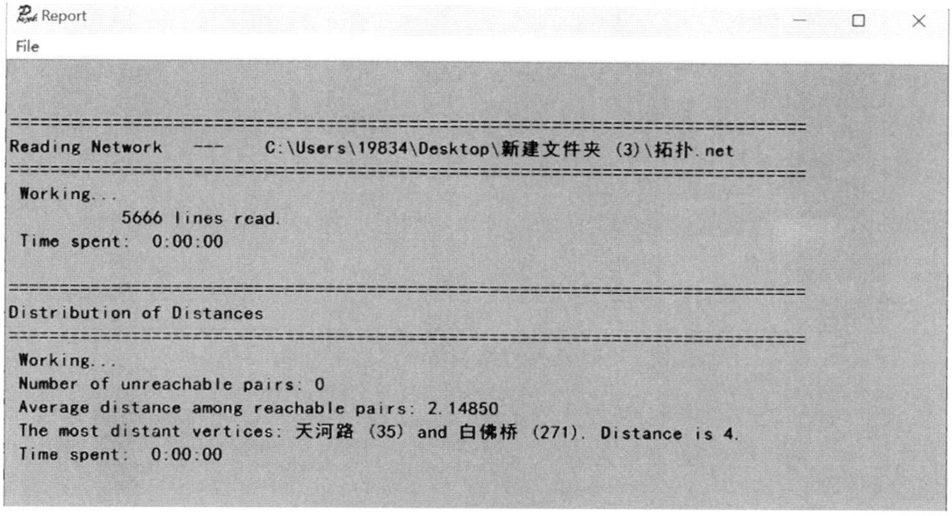

图 11　交通网络直径与平均路径长度

利用 pajek 按照 Network-Create Vector-Clustering Coefficient-CC1，得到成都轨道交通网络的聚类系数，限于篇幅，我们在图 12 中展示部分站点的聚类系数。

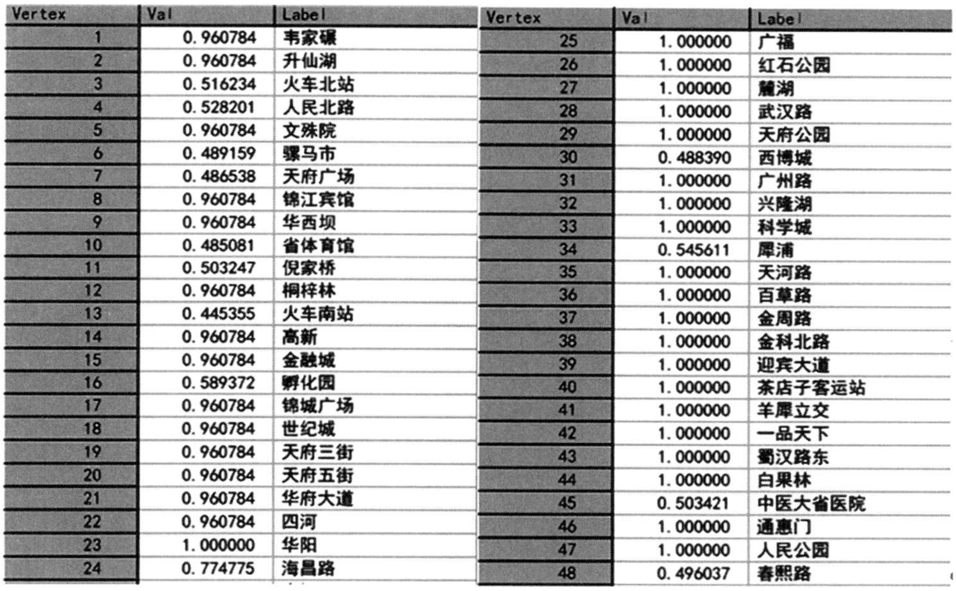

Vertex	Val	Label	Vertex	Val	Label
1	0.960784	韦家碾	25	1.000000	广福
2	0.960784	升仙湖	26	1.000000	红石公园
3	0.516234	火车北站	27	1.000000	麓湖
4	0.528201	人民北路	28	1.000000	武汉路
5	0.960784	文殊院	29	1.000000	天府公园
6	0.489159	骡马市	30	0.488390	西博城
7	0.486538	天府广场	31	1.000000	广州路
8	0.960784	锦江宾馆	32	1.000000	兴隆湖
9	0.960784	华西坝	33	1.000000	科学城
10	0.485081	省体育馆	34	0.545611	犀浦
11	0.503247	倪家桥	35	1.000000	天河路
12	0.960784	桐梓林	36	1.000000	百草路
13	0.445355	火车南站	37	1.000000	金周路
14	0.960784	高新	38	1.000000	金科北路
15	0.960784	金融城	39	1.000000	迎宾大道
16	0.589372	孵化园	40	1.000000	茶店子客运站
17	0.960784	锦城广场	41	1.000000	羊犀立交
18	0.960784	世纪城	42	1.000000	一品天下
19	0.960784	天府三街	43	1.000000	蜀汉路东
20	0.960784	天府五街	44	1.000000	白果林
21	0.960784	华府大道	45	0.503421	中医大省医院
22	0.960784	四河	46	1.000000	通惠门
23	1.000000	华阳	47	1.000000	人民公园
24	0.774775	海昌路	48	0.496037	春熙路

图 12　部分站点的聚类系数

成都市轨道交通网络超过 82% 的站点的聚类系数为 1，编号为 13 的火车南站站点的聚类系数为 0.445，是全网络的最小聚类系数。利用 MATLAB 计算出整个轨道交通网络的聚类系数 0.933，说明在 P 空间下，各站点间联系紧密度高。

4. 网络效率

站点间的联通效率 E_{ij} 是 i，j 站点之间最短距离 s_{ij} 的倒数，两站点间最短距离的值越大，该站点对之间联通效率越低，其公式为：

$$E_{ij}=\frac{1}{s_{ij}} \qquad \text{公式(4)}$$

网络效率 E 即网络中全部有效连接联通效率之和的平均值，其公式为：

$$E=\frac{1}{M(M-1)} \qquad \text{公式(5)}$$

经 MATLAB 编程计算得出网络中各站点的网络连通效率以及网络效率，得到整个网络的网络效率为 0.518。限于篇幅，图 13 只罗列出部分站点的连通效率值。

站点	10	30	50	70	90	110	130
10	1	0.5	0.5	0.5	1	0.5	0.5
30	0	1	0.5	0.5	0.5	0.5	0.5
50	1	0	0.5	0.5	0.5	0.5	0.5
70	0.5	0.5	0.5	1	0.33	0.33	0.5
90	0.5	0.5	0.33	0	0.5	0.5	0.5
110	0.5	0.5	0.33	0.5	0	0.5	0.5
130	0.5	0.5	0.33	0.5	0.5	0	1
150	0.5	0.5	0.5	0.5	0.5	1	0
170	1	1	0.5	0.5	0.5	0.5	0.5
160	1	1	0.5	0.5	0.5	0.5	0.5
210	1	1	0.5	0.5	0.5	0.5	0.5

图 13　部分站点的网络联通效率矩阵

由图 13 可知,网络连通效率除与自身站点为 0 外,最小值 $\min E = 0.25$,最大值 $\max E = 1$,通过公式(4)计算出网络中最大连通效率两点间的最短路径长度为 4。网络中度值最大是西北桥站,度值为 94,站点间平均只需要经过一次换乘,最多三次换乘即可实现任意站点间的互通。

六、基于变异系数-VIKOR 法评估站点重要度

本章结合现有文献和成都市轨道交通实际运营情况选取研究指标以构建评价体系,再使用变异系数-VIKOR 综合评估法建立站点重要度评估模型,对城市轨道交通网络中的站点进行重要度评估。

(一)指标选择与说明

本文深入分析复杂网络理论,确立了点度中心性、接近中心性以及介数中心性为评价城市轨道交通站点重要性的核心三项指标。进一步地,从轨道交通的实际运营视角出发,结合客流量的实际变动情况和各站点的换乘便捷性,选取了站内拥挤度和站点功能属性两大关键维度,以此构建出如图 14 所示的城市轨道交通站点重要度评价体系。

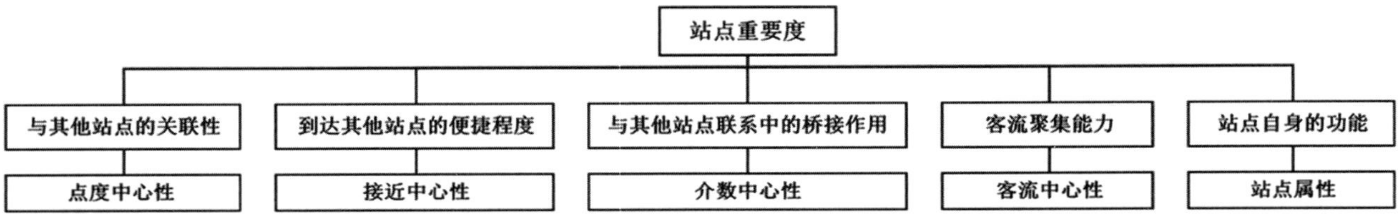

图 14　城市轨道交通站点重要度评价体系

1. 点度中心性

$Cd(i)$ 是指与站点 i 相连的站点数量与可能存在的最大数量的比值,体现站点间直接的联系,值的大小反应站点的重要度,计算公式为:

$$Cd(i) = \frac{d(i)}{M-1} \qquad \text{公式(6)}$$

其中,$d(i)$ 为与站点 i 相连的站点数;M 为网络中站点的总数量

2. 接近中心性

$Cc(i)$ 是站点 i 到其他站点之间线路数之和与其余站点总数量比值的相反数,反映站点的近邻关系和便捷程度,该站点的重要度和值的大小成正比,计算公式为:

$$Cc(i) = (M-1)\left(\sum_{j=1}^{M} s_{ij}\right)^{-1} \qquad \text{公式(7)}$$

其中,s_{ij} 为站点 i,j 间的最短路径长度。

3. 介数中心性

$Cb(i)$ 是经过站点 i 的最短路径的数目与该网络中最短路径总和的比值,反映站点控制其他站点的能力,值越大则说明该站点越重要,计算公式为:

$$Cb(i) = \sum_{j,k \in M, j \neq k}^{M} \frac{sjk(i)}{sjk} \qquad \text{公式(8)}$$

其中，$sjk(i)$ 为连接站点 j 与 k 且经过站点 i 的最短路径的数量；sjk 为站点 j 与 k 之间的最短路径的数量。

4. 站内拥挤度

站内拥挤度是站点在轨道交通网络中聚集客流能力的一种体现，本文将其定义为站点上行路段和下行路段客流拥挤度的平均值，分为舒适，繁忙，拥挤，过度拥挤四个级别。等级越高则说明该站点聚集客流的能力越强，站点越重要。

5. 站点属性

为符合实际运营中网络站点的运营功能属性，我们对站点进行如图 15 所示的分类。

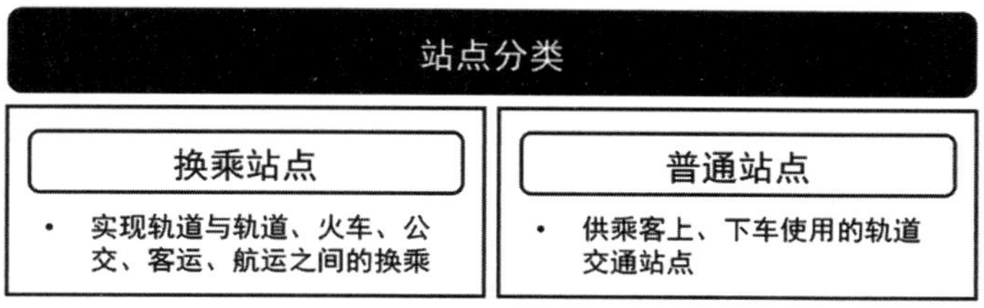

图 15　站点属性分类

站点属性 $SP(i)$ 是指站点拥有的与其他交通方式或线路换乘的能力，值越大则说明该站点越拥有的功能越多，站点越重要，计算公式为：

$$SP(i)=\frac{\sum_{g=6}^{6} i_g}{\max\sum_{g=1}^{6} i_g} \qquad \text{公式(9)}$$

其中，ig 为各个站点属性类型的取值，计算公式如下：

$$ig_{g=1,2,\cdots,6}=\begin{cases}0\text{ 或者 }1(i\text{ 是普通站为 }1,\text{否则为 }0)\\0\text{ 或者 }1(i\text{ 是轨道换乘站为 }1,\text{否则为 }0)\\0\text{ 或者 }1(i\text{ 是火车换乘站为 }1,\text{否则为 }0)\\0\text{ 或者 }1(i\text{ 是公交换乘站为 }1,\text{否则为 }0)\\0\text{ 或者 }1(i\text{ 是客运换乘站为 }1,\text{否则为 }0)\\0\text{ 或者 }1(i\text{ 是航运换乘站为 }1,\text{否则为 }0)\end{cases} \qquad \text{公式(10)}$$

(二)指标结果分析

根据前文指标说明部分给出的计算方法，计算出成都市轨道交通网络站点的点度中心性、接近中心性、介数中心性、客流中心性以及站点属性，具体分析如下：

1. 点度中心性

根据公式(1)计算出成都市轨道交通站点的点度中心性，限于篇幅，我们截取部分计算结果进行可视化处理，如下图 16 所示。

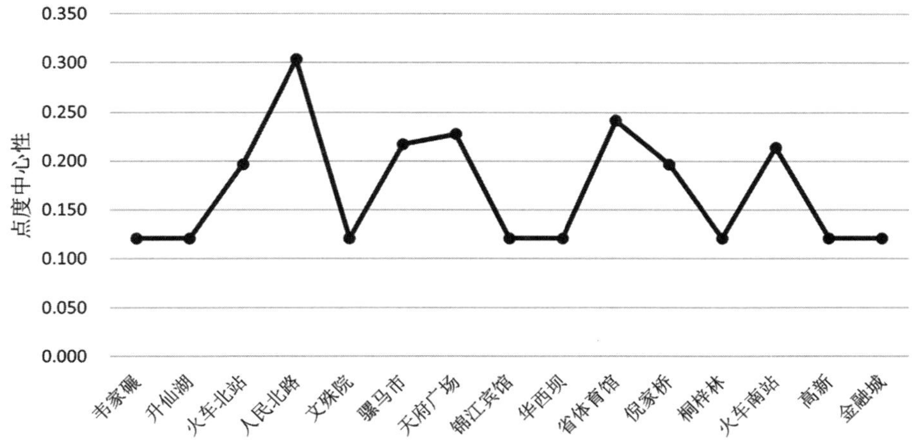

图 16　部分站点点度中心性值

成都市轨道交通网络中站点的点度中心性最大的是编号为144和165的站点，即西北桥站和回龙站，其点度中心性值均为0.324，表明在成都市轨道交通网络中西北桥站和回龙站能不换乘到达的站点数目最多。

2. 接近中心性

利用pajek软件按Network-Create Vector-Centrality-Closeness得到各个站点的接近中心性值，部分站点结果如图17所示：

Vertex	Val	Label
1	0.476190	韦家碾
2	0.476190	升仙湖
3	0.494037	火车北站
4	0.573123	人民北路
5	0.476190	文殊院
6	0.513274	骡马市
7	0.534070	天府广场
8	0.476190	锦江宾馆
9	0.476190	华西坝
10	0.566406	省体育馆
11	0.525362	倪家桥
13	0.512367	火车南站
14	0.476190	高新
15	0.476190	金融城
16	0.530165	孵化园
17	0.476190	锦城广场
18	0.476190	世纪城
19	0.476190	天府三街
20	0.476190	天府五街
21	0.476190	华府大道
22	0.476190	四河
23	0.474632	华阳
24	0.491525	海昌路

图17 部分站点接近中心性值

针对接近中心性而言，值最大的是编号为30的西博城站，这表示该站点到其他站点所需的最短距离最小，即该站点到其他站点所需的平均换乘次数最少。

3. 介数中心性

根据软件pajek中的Network-Create Vector-Centrality Betweenness得出成都市轨道交通站点的介数中心性，部分站点的介数中心性如图18所示：

Vertex	Val	Label
1	0.000024	韦家碾
2	0.000024	升仙湖
3	0.022264	火车北站
4	0.032281	人民北路
5	0.000024	文殊院
6	0.026177	骡马市
7	0.027804	天府广场
8	0.000024	锦江宾馆
9	0.000024	华西坝
10	0.051796	省体育馆
11	0.024958	倪家桥
12	0.000024	桐梓林
13	0.036924	火车南站
14	0.000024	高新
15	0.000024	金融城
16	0.019587	孵化园
17	0.000024	锦城广场
18	0.000024	世纪城
19	0.000024	天府三街
20	0.000024	天府五街
21	0.000024	华府大道
22	0.000024	四河
23	0.000000	华阳
24	0.004649	海昌路
25	0.000000	广福
26	0.000000	红石公园
27	0.000000	麓湖
28	0.000000	武汉路
29	0.000000	天府公园
30	0.040510	西博城
31	0.000000	广州路
32	0.000000	兴隆湖
33	0.000000	科学城
34	0.026156	犀浦
35	0.000000	天河路
36	0.000000	百草路
37	0.000000	金周路
38	0.000000	金科北路
39	0.000000	迎宾大道
40	0.000000	茶店子客运站
41	0.000000	羊犀立交
42	0.000000	一品天下
43	0.000000	蜀汉路东
44	0.000000	白果林
45	0.048372	中医大省医院
46	0.000000	通惠门
47	0.000000	人民公园
48	0.042554	春熙路
49	0.000000	东门大桥

图18 部分站点介数中心性值

值最大的是编号为73的玉双路，表示在网络中该站点控制其他站点的能力最大，破坏该站点会大幅度降低网络的传输效率。

4. 站内拥挤程度

我们收集了2024年4月8日至2024年4月14日一周内的站点拥挤程度数据(数据来源于成都地铁APP)，计算出7天的站点拥挤度值及其均值，结果见图19。其中，站内拥挤度最大站点为编号80的清江西路站，其值为1.839。

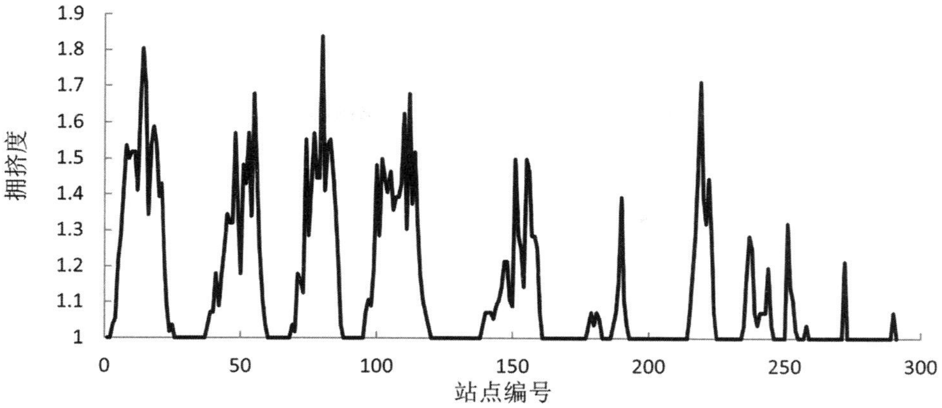

图 19　成都市轨道交通站点客流中心性

为便于直观分析，我们截取部分站点客流中心性计算结果可视化为热力图 20。其中，颜色越深则表示该站点客流量越大。

站点编号	均值	Mon.	Tue.	Wed.	Thur.	Fri.	Sat.	Sun.
14	1.8035714	2.25	1	1.125	2.25	1	3	2
22	1.2207143	1	1	1.125	1.25	1.17	1.5	1.5
23	1.0892857	1	1	1.125	1.25	1.25	1	1
48	1.5714286	1.75	1.25	1.125	1.625	1.5	2.125	1.625
51	1.4821429	1.75	1	1.125	1.75	1.75	1	2
52	1.4285714	1.5	1.25	1.125	1.5	1.375	1.75	1.5
54	1.3392857	1.375	1.125	1.125	1.375	1.125	1.75	1.5
55	1.6785714	2	1	1.75	1.5	1.75	2	1.75
56	1.4642857	1.5	1	1.5	1.25	1.5	2	1.5
80	1.8392857	2	1.5	1.125	2.25	1.5	2.5	2
82	1.5357143	1.75	1.125	1.125	1.75	1.25	1.75	2
83	1.5535714	1.5	1.5	1.125	1.75	1	2	2
84	1.4642857	1.75	1.125	1.125	1.5	1	2	1.75
110	1.625	2	1	1.125	2	1.5	2	1.75

舒适　繁忙　拥挤　过度拥挤

图 20　部分站点客流中心性热力图

5. 站点属性

使用文献调查法对成都市轨道交通站点属性进行研究，以公交换乘功能为例，我们根据成都市快速公交线路图(数据来源于五路的小窝公众号)统计出具有公交换乘功能的站点。

通过公式(9)、(10)计算出成都市城市轨道交通站点的站点属性。表 2 为截取的部分站点属性计算结果：

表 2　部分站点属性计算结果

编号	i_g	站点属性	编号	i_g	站点属性
1	2	0.4	8	2	0.4
2	2	0.4	9	2	0.4
3	4	0.8	10	3	0.6
4	2	0.4	11	2	0.4
5	1	0.2	12	2	0.4
6	3	0.6	13	4	0.8
7	2	0.4	14	2	0.4

表2中站点属性最大的是编号为3的火车北站和编号为13的火车南站,这是因为这两个站点直接设置在火车站,近公交、客运站,同时它们还分别为1、7号线和1、7、18号线的换乘站,所以其 i_g 值都为4,站点属性都为0.8。

站点五个指标前十的排序结果如表3所示:

表3　五个指标前十的排序结果

排序	点度中心性	接近中心性	介数中心性	客流中心性	站点属性
1	西北桥	西博城	玉双路	清江西路	成都东客站
2	回龙	人民北路	省体育馆	高新	火车南站
3	西博城	牛王庙	成都东客站	三瓦窑	成都西站
4	前锋路	犀浦	前锋路	金融城	火车北站
5	人民北路	前锋路	中医大省医院	李家沱	世纪城
6	牛王庙	玉双路	春熙路	成渝立交	市二医院
7	犀浦	省体育馆	西博城	火车南站	省体育馆
8	玉双路	西北桥	高升桥	红星桥	昭觉寺南路
9	东光	回龙	火车南站	世纪城	神仙树
10	高升桥	天府商务区	天府商务区	春熙路	文化宫

表3中总计列出50个站点,其中,有15个站点只出现过1次,出现过2次的站点有10个,出现过3次的站点有5个,分别是西博城、前锋路、玉双路、省体育馆和火车南站。

(三)成都市轨道交通站点重要度评估模型构建

本部分将对变异系数法、VIKOR多属性分类法的概念进行阐述,基于变异系数-VIKOR综合评估法就重要度对成都市轨道交通站点进行排序。

1. 模型假设

为简化城市轨道交通站点重要度评估问题,我们对模型作出以下假设:

(1)排除双向运营中客流量差异、车辆实际运行时长以及各自发车频率等潜在影响因素。

(2)站点拥挤程度能够真实有效地反映该站点地客流量聚集能力。

2. 基于变异系数法的指标权重的确立

变异系数法,作为客观赋权法的核心方法之一,通过精确计算各项指标数据,从而科学合理地确定各指标的权重。当指标数据间的差异程度较高时,这往往意味着该指标在评价体系中占据更为显著的地位,因此应赋予其更大的权重。这种方法有助于降低主观判断的干扰,提高评价的客观性和准确性。

在本研究中,我们将运用变异系数法来精准确定城市轨道交通站点重要性评价体系的各项指标权重,具体步骤如下:

步骤1:数据标准化

为消除不同指标之间的量纲影响,将含291个待评估站点和5个指标的初始矩阵 $X=(x_{mn})_{M\times N}$ 作公式(11)的运算,得到标准化决策矩阵 $Y=(y_{mn})_{M\times N}$。

$$\text{ymn}=\begin{cases}\dfrac{xmn-\min\limits_{n}(xmn)}{\max\limits_{n}(xmn)-\min\limits_{n}(xmn)}, n\in N_{+}\\[2ex]\dfrac{\max\limits_{n}(xmn)-xmn}{\max\limits_{n}(xmn)-\min\limits_{n}(xmn)}, n\in N_{-}\end{cases} \qquad \text{公式(11)}$$

其中,m 代表网络中编号为 m 的站点,n 代表网络中第 n 个指标,$n=1,2,\cdots,N$;N_{+} 为正向型指标集,即指标越大越好,N_{-} 为逆向型指标集,即指标越小越好;x_{mn} 表示站点 m 的第 n 个指标的初始值;y_{mn} 为 x_{mn} 进行无量纲标准化后的值;$\min\limits_{n}(xmn)$ 为第 n 个指标下的最小值,$\max\limits_{n}(xmn)$ 为第 n 个指标下的最大值。

步骤 2:计算变异系数

针对标准化处理后的 y_{mn} 来计算各个指标的变异系数。设各指标的变异系数为 δn, $1 \leqslant n \leqslant N$,则:

$$\delta n = \frac{\sigma n}{\bar{y} n} \quad \text{公式(12)}$$

$$\sigma n = \sqrt{\frac{\sum_{m=1}^{M}(ymn - \bar{y}n)^2}{M}} \quad \text{公式(13)}$$

$$\bar{y}n = \frac{\sum_{m=1}^{M} ymn}{M} \quad \text{公式(14)}$$

其中,$\bar{y}n$ 为第 n 个指标的平均值,σn 为第 n 个指标的标准差。

按照公式(12)、(13)、(14),计算出各指标的变异系数。以点度中心性这一指标为例,平均值为 $\bar{y}_1 = 3838$,标准差为 $\bar{\sigma}_1 = 0.1701$,得到点度中心性的变异系数 $\delta_1 = 0.4640$,同理可得其他 4 个指标的变异系数,如表 4 所示:

表 4　变异系数

指标	接近中心性	介数中心性	客流中心性	站点属性
变异系数	0.3225	2.7195	1.4218	0.4805

步骤 3:计算变异系数权重

对得到的各指标的变异系数作归一化处理,得到所对应的变异系数权重:

$$wn = \frac{\delta n}{\sum_{n=1}^{N} \delta n} \quad \text{公式(15)}$$

其中,wn 为客观权重值;δn 为指标变异系数。根据公式(15)对各指标的变异系数进行归一化处理,得到变异系数权重如表 5 所示:

表 5　变异系数权重

指标	点度中心性	接近中心性	介数中心性	客流中心性	站点属性
标准差	0.244	0.243	0.048	0.056	0.114
平均数	0.788	1.000	0.000	0.000	0.482
变异系数	1.000	0.518	1.000	1.000	1.000
权重	0.000	0.000	0.162	0.077	0.000

3. 基于 VIKOR 多属性分类法的重要度综合评估

VIKOR(多准则妥协解排序法)是一种广泛应用于方案选择、供应商筛选及质量评估等多属性决策场景中的方法论。鉴于其广泛的适用性和有效性,本研究将使用 VIKOR 方法,实现对城市轨道交通站点重要性的全面评价。在此过程中,我们将通过计算各站点的最大群体效用值、最小个体遗憾值和利益比率,来量化各站点重要度与理想状态的接近程度。基于这些计算结果,我们将对各站点的重要性进行精确的排序,以确保评估结果的客观性和准确性。应用步骤如下:

步骤 1:将标准化处理后的 y_{mn} 值确定正理想解 y_n^+,和负理想解 y_n^- :

$$\begin{cases} y_n^+ = \max\limits_n(y_{mn}) \\ y_n^- = \min\limits_n(y_{mn}) \end{cases} \quad \text{公式(16)}$$

得到如表 6 所示结果:

表6　正、负理想解

指标	点度中心性	接近中心性	介数中心性	客流中心性	站点属性
正理想解	1	1	1	1	1
负理想解	0	0	0	0	0

步骤2:计算各待评站点的最大群体效益值 Sm，和最小个体遗憾值 Rm ：

$$Sm=\sum_{n=1}^{N}\frac{wn(y_n^+-ymn)}{y_n^+-y_n^-} \qquad \text{公式(17)}$$

$$Rm=\max_n\frac{wn(y_n^+-ymn)}{y_n^+-y_n^-} \qquad \text{公式(18)}$$

其中，wn 为变异系数法求得的第 n 个指标的权重值。

步骤3:计算各待评站点的利益比率值 Qm ：

$$Qm=v\frac{(Sm-\min Sm)}{(\max Sm-\min Sm)}+(1-v)\frac{(Rm-\min Rm)}{(\max Rm-\min Rm)} \qquad \text{公式(19)}$$

其中，v 是决策机制系数。为保持普遍适用性，我们在这里选择 $v=0.5$ 作为计算基准。基于正、负理想解结果，按式(17)至(19)计算群体效益值（Sm）、个体遗憾值（Rm）和折中利益比率值（Qm），结果如下：

表7　群体效益值、个体遗憾值和折中利益比率值

指标	S	Q	R
1	0.912	0.958	0.503
2	0.912	0.958	0.503
3	0.626	0.519	0.297
4	0.523	0.391	0.246
5	0.867	0.929	0.503

步骤4:站点排序

对各站点的利益比率 Qm 进行升序排列，数值越小表示该站点越重要。得到成都市轨道交通站点综合排名结果(详见附录5)，在此给出综合排名前十的站点，如表8所示：

表8　综合排名前十的站点

排名	综合指标	排名	综合指标
1	省体育馆	6	中医大省医院
2	春熙路	7	高升桥
3	成都东客站	8	玉双路
4	前锋路	9	太平园
5	火车南站	10	西北桥

七、成都市轨道交通应急救援站选址分析

解决选址问题的经典模型有很多，如：集合覆盖模型、排队系统网络选址优化模型、P－中心模型等。本文根据李刚[6]的P－中心应急救援站选址模型，建立整数规划模型对成都市轨道应急救援站选址问题进行求解。

本章首先基于中心性指标对站点抗毁性和脆弱性进行分析，既验证了评价指标选取的合理性，又为下文研究选址问题奠定理论基础。然后通过查阅相关文献，确立了应急救援站选取原则。结合该原则和现实情况，给出约束条件，建立基于整数规划的城市轨道交通应急救援站选址模型。最后基于模拟退火算法在

MATLAB 上编写程序对模型进行求解。

(一)基于中心性指标的抗毁性、脆弱性分析

基于中心性指标对抗毁性和脆弱性的分析如下：

在网络结构中，高点度中心性的节点拥有众多连接，若它们首当其冲遭受恶意攻击，将严重破坏网络连通性，展现较高的脆弱性。而高接近中心性的节点由于与其他节点距离短，其受损将显著影响信息流通效率，削弱网络抗毁性，保留它们对于信息扩散至关重要。介数中心性高的节点扮演着“核心桥梁”的角色，一旦受到攻击，会极大阻碍网络中的流量传输，导致网络抗毁性迅速降低。此外，高客流中心性的节点在人流流动中占据核心地位，一旦受损将造成人流中断和混乱，进而降低网络抗毁性。

站点的抗毁性对于应对突发事故至关重要，高抗毁性的站点能在危机中保持稳定运行，提供紧急救援和疏散服务。相反，高脆弱性的站点在灾难发生时更易受影响，可能导致救援工作受阻。因此，在选址决策中，必须综合考虑站点的抗毁性与脆弱性，以确保其在关键时刻能够发挥最大效能。

(二)建立整数规划的应急救援站选址模型

1. 应急救援站选址原则

为了保障在突发紧急情况中能够迅速、有效地提供救援服务，我们特制定了如表 9 所示的应急救援站点选取标准。这些标准旨在确保在紧急时刻，我们能够迅速调集资源，优化救援流程，从而最大化救援效率并且避免资源浪费。

表 9　应急救援站选取原则

原则	说明
应急救援站数量最少原则	城市轨道交通工程的成本高昂，确保救援时间最短的前提下，尽量减少应急救援站的数量。
时间最短原则	应急救援站到其覆盖的需求车站的最大救援时间最短
应急救援站人流聚集原则	人流聚集地段更易突发事故，修建救援站降低风险与损失
应急救援站接近车站原则	优先考虑近车站的地点，可将空间足够的车站作应急救援站

2. 模型假设

为简化应急救援站选址问题，我们对模型作出以下假设：

(1)应急救援站全部设置在车站。

(2)模型从规划角度出发，不考虑既有应急救援站的情况。

3. 模型构建

基于上述应急救援站选址原则和模型假设，建立如下整数规划模型：

$$MinZ \qquad 公式(20)$$

$$s.t.\begin{cases} d_{ij}x_{ij} \leqslant Z, \forall u_i, v_j \\ \sum_{v_j \in V} x_{ij} \geqslant 1, \forall u_i \\ \sum_{v_j \in P} y_j = t \\ \sum_{v_j \in P} y_j + \sum_{v_j \in E} y_j = p \\ x_{ij} - y_j \leqslant 0, \forall u_i, v_j \\ x_{ij}, y_j \in \{0,1\}, \forall u_i, v_j \end{cases} \qquad 公式(21)$$

其中，目标函数表示使所有应急救援站到其所覆盖的需求站的距离中的最大值最小。约束条件式(1)中 Z 为所有救援站到覆盖需求站的最大救援距离。式(2)表示所有需求站至少被一个救援站覆盖。式(3)表示通过重要度评估模型选出的必选点集合 P 中的节点对应的车站默认设置应急救援站，且数量设为 t 座。式(4)表示应急救援站总数为 p。式(5)表示备选站点 v_j 仅作为救援站时提供服务。式(6)中 x_{ij}，y_j 为 0、1 变量，决定 v_j 是否为 u_i 服务，以及是否设置应急救援站。其中 0 为否，1 为是。

(三)必选站点与备选站点分析

1. 必选站点

由前文研究可知，当复杂网络中的重要节点被蓄意攻击时会表现出脆弱性，所以它们需要额外的关注和保护。因此，我们在选址应急救援站时优先考虑将重要程度较高的站点列为必选站点。

选取排名前十二的重要站点进行考虑，分别为：10、48、54、111、13、45、106、73、104、144、30、7号站点。10号站点为省体育馆站，在网络中连接多条线路，发挥着至关重要的中心作用，因此该站点为必选点。除了考虑站点重要度综合指标之外，还需考虑一些其他因素，例如48号站点与7号站点，10号站点与106号站点均为相邻站点，必选点集合中的站点应该尽量分散选取，因此只将7号站和10号站作为必选站点。此外，成都西站作为轨道交通与铁路换乘的重要枢纽，天府机场1号2号航站楼站、双流机场2航站楼站同为轨道交通与航空运输换乘的重要枢纽，且天府机场1号2号航站楼站距离网络中心距离较远，双流机场2航站楼站附近设有停车场，所以将在这三个站点处也需要设置应急救援站，以备受到攻击时减少救援距离，提高救援效率。

最终得到的应急救援站必选点编号集合 P＝{7,10,13,30,45,54,73,81,104,111,144,260,275}，共十三个站点，必选站点在网络中的具体分布情况见图21。

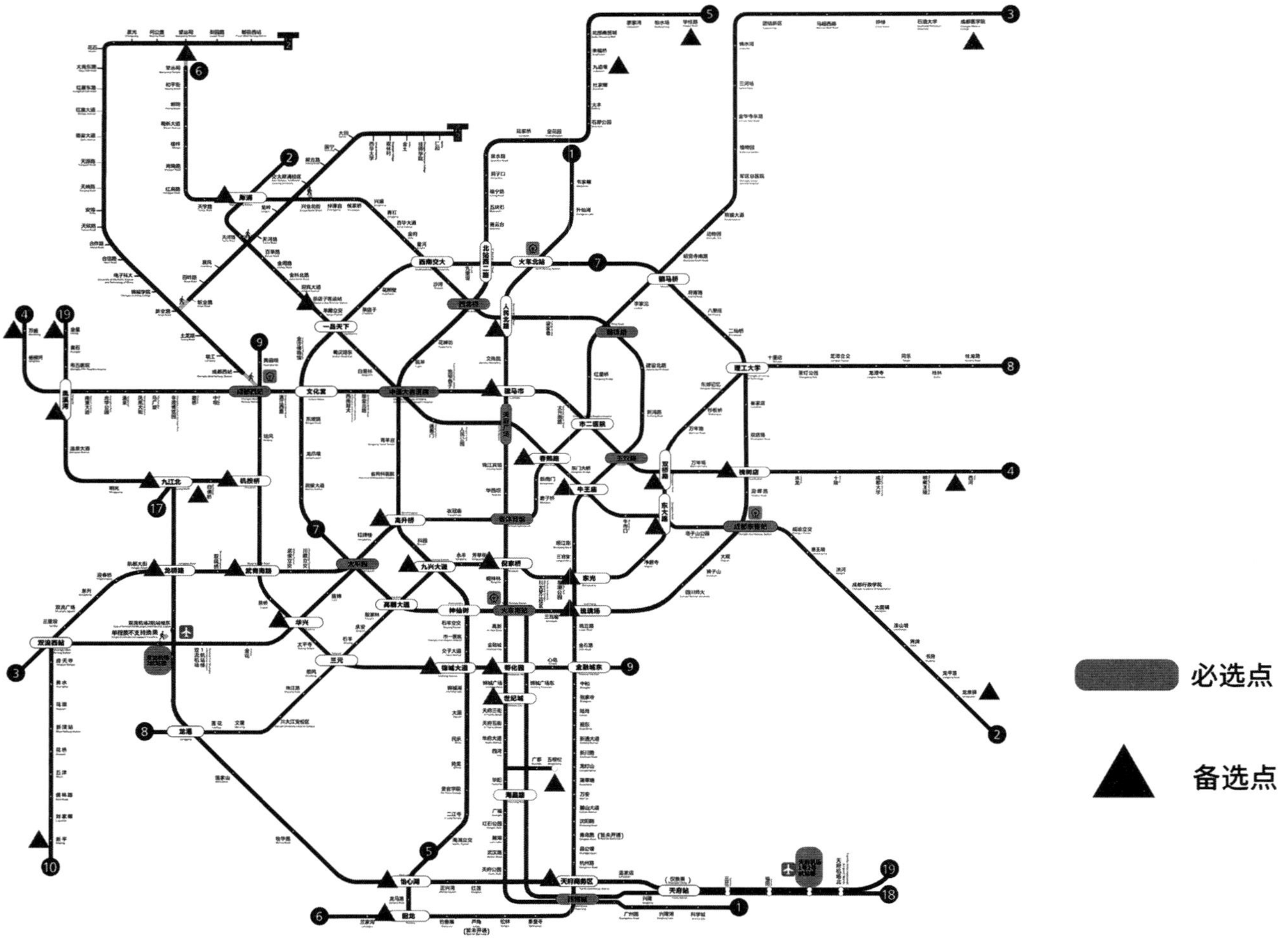

图21　应急救援站备选站点与必选站点分布情况

2. 备选站点

应急救援站备选点集合E涵盖网络中部分站点重要度较高的点，集合的选取要尽可能覆盖整个轨道交通网络。结合应急救援站选址原则，集合E还应包含附近设有停车场、火车站、机场、购物中心等人流聚集站点，以及附近没有医院，在紧急情况下无法得到救援的站点。因此，即使每条线路的起始站和终点站的综合指标不高，但由于它们周围大多设有停车场或车辆段，仍需要考虑将它们纳入备选点。同时，地铁5号线的华桂路站距离一些大型医院较远，在紧急情况下未必能够得到及时的救援，故选取该站点设置应急救援站十分合理。我们基于成都市城市轨道交通全线网配线图(数据来源于轨道图 RailMap 公众号)得到成都市城市轨道交通附近的停车场分布,为我们选址提供了有力参考。

最终得到的应急救援站备选点集合 E={4,6,7,10,11,13,16,18,30,34,40,45,48,50,52,54,64,65,70,72,73,81,90,92,99,101,104,106,111,126,127,132,144,150,155,163,165,166,189,190,208,252,254,260,269,270,271,275,277,291},备选站点在网络中的具体分布情况见图 21。

(四)模拟退火算法求解模型

在学术研究中,城市轨道交通应急救援站的选址问题被归类为 NP 难题,这意味着传统的解析方法在处理此类问题时往往面临计算复杂度过高的挑战。为了更有效地解决这一难题,本文采取了启发式算法中的一种——模拟退火算法,来优化求解过程。

1. 模拟退火算法概述

模拟退火算法,作为一种由物理学中固体退火原理启发的优化策略,其独特的算法机制使其在求解过程中融入了随机性,有效地提升了跳出局部最优解、探寻全局最优解的能力。通过模拟物理退火过程,该算法能在合理的时间范围内趋近于最优解,从而为城市轨道交通应急救援站选址这一复杂问题提供了一种既高效又稳健的解决途径。这一算法的引入,不仅提高了选址过程的科学性和合理性,也显著提升了决策效率与准确性。

2. 模型求解

将前文构建的应急救援站选址模型,应用到成都市轨道交通网络中,整理得出的如下已知参数:

(1)应急救援站需求点集合 U 的个数 $m=291$;

(2)应急救援站备选点集合 V 的个数 $n=50$;

(3)基于网络中心性的应急救援站必选点集合 P 的个数 $t=13$;

(4)应急救援站总数 p 的范围设定为[13,50],通过运行求解算法以选择其中的最优值;

(5)地铁网络的最短路矩阵 $d_{ij}=d(u,v)$ 由 floyd 算法编程得到。

利用模拟退火算法求解该模型的操作过程如下:

步骤 1:初始化参数

设置初始温度 $T_0=100$℃,降温系数 $\alpha=95\%$,终止温度 $T_{\min}=1e-3$℃,降温函数为 $T_{k+1}=\alpha T_k$,随机生成初始可行解 z_0 及最优解 z_{best}。

步骤 2:产生新解

编制函数 functionnew_solution=generate_neighbor(solution),在当前温度 T_k 下,对当前解进行随机扰动,产生新解 z_1。

步骤 3:更新当前解

编制函数 functionnew_solution=generate_neighbor(solution),比较新解和当前解的目标函数值,判断是否接受新解。若新解更优,则接受新解并更新当前解和最优解。

步骤 4:降温

根据设计的降温速率进行降温,继续更新最优解直至温度降低至终止温度,停止搜索输出当前解为最优解。

模拟退火算法程序流程如图 22 所示。

3. 模型结果

根据模拟退火算法的原理,利用 MATLAB 软件编写程序得到结果。在给定必选点和备选点情况下,我们最终选取编号为 4,7,10,13,16,18,30,34,45,48,50,54,64,65,72,73,81,92,104,111,132,144,150,190,252,254,260,275,277 的站点建立应急救援站,共计 29 座。

应急救援站主要分布在成都市中心范围,站点覆盖率较大,能够在突发事故时高效地提供救援。

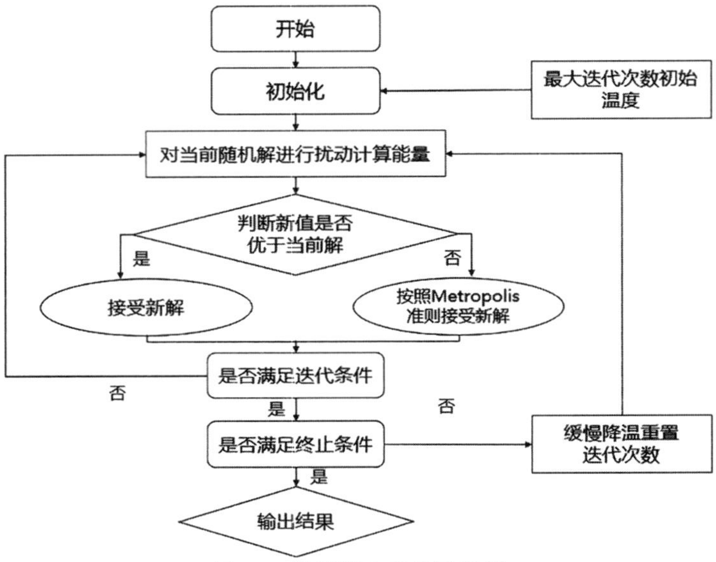

图22　模拟退火算法流程图

八、结论与建议

(一)结论

本篇论文基于复杂网络理论,对2023年12月已建成的成都市轨道交通网络展开研究,首先构建成都市地铁拓扑网络模型,明晰了成都市轨道交通网络结构并对四个网络结构特征开展分析,得到各个站点的基本信息。再构建站点重要度评估模型,从点度中心性、接近中心性、介数中心性、客流中心性、站点属性五个层面形成重要度评价指标体系,使用变异系数—VIKOR法对站点的重要度进行排序。之后围绕重要站点,结合应急救援站选取原则和实际情况,进行成都市轨道交通应急救援站的选址。我们的结果表明:

1. 复杂网络理论能够帮助我们更好地理解城市轨道交通的网络结构和关联,从而使选址过程的考虑更加全面,使得选址更加系统和综合。

2. 利用复杂网络理论进行选址研究可以提高选址的效率,通过分析网络拓扑结构、节点之间的关系锁定重要站点,迅速找到最佳选址方案。

3. 站点重要度评价指标较高的站点在整个网络中占据中心地位,其具备一定的抗毁性,在受到蓄意攻击后也呈现出脆弱性,在其附近建立应急救援站较为合理。

4. 根据站点的重要度来进行资源的分配以优化其功能,能满足更多人的出行需求。

(二)建议

我们根据实证分析、文献查阅并结合我国城市轨道交通实际发展情况提出以下建议:

1. 建立线网条件下的救援网络

目前,大多数城市轨道交通企业尚未提前规划建设应急救援站。他们仅将车辆段或停车场等基地作为救援物资的存放地,但该做法存在成本高、覆盖率低等问题。为解决这一问题,本文考虑了救援站对所有站点的覆盖,并优先保护重要度高的站点,从而解决了覆盖不全面、布局不合理等问题,具有实际参考价值。

2. 结合工程实际运用情况构建科学合理的选址体系

因应急救援站造价费用高昂,需充分考虑工程实际运用情况,针对城市轨道交通线网,考虑其特征对救援站设置的影响和限制。通过现场调查、可行性分析等方法,将特征转化为数学约束条件,优化模型以适应工程实际情况。

3. 标准化应急救援站的资源配置

根据突发事件类型对救援物资进行分类并整理,以便应急救援高效开展。

【参考文献】

[1] 焦柳丹，罗敏，谌微微，等．基于复杂网络和 VIKOR 的城市轨道交通网络站点重要度研究[J]．重庆交通大学学报(自然科学版)，2022，41(10)：16－25.
[2] 李刚．基于网络中心性的城市轨道交通应急救援站选址研究[D]．北京交通大学，2014.
[3] 罗敏．基于复杂网络理论的城市轨道交通网络抗毁性研究[D]．重庆交通大学，2022.
[4] 孙彩红．基于网络化的地铁应急救援站选址方法研究[J]．科技信息，2010，(28)：775－776.
[5] 薛锋，何传磊，黄倩．成都地铁网络的关键节点识别方法及性能分析[J]．中国安全科学学报，2019，29(01)：93－99.
[6] 叶青．基于复杂网络理论的轨道交通网络脆弱性分析[J]．中国安全科学学报，2012，22(02)：122－126. DOI：10. 16265/j. cnki. issn1003－3033. 2012. 02. 008.
[7] 中华人民共和国建设部．城市公共交通分类标准[EB/OL](2007－10－01)[2024. 5. 4]. https://www.renrendoc. com/p－59153038. html.
[8] 祝蕾．基于复杂网络理论的城市轨道交通应急救援站选址研究[D]．东南大学，2018.
[9] Hakimi S L. Optimum distribution of switching centers in a communication network and some related graph theoretic problems[J]. Operations Research，1965，13：462－475.
[10] Hakimi S L. Optimum Locations of Switching Centers and the Absolute Centers and Medians of a Graph[J]. Operations Research，1964，12：450－459.
[11] Meng，Y.，Tian，X，Li，Z，Zhou，W.，Zhou，Z.，& Zhong，M. Exploring node importance evolution of weighted complex networks in urban rail transit[J]. Physica A：Statistical Mechanics and its Applications，2020，558：124925.
[12] Shariff S S R，Moin N H，Omar M. Location allocation modeling for healthcare facility planning in Malaysia[J]. Computers & Industrial Engineering，2012，62：1000－1010.
[13] Yang，Y，Yu，L，Wang，X.，Zhou，Z.，Chen，Y，& Kou，T. A novel method to evaluate node importance in complex networks[J]. Physica A：Statistical Mechanics and its Applications，2019526：121118.

基于MIDAS和深度学习的组合预测模型研究

安徽财经大学　纪明阳、李东、余中龙

摘　要

准确预测有色金属价格对国民经济发展具有重要作用。然而,该领域的现有研究大多基于同频预测,忽略了混频数据中有价值的特征信息。因此,为了探索混频预测是否能提高该领域的预测效果,本研究基于深度学习、优化算法和混频数据采样回归(MIDAS)开发了一种新型的混合预测框架。实证部分以铜价预测为例,采用了与其相关性最高的三个解释变量进行模型预测、精度比较、鲁棒性检验等实验。最终的实验结果表明,本研究提出的基于混频数据的组合预测模型可以显著地提高预测性能,该模型的预测效果明显优于其他竞争模型。本研究的主要贡献在于成功实现了将混频数据直接输入预测模型中,并取得了良好的预测效果。同时,本研究拓展了有色金属价格预测的研究方法,也为该领域的学术研究提供了新视角。

关键词:铜价预测;MIDAS模型;长短期记忆神经网络;粒子群优化;混频数据

一、引言

铜是重要的战略金属资源,广泛应用于各个领域。随着中国对铜的需求不断增加,铜原料需要依靠进口来满足这一需求,这使得中国已成为当今世界上最大的国际铜进口国(Wang et al.,2017)。这种高度依赖性会引发很多经济问题,进而影响中国的经济发展(Wen et al.,2019;Hu et al.,2024;Gil-Alana and Poza,2024)。因此,分析铜价走势,进行准确的价格预测,对确保相关企业和宏观经济的稳定发展具有重要意义。铜作为一种在金融市场上交易的国际大宗商品,兼具商品属性和金融属性,其价格波动受多种复杂因素的影响。因此,要解决铜价预测过程中存在的问题,首先要分析影响铜价的因素。

目前,影响铜价的主要因素有全球宏观经济形势、政策的不确定性、能源成本以及其他有色金属的价格。首先,铜是大宗商品资产,其价格的长期波动趋势很大程度上受冶炼过程中所需能源成本的影响。原油和天然气作为主要的能源成本,在整个铜冶炼过程中发挥着重要作用。同时,其他有色金属价格的波动也会影响铜的供需,从而进一步影响铜的价格(Charlot and Marimoutou,2014)。此外,全球宏观经济形势和政策的不确定性也会对与铜原材料相关的经济产生重大影响(Li and Zhao,2023;Aloui and Mzoughi,2023)。这导致了与工业消费需求密切相关的国际铜价的波动。上述影响因素在铜价预测中起着非常重要的作用。目前,价格类数据预测的主要方法是基于相关影响因素的历史序列或者被解释变量自身的历史数据,再利用统计模型对未来数据进行准确预测。

在以往的研究中,自回归综合移动平均(ARIMA)等传统统计模型被应用于时间序列预测领域(Kwas et al.,2021;Hu et al.,2020;Zeng et al.,2023;Ray and Gurung,2023)。随着大数据时代的到来,许多学者利用先进的人工智能模型预测未来数据。相关实证文献中的一些模型显示了出色的预测结果(Xu et al.,2023;Marcjasz and Ziel.,2023;Yang et al.,2023;Alam et al.,2023)。例如,García and Kristjanpoller(2019)提出了一个由ARIMA、人工神经网络(ANN)等一系列模型组成的框架,以实现对月度铜价波动的准确预测。然而,金属价格波动模式的复杂性极高,历史上某一时点的数据也可能对当前价格数据产生重大影响。在以往的研究中,研究人员认为类似于长短期记忆神经网络(LSTM)的深度学习模型不仅擅长解决此类问题,而且比传统人工智能模型更有效(Wang et al.,2019;Liu et al.,2022;He and Huang.,2023;Kong et al.,2024)。例如,在黄金价格预测中,与ANNs相比,LSTM层和卷积层的组合可以显著提高预测性能(Livieris et al.,2020)。Shi and Zhang(2023)也验证了结合LSTM的混合预测模型在预测金属价格时的稳健性。不仅如此,近年来,一些学者还引入了优化算法,通过优化预测模型参数来提高模型性能。一些研究表明，在模型中加入优化算法可以提高预测的准确性（Khoshalan et al.，2021；Jovanovic et al.，2022；Luo et al.，2022；Nabavi and Dehghani，2024）。

在铜价预测领域中，当代预测模型仍有很大的改进空间。目前，该领域的大部分研究都只关注同频预测，很少有学者开发混频预测模型，即利用影响因素的高频数据来预测铜价的低频数据。同时，也有研究表明，在其他预测领域，混频预测比同频预测能显示出更好的效果，这是因为影响因素的高频变量相对于低频变量包含了更丰富的信息，可以及时做出预测（Jianget al.，2023；Zhang and Liu，2022）。因此，产生了一个新的问题：与同频数据预测模型相比，基于影响因素高频数据的混频预测模型在预测铜价时是否会表现得更好？在回答这个问题之前，本研究首先需要克服预测过程中不同频率带来的挑战。当高频变量和低频变量并存时，传统的方法是使用等权重策略将所有高频变量汇总为低频变量，但这种方法可能会失去高频数据的一些特性。Ghysels et al.（2004）提出的混频数据抽样回归（MIDAS）解决了这方面的问题。MIDAS 模型是解决响应变量和解释变量观测频率不一致问题的重要统计模型。通过梳理现有文献不难发现，MIDAS 模型自提出以来已被广泛应用于各个科研领域，并显示出非常好的预测效果（Li et al.，2023；Nguyen et al.，2023；Riso and Vacca.，2024）。

在 MIDAS 模型的基础上，许多学者随后发展和扩展了其形式，如广义自回归条件异方差模型（GARCH-MIDAS）、自回归分布滞后 ADL－MIDAS 等（Tumala and Atoi，2022；Fang et al.，2023；Wang and Xu.，2023；Segnon et al.，2024）。例如，Tumala and Nmadu（2023）使用 GARCH-MIDAS 模型研究了气候变化与化石燃料价格波动之间的关系。Zhang and Wang（2019）通过基于股票指数预测原油价格，比较了 ADL－MIDAS 模型与 ADL 模型的预测性能，在实证结果中前者更胜一筹。Hu et al（2022）的研究表明，当高频数据应用于时间序列模型时，MIDAS 模型的表现优于其他竞争模型。近年来，也有学者将神经网络与 MIDAS 模型相结合。一方面，这种改进模型将神经网络的频率采样样本从普通的同频数据扩展到复杂的混频数据。另一方面，在同频数据上，这种改进模型比普通神经网络具有更好的预测性能（Xu et al.，2019；Xu and Liu，2020 ；Xu et al.，2021）。此外，Xu and Liu（2023）将 MIDAS 集成到深度神经网络框架中，将混频数据上的神经网络从浅层架构提升到深层架构，进一步提高了预测性能。

目前，铜价领域的预测模型大多是基于同频数据的人工智能模型，而利用混频数据进行预测的研究较少。为了探索混频数据是否能提高预测效果，同时需要深度学习模型对铜价预测，故本研究提出了 LSTM-MIDAS 模型。此外，考虑到超参数优化问题，本研究采用人工智能优化算法 PSO 对 LSTM 中的超参数进行优化。因此，本研究最终提出了一种基于深度学习、优化算法和混频数据处理技术的新型组合预测模型，即 PSO-LSTM-MIDAS 模型，用于预测铜价。一方面，PSO-LSTM 模型能够很好地解决铜价预测这一复杂的非线性问题；另一方面，MIDAS 模型旨在将高频数据合理聚合为低频数据，保证了混频数据的直接输入，为进一步挖掘混频预测的优势发挥了巨大作用。本研究参考以往学者对铜价的分析，将铜价的影响因素分为四类，并在此基础上收集相应的 10 个变量，这 10 个变量包括日度数据、周度数据和月度数据。然后，本研究利用皮尔逊相关系数法选出与铜价最相关的三个变量，并将这些变量作为解释变量与铜价序列结合在一起，作为预测模型的输入要素。此外，为了获得更加稳健的预测结果，除了变量筛选，本研究还对预测模型进行了合理的参数选择。为了验证本研究提出的 PSO-LSTM-MIDAS 模型的综合性优势，在一步预测中，本研究对比了同频预测模型和混频预测模型的预测结果，并比较了有算法优化和无算法优化的预测结果，以及采用了传统人工智能模型为对比模型，进一步探讨所提出的组合模型在预测铜价方面的效率。此外，本研究也设计了稳健性检验与多步预测，目的在于进一步挖掘该组合预测模型的优势。

本研究的贡献主要体现在四个方面：（1）本研究创新性地将混频数据采样与深度学习交互融合后的混频预测模型应用于铜价预测研究领域，拓展了以往大多数铜价预测研究中采用同频预测方法的思路。它既能处理复杂的非线性铜价波动模式，也能直接输入混合频率数据。（2）本研究创新性地利用影响因素的高频数据来预测铜价的低频数据，通过多重比较证实了周度高频变量和日度高频变量能够提供更多信息，提高铜价预测能力。（3）本研究在 LSTM-MIDAS 的基础上，采用人工智能算法（PSO）优化 LSTM 的超参数，即 PSO-LSTM，进一步提高了预测效果。（4）与各种竞争模型相比，PSO-LSTM-MIDAS 模型在铜价预测中展现出了最佳预测结果，这表明本研究提出的新型组合预测模型非常适合解决铜价波动中的难题。

本研究的其余部分安排如下：第 2 章是研究方法，第 3 节是数据来源，第 4 节是实证结果分析，第 5 节是结论。

二、研究方法

本研究使用的模型可分为两类:同频预测模型和混频预测模型。前者利用影响因素的低频数据预测铜价的低频数据;后者利用影响因素的高频数据预测铜价的低频数据。

(一)同频预测模型

本研究采用LSTM模型和PSO-LSTM模型作为铜价同频预测模型。本小节将分别详细介绍PSO优化算法和LSTM模型。

1. 长短期记忆神经网络

循环神经网络(RNN)的出现解决了传统神经网络在处理时间序列预测时难以从大量数据中有效提取特征的问题。在处理长序列程序时,RNN会出现梯度消失或梯度突变的问题。作为RNN结构的变种之一,LSTM的诞生在一定程度上解决了RNN固有的问题。LSTM由Schmidhuber et al(1997)首次提出。与RNN相比,LSTM增加了输入门(i_t)、遗忘门(f_t)、输出门(o_t)和存储单元(c_t)。LSTM的核心是存储单元的状态信息,可以在三个门(即遗忘门、输入门和输出门)的控制下添加或删除。LSTM神经网络的整体结构如图1所示。

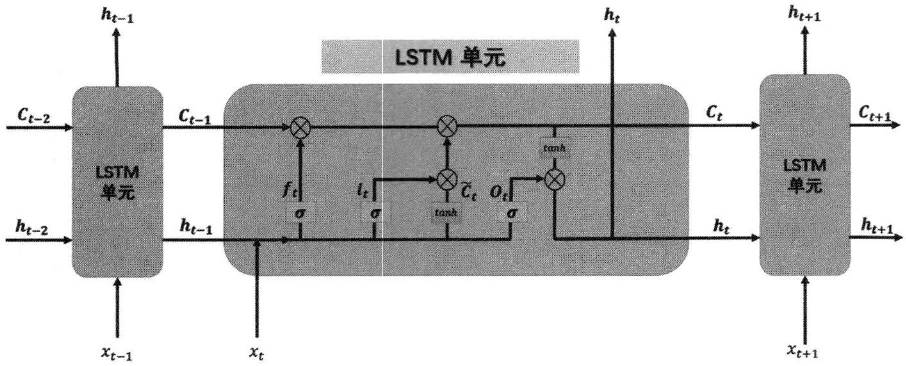

图1 LSTM内部结构图

LSTM单元的机制描述如下:

$$f_t = \sigma(W_f \cdot [h_{t-1}, x_t] + b_f \qquad \text{公式(1)}$$

$$i_t = \sigma(W_i \cdot [h_{t-1}, x_t] + b_i) \qquad \text{公式(2)}$$

$$o_t = \sigma(W_o \cdot [h_{t-1}, x_t] + b_o) \qquad \text{公式(3)}$$

$$\tilde{c}_t = tanh(W_c \cdot [h_{t-1}, x_t] + b_c) \qquad \text{公式(4)}$$

$$c_t = (f_t \cdot c_{t-1} + i_t \cdot \tilde{c}_t) \qquad \text{公式(5)}$$

$$h_t = o_t \cdot tanh(c_t) \qquad \text{公式(6)}$$

第一步,LSTM模型确定需要遗忘当前细胞状态的哪些信息。这一过程通过遗忘门实现,其主要功能如公式(1)所示。其中,W_f和b_f分别是遗忘门的权重矩阵和偏置,x_t是存储单元的当前输入,h_{t-1}是输出,c_t是单元状态。其次,LSTM模型确定细胞状态需要添加哪些信息,这一过程通过输入门和候选细胞的状态信息$\tilde{c}_t$来实现,其主要功能如公式(2)(4)。紧接着,在获得了$\tilde{c}_t$与i_t后,需要更新细胞状态。如公式(5)所示,$f_t \cdot c_{t-1}$表示遗忘门选择性地遗忘了旧单元的部分状态信息;$i_t \cdot \tilde{c}_t$表示输入门为单元状态添加了一些新信息。最后,在更新了新的单元状态后,输出不仅取决于新的单元状态,还取决于输出门,即公式(3)(6)所示。

2. 粒子群优化算法

PSO是一种群集智能优化算法。它模拟鸟类在空间中的随机觅食行为。PSO的工作原理是每个粒子在搜索空间中以一定速度移动,并根据自身经验和同伴经验动态调整速度。给定种群数量为N,搜索空间维度为D。$X_i = [x_{i1}, x_{i2}, \cdots, x_{iD}]$表示第$i$个粒子的位置,其历史最佳位置用$pbest_i = [pbest_{i1}, pbest_{i2}, \cdots,$

$pbest_{iD}$] 表示。当前 $gbest$ 设为 $pbest$。$V_i=[v_{i1},v_{i2},\cdots,v_{iD}]$ 表示第 i 个粒子的速度。第 i 个粒子在每一代中的进化过程可以描述如下：

$$v_{ij}=\omega v_{ij}+c_1r_{1j}(pbest_{ij}-x_{ij})+c_2r_{2j}(gbest_j-x_{ij}) \quad \text{公式(7)}$$

$$x_{ij}=x_{ij}+v_{ij} \quad \text{公式(8)}$$

在公式(7)中，$i=1,2,\cdots,N$，$j=1,2,\cdots,D$。ω 是惯性权重，c_1 和 c_2 是加速常数，r_{1j} 和 r_{2j} 是介于 0 和 1 之间的随机数。本文利用 PSO 对 LSTM 模型的超参数进行优化。我们将 dropout rate、batch size 和隐藏层神经元数量(hidden unit number)作为需要优化的 LSTM 神经网络超参数，这些超参数的范围将在下文中结合其他参数而定。

(二)混频模型

在本文中，混频模型采用 LSTM-MIDAS 与 PSO-LSTM-MIDAS 模型来预测铜价。接下来，我们将着重介绍 MIDAS 模型处理混频数据的方式以及如何将 MIDAS 技术应用在 LSTM 模型上，并最终展示 PSO-LSTM-MIDAS 模型。

1. 基础 MIDAS 模型

最早由 Ghysels et al(2004)提出了 MIDAS 模型，其基本思想允许使用不同频率采样数据，同时遵循多项式分布滞后。MIDAS 已经研究并应用于股票市场、原油市场、宏观经济和社会科学等诸多领域。MIDAS 模型的基本形式可写成公式(9)。

$$y_{t+h}=\beta_0+\beta_1B(L^{1/m};\theta)x_t^{(m)}+\varepsilon_t \quad \text{公式(9)}$$

$$B(L^{1/m};\theta)=\sum_{k=0}^{K}\omega(k;\theta)L^{k/m} \quad \text{公式(10)}$$

$$L^{k/m}x_t^{(m)}=x_{t-k/m}^{(m)} \quad \text{公式(11)}$$

在公式(9)中，y_{t+h} 代表低频变量(例如铜价的月度数据)，$x_t^{(m)}$ 代表高频变量(例如原油价格的日度数据)，h 是预测步，m 是表示高频变量与低频变量之间的频率失配率，例如，当使用周度数据预测月度铜价时，$m=4$，使用日度数据预测月度铜价时，$m=22$。公式(10)展示了详细的建模过程，其中 K 为高频变量的最大滞后阶数，$k=0,1,2,\cdots,K$；$\omega(k;\theta)$ 是参数化的权重函数；$L^{k/m}$ 表示一种滞后算子，其作用如公式(11)所示。

在基础 MIDAS 中，解释变量和被解释变量之间的关系是线性的，无法研究变量之间的非线性关系。Xu et al(2019)的 ANN-MIDAS 模型以及已经解决了这个问题，该模型既能处理混频时间序列数据又能体现出非线性模型的优势。但是我们在处理铜价预测问题中，需要从数据中挖掘准确的特征信息，为此，我们开发了一种新型 LSTM-MIDAS 模型。

2. LSTM-MIDAS 模型

如前所述，MIDAS 模型可以处理以不同频率采样的时间序列数据。为了能在本研究中顺利进行混频数据预测，同时又能在预测铜价方面能很好地提取特征信息，因此在本节中，我们提出了一种新颖的 LSTM-MIDAS 模型，该模型是通过在 LSTM 框架中引入 MIDAS 技术。从本质上讲，MIDAS 模型通常用于处理解释变量的采样频率较高，但被解释变量为低频变量的情况。为了处理这种频率失配情况，在建模过程中利用频率对齐技术和参数函数约束将高频预测因子转换为低频向量，这不仅能确保数据频率的一致性，还能防止参数激增。

图 2 是 LSTM-MIDAS 模型的示意图，我们设置输入部分为原始的混频数据，通过 MIDAS 技术处理后输出作为 LSTM 的输入。首先是进行频率对齐，该过程与频率无关，只根据高频变量的最大滞后阶数 K 来进行。当经过 $L^{k/m}$ 滞后算子使得高频变量频率对齐后，形成向量 $(x_t^{(m)},x_{t-1/m}^{(m)},\cdots,x_{t-K/m}^{(m)})^T$。最后，通过对该向量施加了参数化权重函数 $\omega(k;\theta)$，而得到与低频变量 y_{t+h} 频率相同的变量 x_t。加权方案 $\omega(k;\theta)$ 的选择在整个模型建立中至关重要，并且 $\omega(k;\theta)$ 规格有多种，如阿尔蒙滞后多项式、指数阿尔蒙滞后多项式、贝塔多项式、阶跃函数。按照 Gagliardini et al(2017)的方法，本研究将 $\omega(k;\theta)$ 指定为两参数指数型阿尔蒙滞后多项式。值得注意的是，与 LSTM 模型，ANN-MIDAS 模型，MIDAS 模型不同，LSTM-MIDAS 模型不仅可以处理混合采样频率数据，还可以很好地处理铜价时间序列数据以达到理想的预测效果。

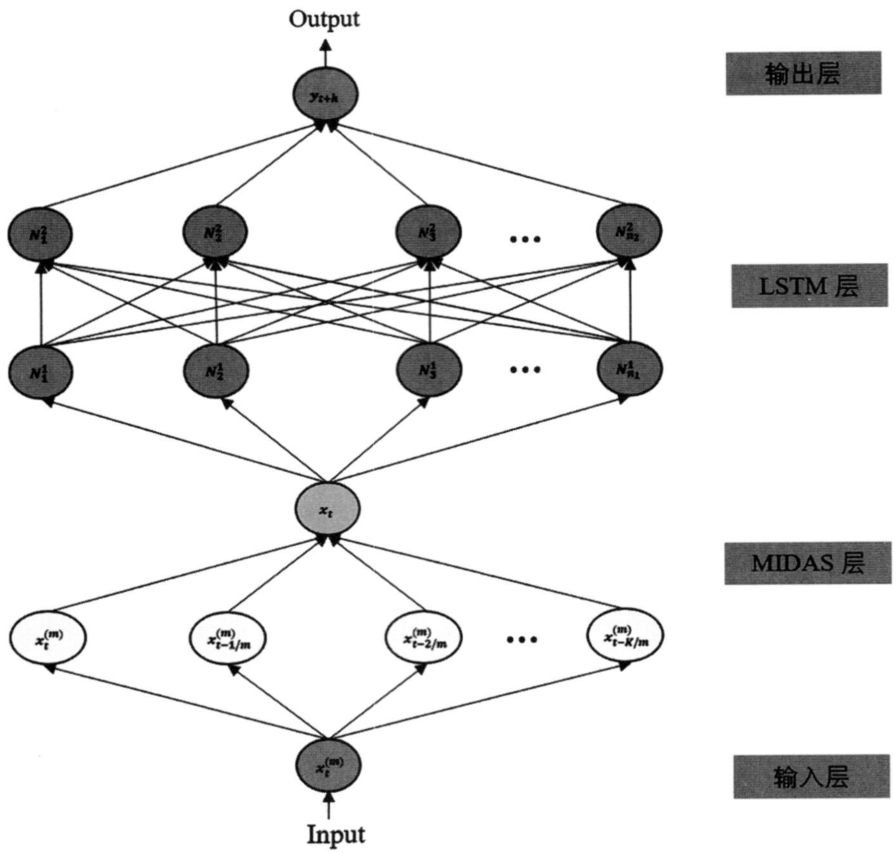

图 2　LSTM-MIDAS 模型的整体架构

3. PSO-LSTM-MIDAS 模型

本研究详细阐述了 PSO 算法的作用和优势，为了进一步提高铜价预测的准确性，本研究提出了 PSO-LSTM-MIDAS 模型。与 PSO-LSTM 模型相同，PSO 在 PSO-LSTM-MIDAS 模型中的作用仍然是优化 dropout rate、batch size 和隐藏层单元数(hidden unit number)这三个超参数，其具体优化范围将在下一节结合其他参数确定。

(三)性能准则

本研究比较了 PSO-LSTM-MIDAS 模型与 LSTM、LSTM-MIDAS、PSO-LSTM 和 BPNN-MIDAS 在一步预测和多步预测中的准确性，并使用了五种常用的误差检测方法，即平均绝对误差(MAE)、均方根误差(RMSE)、平均绝对百分比误差(MAPE)、总离子数(TIC)和判定系数(R^2)。本研究还以这些指标为基础，评估同频和混频预测模型的预测效果。上述五项性能标准的计算公式如下：

$$MAE = \frac{1}{n}\sum_{i=1}^{n}|Y_i - y_i| \quad 公式(12)$$

$$RMSE = \sqrt{\frac{1}{n}\sum_{i=1}^{n}(Y_i - y_i)^2} \quad 公式(13)$$

$$MAPE = \frac{1}{n}\sum_{i=1}^{n}\left|\frac{Y_i - y_i}{y_i}\right| \quad 公式(14)$$

$$TIC = \frac{\sqrt{\frac{1}{n}\sum_{i=1}^{n}(Y_i - y_i)^2}}{\sqrt{\frac{1}{n}\sum_{i=1}^{n}Y_i^2} + \sqrt{\frac{1}{n}\sum_{i=1}^{n}y_i^2}} \quad 公式(15)$$

$$R^2 = 1 - \frac{\frac{1}{n}\sum_{i=1}^{n}(Y_i - y_i)^2}{\frac{1}{n}\sum_{i=1}^{n}(y_i - \bar{y}_i)^2} \qquad \text{公式(16)}$$

(四)整体预测架构

本研究开发了一种用于预测铜价的新型组合预测模型框架。所提出的预测框架集成了 MIDAS 模型、LSTM 模型和优化算法,即 PSO-LSTM-MIDAS 模型。本研究还提出了四种铜价预测模型作为竞争模型,即 LSTM、LSTM-MIDAS、BPNN-MIDAS 和 PSO-LSTM 模型。研究设计主要包括以下三个模块:

模块一:确定输入元素和数据预处理。本研究采用皮尔逊相关系数分析法,根据相关系数的结果选出与铜价相关程度最高的三个变量。选定的变量与铜价的数据一起作为输入元素。本研究的训练集是总数据集的前 70%,测试集是总数据集的剩余 30%。最后,本研究对数据进行归一化处理,并将其缩放为[0,1]。

模块二:训练模型并进行预测。在模型训练中,由于本研究的预测模型为同频预测模型和混频预测模型,两类模型的输入数据在频率上并不相同,不同模型的输入和输出数据如图 3 所示。将模块一中选取的三个因子分成三组,分别对铜价进行预测。同时,模型参数的选择在估计过程中至关重要,本研究比较了训练集上不同参数组合的 MSE,并将 MSE 最小的参数组合应用到模型中。除上述参数选择外,本研究还使用 PSO 算法进一步优化模型中的一些重要超参数。最后,除一步预测外,本研究还设计了多步预测,预测步分别为 3、6、9 和 12。

模块三:模型精度比较。如图 3 所示,本研究的对比实验可分为 3 组:(Ⅰ)PSO-LSTM-MIDAS 与 PSO-LSTM 对比,以及 LSTM-MIDAS 与 LSTM 对比。(Ⅱ)PSO-LSTM-MIDAS vs. LSTM-MIDAS,以及 PSO-LSTM vs. LSTM。(Ⅲ)PSO-LSTM-MIDAS 与 BPNN-MIDAS 的对比。本研究计算了各种模型的五个误差指标,并利用这些指标计算 PI 指标,以得出各组的比较结论。

本研究的核心是对比两种不同类型预测模型的预测精度,图 4 展示了本研究提出的组合预测模型框架图。

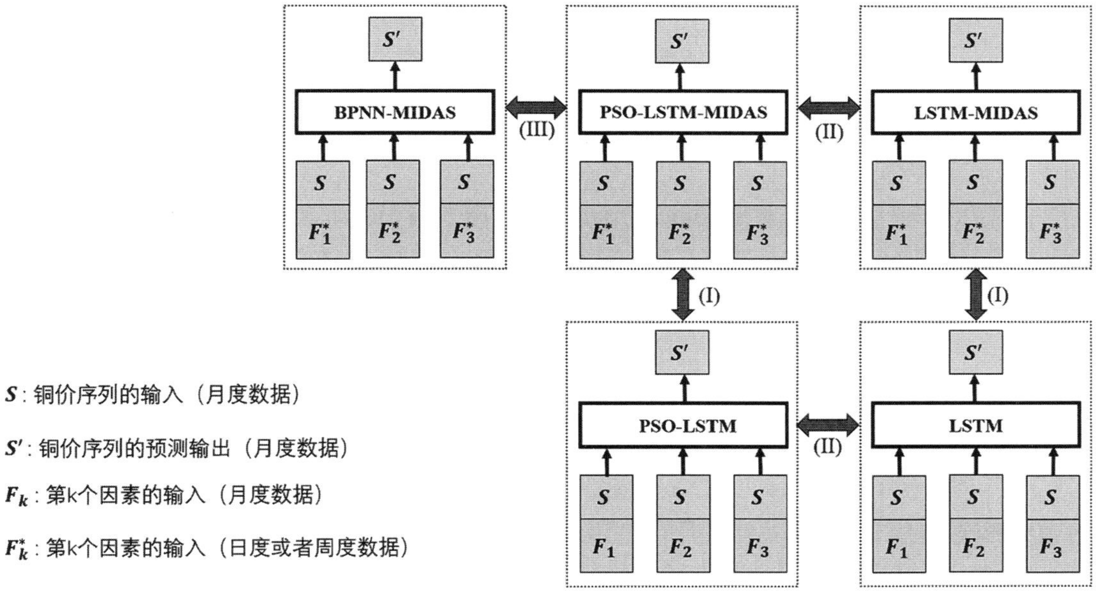

图 3　不同模型的对比示意图

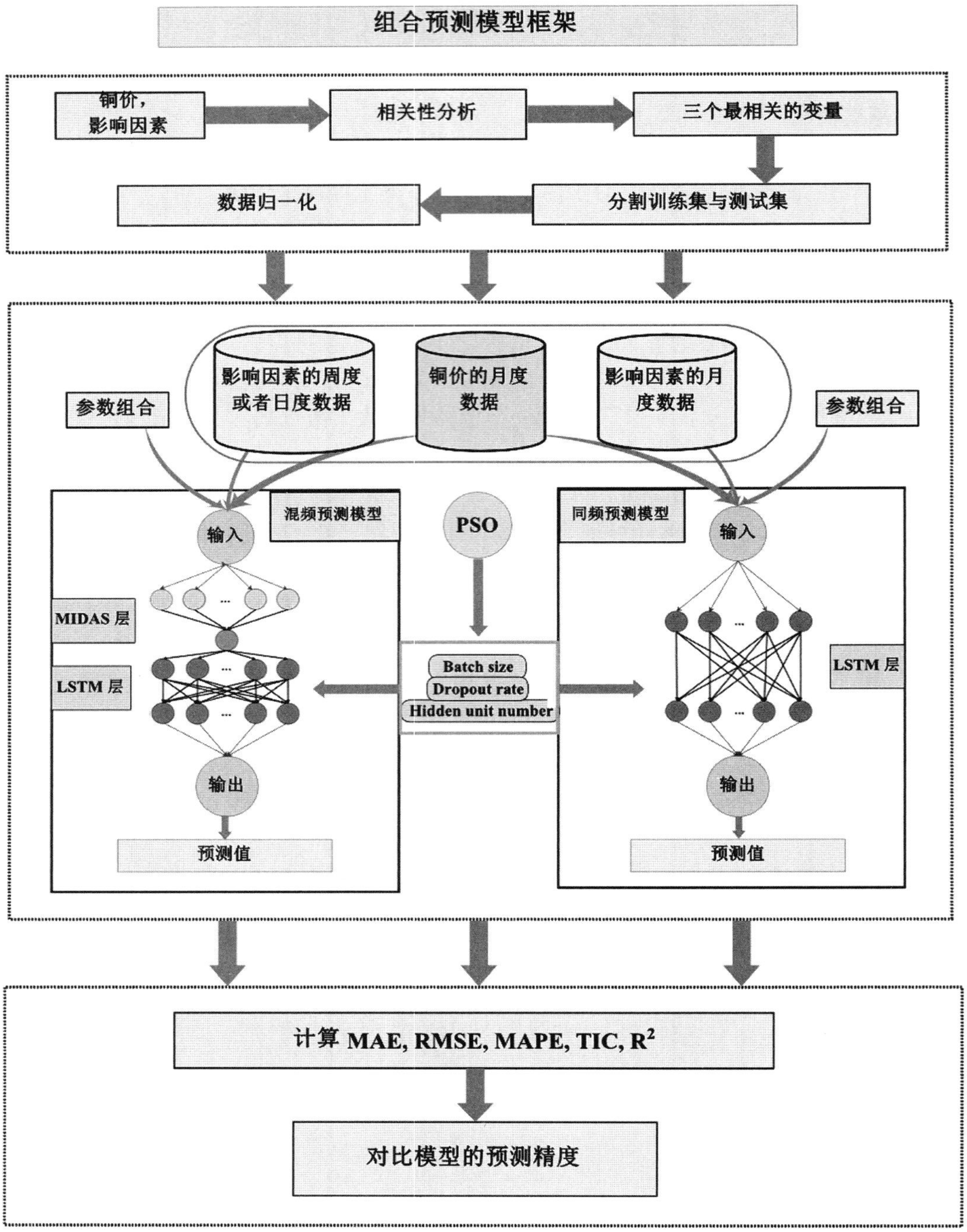

图4 组合预测模型的框架示意图

三、数据来源

(一)铜价影响因素分析

在铜价预测中,政策不确定性、宏观经济状况、能源成本和其他有色金属价格这四类因素影响着铜价的波动(Charlot and Marimoutou,2014;Li and Zhao,2023;Aloui and Mzoughi,2023)。因此,本研究选择了10个变量来预测铜价,包括经济政策不确定性指数(EPU)、CBOT 波动率指数(VIX)、联邦基金有效利率(DFF)、美元指数(USDX)、道琼斯工业平均指数(DJIA)、纳斯达克 100 指数(NDX)、WTI 原油价格(WTI)、布伦特原油价格(Brent)、天然气价格(NGP)和银价格(Silver)。上述10个变量均包括月度、周度和日度数据。美元指数与银价格的数据来源于 https://cn.investing.com,其他变量的数据来源于 https://

fred. stlouisfed. org/。铜价与影响因素的历史走势如图 5 所示。从图中不难看出，铜价的变化趋势没有明显的规律可循，各解释变量的变化也大相径庭。因此，本研究通过相关性分析，采用与铜价变化趋势密切相关的变量，再对铜价进行预测。

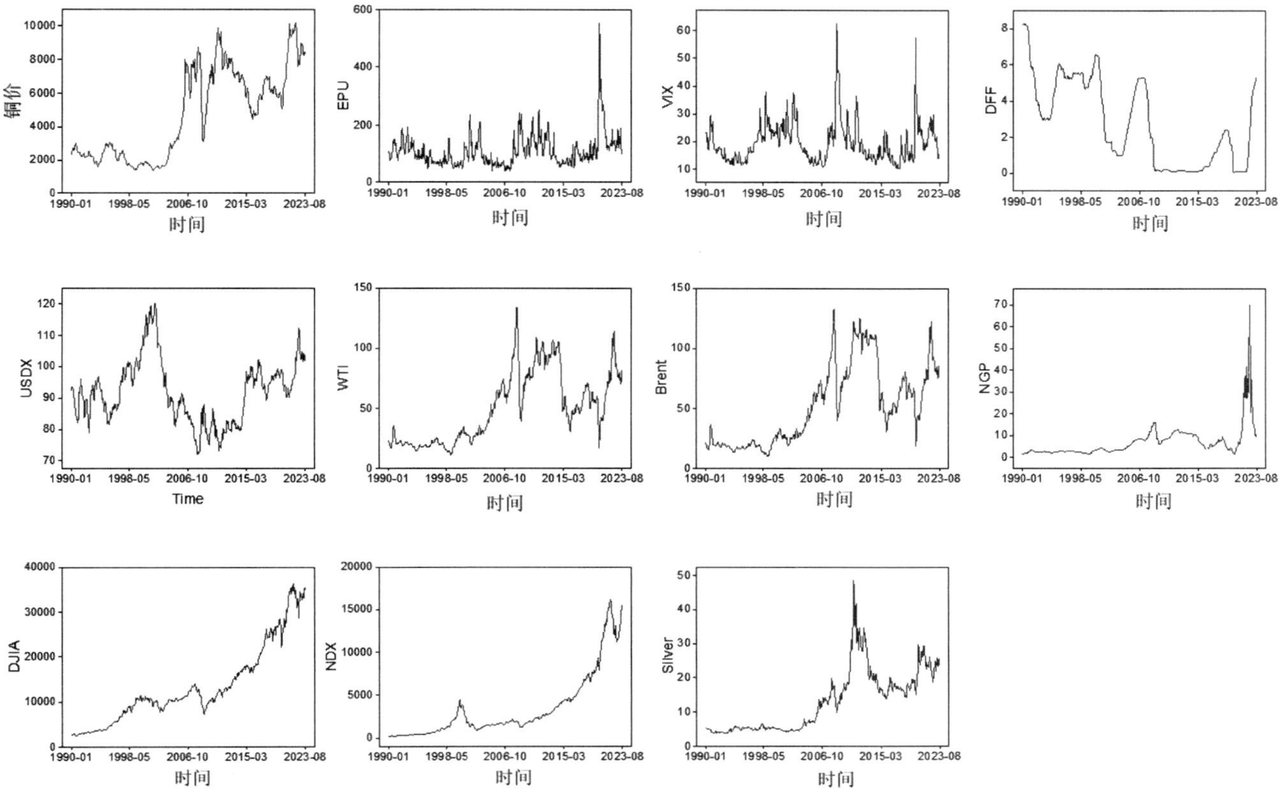

图 5　铜价与影响因素的序列图

(二)变量选择

为了分析这 10 个变量与铜价之间的相关性，本研究进行了皮尔逊相关系数分析，用于计算相关系数的数据均为月度数据。不同变量与铜价的皮尔逊相关系数分析结果如表 1 所示。本研究选取了与铜价最相关的三个变量，因此 WTI 原油价格、布伦特原油价格和银价格作为实验的输入因子。

本研究使用的全样本期为 1990 年 1 月至 2023 年 8 月。1990 年 1 月至 2013 年 6 月的子样本用于建模，其余子样本用于样本外预测。此外，为了消除数据之间比例的影响，本研究对数据进行了归一化处理。

表 1　不同变量与铜价的皮尔逊相关系数分析结果

解释变量	相关系数	相关程度
EPU	0. 201	weak
VIX	−0. 091	weak
DFF	−0. 540	medium
USDX	−0. 408	weak
WTI	0. 885	strong
Brent	0. 894	strong
NGP	0. 621	medium
DJIA	0. 700	medium
NDX	0. 623	medium
Silver	0. 900	strong

四、实证结果与讨论

(一)超参数选择

在对各类模型进行估计时,首先要确定因变量的滞后项数(p)、自变量的最大滞后阶数(τ)、LSTM 和 LSTM-MIDAS 模型隐藏层第一层的神经元数(N)以及 BPNN-MIDAS 模型隐层的神经元数(J)。上述数值的确定对于后续的模型估计和预测非常重要。本研究利用 MSE 来选择最优参数组合(p,τ,N)/(p,τ,J)。具体来说,本研究考虑了一些合理的参数组合,然后计算并比较所有参数组合下训练集的 MSE,最终选择 MSE 最小的参数组合。此外,考虑到两种不同预测因子的采样频率,本研究取 $p=1,2,\cdots,6$;$\tau=3,4,5,\cdots,12$;$J=8,9,\cdots,16$;$N=32,64,128,196,256$。在实验过程中,不同的参数组合对训练集的 MSE 有着明显的影响,但是它们之间的关系错综复杂,没有特定的规律。本研究借鉴了以往学者们经常采用的试错法进行参数筛选,本研究确定的参数详见表 2。

表 2　最优参数组合

模型	BPNN-MIDAS	LSTM	LSTM-MIDAS
变量	(p,τ,J)	(p,τ,N)	(p,τ,N)
WTI	(3,9,11)	(3,4,128)	(3,7,128)
Brent	(4,8,9)	(3,4,196)	(3,9,128)
Silver	(4,12,9)	(4,3,196)	(3,6,196)

本研究使用 PSO 算法进一步优化 LSTM 和 LSTM-MIDAS 模型的 dropout rate、batch size 和隐藏层第一层的神经元数量(hidden unit number),超参数的选择如表 3 所示。具体来说,本研究中使用的 LSTM 和 LSTM-MIDAS 模型包含两层,隐藏层第二层的神经元数设为 64。优化前 LSTM 和 LSTM-MIDAS 模型的 batch size 设为 128,dropout rate 设为 0.3。PSO 算法的参数设置如下:粒子群大小为 20,加速因子 $c_1=2$,$c_2=1.8$,惯性权重 $\omega=0.8$,其余参数设置为默认值。通过 PSO 算法获得最优模型参数,并将其代入 LSTM 和 LSTM-MIDAS 模型中进行模型训练,记录模型仿真结果。为确保模型比较的公平性,本研究中使用的所有模型都将采用这些参数设置。

表 3　需要被优化的超参数

超参数	范围
Batch size	[32,1024]
Hidden unit number	[32,258]
Dropout rate	[0.1,0.5]

(二)基于铜价的一步预测

1. 五种模型的预测结果

经过变量筛选和参数选择后,本研究基于 5 种预测模型,对铜价月度数据分别进行混频预测与同频预测。同时,本研究计算了不同预测模型提前一步预测后的误差指标。结果如表 4 所示。

表 4 列出了三个变量分别预测铜价的结果,本研究首先关注同频预测模型的预测表现。不难看出,在三个面板中,LSTM 模型和 PSO-LSTM 模型下的预测结果表现较差,两个模型的五项误差指标均不理想。这说明在利用影响因素的月度数据对铜价进行同频预测时,即使采用经 PSO 算法优化的 LSTM 模型,预测效果也不够理想。图 6 是 PSO-LSTM 模型的预测结果,可以看出某些时间点上的实际值与预测值存在一定偏差,拟合效果不佳。

上述 LSTM 模型和 PSO-LSTM 模型都是利用影响因素的月度数据来预测铜价的月度数据,属于同频预测。它们所表现出的准确性较差,有必要进一步提高预测准确性。为了解决上述问题,本研究在 LSTM 模型中加入了 MIDAS 技术,实现了混频预测,即用高频变量预测低频变量。从理论上讲,高频变量比低频变量包含更丰富的预测信息,可以做出及时预测。结合表 4 中三个不同面板的指标,与 LSTM 和 PSO-

LSTM 模型相比，LSTM-MIDAS 模型预测下的误差指标值都较为显著。这些结果表明，影响因素的日数据比月数据具有更好的预测性能。因此，使用高频变量代替低频变量进行混频预测，可以显著提高铜价的整体预测精度。

表 4　三种变量对铜价的一步预测结果

模型	误差指标				
	MAE	RMSE	MAPE(%)	TIC	R^2
面板 A：WTI 原油价格					
LSTM	428.896	586.016	6.907	0.0426	0.845
LSTM-MIDAS	303.905	400.980	4.372	0.0288	0.927
BPNN-MIDAS	420.814	518.055	6.619	0.0365	0.878
PSO-LSTM	376.809	478.393	5.646	0.0341	0.897
PSO-LSTM-MIDAS	255.097	333.314	3.782	0.0238	0.950
面板 B：Brent 原油价格					
LSTM	426.754	513.317	6.387	0.0366	0.881
LSTM-MIDAS	309.245	397.631	4.498	0.0285	0.928
BPNN-MIDAS	397.832	495.360	5.789	0.0355	0.889
PSO-LSTM	363.026	461.047	5.554	0.0328	0.904
PSO-LSTM-MIDAS	254.386	337.220	3.730	0.0241	0.949
面板 C：银价格					
LSTM	439.898	557.380	6.645	0.0396	0.859
LSTM-MIDAS	306.690	405.404	4.818	0.0286	0.925
BPNN-MIDAS	416.173	514.226	6.541	0.0361	0.880
PSO-LSTM	353.465	447.927	5.293	0.0321	0.909
PSO-LSTM-MIDAS	253.536	337.275	3.847	0.0241	0.949

注：面板 A 代表使用 WTI 原油价格预测铜价的结果。面板 B 代表使用布伦特原油价格预测铜价的结果。面板 C 代表使用银价格预测铜价的结果。

紧接着，为了进一步达到更好的预测效果，本研究又通过 PSO 算法对 LSTM-MIDAS 模型进行了优化，优化过程中 PSO 算法的参数与 PSO-LSTM 模型一致。从表 4 中的三个不同面板可以看出，铜价预测的误差指标都达到了较为理想的值。例如，使用 WTI 原油价格的日数据预测铜价时，MAE、RMSE、MAPE、TIC 和 R^2 的值分别为 255.097、333.314、3.782%、0.0238 和 0.95，其他两个影响因素的预测结果类似。这些结果表明，本研究提出的 PSO-LSTM-MIDAS 模型取得了良好的预测精度。图 7 也证实了这一观点，与图 6 相比，不难看出图 7 中的预测值比实际值具有更高的拟合效果。

通过以上分析和总结，本研究采用 PSO-LSTM-MIDAS 模型进行混频预测，预测效果良好。然而，目前还没有足够的对比实验来证明所提出的预测模型的有效性。因此，本研究的下一小节将进行充分的模型比较。

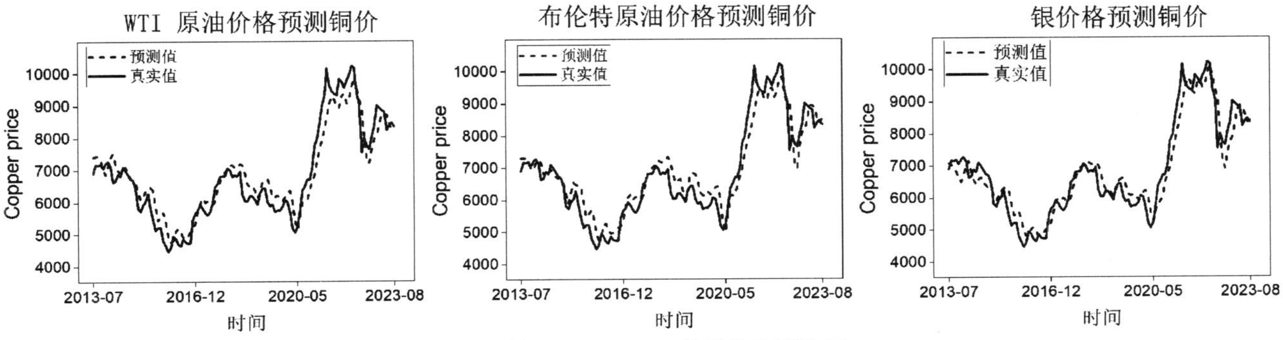

图 6　基于 PSO-LSTM 模型的预测结果

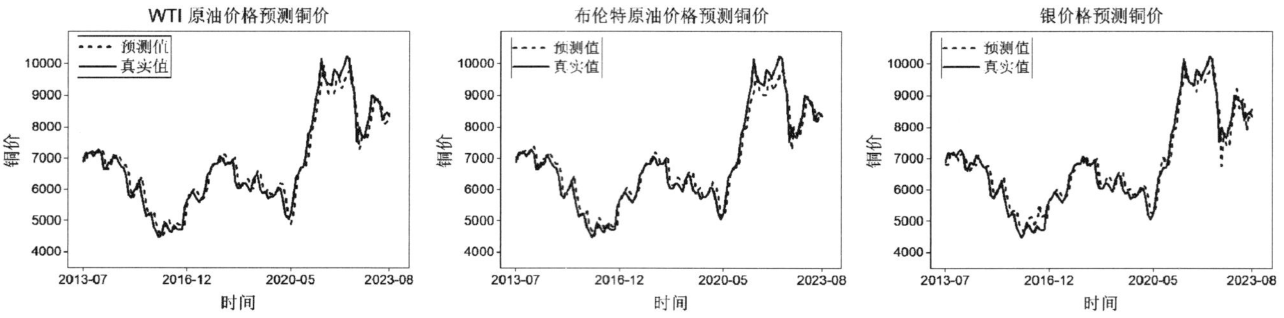

图7　基于PSO-LSTM-MIDAS模型的预测结果

2. 模型对比

为了全面评估本研究提出的模型的性能，本研究进行了三次对比实验。

对比一中包括两个比较，第一个是LSTM-MIDAS与LSTM之间的对比，第二个是PSO-LSTM-MIDAS与PSO-LSTM之间的对比。通过这两项比较，可以证明在铜价预测方面，混频预测模型优于同频预测模型。

对比二中包括两项比较，第一项是PSO-LSTM与LSTM模型之间的比较，第二项是PSO-LSTM-MIDAS与LSTM-MIDAS模型之间的比较。这两项比较旨在体现PSO算法优化模型后预测效果的显著提高。

对比三即PSO-LSTM-MIDAS和BPNN-MIDAS模型之间的比较。根据以往的经验，MIDAS模型常用于混频预测，而BPNN模型在时间序列数据预测中也发挥了很好的作用。因此，本研究将PSO-LSTM-MIDAS模型与BPNN-MIDAS模型进行比较，以便于进一步验证PSO-LSTM-MIDAS模型在预测中表现出的优异效果。

在对比模型之前，本研究使用了PI指标。如公式(17)所示，$PE1$是前一个预测模型(即提出的预测模型)的误差指标，$PE2$是对比模型的误差指标。上述公式和作用适用于MAE、RMSE、MAPE和TIC四个指标。对于R^2指标，PE2是提出的预测模型的误差指标，$PE1$是对比模型的误差指标。

$$PI=\frac{PE2-PE1}{PE2}\times 100\% \qquad \text{公式(17)}$$

接下来，本研究分析所有模型的比较结果。首先，本研究对上述五个模型的五个误差指标进行统一比较。如前所述，总体上可以看出，与其他比较模型相比，PSO-LSTM-MIDAS模型在三个板块都取得了最优结果。而LSTM-MIDAS模型的预测结果也比较理想。为了更好地体现所提模型的优势，本研究还使用折线图将多个指标绘制成不同的折线，并将横轴设置为五个不同的模型，预测结果均在图8中展现出来。如图8所示，PSO-LSTM-MIDAS模型的MAE、RMSE、MAPE和TIC指标最低，并且该模型的R^2最高，而紧随其后的是LSTM-MIDAS模型的指标。

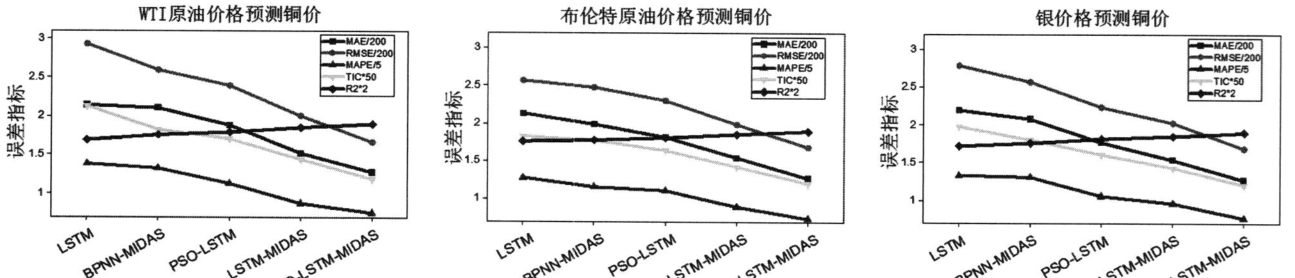

图8　五种模型下误差指标的折线图

其次，为了更加形象地说明混频模型在预测铜价方面具有很大的优势，本研究设计了对比一，如表5所示，所有PI指标均为正，这说明所提出的预测模型LSTM-MIDAS和PSO-LSTM-MIDAS分别与对比模型

LSTM 和 PSO-LSTM 相比，预测精度有了很大的提高。结果还反映出，混频模型从混频数据中提取了潜在的有用预测信息。

此外，在表 5 的对比二中，本研究进行了两种不同的比较，以证明 PSO 算法对 LSTM 和 LSTM-MIDAS 模型的积极影响。在 PSO-LSTM Vs LSTM 和 PSO-LSTM-MIDAS Vs LSTM-MIDAS 中，所有 PI 指标均为正值，这表明 PSO 算法可以很好地优化两个模型的参数，提升预测铜价的精度。

最后，在表 5 的对比三中，本实验比较了 PSO-LSTM-MIDAS 与 BPNN-MIDAS 模型。BPNN 模型在预测领域已经非常成熟，故本实验将混频数据应用到 BPNN 模型中。对比下的 PI 指标均为正，说明 BPNN-MIDAS 模型的预测效果明显不如 PSO-LSTM-MIDAS 模型。因此，本研究进一步证明了 PSO-LSTM-MIDAS 模型在预测铜价方面的优越性。

表 5 对比不同模型预测铜价的精度

指标	对比一中 PI(%)		对比二中 PI(%)		对比三中 PI(%)
	LSTM-MIDAS *Vs.* LSTM	PSO-LSTM-MIDAS *Vs.* PSO-LSTM	PSO-LSTM Vs. LSTM	PSO-LSTM-MIDAS Vs. LSTM-MIDAS	PSO-LSTM-MIDAS *Vs.* BPNN-MIDAS
面板 A：WTI 原油价格					
MAE	29.14	32.30	12.14	16.06	39.38
RMSE	31.58	30.33	18.37	16.88	35.66
MAPE	25.99	33.01	4.42	13.49	42.86
TIC	32.39	30.21	19.95	17.36	34.79
R^2	9.70	5.91	6.15	2.48	8.20
面板 B：布伦特原油价格					
MAE	27.54	29.93	14.933	17.74	36.06
RMSE	22.54	26.86	10.183	15.19	31.92
MAPE	29.58	32.84	13.042	17.07	35.57
TIC	22.13	26.52	10.383	15.44	32.11
R^2	5.33	4.98	2.61	2.26	6.75
面板 C：银价格					
MAE	30.28	28.27	19.65	17.33	39.08
RMSE	27.27	24.70	19.64	16.81	34.41
MAPE	27.49	27.32	20.35	20.15	41.19
TIC	27.78	24.92	18.94	15.73	33.24
R^2	7.68	4.40	5.82	2.59	7.84

注：面板 A 代表使用 WTI 原油价格预测铜价的结果。面板 B 代表使用布伦特原油价格预测铜价的结果。面板 C 代表使用银价格预测铜价的结果。

(三)稳健性检验

1. 一步预测铜价

通过上述实验分析证实了混合频率预测优于同频率预测的结论。为了证明该结论是否同样适用于周数据，本研究将三个影响因素的日数据替换为周数据来预测铜价的月数据。而稳健性检验的核心也是讨论混合频率预测的优势。因此，本研究主要针对上述对比一中的四个模型。由于周数据采样与日数据采样不同，本研究重新选择了 LSTM-MIDAS 模型的参数组合，而同频预测模型的参数组合以及 PSO 算法的参数保持不变。经过对训练数据集 MSE 指标的全面比较，最终选定的 WTI 原油价格、布伦特原油价格和白银价格对应的参数组合(p,τ,N)分别为(3,3,128)、(4,3,128)、(4,3,16)。

如表 6 所示，本研究在三个面板中展示了四个模型的预测精度。不难看出，在基于周数据的铜价预测中,使用LSTM-MIDAS和PSO-LSTM-MIDAS的预测结果依旧令人满意。在三个不同的面板中,PSO-LSTM-MIDAS模型的 R^2 均超过了0.94。将结果与其他模型的提前一步预测结果进行比较,不难发现本研究提出的PSO-LSTM-MIDAS模型在基于影响因素的周度数据时,同样可以表现出最佳预测效果。

表6 基于四种模型的预测结果

模型	误差指标				
	MAE	RMSE	MAPE(%)	TIC	R^2
面板A:WTI原油价格					
LSTM	428.896	586.016	6.907	0.0426	0.845
LSTM-MIDAS	310.189	400.216	4.532	0.0287	0.927
PSO-LSTM	376.809	478.393	5.646	0.0341	0.897
PSO-LSTM-MIDAS	260.447	338.246	3.887	0.0242	0.948
面板B:布伦特原油价格					
LSTM	426.754	513.317	6.387	0.0366	0.881
LSTM-MIDAS	307.350	390.212	4.567	0.0278	0.931
PSO-LSTM	363.026	461.047	5.554	0.0328	0.904
PSO-LSTM-MIDAS	258.207	337.771	3.833	0.0241	0.948
面板C:银价格					
LSTM	439.898	557.380	6.645	0.0396	0.859
LSTM-MIDAS	316.323	399.186	4.674	0.0284	0.928
PSO-LSTM	353.465	447.927	5.293	0.0321	0.909
PSO-LSTM-MIDAS	255.023	335.336	3.809	0.0239	0.949

注:面板A代表使用WTI原油价格预测铜价的结果。面板B代表使用布伦特原油价格预测铜价的结果。面板C代表使用银价格预测铜价的结果。

2. 模型比较

表6所展示的结果和上文的实验讨论再次证实,本研究提出的PSO-LSTM-MIDAS模型非常适合预测铜价。为了说明更多细节,本研究设计了三个不同变量下各种模型的实际值和预测值的相关图。如图9所示,在四个模型中,PSO-LSTM-MIDAS模型的预测值与原始数据的相关性最高,集中在中间的斜线处。同时,LSTM-MIDAS模型所体现的预测拟合值与原始数据之间相关性也高于LSTM和PSO-LSTM模型。本研究发现,混合频率预测的优势不仅可以在日度数据预测月度数据中体现出来,还可以体现在周度数据预测月度数据中。因此,这些有力的实验结果再次证明,基于影响因素高频数据的混频预测模型比同频预测模型具有更好的预测能力。

(四)基于铜价的多步预测

上述铜价预测实验均基于一步预测。从上述多重分析可以看出,一方面,本研究提出的PSO-LSTM-MIDAS模型在与多个竞争模型的比较中表现最优。另一方面,与同频预测模型相比,不同实验下的混频模型显示出良好的预测效果。然而,在实际应用中,单步预测难以用于更多的应用场景,如长期趋势预测、规划决策等。因此,本研究引入了多步预测,为决策提供更多参考信息。如前所述,混频预测优越性的理论基础在于高频变量比低频变量包含更丰富的历史信息。多步预测比一步预测能提供更全面的信息,因为它考虑了多个时间点的未来趋势。

因此,本研究选择了预测步为3、6、9、12,来对铜价进行多步预测。多步预测的结果如表7—9所示,三个表格分别对应三个不同变量的多步预测,其中面板A—D分别代表预测步h=3、6、9、12。不难看出,在不同面板中,PSO-LSTM-MIDAS模型的预测精度最高,拟合效果 R^2 均达到0.94以上。这一结果进一步证明了预测模型的有效性、可靠性和鲁棒性。其次,与单步预测类似,在多步预测中,PSO-LSTM-MIDAS模型的预测精度优于PSO-LSTM模型,在LSTM-MIDAS模型与LSTM模型的比较中也是如此。这表明本研究提出的混合频率预测模型在多步预测中仍能保持很大的优势。

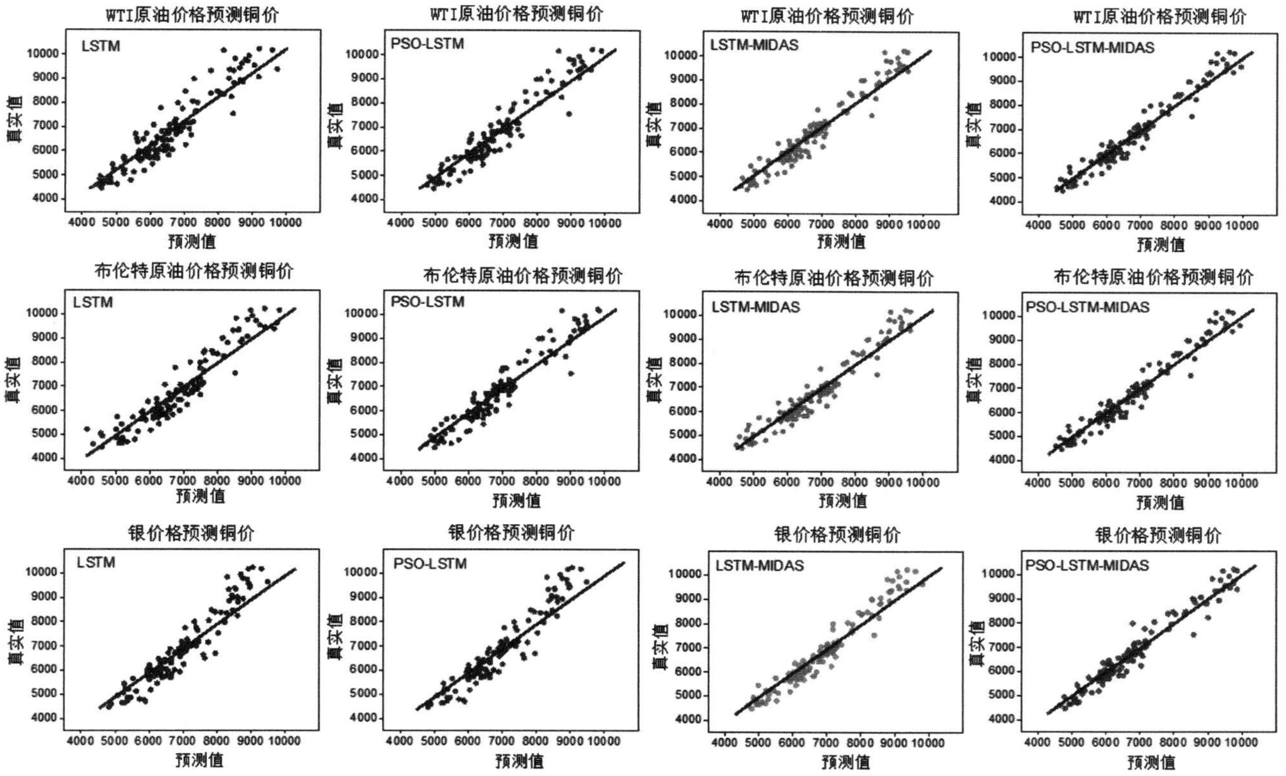

图 9　不同铜价预测模型的真实值与预测值之间的相关性

表 7　基于 WTI 原油价格对铜价的多步预测结果

模型	误差指标				
	MAE	RMSE	MAPE(%)	TIC	R^2
面板 A：h=3					
LSTM	433.982	516.343	6.796	0.0365	0.879
LSTM-MIDAS	303.555	398.776	4.312	0.0288	0.928
BPNN-MIDAS	427.965	535.266	5.587	0.0383	0.870
PSO-LSTM	349.290	451.852	5.158	0.0323	0.908
PSO-LSTM-MIDAS	262.829	348.820	3.950	0.0249	0.945
面板 B：h=6					
LSTM	428.554	546.663	6.725	0.0385	0.865
LSTM-MIDAS	296.835	392.974	4.447	0.0281	0.930
BPNN-MIDAS	426.067	515.206	6.483	0.0366	0.880
PSO-LSTM	354.799	455.463	5.274	0.0324	0.906
PSO-LSTM-MIDAS	259.706	346.328	3.907	0.0247	0.946
面板 C：h=9					
LSTM	406.333	535.595	5.857	0.0384	0.870
LSTM-MIDAS	317.999	406.030	4.507	0.0294	0.925
BPNN-MIDAS	426.723	548.653	6.209	0.0393	0.864
PSO-LSTM	351.484	433.305	5.525	0.0305	0.915
PSO-LSTM-MIDAS	259.812	339.321	3.930	0.0242	0.948
面板 D：h=12					
LSTM	448.243	513.403	6.979	0.0362	0.881
LSTM-MIDAS	316.294	404.839	4.722	0.0290	0.925
BPNN-MIDAS	499.675	621.467	7.329	0.0446	0.825
PSO-LSTM	373.135	450.466	5.722	0.0319	0.908
PSO-LSTM-MIDAS	262.526	349.062	3.912	0.0250	0.945

表 8　基于布伦特原油价格对铜价的多步预测结果

模型	误差指标				
	MAE	RMSE	MAPE(%)	TIC	R^2
面板 A:h=3					
LSTM	409.148	517.333	5.643	0.0378	0.879
LSTM-MIDAS	320.076	425.178	4.548	0.0306	0.918
BPNN-MIDAS	410.285	537.750	5.785	0.0387	0.869
PSO-LSTM	359.981	460.849	5.402	0.0329	0.904
PSO-LSTM-MIDAS	257.454	336.997	3.816	0.0241	0.948
面板 B:h=6					
LSTM	429.268	539.331	6.570	0.0383	0.869
LSTM-MIDAS	324.948	418.741	4.634	0.0299	0.921
BPNN-MIDAS	419.209	540.714	5.951	0.0389	0.867
PSO-LSTM	363.486	465.828	5.421	0.0333	0.901
PSO-LSTM-MIDAS	264.953	339.814	3.982	0.0242	0.945
面板 C:h=9					
LSTM	422.328	539.296	6.070	0.0386	0.869
LSTM-MIDAS	323.584	434.605	4.551	0.0314	0.915
BPNN-MIDAS	459.531	538.656	7.141	0.0380	0.869
PSO-LSTM	352.800	456.409	5.262	0.0326	0.910
PSO-LSTM-MIDAS	268.955	350.292	4.017	0.0250	0.945
面板 D:h=12					
LSTM	450.864	540.650	6.858	0.0383	0.868
LSTM-MIDAS	332.044	446.056	4.606	0.0323	0.910
BPNN-MIDAS	474.479	559.763	7.552	0.0392	0.858
PSO-LSTM	372.170	474.108	5.641	0.0338	0.898
PSO-LSTM-MIDAS	272.638	353.545	4.094	0.0252	0.943

表 9　基于银价格对铜价的多步预测结果

模型	误差指标				
	MAE	RMSE	MAPE(%)	TIC	R^2
面板 A:h=3					
LSTM	420.647	523.448	6.373	0.0373	0.876
LSTM-MIDAS	301.709	386.238	4.589	0.0275	0.933
BPNN-MIDAS	422.697	511.116	6.789	0.0361	0.882
PSO-LSTM	367.976	463.011	5.630	0.0329	0.903
PSO-LSTM-MIDAS	267.185	357.704	4.114	0.0255	0.942
面板 B:h=6					
LSTM	438.083	568.902	6.289	0.0411	0.853
LSTM-MIDAS	313.831	391.824	4.646	0.0281	0.931
BPNN-MIDAS	419.060	503.656	6.716	0.0352	0.885
PSO-LSTM	358.678	481.692	5.068	0.0347	0.895
PSO-LSTM-MIDAS	281.396	360.649	4.163	0.0257	0.941
面板 C:h=9					
LSTM	433.469	562.412	6.496	0.0399	0.857
LSTM-MIDAS	329.428	431.782	4.902	0.0306	0.916
BPNN-MIDAS	444.217	542.723	7.259	0.0381	0.867
PSO-LSTM	370.089	502.352	5.131	0.0364	0.885
PSO-LSTM-MIDAS	276.707	360.596	4.051	0.0257	0.941
面板 D:h=12					
LSTM	444.010	562.577	6.551	0.0403	0.857
LSTM-MIDAS	328.400	415.431	4.932	0.0298	0.922
BPNN-MIDAS	439.978	530.948	7.091	0.0373	0.873
PSO-LSTM	368.899	494.875	5.102	0.0358	0.889
PSO-LSTM-MIDAS	275.959	365.645	3.996	0.0261	0.940

五、总结

本研究提出了一种新型组合预测模型，旨在准确预测铜价，为铜及其他金属相关决策者提供参考分析。该模型的提出基于三个方面：首先，复杂深度学习模型可以更好地探索铜价波动的非线性关系。其次，将混频数据采样扩展到具有长期依赖信息的深度学习模型分析框架中，从而可以处理混频时间序列数据。最后，该研究利用人工智能算法进一步优化了模型。本研究分析了铜价与其他影响因素之间的相关系数，然后选出了三个最相关的变量。这三个变量被分为三组来预测铜价。通过比较结果，可以得出以下一些合理的主要结论：

1. 本研究提出的 PSO-LSTM-MIDAS 模型明显优于基准模型。该模型既能捕捉高频数据中潜在的有用信息，又能捕捉时间序列中复杂的非线性特征和长期依赖性，具有更好的适用性和预测效果。

2. 利用 WTI 原油价格、布伦特原油价格和银价格预测铜价时，无论是一步预测还是多步预测，高频数据对低频数据的预测效果都非常好。周、日度高频变量为铜价预测提供了更多的信息，而 MIDAS 技术整合了高频数据所包含的信息，提高了预测能力。

3. 通过对比分析，本研究发现结合 MIDAS 技术后，PSO-LSTM-MIDAS 模型的预测精度优于 BPNN-MIDAS 模型。这反映出深度学习模型比传统人工智能模型更能处理混频时间序列数据中复杂的非线性关系。

4. 此外，本研究通过对比分析得出结论，PSO 优化算法可以显著提高 LSTM 和 LSTM-MIDAS 模型的预测性能。

【参考文献】

[1] Alam M S, Murshed M, Manigandan P, et al. Forecasting oil, coal, and natural gas prices in the pre-and post-COVID scenarios: contextual evidence from India using time series forecasting tools[J]. Resources Policy, 2023, 81: 103342.

[2] Aloui D, Benkraiem R, Guesmi K, et al. Managing natural resource prices in a geopolitical risk environment[J]. Resources Policy, 2023, 83: 103628.

[3] Charlot P, Marimoutou V. On the relationship between the prices of oil and the precious metals: Revisiting with a multivariate regime-switching decision tree[J]. Energy Economics, 2014, 44: 456—467.

[4] Du B, Huang S, Guo J, et al. Interval forecasting for urban water demand using PSO optimized KDE distribution and LSTM neural networks[J]. Applied Soft Computing, 2022, 122: 108875.

[5] Fang Y, Fan Y, Haroon M, et al. Exploring the relationship between global economic policy and volatility of crude futures: a two-factor GARCH-MIDAS analysis[J]. Resources Policy, 2023, 85: 103766.

[6] Gagliardini P, Ghysels E, Rubin M. Indirect inference estimation of mixed frequency stochastic volatility state space models using MIDAS regressions and ARCH models[J]. Journal of Financial Econometrics, 2017, 15(4): 509—560.

[7] García D, Kristjanpoller W. An adaptive forecasting approach for copper price volatility through hybrid and non-hybrid models[J]. Applied soft computing, 2019, 74: 466—478.

[8] Ghysels E, Santa-Clara P, Valkanov R. The MIDAS touch: Mixed data sampling regressions, University of North Carolina[R]. mimeo. (www. unc. edu/eghysels/), 2004.

[9] Gil-Alana L A, Poza C. Volatility persistence in metal prices[J]. Resources Policy, 2024, 88: 104487.

[10] He Z, Huang J. A novel non-ferrous metal price hybrid forecasting model based on data preprocessing and error correction[J]. Resources Policy, 2023, 86: 104189.

[11] Hochreiter S. Long Short-term Memory[J]. Neural Computation MIT-Press, 1997.

[12] Hu M, Li H, Song H, et al. Tourism demand forecasting using tourist-generated online review data [J]. Tourism management, 2022, 90: 104490.

[13] Hu Q, Gu Y. Copper economic dynamics: Navigating resource scarcity, price volatility, and green

growth[J]. Resources Policy,2024,89:104462.

[14] Hu Y,Ni J,Wen L. A hybrid deep learning approach by integrating LSTM-ANN networks with GARCH model for copper price volatility prediction[J]. Physica A:Statistical Mechanics and its Applications,2020,557:124907.

[15] Jiang C,Nie Y,Xu Q. A MIDAS multinomial logit model with applications for bond ratings[J]. Global Finance Journal,2023,57:100867.

[16] Jovanovic L,Jovanovic D,Bacanin N,et al. Multi-step crude oil price prediction based on lstm approach tuned by salp swarm algorithm with disputation operator [J]. Sustainability, 2022, 14 (21):14616.

[17] Kennedy J,Eberhart R. Particle swarm optimization[C]//Proceedings of ICNN'95-international conference on neural networks. ieee,1995,4:1942—1948.

[18] Khoshalan H A,Shakeri J,Najmoddini I,et al. Forecasting copper price by application of robust artificial intelligence techniques[J]. Resources Policy,2021,73:102239.

[19] Kong P,Sun B,Yang H,et al. Nonferrous metal price forecasting based on signal decomposition and ensemble learning[J]. Journal of Process Control,2024,133:103146.

[20] Kwas M,Paccagnini A,Rubaszek M. Common factors and the dynamics of industrial metal prices. A forecasting perspective[J]. Resources Policy,2021,74:102319.

[21] Liang C, * * a Z,Lai X,et al. Natural gas volatility prediction:Fresh evidence from extreme weather and extended GARCH-MIDAS-ES model[J]. Energy Economics,2022,116:106437.

[22] Li D,Zhang L,Li L. Forecasting stock volatility with economic policy uncertainty:A smooth transition GARCH-MIDAS model[J]. International Review of Financial Analysis,2023,88:102708.

[23] Livieris I E,Pintelas E,Pintelas P. A CNN-LSTM model for gold price time-series forecasting[J]. Neural computing and applications,2020,32:17351—17360.

[24] Li Y,An H,Gao X,et al. The influence of copper trade relation structure on copper price:From the perspective of industrial chain[J]. Resources,Conservation and Recycling,2023,192:106933.

[25] Liu Q,Liu M,Zhou H,et al. A multi-model fusion based non-ferrous metal price forecasting[J]. Resources Policy,2022,77:102714.

[26] Luo H,Wang D,Cheng J,et al. Multi-step-ahead copper price forecasting using a two-phase architecture based on an improved LSTM with novel input strategy and error correction[J]. Resources Policy,2022,79:102962.

[27] Marcjasz G,Narajewski M,Weron R,et al. Distributional neural networks for electricity price forecasting[J]. Energy Economics,2023,125:106843.

[28] Nabavi Z,Mirzehi M,Dehghani H. Reliable novel hybrid extreme gradient boosting for forecasting copper prices using meta-heuristic algorithms: A thirty-year analysis [J]. Resources Policy, 2024, 90:104784.

[29] Nguyen H,Virbickaitė A. Modeling stock-oil co-dependence with Dynamic Stochastic MIDAS Copula models[J]. Energy Economics,2023,124:106738.

[30] Ray S,Lama A,Mishra P,et al. An ARIMA-LSTM model for predicting volatile agricultural price series with random forest technique[J]. Applied Soft Computing,2023,149:110939.

[31] Riso L,Vacca G. Sentiment dynamics and volatility:A study based on GARCH-MIDAS and machine learning[J]. Finance Research Letters,2024,62:105178.

[32] Segnon M,Gupta R,Wilfling B. Forecasting stock market volatility with regime-switching GARCH-MIDAS:The role of geopolitical risks[J]. International Journal of Forecasting,2024,40(1):29—43.

[33] Shi T,Li C,Zhang W,et al. Forecasting on metal resource spot settlement price:New evidence from the machine learning model[J]. Resources Policy,2023,81:103360.

[34] Tumala M M, Salisu A A, Atoi N V. Oil-growth nexus in Nigeria: An ADL-MIDAS approach[J]. Resources Policy, 2022, 77: 102754.

[35] Tumala M M, Salisu A, Nmadu Y B. Climate change and fossil fuel prices: A GARCH-MIDAS analysis[J]. Energy Economics, 2023, 124: 106792.

[36] Wang C, Zhang X, Wang M, et al. Predictive analytics of the copper spot price by utilizing complex network and artificial neural network techniques[J]. Resources Policy, 2019, 63: 101414.

[37] Wang L, Wu R, Ma W C, et al. Examining the volatility of soybean market in the MIDAS framework: The importance of bagging-based weather information[J]. International Review of Financial Analysis, 2023, 89: 102720.

[38] Wang M, Chen W, Zhou Y, et al. Assessment of potential copper scrap in China and policy recommendation[J]. Resources Policy, 2017, 52: 235—244.

[39] Wen F, Zhao C, Hu C. Time-varying effects of international copper price shocks on China's producer price index[J]. Resources Policy, 2019, 62: 507—514.

[40] Xu Q, Liu S, Jiang C, et al. QRNN-MIDAS: A novel quantile regression neural network for mixed sampling frequency data[J]. Neurocomputing, 2021, 457: 84—105.

[41] Xu Q, Wang L, Jiang C, et al. A novel (U) MIDAS-SVR model with multi-source market sentiment for forecasting stock returns[J]. Neural Computing and Applications, 2020, 32(10): 5875—5888.

[42] Xu Q, Wang Z, Jiang C, et al. Deep learning on mixed frequency data[J]. Journal of Forecasting, 2023, 42(8): 2099—2120.

[43] Xu Q, Zhuo X, Jiang C, et al. An artificial neural network for mixed frequency data[J]. Expert Systems with Applications, 2019, 118: 127—139.

[44] Xu Z, Mohsin M, Ullah K, et al. Using econometric and machine learning models to forecast crude oil prices: Insights from economic history[J]. Resources Policy, 2023, 83: 103614.

[45] Yang H, Yang X, Li G. Forecasting carbon price in China using a novel hybrid model based on secondary decomposition, multi-complexity and error correction[J]. Journal of Cleaner Production, 2023, 401: 136701.

[46] Zeng H, Shao B, Dai H, et al. Prediction of fluctuation loads based on GARCH family-CatBoost-CNNLSTM[J]. Energy, 2023, 263: 126125.

[47] Zhang B, Li N, Law R, et al. A hybrid MIDAS approach for forecasting hotel demand using large panels of search data[J]. Tourism Economics, 2022, 28(7): 1823—1847.

[48] Zhang Y J, Wang J L. Do high-frequency stock market data help forecast crude oil prices? Evidence from the MIDAS models[J]. Energy Economics, 2019, 78: 192—201.

[49] Zhao S, Xu W, Chen L. The modeling and products prediction for biomass oxidative pyrolysis based on PSO-ANN method: An artificial intelligence algorithm approach[J]. Fuel, 2022, 312: 122966.

基于大数据的乡村振兴政策实施效果评价与优化路径

河北工程大学　韩冉冉、张冬青、袁媛媛

摘　要

2024年中共中央、国务院发布了关于深化乡村振兴战略的重要文件——《关于进一步学习运用"千村示范、万村整治"工程经验,全面推进乡村全面振兴的指导意见》。该文件从全面建设社会主义现代化国家的战略高度出发,对乡村全面振兴提出了新的要求和部署。在此背景下,深入研究中国乡村振兴的发展水平以及各区域之间的发展差异,对于当前全面推进乡村振兴、加快建设农业强国具有重要的借鉴价值和深远的指导意义。

本文选用全国31个省2000—2022年的30个二级指标数据测度中国乡村振兴发展程度。首先,运用LDA主题建模技术,对乡村振兴政策相关主题进行研究;其次,从产业兴旺、生态宜居、乡风文明、治理有效及生活富裕五个维度构建乡村振兴水平综合评价指标体系,为确保各项指标的准确性和权重公正性,使用熵权法进行权重分配,并借助TOPSIS评价法确定各省的乡村振兴发展水平的综合评价指数,进一步通过Kernel密度估计法从多重视角分析了我国乡村振兴发展的动态演进趋势;然后,基于模糊C均值聚类进行区域划分,并结合综合评价指数划分结果,将乡村振兴发展程度各层次之间进行比较;最后,利用偏最小二乘路径分析(PLSPM)探究乡村振兴发展水平与影响因素间的关系及各指标间的关系,并对模型的信度、唯一度等方面进行了检验,结果均显示优。

本文研究得出结论:(1)"农业"主题在文本中出现频率最高,产业兴旺是乡村振兴的重点;(2)我国省际乡村振兴水平不断提高,绝对差异扩大且有两极分化发展态势;(3)乡村振兴水平不同层次省份驱动因素不同,高水平偏向综合驱动,中等水平与较低水平均偏向经济驱动与环境驱动相结合的特点;(4)治理有效、生态宜居、产业兴旺和乡风文明之间相互作用,共同促进乡村振兴的发展。对此提出建议:(1)充分激活各类驱动要素,促进乡村振兴发展;(2)统筹规划,促进各省之间协调发展。

关键词:乡村振兴;动态演进;熵权法;TOPSIS法;偏最小二乘路径模型(PLSPM)

一、绪论

(一)研究背景和意义

乡村振兴战略观以实现农业农村现代化为总体目标,站在乡村和农民的立场上,描绘了社会主义现代化国家的愿景,成为解决"三农"问题的理论指针和方法指导。我国出台了一系列关于乡村振兴的政策文件,部分文件如图1所示。

在乡村振兴全面铺开之初,构建指标体系对乡村振兴实施成效进行客观评估,并对现阶段各省份乡村振兴真实程度进行有效衡量,厘清乡村振兴空间差异及其根源,剖析乡村振兴水平动态分布与演化规律[15]。此项工作对现阶段全面推进乡村振兴,实现共同富裕这一目标具有重要参考价值与指导作用。

(二)文献综述

随着乡村振兴战略相关政策的不断出台,该战略受到研究学者广泛关注,目前成果大体集中在以下四个方面。

一是乡村振兴的内涵及理论来源。乡村振兴是马克思主义"农村"与"城乡发展"理念的有机结合[20],是建设中国特色社会主义现代化国家的重要基石[10]。大多学者认为"产业兴旺、生态宜居、乡风文明、治理有效、生活富裕"总体要求对乡村振兴的丰富内涵进行了系统的概况[4,7,12]。

二是乡村振兴背景下乡村经济、社会建设等的发展。陈梅萍[3]提出实施乡村振兴战略应以经济多元化

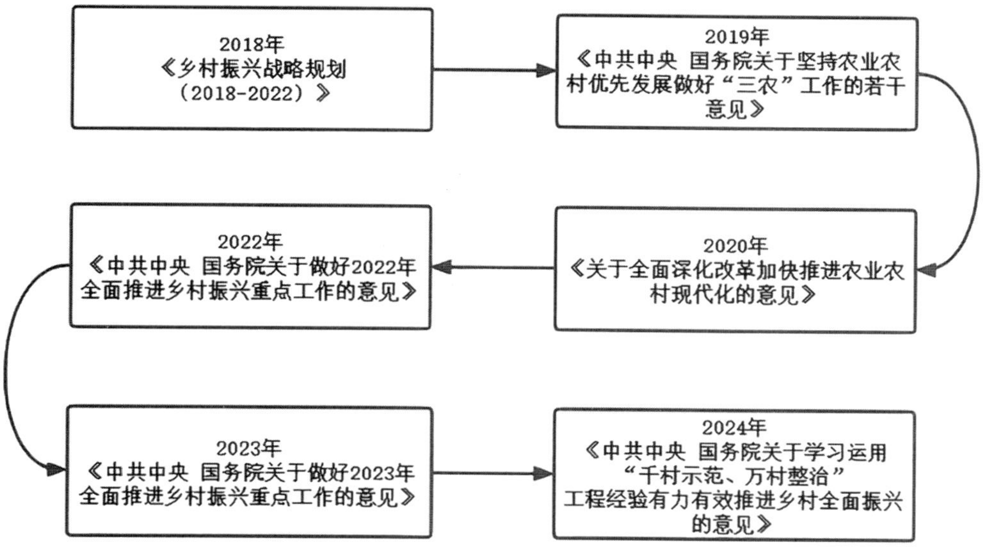

图 1　乡村振兴政策文件

为着力点，开发多种乡村经济产业类型。刘欢[9]从马克思主义中国化理论视角出发，对乡村振兴战略、乡风文明建设及二者之间的内在逻辑进行了战略性高度的概述。倪良新[11]等从战略层次和策略方面探讨了乡村振兴的资源从何而来、用于何处、如何转型以及何以重构等重要理论问题和实践需求。陈小捷[1]借助文献研究法、系统分析法等研究方法对乡村振兴背景下的农村生态文明建设问题进行探析。

三是乡村振兴与脱贫攻坚、生态文明建设等的有机衔接。王颜齐[14]等研究表明，数字经济能够有效促进脱贫攻坚成果与乡村振兴之间的有机衔接。张琦在厘清脱贫攻坚与乡村振兴的基础上，分阶段有序的推进促进二者有机衔接[21]。张青以脱贫攻坚与乡村振兴的内涵为切入点，对二者间的内在联系与实现路径进行了深入分析[22]。

四是乡村振兴水平的测度。大多学者均围绕“五位一体”的总目标构建评价指标体系[24]。从县域的角度出发，易小燕等尝试性构建了县域层面乡村振兴评价指标体系，并测算了德庆县乡村振兴发展目标值[19]。尹君锋等围绕乡村振兴战略的“二十字”方针，从五个维度评估了 2019 年来自甘肃省的 86 个县域单元的乡村振兴发展[17]。从省域的角度出发，陈俊梁等从 4 个维度构建评价指标体系，测度了 2018 年苏浙皖鲁赣闽 76 个地级市的乡村振兴水平[2]。郭豪杰等运用投影寻踪模型测算了 2017 年中国各省的乡村振兴水平[5]。

总而言之，现有的乡村振兴评估研究多以省级、县域为视角，仅针对具体区域进行测算，对 31 个省份“二十字”方针五个方面空间差异的实证研究较少，因此需要对乡村振兴战略实施过程中五个方面空间差异的深入探讨。

(三)研究框架

本文的主要研究内容框架如图 2 所示。

(四)特色与创新

1. 基于熵权法和 TOPSIS 法确定综合评价指数

相较于专家评审法、层次聚类法等，均存在人为主观赋权不够客观等不足。本文使用熵权法与 TOPSIS 法相结合的方式确定各省乡村振兴水平综合评价指数，并对各省份乡村振兴水平进行横向、纵向比较，深入分析各水平层次的特点。

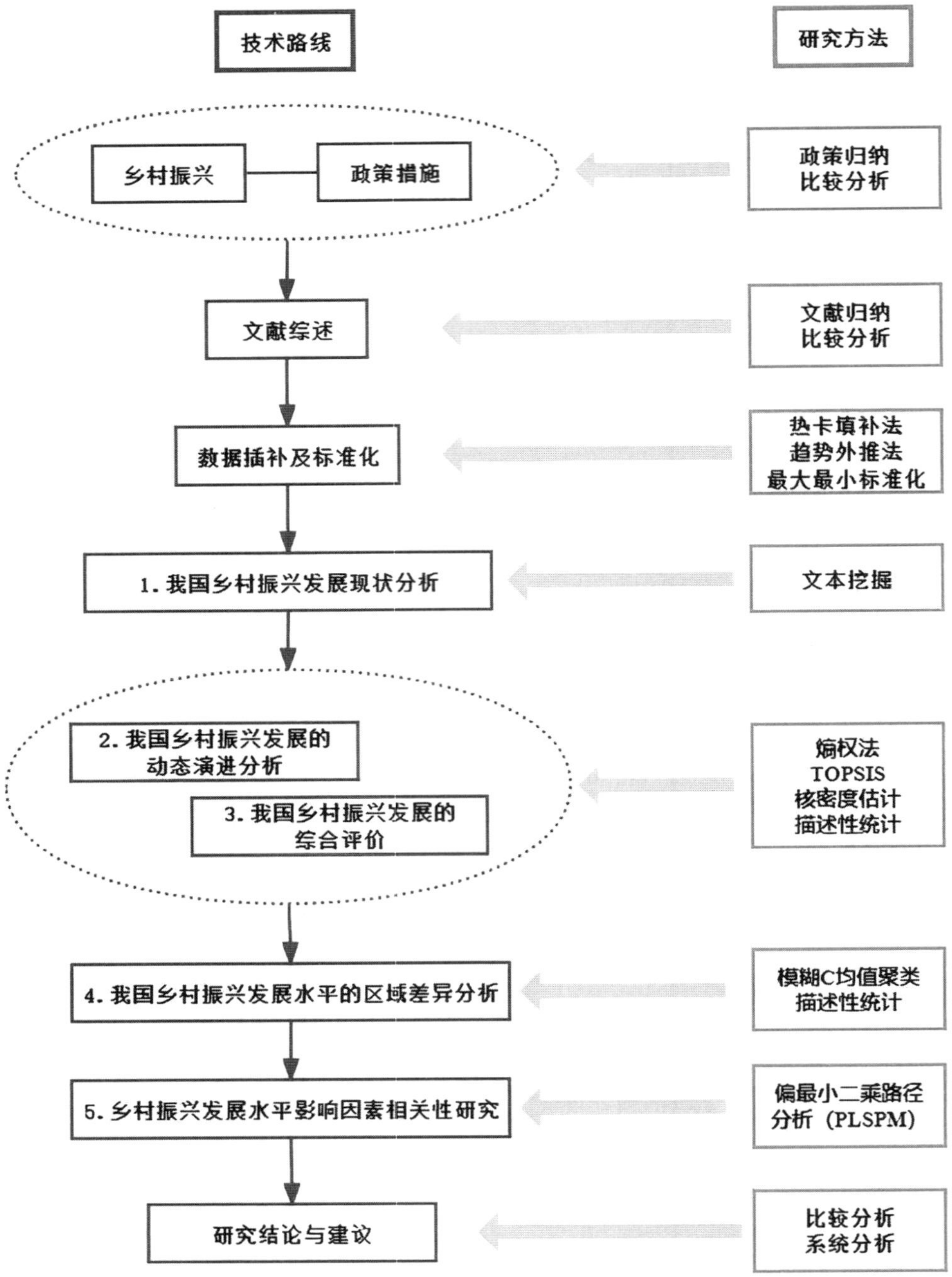

图 2　研究框架

2. 确定省份驱动类型

本文从两方面综合定位各省份的驱动型，由驱动型分类可以针对性地给出各省的乡村振兴水平现状和未来的发展决策。

3. PLS 路径模型探究指标间的联系

本文将 PLS 路径模型引入对乡村振兴水平的综合评价，通过评价 31 个省份的 5 个一级指标发展状况，综合时间和层级两方面进行相关性分析，给出各指标之间的相互影响关系，从而为发展不平衡的各省制定决策提供依据。

二、数据来源说明及乡村振兴指标体系构建

(一)数据来源与处理

1. 数据来源

基于文本分析内容，使用 python 软件及八爪鱼采集器爬取文本数据，获取中华人民共和国中央人民政

府官方网站(https://www.gov.cn)所有关于“乡村振兴”战略的相关政策信息,共采取相关政策文件153份,共计133条有效数据;对“乡村振兴微博超话”进行话题文本数据采集,共采集到5277条数据(https://www.weibo.com/p/100808d1d77e56a7a18640c657cad8bdf7cc5d/super_index),去除重复的296条,共计采集到有效数据4981条。

为构建乡村振兴指标体系,本文使用30个具体指标对我国2000—2022年31个省、自治区、直辖市(港澳台除外)的乡村振兴综合指标和5个一级指标进行了测量。指标相关数据主要来源2000—2022年中国经济社会大数据研究平台、国民经济与社会发展统计公报、《中国统计年鉴》《中国社会统计年鉴》《中国城乡建设统计年鉴》《中国农村统计年鉴》《中国民政统计年鉴》《中国社会统计年鉴》以及各省份统计年鉴。

2. 缺失值处理

由于多项指标的数据缺失,进行了缺失值处理,并且将部分数据进行转化以得到本文所需要的指标。

采用趋势外推法、热卡填补法方法进行缺失值处理。将部分指标进行转化,如将受教育程度指标的七个等级赋值为“0、6、9、12、15、16、19”,转化为本文中的农村居民平均受教育年限指标,如表1所示。

表1 受教育年限指标

受教育程度	未上小学	小学	初中	高职高中	大学专科	大学本科	研究生
受教育年限	0	6	9	12	15	16	19

3. 数据标准化

正向指标:

$$x_{a_{ij}} = \frac{x^*_{a_{ij}} - \min x^*_{a_{ij}}}{\max x^*_{a_{ij}} - \min x^*_{a_{ij}}} + 0.001 \qquad \text{公式(1)}$$

负向指标:

$$x_{a_{ij}} = \frac{\max x^*_{a_{ij}} - x^*_{a_{ij}}}{\max x^*_{a_{ij}} - \min x^*_{a_{ij}}} + 0.001 \qquad \text{公式(2)}$$

本文采用Min-Max数据标准化,为避免标准化后的数据在求熵值时没有意义,进行非负化处理即加0.001。其中$a(a=1,2,\cdots,n)$为年份,$i(i=1,2,\cdots,p)$为评价对象,$j(j=1,2,\cdots,q)$为评价指标,$x^*_{a_{ij}}$为第a年第i个评价对象第j个评价指标的原始数据,$x_{a_{ij}}$为标准化值,$\max x^*_{a_{ij}}$和$\min x^*_{a_{ij}}$分别为历年指标值的最大和最小值,对第j个指标$(j=1,2,\cdots,q)$,

$$\max x^*_{a_{ij}} = \max(x^*_{a_{ij}} \mid 1 \leqslant a \leqslant n, 1 \leqslant i \leqslant p) \qquad \text{公式(3)}$$

$$\min x^*_{a_{ij}} = \min(x^*_{a_{ij}} \mid 1 \leqslant a \leqslant n, 1 \leqslant i \leqslant p) \qquad \text{公式(4)}$$

(二)乡村振兴指标体系的构建

1. 指标体系构建原则

(1)科学性与代表性原则

科学性是任何一项测评体系构建与指标选取的第一原则。依据《乡村振兴战略规划(2018—2022年)》文件,从“产业兴旺、生态宜居、乡风文明、治理有效、生活富裕”五个层面提出了乡村振兴战略主要绩效指标[13]。

(2)系统性与精简性原则

在选取各评价指标时应多方考虑、多维度量,贯彻系统性原则遴选指标,并遵循奥卡姆剃刀原理筛选出体现乡村振兴发展特征的关键性指标[18]。

(3)可量化与客观性原则

参考相关研究文献[6,8,16,18,23]研究,获得较为完善的省域乡村振兴评价指标。乡村振兴发展水平评价指标体系构建原则如图3所示。

2. 乡村振兴综合指数的构建

本文从5个维度构建一级指标,并选取30个二级指标构建乡村振兴评价体系,如表2所示。

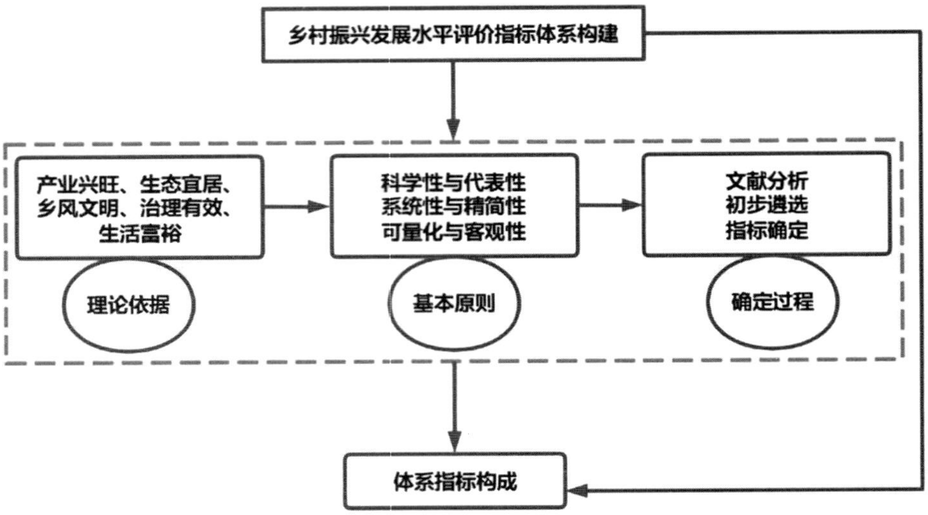

图3　乡村振兴评价指标构建

表2　中国乡村振兴评价指标体系

综合指标	一级指标	二级指标		指标属性
乡村振兴水平	产业兴旺	CY1	人均农业机械总动力(千瓦)	+
		CY2	粮食综合生产能力(万吨)	+
		CY3	农业劳动生产率(元/人)	+
		CY4	规模以上农产品企业主营业务收入(亿元)	+
	生态宜居	ST1	农药、化肥施用量(万吨)	−
		ST2	畜禽粪污综合利用率(%)	+
		ST3	生活污水无害化处理率(%)	+
		ST4	垃圾无害化处理率(%)	+
		ST5	卫生厕所普及率(%)	+
		ST6	农村绿化率(%)	+
	乡风文明	XF1	农村居民教育文化娱乐支出占比(%)	+
		XF2	农村义务教育专任教师本科以上学历比例(%)	+
		XF3	农村居民平均受教育年限(年)	+
		XF4	有线电视覆盖率(%)	+
		XF5	开通互联网宽带业务的行政村占比(%)	+
		XF6	乡村文化站数量(个)	+
	治理有效	ZL1	村主任、书记“一肩挑”比例(%)	+
		ZL2	已编制村庄规划的行政村比例(%)	+
		ZL2	已开展村庄整治的行政村比例(%)	+
	生活富裕	SH1	农民人均纯收入(元)	+
		SH2	农民人均收入增长率(%)	+
		SH3	城乡居民收入比(%)	+
		SH4	农村贫困发生率(%)	−
		SH5	农村居民恩格尔系数(%)	−
		SH6	每百户汽车拥有量(辆)	+
		SH7	农村居民人均住房面积(平方米)	+
		SH8	安全饮用水普及率(%)	+
		SH9	村庄道路硬化率(%)	+
		SH10	人均道路面积(平方米)	+
		SH11	农村每千人拥有卫生技术人员数(人)	+

(1)产业兴旺

产业兴旺是乡村振兴的重点。不断提升农业生产力、农业生产效率、推进融合化发展,从而为农村其他领域的发展提供坚实的物质经济基础。选取人均农业机械总动力、粮食综合生产能力、农业劳动生产率、农产品企业主营业务收入4个具体指标[25]。

(2)生态宜居

生态宜居是关键,是建设“美丽中国”的重要举措。乡村振兴在关注经济发展的同时更要为乡村居民创造宜居宜业的生态福祉和舒适的人居环境条件[26]。选取农药化肥施用量、畜禽粪污综合利用、生活污水无害化处理率、垃圾无害化处理率、卫生厕所普及率、农村绿化率6个指标。

(3)乡风文明

乡风文明是保障,是乡村振兴的文化根基,强调对乡村优秀传统文化的保护与继承。选取农村居民文教娱支出占比、农村义务教育专任教师本科以上学历比例、农村居民平均受教育年限、有线电视覆盖率、开通互联网宽带业务的村庄占比、乡村文化站数量6个指标。

(4)治理有效

治理有效是基础,是乡村振兴政治建设的重要保障。本文选取村主任、书记“一肩挑”比例、已编制村庄规划的行政村比例、已开展村庄整治的行政村比例共3个指标来体现组织保障与村庄规划的治理举措两个方面[8]。

(5)生活富裕

生活富裕是根本,是社会主义制度的本质要求。乡村振兴的最终归宿是以农民的满足和对美好生活的追求为导向。选择农民的人均纯收入、收入增长率、城乡居民收入比以及农村贫困率、农村居民恩格尔系、每百户汽车拥有量、农村居民人均住房面积、安全饮用水的普及率、村庄道路硬化率、人均道路面积、农村每千人拥有的卫生技术人员数量共11个指标。

三、我国乡村振兴战略发展现状分析

(一)乡村振兴战略相关政策概述

图4 政策文件词云图

本文对关于“乡村振兴”战略的政策信息文章进行jieba分词并去除常用的停用词以及文本中无实际意义的字符,并对文件内容词频统计绘制词云图,如图4所示,关键词的视觉大小会随着该词出现的次数增加而增大。

除去“乡村”和“振兴”两个词,“农村”“农业”和“发展”出现的次数最多,这与坚持农业农村优先发展,实现农业农村现代化相符。其次为乡村振兴的目的“建设”“脱贫”“产业”等词汇。

对“乡村振兴微博超话”采集到的数据使用相同的分词技术,并且进行词频统计绘制词云图,如图5所示。微博超话词云图中去除掉“乡村”和“振兴”两词之后,出现关键词次数最多的是“农村”“农业”“发展”等,与政策文件词云图显示的结果一致,都说明了乡村振兴实现农业农村现代化目标的主题。

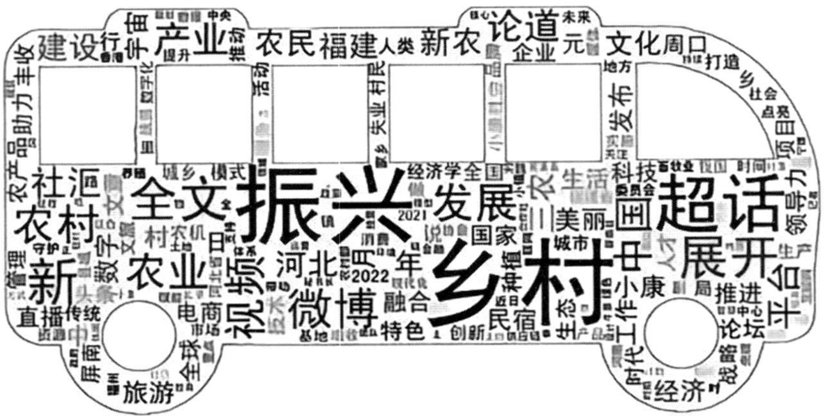

图 5　微博超话词云图

(二)乡村振兴战略政策 LDA 主题分析

利用 LDA 模型提取政策文件文本的主题,并得到每条描述对应最大概率的主题。基于困惑度选取最佳的模型主题数,模型生成主题能力越强,困惑度越小。根据图 6,主题数为 9 时比较合适,以主题词为基础,对隐含的主题归纳,如表 3 所示。

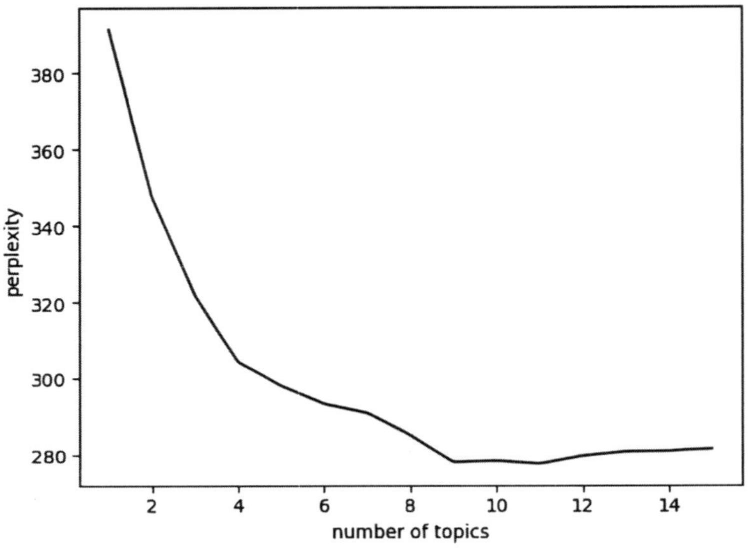

图 6　困惑度

表 3　主题分布

主题	主题词
党的领导	三农 文件 城乡 人才 生态 关键 记者 时代 体制 领导 土地 要素 关系 过程 集体
乡镇服务	项目 监督 责任 资产 乡镇 情况 交通 公共服务 示范县 直辖市 附件 领导 水平 基层 自治区
绿色生态	资本 农产品 技术 科技 绿色 模式 投资 创业 生态 加工 经营 主体 企业 优势 培育
企业平台	教育 旅游 项目 培训 计划 助力 人才 高校 品牌 企业 活动 培育 平台 宣传 传统
金融机构	金融 贷款 银行 信贷 金融服务 金融机构 融资 信用 机构 领域 风险 考核 经营 产品 评估
农产品规模	文件 粮食 耕地 生活 底线 强国 三农 大豆 记者 监测 农产品 规模性 责任 措施 农田
村镇产业化	产业化 财政 试点 土地 经营权 债券 村镇 公司 全国 专项 项目 龙头企业 合作 专业 风险
耕地规划	规划 村庄 用地 生态 环境 空间 人居 整治 国土 指标 项目 利用 耕地 布局 条件
农民工就业	人口 机构 培训 协作 人力资源 创业 农民工 人员 监测 劳务 救助 技能 岗位 家庭 对象

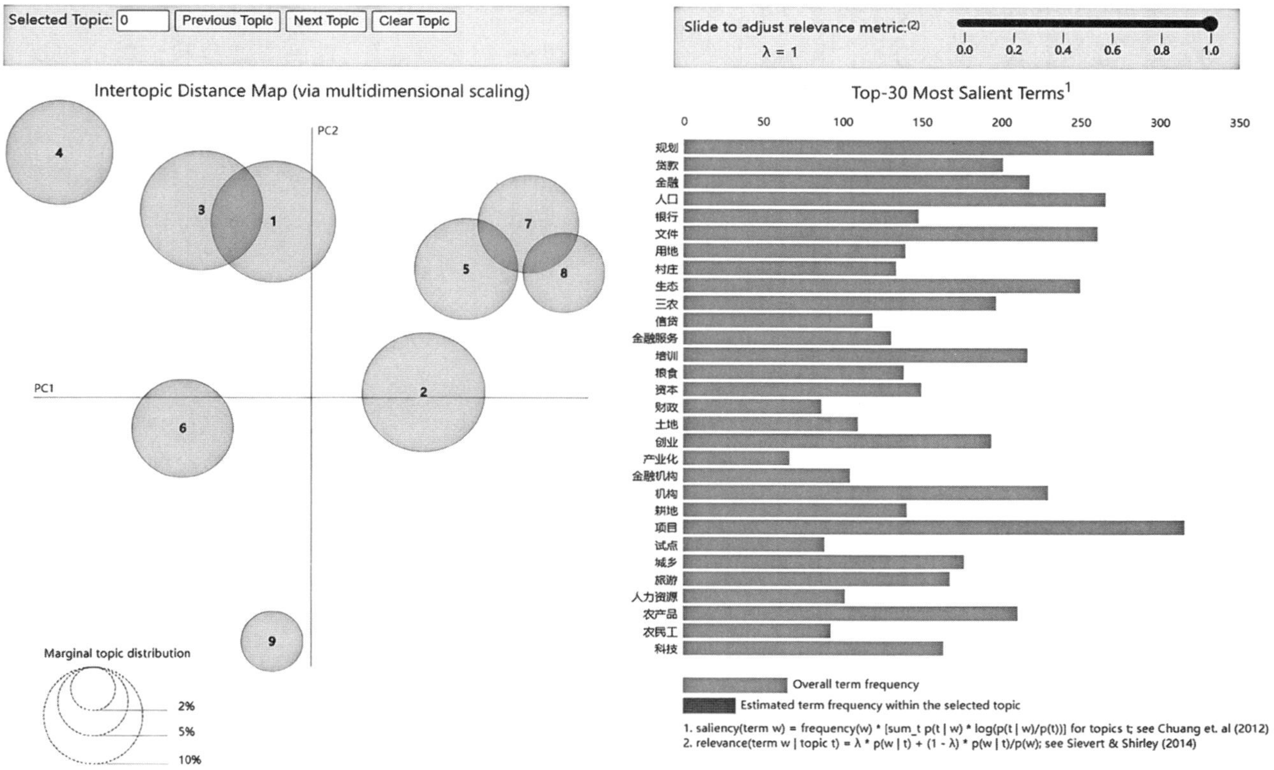

图 7　主题可视化

图 7 左边的每个圆圈代表一个主题，右侧展示主题下的主题词分布，左侧的圆圈越分散，主题词交集越少，主题划分越有意义。表 4 展示了每篇政策内容和 9 个主题相对应的概率生成分布的结果。

表 4　概率主题分布(部分)

政策	主题 1	主题 2	主题 3	主题 4	主题 5	主题 6	主题 7	主题 8	主题 9
1	0.0004	0.0607	0.0816	0.1721	0.0004	0.0875	0.5966	0.0004	0.0004
2	0.0003	0.0003	0.0929	0.0762	0.7416	0.0879	0.0003	0.0003	0.0003
3	0.0012	0.6350	0.2958	0.0452	0.0179	0.0012	0.0012	0.0012	0.0012
4	0.1392	0.0009	0.1162	0.0009	0.0009	0.7394	0.0009	0.0009	0.0009
5	0.0006	0.0006	0.0006	0.0006	0.0006	0.9169	0.0006	0.0006	0.0791
……									

选择每篇政策内容对应的概率最大的主题词，得到各个主题的政策文件数目在整个文件数目中所占的比例，如图 8 所示。

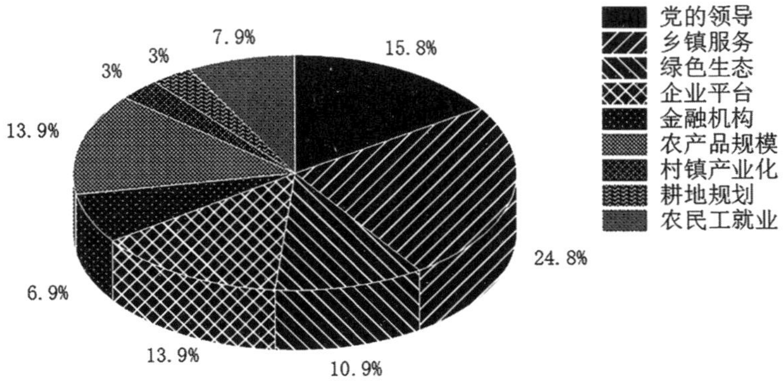

图 8　LDA 主题分析

(三)乡村振兴战略的政策文本内容分析

对9个主题进行深入文本分析。其中企业平台、农产品规模、村镇产业化、农民工就业和金融机构反映了产业兴旺;绿色生态、耕地规划反映了生态宜居;党的领导、乡镇服务反映了治理有效。

1. 产业兴旺

(1)企业平台。平台企业的网络效应特征导致其边际效益不断上升,进而扩大其经济创新范围,增强经济发展动力。电子商务平台的推广有助于促进农村商业贸易流通和发展,拉动乡村就业,促进乡村经济发展。

(2)农产品规模。根据2023年政府工作报告,将进一步完善支持农业、惠及农民的政策措施,并持续保持对农业生产的重视和推进速度,加快实现农业农村现代化的目标。扩大农产品规模,增加农产品的种类,提升农产品的质量,打造属于自身的农产品企业。

(3)村镇产业化。产业振兴是全面推进乡村振兴的根基,乡村振兴的产业化路径有以下几种:农业硅谷、高效益农业、特色电商产业、农产品加工、农旅融合产业、乡村文创产业、资源利用产业和战略性新兴产业。

(4)农民工就业。在乡村振兴的过程中,返乡就业的农民工是至关重要的一部分。为了促进就业,需要采取多种措施,包括积极开展针对性调查以了解就业现状,有针对性地提供就业帮扶,持续跟进做好就业服务,完善基层就业服务平台建设。

(5)金融机构。协调税务部门让更多的金融机构和社会力量参与进来,地方政府要主动尊重当地农民的主体作用,最大限度地调动农民的生产积极性,增强未来五年甚至二十年中国经济的内生动力。

2. 生态宜居

(1)绿色生态。在乡村振兴过程中,需要积极采取措施促进绿色生态的发展。鼓励农村居民参与生态保护和建设,加强对农业生产的管理和监督,加强科技创新与应用,提高农业生产效率和产品质量。

(2)耕地规划。农村土地是农民赖以生存的根本。自然资源部发布通知,旨在推进土地整理、复垦、开发和城乡建设工作,以实现空间格局的优化、生态环境的保护和农田的耕种,改善乡村居民的生活环境,促进乡村全面振兴。

3. 有效治理

(1)党的领导。深入实施乡村振兴战略,需要在“三农”工作中加强和完善党的集中统一领导,发挥党在把方向、谋大局、定政策、促改革等方面起到主导作用。

(2)乡镇服务。通过加强城市行政部门的服务能力,可以改善城市行政部门的服务效能,满足公众的服务需求,促进基层社会的和谐发展,并为实施乡村振兴战略做出贡献。

政策文件与微博超话文本分析框架如图9所示。

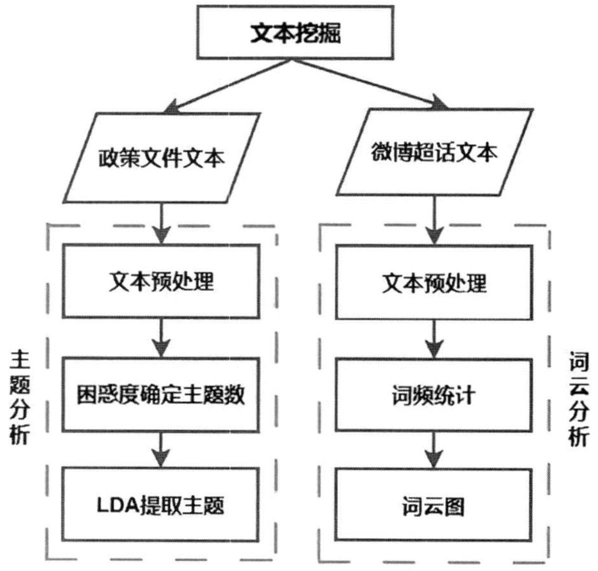

图9 政策文件与微博超话文本分析框架图

四、乡村振兴水平发展的动态演进及综合评价分析

(一)熵权法确定指标权重

在对乡村振兴进行评估时，通常使用客观赋权法来确定指标的权重，如熵值法、时空极差熵值法[26]等，以此减少人为主观因素对评估结果的影响，本文采用熵权法赋权，加入时间变量。表 5 为乡村振兴各项二级指标权重结果。

确定第 j 个评价指标的权重步骤如下：

第一步：确定第 a 年第 i 个省份所占第 j 项指标的比重。

$$P_{a_{ij}} = \frac{x_{a_{ij}}}{\sum_{a=1}^{n}\sum_{i=1}^{p} x_{a_{ij}}} \quad \text{公式(5)}$$

第二步：确定第 j 项指标的熵值 e_j。

$$e_j = -k\sum_{a=1}^{n}\sum_{i=1}^{p} P_{a_{ij}} ln(P_{a_{ij}}) \quad \text{公式(6)}$$

其中，，

$$k = \frac{1}{ln(np)} \quad \text{公式(7)}$$

第三步：确定第 j 项指标的差异系数 g_j。

$$g_j = 1 - e_j \qquad 0 \leqslant g_j \leqslant 1 \quad \text{公式(8)}$$

第四步：确定第 j 项指标的权重 w_j。

$$w_j = \frac{g_j}{\sum_{j=1}^{q} g_j} = \frac{1-e_j}{m - \sum_{j=1}^{q} e_j} \quad \text{公式(9)}$$

表 5　乡村振兴各项二级指标权重结果

二级指标	指标权重	二级指标	指标权重	二级指标	指标权重
CY1	0.0352	XF1	0.0354	SH2	0.0069
CY2	0.0358	XF2	0.0362	SH3	0.0214
CY3	0.0358	XF3	0.0360	SH4	0.0359
CY4	0.0362	XF4	0.0350	SH5	0.0359
ST1	0.0075	XF5	0.0357	SH6	0.0346
ST2	0.0358	XF6	0.0363	SH7	0.0360
ST3	0.0357	ZL1	0.0357	SH8	0.0354
ST4	0.0357	ZL2	0.0348	SH9	0.0362
ST5	0.0357	ZL3	0.0359	SH10	0.0358
ST6	0.0357	SH1	0.0359	SH11	0.0358

(二)TOPSIS 法确定乡村振兴综合及各维度水平评价指数

TOPSIS 法是一种应用广泛的综合评估方法，可以充分发挥原始资料中所包含的信息量，能准确反映不同评估方案之间的差异。中国乡村振兴综合评价指数测度部分结果如表 6 所示。

第一步：计算正理想解与负理想解：

$$x_j^+ = \{x_1^+, x_2^+, \cdots, x_q^+\} = \{(\max(x_{a_{ij}} \mid j \in J) \mid 1 \leqslant a \leqslant n, 1 \leqslant i \leqslant p\} \quad \text{公式(10)}$$

$$x_j^- = \{x_1^-, x_2^-, \cdots, x_q^-\} = \{(\min(x_{a_{ij}} \mid j \in J) \mid 1 \leqslant a \leqslant n, 1 \leqslant i \leqslant p\} \quad \text{公式(11)}$$

第二步：计算第 i 个省份到正理想最优解 x_j^+ 的欧氏距离 d_i^+ 和负理想最优解 x_j^- 的欧氏距离 d_i^-：

$$d_{ai}^+ = \sqrt{\sum_{j=1}^{q}(w_j(x_{a_{ij}} - x_j^+))^2} \quad \text{公式(12)}$$

$$d_i^+ = \{d_{a1}^+, d_{a2}^+, \cdots, d_p^+ \mid 1 \leqslant a \leqslant n\}$$ 公式(13)

$$d_{ai}^- = \sqrt{\sum_{j=1}^{q}(w_j(x_{a_{ij}} - x_j^-))^2}$$ 公式(14)

$$d_i^- = \{d_{a1}^-, d_{a2}^-, \cdots, d_p^- \mid 1 \leqslant a \leqslant n\}$$ 公式(15)

第三步:计算第 i 个省份的相对贴进度 C_i^* :

$$C_i^* = \frac{d_i^-}{d_i^+ + d_i^-}, i = 1, 2, \cdots, p$$ 公式(16)

其中,$C_i^* \in [0,1]$,其数值大小与乡村振兴水平成正比。

表6 中国乡村振兴综合评价指数测度结果(部分)

省份	2000年	2005年	2010年	2015年	2018年	2021年	2022年
上海市	0.4375	0.5556	0.6633	0.7686	0.8088	0.8312	0.8383
北京市	0.2664	0.3297	0.4014	0.4791	0.5266	0.5735	0.5942
河北省	0.2606	0.3376	0.4061	0.4735	0.5250	0.5567	0.5843
广东省	0.2626	0.3357	0.4065	0.4810	0.5192	0.5662	0.5765
黑龙江省	0.2600	0.3245	0.3971	0.4583	0.5283	0.5552	0.5747
广西壮族自治区	0.2497	0.2985	0.3766	0.4436	0.4785	0.5258	0.5484
青海省	0.1602	0.1559	0.1553	0.1602	0.1579	0.1602	0.1618

(三)乡村振兴水平发展的核密度估计

1. 核密度估计

为刻画乡村振兴水平的整体形态及不同时期的动态演进趋势,本文选择核密度估计方法进行分析。经验分布函数为:

$$F_n(y) = \frac{1}{n}\sum_{i=1}^{n} I(x_i \leqslant y)$$ 公式(17)

其中,n 表示观测数目,$I(z)$ 表示条件关系式,若 z 为真,则 $I(z)=1$。故该方法假定随机变量 X 的密度函数为:

$$f(x) = [F_n(x+h) - F_n(x-h)]$$ 公式(18)

$$= \frac{1}{nh}\sum_{i=1}^{n} K[(x_i - \bar{x})/h]$$ 公式(19)

其中,式(19)中 x_i 独立同分布,$\bar{x}$ 为平均值,K 表示核密度,h 为带宽度。使用 *Gaussian* 核函数:

$$f(x) = \frac{1}{\sqrt{2\pi}} exp\left(-\frac{x^2}{2}\right)$$ 公式(20)

从核密度估计的曲线图中发现一些与我国乡村振兴水平相关的特点。密度函数可以反映乡村振兴水平的高低,而函数分布形态可以分析各地区差异的大小。此外,函数曲线的展开情况也可用于描述各省乡村振兴水平之间的差异程度,而波峰数量则可以反映出极化的程度。

2. 整体层面与各维度乡村振兴水平发展的核密度估计

据图10所示,全国各省乡村振兴水平的核密度函数分布呈逐渐向右移动的趋势,说明我国省际乡村振兴水平正在不断提高;据曲线显示,函数分布呈下降趋势,Kernel 曲线的宽度扩大,同时曲线向右移动停滞、高度下降和宽度增大。由此可知,乡村振兴水平的绝对差异正在扩大,即省份间的差距越来越大;在 Kernel 密度函数曲线延展性方面,曲线愈来愈平坦,右尾变长,表明乡村振兴在某些省份迅速发展,省份间差距进一步增大。并且 Kernel 密度曲线呈非单峰形态,展现出我国乡村振兴将呈现多极分化现象的趋势。纵观全国,乡村振兴水平不断提升,两极分化现象普遍存在,但绝对差异有所缩小。

产业兴旺和乡风文明的核密度曲线趋势相同,故此处仅展示产业兴旺、生态宜居、治理有效和生活富裕维度整体形态及不同时期的动态演变图,如图11—14所示。各维度核密度曲线趋势与整体层面乡村振兴水平变化趋势相似，故此处不再展开论述。

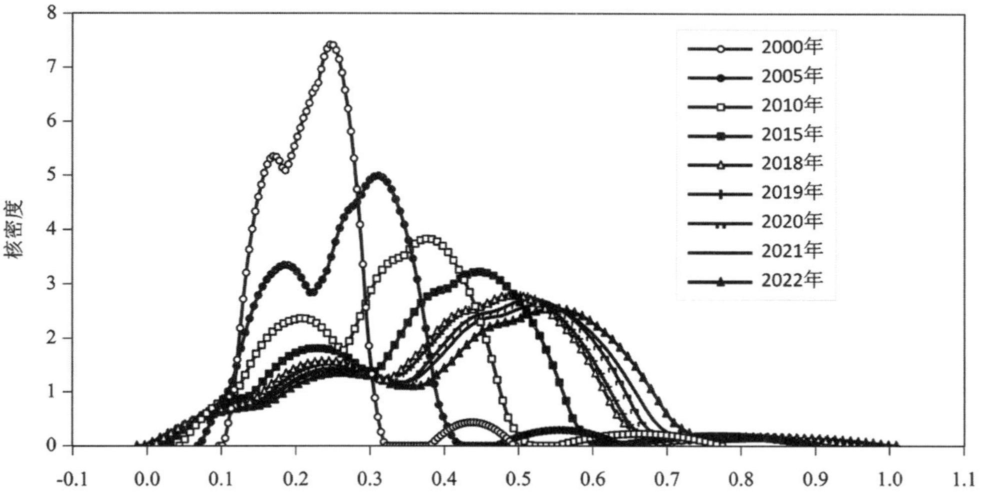

图 10　全国省际核密度动态演进分布图

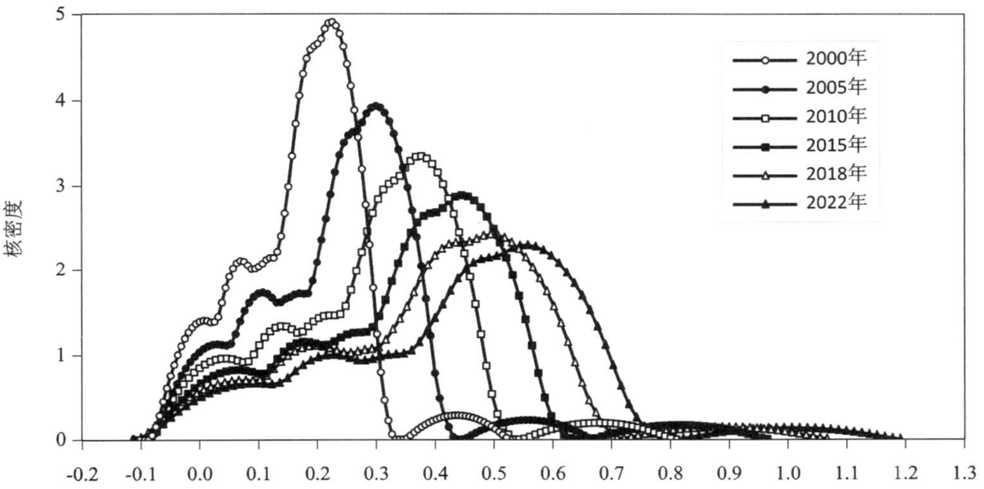

图 11　产业兴旺

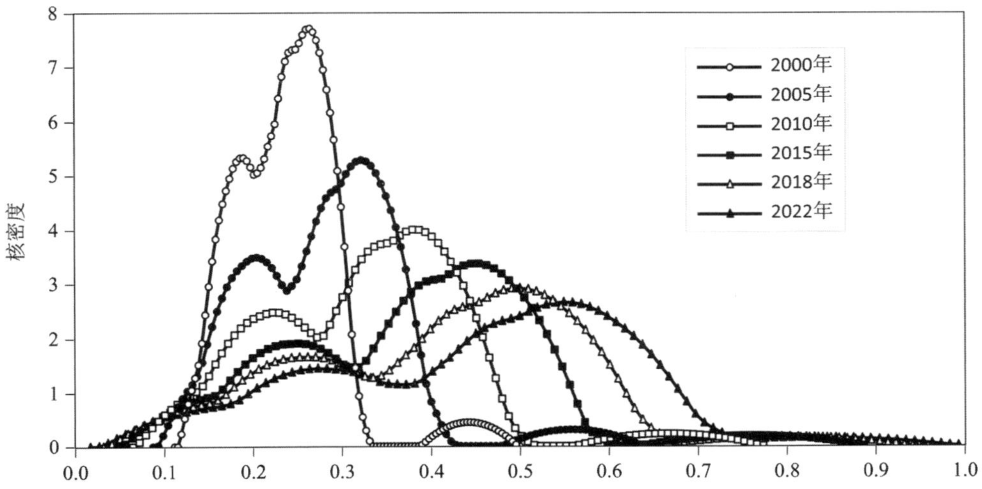

图 12　生态宜居

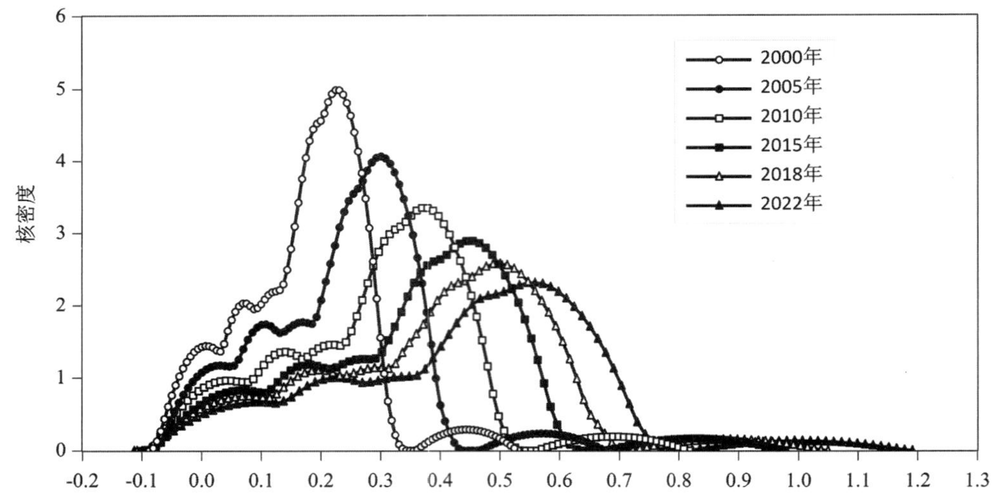

图 13 治理有效

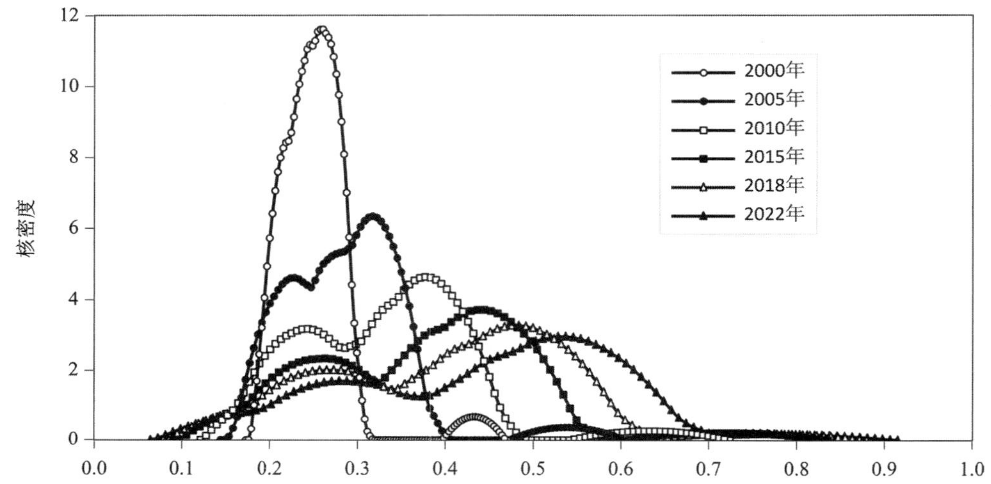

图 14 生活富裕

(四)乡村振兴水平综合评价

1. 整体层面综合评价

综合评价指数一定程度上反映了乡村振兴在各省的水平,该指数越贴近于1表明该省份的乡村振兴水平越高。图15是2000—2022年我国各省份乡村振兴水平综合指数的变化趋势。

首先根据综合评价指数的测算结果,各省的综合指数偏低,大部分集中在0.5以下,表明我国乡村振兴水平整体上相对较低,存在较大的提升空间。其次,综合评价指数整体上呈增长态势,例如河北省增长幅度达123.75%,由2000年的0.261增长到2022年0.584,各省主动按下加速键,正以高速增长的态势不断提升乡村振兴水平。

乡村振兴水平具有一定的不平衡性和地域差异性。根据 y 轴方向时间的折线的斜率来看,高水平省份的上海市、北京市、河北省,以及广东省等乡村振兴水平较高,且上海市正处于遥遥领先的地位,增速显著;宁夏回族自治区、西藏自治区以及青海省等西北部地区的水平较低,处于劣势,发展速度较为缓慢;河南省、安徽省,山西省等中部地区乡村振兴水平处于中等水平,处于缓慢爬坡的阶段,且发展差距较小。

2. 各维度评价结果

图16展示了产业兴旺维度的评价结果,农业产业的繁荣发展是提高乡村振兴水平的第一驱动力。对于不断增长的产业兴旺水平,在各地区间存在较大差异,整体上与各省综合评价指标的水平相似,仅是同一水平内部的排序变动,上海市的综合评价指数最高,占据遥遥领先的地位,其产业兴旺指数从0.437(2000年)

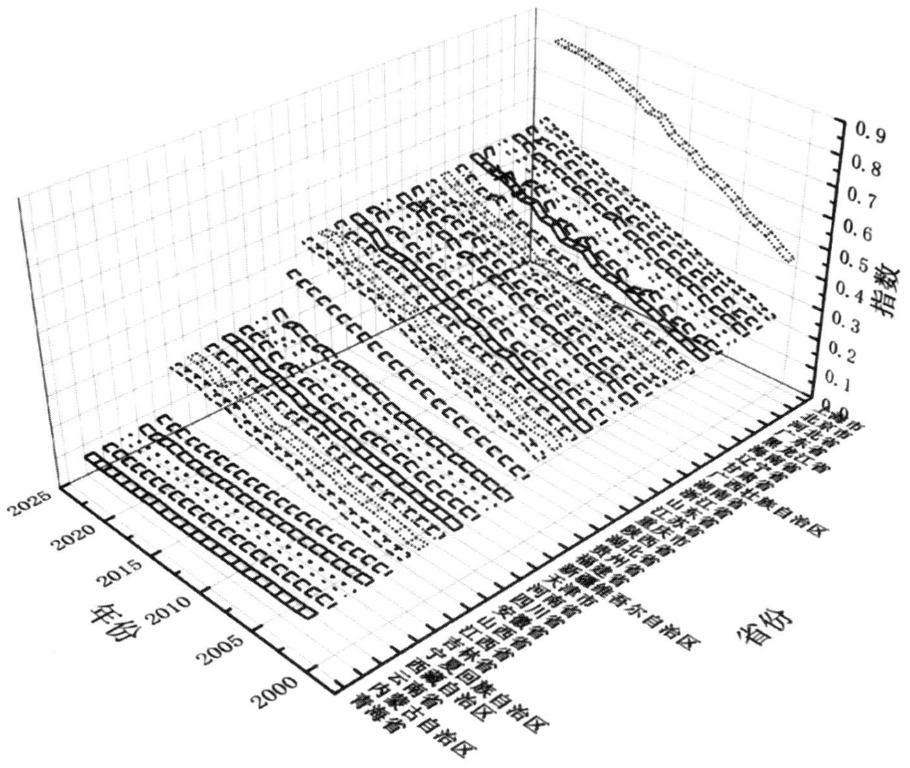

图 15　各省份乡村振兴水平综合情况

增长到 1(2022 年),即其产业兴旺水平已经达到最高水平。

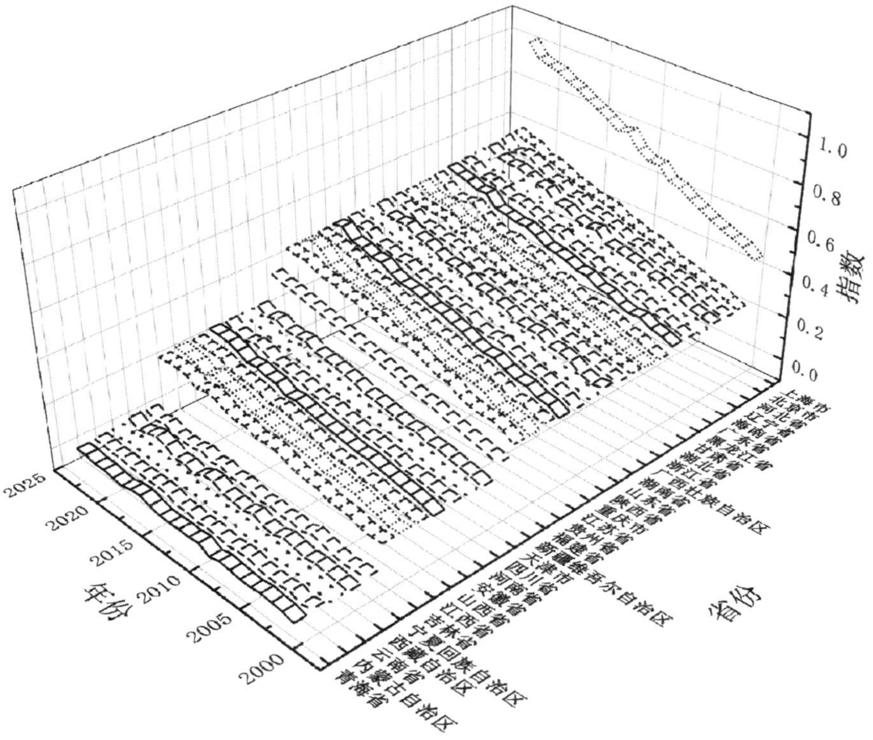

图 16　各省份产业兴旺维度评价结果

其余四个维度的评价结果在附录展示,分析结果与产业兴旺维度评价结果高度相似。高水平省份的各个维度的评价指数均处于较高水平,较低水平省份的各个维度的评价指数均处于较低水平,上海市在五个维度中均处于遥遥领先的地位。

五、乡村振兴水平的区域差异分析

(一)基于模糊C均值聚类的区域划分

本文在评价各省域的乡村振兴水平过程中,通过模糊C均值聚类分析依据二级指标的五个维度(产业兴旺,生态宜居,乡风文明,治理有效,生活富裕),将中国31个省份进行聚类,通过肘部法和轮廓系数法确定聚类数目。

采用基于平均离差的肘部法得到聚类数目与平均离差的关系图,结果如图17(1)所示,可以发现曲线形状在聚类数目为4时出现"肘部",即曲线斜率从急剧下降到趋于平缓的转折点。轮廓系数法则是通过评估每个样本点与其所在聚类内部的紧密程度以及与其他聚类之间的分离程度来确定最佳聚类数。如图17(2)所示,轮廓系数在聚类数为4时取得较大的值,而为5时急剧下降,这也进一步支持了将数据划分为四个聚类的决策。因此,聚类数目为4,使用模糊C均值聚类结果如图18所示。

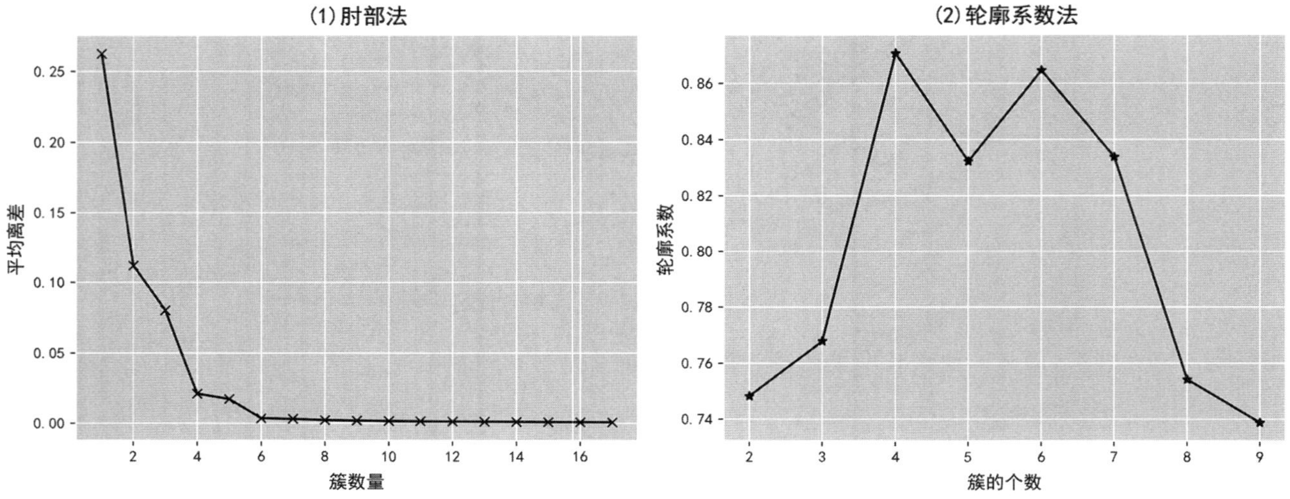

图17　聚类数目分析图

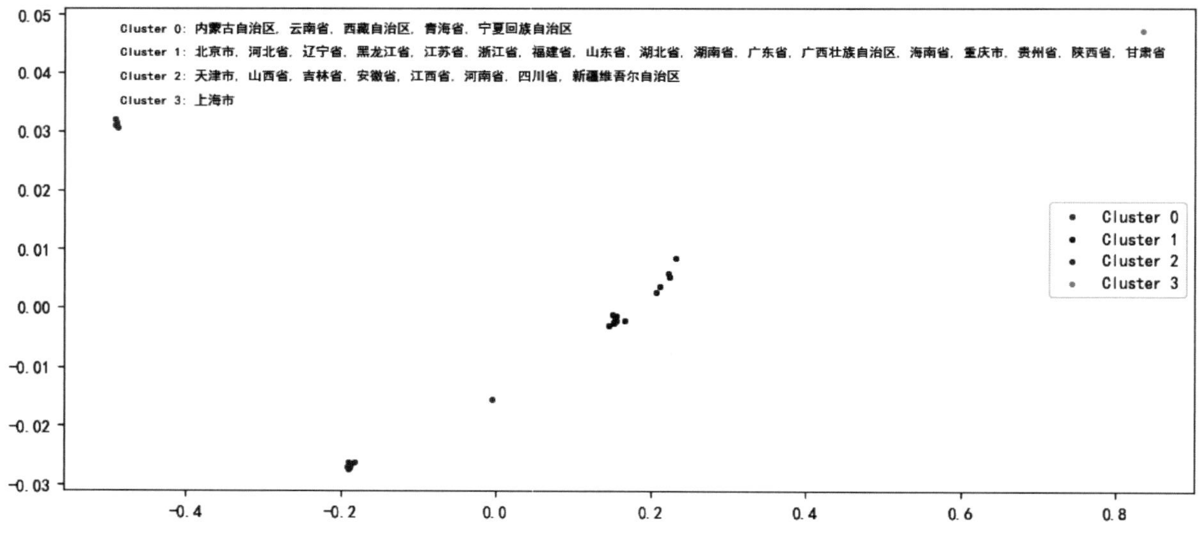

图18　聚类结果

(二)区域差异分析

在深入评估各省域乡村振兴水平的过程中,将聚类结果与各省在综合评价指数中的表现相结合,以精确定位各区域的乡村振兴阶段。通过详尽的数据分析,我们观察到聚类结果形成的四种类型与各省在综合评价指数中的表现呈现出高度的相似性。尤为显著的是,上海在各项指标中均显示出与其他省份的显著差异,其乡村振兴水平独树一帜。因此,将除上海外的其他省份进一步细分为三个层次:高水平省份、中等水平省份和较低水平省份,并选取各等级代表如图 19 所示。这不仅体现了各省在乡村振兴道路上的不同步伐,也为未来政策制定和资源配置提供了有力的数据支撑。

图 19　发展层次图

省份代表的雷达图如图 20—22 所示,高水平层次省份的特点是全面驱动,在不同维度方面均协调发展;中等水平层次省份中生活富裕和生态宜居水平的提升优势较大,主要是生态环境作为提高乡村振兴水平的驱动力;在低水平雷达图中,产业兴旺水平明显是短板。相比之下,生活富裕是五维度中主要提高乡村振兴水平的驱动力,其次是生态宜居驱动。中等水平和低水平的省份都需要进一步提升生态环境驱动、政策扶持和专利鼓励。高水平省份则兼具以上两种优势。

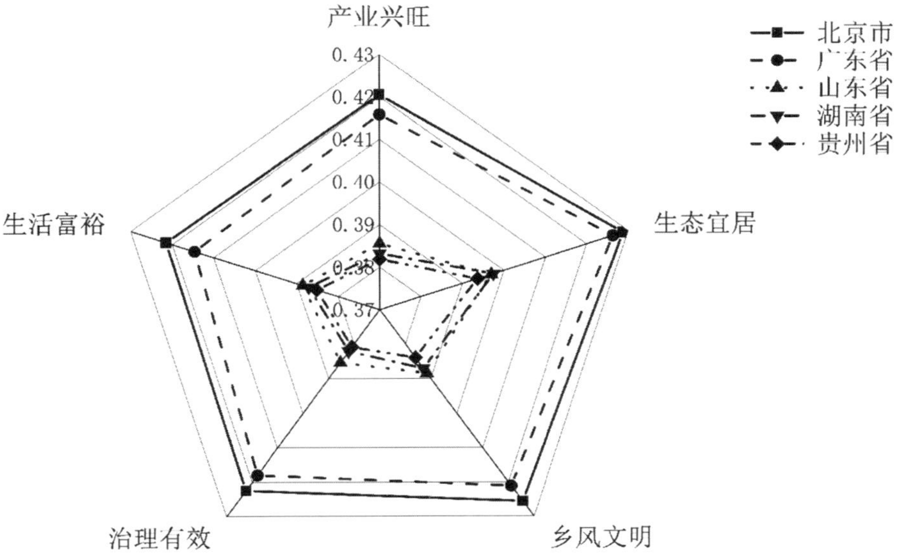

图 20　高水平二级指标分布图

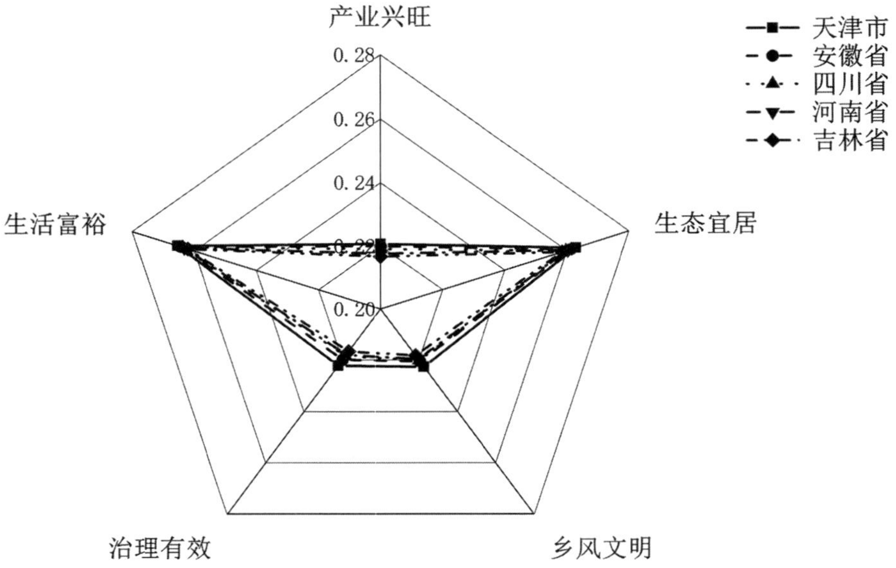

图 21　中等水平二级指标分布图

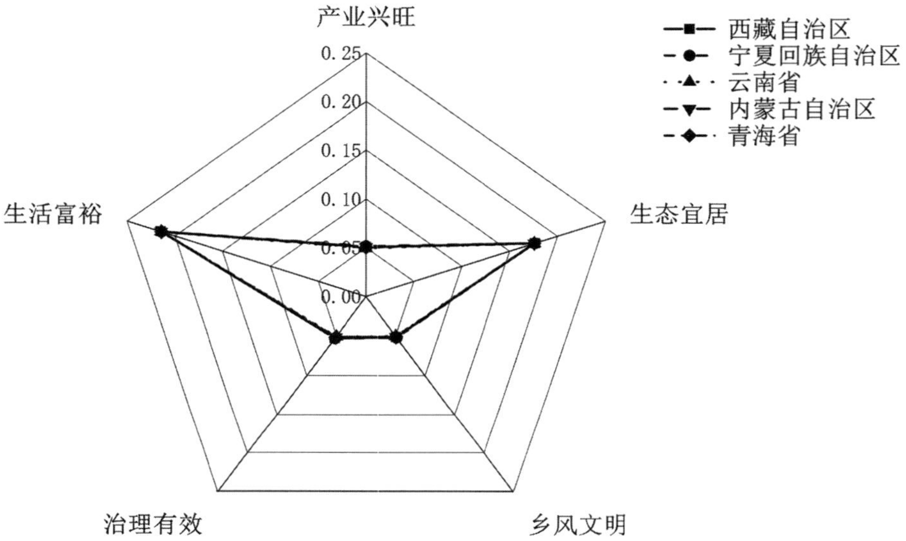

图 22　低水平二级指标分布图

综合来看，不同省份的驱动因素存在差异。乡村振兴高水平省份偏向综合驱动导向，即通过产业发展带动生态发展，并发扬与传承乡村文化，完善治理体系，最终实现共同富裕。中等水平省份则偏向环境驱动导向。而低水平省份则表现出经济驱动导向与环境驱动相结合的特点。

六、乡村振兴水平影响因素相关性研究

(一)PLS 路径模型

PLS 路径模型分为潜变量和显变量两类，潜变量是结构变量不能度量，显变量是测度变量可度量。该模型包括两个部分，一是外部的计量模式，用以说明隐变量与显变量之间的关系，二是内在的结构模式，用来刻画隐变量间的联系。

(二)测量模型与结构模型

本文采用的反应式潜变量的构造公式：

$$X = \pi_{\eta}\eta + \varepsilon \qquad \text{公式(21)}$$

$$Y = \pi_{\xi}\xi + \delta \qquad \text{公式(22)}$$

其中，X 和 Y 为外生和内生潜变量，π_{η} 和 π_{ξ} 为结构系数向量，ε 和 δ 为对应残差。结构模型主要是描述潜变

量之间的因果关系：

$$\eta = B\eta + \Gamma\xi + \zeta \qquad \text{公式(23)}$$

其中，η 表示内生潜变量，B 为 η 间的结构系数矩阵，ξ 为外生潜变量，Γ 为 η 和 ξ 之间的结构系数向量，ζ 为残差。潜变量结构方程模型如图 23 所示。

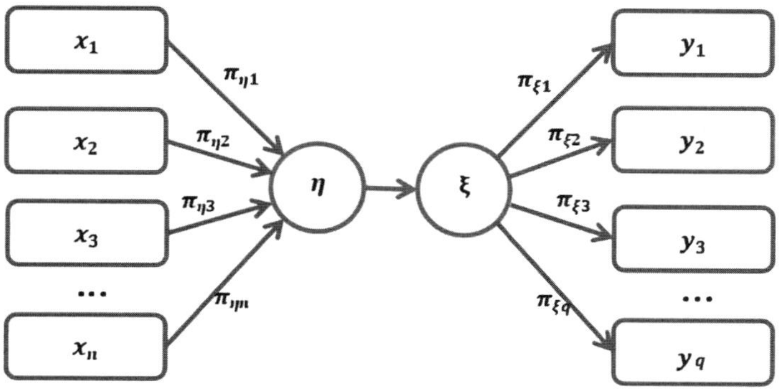

图 23　潜变量结构方程模型

(三)乡村振兴水平影响因素相关性模型构建

本文构造 5 个潜变量，并且通过对大量已有研究者相关文献的分析，做出表 7 中假设并绘制网络拓扑结构图如图 24 所示。

表 7　模型拓扑架构假设表

序号	假设
H1	治理有效对产业兴旺具有积极作用
H2	产业兴旺对生态宜居具有积极作用
H3	乡风文明对生态宜居具有积极作用
H4	产业兴旺对乡风文明具有积极作用
H5	生态宜居对生活富裕具有积极作用
H6	生活富裕对治理有效具有积极作用

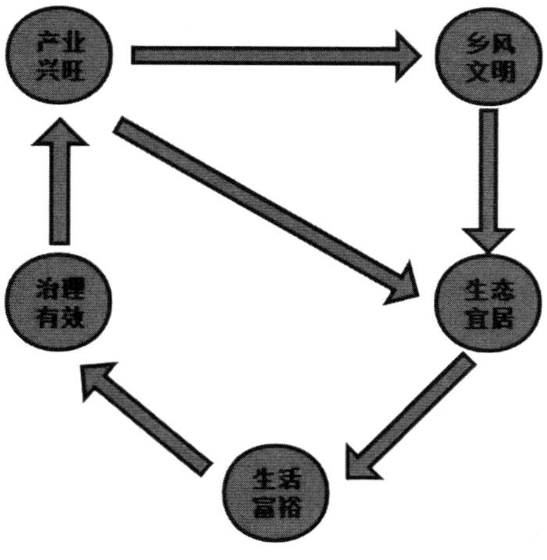

图 24　网络拓扑结构图

(四)模型检验

1. 信度检验

信度检验是指对可靠性进行评估的过程。通常用 CR(Composite Reliability)值和 CA(Cronbach's Alpha)作为信度评价指标，前者用来刻画变量间的联合可靠性，后者刻画变量间的一致性。

CR 值计算公式为：

$$CR_j = \frac{(\sum_{h=1}^{P_j} \lambda_{jh})^2}{(\sum_{h=1}^{P_j} \lambda_{jh})^2 + \sum_{h=1}^{P_j} \alpha_{jh}} \quad \text{公式(24)}$$

通常若 CR>0.7,则模型信度较高。

CA 值计算公式为:

$$CA = \frac{K}{K-1}\left(1 - \frac{\sum s_i^2}{s_t^2}\right) \quad \text{公式(25)}$$

表 8　模型信度检验表

潜变量	CR	CA
产业兴旺	0.9862	0.9919
生态宜居	0.9176	0.7394
乡风文明	0.9764	0.9640
治理有效	0.9790	0.9810
生活富裕	0.9807	0.8363

CA 系数取值范围为 0—1,当 CA>0.8 时,该模型的可信度就较高。结果如表 8 所示,五个潜变量的 CR 值和 CA 系数大部分均在 0.9 以上,模型信度较高。

2. 效度检验

效度检验主要是对潜变量下各显变量之间的关联性检验。通常用因子载荷量和 AVE 值效度检验的标准,AVE 值的计算公式为:

$$AVE = \frac{\sum_{h=1}^{P_j} \lambda_{jh}^2}{\sum_{h=1}^{P_j} \lambda_{jh}^2 + \sum_{h=1}^{P_j} \theta_{jh}^2} \quad \text{公式(26)}$$

当因子载荷 $\lambda > 0.5$ 时,潜变量及其组成的各个显变量之间存在线性等价关系,可被接受。当 $AVE > 0.5$ 时,说明该潜变量对方差变异的解释程度达 50%以上。结果如表 9 所示,因子载荷 λ 均在 0.9 以上且 AVE 值均在 0.8 以上,可以接受。

表 9　模型效度检验表

潜变量	λ	AVE
产业兴旺	0.9878	0.9608
生态宜居	0.9202	0.8867
乡风文明	0.9732	0.9745
治理有效	0.9970	0.9934
生活富裕	0.9888	0.9245

3. 唯一度检验

表 10　模型唯一度检验表

潜变量	第一主成分特征值	第二主成分特征值
产业兴旺	2.0627	0.8988
生态宜居	3.2018	1.6397
乡风文明	4.6501	2.5382
治理有效	1.5232	0.9579
生活富裕	3.8287	1.8068

基于主成分分析的方法,比较 1 与潜变量的第一、第二主成分特征值的大小关系。结果如表 10 所示,5 个潜变量的第一主成分大于第二主成分特征值,满足检验。

4. 平均共同度检验

共同度检验表征了潜变量的收敛能力。计算公式为:

$$Communality = cor^2(x_{jk}, y_j) \qquad 公式(27)$$

其值大小与收敛能力成正比,若 $Communality > 0.5$,则通过检验。如表 11 所示,$Communality$ 的值均大于 0.5,潜变量收敛能力强。

表 11 模型平均共同度检验表

潜变量	产业兴旺	生态宜居	乡风文明	治理有效	生活富裕
平均共同度	0.9736	0.9854	0.6890	0.7967	0.9548

5. 模型解释力度检验

表 12 R^2 取值范围及相关说明

R^2 值	模型显著性	解释力度
$R^2 < 0.3$	不明显	差
$0.3 < R^2 < 0.5$	较弱	待观测
$0.5 < R^2 < 0.7$	适中	可接受
$R^2 \geqslant 0.7$	好	好

在 PLS 路径模型中,R^2 用于表示模型的解释力度,表 12 展示了 R^2 取值范围及相关说明。结果如表 13 所示,修正后的 R^2 均大于 0.7,模型具有较好的显著性,解释力度强。

表 13 模型解释力度检验表

潜变量	R^2	修正后得 R^2
产业兴旺	0.8551	0.8391
生态宜居	0.8989	0.8870
乡风文明	0.7152	0.7095
治理有效	0.7936	0.7719
生活富裕	0.9758	0.9601

6. 模型拟合优度检验

对模型进行全局拟合效果检验,以验证其拟合优度。一般情况下,使用 GOF 作为评估拟合优度的标准,GOF 计算公式为:

$$GOF = \sqrt{cv - Community \times \overline{R^2}} \qquad 公式(28)$$

若 $GOF \geqslant 0.36$,则拟合优度很大。结果如表 14 所示,该模型的 GOF 为 0.68 拟合优度很大。

表 14 模型拟合优度检验表

潜变量	GOF
产业兴旺	
生态宜居	
乡风文明	0.6149
治理有效	
生活富裕	

7. 模型系数显著性检验

表15和图25分别展示了模型路径系数和显著性检验以及优化后的网络结构拓扑图。采用Bootstrap方法对模型系数进行显著性检验,如果 $P<0.01$,那么可以认为没有通过显著性检验,不存在直接的显著性关系。

表15　模型路径系数和显著性检验表

假设	路径	路径系数	标准差	P值	是否支持假设
H1	治理有效→产业兴旺	0.902856	0.023505	1.23688E−12	是
H2	产业兴旺→生态宜居	0.957695	0.130882	8.86682E−12	是
H3	乡风文明→生态宜居	0.865988	0.202754	1.10326E−9	是
H4	产业兴旺→乡风文明	0.913054	0.085608	1.88205E−12	是
H5	生态宜居→生活富裕	0.820755	0.109816	1.71917E−9	是
H6	生活富裕→治理有效	0.899011	0.007224	1.00425E−12	是

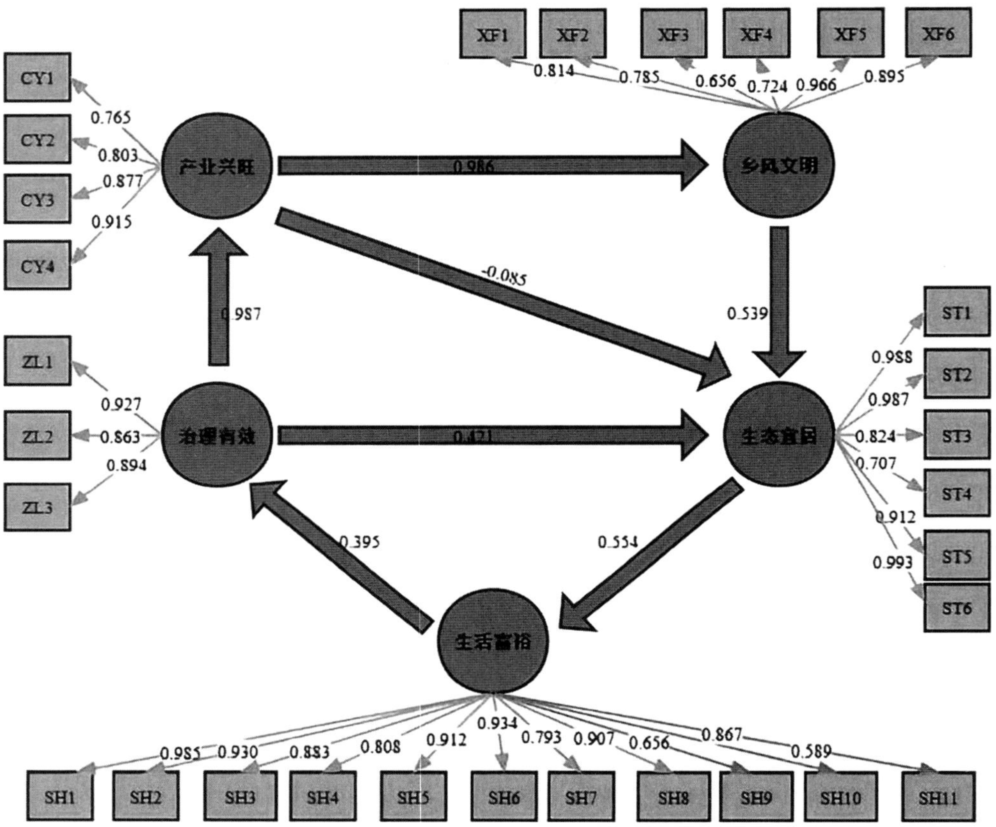

图25　优化后网络结构拓扑图

(五)结果分析

1. 治理有效对于产业兴旺、生态宜居具有积极作用

现代乡村社会治理对于未来产业的发展具有重要的助推作用,模型中的路径系数为0.987。同时,生活富裕也对治理有效具有正向传输作用。因此,在推进乡村产业兴旺的过程中,通过有效的社会治理和提高居民生活水平的协同作用,可以进一步促进乡村经济的发展。治理有效对生态宜居具有积极作用,路径系数为0.421,有效的社会治理可以提高生态环境的质量,促进生态保护和资源利用的管理,增强社会的环保意识和责任感,从而为人们创造一个更为健康、舒适和宜居的生活环境。

2. 产业兴旺对于乡风文明具有积极作用

产业兴旺对乡风文明的发展具有推动作用,模型中的路径系数达到0.986。产业兴旺可以为乡村提供更多的就业机会和经济收入，这有助于提高农民的生活水平和社会地位，促进农村文化和文明的发展。此外，产业兴旺也可以带来更多的投资和技术，促进农村基础设施建设，提高乡风文明素质。因此，产业兴旺对于乡风文明的发展有着积极的作用。

3. 生态宜居对产业兴旺具有促进作用

我国正处于绿色发展的新时代，良好的生态环境不仅是产业蓬勃发展的必要前提，同时也为其带来了全新的机遇和挑战。生态宜居对模型产业兴旺的影响系数为负数，这并不等同于产业兴旺对生态宜居的负面影响，而应该理解为生态宜居对产业兴旺的促进作用，这是由于模型的前提条件存在偏差所致。中国式现代化的产业发展受益于生态宜居的重要性所带来的推动效应。

4. 生态宜居对生活富裕具有积极作用

生态宜居可以提供一个健康的生活环境，如清新的空气、无污染的水源等，这些都是人们生活富裕的基础。此外，还能提供更多的旅游资源和生态产品，促进当地经济的发展，增加人们的收入和就业机会，提高人们的生活水平。

七、结论与建议

(一)研究结果总结

1. 产业兴旺是乡村振兴的重点

通过对乡村振兴战略相关政策词频统计及乡村振兴微博超话 LDA 主题模型分析，“农村”“农业”“发展”“建设”出现频率较高，主题主要归纳 9 个方面。其中企业平台、农产品规模、村镇产业化、农民工就业及金融机构反映了产业兴旺，绿色生态、耕地规划反映了生态宜居，党的领导、乡镇服务反映了有效治理，金融机构运用金融赋能乡村振兴。这与全面实施乡村振兴战略的总体目标相符。

2. 我国省际乡村振兴水平不断提高，绝对差异扩大，有两极分化发展态势

综合评价指数的测算结果和乡村振兴水平的动态演进所示，我国各省的综合指数普遍偏低，仍有较大的提升空间。此外，我国省际乡村振兴水平不断提升，绝对差异呈现扩大趋势，省际间差距进一步扩大，不同省份之间的差异较大，呈现出多极分化的态势。

3. 我国乡村振兴水平不同层次省份的驱动因素存在差异

整体把握不同省份的驱动因素，高水平层次偏向综合驱动导向，属于互推型发展模式，如上海市、北京市、河北省，广东省以及南方江浙一带的省份；中等水平省份与较低水平省份均偏向经济驱动与环境驱动相结合的表现特点，如河南省、安徽省，山西省等中部地区省份以及宁夏回族自治区、西藏自治区和青海省等西北省份。

4. 治理有效、产业兴旺、生态宜居和乡风文明之间的相互作用

治理有效对产业兴旺和生态宜居均产生积极作用。产业兴旺促进乡风文明的发展。生态宜居促进产业兴旺和生活富裕，提供良好的生态环境和旅游资源，增加收入和就业机会，提高生活水平。在推动乡村产业的过程中，通过有效的社会治理和提高居民生活水平的协同作用，进一步促进乡村经济的发展，提高乡风文明素质，保护和利用好生态环境，进而达到乡村振兴战略的出发点和落脚点——生活富裕，逐步实现共同富裕。

(二)对策建议

1. 充分激活各类驱动要素

要实现乡村振兴，必须驱动“人才、产业、经济、环境、治理”这五个关键因素，激活其内在动能，形成一个有机的整体，助力乡村振兴。最主要的是依靠人才资源的开发和利用推动乡村发展，通过吸引高素质人才，带动广大农民群众脱贫致富奔小康，激发农民内在的动力，提高知情权和参与权。其次，农业是推动乡村振兴的最重要资源之一。坚持把发展现代农业作为首要任务，加快推进新型城镇化建设，完善农村基本经营制度，培育壮大新动能，建立完善的农村土地产权流转体系，积极推进土地经营权的释放和宅基地制度改革的深化，以实现这一目标。最后，经济是一条不可或缺的血脉，也是坚实的支撑。建立涉农资金整合机制，激发金融体系对乡村振兴的支持，从而激活经济驱动要素。

2. 统筹规划，促进各省域之间协调发展同时因地制宜

纵观全国31个省份的发展概况,西部地区相较于其他地区乡村振兴水平较低,其产业兴旺、乡风文明和治理有效的建设都亟待提升。作为高水平的上海,广东和浙江,要对落后省份进行援建,把开发经验,开发思路和开发规划形成帮扶对子和帮扶小组,实现一一对应,由点到面,准确突破和有效开发。水平较低的省份应借乡村振兴战略的东风实现阶段性跃动,主动发挥自身的特色和优势,在不同的切入点上助推乡村振兴水平的提高。高水平省份要坚持先富裕带动后富裕的姿态,破解省域发展失衡难题、提升乡村振兴水平、实现共同富裕。

【参考文献】

[1] 陈小捷. 乡村振兴背景下农村生态文明建设问题研究[D]. 北京:北京邮电大学,2020.

[2] 陈俊梁,史欢欢,林影. 乡村振兴水平评价体系与方法研究——以华东6省为例[J]. 华东经济管理,2021,35(4):91—99.

[3] 陈海萍. 乡村振兴战略下乡村经济多元化发展研究[J]. 甘肃农业,2023(3):79—81.

[4] 关浩杰. 乡村振兴战略的内涵|思路与政策取向[J]. 农业经济,2018(10):3—5.

[5] 郭豪杰,龙蔚,张德亮. 基于投影寻踪模型对乡村振兴的评价[J]. 世界农业,2019(12):44—52.

[6] 贾晋,李雪峰,申云. 乡村振兴战略的指标体系构建与实证分析[J]. 财经科学,2018(11):70—82.

[7] 刘艳丽. 中国特色社会主义乡村振兴内涵式实践道路[J]. 实践与跨越,2019(1):34—38.

[8] 鲁邦克,许春龙,孟祥兰. 中国省际乡村振兴发展速度测度与时空异质性研究——基于组合加权主成分分析的综合评价方法[J]. 数理统计与管理,2021,40(2):205—221.

[9] 刘欢. 乡村振兴视域下乡风文明建设研究[D]. 长春:吉林大学,2021.

[10] 刘朝帅,王立胜. 中国特色反贫困道路深化:乡村振兴战略[J]. 经济与管理评论,2022,38(6):144—160.

[11] 倪良新,孟丽,欧树同. 乡村振兴背景下城乡资源的整合融合[J]. 石河子大学学报(哲学社会科学版),2023,37(1):23—30.

[12] 宋才发,宋强. 乡村振兴制度建设的内涵及路径探讨[J]. 贵州民族研究,2020,41(1):25—33.

[13] 吴儒练. 旅游业高质量发展与乡村振兴耦合协调测度、演化及空间效应研究[D]. 南昌:江西财经大学,2022.

[14] 王颜齐,孙楠. 数字经济赋能乡村发展:脱贫攻坚成果同乡村振兴有效衔接的助推机制及路径[J]. 电子政务,2023(8):120—132.

[15] 徐雪,王永瑜. 新时代西部大开发乡村振兴水平测度及影响因素分析[J]. 西南民族大学学报(人文社会科学版),2021,42(5):129—137.

[16] 徐雪,王永瑜. 中国乡村振兴水平测度、区域差异分解及动态演进[J]. 数量经济技术经济研究,2022,39(5):64—83.

[17] 易小燕,陈印军,向雁等. 县域乡村振兴指标体系构建及其评价——以广东德庆县为例[J]. 中国农业资源与区划,2020,41(8):187—195.

[18] 杨雯瑞,张彤,蔡坤林等. 中国省域数字经济发展综合评价研究[C]. 中国统计教育学会,教育部高等学校统计学类专业教学指导委员会,全国应用统计专业学位研究生教育指导委员会. 北京:中国统计出版社,2021:57—104.

[19] 尹君锋,石培基. 甘肃省县域乡村振兴发展评估与空间格局分异[J]. 中国沙漠,2022,42(5):158—166.

[20] 张海鹏,郜亮亮,闫坤. 乡村振兴战略思想的理论渊源、主要创新和实现路径[J]. 中国农村经济,2018,407(11):2—16.

[21] 张琦. 稳步推进脱贫攻坚与乡村振兴有效衔接[J]. 人民论坛,2019(S1):84—86.

[22] 张青,郭雅媛. 脱贫攻坚与乡村振兴的内在逻辑与有机衔接[J]. 理论视野,2020(10):55—60.

[23] 邹秀清,谢美辉,肖泽干等. 基于熵权—TOPSIS法的乡村发展评价及障碍因子诊断[J]. 中国农业资源与区划,2021,42(10):197—206.

[24] 张雅静,孔敏,胡光铭等. 乡村振兴发展水平综合评价体系研究综述[J]. 统计与决策,2023,39(7):

39－45.

[25] Chen Y, Liu Y, Yurui L. AgriculturalDevelopment Status and Industrial Prosperity Path Under the Background of Rural Revitalization in China[J]. Geographical Research, 2019, 38(3): 632.

[26] Gao J, Wang Y, Zhang M, et al. Group Heterogeneity of Rural HouseholdsSatisfaction with Good Life from the Perspective of Rural Revitalization-A Case Study from Zhejiang Province of China[J]. Sustainability, 2022, 14(9): 1－15.

基于弱监督学习的胃癌病理学图像预后预测研究

哈尔滨医科大学　嵇建鑫、张萱、华梦蕾

摘　要

胃癌是全球范围内常见的恶性肿瘤之一，尽管近些年发病率和死亡率有所下降，但其预后通常较差，因此胃癌依然是全球健康负担的重要组成部分。根治性胃切除术虽是治疗胃癌的主要手段，但手术后的患者仍面临较高的复发和远处转移风险。因此，识别预后不佳的患者并优化治疗策略显得尤为关键，这不仅可以提高治疗效果，还能减少复发和转移的可能性，进而提升患者的生存率和生活质量。在当前的临床实践中，胃癌预后的预测通常依赖于多种方法，这包括传统的TNM分期系统、组织病理学特征以及预后生物标志物。随着精准医疗的发展，近年来越来越多的研究开始探索包括基因表达和肿瘤微环境特征在内的复杂生物信息在胃癌预后预测中的潜在应用。肿瘤微环境，如免疫细胞浸润和细胞外基质的改变，已被证实在癌症的发展和预后中起着关键作用，它们可以通过影响肿瘤的生物行为来改变患者的预后。然而，这些信息的获取往往需要复杂和昂贵的实验室测试，如多色免疫组化染色、基因组测序等，这在临床应用中可能是一个限制因素。因此，在当前的医学研究和临床实践中，构建一个全面而精确的胃癌预后预测模型成为医学界面临的一项迫切需求。

本研究成功构建了一个自动化的胃癌组织病理学切片分析模型，旨在通过深度学习技术提取数字化病理学图像中的特征，并增强现有TNM分期系统的预后价值。首先，我们创建了一个包含大量胃癌病理组织图像的专用数据集，用于预训练特征提取网络。为了提升模型在处理不同来源图像时的泛化能力，我们对收集到的数据集中的病理图像进行了染色标准化处理，确保不同来源的图像在颜色上保持一致。在使用预训练网络提取病理特征后，这些特征被送入一个基于注意力机制的弱监督风险评分模型。该模型能够从不完全标注的训练数据中学习到有用的预测模式。最终，模型输出的风险评分为临床提供了一个新的预后量化工具，这个评分反映了患者的预后风险，成为评估胃癌预后的一个新的重要指标。

在本研究中，通过十折交叉验证筛选出的最优模型在内部测试集中达到了0.757的C-index，外部测试集最优结果为0.659的C-index。单变量和多变量Cox比例风险回归分析均确认，风险评分是一个显著的预后独立因素，能够明确区分高风险与低风险患者的生存差异。这些发现证明，结合深度学习的风险评分能显著提高预后预测的准确性，成为现有临床评估工具的有效补充，帮助医生进行更精确的疾病风险评估和治疗计划制定。

关键词：胃癌预后；数字化病理学图像分析；弱监督学习；注意力机制；病理预后标志物

一、研究概述

(一)研究背景及意义

胃癌是全球第五大常见癌症，据2022年世界卫生组织统计，全球新增胃癌病例约96.8万，死亡人数达66万。在亚洲，胃癌尤为常见，新病例数占全球总数的71.4%，我国尤其是高发地区。在我国，胃癌是导致癌症死亡的第五大原因，2022年有35.8万新病例和26万死亡病例。相较于其他亚洲国家，我国的胃癌患者5年生存率普遍较低，根据我国国家癌症中心的数据，我国胃癌的五年生存率约为30%－50%，个体差异显著。目前，手术是胃癌的主要治疗方式，常配合放射和化学治疗、分子靶向治疗等辅助手段。在决定是否采用更昂贵且可能带来不适的辅助治疗时，临床医生通常会考虑患者的死亡风险和其他相关预后因素。在精准医疗的背景下，传统的胃癌预后评估方法，如通过病理学家对组织切片的视觉分析来确定肿瘤分期和组织结构的分化程度，已经显示出其局限性。这种方式不仅耗时且劳动密集，而且容易受到主观判断的影响。随着对胃癌预后指标认识的深化，现在研究者们越来越意识到，除了临床信息外，肿瘤微环境的特征也是影响患者预后的重要因素。深入研究胃癌患者的肿瘤微环境，可以为临床医生提供更加精确的诊断和治疗建议，帮助他们更准确地评估患者的治疗风险和预后，并在临床实践中制定个性化的治疗方案。

（二）数字化病理图像概述

病理诊断是肿瘤诊断和分期的金标准，而数字病理技术通过高分辨率的全载玻片成像扫描技术，对采集得到的图像进行无缝拼接和高精度处理，生成数字病理化病理图像。图像采用了“金字塔”式存储结构，模拟了光学显微镜的视野，实现了组织定位和焦平面选择的自动化（如图1）。它们提供了十亿像素级的病理信息，包括组织表型、肿瘤微环境和细胞形态等。相比传统的JPEG或PNG图像格式，这种高级别的数字化保存具有诸多优势，包括图像再提取与分析的便利性，以及信息丰度和可访问性的显著提升，为病理学研究和临床诊断提供了前所未有的便利。

与传统显微镜成像相比，数字病理图像不仅清晰度和分辨率更高，而且其数字化形式推动了病理图像的智能化分析。智能化分析手段主要包括基于统计分析、机器学习特征工程，以及数据驱动的深度学习计算机视觉算法。这些方法不仅优化了临床病理工作流程，将病理诊断从定性分析转变为标准化的定量分析，还提高了诊断的一致性和可重复性，减少了对人工阅片的依赖，从而大大提高了医疗服务的质量和效率。

然而，尽管数字病理图像提供了丰富的病理信息，如何准确有效地从中识别并提取出疾病相关的形态学特征，仍然是一个重要而具有挑战性的问题。

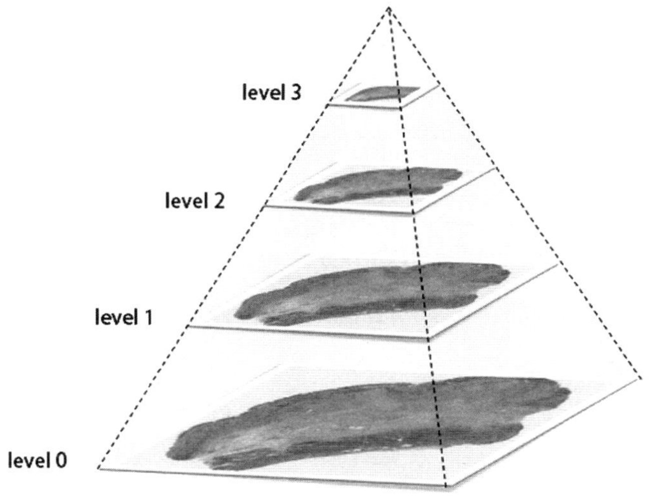

图1　数字化病理图像金字塔图

（三）弱监督深度学习研究现状

弱监督学习是一种在深度学习领域中应对有限或不完全标注数据的方法。它主要依赖于有限的、不精确的标签信息来训练模型，这些标签可能是基于人类专家的粗略判断、自动生成的标签，或者是从其他相关任务中迁移得到的。在病理学图像分析中，由于图像的高分辨率和大规模特性，以及获取精细标注的困难和成本高昂，弱监督学习提供了一个有效的解决方案。

特别是，弱监督学习可以利用图像级或切片级的较高层次标注来训练模型，而不需像素级的详细标注。例如，可以使用诸如肿瘤分期这样的图像级标签来推断图像块级的标签。这种方法不仅适应于病理学图像的特点，还能显著提升诊断的效率和准确性，减少对精细标注数据的依赖。

弱监督学习通过使用图像级或切片级的较高层次标注，有效地克服了精细标注的获取成本问题，为病理学图像分析提供了实用的解决方案。在此基础上，引入基于注意力的机制进一步增强了弱监督学习的整合整体信息的能力。注意力机制能够引导模型聚焦于图像中最具信息量的区域，从而提升分析的准确性和效率。这种基于注意力的方法不仅优化了模型对关键特征的识别能力，而且增强了模型对复杂病理图像中细微差异的感知，从而在预后预测和疾病分型等应用中展示出显著的优势。随着技术进步和更多数据集的积累，基于注意力的弱监督深度学习算法预计将在推动病理学图像分析方面取得更多突破。

二、研究方法与模型构建

(一)弱监督深度学习预后模型构建思路

本研究通过分析收集的胃癌病理学图像并生成个体化风险评分,旨在改善胃癌患者的预后评估。模型构建流程如图2所示:

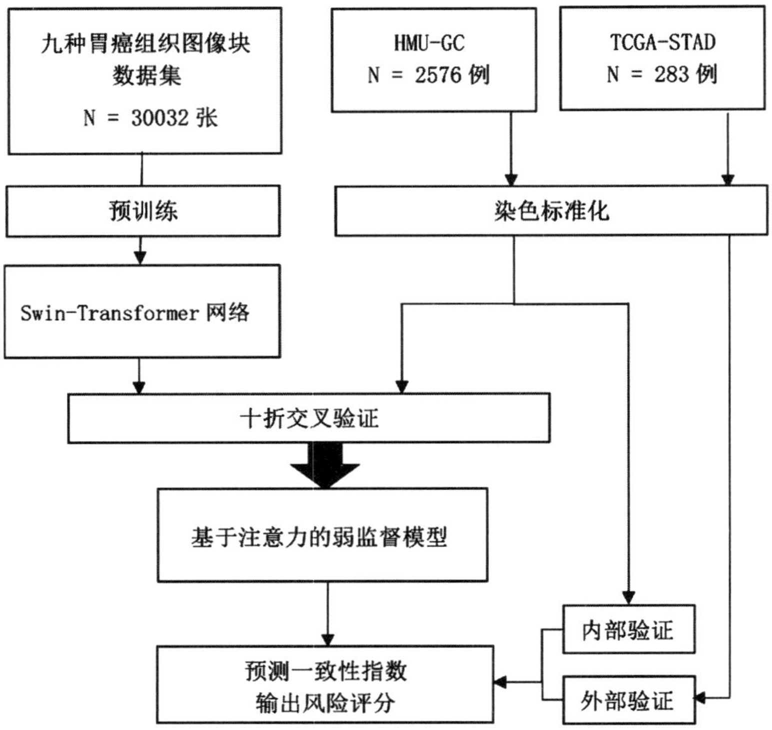

图2　弱监督预后模型构建流程图

(二)胃癌预后分析预测模型概述

由于数字化病理学图像的庞大像素尺寸,传统机器学习方法难以有效处理和建模这类数据。与此相反,深度学习显示出卓越的图像识别能力,尤其是弱监督深度学习技术,它无需像素级别的标注即可自动定位到图像中关键的预后相关区域。

我们选择使用 Swin-Transformer 作为特征提取网络,该网络因其优良的分类性能和先前研究中显示的良好泛化能力而被选用。为了能更好地提取胃癌病理图像特征,我们建立了包含超过 30,000 张胃癌病理组织图像的数据集,涵盖九种组织类型,用于预训练特征提取网络。此外,考虑到病理学图像在颜色上的多样性和复杂性,我们引入了颜色标准化处理,以进一步提升模型在不同数据源间的适应能力和预测准确性。

我们的方法依托于基于注意力的弱监督学习,这种弱监督学习策略无需对病理图像进行详尽的注释。MIL 模型简洁而高效,能够自动识别和聚焦于那些对患者预后评估最具影响力的图像区域。这种方法不是为了取代现有的临床预后预测方法,而是旨在揭示那些能够促进构建更完善预后模型的关键病理图像因素,从而为临床预后评估提供更加全面的视角。

三、数据处理

(一)数据来源及分布

如表1所示,本研究收集了一份用于训练弱监督模型和确定病理预后标志物的数据集,纳入了 2014 年 1 月至 2016 年 12 月间在哈尔滨医科大学附属第三医院接受外科手术切除的 2576 名胃癌患者。为了验证弱监督深度学习模型的效果,我们使用了 TCGA 数据库中的胃癌患者数据作为外部独立验证集。入选条件是患者的总生存时间需≥30 天,且排除了图像质量较差的病理学图像。在哈尔滨医科大学附属第三医院的胃癌数据集中，共有 2576 名患者和相应的 2576 张病理切片。在 TCGA 数据库中，共有 283 名患者和 318 张病理切片。

表 1 胃癌病理数据分布

		HMU-GC(N=2576)	TCGA-STAD(N=283)
年龄(岁)		58.2 (10.0)	65.0 (10.1)
生存时间(天)		1770 [30.0,3160]	511 [34.0,3540]
性别			
	男	1835 (71.2%)	185 (65.4%)
	女	741 (28.8%)	98 (34.5%)
T 分期			
	T1	565 (21.9%)	10 (3.5%)
	T2	299 (11.6%)	57 (20.1%)
	T3	1069 (41.5%)	139 (49.1%)
	T4	643 (25.0%)	77 (27.2%)
N 分期			
	N0	985 (38.2%)	90 (31.8%)
	N1	441 (17.1%)	73 (25.8%)
	N2	448 (17.4%)	57 (20.1%)
	N3	702 (27.3%)	63 (22.3%)
M 分期			
	M0	2459 (95.5%)	261 (92.2%)
	M1	117 (4.5%)	14 (4.9%)
	缺失	0 (0%)	8 (2.8%)
综合分期			
	Ⅰ	106 (4.1%)	34 (12.0%)
	Ⅱ	697 (27.1%)	93 (32.9%)
	Ⅲ	625 (24.3%)	126 (44.5%)
	Ⅳ	1148 (44.6%)	25 (8.8%)
	缺失	0(0%)	5 (1.8%)
生存状态			
	删失	1698 (65.9%)	172 (60.8%)
	死亡	878 (34.1%)	111 (39.2%)

(二)数据预处理

数据预处理流程主要包括分割胃癌病理图像中的组织区域、剔除不包含有效诊断信息的伪影区域、组织区域图像块裁剪及图像块染色标准化四个步骤。

1. 组织分割

如图 3a 所示，将病理图像以较低的采样分辨率(例如，32 倍缩放率)读入内存，然后将其从 RGB 颜色空间转换为 HSV 颜色空间，对图像中值模糊后的饱和通道进行阈值计算(即根据组织区域和其他区域的色彩数值等差异来划分)，通过阈值可以将组织区域与空白区域分割，并对组织边缘进行平滑处理，以填充小间隙和空洞。

2. 去除伪影

如图 3a 所示，使用成组的 RGB 三通道参数生成标记颜色，将其加入过滤器中，将组织中带笔记的伪影区域根据阈值关系设置为空白(RGB:255,255,255)，进一步分割有效组织区域，基于检测到的组织区域的近似轮廓进行过滤，生成每个病理图像的分割掩模，并将结果存储以供后续的视觉检查使用。

3. 图像块裁剪

组织区域分割完成后,对每一张病理图像,统一以最大放大倍数 20× 从分割的前景轮廓内详尽地裁剪 256×256 大小的图像块,并使用 HDF5 分层数据格式存储每个包含组织的裁剪图像块的坐标信息,待后续提取图像块特征时使用。根据每个病理图像的大小不同,从每个病理图像中提取的图像块数量从数百个到数万个不等。对于 TCGA-STAD 数据集中的病理图像,由于无法获取 20× 倍数的视野,本方法以 40× 放大倍数从中裁剪 512×512 大小的图像块,经缩放变为 256×256 大小的图像块,以获取与 HMU-GC 数据集相同分辨率的信息,确保方法的稳定性,处理流程见图 3b。

4. 染色标准化

方法使用的 TCGA-STAD 数据集与 HMU-GC 数据集中,收集的病理图像来源于多个中心,由于其染色剂供应商的原材料和制造技术、实验室的染色方案以及数字扫描仪的颜色响应不同,可能会导致图像之间的颜色变化,给通过特定染色外观训练的软件进行图像解释带来困难,并进一步增加了病理学家之间在诊断和标记方面已经存在的差异。如图 3c 所示,来源于 TCGA-STAD 与 HMU-GC 裁剪图像块的染色色调在视觉上存在巨大差异,为了保证模型的泛化性,方法中图 3 数字化胃癌病理图像预处理流程图。

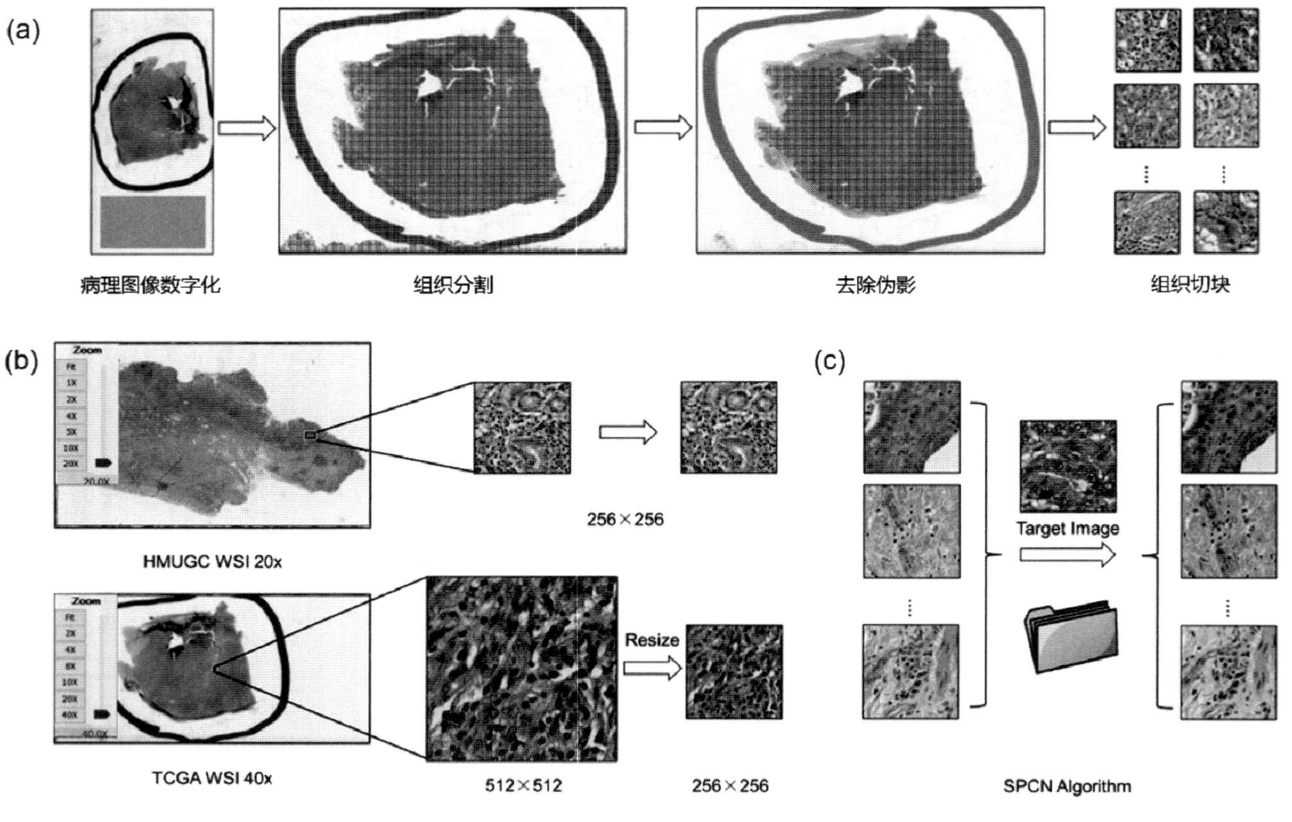

图 3　(a)组织分割与去除伪影;(b)图像块裁剪与统一分辨率;(c)图像块染色标准化

集成了 Vahadane 等人提出的 SPCN(structure-preserving color normalization)染色标准化算法进行染色色调的统一。对于待提取特征的图像块,算法将其染色密度图与病理学家首选目标图像的染色颜色基础相结合,在视觉上与目标图像相匹配,在改变颜色的同时保留原图像中的组织结构。

(三)特征提取

1. 预训练策略

传统的预训练模型通常是通过在 ImageNet 上表现良好的模型迁移到其他领域进行使用。然而,由于病理图像在类型和特征上与 ImageNet 的图像显著不同,我们提出通过与病理图像领域更为相似的任务来构建专门的预训练网络。具体而言,我们选取了与胃癌病理组织特征相似的肠癌病理组织数据集作为训练目标，通过病理专家的严格筛选，从 300 名患者中提取了 30,032 个高准确率图像块，涵盖了九种胃癌病理组织类型。这些类型包括背景（BACK，background）、脂肪（ADI，adipose tissue）、碎片（DEB，debris）、淋巴（LYM，lymphocytes）、粘液（MUC，mucus）、平滑肌（MUS，smooth muscle）、正常黏膜（NORM，normal）、癌症相关基质（STR，cancer-associated stroma）与肿瘤组织（TUM，tumor）。这些图像块的分类准确率均在 90%以上，确保了训练数据的高质量。

通过将组织分类与肿瘤鉴别作为标签来训练后，获得的基于 Swin-Transformer 的预训练特征提取网络，模型可以学习到更高效准确识别胃癌特定病理组织的初始参数。与经 ImageNet 数据集中自然对象分类任务预训练的模型相比，我们的模型更适合病理图像分析的任务，从而能够提供更为准确可信的下游分析结果。

2. Swin-Transformer 预训练网络

Swin-Transformer 是一种先进的深度学习模型，它在自然语言处理领域已经展现出了卓越的性能。该模型通过引入移位窗口的自注意力机制，有效地处理了图像数据，允许模型捕捉到局部和全局的视觉特征。将每个图像块转换为 1024 维的特征向量，不仅大幅度降低了数据处理的维度，同时保留了足够的信息以供后续模型使用。此外，这种基于领域的预训练策略，结合 Swin-Transformer 的强大特征提取能力，显著提升了模型在病理图像分析任务中的准确性和效率。方法中集成了 Swin-Transformer 网络的特征提取部分，如图 4a 所示，其结构由 4 个 Stage 构成：

① Patch 拆分模块（Ptach Partition）

将输入的 $H \times W \times 3$ 的 RGB 图像拆分为非重叠等尺寸的 $N = \frac{W}{4} \times \frac{H}{4}$ 个 patch，每个 patch 都被视为一个 token，即视为模型的长度为 N 的输入序列；

② 线性嵌入层（Linear Embedding）

拆分的 patch 进入现行嵌入层后将张量映射至维度为 C 的向量，然后传入若干基于移位窗口的自注意力模块（Swin Transformer Blocks）进行全局特征的建模，其与线性嵌入层共同组成 Stage1；

③Patch 合并层（Patch Merging）

通过拼接每组 2×2 相邻 patch，减少 tokens 数为原来的四分之一，而 token 的维度由 $4C$ 经线性嵌入层映射为 $2C$；

④合并层与自注意力模块

每个 Stage 返回的张量会改变输入时的维度，从而获得图像多尺度的层次化特征表示。最终 Stage4 的输出经过全局池化层，输出维度为 1024 的特征向量，作为输入图像块的特征表示，写入存储该图像块坐标信息的 HDF5 文件中进行后续分析。

⑤损失函数

标签平滑交叉熵损失（Label Smoothing Cross Entropy Loss）：假设有 K 个类别，对于每个样本，真实标签为 y_i，模型的预测概率为 $\hat{y}_i$，则标签平滑交叉熵损失可表示为：

$$L = \frac{1}{N}\sum_{i=1}^{N}\sum_{k=1}^{K}(1-\varepsilon) \cdot one-hot(y_i, k) \cdot log(\hat{y}_i, k) - \frac{\varepsilon}{K}\sum_{i=1}^{N}\sum_{k=1}^{K} log(\hat{y}_i, k) \quad \text{公式(1)}$$

N 是样本数量。ε 是平滑参数，通常取值很小，比如 $\varepsilon = 0.1$。$one\text{-}hot(y_i, k)$ 是真实标签 y_i 转换为 $one\text{-}hot$ 编码，如果 y_i 等于 k，则为 1，否则为 0。$\hat{y}_{i,k}$ 是模型预测的第 k 类的概率。这个损失函数的公式中包含了两项：一项是交叉熵损失，另一项是平滑项，通过将真实标签的概率分布向量中的一部分质量转移到非目标类别上，从而减少模型对标签噪声和不确定性的过度拟合。

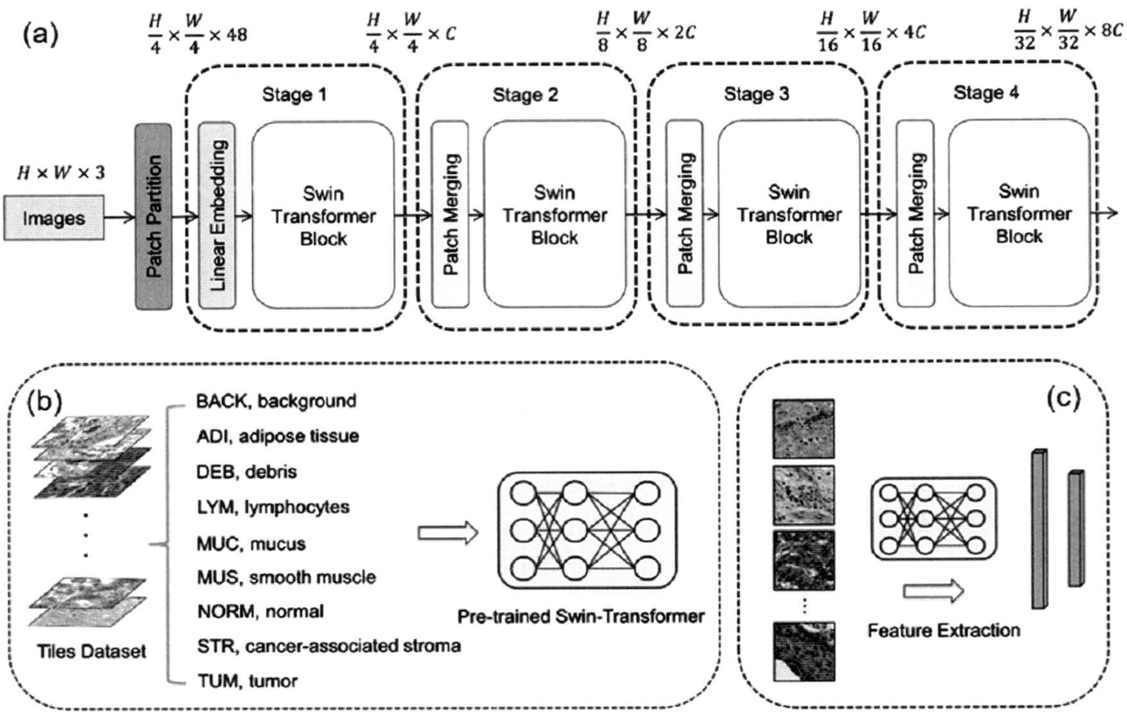

图 4　特征提取网络结构示意图

(a) Swin-Transformer 网络结构；(b) 预训练特征提取网络；(c) 图像块特征提取

四、基于注意力的弱监督深度学习模型

(一)基于注意力的弱监督深度学习模型原理

获取每个图像块对应的特征后，本方法通过基于注意力的弱监督学习策略整合一张病理图像对应的所有图像块特征，并使用患者级别的生存时间与生存状态作为标签优化模型。在经过图像预处理与特征提取步骤后，每个病理图像对应的袋可以由矩阵 $N_i \times C$ 表示，其中 N_i 是该病理图像保留图像块的数量(袋的大小)，其数量根据不同病理图像变化，$C=1024$ 是经预训练 *Swin-Transformer* 提取的图像块特征维度，即以该矩阵作为模型接受的输入。

方法使用的基于注意力的整合策略共包含三个阶段，分别为：

1. 全连接层映射模块

每个代表病理图像特征的矩阵 $H \in \mathbb{R}^{N_i \times 1024}$ 通过具有权重 $W_{proj} \in \mathbb{R}^{512 \times 1024}$ 的全连接层映射至 512 维特征空间。

2. 注意力模块

注意力模块根据模型训练对每个图像块进行评分，以确定其与患者水平预后预测的相关性。即病理图像中保留的所有图像块的信息被聚合时，相对于被分配低注意力分数的区域，具有高注意力分数的区域在组成患者水平特征表示时有更大权重。具体而言，注意力模块包含三个全连接网络，分别为 $U_a \in \mathbb{R}^{256 \times 512}$，$V_a \in \mathbb{R}^{256 \times 512}$ 与 $W_a \in \mathbb{R}^{1 \times 256}$，则给定 $h_m \in \mathbb{R}^{512}$(即经全连接映射模块后矩阵 H 中分别对应的图像块特征)，其注意力分数 a_m 由如下公式计算：

$$a_m = \frac{\exp\{W_a(\tanh(V_a h_m{}^T) \odot sigm(U_a h_m{}^T))\}}{\sum_{m=1}^{N} \exp\{W_a(\tanh(V_a h_m{}^T) \odot sigm(U_a h_m{}^T))\}} \qquad \text{公式(2)}$$

计算得到图像块分别对应的注意力分数后，使用注意力分数作为权重系数将图像块级特征表示聚集到患者特征表示 $h_{patient} \in \mathbb{R}^{512}$ 中，其中 $A \in \mathbb{R}^N$ 是注意力分数的向量：

$$h_{patient} = Attpool(A, H) = \sum_{m=1}^{N} a_m h_m \qquad \text{公式(3)}$$

3. 预测模块

最终的患者预测分数是使用预测模块从患者特征表示 $h_{patient}$ 计算的，该预测层由具有权重 $W_{pred} \in \mathbb{R}^{4\times512}$ 的全连接网络和 $Sigmoid$ 激活函数构成，这种架构应用了离散生存时间进行建模，在损失函数部分进行详细描述。

(二)对数似然损失函数

为了对患者水平进行生存预测，我们首先对患者总体生存时间的连续时间尺度(以月为单位)进行划分，将生存时间 T 分为 4 个不重叠的区间 $[t_0,t_1)$，$[t_1,t_2)$，$[t_2,t_3)$，$[t_3,t_4)$，其中 $t_0=0, t_4=\infty, t_1,t_2,t_3$ 则代表未删失患者的终点事件对应时间的四分位数。随后，将数据集中的每个患者对应的随访时间 $T_j \in [0,\infty)$ 离散化至包含 T_j 的区间索引：

$$T_j = r if T_j \in [t_r, t_{r+1}) \qquad 公式(4)$$

根据离散化后的患者标签与预测层采用的架构，风险函数可由下式定义：

$$f_{hazard}(r \mid h_{patient}) = P(T_j = r \mid T_j \geqslant r, h_{patient}) \qquad 公式(5)$$

相应的生存函数定义如下：

$$\begin{aligned} f_{surv}(r \mid h_{patient}) &= P(T_j > r \mid h_{patient}) \\ &= \prod_{u=1}^{r}(1 - f_{hazard}(u \mid h_{patient})) \end{aligned} \qquad 公式(6)$$

为了优化模型参数，我们使用了离散生存模型的对数似然函数作为损失函数，在给定二元删失状态时，该函数可以表示为：

$$\begin{aligned} L = &-c_j \cdot \log(f_{surv}(T_j \mid h_{patient})) \\ &-(1-c_j)\cdot \log(f_{surv}(T_j - 1 \mid h_{patient})) \\ &-(1-c_j)\cdot \log(f_{hazard}(T_j \mid h_{patient})) \end{aligned} \qquad 公式(7)$$

其中，$c_j=1$ 表示存活超过随访期结束的患者，$c_j=0$ 表示患者恰好在时间 T_j 时发生终点事件。

(三)统计分析

1. C-index 指标

C-index 是一个用于评估预测模型对于时间到事件数据的预测准确性的统计量。它衡量的是模型预测顺序正确的概率。如果一个模型完美预测每个事件的顺序，那么 C-index 为 1.0；如果预测仅仅相当于随机猜测，C-index 为 0.5。假设有 n 个个体，每个个体都有一个时间 t_i 和一个事件状态 δ_i (1 表示事件发生，0 表示事件未发生)。每个个体都有一个对应的风险评分 y_i。C-index 的计算基于所有可能的个体对 (i,j)，其中 $i \neq j$。对于每一对个体，我们比较它们的风险评分和事件发生情况。

设 y_i 表示第 i 个个体的风险评分，y_j 表示第 j 个个体的风险评分。如果 $t_i < t_j$ 且 $y_i > y_j$ (或者 $t_i > t_j$ 且 $y_i < y_j$)，则这对个体是“一致的”，记为 $C_{ij}=1$；否则，这对个体是“不一致的”，记为 $C_{ij}=0$。

C-index 定义为所有“一致”对的比例，即：

$$C = \frac{\sum_{i\neq j} C_{ij}}{\sum_{i\neq j} 1} \qquad 公式(8)$$

2. Cox 比例风险回归模型

Cox 比例风险回归模型，是生存数据分析中的一种核心方法，用于研究和预测事件(如死亡或疾病复发)的发生时间。如下式：

$$h(t,X) = h_0(t)\exp(\beta_1 X_1 + \beta_2 X_2 + \cdots + \beta_p X_p) \qquad 公式(9)$$

在给定协变量 X (如年龄，性别等)的条件下，模型可以估计 t 时刻的事件风险率 $h(t,X)$。模型中的 $h_0(t)$ 为基线风险，表示在无协变量影响时的风险，而 β 则需要通过数据估计。Cox 模型的关键假设是比例风险假设，即不同个体间的风险比不随时间变化。它适用于右删失数据，通过部分似然法估计模型参数，旨在识别影响生存时间的关键变量并预测生存率。

3. Log-rank 检验

Log-rank 检验又称对数秩检验(Log Rank Test)，是非参数检验法。假定无效假设成立(两总体生存曲线无差别)，则根据两种处理不同生存时间的初期观察人数和理论死亡概率计算出的理论死亡数，与实际死

亡数进行计算检验统计量 χ^2，根据统计量选择是否拒绝无效假设，

$$\chi^2=\frac{(\sum d_{ki}-\sum T_{ki})^2}{\sum V_{ki}} \qquad 公式(10)$$

$$T_{ki}=n_{ki}\times\frac{d_i}{n_i} \qquad 公式(11)$$

$$V_{ki}=\frac{n_{ki}}{n_i}\left(1-\frac{n_{ki}}{n_i}\right)\left(\frac{n_i-d_i}{n_i-1}\right)d_i \qquad 公式(12)$$

T_{ki} 是第 k 组在 i 时间的理论死亡数，d_{ki} 是第 k 组在 i 时间的实际死亡数，v_{ki} 是第 k 组在 i 时间的方差估计值，计算出统计量 χ^2。

五、模型预测

(一)数据集划分

1. 预训练数据集

预训练数据集包含了从 300 名患者中提取的 30032 个高准确率图像块，这些图像块覆盖了九种不同的胃癌病理组织类型。研究中，数据被划分为训练集和验证集，比例为 8∶2。训练集主要用于模型的训练，以便模型学习如何识别和区分不同类型的胃癌病理组织，数据集划分如表 2 所示。

表 2　预训练胃癌组织病理学数据集划分

数据集	训练集	验证集
图像数量	24026 张	6006 张

2. 胃癌预后数据集

HMU-GC 数据集包括了来自 2576 名患者的 2576 张图像，用于构建胃癌预测预后模型。首先，从整个数据集中分出了 20%的图像，即 515 张图像和相对应的 515 名患者，作为一个独立的内部测试集。这个测试集的目的是在整个研究结束时评估模型的最终表现，确保模型能够在未见过的数据上进行准确的预测。

其余的 2061 张图像及其对应患者则被用于构建训练集和验证集，采用十折交叉验证方法对模型进行训练和评估。在这一过程中，2061 张图像被随机分为十个互不重叠的子集，每个子集轮流作为验证集，而其他九个子集则组成训练集。每个子集均有机会作为一次验证集，以此来确保评估的全面性和公正性。

完成十折交叉验证后，我们得到了十个经过良好训练的模型。这些模型随后被用于对前面划分的 20%内部测试集及 TCGA-STAD 这一外部测试集进行预测，后者包含了 283 名患者的 319 张图像。在 TCGA 数据集中，有些患者有多张病理图像，为了有效利用这些数据，我们使用 PyTorch 的 torch. cat 功能将同一患者的所有图像合并。这一操作允许模型更全面地分析患者的病理信息，进一步提高了预测的准确性和可靠性。

表 3　胃癌预测预后数据集划分

数据集类型	患者数量	图像数量	用途	数据集类型
内部测试集	515	515	最终模型评估	内部测试集
训练集	1853	1853	模型训练	训练集
验证集	208	208	交叉验证中的模型验证	验证集
外部测试集	283	319	模型预测验证	外部测试集

(二)模型网络硬件与参数设置

1. 预训练模型网络硬件与参数设置

① 硬件配置

使用配备 Intel(R)i9－12900K 处理器、64GB 内存和 2 张 NVIDIA GeForce RTX 3090 显卡的高性能图

形工作站。

② 软件与框架

使用 PyTorch 框架(版本 1.13.1)进行模型的开发和训练。

③ 训练参数

针对训练参数的设置,我们将批处理大小设为 128,使用了 AdamW 优化器。动量为 0.9,权重衰减为 0.05,而初始学习率为 0.0005。为了加速模型的收敛,我们采用了学习率热身策略,其中热身期的学习率从 5e−7 开始,并在首 20 个训练周期内逐步提升。这一策略有助于防止训练初期的梯度更新过大而导致的不稳定性,从而确保了训练过程的平稳进行。

④ 正则化与损失函数

使用了 Dropout 正则化技术,比率为 0.25,以减少过拟合的风险。同时,损失函数采用了标签平滑交叉熵损失。

⑤ 训练监控与模型保存策略

为了增强模型的泛化能力,我们实施了多种数据增强技术,包括图像的旋转和缩放。这些方法不仅增加了训练数据的多样性,还使模型能更有效地应对不同的图像环境。在训练过程中,我们设定了 300 个 epochs,并持续保存每个 epoch 结束时的模型状态。通过不断监控性能,我们筛选出了表现最优的模型作为预训练网络的基础,从而显著提升了模型在识别胃癌病理学图像方面的准确性。这种策略确保了预训练网络能在下游任务中有效提取胃癌的关键特征,加速预后预测模型的拟合过程。

2. 预后预测模型网络硬件与参数设置

① 硬件配置

训练在戴尔 T7920 工作站上进行,配置有双 Intel(R)至强铂金 8160 CPU、512GB 内存及两张 32GB 显存的 NVIDIA Quadro GV100 GPU 显卡。

② 软件与框架

使用 PyTorch 框架(版本 1.13.1)进行模型的开发和训练。

③ 训练参数

为了应对训练数据中各患者图像块数量的不均匀性,我们采取了一种新颖的数据处理策略:在每个批次的训练过程中,通过补零的方法调整图像块数量,使所有患者的图像块数统一至该批次中最多的那位患者的数量。这种处理不仅优化了 GPU 资源的使用,提高了训练的效率,还通过增加训练样本的均衡性,加强了模型在面对不同数量的图像块时的泛化能力。

在模型的验证和测试阶段,为了获得更精确和可靠的性能评估,我们将批处理大小调整为 1。这样的设置允许模型对每个患者的数据进行独立处理,避免了在批处理中混合多个患者数据可能引入的干扰,确保了评估结果的准确性。

使用 AdamW 优化器进行模型优化,动量设置为 0.9,权重衰减为 1e−4,初始学习率为 0.001。损失函数采用负对数似然损失函数,其中 alpha 参数设为 0.342,数值是由训练数据集的右删失数据比率所得到的,这样能够调整模型对数据删失情况的响应敏感度,从而精准预测生存时间。

④ 正则化与损失函数

模型采用 Dropout 正则化技术,比率为 0.25,减少过拟合风险。

⑤ 训练监控与模型保存策略

在训练过程中,我们设定了 100 个训练周期(epochs),并为了防止过拟合并提升训练效率,引入了早停机制。早停的阈值设为 20 个 epochs,即如果在连续 20 个 epochs 中模型性能没有改进,则终止训练。此外,我们还采用了保存最佳模型的策略,确保可以随时恢复到达到最优性能的模型状态。这样的设置帮助保证了模型在实际的诊断任务中能够发挥最佳效果,为疾病诊断提供了坚实的技术支持。

(三)模型结果

表 4 和图 5 结果显示,虽然弱监督深度学习模型在内部测试集上的预测性能整体较好,但存在一定波动。在外部测试集 TCGA-STAD 上,研究进行了两次预测分别预测标准化过后的数据集和未经染色标准化的数据集,总体上看,模型在外部测试集的表现更为波动且普遍低于内部测试集,但未经染色标准化的 TC-

GA-STAD 测试集结果远远差于染色标准化过后的 TCGA-STAD 测试集。尽管 TCGA 数据中的伪影等预处理措施提高模型的泛化能力,模型在 TCGA-STAD 上的预测波动可能源于以下原因:

1. 数据异质性:TCGA-STAD 数据集与 HMU-GC 数据集在组织学类型上存在显著差异,这可能影响了模型的预测准确性。

2. 种族差异及样本分布不均:TCGA-STAD 数据集中的种族多样性及样本分布的不均衡性可能进一步加剧了预测的不稳定性。

表 4　十折交叉验证结果

Fold	内部测试集	外部测试集	未染色标准化外部测试集
1	0.7568	0.6595	0.5290
2	0.7236	0.5725	0.4798
3	0.7454	0.5543	0.4916
4	0.7279	0.5391	0.4212
5	0.7324	0.6165	0.5402
6	0.7226	0.5526	0.4864
7	0.7131	0.6204	0.4661
8	0.7137	0.6045	0.4672
9	0.7315	0.5652	0.4497
10	0.7275	0.6527	0.4925

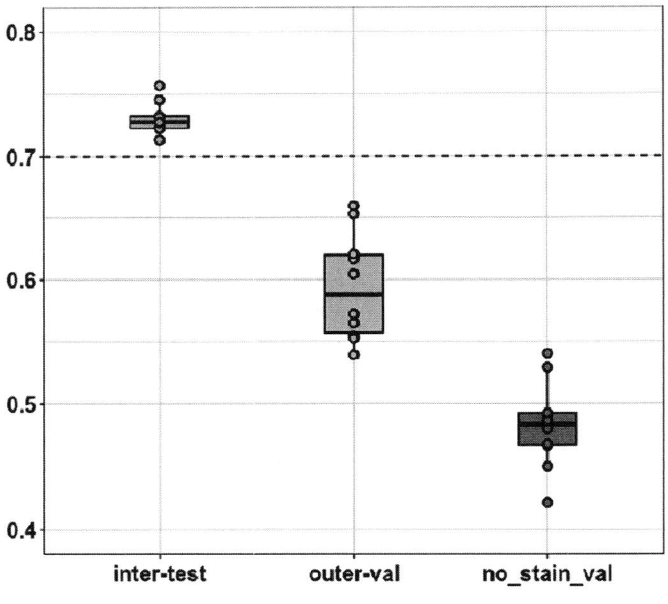

图 5　十折交叉验证结果箱式图

六、风险评分有效性验证

(一)单因素和多因素 Cox 比例风险回归分析

保留模型输出的风险评分,根据 R packagesurvminer 寻找的最佳风险评分 cutoff 值将 HMU-GC 数据集中的患者分为高风险组和低风险组,分组的 Kaplan-Meier 曲线显示出生存概率显著不同(HR:5.51,95% CI 4.62－6.57,p<0.001),如图 6a 所示高风险患者的生存率显著差于低风险患者。在进行外部验证时,同样采用该 cutoff 值将 TCGA-STAD 数据集中的患者分为高低风险组,其单变量 Cox 回归分析仍显示为有统计意义的预后因素(HR:13.86,95% CI 1.93－99.31,p=0.009)。多变量 Cox 回归分析显示,在 HMU-GC

数据集(HR:2.79,95% CI 2.31−3.37,p<0.001)与TCGA-STAD数据集中(HR:11.53,95%CI 1.60−82.87,p=0.015),高风险与低生存期显著相关,独立于其他临床病理特征(年龄、性别与TNM分期),可以作为常规预后分析的有效补充,提示潜在的预后风险。

表5 单因素和多因素Cox比例风险回归分析结果

变量名	单变量			多变量		
	HR	95%CI	*P*	HR	95%CI	*P*
HMU-GC数据集						
年龄(>60 vs ≤60岁)	1.42	1.25−1.62	<0.001	1.37	1.20−1.57	<0.001
性别(male vs female)	0.98	0.85−1.14	0.827	0.97	0.84−1.12	0.649
TNM分期(Ⅲ−Ⅳ vs Ⅰ−Ⅱ)	7.35	6.18−8.74	<0.001	4.77	3.97−5.75	<0.001
风险分数(High vs Low)	5.51	4.62−6.57	<0.001	2.79	2.31−3.37	<0.001
TCGA-STAD数据集						
年龄(>60 vs ≤60岁)	1.33	0.88−2.03	0.179	1.55	1.01−2.38	0.044
性别(male vs female)	1.21	0.81−1.80	0.361	1.03	0.68−1.54	0.895
TNM分期(Ⅲ−Ⅳ vs Ⅰ−Ⅱ)	2.11	1.40−3.18	<0.001	2.04	1.35−3.08	<0.001
风险分数(High vs Low)	13.86	1.93−99.31	0.009	11.53	1.60−82.87	0.015

(二)亚组分析

本研究同时根据这些临床病理特征对患者分成亚组进行分析,风险评分分层在各亚组均为有统计意义的预后因素(HR>1,log-rank p<0.001),如图7,8,9所示且各亚组根据风险评分分层的Kaplan-Meier曲线始终显示出较好的预后结果分离,表明风险评分与患者预后强相关,并且与其他与预后相关的基线变量不重叠。

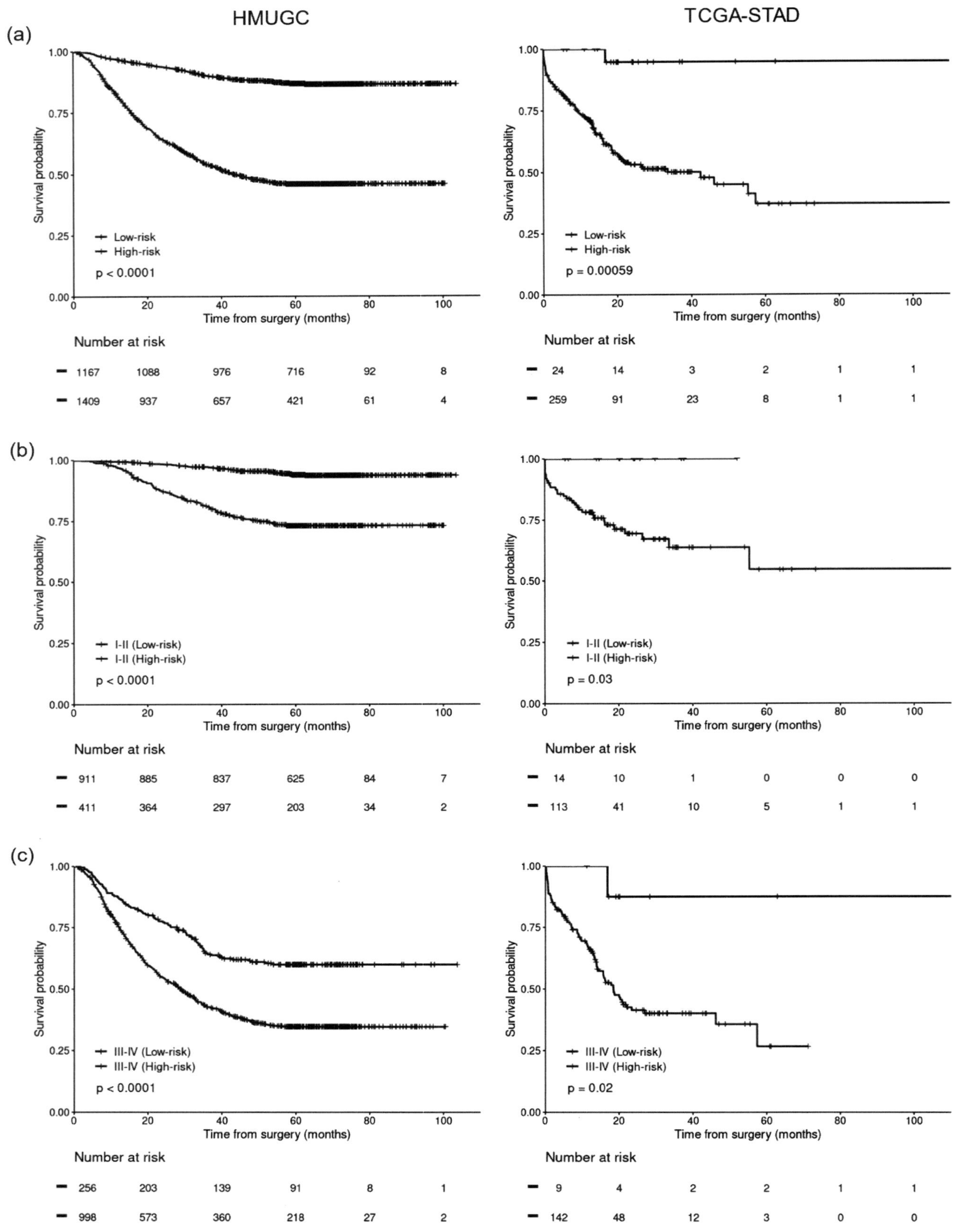

图 6 风险评分分层 Kaplan-Meier 曲线

Variables	Low-risk Events/Patients(%)	High-risk Events/Patients(%)	HR (95% CI)	Log-rank p value
Over all	151/1167 (12.9%)	727/1409 (51.6%)	5.51 (4.62-6.57)	<0.001
Age				
<=60	67/698 (9.6%)	370/769 (48.1%)	6.80 (5.24-8.82)	<0.001
>60	84/469 (17.9%)	357/640 (55.8%)	4.39 (3.46-5.57)	<0.001
Gender				
male	105/831 (12.6%)	518/1004 (51.6%)	5.66 (4.58-6.98)	<0.001
female	46/336 (13.7%)	209/405 (51.6%)	5.16 (3.75-7.11)	<0.001
TNM				
I-II	53/911 (5.8%)	105/411(25.5%)	5.15 (3.70-7.17)	<0.001
III-IV	98/256 (38.3%)	622/998 (62.3%)	2.08 (1.68-2.58)	<0.001

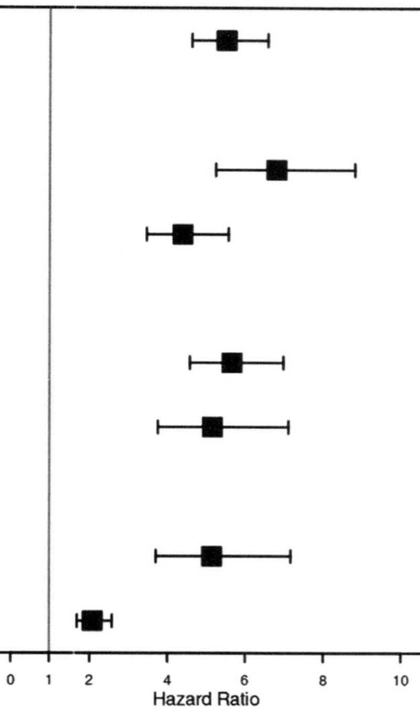

图 7　HMU-GC 数据集各亚组风险评分分组风险比

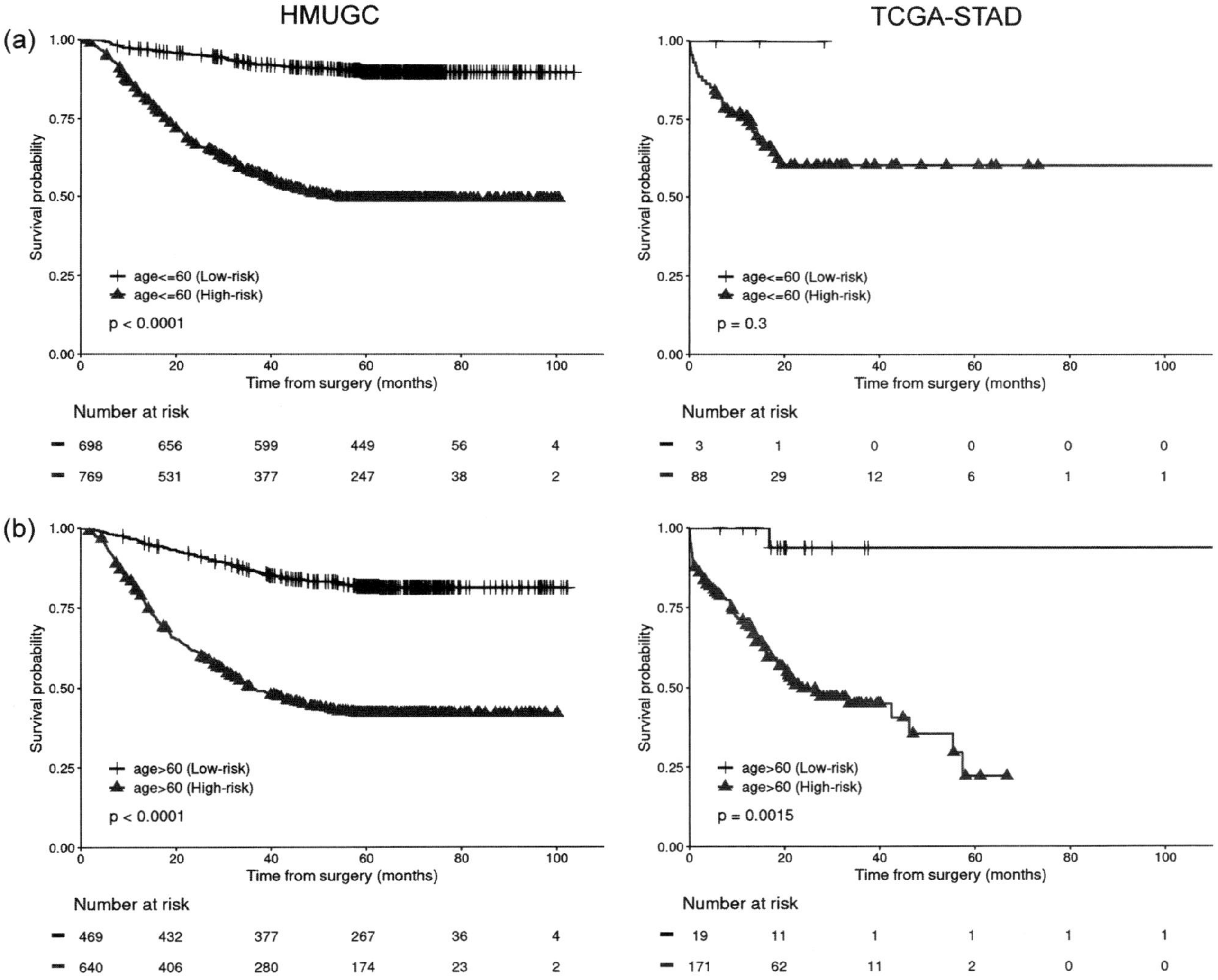

图 8　年龄亚组风险分层 Kaplan-Meier 曲线

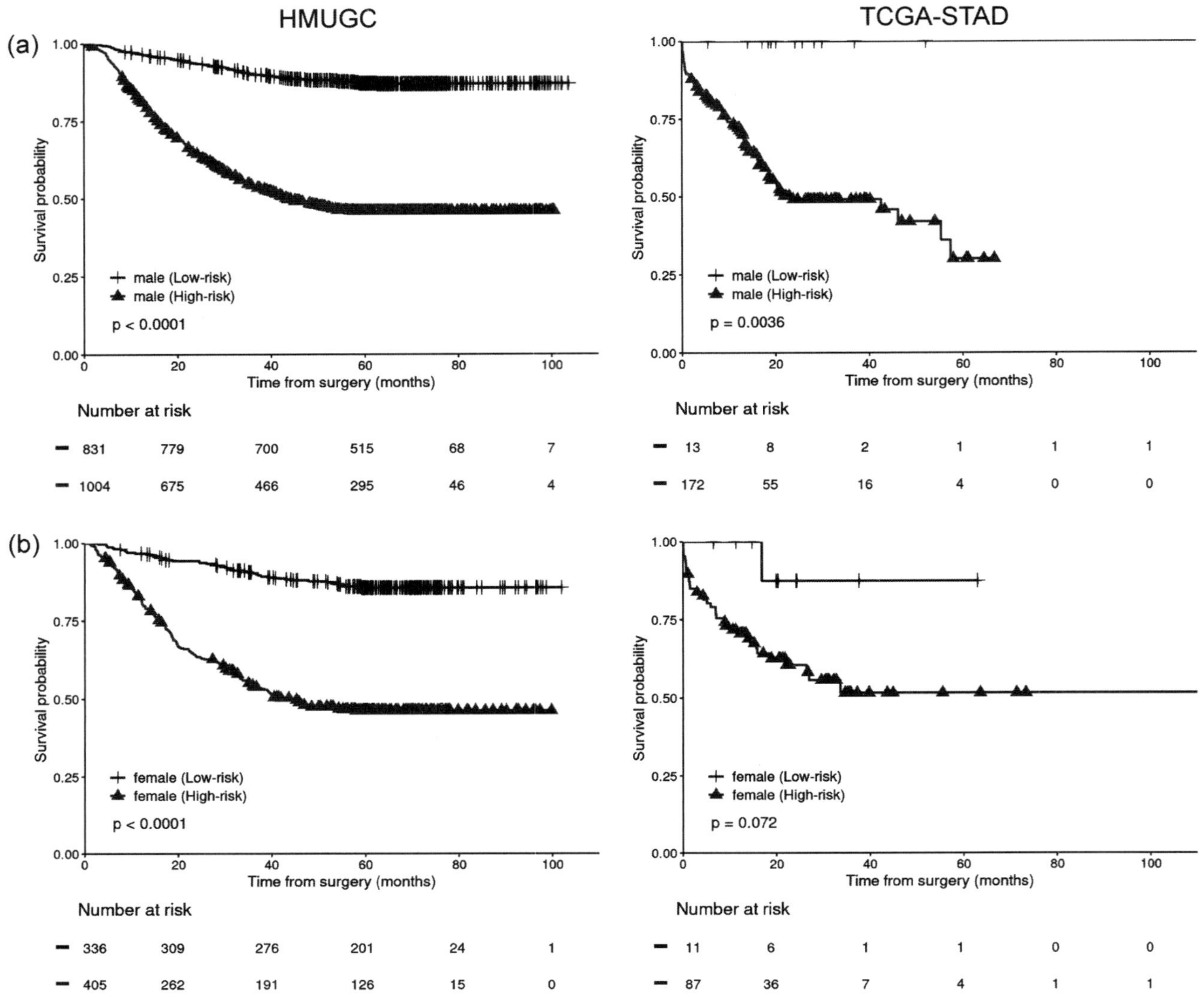

图9　性别亚组风险分层 Kaplan-Meier 曲线

七、总结和展望

(一)总结

在研究的初始阶段,我们构建了一个专用数据集,包含超过30,000张胃癌病理组织图像,用于预训练特征提取网络。为了应对不同中心的病理学图像在染色上的差异,我们使用了染色标准化技术。通过对外部数据集的预测结果观察,可以明显看到染色标准化后模型的预测能力得到了显著提升。

本研究采用了基于注意力的弱监督深度学习方法,这种模型结构简洁且具有较好的鲁棒性。应用此方法,模型在内部测试集上最高达到了0.757的C-index,而在外部测试集TCGA-STAD上的C-index最高为0.659,这展示了模型在不同数据集上的预测能力和泛化能力。

此外,我们利用弱监督深度学习模型对大规模数字化病理学图像进行分析,生成了个体化的风险评分。通过单因素和多因素Cox比例风险回归模型分析,我们证实风险评分是胃癌预后的独立风险因素($p<0.001$)。基于临床病理特征进行了亚组分析,均显示风险评分为有统计意义的预后因素(HR>1,log-rank $p<0.001$)。这些成果表明,弱监督深度学习模型预测的风险评分不仅是现有临床预后工具的有效补充,还揭示了病理图像中的关键预后因素,有助于优化胃癌患者的治疗策略并提高生存率。该研究推动了精准医疗在胃癌治疗中的应用,为未来胃癌预后评估提供了全新的视角和工具。

(二)展望

本研究通过利用胃癌病理数据构建弱监督深度学习模型,提供了对胃癌预后的实际参考价值。然而,研究中仍存在一些限制和不足，需要在未来的工作中进行更深入的探讨和改进：

1. 特征提取的效率和收益

本研究中使用自建数据集进行特征网络的预训练虽然是一个创新点，由于数字化病理图像的特征提取非常耗时，未来的研究应该评估预训练网络带来的效率提升和性能改进，以及这一步骤的成本效益比。

2. 模型可解释性和生物学意义

目前模型在解释胃癌病理学图像中产生的风险分数与肿瘤微环境之间关系方面还不够充分。未来的研究应当致力于增强模型的可解释性，例如，通过集成 RNA-Seq 等基因表达数据，探索和验证更多的预后相关生物标志物，以深入理解图像特征与疾病预后之间的关联。

3. 模型参数的优化

在设置模型的负对数似然损失函数时，本研究仅尝试了一个参数值，未进行系统的参数优化实验。未来的研究中应考虑实施更多的预实验来调整和优化这一关键参数，以便找到最佳的模型配置，从而提高模型的预测精度和泛化能力。

通过针对上述问题的深入研究和改进，可以进一步提升模型的实用性和准确性，使其更好地服务于临床胃癌治疗和预后评估。这将为精准医疗提供更强的支持，帮助改善胃癌患者的治疗效果和生活质量。

【参考文献】

[1] 陈雯，王旭. 深度学习在癌症预后预测模型中的应用研究[J]. 生物医学工程学杂志，2020，37(5)：12.

[2] 金怀平，薛飞跃. 基于病理图像集成深度学习的胃癌预后预测方法[J]. 电子与信息学报，2023，45(07)：2623－2633.

[3] 哈丽达·夏尔甫哈孜，冯娟. 进展期胃癌根治术后 5 年预后因素分析及生存预测模型的建立[J]. 胃肠病学和肝病学杂志，2020，29(10)：1129－1133.

[4] 张俊，罗再. 胃癌预后预测模型的研究进展[J]. 中华普通外科学文献(电子版)，2023，17(06)：456－461.

[5] A. M. Khan，N. Rajpoot. A nonlinear mapping approach to stain norm-alization in digital histopathology images using image-specific color deconvolution [J]. IEEE Transactions on Biomedical Engineering，2014，61(6)：1729－1738.

[6] A. Vahadane，T. Peng. Structure-preserving color normalization and sparse stain separation for histological images[J]. IEEE transactionson medical imaging，2016，35(8)：1962－1971.

[7] Bingfeng Han，Rongshou Zhen. Cancer incidence and mortality in C-hina，2022[J]. Journal of the National Cancer Center 2024；4 (1)：47－53.

[8] Brachtel E，Yagi Y. Digital imaging in pathology-current appli-cations and challenges[J]. Journal of Biophotonics，2012(5－4)：327－335.

[9] Chen R J，Lu M Y. Pan-Cancer Integrative Histology-Genomic Analy-sis via Interpretable Multimodal Deep Learning[J]. Cancer Cell 2022，40(8)：865－878 e866.

[10] Japanese Gastric Cancer Treatment Guidelines 2021 (6th edition) [J]. Gastric Cancer，2023；26(1)：1－25.

[11] Jiang Y，Li T，Liang X，et al. Association of Adjuvant Chemot-herapy With Survival in Patients With Stage II or III Gastric Cancer[J]. Jama Surgery，2017：e171087.

[12] L. Peter，D. Mateus. Leveraging random forests for interactive ex-ploration of large histological images. Medical Image Computing and Computer-Assisted Intervention MICCAI，2014：1－8.

[13] ME，J. F.. Global cancer statistics 2022：GLOBOCAN estimates of incidence and mortality worldwide for 36 cancers in 185 countries[J]. CA：a cancer journal for clinicians，2024，74(3)：229－263.

[14] Niazi MKK，Parwani AV. Digital pathology and artificial intelli-gence[J]. Lancet Oncol. 2019，20(5)：e253－e261.

[15] Strong V E，Wu A W. Differences in Gastric Cancer Survival Betw-een the U. S. and China[J]. Journal

of Surgical Oncology,2015,112(1).

[16] Song Z,Zou S. Clinically applicable histopathological diagnosi-s system for gastric cancer detection using deep learning[J]. Nature Communications,2020(1):4294.

[17]Wang L,Li W. Clinical study on the safety,efficacy,and progn-osis of molecular targeted drug therapy for advanced gastric cancer[J]. American journal of translational research,13(5):4704—4711.

[18] WangS, Yang D M. Artificial Intelligence in Lung Cancer Patholo-gy Image Analysis[J]. Cancers, 2019,11(11):1673.

[19] Zadeh S G,Schmid M. Bias in Cross-Entropy-Based Training of De-ep Survival Networks[J]. IEEE Transactions on Pattern Analysis and M-achine Intelligence,2020,PP(99):1—1.

[20] Zarella M D,Bowman D. A Practical Guide to Whole Slide Imaging:A White Paper From the Digital Pathology Association[J]. Archives of pathology & laboratory medicine,2018,143(2):222—234.

[21] Z. Liu,Y. Lin. Swin Transformer:Hierarchical Vision Transform-er using Shifted Windows[J]. In Proceedings of the IEEE/CVF internat-ional conference on computer vision,2021.

基于遥感与气象多源数据的区域水稻产量预测

南京审计大学　崔东飞、邰雪莲、王瑜璇

摘　要

2024年中央一号文件明确指出,要稳定耕地面积并大力提高粮食单产水平。民以食为天,食以稻为先。水稻是人类最主要的粮食来源,江苏省是中国的主要水稻生产区,为国家粮食安全提供了稳定而丰富的资源基础。只有保证现有耕地面积,大力提升粮食单产,才能实现粮食产量持续上涨,从而促进农村发展,实现粮食安全、乡村振兴。大空间区域准确、及时的农作物产量预测对于确保国家粮食安全和促进农业可持续发展至关重要。

随着大数据与人工智能的发展,农业生产信息化的重要性愈发凸显出来。本研究基于遥感和气象多源数据对江苏省各市级水稻单产进行预测。数据来源主要是MODIS MYD13Q1数据集、中国单季稻种植数据集、中国地面气象资料日值数据集V3.0以及江苏省农村统计年鉴。通过MRT、ArcGIS等软件以及Python对遥感影像数据进行处理,提取出7—9月份归一化植被指数(NDVI)作为遥感的特征指标。相比于用历年全部数据预测,我们考虑了数据的特征以及科技进步、土地利用等客观因素,本研究以近三年的数据预测第四年的数据,构建了一个新的近期数据集以提高模型预测的合理性。

本研究融合了1D CNN、LSTM和XGBoost,提出一种高效且实用的估产模型。该模型通过两种神经网络分别对不同数据进行特征提取,并结合不易受多重共线性影响的基于树的模型进行水稻单产预测。考虑XGBoost模型参数间的相关性,我们通过模拟退火算法全局搜索优化,有效避免局部最优问题。经过优化,LSTM-1DCNN+XGBoost模型的性能比1DCNN+XGBoost变体提高了24.07%,并且相较于传统的XGBoost、RF、SVR模型分别提高了36.73%、37.77%和45.23%,证明所设计模型能自动从数据中学习并提取与产量密切相关的特征。

模型预测产量与实际产量在空间分布上展示高度一致性,各地区相对误差均小于5%,表明该模型在江苏省各地市具有广泛适用性,可为其他广阔空间区域的产量预测提供借鉴。此外,该模型还能为政府部门和决策者提供支撑,准确及时的产量预测对于落实国家粮食安全战略及推动农业高质量发展具有重要意义。

关键词:粮食安全;模拟退火算法;遥感;1DCNN;LSTM;水稻单产

一、引言

(一)研究背景与意义

民以食为天。自新中国成立,党和政府始终将解决人民吃饭问题放在首位。党的十八大以来,党中央提出新的粮食安全战略,保障粮食自给。2018年中央一号文件明确实施乡村振兴战略,推动农业农村发展,提高农业生产水平。截至2023年,我国粮食产量已经连续二十年获得丰收,产量已经连续九年超过1.3万亿斤,且2023年我国粮食收获量是历年之最,接近1.4万亿斤。高水平的粮食产量不仅可以保证中国粮食安全,也能提高农民收入,促进乡村振兴。面对现今全国耕地面积无法大范围增加的情况下,2024年中央一号文件明确指出,要稳定耕地面积并大力提高粮食单产水平。习近平总书记强调,“要加强良田良种、良机良法的集成推广”。只有保证现有耕地面积,大力提升粮食单产,才能实现粮食产量持续上涨,从而促进农村发展,实现粮食安全、乡村振兴。中央一号文件相关主题如图1所示。

食以稻为先,水稻是人类最主要的粮食来源。江苏省是中国主要的水稻产区,水稻种植面积广泛分布于全省各地,主要集中在苏南地区和淮河流域。得益于先进的水稻种植技术、广阔的水稻种植面积和丰富的自然资源,江苏省水稻产量全国前列,水稻单产全国第一,为全国粮食安全打下了坚实基础。

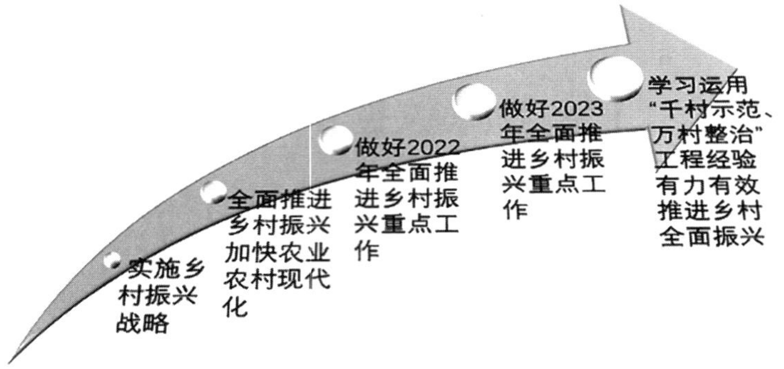

图1　中央一号文件相关主题

然而,受到省内资源的约束,城市化推进带来的耕地压力,世界局势动荡不安等因素影响,大空间区域准确、及时的农作物产量预测对于确保国家粮食安全和促进农业可持续发展至关重要,也为政府调控粮食生产、制定政策提供依据。随着科学技术发展,信息化农业优势逐渐显现,遥感在农业中应用也愈发广泛。有别于传统信息获取方式,遥感以其低廉的使用成本、大量的数据信息、广阔的覆盖空间等优势,广泛应用于作物产量预测。利用遥感可以对水稻种植区进行测绘,获取归一化植被指数(NDVI)等数据,结合气象因子,对水稻产量进行预测。

(二)主要研究内容

本文的研究框架如图2所示。

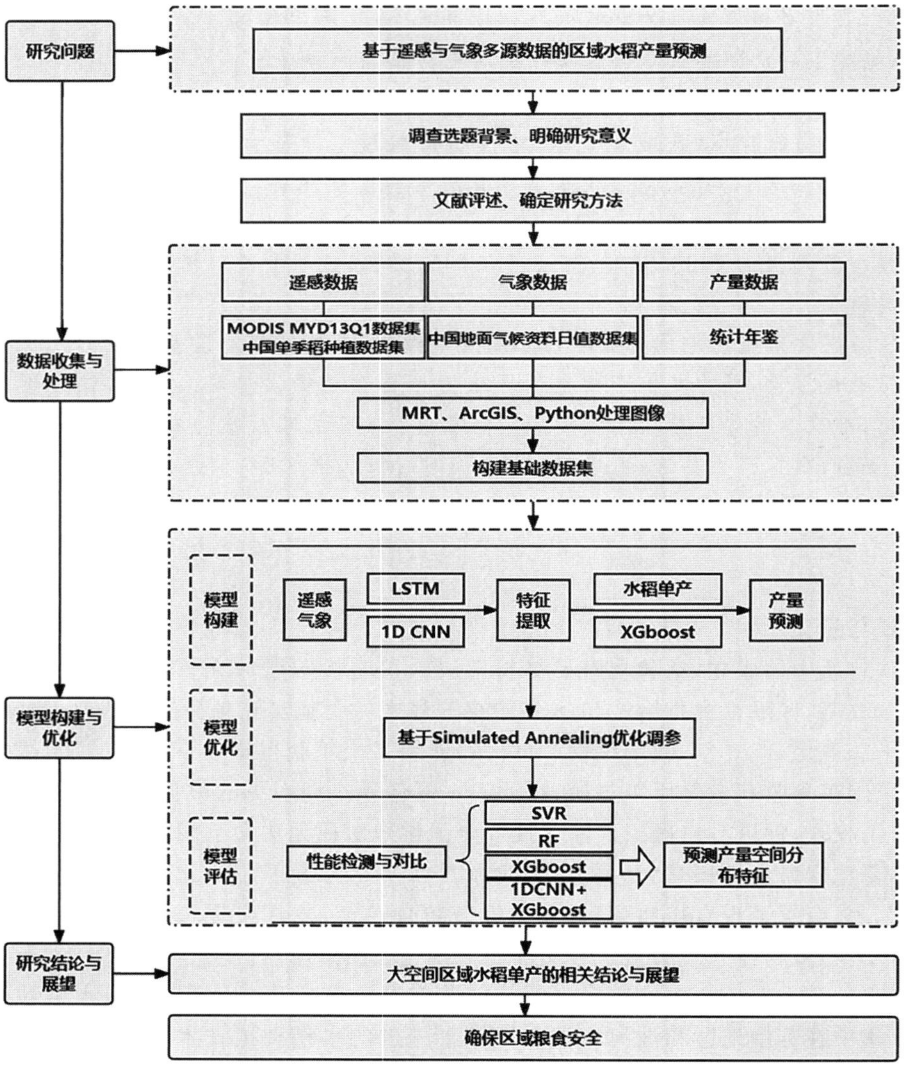

图2　研究框架

(三)本文创新点

与传统研究相比,本文的拓展之处在于:

1. 研究视角上,本文将最新的粮食政策导向与农业信息化技术结合,充分利用遥感、气象等大数据资源,进行大空间区域准确、及时的水稻产量预测。

2. 研究内容上,以江苏省为例,基于遥感数据与气象数据的多源数据构建混合模型来预测市级各地区的水稻单产,对于大范围内的应用提供了支持。相比于用历年全部数据预测,我们考虑了数据的特征以及科技进步、土地利用等客观因素,本研究以近三年的数据预测第四年的数据,构建了一个新的近期数据集以提高模型预测的合理性。

3. 研究方法上,本文将深度学习与机器学习相结合,突破已有的传统方法的局限。利用两个不同的神经网络对不同的数据分别进行特征提取,并结合不受多重共线性影响的基于树的模型(XGboost)对水稻单产进行预测。考虑 XGboost 模型的参数之间的相关性,我们使用模拟退火算法进行全局搜索,在研究中模拟退火算法(SA)有效地避免了陷入局部最优的情况,模型效果相比于传统机器学习模型提高了 36.73%。

二、粮食产量现状与文献综述

(一)粮食产量现状分析

利用 Python 爬取人民网上关于“粮食产量”相关的新闻信息,进行词频和主题分析,以期研究粮食产量现状,为之后的研究提供依据。

1. 粮食产量相关新闻概述

从词云图可以看出,“粮食”“农业”“生产”“发展”“粮食安全”等词频最高,表明政府发展、提高粮食产量、保障粮食安全的决心。

图 3　人民网粮食产量新闻词云图

图3中“技术”“单产”“耕地”等词的出现，表明各地政府正在推进农业一号文件的实施，在保障耕地面积的同时，利用技术手段，提高粮食单产，保障国家粮食安全。

2. 粮食产量的主题分类

对爬取到的粮食生产新闻正文进行LDA主题分类，在Python中计算困惑度，发现当主题值为3时，困惑度达到最低，所以确定文本的最优主题数是3。通过LDA模型统计各主题的top10主题词和概率，具体见表1和表2。

表1　粮食产量新闻主题词top10表

主题	主题词
粮食产量	农业、粮食、生产、产量、小麦、今年、全国、玉米、增长、发展
增加外购	粮食、粮食安全、农业、国家、中国、收购、全球、全国、亿斤、增加
耕地保护	粮食、农业、发展、生产、提升、粮食安全、建设、耕地、大豆、推进

表2　各主题下主题词概率表

序号	粮食产量	增加外购	耕地保护
1	0.011	0.025	0.016
2	0.008	0.007	0.012
3	0.007	0.007	0.007
4	0.006	0.006	0.006
5	0.005	0.005	0.006
6	0.005	0.005	0.005
7	0.005	0.005	0.005
8	0.005	0.005	0.005
9	0.005	0.005	0.005
10	0.005	0.005	0.005

根据主题词的内容，对各个主题进行分析，将三个主题归纳为粮食产量、增加外购、耕地保护，并归纳每个主题的核心内容。

(1)主题1：粮食产量

只有不断的增加中国粮食产量，粮食安全问题才能得到有效解决。为此国家正在大力发展农业生产，提高全国粮食作物的产量，如小麦、玉米。

(2)主题2：增加外购

我国拥有广袤的土地，每年可以生产大量粮食作物，但仅仅靠国家内部生产是不能满足国家粮食安全的需要。为此，国家的方针是向全球增加粮食的收购量，来增加我国粮食储备，以备不时之需。

(3)主题3：耕地保护

耕地是国家粮食安全的重要资源，今年中央一号文件明确指出要保障耕地面积。同时，各地政府积极对耕地进行建设，增加耕地基础设施，提高耕地质量，以达到增加粮食作物的产量，推动农业发展。

(二)文献研究可视化

本节运用CiteSpace软件对当今学界对水稻产量预测领域的研究情况进行分析，数据来源于CNKI，通过高级搜索查找主题含有“水稻产量预测”、时间从1994—2024年的文献。

1. 关键词共线

利用软件绘制出关键词共现图并统计出关键词频数，制作关键词频数表。共线图关键词圆圈的大小、关键词频数的高低直观反映了学者在研究水稻产量预测领域的重点。通过关键词共线图和频数表可以看出，除去相关检索词，目前学者的研究关注以下关键词：在预测模型的构建中，关注“预测模型”“机器学习”“深度学习”；在数据的获取的中关注“遥感”“图像处理”“无人机”等；在指标的选择中，关注“植被指数”“气象因素”。关键词共线图和频数表分别如图4和表3所示。

表 3　关键词频数表(top16)

序号	关键词	频次	首现年份
1	水稻	49	1994
2	产量	24	1998
3	产量预测	22	1994
4	水稻产量	22	2008
5	预测模型	14	2000
6	预测	10	1994
7	遥感	8	2008
8	机器学习	7	2017
9	图像处理	7	2015
10	模型	7	2002
11	无人机	7	2019
12	植被指数	6	2018
13	深度学习	6	2018
14	气象因素	5	2006
15	时间序列	5	2005
16	气象因子	5	2020

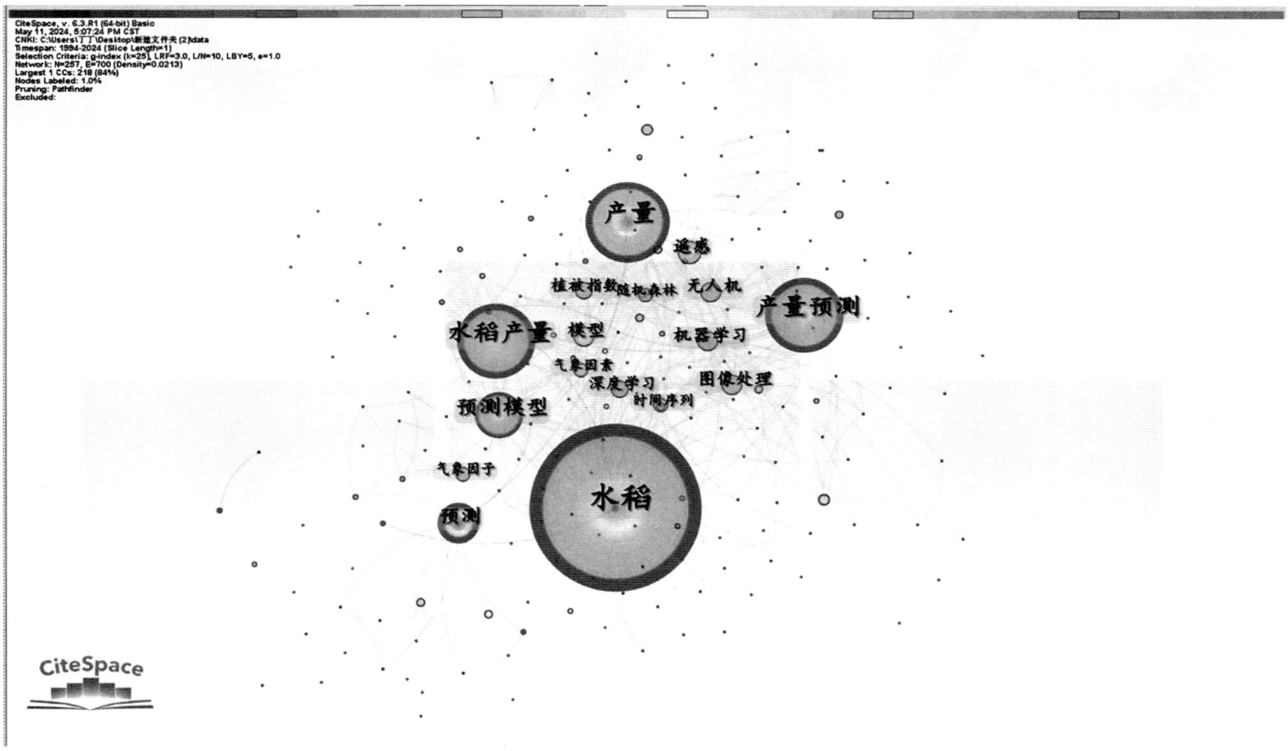

图 4　关键词共线图

2. 关键词时序图谱分析

从关键词时序图谱可以看出,对于水稻产量及预测自 1994 年以来一直是学者研究的重点。2000 年以后,学者逐渐利用机器学习、深度学习等方法构建预测模型,并利用遥感、无人机等手段获取影像,对图像进行处理,获取植被指数,并对水稻进行估产。同时学者重点关注气象因子,将气象作为预测模型的关键因素,且近 10 年学者研究的重点在于增加指标、改进模型,从而精准预测水稻产量。

(三)已有研究梳理

众多国内外学者已广泛研究水稻产量预测,特别是遥感技术在其中的应用。众多研究表明归一化植被指数NDVI可以估计水稻产量:刘珊珊[9]等(2019)和吴雨轮[13](2023)通过卫星图像获取植被指数(NDVI)对水稻产量进行有效预测。同时,众多学者研究发现利用卫星影像可以准确获取区域水稻种植面积。解文欢[5](2023)、乔树亭[10](2023)认为从sentinel-2获取的影像数据可以有效的对水稻面积进行提取。吴燕平[12]等(2022)利用卫星数据获取的NDVI和水稻种植面积等数据实现了对宣恩县的水稻的估产。学者在研究水稻产量预测时往往还探究气象因素与水稻产量的关系,杜萌[2]等(2022)、刘洪英[8]等(2020)认为气象因子如日照时数、降水量、平均气温等会显著影响地区水稻产量。在预测模型的构建上,张巩亮[16]等(2020)发现BP神经网络对寒地水稻的特征预测效果较好。邓小康[1](2023)、勾志竟[3](2021)研究发现LSTM效果优于传统的BP神经网络模型;竞霞[6]等(2022)对不同的机器学习算法对水稻产量进行监测,发现BRR模型具备较好的精度;扬万里[15]等(2020)通过研究发现,Faster R－CNN卷积神经网络可以有效的对麦穗特征进行提取。徐敏[14]等(2018)确定了水稻气象产量的影响权重。

整体上,学者从水稻产量、水稻田面积的获取到影响指标的选取、识别预测的方法的研究较多,但在已有大区域农作物产量预测研究中,较少有人考虑科技进步,数据本身的时序特征对作物产量的影响,本文以江苏省各地市为例,用深度学习对遥感,气象等数据进行特征提取,结合基于树的混合模型进行精准预测。

三、数据处理与描述

(一)数据处理

1. 研究区域

江苏省位于中国东部沿海地区,地理坐标为北纬30°45′～35°20′,东经116°18′～121°57′。地势东部平原,西部丘陵,南部山地,多河流穿境而过,包括长江、淮河等。省内气象为典型的温带季风气象,具有明显的四季变化,冬季寒冷,夏季炎热且湿润。年均温度在11.8－17.8°C之间,年平均降水量为704－1250毫米,相对湿度为70％－80％,为水稻生长提供了良好的环境条件。江苏省是中国的重要粮食生产区之一,水稻种植面积广泛,多为一年一熟,生长季节一般从每年4月下旬开始,至10月上旬结束。截至2022年,全省水稻耕地面积2221.4千公顷,总产19916141吨。

2. 数据来源

(1)MODIS NDVI数据

在农作物产量预测中,归一化植被指数(NDVI)、叶面积指数(LAI)和光合有效辐射(FPAR)是广泛使用的关键遥感指标。基于Joshi A[18]等研究,本文选择NDVI来预测水稻产量,利用MODIS卫星数据(装备在NASA的Terra和Aqua卫星上的设备,主要用于监测全球环境和生态系统状态)。MODIS的一个主要产品是MYD13Q1,本文选取了2000—2022年水稻主要生长期间7－9月空间分辨率250m,时间分辨率为16d的MYD13Q1数据集。

(2)气象数据

各地级市的湿度、累计日照来自江苏省各市统计年鉴和中国地面气象资料日值数据集V3.0,该数据集是由中国气象局国家气象中心编制和发布,收集了中国大陆及其周边地区的气象站点观测的日气象数据。平均风速、最高平均气温来源于美国国家海洋和大气管理局的国家环境信息中心(NCEI)下载的气象观测站点原始数据。

(3)稻田数据

中国单季稻种植数据集主要由科学数据银行(Science Data Bank)提供,详细覆盖了2001—2022年中国单季稻的种植分布,涉及全国21个省级行政区,具有高达30米的空间分辨率,空间参考基于WGS84坐标系统。

(4)产量数据

江苏省各市水稻产量数据、水稻种植面积摘自2001—2016年《江苏农村统计年鉴》,2017年摘自各市统计年鉴,2018—2022年数据摘自江苏省农业农村厅。

(5)文章中的数据来源

①江苏省行政边界图矢量数据

https://datav.aliyun.com/portal/school/atlas/area_selector

②遥感数据

MODIS 数据来源于 LAADS DAAC(https://ladsweb.modaps.eosdis.nasa.gov)

③中国单季稻种植数据集来源

Shen Ruoque,Peng Qiongyan,Li Xiangqian,et al. CCD-Rice:A paddy rice distribution dataset in China from 1990 to 2016 at 30 m resolution[DS/OL]. V1. Science Data Bank,2024[2024-05-14]. https://cstr.cn/31253.11.sciencedb.15865. CSTR:31253.11.sciencedb.15865.

Ruoque Shen,Baihong Pan,Qiongyan Peng,et al. High-resolution distribution maps of single-season rice in China from 2017 to 2022[DS/OL]. V5. Science Data Bank,2024[2024-05-14]. https://cstr.cn/31253.11.sciencedb.06963. CSTR:31253.11.sciencedb.06963.

3. 数据预处理

(1)NDVI(归一化植被指数)数据

为了准确评估江苏省 13 个市 2001—2022 年水稻种植区的 NDVI 值,采取了以下详细的数据处理步骤:

①数据导入和裁剪:将江苏省各市的边界矢量图和 7-9 月的中国单季稻种植栅格数据导入到 Python 环境中。使用裁剪工具以各市边界为掩膜,裁剪出 2001—2022 年各市的水稻分布栅格图。

②NDVI 数据处理:使用 MODIS Reprojection Tool(MRT)软件对 MYD13Q1 数据进行重投影,将原始的正弦投影转换为基于 WGS84 地理坐标系统的通用横轴墨卡托(UTM)坐标系统。随后对江苏省覆盖区域的 h27v05 和 h28v05 两幅影像进行拼接,并输出为 NDVI 值的 tif 格式,总计获得 66 景影像。NDVI 的计算公式如下:

$$NDVI=\frac{(NIR-RED)}{(NIR+RED)} \quad \text{公式(1)}$$

其中,NIR 代表的是近红外波段的反射值,RED 代表的是红外波段反射值。

③NDVI 修正与提取:将处理好的 7-9 月 NDVI 栅格数据导入 Python;将各市水稻分布图重投影以匹配省级 NDVI 图,并使用重投影后的水稻分布图作为掩码,提取各市水稻田的 NDVI 值。根据苗翠翠等的研究方法,剔除 NDVI 值小于 2000 的像元,以准确反映水稻种植区的 NDVI 值,并计算每月 NDVI 均值;将每年 5 月至 7 月的 NDVI 均值取平均,得到 2000—2022 年各市的年度 NDVI 均值。

(2)气象数据

①数据准备和预处理

所有原始气象数据,包括风速、最高气温、日照和湿度,使用 Python 进行数据清洗,转换所有原始数据到逐日格式,包括经纬度信息、每日平均相对湿度、每日累积日照以及每日风速。对于最高气温数据,则需先将单位从华氏度转换为摄氏度(℃)。

②空间插值和栅格化

对所有气象数据采用反距离权重法(IDW)进行空间插值,生成全国范围的逐日栅格数据,其中最高气温的空间分辨率定为 1 公里。其次,通过展点技术将处理后的数据进行地理空间分布的映射并进行坐标投影,确保数据的空间连续性和精确性。

③数据统计与汇总

结合江苏省各地级市的行政边界,从栅格数据中提取并统计各市的逐日气象数据,包括平均风速、最高气温、累积日照和平均相对湿度。接着,将逐日数据汇总和平均处理成逐月和逐年数据,得到最终气象数据。

(3)产量数据

计算各市的水稻单产,通过将水稻总产量(以吨计)除以相应的种植面积(以千公顷计),得到每个地级市的水稻单产,单位为千克/公顷。

(二)数据描述

1. 归一化植被指数(NDVI)变化

从 2000—2022 年,江苏省的 NDVI 值整体在 0.55-0.75 之间,不同年份波动较大。南京、宿迁、徐州、淮安的 NDVI 值整体呈上升趋势;扬州、泰州、连云港、镇江市的 NVDI 值整体呈下降趋势。2003—2013 年 NDVI 波动明显,南京、南通、常州、扬州、无锡、泰州、盐城、苏州、镇江九个地区的 NDVI 波动基本一致,而宿迁、徐州、淮安、连云港则基本一致。

2. 单产变化

江苏省多数各地级市的粮食产量在2000—2022年间呈现出一定的增长趋势,尤其是在2005年之后。南京市和苏州市的粮食产量一直保持在较高水平,尤其在2010年之后,产量显著高于其他城市。相比之下,徐州市和连云港市的粮食产量较低,且波动较大。

3. 种植面积变化

江苏省各地级市的水稻种植面积在2000—2022年间总体保持相对稳定的趋势,苏州市和南通市的种植面积在2010年之后较高。相比之下,连云港市和盐城市的水稻种植面积在观察期间相对较低,尽管显示出逐年波动,但整体较其他城市为低。

四、模型建立与实验设计

本研究设计了一种基于近期数据新颖的水稻产量预测模型,该模型融合了长短期记忆网络(LSTM)、一维卷积神经网络(1DCNN)进行特征提取,并与极致梯度提升(XGBoost)集成。LSTM-1DCNN和XGboost混合产量预测模型以江苏省13个市为研究区域,通过遥感、气象和历年产量数据来预测水稻产量,本研究的目标是验证该混合模型在区域水稻产量预测中的有效性,并探究其在多个地理位置上的普适性。

(一)特征数据集建立

1. 时序数据集

根据地理位置的不同,将原本的数据集再处理,按照城市划分出不同的时间序列。同时考虑到气象因素,土地利用方式,技术进步等因素的影响,在原本数据集的基础上,以3年为一时间段去预测下一年的产量,例如用2009年,2010年以及2011年的遥感数据以及气象数据去预测2012年某市的水稻产量,构建了新的数据集用作模型的训练与测试,以提高模型的准确率以及在多个地理位置的普适性,部分时序数据集如表4所示。

表4　时序数据集

序号	城市	三年气象数据	三年遥感数据	第四年单产
1	南京市	[−0.65510675　1.07544483　0.47962689 0.30756538　−0.6940288−1.43075796 −0.19215046　−0.79596866　1.19511987 0.18213035　−0.46349194　−0.27839317 −0.98075144　−1.80975453　1.21834393 −0.597869　−1.74031147　1.71578213]	[0.93214178 1.21781884 −0.31815612]	8457.082
…	…	…	…	…

2. 特征数据集

对时序数据集用LSTM和1DCNN分别对标准化遥感数据和气象数据进行特征提取,分别从遥感数据中提取出50个特征,从气象数据中提取出512个特征,构建出新的特征数据集用作模型的训练与验证。

从新构建的特征数据集中划分训练集,测试集以及验证集。把2022年各市的数据作为验证集,来验证模型准确性。将2001—2021年的数据集中的80%用作训练集,20%用作测试集。

(二)LSTM-1DCNN和XGboost混合模型

对于处理后得到的时序数据集和特征数据集,采用图5的架构建立模型。

1. C-1DCNN

卷积神经网络(CNN)是深度学习领域中一种强大的神经网络架构,本文中设计C-1DCNN,用来在气象数据中提取与产量密切的相关特征。1DCNN能够降低模型的复杂性,自动从原始时间序列数据中学习到有用的特征,无需人工进行复杂的特征工程。1DCNN使用卷积层处理数据,能有效捕捉序列内部的局部依赖性,识别特定时间窗口内气象变化对作物产量的潜在影响,图6为1DCNN架构图。

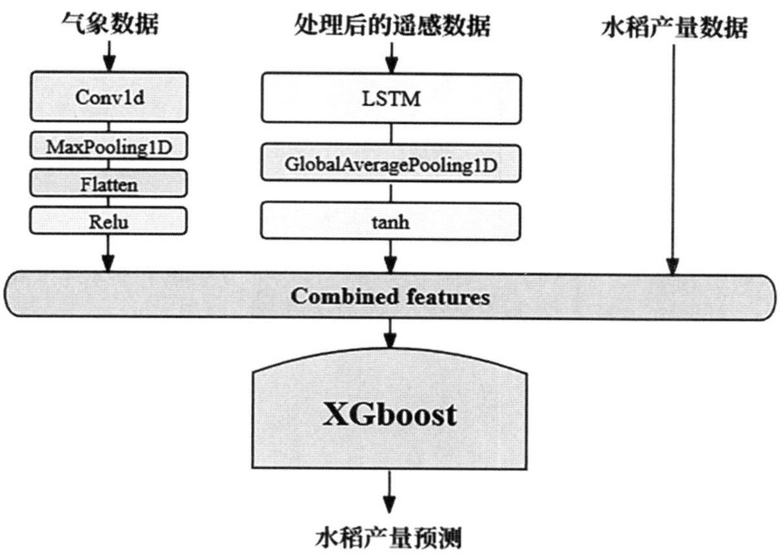

图 5　LSTM-1DCNN 和 XGboost 模型架构

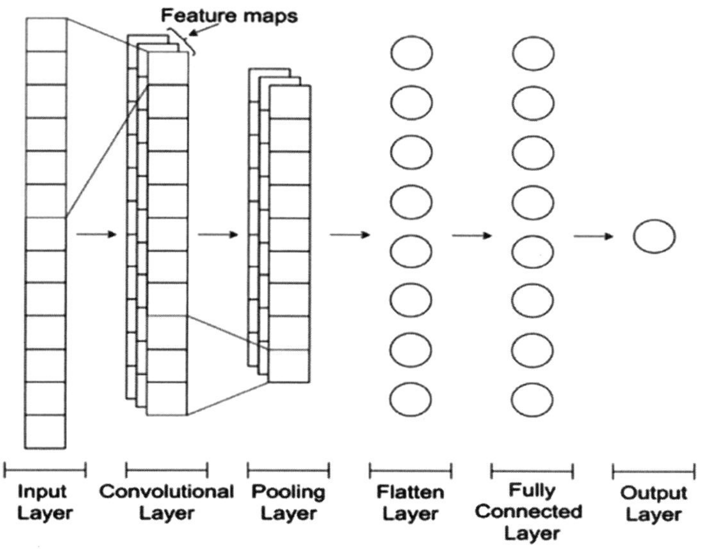

图 6　1DCNN 架构

1DCNN 通过对输入数据进行多次卷积与池化，从数据中自主提取出高级特征。输入的数据先进入卷积层，提取数据更深层特征；之后进入池化层，来减少特征，提高模型效率；然后对数据进行降维，并使用激活函数。具体过程和数学公式如下：

（1）Conv1D

卷积层的作用是提取目标数据更深层的特征。Conv1D 通过卷积核沿着输入数据的一个维度滑动，提取特征，并将其传递给激活函数进行非线性变换，最后输出给下一层网络。Conv1D 的数学表达通常如下所示：

$$Y[i]=f\left(\sum_{j=0}^{k-1}X[i+j]\ W[j]+b\right) \qquad \text{公式(2)}$$

其中，i 表示输出序列中的位置索引；k 是卷积核的大小；$X[i+j]$ 表示输入序列中索引为 $i+j$ 的元素；$W[j]$ 是卷积核的权重；b 是偏置项；f 是 ReLU 激活函数。

（2）MaxPooling1D

它是一种常用于 CNN 中的池化操作，其作用是减少特征图的空间大小，从而降低模型复杂度并提高计算效率，防止出现过拟合现象，同时保留主要特征信息，数学公式为：

$$Y[i]=max_{j=0}^{k-1}X[stride\ i+j]$$ 公式(3)

其中，$Y[i]$ 表示池化后的输出序列中的第 i 个元素；X 是输入序列或特征图；k 是池化窗口的大小；$stride$ 是池化操作的步长，表示池化窗口每次移动的距离。

(3)Flatten

Flatten 在深度学习中常用与一种常用于连接卷积层和全连接层，将多维的数据展平成一维数据，通常用于连接卷积层和全连接层之间的过渡。

(4)ReLU

ReLU 激活函数用于引入非线性特性，使得神经网络可以学习复杂的特征映射，并且在计算上比一些传统的激活函数更加高效。ReLU 函数在输入大于零时返回输入值，否则返回零。ReLU 的计算公式可以表示为：

$$ReLU(x)=max(0,x)$$ 公式(4)

其中，x 是输入值。

2. S-LSTM

本文设计了一个 S-LSTM，从处理后的遥感数据中提取数据特征。

(1)LSTM

LSTM(长短期记忆网络)是一种专门为处理序列数据设计的循环神经网络(RNN)变体。它的独特之处在于其内部结构包含有"门"控制机制，这些门可以控制信息的保存和遗忘，使得 LSTM 特别适合处理和记忆长期依赖信息。图 7 是 LSTM 的结构图，LSTM 的具体过程由下述公式描述。

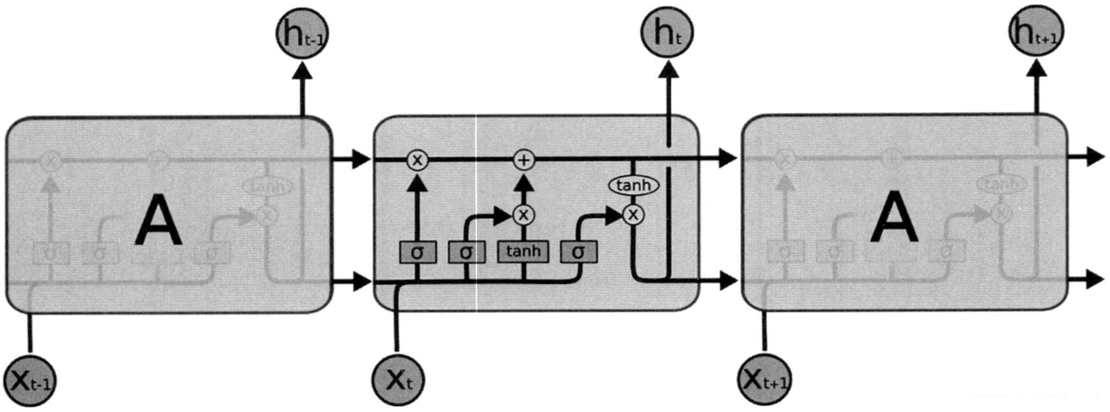

图 7 LSTM 结构

$$f_t=\sigma(W_f\cdot[h_{t-1},x_t]+b_f$$ 公式(5)

$$i_t=\sigma(W_i\cdot[h_{t-1},x_t]+b_i)$$ 公式(6)

$$\widetilde{C}=tanh(W_c\cdot[h_{t-1},x_t]+b_C)$$ 公式(7)

$$C_t=f_t\cdot C_{t-1}+i_t\cdot\widetilde{C}_t$$ 公式(8)

$$o_t=\sigma(W_o\cdot[h_{t-1},x_t]+b_o$$ 公式(9)

$$h_t=o_t\cdot tanh(C_t)$$ 公式(10)

其中，f_t,i_t,o_t 分别代表的是时间 t 的遗忘门、输入门、输出门；$x_t,h_t,\widetilde{C}_t,C_t$ 分别代表的是输入值、输出值、更新门及最终的细胞状态；$\sigma,tanh$ 代表的是激活函数；W,b 代表的是权重矩阵和误差。

(2)GlobalAveragePooling1D

该功能是 Keras 团队在开发中引入的，通过一维特征图的全局平均池化简化模型，降低维度和参数量，减少计算需求，防止过拟合，提升泛化。全局特征的有效提取使其在处理不需位置信息的问题时表现出色。计算公式可以表示为：

$$Y[i]=\frac{1}{L}\sum_{j=0}^{L-1}X[i,j]$$ 公式(11)

其中，$Y[i]$ 表示池化后的输出向量中的第 i 个元素；X 是输入的一维特征图；L 是特征图中的通道数。

(3)Tanh

Tanh(双曲正切)函数是神经网络中引入非线性变换的常用激活函数，其形态类似于 Sigmoid，但输出范围为[−1,1]。相比之下，Tanh 具有较慢的梯度衰减，有助于减缓梯度消失问题，增强模型稳定性，从而促进深度神经网络的有效训练。其数学表达式为：

$$Tanh(x)=\frac{e^{x}-e^{-x}}{e^{x}+e^{-x}} \qquad \text{公式(12)}$$

其中，x 是输入值。

3. XGboost

XGBoost 是一个基于决策树的高效梯度提升库，利用梯度提升框架优化性能。考虑到研究区域自 2001—2022 年的年度作物产量数据仅包含 22 个时间序列数据点，数据量较小可能影响模型效果。此外，预测变量间的多重共线性也可能降低性能。为解决这些问题，我们选择了不易受多重共线性影响的基于树的回归方法进行比较和选择，原理如下。

(1)对样本预测：

$$\hat{y}_i^{(t)}=\hat{y}_i^{(t-1)}+f_t(x_i) \qquad \text{公式(13)}$$

其中，$\hat{y}_i^{(t)}$ 是样本 i 经过 t 次迭代后得到的预测值；$\hat{y}_i^{(t-1)}$ 是第 $t-1$ 棵树预测的结果。

(2)XGBoost 的目标函数形式：

$$Obj^{(t)}=\sum_{i=1}^{n} l(y_i,\hat{y}_i^{(t)})+\Omega(f_t)+c \qquad \text{公式(14)}$$

其中，$l(y_i,\hat{y}_i^{(t)})$ 是损失函数；y_i 是第 i 个样本的真实值；n 为总样本数；$\Omega(f_t)$ 代表的是第 t 棵树的正则化项；c 为偏移项。

(3)正则化项：

$$\Omega(f_t)=\gamma K+\frac{1}{2}\lambda\|\omega\|^2 \qquad \text{公式(15)}$$

其中，γ 和 λ 都是惩罚系数；K 是叶子个数，用来控制树的复杂程度；$\|\omega\|^2$ 用于控制模型复杂度。

(4)对目标函数进行二阶泰勒近似展开：

$$Obj^{(t)}=\sum_{i=1}^{n}\left[l(y_i,\hat{y}_i^{(t)})+g_i f_t(x_i)+\frac{1}{2}h_i f_t^2(x_i)\right]+\Omega(f_t)+c \qquad \text{公式(16)}$$

其中，g_i 和 h_i 都为泰勒展开常数项，且公式已省去高阶无穷小阶和常数项。

(5)对目标函数进行简化：

$$Obj^{(t)}=\sum_{i=1}^{n}\left[f_t(x_i)+\frac{1}{2}h_i f_t^2(x_i)\right]+\gamma K+\frac{1}{2}\lambda\sum_{j=1}^{K}\omega_j^2 \qquad \text{公式(17)}$$

其中，ω_j 代表着第 j 个叶子节点的权重值。

令 I_j 为第 j 个节点的样本集合，$H_i=\sum_{i\epsilon I_j} h_i$，$G_i=\sum_{i\epsilon I_j} g_i$，并对目标函数进行简化：

$$Obj^{(t)}=\sum_{i=1}^{n}\left[G_i f_t(x_i)+\frac{1}{2}(H_i+\lambda)\omega_j^2\right]+\gamma K \qquad \text{公式(18)}$$

最终得到最优的目标函数：

$$Obj=-\frac{1}{2}\sum_{j=1}^{K}\frac{G_j^2}{H_i+\lambda}+\gamma K \qquad \text{公式(19)}$$

(三)基于模拟退火算法优化调参

1. 模拟退火算法

模拟退火算法(Simulated Annealing)是一种主要用于超参数优化的策略，其特色在于它通过接受劣质解的策略来避免陷入局部最优，从而促进全局搜索。在机器学习模型的超参数调整中，通常的误区是将各超参数视为相互独立，忽略了它们之间的潜在复杂交互作用。在 XGBoost 模型中，学习速率(learning_rate)与估计器数量(n_estimators)之间的相互作用显著，影响模型表现。因此，为全面考虑超参数间的交互，并探索最优组合，我们采用模拟退火算法进行超参数调优，图 8 是模拟退火算法的流程图。

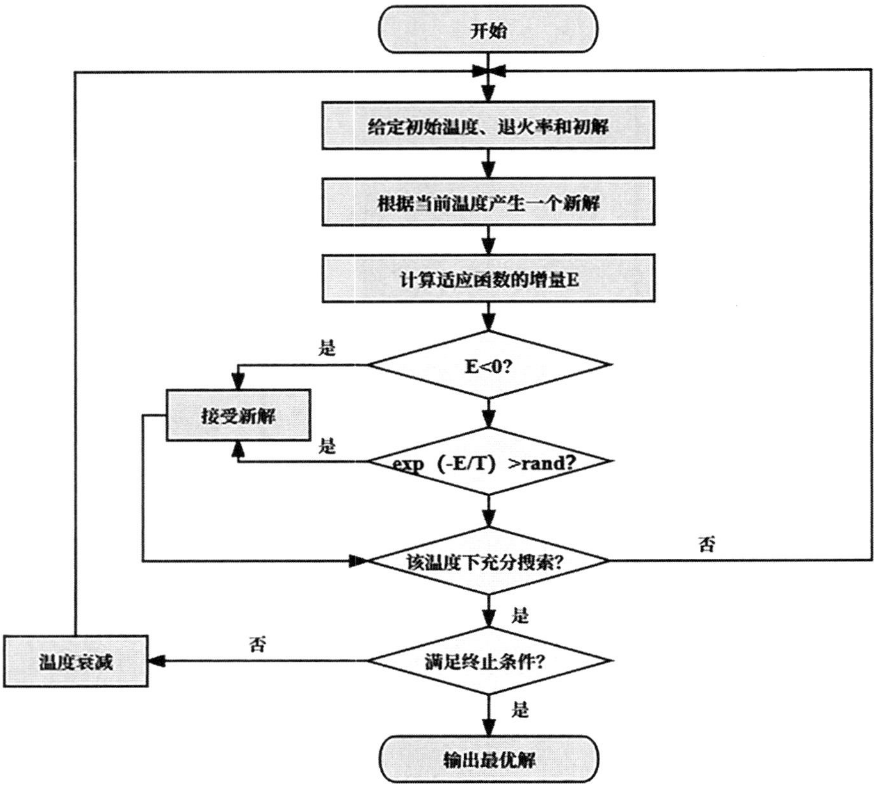

图 8 模拟退火流程图

2. 模拟退火步骤

(1)Metropolis 准则

Metropolis 准则是一种用于 Monte Carlo 模拟中接受或拒绝状态转移的准则,它在各种随机模拟算法中广泛应用,其核心思想是通过概率的方式决定是否接受状态的转移,以达到随机搜索的目的,定义为:

$$p=\begin{cases}1, E(n+1)<E(n)\\ exp\left(-\dfrac{E(n+1)-E(n)}{T}\right), E(n+1)\geqslant E(n)\end{cases} \quad \text{公式(20)}$$

我们考虑当前状态 $x(n)$ 和下一个状态 $x(n+1)$ 的能量 $E(n)$ 和 $E(n+1)$。如果下一个状态的能量比当前状态小(即 $E(n)>E(n+1)$),那么直接接受这个状态;如果能量增大了,我们根据 Metropolis 准则来决定是否接受这个状态。Metropolis 准则的计算方式是利用概率 p 进行判断。如果这个概率大于一个随机数(区间[0,1]内),则接受新状态 $x(n+1)$;否则拒绝这个状态并继续保持在当前状态 $x(n)$。这样可以在一定概率上接受能量增加的状态,从而更好地搜索到全局最优解。

(2)退火流程

先设置初始温度 T_0,取 $T=T_0$,并生产随机的初始解 $x(n)$,计算其对应的函数 $E(n)$,取退火率 $\lambda\in[0,1]$。之后通过 $T=\lambda T$ 逐步降低温度。然后对 $x(n)$ 进行随机扰动,生产新的状态 $x(n+1)$,计算其对应的适应函数 $E(n+1)$。最后利用 Metropolis 准则,将 $E(n)$ 与 $E(n+1)$ 进行对比,判断 $x(n+1)$ 的值是否可以被接受,如若不接受,返回降温步骤,直至接受为止。

3. 参数调整

我们使用模拟退火算法对 XGboost 模型中的三个参数进行调优,初始温度 $T=1.0$,温度衰减系数 λ 为 0.99,迭代 100 次,初始参数 n_estimators=100,learning_rate=0.1,max_depth=3。最终通过模拟退火算法得到的最优参数为 n_estimators=115,max_depth=6,learning_rate=0.1。正如图 9 和图 10 分所示,模拟退火算法有效地避免了陷入局部最优的情况。

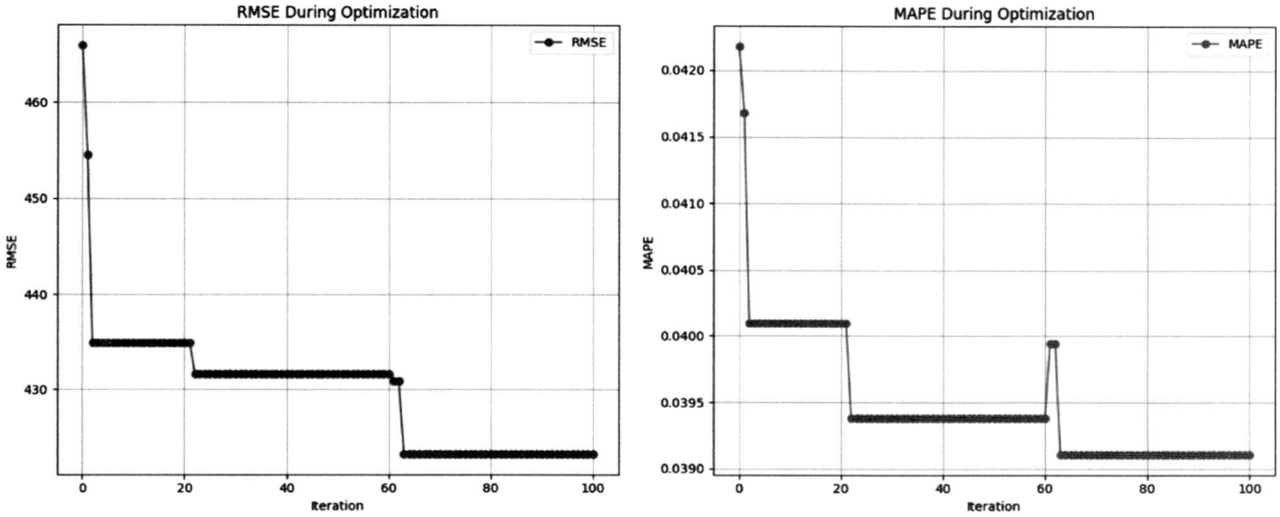

图 9　SA＋XGboost

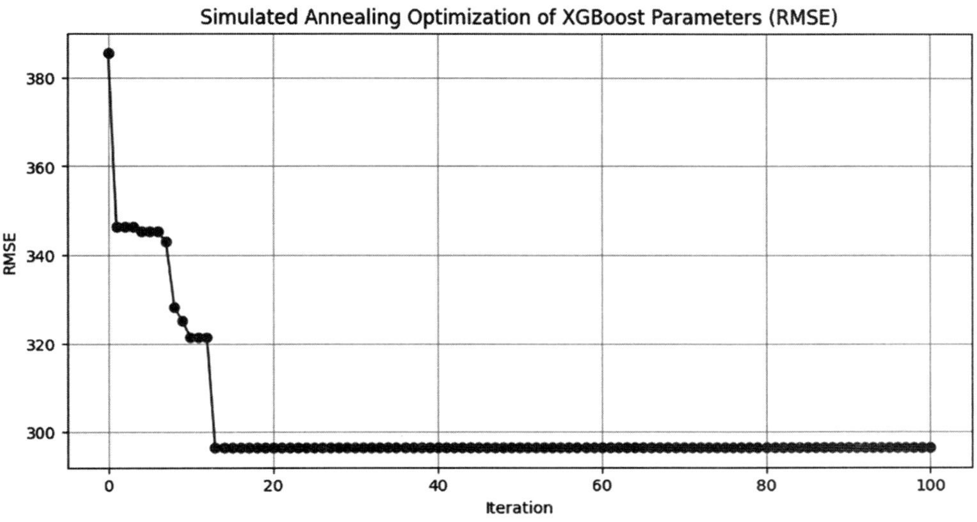

图 10　SA＋LSTM-1DCNN＋XGboost

(四)评价指标

1. MSE

均方误差(MSE)是一种常用的评价指标,通常用于衡量预测值与实际值之间的差异。MSE 的计算公式如下所示:

$$MSE=\frac{1}{n}\sum_{i=1}^{n}(y_i-\hat{y}_i)^2 \qquad \text{公式(21)}$$

其中,n 是样本数量;y_i 是第 i 个样本的真实值;$\hat{y}_i$ 是第 i 个样本的预测值。

2. RMSE

均方根误差(RMSE)是 MSE 的一种常见衍生指标,也用于衡量预测值与实际值之间的差异。RMSE 的计算公式如下所示:

$$RMSE=\sqrt{\frac{1}{n}\sum_{i=1}^{n}(y_i-\hat{y}_i)^2} \qquad \text{公式(22)}$$

其中,n 是样本数量;y_i 是第 i 个样本的真实值;$\hat{y}_i$ 是第 i 个样本的预测值。

3. MAPE

绝对百分比误差(MAPE)是一种常用的评价指标,通常用于衡量预测值与实际值之间的相对误差。MAPE 的计算方法是将每个样本的绝对误差除以实际值,然后取平均值,并将结果乘以 100,以百分比表示。MAPE 的计算公式如下所示:

$$MAPE = \frac{1}{n}\sum_{i=1}^{n}\left|\frac{y_i - \hat{y}_i}{y_i}\right| \times 100 \qquad \text{公式(23)}$$

其中，n 是样本数量；y_i 是第 i 个样本的真实值；$\hat{y}_i$ 是第 i 个样本的预测值。

五、模型评估与分析

(一)性能检测与对比

为了评估 LSTM-1DCNN 和 XGboost 混合模型的性能，本研究中分别对支持向量机(SVR)、随机森林(RF)、极致梯度提升(XGboost)三种传统的机器学习模型以及该模型的一种变体(1DCNN+XGboost)进行预测效果比较。

1. SVR、RF 与 XGboost

我们使用最开始的时序数据集(包含气象和遥感数据)对 SVR，RF 与 XGboost 模型进行训练与测试，如图 11 所示，我们可以清晰的发现两个基于树的模型效果比 SVR 更好。以 RMES 作为判断标准，RF 比 SVR 模型的性能提高了 12.63%，XGboost 模型比 SVR 模型好 15.52%，这种性能差异可能源于模型对多重共线性的敏感性不同。基于树的模型通常对多重共线性具有较强的鲁棒性，而传统的支持向量回归模型可能在面对高度相关的解释变量时性能受损。

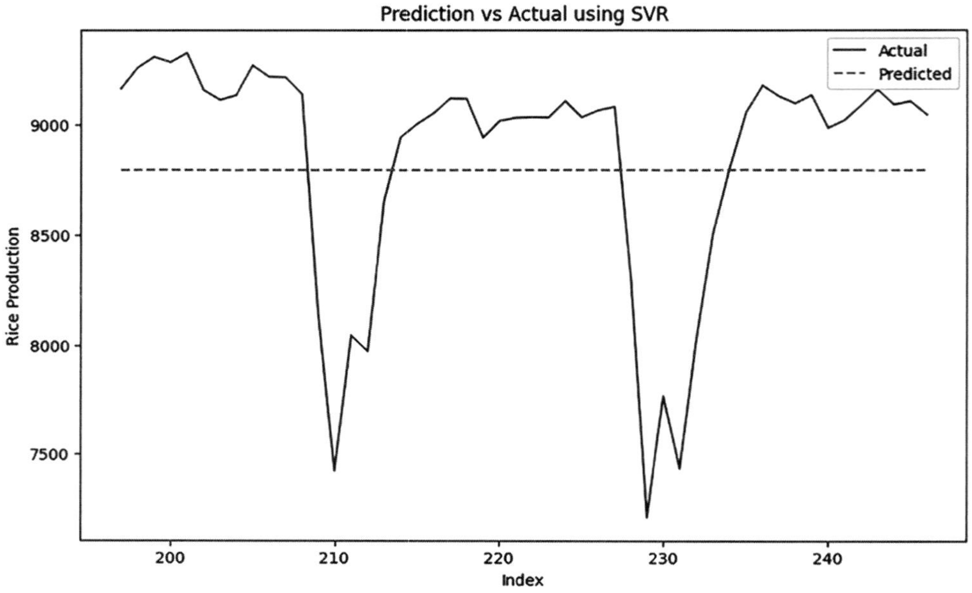

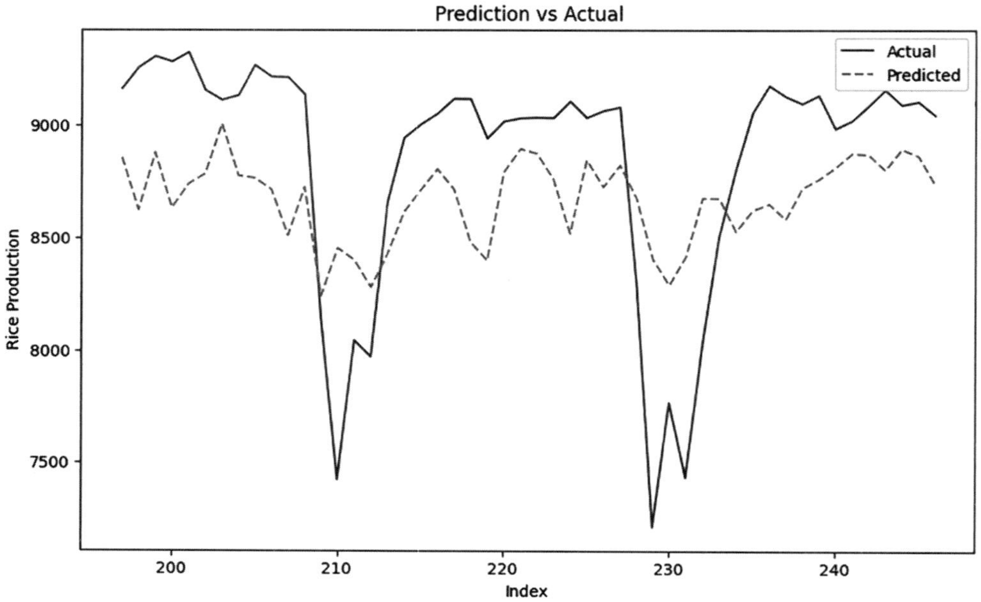

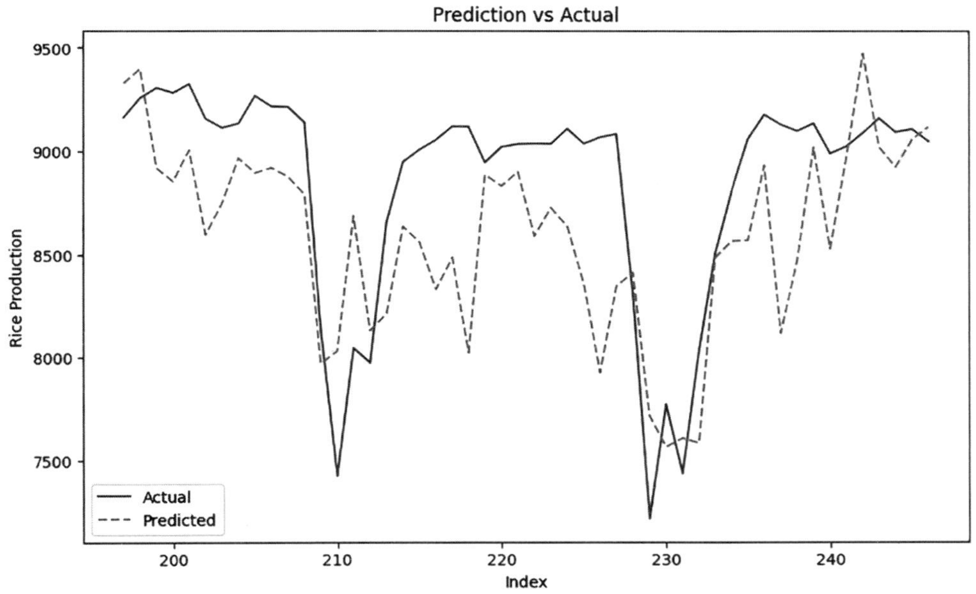

图 11　SVR、RF、XGboost 模型预测效果

2. 1DCNN＋XGboost

对遥感数据和气象数据分别用 1DCNN 进行特征提取，得到图 12 结果。相比于 XGboost 模型，1DCNN＋XGboost 模型的性能提高了 16.67％，说明 1DCNN 能有效地从数据中自动学习并提取与产量密切相关的特征。

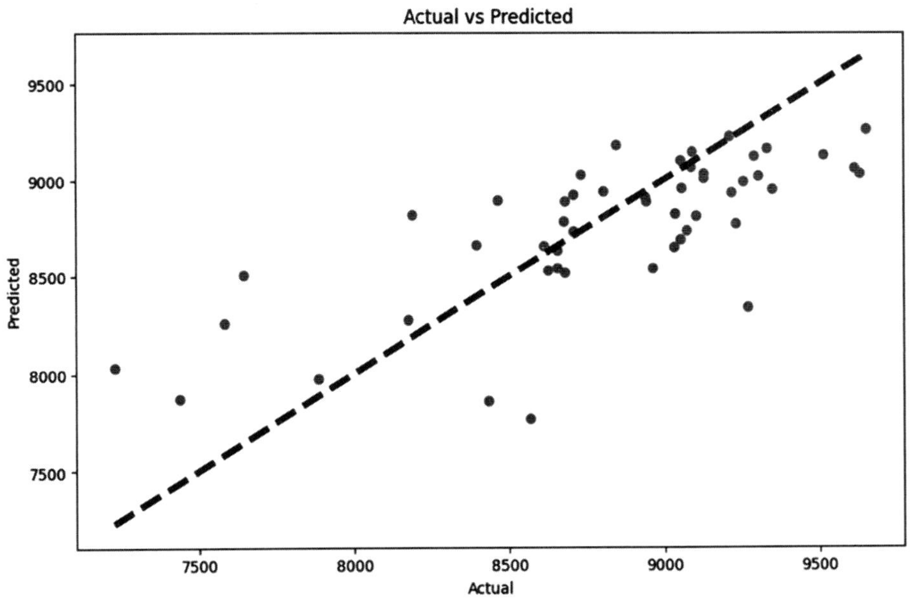

图 12　1DCNN＋XGboost 模型预测效果

3. LSTM-1DCNN＋XGboost

相对于单一地用 1DCNN 从数据进行提取，我们考虑到气象数据与遥感数据的差异性，我们选择了 LSTM 对处理后的遥感数据进行特征提取，用 1DCNN 对气象数据进行特征提取。模型效果如图 13 所示。

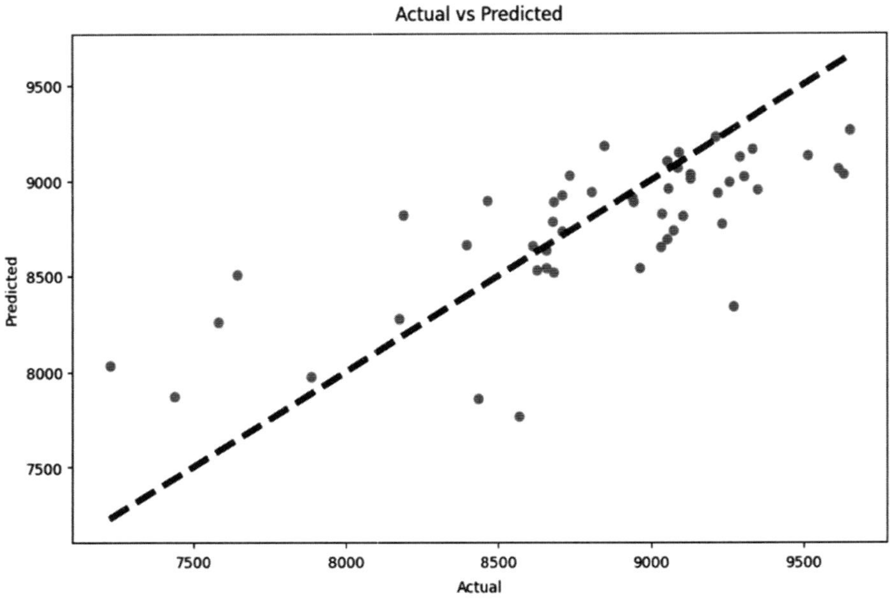

图 13　LSTM-1DCNN＋XGboost 预测效

表 5 中展现了各个模型间的效果对比，LSTM-1DCNN＋XGboost 模型的性能相比于 1DCNN＋XGboost 提高了 24.07%，相对于 XGboost、RF、SVR 等传统模型性能分别提高了 36.73%、37.77% 和 45.23%。

表 5　各模型效果对比

模型	MSE	RMSE/($kg \cdot hm^{-2}$)	MAPE/%
LSTM＋1DCNN＋XGboost	83871.84	289.61	2.72
1DCNN＋XGboost	145498.41	381.44	3.43
XGboost	209537.29	457.75	4.25
RF	216570.94	465.37	4.68
SVR	279617.91	528.79	5.03

(二)产量预测的空间分布特征

使用 LSTM-1DCNN＋XGboost 模型对验证集进行验证，对 2022 年的实际水稻单产、预测产量和相对误差进行可视化后发现，预测产量与实际产量的空间分布特征具有较高的一致性，这表明所建立的模型在江苏省各地市具有广泛的适用性。绝大多数地区的相对误差较低，但宿迁市与常州市的预测误差相比于其他 11 个地区相对较大，这可能说明模型在这些特定区域的适用性或数据特征上还存在一定的局限性。总体来说，该估产模型表现出较强的空间稳定性，对于大范围内的应用提供了支持。

综合分析表明，从单产和耕地面积的变动角度来看，技术进步与土地利用等客观因素对农作物产量具有显著影响。同时遥感与气象数据可以有效预测水稻产量，相对于传统模型，神经网络能更好的提取出与产量有关的相关特征，增强预测的准确性。

六、结论与展望

(一)研究结论

本研究基于近期遥感和气象数据建立 LSTM-1DCNN 和 XGboost 混合产量预测模型，以江苏省为例，实现大空间区域水稻单产预测，最终得出以下结论：

1. 江苏省各市级地区单产呈现出上升的趋势，而种植面积不断减少

在 2000—2022 年期间，江苏省各地市的水稻单产总体上升，而种植面积普遍下降。特别是 2003—2013 年间，单产波动较大，主要是受技术和管理进步的正面影响与气候变化、病虫害和市场波动的负面影响。此

外，部分地级市如南京、连云港和南通的水稻种植面积显著减少，这一现象主要与城市化进程加快以及农业用地被重新用于工业和住宅用途有关。这种耕地面积的减少与单产的增加共同影响了江苏省的粮食生产格局，表明了气候因素、技术进步、土地利用等客观因素对产量都有较大的影响。

2. 遥感和气象数据为大规模农作物高精度产量预测提供保障

本文采用了遥感与综合气象数据，显著提高了对江苏省广泛水稻种植区的监测和产量预测精确度，同时表明水稻成熟前三个月(7、8、9)的 NDVI 值可以很好的预测产量。此外，相较于传统的地面调查方法，遥感和气象数据的应用显著降低了长期监测的成本，提供了一种经济高效的技术方案，极大地增强了其在决策支持和精确农业管理中的应用价值。

3. 模型性能和大数据适用性表现出色

通过整合大量遥感数据和气候数据，本文构建的 LSTM-1DCNN 和 XGboost 混合模型展示了在大规模空间区域水稻产量预测中的高效性和优越性。模型相比于 XGboost、RF、SVR 等传统模型性能分别提高了 36.73%、37.77%和 45.23%，相比于变体(1DCNN+XGboost)提高了 24.07%。LSTM 和 1DCNN 的结合在自动化和精确提取大规模时间序列数据中的复杂特征方面显示出极大的潜力。另外，本文采用模拟退火算法对 XGboost 模型的参数进行优化，有效解决了模型可能陷入局部最优的问题，确保了模型在不同数据集上的泛化能力和稳定性。

4. 模型大空间区域预测稳定性表现优异

本文构建的混合模型经过在江苏省 13 个市级区域的应用验证，证实了其在精准预测区域水稻产量方面的有效性，预测产量与实际产量的空间分布特征具有较高的一致性，相对误差都小于 5%。模型的普适性符合当前我国农业发展对精准数据支持的需求，能够广泛应用于不同地理和气候条件下的农作物产量预测。此外，尽管研究焦点在于水稻，模型的架构和方法同样适用于其他主要粮食作物如玉米和大豆，跨作物与地区的应用潜力，对于实现国家粮食安全战略和支持农业高质量发展具有重要意义。

(二)展望

本文构建的 LSTM-1DCNN 和 XGboost 混合模型在人工智能技术应用于农业领域具有显著的潜力和多面性优势，为了进一步提升模型的准确性和普适性，未来还可以探索改进。

一是模型主要依赖遥感和气象数据，未来我们计划整合更多类型的数据，如土壤特性、作物生长期管理数据等，以构建更为全面的数据集。二是模型中缺乏极端天气条件下的数据，其对极端气候变化的反应预测能力可能存在局限性。因此，在未来的研究中，应当考虑增加在极端天气条件下收集的数据，以增强模型的健壮性和预测准确性。三是对推广到未经训练的区域进行预测还缺乏一定的实证研究，仍可对模型进一步优化，以最小的努力推广到其他区域，进一步增强模型的普适性。

【参考文献】

[1] 邓小康. 基于 LSTM 水稻产量预测[J]. 电脑编程技巧与维护，2023，(04)：40－42.
[2] 杜萌，马凌霄，任海，等. 气象因素对盘锦地区水稻产量的影响及预测模型的建立[J]. 北方水稻，2022，52(03)：15－18＋32.
[3] 勾志竟，官志宏，刘布春. 基于 TensorFlow 的 LSTM 算法在农业中的应用[J]. 计算机技术与发展，2021，31(08)：215－220.
[4] 黄文江，王纪华，赵春江，等. 基于神经网络的水稻产量预测模型[J]. 计算机与农业，2000，(10)：21－23＋9.
[5] 解文欢. 基于 Sentinel-2 影像的水稻种植面积提取研究[J]. 现代化农业，2023，(06)：37－39.
[6] 竟霞，张杰，王娇娇，等. 水稻产量遥感监测机器学习算法对比[J]. 光谱学与光谱分析，2022，42(05)：1620－1627.
[7] 李红艳，徐建强，许甫金，等. 气象因素对水稻产量的影响及预测模型的建立[J]. 浙江农业科学，2018，59(07)：1104－1107＋1110.
[8] 刘洪英，鲜铁军，李睿，等. 基于气象因子的水稻产量预报模型[J]. 陕西气象，2020，(05)：45－47.
[9] 刘珊珊，牛超杰，边琳，等. 基于 NDVI 的水稻产量遥感估测[J]. 江苏农业科学，2019，47(03)：193－198.

[10] 乔树亭,叶回春,黄文江,等.基于Sentinel-1/2影像的水稻种植面积提取方法研究——以三江平原为例[J].遥感技术与应用,2023,38(01):78—89.

[11] 宋丽娟,叶万军,陆忠军,等.遥感与作物生长模型数据同化在水稻上的应用进展[J].中国稻米,2020,26(05):84—89.

[12] 吴燕平,洪勇,姜益民,等.基于Sentinel-2和MODIS数据的宣恩县水稻遥感估产研究[J].测绘与空间地理信息,2022,45(12):33—37.

[13] 吴雨轮.基于NDVI的湖北省天门市早稻产量估算[J].现代农业研究,2023,29(09):18—23.

[14] 徐敏,吴洪颜,张佩,等.基于气象适宜度的江苏水稻气象年景预测方法[J].气象,2018,44(09):1200—1207.潘朝阳.基于无人机遥感的水稻农艺性状估测及高收获指数植株模型构建[D].华中农业大学,2023.

[15] 杨万里,段凌凤,杨万能.基于深度学习的水稻表型特征提取和穗质量预测研究[J].华中农业大学学报,2021,40(01):227—235.

[16] 张巩亮,李逸,魏媛媛,等.寒地水稻抗旱相关性状主成分分析及综合评价[J].福建农业学报,2020,35(08):811—819.

[17] Chu,Z.,& Yu,J.(2020). An end-to-end model for rice yield prediction using deep learning fusion. Computers and Electronics in Agriculture,174,105471.

[18] Joshi A,Pradhan B,Gite S,et al. Remote-Sensing Data and Deep-Learning Techniques in Crop Mapping and Yield Prediction:A Systematic Review[J]. Remote Sensing,2023,15(8):

[19] Van Klompenburg,T.,Kassahun,A.,& Catal,C.(2020). Crop yield prediction using machine learning:A systematic literature review. Computers and Electronics in Agriculture,177,105709.

基于 POI 大数据与机器学习的养老设施规划布局

——以西安市为例

江西财经大学　李小龙、张少帅、宁兴

摘　要

随着我国老龄化程度的不断加深，由于家庭人口结构规模不断下降且降幅有扩大态势，越来越多的老年人开始倾向于选择养老机构作为解决养老问题的途径。据《陕西省第七次全国人口普查公报》可知，西安市 2020 年 65 岁及以上老龄人口数量已达到 133 万人，约占西安市人口的 10.92%，老龄人口的增加，导致养老设施与养老服务资源滞后现象日益显著，养老设施与养老服务面临供给不足和空间规划不合理等挑战。因此，优化养老设施布局成为关键，需要进一步研究科学精准的选址决策方法，以应对老龄化社会的养老需求。

本文以西安市为研究区域，将西安市细分为 500 米×500 米的 39619 个网格，将网格数据结合 POI 数据进行深入分析，利用 ArcMap 软件将原始数据转化为关于养老设施建设的二分类数据。运用机器学习模型对该数据进行训练，经模型评价后选出效果最优的 CNN-LSTM 模型，并利用该模型预测西安市适合建设养老设施的点位。在全市的 39619 个网格中，最终筛选出了 1653 个适宜建设养老设施的地点。随后将西安市第七次全国人口普查街道数据构建出西安市 172 个街道老年人口数量与老龄化程度的空间分布，对模型预测的养老设施选址点位进行优先规划筛选，实现了在精细网格化尺度上对城市养老设施进行量化选址决策，将为政府的后续养老设施选址决策提供参考。

研究结果表明：(1)西安市当前 65 岁及以上人口达到 10.92%，老龄化态势显著。同时西安市各街道老龄化程度差异明显，养老设施的分布存在不平衡，部分老龄化程度较高的非中心城区街道缺乏足够的老年服务设施，未能与其老龄人口的需求相匹配，存在着相当程度的供需空间错位。(2)选用机器学习模型初步预测的养老设施选址区域与原有养老设施区域总体轮廓基本对应，并且与西安市地势图相吻合。依据各街道老龄化程度进一步筛选后的养老设施适宜点位，能够减少人工选址决策的主观性和片面性。(3)新增养老设施应注意西安市当前老年人口高度集中的中心城区，同时应保证周至县和蓝田县等非中心城区部分老龄化人口和比例双高街道的养老设施规划布局。

关键词：养老设施规划；地理大数据；POI；机器学习

一、引言

(一)研究背景

合理且高效地配置养老设施，对于社会公共资源的公平分配具有重要意义[21]。在《“十四五”国家老龄事业发展和养老服务体系规划》中，提出了我国于“十四五”时期的发展目标，即养老设施与养老服务供给不断推进扩大，老年健康支撑体系更加健全。根据国家统计局的数据，2023 年末，中国 60 岁及以上人口已达 2.97 亿人，占总人口的 21.1%。全国 65 周岁及以上老年人口总数为 21676 万人，占总人口的 15.4%。根据《2022 年度国家老龄事业发展公报》数据显示，全国 65 周岁及以上老年人口抚养比 21.8%，国家卫生健康委员会预计到 2035 年，我国老年人口将突破 4 亿人，在总人口中的占比将超过 30%，届时我国将正式进入重度老龄化阶段。由于家庭人口结构规模不断下降且降幅有扩大态势，越来越多的老年人开始倾向于选择养老机构作为解决养老问题的途径。因此，构建与人口老龄化进程相适应的养老设施与养老服务体系的任务变得尤为迫切。

目前，对我国各省养老问题的研究主要集中在三个方面：养老保障制度、养老现状以及养老模式[1]。为进一步推动养老事业发展以及扩大养老服务供给,优化养老设施的空间布局成为城市空间规划急需处理的问题。据《陕西省第七次全国人口普查公报》可知,西安市2020年65岁及以上老龄人口数量已达到133万人,约占西安市人口的10.92%,西安市65岁以上人口占比趋势图如图1,老龄化快速发展导致养老设施资源发展滞后的问题逐渐显现,养老服务与养老设施存在供给不足,以及城乡发展不均衡等问题。然而由于数据获取的限制,目前并没有研究着眼于养老设施本身,且进一步分析其空间分布及成因。

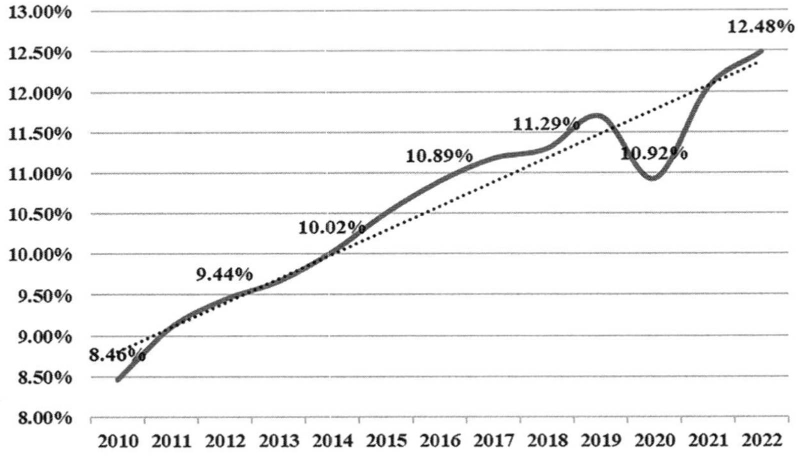

图1 西安市65岁以上人口占比趋势图

因此,如何分配养老资源与规划养老设施成为亟待解决的问题。为了避免资源错配与科学合理地进行空间选址,本文使用POI(point of interest)数据与机器学习方法相结合,利用ArcMap和Python软件分析西安市养老设施空间分布特征即资源匹配类型,进行西安市养老设施的规划与选址研究。

(二)文献综述

1. 养老设施相关研究

养老设施发展水平与人口老龄化的空间失配地区呈现出组团集聚的特点,高行政级别和经济发达的区县在养老设施发展水平方面具有一定优势(顾宗倪和罗小龙,2024)。张思锋和张恒源(2024)发现已建成的居家社区养老服务设施尚未得到有效利用,设施建设不符合老年人多样化需要、老年人支付能力不足以及设施供给结构不能激发支付意愿等问题是导致设施利用状况堪忧的主要原因。曾起艳等(2022)研究发现社区养老服务设施对主观福利的提升效应,且不同种类的社区养老服务设施对老年人主观福利的提升效应存在差异。韩非和罗仁朝(2020)强调了供需匹配在特大型城市中心地区社区居家养老设施的布局中的重要性。杜鹏等(2016)发现虽然老年人在享受福利方面已取得明显提升,但养老设施或机构的覆盖范围仍存在显著的城乡差异,需要进一步提升覆盖率和服务质量。

2. 养老设施规划布局理论

国内学者在探讨养老设施规划布局时,主要聚焦于老年人口分布、结构及其需求等关键要素进行分析,提出了城市养老设施布局规划策略,多以微观角度为主对区域的养老设施规划布局进行分析,钟洋等(2024)研究发现养老设施的分布受多个因子的共同作用,老年人口数量与其他因子叠加后能够对养老设施的空间分异产生更强的解释力。汪晓春等(2021)选用武汉市作为研究对象,通过机器学习算法对养老设施的规划选址进行优化,以实现更优的整体布局,并尽可能减少规划选址过程中的主观性影响。王兰等(2021)则关注社区养老设施作为重要健康资源的公平性问题,通过运用基尼系数和洛伦兹曲线对上海市中心城区不同类型的社区养老设施的空间分布公平性进行了比较分析。许昕和赵媛(2017)发现不同性质类型的养老服务设施空间布局模式存在很大差异,公办公营和公办民营养老服务设施呈现多核心或双核心布局模式,而民办民营和敬老院则呈现单核心或均匀式布局态势,且养老服务设施的可达性呈现中心城区可达床位数由东南向西北方向递减的趋势。

3. 大数据对养老服务的赋能

贾妍等(2020)认为在大数据与人工智能时代的背景下,依托大数据和端—网—云技术,构建大数据驱动的新型养老模式是大数据与人工智能时代的一种重要选择。这种模式能够帮助优化资源配置,精确匹配养老的供需关系，并实现数据流、服务流与资金流的协调一致。通过充分利用大数据技术，可以实现对老年人的个性化需求分析和精准匹配，提高养老服务的质量和效率，是解决中国老龄化问题和推动老龄化社会健康发展的一个有效策略。张泽滈(2024)认为智慧赋能通过科学技术、老年人认知和服务模式等方面的应用，推动养老服务的发展。在养老服务的全过程中，供给侧推动、需求侧拉动和供需有效协同是智慧赋能养老服务的转型逻辑。纪春艳(2022)研究发现居家智慧养老整合现代技术，提供一体化服务，创新养老模式。与传统相比，其优势在于解决供需矛盾，提升服务水准。睢党臣和彭庆超(2016)针对我国养老问题提出的一种有效方式为居家养老，同时，"互联网＋" 的快速发展与应用，为当前居家养老服务发展中遇到的困难提供了有力的解决条件。青连斌(2021)认为"互联网＋"养老服务并非简单地将互联网和养老服务两者简单相加，而是深度融合了两者，促进了养老服务的升级和改造，形成了新的养老服务模式。这种模式并不取代传统的养老服务机构、居家养老服务中心和社区养老，而是与之相辅相成。

4. 文献述评

综合以上研究，养老设施相关研究方面强调了养老设施发展与人口老龄化的空间失配问题，指出了养老设施在不同区域的发展水平存在着差异。各项研究发现了养老设施建设中的问题，如设施利用率低、建设位置不符合老年人需求、供给结构不足以激发支付意愿等。设施选址与空间分布方面涉及了养老设施的选址和空间分布问题，针对这些问题，多项研究提出了不同的选址模型方案。大数据对养老服务的赋能相关方面介绍了智慧赋能在养老服务中的应用，以及居家智慧养老、"互联网＋"养老服务和大数据驱动的新型养老模式。养老模式在向智能化数字化发展，选址研究方面也在应用大数据与机器学习方法方向发展。关于养老设施的选址方面，POI 的数据应用在逐步增加。

但鲜有文献基于 POI 数据利用多种机器学习方法的组合研究养老设施选址问题。本研究尝试利用基于空间数据的机器学习方法及组合模型对养老设施进行空间选址布局，可使城市层面养老设施选址的全局最优化，这种方法能够减少人工选址的主观性和片面性，使选址结果更具客观性和适宜性。此外，该方法具有良好的可推广性，适用于各类公共设施的选址工作。

(三)研究思路

本文将西安市 13 个行政区作为研究对象，分析行政区内养老设施的适宜选址，具体研究技术路线图如图 2 所示。针对养老服务设施供给需求扩大问题，进行养老设施空间布局优化分析，首先利用 ArcMap 软

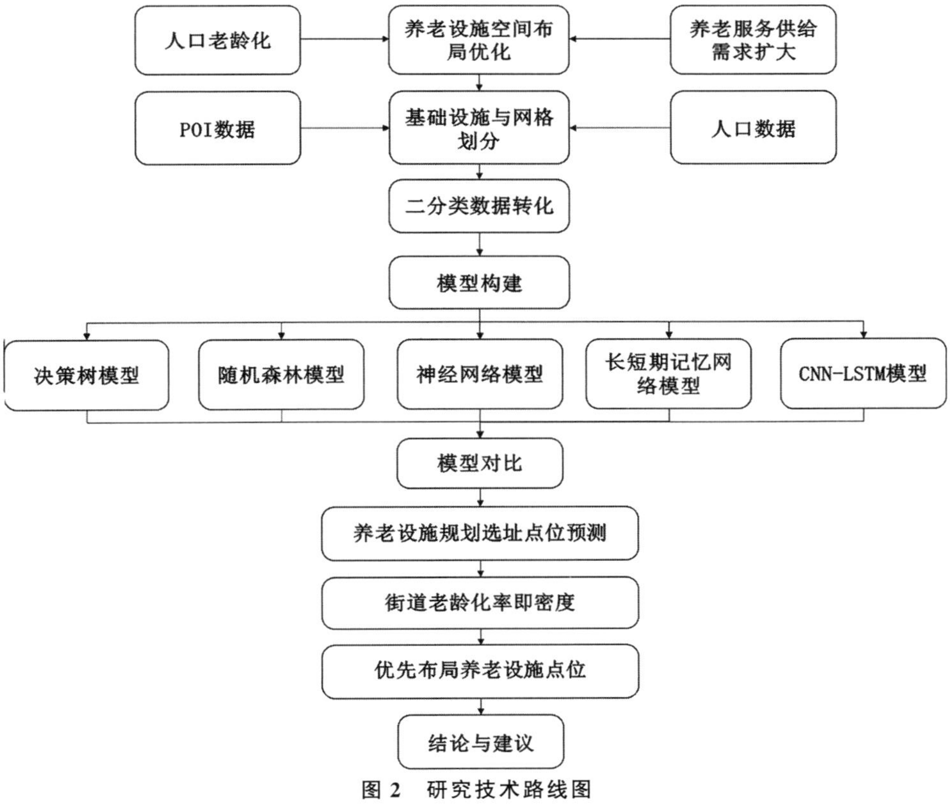

图 2　研究技术路线图

件,分析西安市人口数据空间分布,并将西安市划分为39619个500米*500米的网格,以各个网格为基础单位,将网格内POI数据点进行整理分析,转化为二分类数据[12]。随后利用机器学习模型对数据进行训练,经过对比选出最优模型,对养老设施选址进行预测,并结合各街道人口老龄化与密集程度,筛选出优先布局的养老设施点位。

二、数据来源及预处理

本研究综合使用了多源地理空间数据,涵盖了西安市的各类机构POI数据以及西安市第七次人口普查数据。

(一)POI数据

1. 数据来源

POI全称为"Point of Interest",代表含义为兴趣点。一个POI可以是任意一个地点,比如表示一个地铁站、公园、医院等。POI数据一般由兴趣点名称、类别、小类、经纬度等信息所构成。其中,类别是对其大的分类,小类是对大类的细分,每一个类别中都含有多个小类,比如一个POI的类别为体育休闲服务;度假疗养场所;疗养院|生活服务;生活服务场所;生活服务场所。

本文所采用的西安市POI数据来自高德地图,使用高德开放平台(https://lbs.amap.com/)中Web服务API中的搜索2.0,利用Python对西安市内POI数据进行获取,并将获取的csv格式数据通过ArcMap软件转化为shp格式文件,最后再转化为WGS84地理坐标shp文件。

2. 指标选取

在选取反映养老设施建设的指标时,本文综合考虑了能够全面反映居民需求和养老设施选址规划原则的代表性指标;同时确保所选指标的全面性和各指标之间的独立性。选定的指标涵盖了影响老年人生活的各类公共设施,并保证了各指标间的独立关系,避免遗漏指标以及相互包含的情况出现。

本文所选取的POI数据设施类型包括:基础服务设施、商业服务中心、行政办公设施和医疗养老设施四个大类[17]。四个类别又分为交通、科教文化、健身、旅游景点、生活服务、金融、酒店、购物、餐饮美食、政府机构、企业、房地产、医疗服务和养老设施14个小类。其中数据范围覆盖西安市13个行政区、172个街道,共计389311条数据,覆盖了西安市上述类别中所有设施点位。如表1所示。

表1 西安市POI数据分类

一级类	二级类	设施名称	POI数量(个)
基础服务设施	交通	地铁、车站、收费站、停车场等	24001
	科教文化	学校、博物馆、科技馆、广播电视等	21346
	健身	健身馆、运动中心、广场等	4184
	旅游景点	风景区、遗址、公园寺庙等	3717
	生活服务	邮政、快递、事务所等	54684
商业服务中心	金融	银行、信用社等	5294
	酒店	民宿、酒店等	16130
	购物	超市、商业中心、购物中心等	111429
	餐饮美食	中餐、小吃快餐、蛋糕甜点等	72149
行政办公设施	政府机构	行政单位、各级政府、福利机构等	11285
	企业	工厂、公司、农林牧渔等	34159
	房地产	写字楼、小区、产业园等	12818
医疗养老设施	医疗服务	医院、诊所、动物医疗、急救中心等	16964
	养老设施	养老院、互助幸福院、老年服务中心等	1151

(二)人口数据

本文采用的人口数据为西安市的第七次全国人口普查数据(http://tjj.xa.gov.cn/),共划分为172个街道(乡镇用街道代替),其中老龄人口数量各街道具有明显差异,例如,65 岁以上老人超过 20000 人的街道共 9 个,分别为:太乙路街道、张家村街道、张家堡街道、三桥街道、小寨路街道、长延堡街道、电子城街道、丈八沟街道和韦曲街道。超过 1 万人的街道共 44 个,占比为 25.58%,西安市街道老龄化人口分布图如表 2 所示。

表 2 西安市 65 岁以上街道人口数

街道	65 岁以上人口数	街道	65 岁以上人口数	街道	65 岁以上人口数
长乐中路街道	19722	枣园街道	16321	电子城街道	29256
韩森寨街道	17221	纺织城街道	16974	等驾坡街道	12811
太华路街道	10709	十里铺街道	11173	丈八沟街道	21527
胡家庙街道	15627	席王街道	16526	曲江街道	16621
长乐坊街道	12403	洪庆街道	12838	漳浒寨街道	12256
东关南街街道	10522	张家堡街道	24453	新华路街道	12200
太乙路街道	24766	三桥街道	24031	骊山街道	16353
文艺路街道	14139	辛家庙街道	11167	韦曲街道	45849
长安路街道	10630	徐家湾街道	12788	郭杜街道	13234
张家村街道	23132	大明宫街道	19683	鹿苑街道	11455
北院门街道	11792	未央宫街道	12166	泾渭街道	11421
红庙坡街道	19013	汉城街道	12758	姬家街道	12201
西关街道	16543	小寨路街道	21259	甘亭镇	18972
土门街道	12565	大雁塔街道	14314	蓝关镇	10377
桃园路街道	19461	长延堡街道	27338		

(三)基础设施与网格划分

现有研究表明,将研究区域进行网格级别划分,不仅可以为研究区域空间位置的比较提供统一尺度[24],还便于实现多源空间数据的聚合或分解,从而提供一种有效的数据集成方式。本文在参考 Gong 等[26]和金安楠等[11]研究的基础上,结合老年人步行活动范围,以 500m×500m 为尺度单位,将西安市划分为 39619 个网格,每个网格拥有唯一编号,以便进行相应的数据处理与分析。如 uid 编号为 7541 号网格中,含有长庆兴隆园医院、众友健康药房、长庆兴隆园老年大学、中国邮政长庆兴隆小区营业所和中心广场等。

最终,借助 ArcMap 与 Python 软件,可以得到西安市所有网格内所包括的各类设施数量及其分布情况。例如 7541 号网格,该网格内拥有医疗服务、科教文化和健身等所有二级类变量。

三、养老设施选址预测模型建立

(一)二分类数据转化

表 3 网格信息数据示例

uid	交通	科教文化	健身	旅游景点	生活服务	金融	酒店	购物	餐饮美食	政府机构	企业	房地产	医疗服务	养老设施
10	4	5	1	0	35	0	17	57	42	3	1	2	10	0
943	21	6	2	1	36	4	2	58	36	1	12	15	18	1
4101	1	1	0	0	2	0	0	3	1	0	0	0	1	0
16795	3	0	1	0	1	0	0	0	0	0	0	0	0	1
21154	36	13	2	2	51	12	32	107	60	13	7	28	27	1
22189	3	2	0	0	6	0	1	14	20	15	3	0	1	0
26758	0	2	0	0	1	0	0	2	2	0	0	0	2	0

本文将网格内是否适合养老设施作为因变量,其取值定义如下:网格内存在养老设施,将因变量赋值为1;若该网格内无养老设施,将因变量赋值为0,如此即实现了养老设施选址问题的二分类数据转化。将网格内含有的设施数量作为自变量的取值,转化后的空间网格数据共39619条,部分数据如表3所示。统计网格内其他设施的数量并将其作为自变量,并将网格内是否拥有养老设施作为因变量,即可利用机器学习模型对数据进行训练,对每个网格内是否适合建设养老设施进行预测。

(二)LSTM神经网络算法

长短期记忆神经网络(LSTM)是一种特殊类型的循环神经网络(RNN),适用于处理和预测序列数据中的长期依赖问题,克服了传统RNN在长序列训练过程中的梯度消失和梯度爆炸问题。LSTM的结构与传统RNN不同,其引入三个门腔结构:遗忘门、输入门、输出门。LSTM内部可分为三个阶段:

1. 遗忘阶段

这一阶段通过遗忘门来决定哪些旧的信息是应该被舍弃的。遗忘门通过前一时间步的隐藏状态和当前的输入来计算,输出决定了保留或丢弃单元状态中的哪些部分。

2. 输入更新阶段

在这一阶段中,LSTM决定接收进来的新信息中的哪些是重要的,并准备将其保存在单元状态中。这涉及到输入门和候选记忆细胞的tanh层,这些新的候选值将会根据输入门的结果加入到单元状态中。

3. 输出阶段

输出门控制着基于当前单元状态(已经结合了旧的信息和新的输入)的哪部分信息应该被输出。输出门的输出与单元状态经过tanh处理后的结果相乘,得到这一步的最终输出。

一个LSTM的单元结构如图3所示:

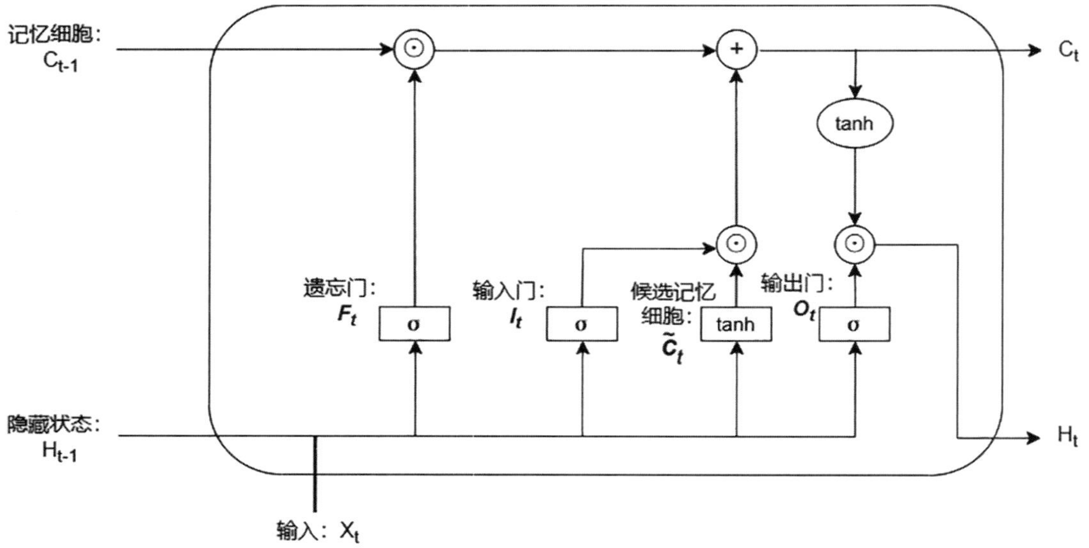

图3 LSTM单元结构图

其中,X_t表示输入,H_t表示输出,C_t表示细胞状态,σ表示sigmoid函数,⊙表示逐元素相乘。

(三)CNN模型

卷积神经网络(CNN)内部存在三个层,其中卷积层用于提取输入数据的局部特征;激活层引入非线性,增强学习能力;池化层降低特征维度,减少计算量;全连接层则负责将提取的特征用于分类或其他任务。

CNN通过对输入数据进行逐层卷积和池化操作以有效地学习输入数据的层次性特征,最后将这些特征与全连接层汇合并通过激活函数解决回归问题。CNN的结构如图4所示。

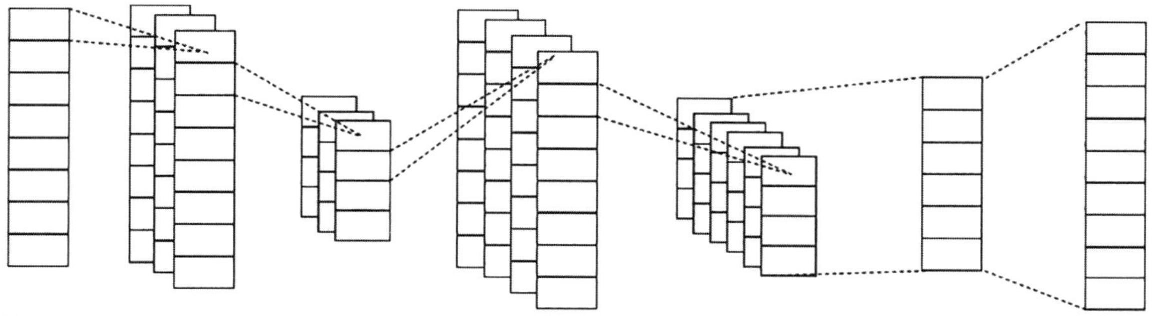

图 4　CNN 结构图

(四)模型评价指标

本文采取损失值(Loss)、精确度(Accurancy)对比分析模型的运行结果,其中,损失值即对数损失,其是一个常用于评估概率估计的性能指标,特别适用于二分类和多分类问题。用于二分类问题的对数损失的计算公式为:

$$LogLoss = -\frac{1}{N}\sum_{i=1}^{N}[y_i log(p_i) + (1 - y_i)log(1 - p_i)] \tag{1}$$

其中,N 是样本数量,y_i 是第 i 个样本的真实标签,通常 y_i 的值为 0 或 1,代表样本是否属于正类。p_i 是模型预测第 i 个样本为正类的概率。指标数值越小,说明模型对每个类别的预测概率更接近于真实的标签,证明模型的性能越好。

精确度是指模型正确预测样本数占总样本数的比值,其计算公式如公式(2)所示。

$$\varepsilon = \frac{TP}{TP + FP} \tag{2}$$

其中,ε 表示精确度,TP 表示真正例(模型正确预测为正样本的实例数),FP 表示假正例(模型错误预测为正样本的实例数)。精确度展示了在所有被模型预测为正样本的实例中,有多少实际上是正样本。

(五)模型构建

将西安市 24 年的 39619 条 POI 数据作为原始数据集,其中作为因变量的"网格内是否含有养老设施"由 38795 个 0 和 824 个 1 组成。由于原始数据集中 0 与 1 数量相差较大,为了提高估计精度,在划分训练集与测试集后对数据进行 1∶1 的欠采样操作,处理后样本数据分布情况如表 4 所示:

表 4　欠采样后样本分布情况表

项目	样本数	占比
网格内不含养老设施	660	50%
网格内含养老设施	660	50%
合计	1320	100%

本文使用 Python 实现相关模型构建,主要运用 Tensor flow 和 Sklearn 库搭建底层框架。本文模型中的梯度下降方式使用了 Adam 训练算法来避免算法函数陷入局部最优,Adam 方法是指参数自适应学习,其通过计算梯度的一阶矩估计(即均值,即动量)和二阶矩估计(即未中心化的方差)来更新网络权重,以动态地调整每个参数的学习率。

参考卢法权等[13]和陈保家等[3]中神经网络参数选取的方法,并经过反复验算测试后调整模型参数。本文所提出的混合神经网络结构包括输入层、CNN 网络层、全连接层、Dropout 层、LSTM 网络层和输出层。其中,CNN 网络层由两个 CNN 网络组成,每个 CNN 网络均由一层一维卷积层和一层最大池化层组成,加入卷积层的目的是获取输入数据的特征,采用 ReLU 作为激活函数。卷积层后进行最大池化操作,以更好地抽象和压缩输入数据中的信息,保留主要特征信息,同时对边界进行全 0 填充,保证输出尺寸不发生变化。全连接层将 CNN 层的激活输出作为输入,并为每个激活计算加权和输入至 LSTM 层中。LSTM 网络层由两个LSTM层和两个全连接层构成。LSTM层可以将全连接层中提取的特征进行学习并遗忘无用信息。模型的最后采用Adam优化交叉熵损失函数以减少训练时间,并设置回调函数以防止模型过拟合。混合神经网络的具体结构如图5所示。

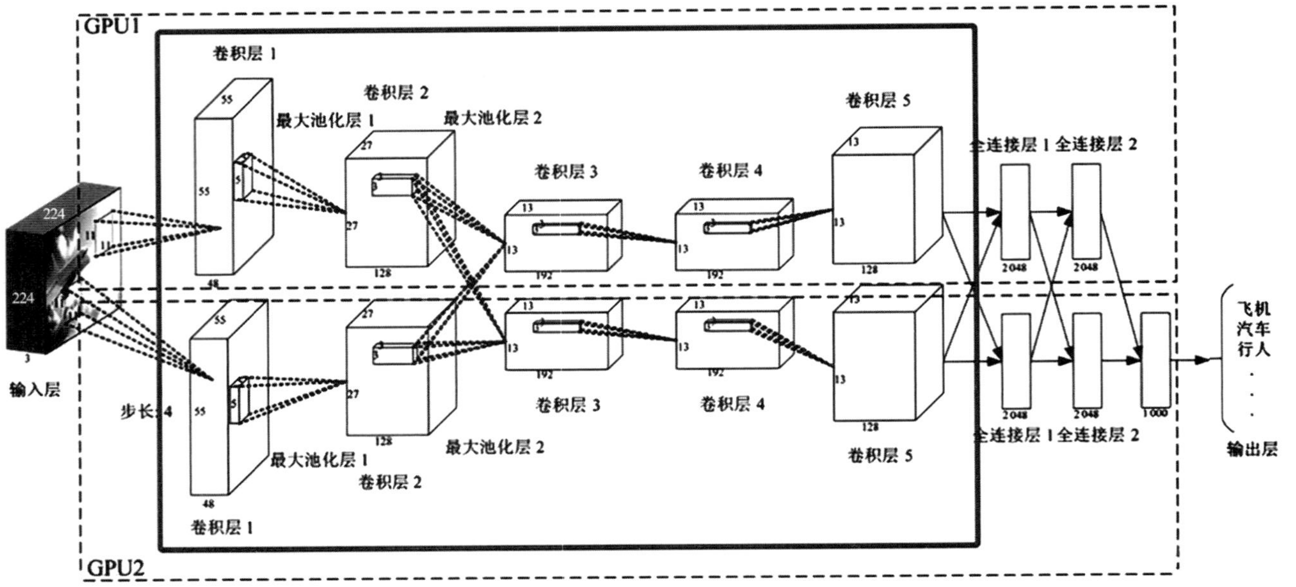

图5 混合神经网络结构图

(六)模型对比

本节将对比上述构建的CNN-LSTM混合模型与基准模型CNN、LSTM的预测效果,以此来评估混合模型的性能。最后,为进一步验证所构建混合神经网络模型预测效果的准确性和稳健性,需要选择其他参照模型进行比较,本文选取了目前在选址规划领域广泛利用且取得较好效果的决策树和随机森林模型[20][27],对这五个模型的预测效果进行对比,并选择效果最优的模型作为预测模型以预测养老设施选址。

模型运行拟合结果的损失值和精确度对比如表5所示,本文将所提出的CNN-LSTM模型与决策树模型、随机森林模型、CNN模型及LSTM模型的预测结果进行对比,以验证本文模型的优越性。

表5 养老设施预测效果对比

模型	损失值	精确度
决策树	0.5462	0.8487
随机森林	0.5299	0.8563
CNN	0.4268	0.8835
LSTM	0.3762	0.8628
CNN-LSTM	0.2894	0.9467

一方面,从损失值对比中可以发现决策树预测的效果比随机森林预测的效果差,因为随机森林属于集成学习方法的一种,它通过组合多个决策树的预测结果来作出最终决策,因此随机森林通常比单一决策树存在更低的误差率和损失值。但无论是决策树还是随机森林,其损失值均比神经网络类的模型的损失值大,其中,CNN-LSTM模型比单独的CNN和LSTM损失值要低。另一方面,通过比较各模型的精确度可以发现CNN-LSTM模型的预测精确度最高。综上所述,CNN-LSTM模型的预测效果相较于其他模型为最优。

四、养老设施选址决策

(一)养老设施选址预测

将原始数据剔除已有养老设施的网格数据后,导入上述CNN-LSTM模型中进行预测,最终得到1653

个点位适宜进行养老设施建设。

将预测点位与原有养老设施点位进行叠加，可以发现，预测点区域与原有养老设施区域基本对应。中心城区密集，逐渐向外减小，总体分布在上半区域，与西安市地势图相吻合。

（二）养老设施选址深度筛选

由于CNN-LSTM模型最终预测出的1653个点位数量依然较多，建设规模较大，因此，需要对初步预测的养老设施选址结果进行深度筛选，筛选出建设需求相对强烈的点位，以供政府在决策时优先考量，确保资源的合理配置与有效利用。

基于西安市第七次人口普查数据，首先根据国际上老龄化衡量标准，对65岁以上人口占总人口7%以上的街道进行筛选，老龄人口比例超出7%的街道应优先安排建设养老设施。同时，老龄人口数量也是衡量建设养老设施的重要标准，根据西安市第七次人口普查数据，西安市各街道65岁以上人口平均数量已经超过7731人。为进一步筛选，我们确定了街道老龄人口比例超出7%且65岁以上人口数量超过7731人的街道。最终结果显示，共有48个街道符合上述两个标准，即4个各街道老年人口比例高且规模庞大，老龄化趋势显著。

基于上述筛选结果，利用ArcMap确定这48个街道区域内的养老设施选址，并剔除现有布局养老设施的网格，如表6所示，最终得到适合优先选址的网格972个。

表6　区域老龄化街道

区域	老龄化街道数量	区域	老龄化街道数量
灞桥区	4	未央区	6
碑林区	7	新城区	3
高陵县	3	阎良区	2
鄠邑区	2	雁塔区	5
蓝田县	2	长安区	2
莲湖区	8	周至县	2
临潼区	2		

总体可得，各个老龄化街道内均有预测适合建设养老设施的网格，其中，规划预测的选址在西安市中心城区内比较密集，莲湖区、碑林区、未央区和雁塔区四个行政区在48个老龄化街道中就占有了26个街道，占比超过半数。离主城区较远的周至县与蓝田县预测选址的密度较低。但因非中心城区的老龄化街道空间分布相对较为分散，且这些街道通常周边的交通与配套设施等相对落后，所以仍有不少适宜养老设施选址的网格，因此新建养老设施时不应忽略这些非中心城区街道。

五、结论与建议

（一）结论

本文以西安市13个行政区、172个街道的养老设施为研究对象，立足于地理学选址研究理论背景，结合多源空间数据，运用大数据分析解决养老设施选址问题，主要得出以下结论：

1. 西安市当前老龄化态势显著且老龄人口分布不均。按照联合国发布的《人口老龄化及其社会经济后果》所确立的衡量准则，当一个国家或地区的65岁及以上老年人口在总人口中所占的比例达到7%以上时，即标志着该国家或地区已迈入老龄化社会的行列。而西安市65岁及以上人口占比远超7%，达到10.92%，说明西安市目前为老龄化社会，老龄人口比例逐年上升。同时西安市各个行政区内老龄人口比例差异明显，各街道老龄化差异较大，老龄人群在中心城区呈现高度聚集的趋势，中心城区以外的部分街道老龄人口的数量与比例也存在双高现象，整体空间分布呈现出显著的不均衡态势。

2. 西安市养老设施的供给现状尚显不足。首先，这些设施主要聚集在中心城区，形成了高度的集中态势，而一些老龄化现象较为突出的郊区街道，却未能得到与之相适应、足量的老年设施覆盖。其次，养老设施的空间布局与西安市当前老年人口的分布情况尚未实现完全吻合，供需之间在空间上仍存在一定的错位现象。

3. 针对西安市39619个有效网格转化后的二分类数据，通过机器学习模型进行训练，对比决策树模型、随机森林模型、CNN模型、LSTM模型与CNN-LSTM模型的预测结果，得到CNN-LSTM模型对养老设施数据效果最好，预测精度为94.67%，利用该模型初步预测出1653个养老设施选址点位，预测点区域与原有养老设施区域基本对应，总体分布在上半区域，与西安市地势图相吻合。

根据西安市各街道的老龄人口数量和老龄化程度，本文对初步选定的1653个养老设施适宜点位进行了深入筛选，使选址结果更具科学性和全局性，最终确定了972个需优先布局规划的适宜点位。这些结果将为政府和企业在养老设施选址的决策中提供宝贵的参考和有力支撑。

(二)建议

随着深度老龄化时代的到来，为满足不断增长的养老需求，未来城市将会不断完善城市中的养老设施。对于养老设施的建设选址问题，本文基于上述研究结论给出以下建议：

1. 对于西安市老龄人口的比例逐年增加，养老设施供应不足及分布不均的问题，将对西安市公共管理以及经济发展提出严峻挑战。因此建议优化城市养老服务空间分布格局，对养老设施的选址建设与相应的老龄化严重区域进行匹配，缓解供需空间错位。加大对西安市中心城区外老龄化街道的养老设施建设投入，如周至县和蓝田县，扩大养老设施的覆盖率，使空间布局更为合理。

2. 西安市养老设施空间分布为中心城区密集，逐渐向外减小，布局情况呈现出明显的差异。中心城区老年人口密集，公共服务设施建设完备，但用地紧张，土地价格偏高，不适宜大规模扩建或新增养老设施。因此，本文建议针对中心城区的养老设施建设可以优先选择建设社区居家服务中心，打造社区居家一体化服务模式，可为辖区老年人提供日间照料、送餐助餐、医疗体检、医养康复和家政服务等全方位的家庭和社区养老服务。

3. 为有效满足西安市养老设施布局需求，建议政府和企业基于分析得到的972个适宜点位优先开展养老设施的建设工作，根据资源可用性和预算分配，将设施建设分为几个阶段，逐步实施，以确保项目的可持续性和效率。考虑交通便利性、现有基础设施和环境条件，选择最合适的点位以最大化其效用和可达性，确保养老设施能够满足老年人的具体需求并提供便捷的交通。

【参考文献】

[1] 曹雷，钟丽萍，范成文，等. 我国体医养相结合的健康促进服务模式的实践研究[J]. 首都体育学院学报，2022，34(05)：516－524. DOI：10.14036/j.cnki.cn11－4513.2022.05.006.

[2] 曾起艳，何志鹏，曾寅初. 社区养老服务设施对城乡老年人主观福利的影响[J]. 人口与发展，2022，28(06)：148－160.

[3] 陈保家，陈学力，沈保明，等. CNN-LSTM深度神经网络在滚动轴承故障诊断中的应用[J]. 西安交通大学学报，2021，55(06)：28－36.

[4] 杜鹏，孙鹃娟，张文娟，王雪辉. 中国老年人的养老需求及家庭和社会养老资源现状——基于2014年中国老年社会追踪调查的分析[J]. 人口研究，2016，40(06)：49－61.

[5] 顾宗倪，罗小龙. 县域养老设施发展水平的空间不匹配研究——以江苏省为例[J]. 人文地理，2024，39(01)：40－47＋112.

[6] 韩非，罗仁朝. 基于可达性测度的城市社区居家养老服务供需匹配研究——以南京为例[J]. 经济地理，2020，40(09)：91－101.

[7] 黄钦，杨波，徐新创，等. 基于多源空间数据和随机森林模型的长沙市茶颜悦色门店选址与预测研究[J]. 地球信息科学学报，2022，24(04)：723－737.

[8] 纪春艳. 居家智慧养老的实践困境与优化路径[J]. 东岳论丛，2022，43(07)：182－190.

[9] 贾妍，蓝志勇，刘润泽. 精准养老：大数据驱动的新型养老模式[J]. 公共管理学报，2020，17(02)：95－103－171.

[10] 贾妍，蓝志勇，刘润泽. 精准养老：大数据驱动的新型养老模式[J]. 公共管理学报，2020，17(02)：95－103－171.

[11] 金安楠，李钢，王建坡，等. 社区化新零售的布局选址与优化发展研究——以南京市盒马鲜生为例[J]. 地理科学进展，2020，39(12)：2013—2027.
[12] 刘星，曹舒婷，杨蕊，等. 基于决策树模型的社区楼/院式养老模式选择意向影响因素[J]. 中国老年学杂志，2019，39(15)：3786—3791.
[13] 卢法权，陈丹伟. 基于改进 CNN-LSTM 融合的僵尸网络识别方法[J]. 计算机应用与软件，2024，41(03)：328—335.
[14] 青连斌. "互联网+"养老服务：主要模式、核心优势与发展思路[J]. 社会保障评论，2021，5 (01)：115—128.
[15] 睢党臣，彭庆超. "互联网+居家养老"：智慧居家养老服务模式[J]. 新疆师范大学学报(哲学社会科学版)，2016，37 (05)：128—135.
[16] 孙健，宋茂星，邱果，刘占文. 基于电动汽车大数据的多等级充电站选址与服务能力研究[J]. 中国公路学报，2024，37 (04)：48—60.
[17] 汪晓春，熊峰，王振伟，等. 基于 POI 大数据与机器学习的养老设施规划布局——以武汉市为例[J]. 经济地理，2021，41(06)：49—56.
[18] 王兰，周楷宸，汪子涵. 健康公平理念下社区养老设施的空间分布研究——以上海市中心城区为例[J]. 人文地理，2021，36 (01)：48—55.
[19] 许昕，赵媛. 南京市养老服务设施空间分布格局及可达性评价——基于时间成本的两步移动搜索法[J]. 现代城市研究，2017，(02)：2—11.
[20] 闫新宇. 基于多源数据的城市功能区识别与医疗设施布局优化[D]. 兰州财经大学，2024. DOI：10.27732/d. cnki. gnzsx. 2023. 000476.
[21] 张黎. 长春市养老机构资源配置及优化策略研究[D]. 吉林大学，2020. DOI：10. 27162/d. cnki. gjlin. 2020. 000016.
[22] 张思锋，张恒源. 我国居家社区养老服务设施利用状况分析与建设措施优化[J]. 社会保障评论，2024，8 (01)：88—106.
[23] 张泽滈. 智慧赋能养老服务的驱动要素、转型逻辑、实践困境与对策[J/OL]. 西安交通大学学报(社会科学版)，1—14[2024—05—10].
[24] 赵小仕，于大川. 广州城市社区养老社会化问题探究[J]. 改革与战略，2015，31(07)：179—183. DOI：10. 16331/j. cnki. issn1002—736x. 2015. 07. 044.
[25] 钟洋，郭昕蔚，谭思思. 基于 POI 数据的湖南省养老设施的空间分布特征及分异成因[J]. 经济地理，2024，44 (02)：43—51.
[26] Gong Z，Ma Q，Kan C，et al. Classifying street spaces with street view images for a spatial indicator of urban functions[J]. Sustainability，2019，11(22)：6424. DOI：10. 3390/su11226424
[27] Zhao J，Zong B，Wu L. Site Selection Prediction for Coffee Shops Based onMulti-Source Space Data Using Machine Learning Techniques[J]. ISPRS International Journal of Geo-Information，2023，12 (8)：329.

基于 $CoEVaR^{SIM}$ 的中国绿色债券和金融市场的极端尾部风险测度及溢出效应研究

西安交通大学　党文菁、张一泽、黄轩

摘　要

本文深入研究了2021年4月16日至2024年4月17日期间,中国绿色债券市场、大宗商品市场、股票市场以及传统债券市场之间的连通性动态。具体而言,本文基于张飞鹏等[1]提出的非线性条件期望在险价值 $CoEVaR^{SIM}$ 计算多个复杂市场系统之间的非线性尾部极端损失的风险溢出值,并构建动态尾部风险溢出有向网络,探究复杂市场之间的风险溢出及接收水平的变化情况;进一步地,本文从个体、市场、系统三个层面,全面评估了复杂市场间风险溢出关系的多维度特征。实证结果表明,$CoEVaR^{SIM}$ 模型展现出高度的敏感性,能够准确捕捉各类风险事件对市场风险状况的即时影响,尤其是"新冠疫情解除"这一重大事件,引发了多个市场 $CoEVaR^{SIM}$ 值的显著波动。不同市场间的风险溢出和接收水平也存在显著差异,特别是在风险事件发生前后,绿色债券市场和大宗商品市场易出现短期风险溢出、长期风险接收现象,而加密货币市场和其他金融市场易出现短期风险接收现象。

关键词:绿色债券,金融市场,$CoEVaR^{SIM}$,尾部风险溢出效应

一、引言

随着信息技术的迅猛发展与大数据时代的全面到来,海量高频数据持续涌现并累积,为统计研究开启了前所未有的广阔空间,同时也带来了复杂的挑战。特别是在金融领域,高频交易活动产生了数量庞大、结构复杂的高频高维时间序列数据。本文聚焦于这些金融数据,深入剖析其高维特征及复杂网络结构下的内在风险与溢出效应。

绿色债券作为推动环保与可持续发展的金融工具,在中国乃至全球金融市场中的重要性日益凸显。自2016年中国率先发布绿色债券指导方针以来,绿色债券市场在优化资源配置、促进绿色金融发展方面发挥了关键作用。2023年中央金融工作会议及随后召开的中央经济工作会议,进一步强调了绿色金融与科技金融的重要性,明确了金融高质量发展的方向,并提出了深化生态文明建设与绿色低碳发展的新要求。在此背景下,中金所等监管机构正加强市场风险监测与评估,旨在提升金融市场的整体抗风险能力。

中国在绿色债券和金融市场领域实施了一系列政策和措施,以促进风险转移和溢出效应的发挥,推动金融产业的可持续发展。在全球金融市场的异常状态下,研究绿色债券如何保护传统资产十分重要(Kapraun,J.,& Scheins,C. 2021)[14]。以往的文献中通过不同的方法分析了绿色债券和金融市场之间的关系,并得出了积极的结论,强调了绿色债券对金融市场融资和发展的促进作用(Zerbib,O. D. 2019;Hachenberg,B.,& Schiereck,D. 2018)[26][10]。反过来,金融市场对绿色债券关系的研究也强调了金融市场行业发展与绿色债券市场之间的正向互动关系(Larcker,D. F.,& Watts,E. M. 2020;Kapraun,J.,& Scheins,C. 2021)[16][14]。

现有研究多聚焦于绿色债券与金融市场间的因果关系及简单风险溢出效应,而鲜少探讨节点间复杂的风险溢出关系及风险传播路径。本文的首要贡献在于,通过构建动态尾部风险溢出有向网络模型,全面量化了绿色债券与金融市场(大宗商品市场、股票市场及传统债券市场)之间的时变尾部风险溢出关系。该模型不仅能从个体、市场、系统三个层面精准评估风险溢出效应的动态变化,还利用滚动窗口方法捕捉不同危机时期溢出效应指标与网络的演变。

现有研究主要针对不同国家之间金融市场的风险溢出效应进行探究，因此本文的第二个贡献是将绿色债券纳入金融市场溢出效应的分析框架，并特别针对中国市场进行了深入剖析。2023 年 11 月中央金融工作会议上提出的“做好科技金融、绿色金融等五篇大文章”指出了中国金融市场未来的发展方向，本文通过构建动态网络结构，深刻揭示了绿色债券市场与其他金融市场之间的风险联动机制与结构变化，为理解新兴市场与传统市场间的互动关系提供了新的视角。

基于非线性条件期望在险价值 $CoEVaR^{SIM}$ 模型，本文使用 2021 年 4 月 16 日至 2024 年 4 月 17 日逐日绿色债券市场、大宗商品市场、股票市场和传统债券市场的对数收益率计算尾部风险溢出效应并构建风险溢出网络。研究结果表明，绿色债券市场的低流通性使其多数保持低风险状态，但风险事件发生时会与金融市场产生一致性波动。此外，绿色债券在整个金融市场中更多地作为风险承担者接收其他金融市场的风险溢出，特别是在风险事件发生之后，绿色债券的风险接收效应增强。本文的研究成果不仅丰富了绿色债券系统性风险研究的文献，还为政策制定者及行业参与者提供了宝贵的决策依据。通过深入理解绿色债券与金融市场间的风险传递机制，政策制定者可以更有针对性地设计风险管理策略、完善监管框架，并采取积极措施提升中国绿色债券市场的韧性与稳定性。最终，本文为促进绿色金融市场的健康发展、实现金融与环境的双赢提供了有力的理论支持与实践指导。

本文的其余部分的组织方式如下。第 2 章是文献综述。第 3 章是方法介绍。第 4 章是数据和描述性统计数据的来源。我们将实证结果放在第 5 章中，并在第 6 章中总结论文。

二、文献综述

金融市场间的风险溢出效应度量是当前研究的热点之一。这些研究大致可以归为三类：第一类聚焦于不同国家或地区金融市场间的风险溢出，例如，刘成成等[18]在 2020 年通过构建基于广义向量自回归模型的高维矩阵值时间序列，深入探讨了全球 21 个国家股票市场间风险溢出的动态网络效应；Croitorov 等[6]在 2020 年进一步验证了国际金融市场对国内市场的风险溢出影响，强调了全球风险冲击在金融周期同步中的关键作用。第二类文献研究不同类型金融市场之间风险溢出效应，Ahmed 等[2]在 2022 年采用时变参数向量自回归（TVP-VAR）模型，揭示了比特币与传统金融资产间风险溢出的紧密联系，指出比特币是风险溢出的中心节点。第三类文献研究引入原油、金融科技、绿色债券等市场后与传统金融市场的风险溢出效应度量，2021 年张文婷和 Shigeyuki[25]研究向量自回归（VAR）框架下原油市场和美国、日本、德国股票市场之间的波动性溢出具有长期效应；李建平等[13]通过跨分位数的格兰杰因果关系检验，评估了美国金融科技公司与传统金融机构间的风险溢出，特别是在看跌情境下的显著影响。在绿色金融背景下，一些文献开始将绿色债券加入进来，研究其与金融市场的风险溢出效应。

研究绿色债券和金融市场之间风险溢出关系的文献比较有限。Pham[17]表明绿色债券受到传统债券市场的风险冲击。TN-Lan Le 等[22]研究金融科技、绿色债券和加密货币之间的时域联系和溢出效应发现绿色债券是风险的净接收者，而且短期内波动率传导较高。Ferrer 等[21]使用 Baruník 和 Křehlík[4]的频率动态溢出指数表明绿色债券与传统金融和能源市场在短期内显着的短期溢出。以上对绿色债券和金融市场之间风险溢出关系的研究可以分为三个阶段：基于传统模型的风险溢出关系度量、系统性风险溢出研究和基于复杂网络的系统性风险度量。

首先，传统模型如 GARCH、静态或动态 Copula 等被广泛应用于风险溢出效应的度量。例如，唐龙勇军和张玉璞[7]使用传统计量经济学事件分析研究在 2007—2017 年期间 28 个国家的公司发行的绿色债券，未发现绿色债券在特定时段内的显著溢价。Reboredo 等[11]则通过 Copula-GARCH 模型指出，绿色债券虽受传统债券市场溢出影响，但与股票及能源市场的协同作用较弱，提供了多元化收益的机会。以上传统方法可能忽略了非线性和动态变化的风险特征，且难以捕捉到复杂金融市场中的系统性风险。

第二类方法是系统性风险溢出关系度量，关注金融市场系统中可能产生的系统性风险，这种风险不仅影响单个市场节点，还可能对整个市场造成影响。为判断负面冲击对系统可能造成的损失，定义在险价值（VaR），VaR 被解释为在给定的显著性水平上可以容忍的最大损失，但其不是一个一致性的风险度量。相比而言，期望在险价值（$EVaR$）同时将损失与概率纳入考虑，是唯一同时满足一致性和可识别性的风险度量（Gneiting[9]、Bellini 等[5]）。基于以上尾部风险水平的定义，为进一步刻画个体与系统之间的风险溢出效应,Adrian 和 Brunnermeier[3]定义了条件在险价值($CoVaR$)。Walid 等[24]利用 $CoVaR$ 方法发现全球绿色债券与建筑和公用事业绿色债券之间的对称尾部依赖性,此外,还发现从全球绿色债券到其余行业绿色债券的风险溢出不对称性。Ren 等[20]为改进 $CoVaR$ 方法,考虑 $EvaR$ 同时将损失和概率纳入考虑的良好性质,基于 $EvaR$ 提出条件期望在险价值($CoEVaR$),这个指标对极端损失的幅度更加敏感。然而,系统性风险溢出关系度量没有考虑金融市场中各个节点之间的相互依赖关系。

第三类方法是基于复杂网络的系统性风险度量,在系统性风险度量基础上通过网络分析方法来评估风险的传播路径。姚灿忠等基于 SJC-$Copula$-$CoVaR$ 构建中国金融机构风险溢出网络,测算 2011 年 1 月 11 日至 2020 年 12 月 31 日中国金融机构的 $CoEVaR$,进一步考察了该网络在不同风险条件下的特征、传播路径和动态演化,结果显示证券和银行部门是风险输出者,保险和多元化金融部门是风险承担者,在高风险情景下,银行与多元化金融部门之间存在显著的行业内风险传导,银行与证券之间存在双部门风险传染。Härdle 等[23]则创新地将尾部事件驱动的溢出效应与复杂网络模型结合,构建了尾部事件驱动风险网络(TENET)。

于金融市场间复杂的非线性关系及金融时间序列数据的高频特性,本文采用张飞鹏等[1]提出的非线性尾部风险度量 $CoEVaR^{SIM}$ 对绿色债券和金融市场的风险溢出关系进行度量。该模型结合了 Jiang 等[12]提出的单指标模型($SIEM$)、Ren 等[20]提出的条件期望在险价值($CoEVaR$)与高维数据降维方法(LASSO),对尾部极端损失展现出更高的敏感性,从而更准确地度量绿色债券与金融市场间的风险溢出关系。

三、方法

本文采用的方法框架由两部分构成,第一部分介绍了网络方法的构建,使用张飞鹏等[1]提出的非线性条件期望在险价值计算复杂市场系统之间的非线性尾部极端损失的风险溢出值,基于 $CoEVaR^{SIM}$,构建动态尾部风险溢出有向网络。第二部分讨论了网络分析指标的定义,分别在个体层面、行业层面和系统层面对风险溢出关系进行度量。

(一)网络构建

在这一步中,使用张飞鹏等[1]提出的 $CoEVaR^{SIM}$,该模型是对 Jiang 等[12]提出的单指标模型(SIEM)、Ren 等[20]提出的条件期望在险价值(CoEVaR)与高维数据降维方法(LASSO)的结合,构建了一个基于 SIM 的非线性尾部风险度量网络,期望条件下的 CoEVaR 提供了连贯的风险度量,使得其对尾部极端损失更加敏感。

首先构造风险度量指标。尾部风险度量在风险管理中受到更多关注。在分位数的在险价值(VaR)基础上提出的期望在险价值(EVaR)以连贯的形式对尾部极端损失更敏感。根据 Newey、Powell[19]和 Kuan[15]等,EVaR 被定义为:

$$EVaR_{\tau}(X) = \underset{r \in R}{\arg\min}\, E[\,|\,\tau - I(X \leqslant r)(X-r)^2\,|\,] \qquad \text{公式(1)}$$

为了更好地刻画尾部风险溢出并测度系统性风险,基于 SIEM 模型,构建市场 j 的非线性条件在险价值 $CoEVaR^{SIM}$,具体定义为:

$$X_{j,t} = g(\theta_j^T)R_{j,t} + \varepsilon_{j,t} \qquad \text{公式(2)}$$

$$CoEVaR^{SIM}_{j|\widetilde{R}_{j,t,\tau}} = \hat{g}(\theta_j \widetilde{R}_{j,t}) \qquad \text{公式(3)}$$

其中,,$(\hat{g}\ \boldsymbol{\cdot}, \theta)$ 是参数 $(g\ \boldsymbol{\cdot}, \theta)$ 的估计,$R_{j,t} = \{X_{j,t}, M_{t-1}\}$ 为包含 p 个变量的信息集,$R = \{EVaR_{-j,t}, M_{t-1}\}$,$EVaR_{-j,t}$ 表示除市场 j 外其余市场节点的 $EVaR$ 估计值,M_{t-1} 则表示宏观变量.

定义单变量函数 g(·)为在极端条件下的梯度为其余市场面临极端风险情形下对市场 j 的影响,局部梯度定义为:

$$D_{j,\widetilde{R}_j} = \frac{\partial \hat{g}(\theta_j R_{j,t})}{\partial R_{j,t}}\Big|_{R_{j,t} = \widetilde{R}_{j,t}} = \hat{g}'(\theta_j^T \widetilde{R}_{j,t})\widetilde{\theta}_j \qquad \text{公式(4)}$$

使用局部梯度 D_{j,R_j} 度量风险传递强度,构建动态尾部风险溢出有向网络,其中元素 $D_{i|j,t}$ 表示极端风险条件下市场 j 对市场 i 的条件风险溢出强度。定义 t 时刻邻接矩阵如下:

$$\begin{bmatrix} 0 & |\hat{D}_{1|2,t}| & |\hat{D}_{1|3,t}| & \cdots & |\hat{D}_{1|k,t}| \\ |\hat{D}_{2|1,t}| & 0 & |\hat{D}_{2|3,t}| & \cdots & |\hat{D}_{2|k,t}| \\ |\hat{D}_{3|1,t}| & |\hat{D}_{3|2,t}| & 0 & \cdots & |\hat{D}_{3|k,t}| \\ \vdots & \vdots & \vdots & \ddots & \vdots \\ |\hat{D}_{k|1,t}| & |\hat{D}_{k|2,t}| & |\hat{D}_{k|3,t}| & \cdots & 0 \end{bmatrix} \qquad 公式(5)$$

邻接矩阵是稀疏且非对角的，因为我们的模型不允许自循环效应（即一个变量不能对其自身进行回归）。该矩阵的行对应于相应行中变量的传入边缘，而列对应于相应列中变量的传出边缘。

（二）风险识别指标构建

我们定义了三个指数来识别具有系统重要性的风险溢出效应。在个体层面，构建 t 时刻节点 j 对整个系统的风险溢出效应和风险接收效应：

$$Risk_{j,t}^{OUT} = \sum_{i=1}^{k} |D_{i|j,t}| \qquad 公式(6)$$

$$Risk_{j,t}^{IN} = \sum_{i=1}^{k} |D_{j|i,t}| \qquad 公式(7)$$

在市场层面，t 时刻市场 b 对市场 a 的风险溢出效应和此时市场 b 的风险接收效应为：

$$Risk_{a|b,t}^{OUT} = \sum\nolimits_{i\in a} \sum\nolimits_{j\in b} |\hat{D}_{i|j,t}| \qquad 公式(8)$$

$$Risk_{a|b,t}^{IN} = \sum\nolimits_{i\in a} \sum\nolimits_{j\in b} |\hat{D}_{j|i,t}| \qquad 公式(9)$$

在系统层面，t 时刻的系统性风险指数定义为：

$$CON_t^{system} = \sum\nolimits_{i=1}^{k} \sum\nolimits_{j=1}^{k} |\hat{D}_{i|j,t}| \qquad 公式(10)$$

其中，元素 $D_{i|j,t}$ 表示极端风险条件下市场 j 对市场 i 的条件风险溢出强度，以上三类指标的构建分别量化个体层面、市场层面、系统层面的风险溢出效应和风险接收效应。

四、数据描述

为了探究绿色债券和金融市场之间的风险溢出效应，本文选取以下指标进行测度：绿色债券角度，由中央国债登记结算有限责任公司发布的中债—中国绿色债券指数及其分段子指数进行衡量。金融市场角度，由大宗商品市场、股票市场和传统债券市场组成，其中大宗商品市场选择 WIND 商品、能源、化工、有色金属、贵金属、煤焦钢矿、非金属建材、农副产品等指数衡量；股票市场由上证指数、深证综指、沪深 300 衡量；传统债券市场由国债指数、高收益企业债券指数、公司债券指数进行衡量。具体指标选取见表 1。以上样本的时间跨度为 2021 年 4 月 16 日至 2024 年 4 月 17 日（包括“龙舟水”事件、中国全面开放新冠疫情、中美两国元首会晤）。数据来源为 Wind 数据库，样本观察值均为每日收盘价。

表 1　市场指标及指数说明

市场	指标	指标缩写	指数说明
绿色债券市场	中国绿色债券总值	GB	中债—中国绿色债券指数全价（总值）指数
	中国绿色债券 1 年以下	GB_1	中债—中国绿色债券指数全价（1 年以下）指数
	中国绿色债券 1—3 年	GB1_3	中债—中国绿色债券指数全价（1—3 年）指数
	中国绿色债券 3—5 年	GB3_5	中债—中国绿色债券指数全价（3—5 年）指数
	中国绿色债券 5—7 年	GB5_7	中债—中国绿色债券指数全价（5—7 年）指数
	中国绿色债券 7—10 年	GB7_10	中债—中国绿色债券指数全价（7—10 年）指数
	中国绿色债券 10 年以上	GB10	中债—中国绿色债券指数全价（10 年以上）指数

续表

市场	指标	指标缩写	指数说明
大宗商品市场	商品	SP	Wind 商品指数
	能源	NY	Wind 能源指数
	化工	HG	Wind 化工指数
	有色金属	YS	Wind 有色金属指数
	贵金属	GJS	Wind 贵金属指数
	煤焦钢矿	MJ	Wind 煤焦钢矿指数
	非金属建材	FJS	Wind 非金属建材指数
	农副产品	NF	Wind 农副产品指数
股票市场	上证指数	ZS	上证综合指数
	深证综指	SZ	深证综合指数
	沪深 300	HS	沪深 300 指数
传统债券市场	高收益企业债券指数	QY	中国债券高收益企业债券财富总指数
	国债指数	GZ	中国债券国债指数
	公司债券指数	GS	中国债券公司债券指数

根据各指标的每日收盘价计算对数收益率，进行描述性统计，结果如表 2 所示。由于非零或过度偏度的存在，以上指标收益率序列都是非对称的，部分序列的峰度偏高说明数据较集中。结合 JB 检验的结果，可知所有收益率序列都是有偏的，不服从正态分布。PP 检验结果表明每个收益率序列都拒绝序列非平稳的原假设，即都是平稳序列。

表 2　各指标描述性统计

	Mean	Max	Min	Sd	SK	K	JB	PP
GB	0.01	0.25	−0.44	0.05	−0.80	11.73	2384.15***	−415.71***
GB_1	0.01	0.10	−0.18	0.02	−2.94	22.90	13024.89***	−659.95***
GB1_3	0.00	0.15	−0.28	0.04	−1.30	10.65	1972.55***	−391.11***
GB3_5	0.01	0.22	−0.40	0.06	−1.36	10.14	1766.79***	−438.08***
GB5_7	0.01	0.22	−0.50	0.06	−1.57	12.13	2820.60***	−590.29***
GB7_10	0.01	0.40	−0.55	0.07	−0.71	10.84	1922.76***	−547.55***
GB10	0.02	0.63	−0.77	0.12	−0.18	9.81	1405.86***	−505.25***
SP	0.00	5.31	−5.26	1.24	−0.23	5.25	159.177***	−783.50***
NY	0.04	10.50	−15.62	2.34	−0.66	7.88	771.90***	−745.60***
HG	0.01	7.30	−5.51	1.38	0.05	5.48	186.49***	−862.03***
YS	0.01	5.38	−7.39	1.33	−0.17	5.95	267.43***	−694.82***
GJS	0.05	3.13	−3.31	0.88	−0.02	4.06	34.02***	−720.40***
MJ	−0.03	7.45	−10.39	2.13	−0.49	5.19	174.18***	−733.54***
FJS	−0.05	7.48	−6.39	1.90	−0.04	4.23	45.57***	−785.72***
NF	−0.02	9.43	−4.57	1.33	1.16	9.21	1329.33***	−679.98***
ZS	−0.014	3.42	−5.27	0.93	−0.45	5.89	276.16***	−658.55***
SZ	−0.04	5.01	−6.70	1.24	−0.39	5.28	175.44***	−682.53***
HS	−0.05	4.23	−5.07	1.06	−0.04	4.83	101.89***	−679.12***
QY	0.03	0.22	−0.27	0.04	−1.21	14.05	3871.84***	−671.48***
GZ	0.02	0.44	−0.64	0.09	−0.61	9.03	1144.76***	−594.94***
GS	0.01	0.14	−0.23	0.03	−1.12	10.49	1846.04***	−392.84***

注：*** 表示在 0.01 水平上显著，** 表示在 0.05 水平上显著，* 表示在 0.1 水平上显著。

五、实证分析

本文采用滑动窗口法来研究中国绿色债券市场和金融市场尾部风险溢出网络的动态变化特征；利用 t 时刻前 T 个交易周的收益率来计算风险溢出指数，构建动态风险溢出网络。本文设置窗口长度 T＝240（窗口期选择 240 日，大约为 1 年的交易日），每次滑动的步长 ΔT＝1，共生成 487 个尾部风险溢出网络。本节主要对绿色债券和金融市场中的大宗商品、股票和传统债券市场的风险进行测度，分析尾部风险网络动态特征。

（一）风险度量和系统溢出效应分析

1. 对数收益率和尾部风险溢出效应 $CoEVaR^{SIM}$

针对各市场的风险变化情况，本文计算 $\tau=0.05$ 情况下的各个市场对数收益的风险溢出指标 $CoEVaR^{SIM}$。限于篇幅，本文对每个市场选取一个代表性指标进行分析。

由图 1 结果可知，绿色债券总值和国债指数的对数收益率与尾部风险变化的走势基本一致，国债指数的波动相对较大。其中，绿色债券总值的对数收益率在 2022 年 12 月至 1 月出现大幅下降后立刻回升，同时 $CoEVaR^{SIM}$ 也出现了显著增强和波动。这表明“新冠肺炎疫情解除”后，市场贸易的重新开放带来了新的不确定风险，导致短期内绿色债券市场受到来自其他市场的风险溢出有所增加、收益率骤降；2023 年 11 月中美两国元首会晤后，绿色债券市场收益率出现明显增加，风险溢出降至 0 值附近，表明元首会晤事件释放的积极信号有效降低了绿色债券市场风险。可见，$CoEVaR^{SIM}$ 能够敏感地捕捉风险事件带来的市场风险影响。

相比之下，Wind 商品指数和上证指数的对数收益率与 $CoEVaR^{SIM}$ 出现了较大波动，且在 2022 年 12 月

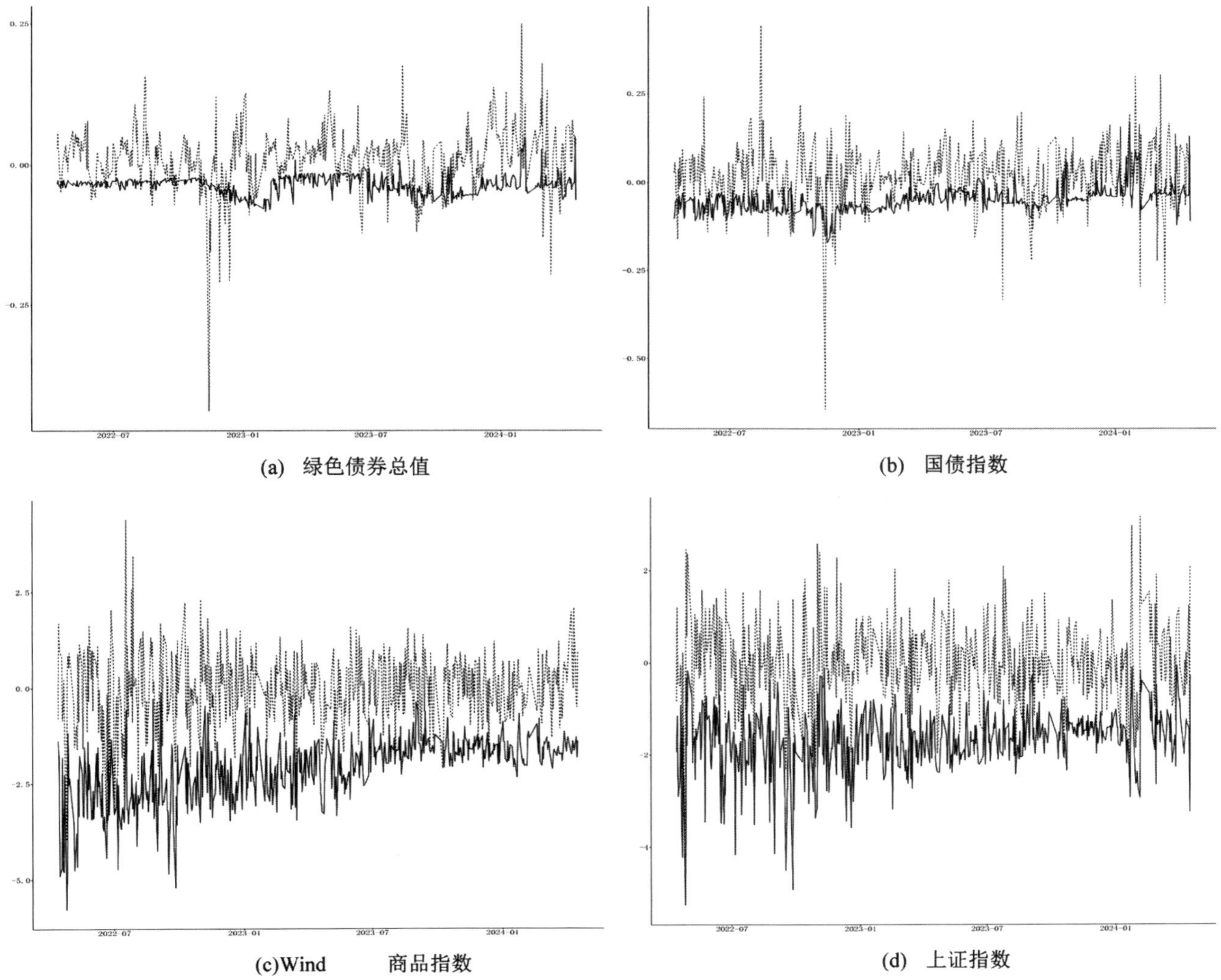

(a) 绿色债券总值　(b) 国债指数　(c)Wind 商品指数　(d) 上证指数

图 1　对数收益率和尾部风险溢出效应变化情况

注：虚线代表对数收益率曲线，实线代表尾部风险溢出效应曲线

“新冠疫情解除”事件前后的变化出现了明显差异:即波动幅度逐渐缩减、风险水平逐渐增加,呈现“前高后低”的态势。在该事件发生前,疫情管控背景下两个市场受到来自其他市场的风险溢出水平较强,风险抵抗能力较弱,市场收益率易受到风险事件的影响而出现剧烈波动。如2022年6月“龙舟水”事件带来的经济损失使得两个市场收益率都出现下降、风险溢出短暂升高。在事件发生后,自由贸易的重新开启使得市场能够通过风险传递和接收减少风险事件带来的市场冲击,进而降低了风险波动幅度和影响时间跨度。如2023年11月中美两国元首会晤后,仅上证指数出现了短暂的收益率增加和风险降低现象。

2. 动态系统性风险指数分析

在对各指标进行风险溢出和风险接收水平分析后,本文构建动态系统性风险指数以探究包含绿色债券在内的金融市场总时变波动特征。如图2所示,目标金融市场系统性风险指数整体呈现下降趋势,但也出现过短暂的大幅上涨。在2022年7月至10月,市场系统性风险指数出现过多次大幅上涨和回落现象,表明市场多次受到风险事件的负面影响;2022年11月至2023年2月,即疫情解除初期,风险指数出现回升,市场蕴含的总风险水平有所增加;2023年10月至2024年1月,元首会晤事件带来的积极影响有效降低了市场总风险溢出水平,并达到研究期间的最低值。可见,动态系统性风险指数能够及时捕捉风险事件对我国金融市场的风险影响,并反映在金融市场的时变波动特征当中。

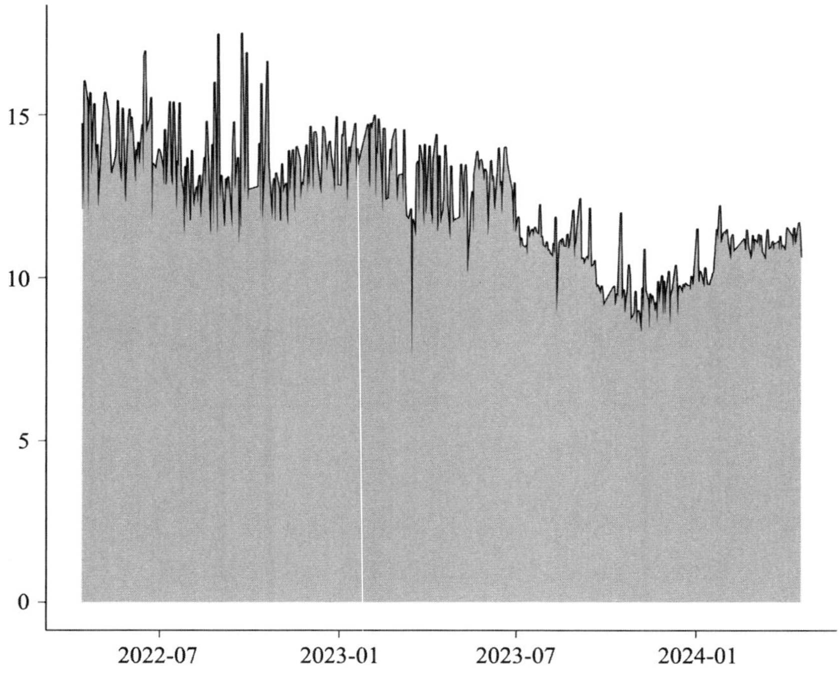

图2 动态系统性风险指数变化

(二)各市场风险测度和溢出效应分析

1. 各市场风险溢出和风险接收水平分析

在计算各指标的风险接收和风险溢出水平后,本文对不同市场的风险溢出和风险接收水平动态变化 $CoEVaR^{SIM}$ 进行分析。由于各市场的数据量级存在差异,因此将绿色债券市场的结果单独列出,以便比较各市场的波动趋势。

图3结果表明,同一市场的风险溢出和接收效应变动趋势基本一致,而不同市场,特别是大宗商品市场、股票市场与绿色债券市场之间的时变波动趋势存在显著区别。前两者整体呈现下降趋势,而后者呈现显著的上升趋势。

从图3中的(a)和(c)看出,在风险溢出方面,由于气候风险的发生,各市场均在2022年6月至7月出现小幅下降,表明该时段内不同市场的风险传导水平都有所减缓,而在2022年10月至2023年1月又因“新冠疫情解除”出现了大幅上升,风险传导水平显著增强,这与动态系统性风险指数的波动情况相似。但在“新冠疫情解除”后,绿色债券市场的风险溢出持续走高,其他市场则有所下降。这说明自由市场重新开放后,绿色债券市场更能够通过风险转移降低市场内部的潜在风险，同时其他市场承担风险的能力有所增强，降低了向其他市场转移风险的需求。

从图 3 中的(b)和(d)看出，风险接收相较于风险溢出，绿色债券市场的波动幅度更大、波动期限更长，特别是在 2022 年 10 月之前、2022 年 10 月至 2023 年 10 月、2023 年 10 月之后出现了三次明显的波动周期，这表明“龙舟水”“新冠疫情解除”“中美两国元首会晤”等事件的发生使得绿色债券市场持续受到来自其他市场的风险溢出影响。特别是在 2022 年 12 月至 2023 年 5 月，国内市场的重新开放使得各个市场都充斥着新的不确定性因素，而具有“低风险”特征的绿色债券市场不得不接收外来风险，以降低整个市场的潜在风险。其他市场的风险接收变化趋势则与风险溢出基本一致。

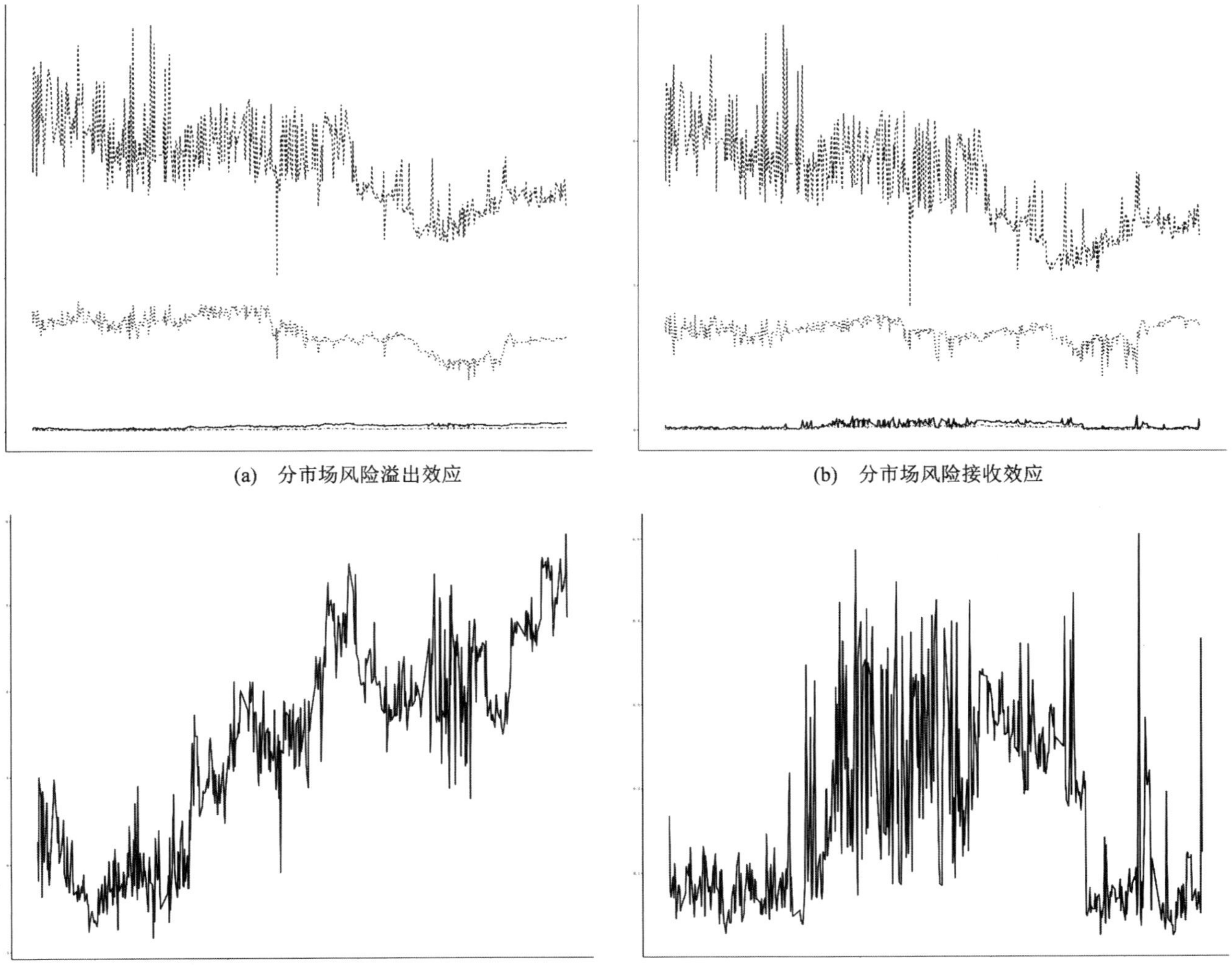

(a) 分市场风险溢出效应　　(b) 分市场风险接收效应

(c) 绿色债券风险溢出效应　　(d) 绿色债券风险接收效应

大宗商品市场：——　　股票市场：——

绿色债券市场：——　　传统债券市场：——

图 3　风险溢出和风险接收效应

(三)风险事件分析

在风险事件发生时，包括绿色债券在内的金融市场的风险溢出效应显著增加，为了进一步分析风险溢出效应在不同事件下的内部溢出路径变化，使用绿色债券市场和其他主要金融市场作为网络节点，绿色债券市场和其他主要金融市场溢出效应作为网络连接边缘，以连接边缘权重为风险溢出指数，将绿色债券市场和其他主要金融市场风险溢出方向作为连接边缘方向，构建基于 $CoEVaR^{SIM}$ 的动态尾部风险溢出网络。考察近年来气候危机、公共卫生事件与政治事件三类重大事件对中国绿色债券和其他金融市场风险溢出的冲击影响。

1. 气候危机——2022 年 6 月气候变化带来的风险事件

气候变化带来的气候风险事件不仅影响生态环境,还对绿色金融市场乃至人类经济活动产生影响。在 2022 年 6 月,我国华南地区遭遇 1961 年以来第 2 强的"龙舟水"过程。灾害造成广东、广西 2 省(区)648.9 万人次受灾;直接经济损失 278.2 亿元。本小节的 $CoEVaR^{SIM}$ 动态尾部风险溢出网络用于分析 2022 年 6 月气候灾害对包括绿色债券在内的金融市场尾部风险溢出的影响。

图 4—图 5 描绘了 2022 年气候灾害前后金融市场尾部风险溢出网络。首先从个体溢出效应网络图可以看出,在气象灾害发生以前绿色债券的风险溢出程度普遍较弱,大宗商品市场作为主要的风险传递者均匀地对股票市场转移风险,部分风险传向国债市场。在气象灾害发生之后,绿色债券的风险溢出效应明显增强,如 1 年以下、5—7 年、10 年以上的绿色债券对大宗商品市场具有明显的风险溢出指向;同时,绿色债券作为风险接收方受到来自其他金融市场的风险传递作用也更加明显。大宗商品市场和股票市场的风险溢出关系也有所增强,特别是商品、煤焦钢矿、有色指数与股票市场的联系更为紧密。

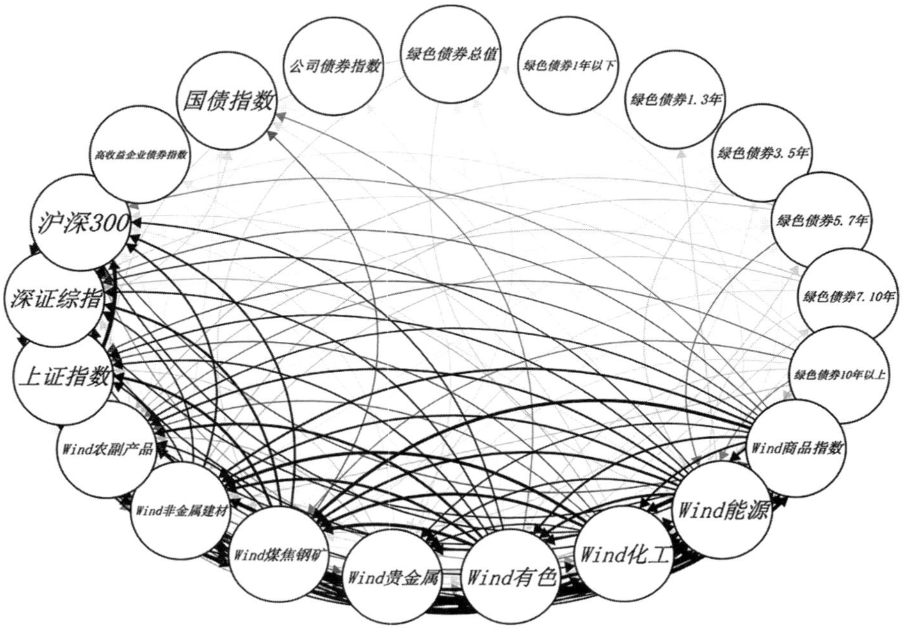

图 4　2022 年 5 月 $CoEVaR^{SIM}$ 网络

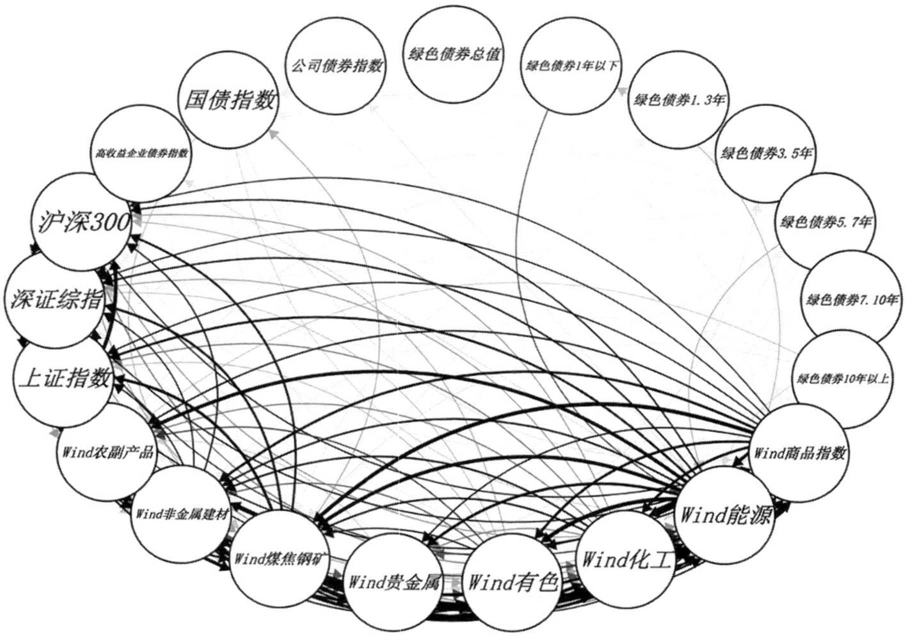

图 5　2022 年 7 月 $CoEVaR^{SIM}$ 网络

图 6—图 7 则进一步描绘了 2022 年气候灾害前后分市场尾部风险溢出网络。在气候灾害发生之前，绿色债券虽为风险传递者，但风险溢出程度较弱，其中长期绿色债券为主要的风险传递者。大宗商品市场是整个网络的主要风险传递者，在进行内部风险传递的同时，还以较大程度将风险传递给其他市场。股票市场是主要的风险承担者，但也会将部分风险传递给大宗商品市场。在气候灾害发生之后，绿色债券市场对其他市场的风险溢出效应有所增强，大宗商品市场和股票市场的风险溢出效应基本，但其分市场的风险传递方向略有变化。这说明绿色债券市场受到气候风险冲击后，更容易加强与其他金融市场的关联性，因此绿色债券市场在金融市场中的风险溢出效果不容小觑。

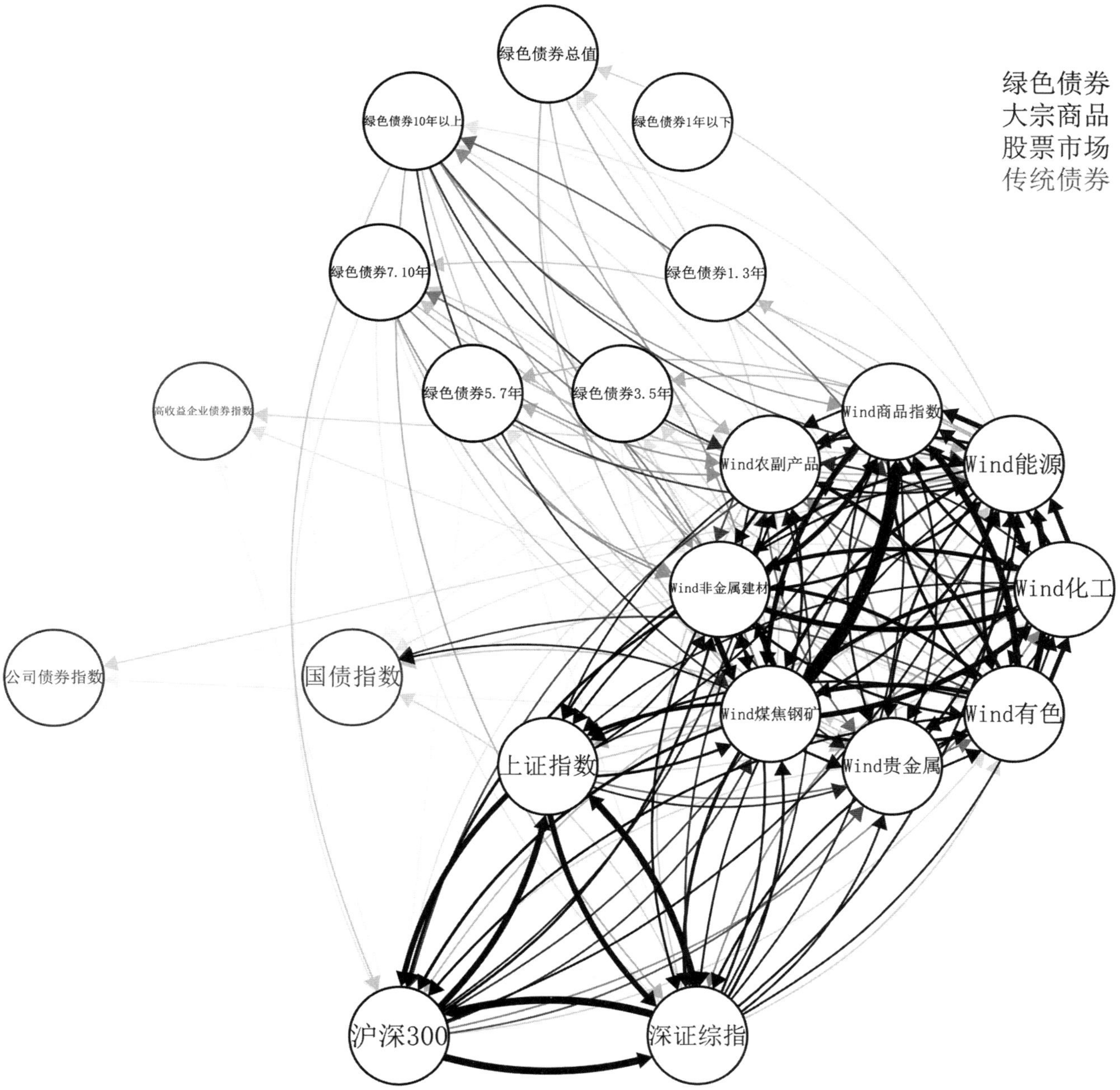

图 6　2022 年 5 月分市场 $CoEVaR^{SIM}$ 网络

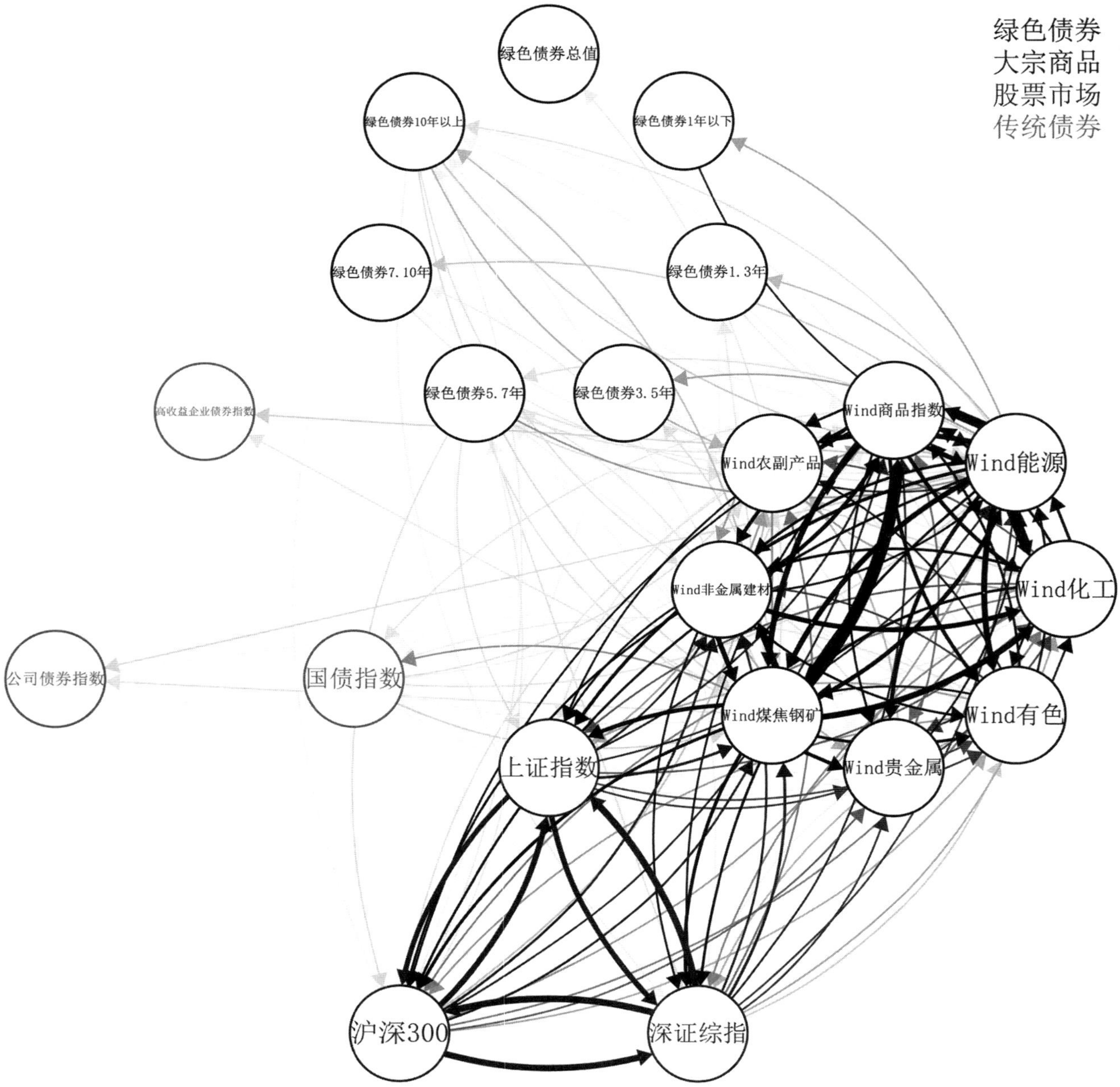

图 7　2022 年 7 月分市场 $CoEVaR^{SIM}$ 网络

2. 公共卫生事件——2022 年 12 月 5 日中国宣布全面放开疫情

2019 年底以来发生的新冠疫情,作为近年来传播范围最广、影响程度最深的公共卫生事件,严重冲击了金融市场。自 2022 年 12 月 5 日中国宣布全面放开疫情后,金融市场交易更加活跃,市场风险也产生了相应变化。本小节对比 2022 年 10 月、2022 年 12 月 6 日与 2023 年 3 月的 $CoEVaR^{SIM}$ 动态尾部风险溢出网络,研究这一公共卫生事件对于包括绿色债券在内的金融市场的风险溢出结构的影响。

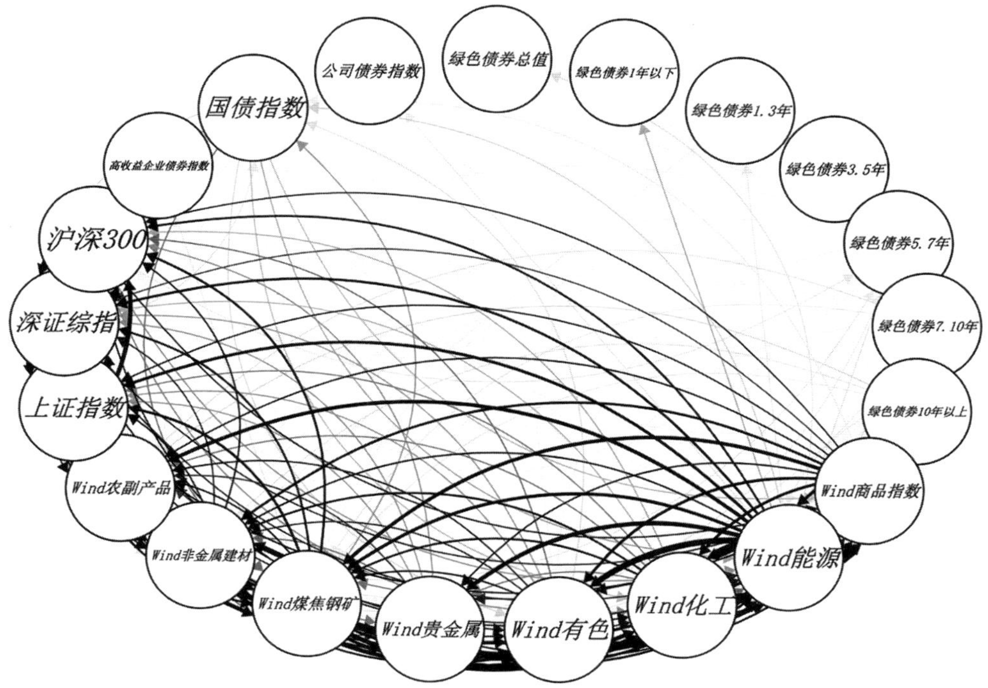

图 8　2022 年 10 月 $CoEVaR^{SIM}$ 网络

图 8—图 10 描绘了宣布全面开放疫情前后金融市场尾部风险溢出网络。从个体风险溢出网络可以发现，首先宣布全面开放疫情之后，金融市场更加活跃，风险溢出更加密集。在宣布全面开放疫情前，绿色债券市场进行均匀、少量的风险接收，Wind 商品市场和 Wind 能源市场作为主要的风险传递者，股票市场和其他大宗商品市场作为主要的风险接收者。宣布全面开放疫情初期，2022 年 12 月 6 日，大宗商品市场进一步成为风险传递的中心，股票市场在风险溢出效果增强的同时也承担了一定风险接收的责任。在宣布全面开放疫情之后，包括绿色债券在内的全部金融市场的风险溢出网络更加密，说明各个市场之间的相互影响和风险溢出更加强烈，这与全面开放疫情之后中国金融市场更加活跃的现象一致。此时，绿色债券更多情况下作为风险传递者向其他市场溢出风险。

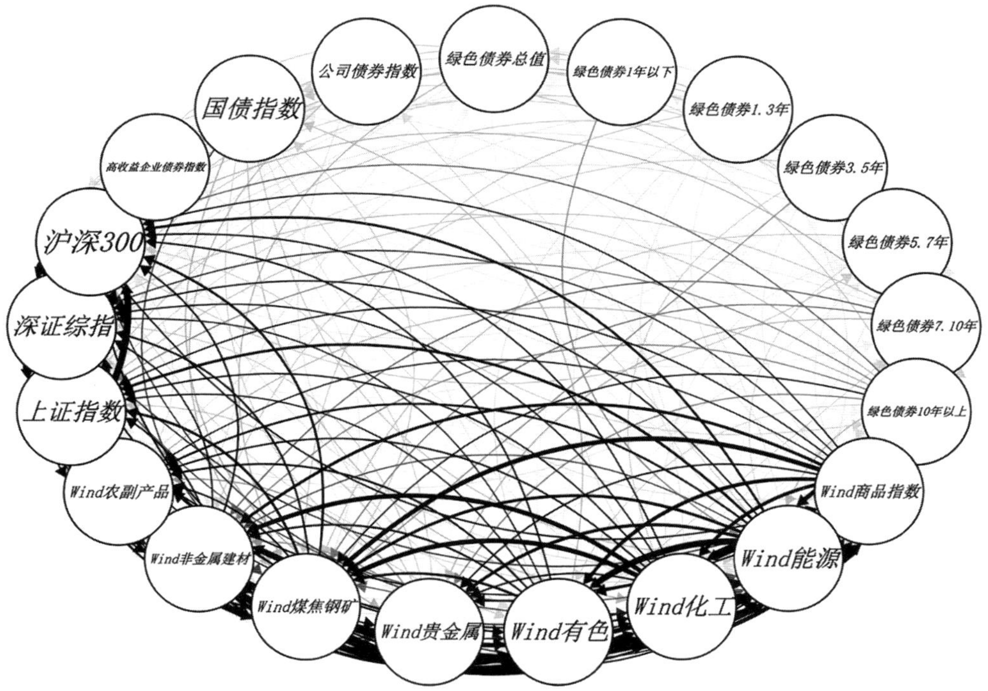

图 9　2022 年 12 月 6 日 $CoEVaR^{SIM}$ 网络

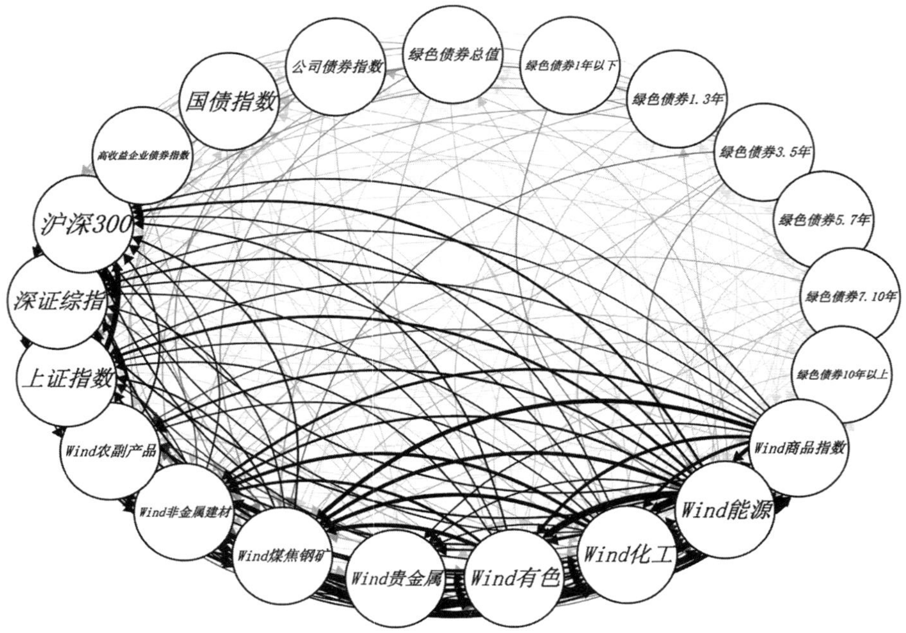

图10 2023年3月 $CoEVaR^{SIM}$ 网络

从图11—图13的分市场尾部风险溢出效应网络可以看出，在全面放开疫情之前，大宗商品市场作为主

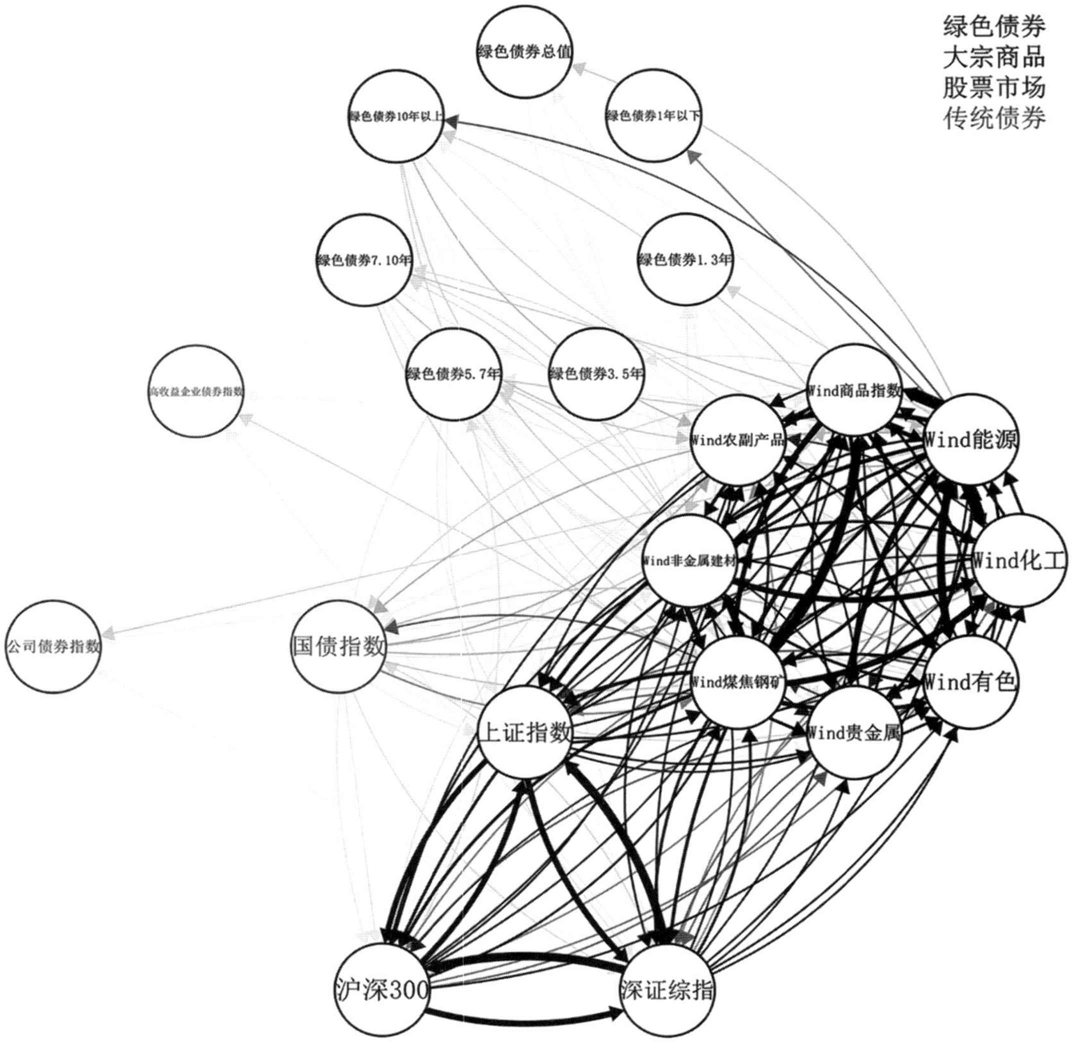

图11 2022年10月分市场 $CoEVaR^{SIM}$ 网络

要的风险溢出者，对所有的其他金融市场溢出风险，股票市场是主要的风险承担者，同时向大宗商品市场传递部分风险；全面放开疫情政策颁布后，大宗商品市场仍是风险溢出中心，但绿色债券的风险传递效应显著增强，特别是中长期绿色债券市场将风险溢出到大宗商品市场和股票市场；在全面开放疫情之后，不同市场之间的风险溢出网络更加密集，各个市场之间的风险流通更加密切。绿色债券市场的风险溢出强度略有下降，但辐射范围更广，其中能源、化工和非金属等大宗商品市场和沪深300成为主要的风险承担者。

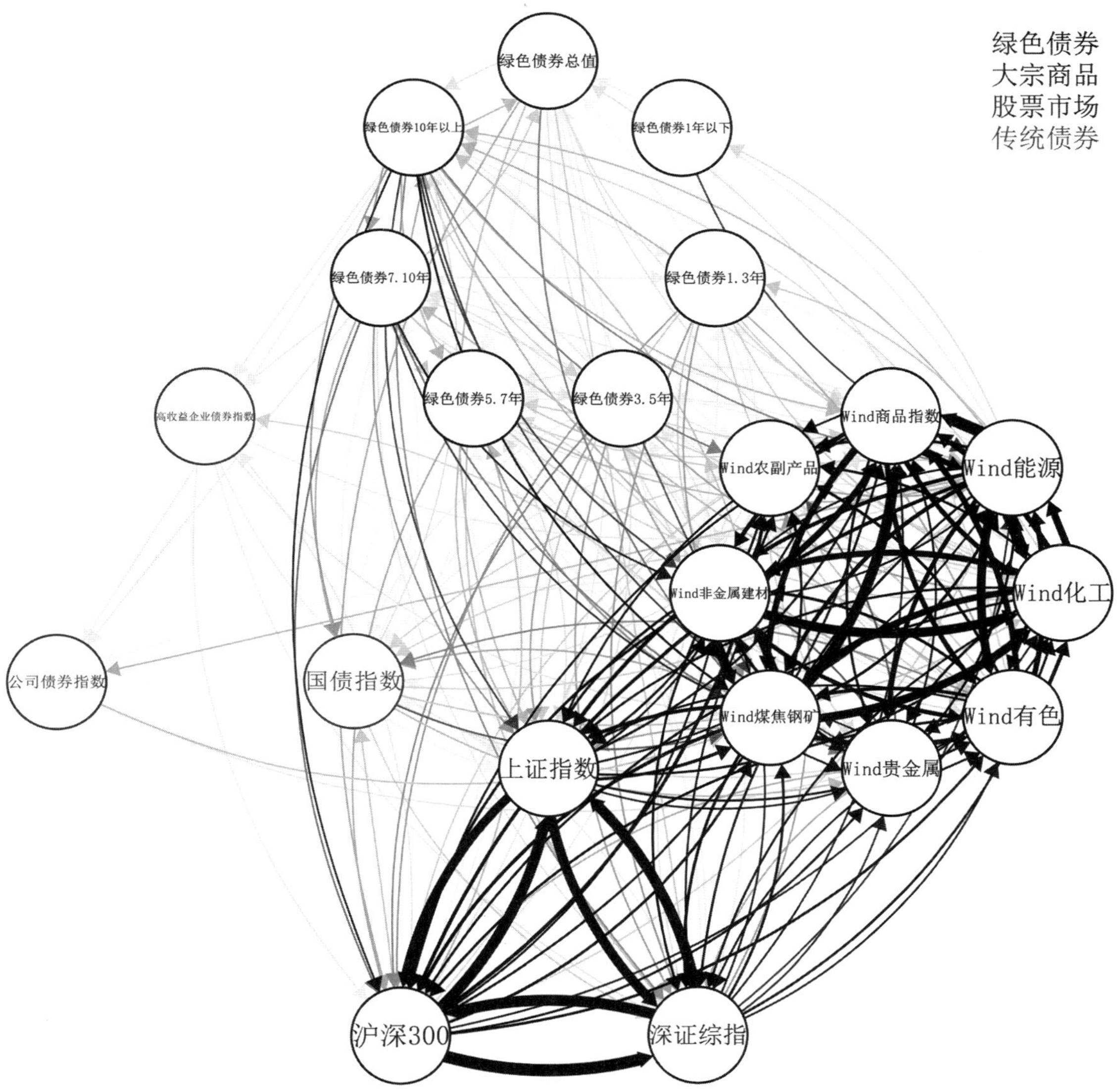

图 12　2022 年 12 月 6 日分市场 $CoEVaR^{SIM}$ 网络

3. 重大政治事件——2023 年 11 月 15 日，中美两国元首会晤

中美两国作为超级大国，其政治关系对两国内部社会、经济环境造成严重影响，引发中国经济金融领域的风险变化。2023 年 11 月 15 日，中美两国元首在旧金山会晤，对中美两国和平共处、沟通交流产生了积极影响，两国元首强调中美应共同加快努力应对气候危机。本小节对比 2023 年 10 月、2023 年 12 月的 $CoEVaR^{SIM}$ 动态尾部风险溢出网络，研究这一重大政治事件对于包括绿色债券在内的金融市场风险溢出结构的影响。

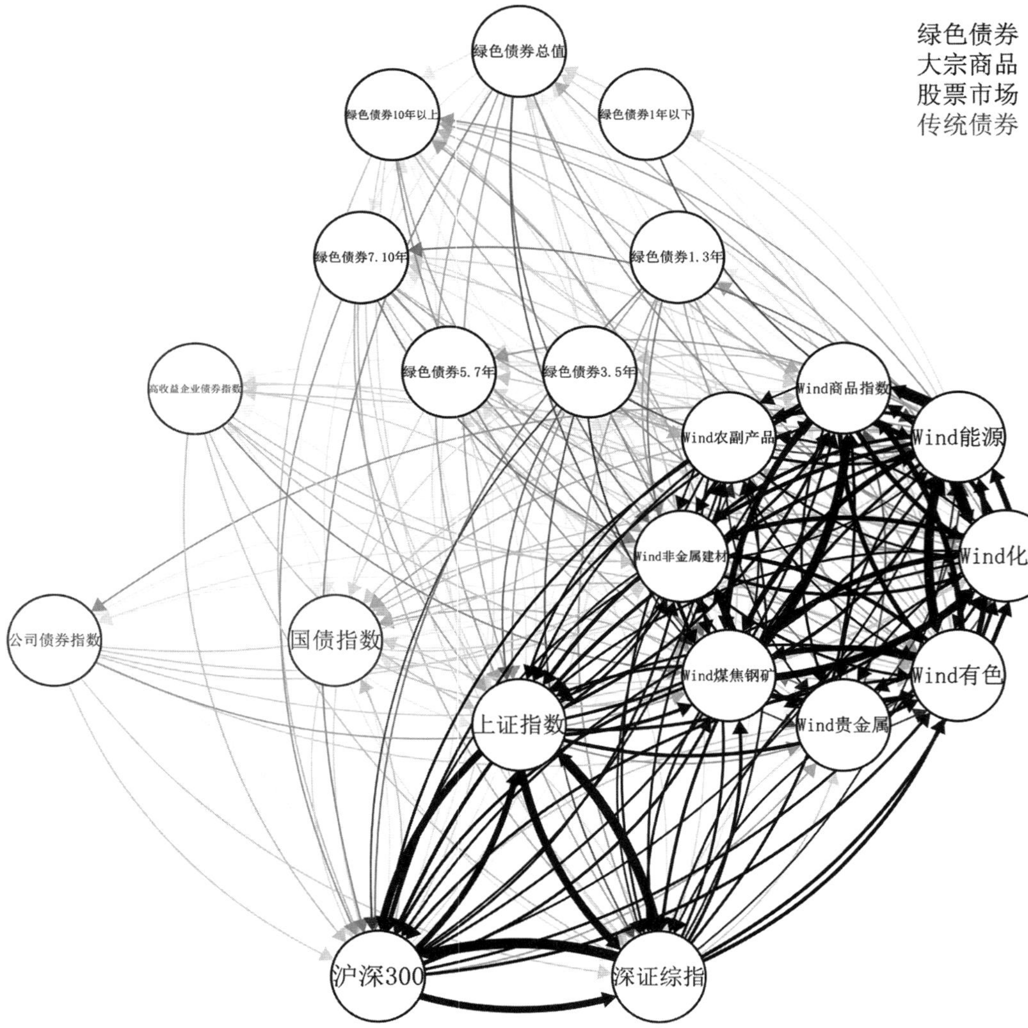

图 13　2023 年 3 月分市场 $CoEVaR^{SIM}$ 网络

图 14 和图 15 展示了中美两国元首会晤前后中国金融市场尾部风险溢出网络。从个体风险溢出网络可

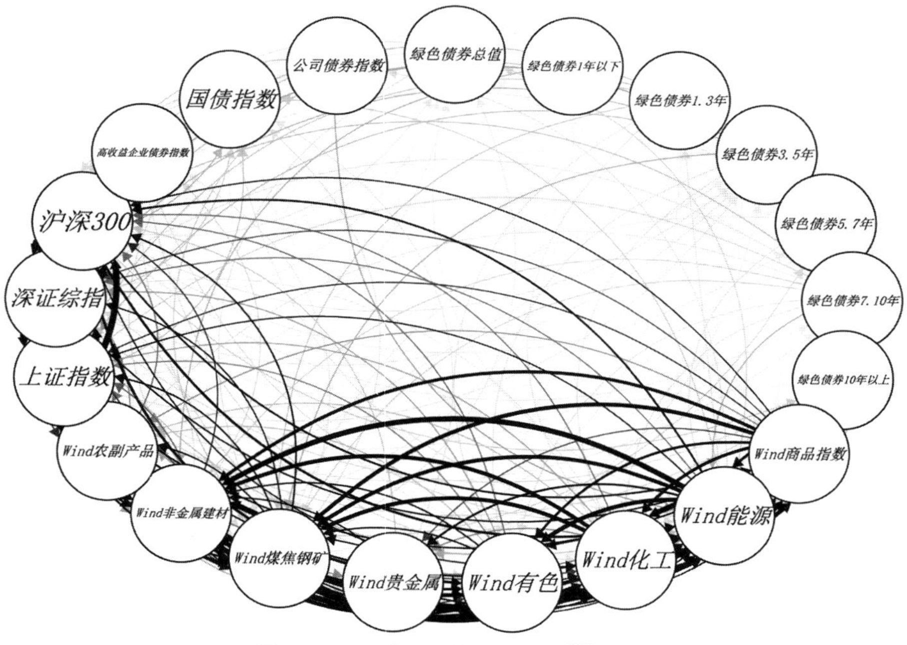

图 14　2023 年 10 月 $CoEVaR^{SIM}$ 网络

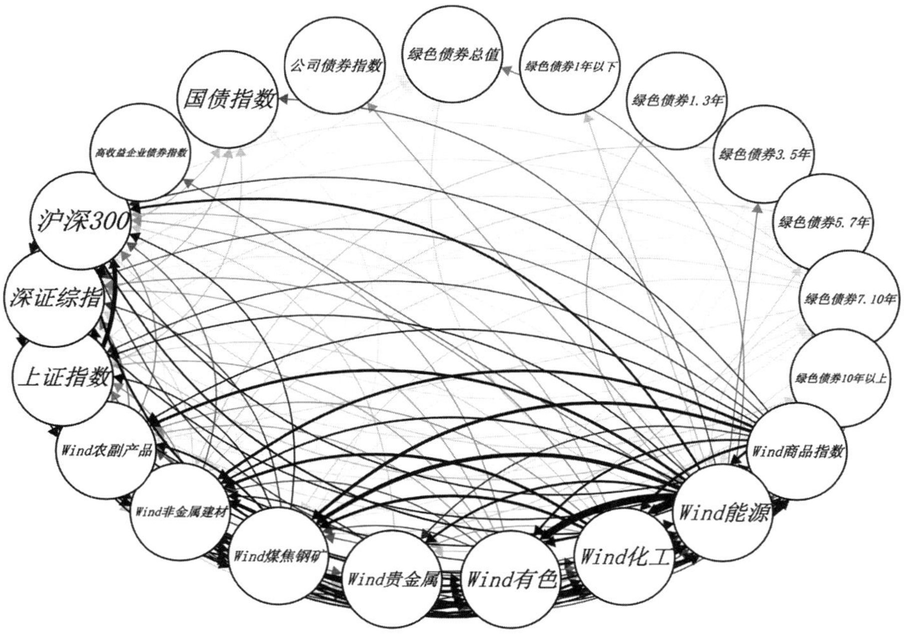

图 15　2023 年 12 月 $CoEVaR^{SIM}$ 网络

以发现，中美两国元首会晤之前，股票市场和化工、有色等部分大宗商品市场是中国金融市场的主要风险承

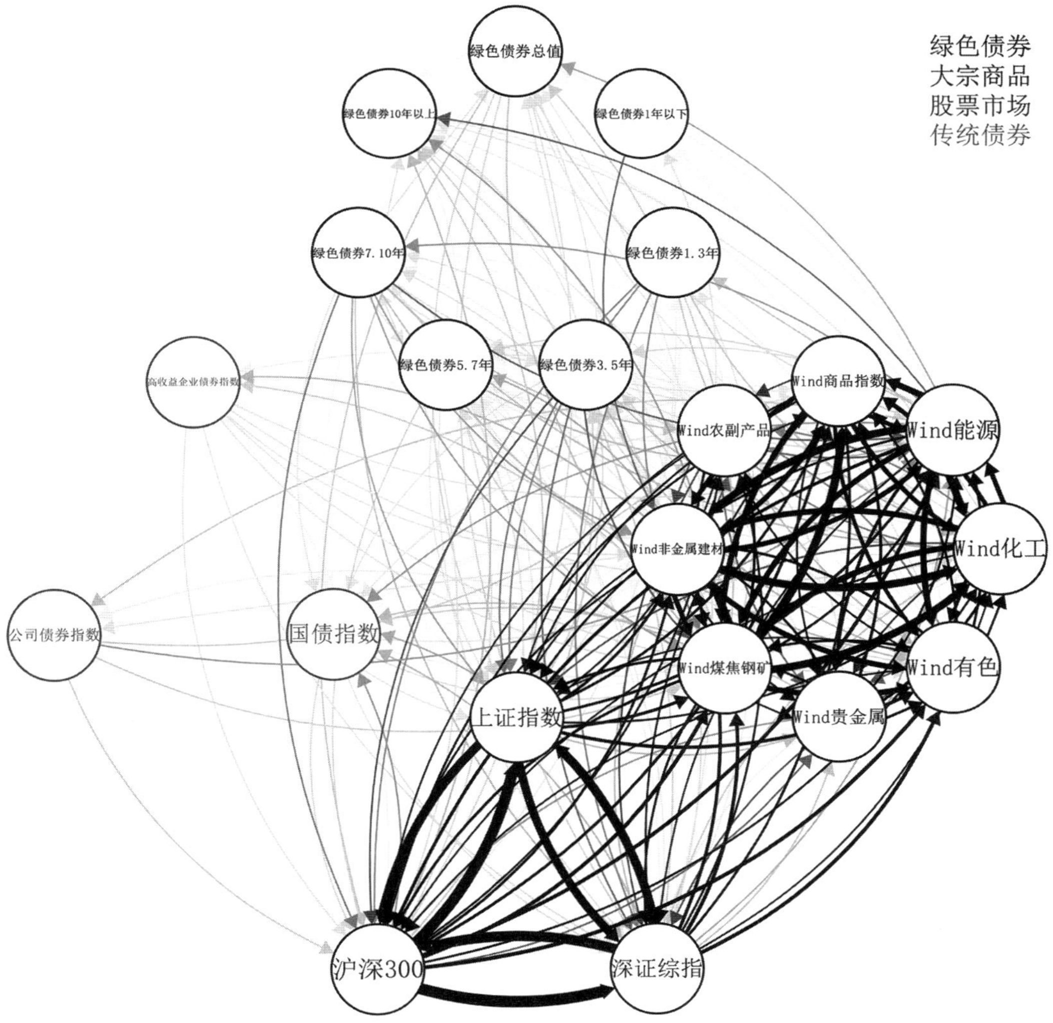

图 16　2023 年 10 月分市场 $CoEVaR^{SIM}$ 网络

担者,商品、能源等大宗商品市场是主要的风险传递者。绿色债券市场虽有向外风险溢出,但传递水平较弱。中美两国元首会晤之后,绿色债券受到能源大宗商品、股票市场的风险传递强度增加,但风险溢出强度减弱。能源大宗商品成为风险溢出中心,一方面是政治事件促进了全球经济复苏,对能源需求大幅度增加;另一方面得益于绿色金融政策的推动,碳交易市场交易价格大幅度上涨,能源商品市场交易的流通性增强,活跃度增加。

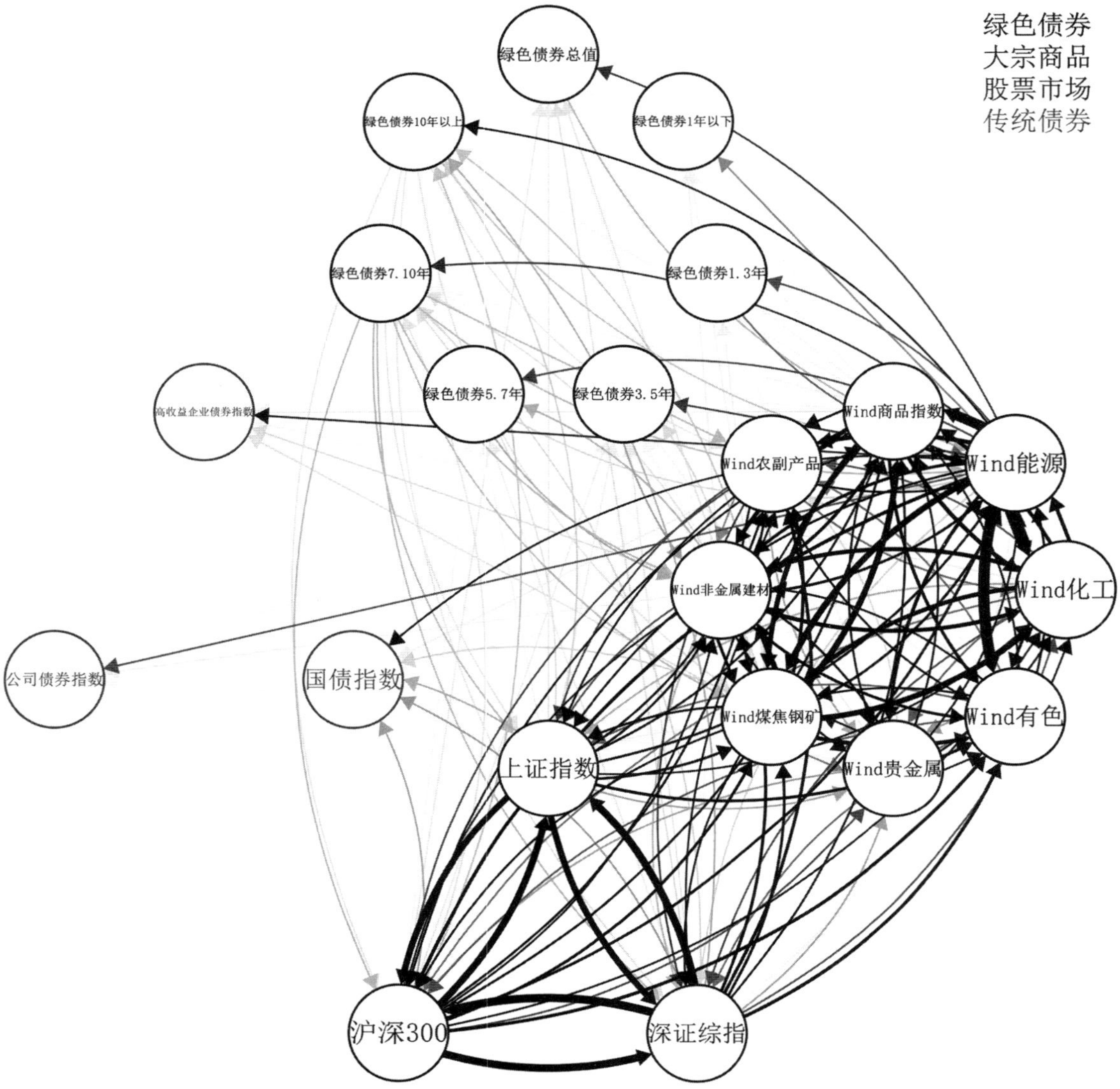

图 17　2023 年 12 月分市场 $CoEVaR^{SIM}$ 网络

从图 16 和图 17 的分市场尾部风险溢出效应网络可以看出,在中美两国元首会晤之前,绿色债券的风险主要在市场之间传导。但在中美两国元首会晤之后,绿色债券的外部市场风险效应凸显,主要接受股票市场、能源、非金属建材和农副产品大宗商品市场的风险。股票指数之间的风险溢出效应有所减弱,更多进行外部传递,这与受到风险冲击后市场风险溢出的增加是一致的。相似地,可以看出能源大宗商品作为明显的风险溢出中心,同时对大宗商品市场内部和外部金融市场溢出风险。

(四)稳健性检验

为确保研究结果的可靠性,本文选择将滑动窗口调整为窗口长度 T=360(窗口期选择 360 日,约为一年半时间交易日数),并与原窗口(窗口期 240 日,约一年交易日数)结果进行比较。如图 18 所示,改变滑动窗口前后的市场总和风险水平变化趋势几乎一致,风险水平的值也大体相同。可见这些结果是稳健的。

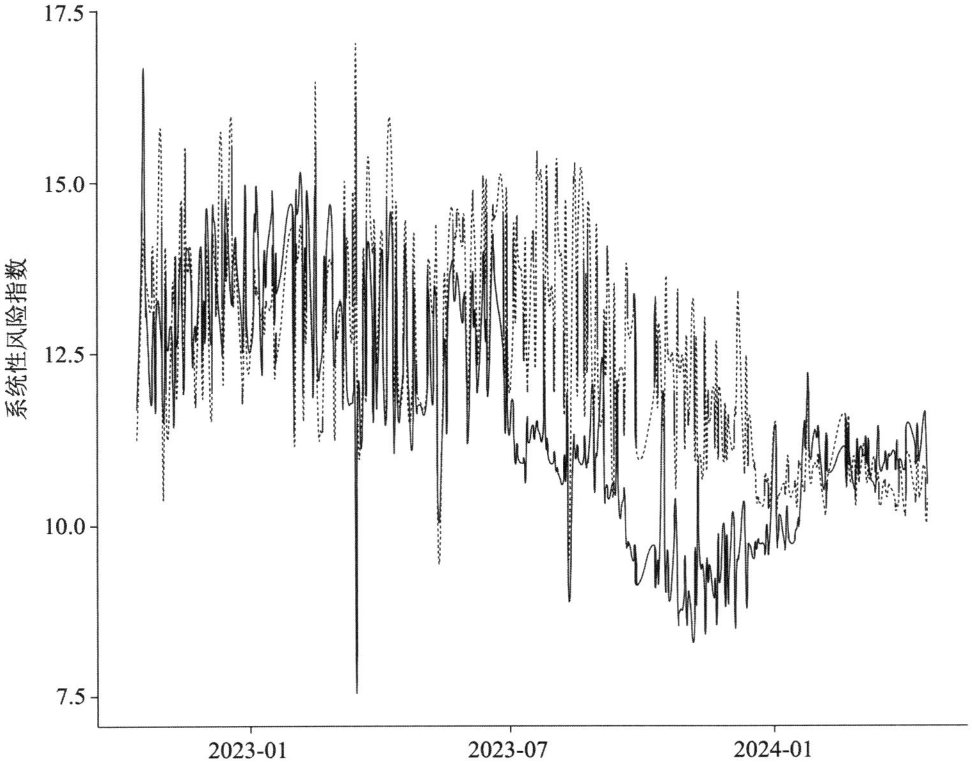

图 18　稳健性检验

注:虚线表示滑动窗口长度 T 调整为 360 后的市场总和系统风险性指数,实线表示原窗口下结果。

六、结论与建议

(一)结论

基于非线性条件期望在险价值 $CoEVaR^{SIM}$ 模型,本文对 2021 年 4 月 16 日至 2024 年 4 月 17 日绿色债券市场、大宗商品市场、股票市场、传统债券市场的逐日对数收益率序列计算非线性尾部风险溢出值,并构建动态尾部风险溢出有向网络,从个体、分市场、系统三个层面探究复杂市场间的风险溢出关系,并着重分析三类风险事件下中国绿色债券市场和其他金融市场风险传导结构变化。经过上述研究,本文得到以下结论。

从中国整体金融市场风险测度来看,构建的极端网络的系统性风险溢出指数具有时变特征。这种特征不仅反映了金融市场内部各类市场之间的相互作用和相互影响,还体现了市场与外部经济、政策等风险事件之间的紧密联系。当市场面临重大风险事件时,例如 2022 年底新冠疫情解除,2023 年底中美元首会晤,系统性风险指数都会产生相应下降。

从分市场风险网络变化特征来看,在不同市场内部,不同金融市场的风险溢出效应存在显著差异。例如,绿色债券市场的风险溢出效应相对较低,这可能与该市场的低流通性和投资者群体的特殊性有关。从市场间来看,不同市场之间的风险溢出效应也存在差异:一方面,某些市场可能成为风险的主要来源,如大宗商品市场和股票市场,它们的风险波动可能通过贸易、投资等渠道传递到其他市场;另一方面,绿色债券市场相对稳定的表现可能吸引投资者在风险事件发生时寻求避险。

从事件分析结果来看,气候风险明显增加了绿色债券与其他金融市场的风险传递;“新冠疫情解除”事件在短期内使投资者信心逐渐恢复,风险溢出效应有所降低。然而,长期来看,随着疫情影响的逐步消退和全球经济复苏的加速,金融市场更加活跃,风险溢出效应逐渐增强;重大政治事件使绿色债券受到更多外部风险的影响。

(二)建议

1. 增强绿色债券市场流动性

虽然绿色债券市场的风险波动性整体较小,但其低流动性是低风险性的原因之一。因此市场可以采取相应措施以提高绿色债券市场流动性,从而促进绿色金融加速融入金融市场。

2. 完善绿色金融风险监管体系

鉴于绿色债券在市场中更多地扮演风险承担者的角色,我们必须认识到其潜在的脆弱性和系统风险。因此,政策制定者应针对这一特性,构建全面的金融风险监测系统,及时发现系统性风险隐患;根据其时变特性,动态优化绿色债券市场的风险控制措施,提高风险预警和应对的精准性,切实保护绿色债券市场的稳定。

【参考文献】

[1] 张飞鹏,徐一雄,陈艳.极端事件下股票市场尾部风险测度及溢出效应研究,系统工程理论与实践,2024,二轮修改中.

[2] Ahmed H. Elsayed,Giray Gozgor,Chi Keung Marco Lau,Risk transmissions between bitcoin and traditional financial assets during the COVID-19 era:The role of global uncertainties,International Review of Financial Analysis,Volume 81,2022,102069.

[3] Adrian T,Brunnermeier M K. CoVaR[J]. American Economic Review,2016,106 (7):1705—1741.

[4] Baruník and Křehlík,Measuring the frequency dynamics of financial connectedness and systemic risk. Journal of Financial Econometrics,16 (2018),pp. 271—296.

[5] Bellini F,Klar B,Müller A,et al. Generalized quantiles as risk measures[J]. Insurance:Mathematics and Economics,2014,54:41—48.

[6] Croitorov,O.; Giovannini,M.; Hohberger,S.; Ratto,M.; Vogel,L. Financial spillover and global risk in a multi-region model of the world economy. J. Econ. Behav. Organ. 2020,177,185—218.

[7] Dragon Yongjun Tang,Yupu Zhang,Do shareholders benefit from green bonds?,Journal of Corporate Finance,Volume 61,2020,101427.

[8] Flammer C. Corporate green bonds[J]. Journal of financial economics,2021,142(2):499—516.

[9] Gneiting T. Making and evaluating point forecasts[J]. Journal of the American Statistical Association,2011,106 (494):746—762.

[10] Hachenberg B,Schiereck D. Are green bonds priced differently from conventional bonds? [J]. Journal of Asset Management,2018,19:371—383.

[11] Juan C. Reboredo,Green bond and financial markets:Co—movement,diversification and price spillover effects,Energy Economics,Volume 74,2018,Pages 38—50.

[12] Jiang R,Hu X,Yu K. Single-index expectile models for estimating conditional value at risk and expected shortfall[J]. Journal of Financial Econometrics,2022,20 (2):345—366.

[13] Jianping Li,Jingyu Li,Xiaoqian Zhu,Yinhong Yao,Barbara Casu,Risk spillovers between FinTech and traditional financial institutions:Evidence from the U. S. ,International Review of Financial Analysis,Volume 71,2020,101544.

[14] Kapraun J,Latino C,Scheins C,et al. (In)-credibly green:Which bonds trade at a green bond premium? [C]//Proceedings of Paris December 2019 Finance Meeting EUROFIDAI—ESSEC. 2021.

[15] Kuan C M,Yeh J H,Hsu Y C. Assessing value at risk with CARE,the conditional autoregressive expectile models[J]. Journal of Econometrics,2009,150(2):261—270.

[16] Larcker D F,Watts E M. Where's the greenium? [J]. Journal of Accounting and Economics,2020,69 (2—3):101312.

[17] L. Pham,Is it risky to go green? A volatility analysis of the green bond market. J. Sustainable Finance & Investment,6 (4) (2016),pp. 263—291.

[18] Liu,C. C.; Su,Z.; Song,P. Measurement,supervision and early warning of risk contagion among global stock markets. J. Finance Res. 2020,11,94—112.

[19] Newey W,Powell J. Asymmetric least squares estimation and testing[J]. Econometrica,1987,55:

819—847.

[20] Ren R, Lu M J, Li Y, et al. Financial risk meter FRM based on expectiles[J]. Journal of Multivariate Analysis, 2022, 189: 104881.

[21] R. Ferrer, S. Shahzad, P. Soriano, Are green bonds a different asset class? Evidence from time-frequency connectedness analysis. Journal of Cleaner Production, 292 (2021), Article 125988.

[22] TN-Lan Le, Emmanuel Joel Aikins Abakah, Aviral Kumar Tiwari, Time and frequency domain connectedness and spill—over among fintech, green bonds and cryptocurrencies in the age of the fourth industrial revolution, Technological Forecasting and Social Change, Volume 162, 2021, 120382.

[23] Wolfgang Karl Härdle, Weining Wang, Lining Yu, TENET: Tail-Event driven NETwork risk, Journal of Econometrics, Volume 192, Issue 2, 2016, Pages 499—513.

[24] Walid Mensi, Mobeen Ur Rehman, Xuan Vinh Vo, Impacts of COVID-19 outbreak, macroeconomic and financial stress factors on price spillovers among green bond, International Review of Financial Analysis, Volume 81, 2022, 102125.

[25] Wenting Zhang, Shigeyuki Hamori, Crude oil market and stock markets during the COVID-19 pandemic: Evidence from the US, Japan, and Germany, International Review of Financial Analysis, Volume 74, 2021, 101702.

[26] Zerbib O D. The effect of pro-environmental preferences on bond prices: Evidence from green bonds [J]. Journal of banking & finance, 2019, 98: 39—60.

基于深度学习的胸部X线影像多病变智能诊断模型的建立与应用

中国人民解放军陆军军医大学　杨毅、和陆兴、许杉杉

摘　要

胸部平片(CXR)作为一项广泛开展的常规检查项目,临床上每天都会产生大量的胸片,其解读需要耗费大量时间和医疗资源,深度学习技术的发展为自动化阅片带来了契机。在"大数据与人工智能"背景下,针对YOLOv8网络架构进行3种优化策略,利用包含14种常见胸部病变类别和位置信息的CXR-AL14数据集,构建出一个可以快速自动识别与定位CXR中多种病变的深度学习模型YOLOv8-CBW。实验结果表明,该模型的平均精度均值(mean Average precision,mAP)较基线模型YOLOv8模型提升了2.562%,其中12类病变的平均精度(Average precision,AP)均显著性提高,尤其是训练样本最少的肺不张的AP提升高达7.299%。在除肺不张外的其他13种病变分类性能上,YOLOv8-CBW的ROC曲线下面积(AUC)均超过0.9。人机对比结果表明,YOLOv8-CBW在除肺不张和肺气肿外的其他12种病变的识别与定位中达到或超越了高年资放射医生的水平。本研究所构建的深度学习模型有效克服了CXR数据集长尾分布带来的不利影响,提升了模型对CXR多种病变识别与定位能力,符合临床诊断的实际需求,有望辅助放射科医生对CXR进行快速精准诊断。

关键词:深度学习;CXR;识别与定位;胸部病变诊断;YOLOv8

一、引言

胸部平片(Chest X-ray,CXR)作为诊断胸部病变最常用的影像学检查手段,在全球范围内得到了广泛的应用[2]。然而,随着CXR检查数量的激增,放射科医生面临着巨大的工作压力,他们需要投入大量的时间和精力来解读每一张CXR,这无疑增加了漏诊和误诊的风险[3]。此外,传统的影像学诊断方法往往高度依赖于医生的个人经验和专业知识,这对于医疗水平相对落后的地区而言是个挑战。特别是在面对多种不同类型的胸部病变时,由于临床表现的多样性和复杂性,使得鉴别诊断变得更为困难。因此,开发一种准确高效的胸部病变诊断方法,对于提高医疗质量、保障患者健康具有重要意义。

传统机器学习模型,如随机森林、决策树、支持向量机等,其构建基础通常依赖于简单的统计方法或人为设计的特征。这些模型预设了对数据的线性或简单非线性关系的假设,并高度依赖于手工的特征设计和选择过程[4]。因此,在面对医学影像这类复杂且多维的数据集时,难以达到理想的性能。

很多研究证实,深度学习可以帮助放射科医生有效地解释CXR[5]。在早期的深度学习研究中,Dunnmon等[6]开发了基于深度学习的分类模型,用来筛选异常CXR。然而,仅仅通过自动筛查异常CXR远远无法满足临床诊断需求。大量研究利用深度学习网络模型来检测某种特定的胸部病变,例如肺结节[7,8]、肺结核[9]、肺气胸[10,11]或肺炎[12]等,但是检测单一病种的模型无法适应多种病变并存的临床实际。对此,一些研究者[13,14]利用公共CXR数据集开发了多种病变的深度学习分类模型,但这些模型仅提供CXR的分类结果,没有任何定位信息,也无法满足临床诊断需要。一些研究[15,16]试图用深度分类模型生成的热图来间接实现定位功能,但仍然无法严格预测每个病变的标准边界框。为实现真正的识别与定位病变位置,Yongwon等[17]的研究开发了一个eDense YOLO(eDense You Only Look Once)模型,用于识别和评估五种CXR的病变,但其数据量的不足导致模型诊断效能较低。Nguyen等[18]创建了一个名为VinDr-CXR的小型CXR数据集,两项基于该数据集的研究[19,20]均开发了模型,以识别和定位多个病变,但由于边界框的数量极

其有限，难以实现高定位性能。Fan 等人[21]构建了一个包含 14 种常见胸部病变类别与位置标注的大型 CXR 数据集 CXR-AL14，并使用 YOLOX 模型对 14 种病变进行识别和定位，取得了一定的检测效果；然而，该研究主要目的是评估深度学习在 CXR 智能诊断上的潜在应用价值，并未针对该数据集特点对网络模型进行针对性的改进。

本研究旨在利用深度学习技术对 CXR 中的 14 种常见胸部病变征象进行识别和定位，对现有的目标检测网络进行改进，基于 CXR-AL14 数据集构建高性能的深度学习模型，辅助放射科医生对 CXR 进行诊断，降低 CXR 的漏诊率，提高工作效率。

二、材料与方法

(一)数据集获取及实验平台

本研究使用了公开获取的 CXR-AL14 数据集，这是一个针对胸部 14 种病变(肺不张、钙化灶、实变、积液、肺气肿、纤维灶、骨折、肿块、结节、胸膜增厚、积气、气胸、术后金属、静脉置管)的 CXR 数据库。本研究使用了其中一部分数据，包含 2011 年 8 月至 2021 年 12 月期间于陆军军医大学第二附属医院放射科进行普通 X 线 CXR 检查患者的 CXR 影像资料，共计 91725 个病人的 98125 张 CXR，图像分辨率达到 1280×1280 像素，其中 49383 张异常 CXR、48742 张 CXR 未见异常。异常 CXR 中共计包含 119601 个病变的类别和定位标签，每一张 CXR 都至少经过一名高年资放射科医生的标注和一名放射学专家核对，以确保标注的准确性。CXR-AL14 数据集面向公众使用，可以在国家人口健康科学数据中心申请在线使用，地址为 https://doi.org/10.12213/11.A0048.202312.605.V1.0。

在本研究中，将 CXR-AL14 数据集中的所有 CXR 按一定比例随机划分为训练集与验证集，用于模型的训练与验证，测试集由额外收集的 5946 例患者(6000 张 CXR，伦理编号:2022－研第 193－01)组成，由六名放射学专家共同标注，各数据集详细信息如表 1 所示。

本研究在 CentOS 7.6 操作系统上进行，采用 Python 版本为 3.9.16，集成开发环境(IDE)为 Pycharm 2020.1.3。模型的训练均在 PyTorch 1.13.0 中实现，所有的训练、验证和测试的过程都在 8 个 NVIDIA RTX 2080Ti 图形处理单元平台上进行实现。

表 1　CXR 数据集的划分与病变分布

项　　目	CXR-AL14		测试集
	训练集	验证集	
CXR 数量	88850	9275	6000
异常 CXR 数量(%)	44983(50.628)	4400(47.439)	3692(61.533)
正常 CXR 数量(%)	43867(49.392)	4875(52.291)	2308(38.467)
患者数量	82528	9197	5946
年龄(年/中位数(四分位距))	52(21)	51(21)	53(21)
性别(男性,%)	48653(54.759)	5083(54.803)	3427(57.117)
肺不张(%)	160(0.147)	12(0.115)	24(0.270)
钙化灶(%)	14664(13.438)	1422(13.575)	1267(14.274)
实变(%)	8843(8.103)	911(8.697)	773(8.709)
积液(%)	19179(17.575)	1784(17.031)	1506(16.967)
肺气肿(%)	10685(9.791)	1052(10.043)	682(7.684)
纤维灶(%)	7220(6.616)	716(6.835)	665(7.492)
骨折(%)	5441(4.986)	572(5.461)	533(6.005)
肿块(%)	1303(1.194)	124(1.184)	78(0.879)
结节(%)	20246(18.553)	1859(17.747)	1528(17.215)
胸膜增厚(%)	3304(3.028)	322(3.074)	264(2.974)
积气(%)	2580(2.364)	271(2.587)	251(2.828)
气胸(%)	2886(2.645)	290(2.768)	214(2.411)
术后金属(%)	8228(7.540)	711(6.788)	658(7.413)
静脉置管(%)	4387(4.020)	429(4.095)	433(4.878)
共计	109126	10475	8876

(二)检测模型选择

1. 现有模型在CXR-AL14数据集上的问题分析

CXR-AL14训练集中各个类别的边界框数量呈长尾分布,尤其是肺不张的边界框数量仅有160个,如图1所示。这种样本分布使得迫使模型的学习偏重于样本数量更多的头部类,而在样本数量较少的尾部类上表现不佳,Fan等人[21]使用YOLOX模型在该数据集上肺不张的平均精度值(Average precision,AP)仅有15.2%,远低于其它类别,说明该模型并不能较好地适应该数据集的分布。

除了数据集的分布特征外,对模型目标检测性能的另一个潜在制约因素是小目标样本数量多[1,22]。通过对小于32×32像素[1]的小目标病变的检测结果进行分析,经Pearson卡方检验发现小目标病变被正确检测出来的占比高于大目标,这可能是由于CXR是重叠影像,大目标更容易被其他组织或器官遮挡或重叠,从而影响其检测效果。相比之下,小目标可能较少受到遮挡的影响。另外,由于基于卷积神经网络的目标检测模型受到感受野的限制,而大目标占据更多的像素空间,导致目标内部的细节信息变得模糊。相比之下,小目标虽然像素较少,但可能包含更集中、更关键的信息。

上述两点都要求目标检测模型具备更优的特征提取能力,以便在有限的数据中学习并提取出更加有用和关键的特征信息,提高训练样本较少的类别的检测能力,并能"去伪留真"减轻前后解剖结构的干扰。因此,提高模型的特征提取能力成为改进模型的关键。

2. 模型选择及其训练策略

本研究使用YOLOv8架构[23]来训练所需的深度模型,详细网络结构如附图1所示。YOLOv8是Ultralytics公司在2023年开源的一种先进的深度学习网络架构,它融合了多种单阶段目标检测算法的优点,拥有良好的目标检测性能,同时继续保持了YOLO系列的实时检测特性,即使在较低的硬件配置上也能达到很高的帧率。

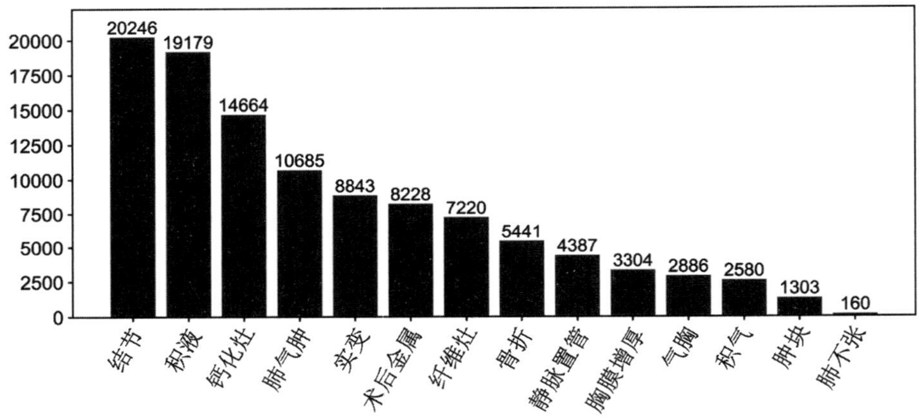

图1　训练集上各种病变类型的数量分布

本研究使用随机抽取的88850张CXR作为标准可视化训练集(Visual object classes,VOC),训练基于YOLOv8改进后的深度学习模型,以实现对CXR中常见的十四种病变的识别和定位。在训练过程中,利用9275张CXR数据作为调参验证集,对训练的深度学习模型的超参数进行调整,以达到最优的模型性能。在训练和调参阶段,每个输入图像的大小为1280×1280,批量大小(batch size)为16,训练轮数(epoch)为100,优化器选择随机梯度下降(Stochastic gradient descent,SGD),初始学习率设置为0.01并通过余弦调度来进行调整,采用马赛克增强的数据增强策略。需要注意的是,训练过程不使用公共数据集上的预训练权重进行迁移学习,其原因是该数据集的数据量大,预训练方式可能损害模型性能[24]。其中epoch值是网络训练的重要超参数,过小的epoch值可能导致模型欠拟合,而过大的epoch可能导致模型过拟合[25]。YOLOv8模型训练过程中损失值与epoch值的关系如图2所示。选择在验证集上mAP最大的权值。

(三)模型改进

针对CXR-AL14数据集特点,本研究采取了以下三个方面的改进策略:首先,改进下采样策略,以在特征提取过程中保留更多关于特征细节信息;其次,结合多尺度特征融合技术,旨在充分捕获图像中不同尺度目标的特征;最后,设计或调整损失函数,以使其更好地兼容数据集中的低质量标注框。综合这三方面的改

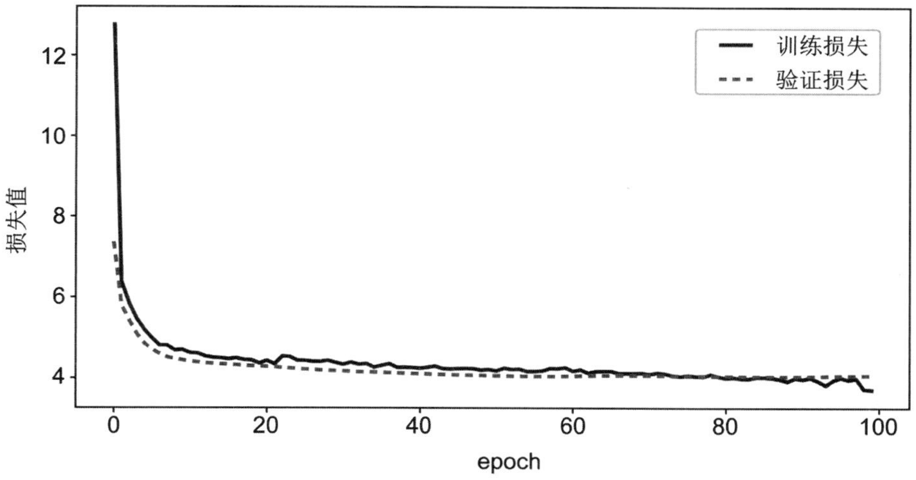

图2 模型训练过程中损失与epoch的关系

进措施,以期找到一种有效提升深度学习模型在CXR数据集上目标检测性能的方法。

1. 下采样改进

YOLOv8使用了7次下采样操作,这些操作在网络的深层结构中逐渐减小了特征图的空间尺寸,从而增大了感受野并减少了计算量。该下采样操作包含一个步长(stride)为2的卷积层,这会导致每次卷积时特征图的空间尺寸减半,并可能带来一定程度的信息损失。为了减轻这种信息损失,并受到PResnet[26]的启发,本研究重新设计了YOLOv8的骨干网络中的下采样操作,称为Conv3。新的设计采用了以下步骤来实现下采样:

首先,使用一个卷积核大小为3×3、步长(stride)为1、填充(padding)为2的卷积层。这个卷积层不会改变特征图的空间尺寸,但会增加每个位置上的感受野。其次,一个平均池化层(average pooling)紧随其后,其池化核大小(kernel_size)为3×3、步长(stride)为2、填充(padding)为1。这个平均池化层负责执行实际的下采样操作,将特征图的空间尺寸减半。上述两个操作之后是标准的批归一化层(Batch normalization,BN)和激活函数(如Sigmoid linear unit,SILU)。这些层用于加速训练过程、稳定模型性能并引入非线性。

通过这种设计,YOLOv8能够在下采样过程中保留更多的空间信息,因为卷积层不再直接减少特征图的空间尺寸。相反,它通过平均池化层来执行这一操作,而平均池化通常被认为是一种更为平滑的下采样方法,因为它考虑了相邻像素的信息。这种改进有助于减少信息损失,从而提高模型的性能。修改情况如图3所示,其中k表示卷积核大小(kernel_size),$k=3\times3$;s表示步距(stride),$s1=2$,$s2=1$;p表示边界填充(padding),$p1=0$,$p2=2$。

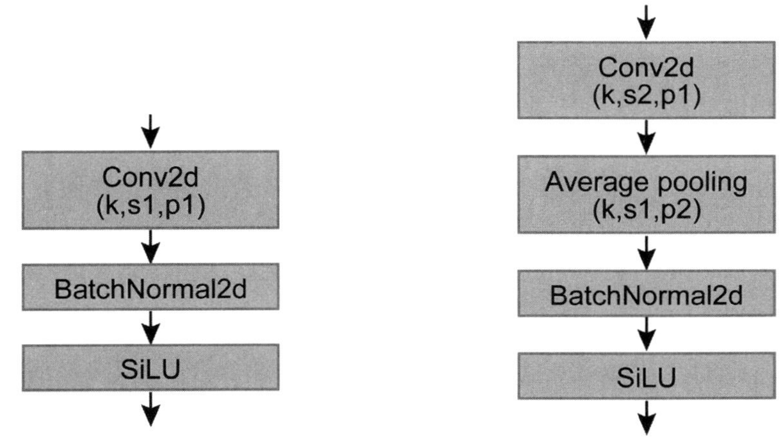

(a)改进前的下采样操作　(b)改进后的下采样操作

图3 下采样改进前后对比

2. 多尺度特征融合改进

在现有的通用目标检测卷积神经网络(Convolutional neural network,CNN)模型中,多尺度检测策略借助浅层特征层来捕获准确的定位信息和具有区分性的特征信息,这对于目标的检测与识别尤为重要。

YOLOv3采用了Lin等人[27]提出的特征金字塔网络(Feature pyramid networks,FPN)作为其网络结构的一部分,FPN通过一条自上而下的路径融合不同尺度的特征,利用融合后富含更高语义信息的特征图进行预测,从而在一定程度上提升了检测精度。然而,这种自顶向下的FPN网络受到单向信息流的限制。为了克服这一限制,YOLOv4开始引入了Liu等人[28]基于FPN提出的路径聚合网络(Path aggregation network for Instance segmentation,PANet)网络,并沿用至YOLOv8。PANet在FPN的基础上增加了一条自下而上的路径,形成双向信息流的特征融合,这种方式能够更有效地聚合不同尺度的特征,显著提高目标检测任务的精度。在此基础上,Tan等人[29]进一步提出了重复加权双向特征金字塔网络(Bidirectional feature pyramid network,BiFPN)。BiFPN不仅保留了自上而下和自下而上的双向通路,还增加了跨层连接来融合更多信息。此外,它采用了带权特征融合方法,通过学习不同输入特征的重要性,实现了对输入特征的差异化融合。这种设计使得BiFPN在目标检测任务中能够更有效地利用图像中的细节信息,提高对多尺度目标的检测与识别能力。

在改进YOLOv8以提升目标检测性能方面,本研究将原有的PANet替换为BiFPN,并额外链接了一个浅层特征,详见图4。

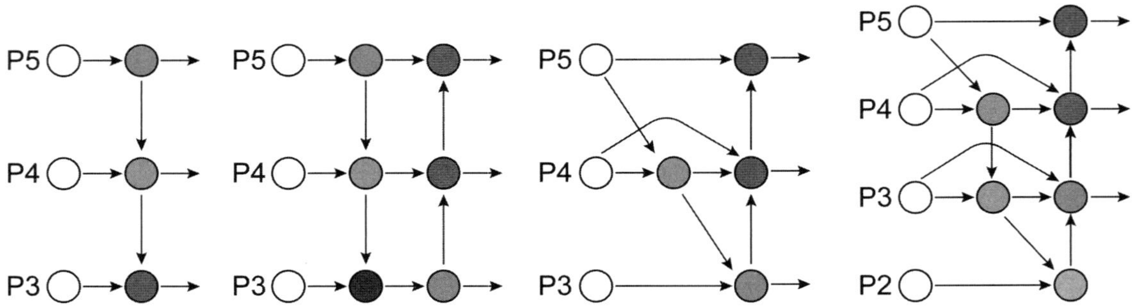

(a)FPN　(b)PANet　(c)BiFPN　(d)改进后的BiFPN

图4　多种特征融合网络对比

这一决策基于以下考量:CNN在分类任务上表现出色,但在回归任务上,特别是在目标定位方面,其性能往往不尽如人意[1]。具体来说,模型能够较为准确地判断病变的类别,但在精准确定病变位置时却面临挑战。比如YOLOX[1]在CXR-AL14数据集上,当交并比阈值(Intersection over union threshold,IoU-T)设定为0.1时,模型的mAP高达76.9%,但在IoU-T升至0.5时,其mAP降至52.9%。因此,在进行特征提取时得到更多的位置信息成为提升目标检测性能的关键。在深度神经网络中,高层的特征图富含语义信息,有助于识别目标;而底层的特征图则包含更多的位置信息,对于精确定位至关重要[1]。为了充分利用这些信息,在BiFPN中增加了一个对浅层特征的链接。这一新增的浅层特征能够提供更精确的位置信息,有助于指导边界框定位的回归过程。通过结合高层的语义信息和底层的位置信息,模型可以更准确地定位小目标,进而提升整体的检测性能。

3. 损失函数

边界框回归(Bounding box regression,BBR)损失函数在对象检测任务中扮演着举足轻重的角色,其设计的合理性对于提升模型的性能具有显著影响。目前,多数研究假设训练数据中的样本都是高质量的,并致力于增强BBR损失函数的拟合能力。然而,若不加区分地在低质量样本上强化BBR,可能会对模型的定位性能造成负面影响。

YOLOv8中使用CIoU作为定位损失,其表达式为

$$L_{CIoU}=L_{IoU}+R_{CIoU} \qquad \text{公式(1)}$$

其中,

$$L_{IoU}=1-IoU=1-\frac{W_iH_i}{S_u} \qquad \text{公式(2)}$$

$$R_{CIoU}=\frac{(x-x_{gt})^2+(y-y_{gt})^2}{W_g^2+H_g^2}+\frac{v^2}{L_{IoU}+v}$$ 公式(3)

$$v=\frac{4}{\pi^2}\left(\tan^{-1}\frac{W}{H}-\tan^{-1}\frac{W_{gt}}{H_{gt}}\right)^2$$ 公式(4)

该损失函数主要关注了金标准框(ground truth,GT)与预测框之间的交并比、中心点距离和方向差异，以衡量两者的重叠程度，但并未考虑到GT框的质量问题，如图5所示。

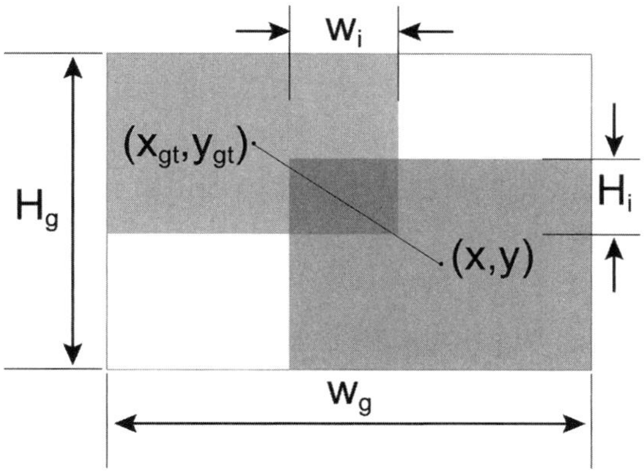

图5　GT框与预测框之间的关系

相较而言，Wise-IoU[30]不仅考虑了GT框和预测框之间吻合情况，还通过其独特的设计降低了低质量框对边界框回归的潜在影响，如公式5所示。CXR-AL14数据集难免会有低质量GT框，主要体现在边界框的位置不够精准。然而，人工挑出这些低质量的标注框是极其困难的，在模型训练过程中通过算法来降低其影响是一种比较好的选择。因此，本研究选用Wise-IoU作为定位损失，以期缓解该数据集低质量标注框对模型性能的负面影响，其表达式为：

$$L_{wise-IoU}=R_{Wise-IoU}L_{IoU}$$ 公式(5)

其中，

$$R_{Wise-IoU}=\exp\left(\frac{(x-x_{gt})^2+(y-y_{gt})^2}{(W_g^2+H_g^2)^*}\right)$$ 公式(6)

为方便描述本研究中测试的三个版本的改进模型，将YOLOv8＋Conv3的模型命名为YOLOv8-C，将YOLOv8＋Conv3＋BiFPN的模型命名为YOLOv8-CB，将YOLOv8＋Conv3＋BiFPN＋Wise-IoU的模型命名为YOLOv8-CBW，其模型框架见图6。

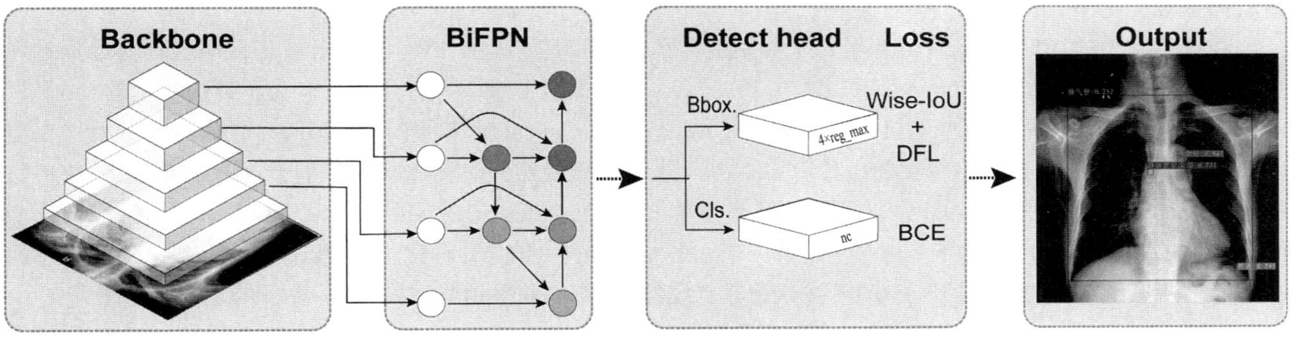

图6　YOLOv8-CBW的框架

(四)深度学习模型的压力测试

一个卓越的人工智能辅助诊断模型，其核心要素之一是在面对极端环境时仍能保持出色的诊断效能，这实际上要求模型具备强大的抗压能力。在CXR日常采集过程中，极端情况常表现为曝光不足或曝光过度，这些都会直接反映在CXR图像的对比度和亮度变化上。为验证模型在此类极端条件下的性能，本研究特别设计了一套质量控制的压力测试方案。通过调整测试集中CXR的亮度和对比度来模拟这些极端情况,具体做法是将原始图像的亮度和对比度基准设为1.0,随后逐步以0.1为步长递增或递减其亮度和对比度值。在此基础上,使用YOLOv8-CBW模型对经过调整的CXR进行测试。这一过程能够观察到模型在面临不同亮度和对比度变化时,其诊断效能的变化趋势,从而全面评估模型的抗压能力。

(五)统计分析方法

CXR-AL14数据集中CXR的一般信息,包括患者性别及年龄,于Python(版本3.9.16)平台中使用numpy代码包(版本1.19.3)进行统计分析。

本研究中,通过模型在测试集上的预测结果来评价模型性能。首先将IoU-T设定为0.5。IoU衡量了预测框(由模型生成)与实际框(由专家标注)之间的重叠程度。当IoU-T设定得越高,两个定位框之间的重叠程度就需要越高,这意味着模型在预测定位时需要达到更高的精度要求。在此情况下,IoU-T为0.5意味着预测框和实际框之间的重叠面积至少需要占据两者并集面积的50%,才能被认为是一个有效的预测。对于每种类别的病变,深度学习模型的目标检测性能评价指标选用精确率(Precision)、召回率(Recall)、F1值(F1−score)三个指标,并使用每个类受试者工作特性(Receiver operating characteristic,ROC)曲线下面积(Area under curve,AUC)来评价模型的分类性能。其中,精确率用来衡量在所有被模型标记为病变的区域中,真正属于病变的比例;召回率衡量了所有真正的病变中,被模型正确检测出来的比例;F1值是精确率和召回率的调和平均数,它综合了两者的信息,F1值越高,说明模型在精确率和召回率之间取得了更好的平衡;使用不同置信度阈值下的精确率与召回率绘制出精确率−召回率曲线(Precision recall curve,PR curve),通过计算PR曲线下的面积即可得到不同的置信度阈值下每个类别的平均精度(Average precision,AP)。对于深度学习模型的整体性能,利用14种病变的mAP来评价,它考虑了所有类别的检测结果,是所有类别的AP取平均值得到,能够全面反映模型在不同类别和不同置信度下的检测能力。上述评价指标的计算公式如下:

$$\text{Precision} = \frac{TP}{TP + FP} \times 100\% \quad \text{公式(7)}$$

$$\text{Recall} = \frac{TP}{TP + FN} \times 100\% \quad \text{公式(8)}$$

$$F_{1-score} = \frac{2 \times \text{Precision} \times \text{Recall}}{\text{Precision} + \text{Recall}} \times 100\% \quad \text{公式(9)}$$

$$AP = \sum_{i=1}^{N} p(i)\Delta r(i) = \int_0^1 p(r)dr \quad \text{公式(10)}$$

$$mAP = \frac{1}{14}\sum_{i=1}^{14}(AP_i) \quad \text{公式(11)}$$

其中,TP代表真阳性(True positive),FP代表假阳性(False positive),FN代表假阴性(False negative),置信度阈值设置为0.5。

在评估模型性能时,本研究计算了每个类别上的精确率和召回率的95% Wilson置信区间。这一计算过程在Python 3.9.16上使用statsmodels(版本0.13.2)和scipy(版本1.5.4)软件包进行。为了评估模型的mAP以及每个类别上的AP,采用简单随机抽样的方法使用SPSS Statistics(版本号27.0.1,IBM)软件进行分析。在包含6000张CXR的测试集中,每次随机抽取5000张CXR,并重复这一过程100次。基于这些抽样结果,使用随机区组设计的方差分析(ANOVA)以及最小显著差异(Least significant difference,LSD)多重比较法来进行模型间mAP的对比。针对YOLOv8和YOLOv8-CBW在每个类别上的AP对比,采样配对t检验来评估两模型间的差异。所有统计分析,P值小于0.05被认为具有统计学意义,并采用双尾检验。

三、结果及分析

(一)模型的检测性能

1. 模型整体性能及对比

在IoU-T为0.5时,YOLOv8模型的mAP相较于YOLOX高出1.398%,如图7所示。这一结果表明,选择YOLOv8作为基线模型有助于提升检测结果的准确性。进一步地,YOLOv8改进后的YOLOv8-C、YOLOv8-CB、YOLOv8-CBW的mAP依次提升,最终模型YOLOv8-CBW相较于YOLOX的mAP提升了3.96%，达到66.860%(95%CI:66.787%—66.934%)，这是一个较为可观的结果。

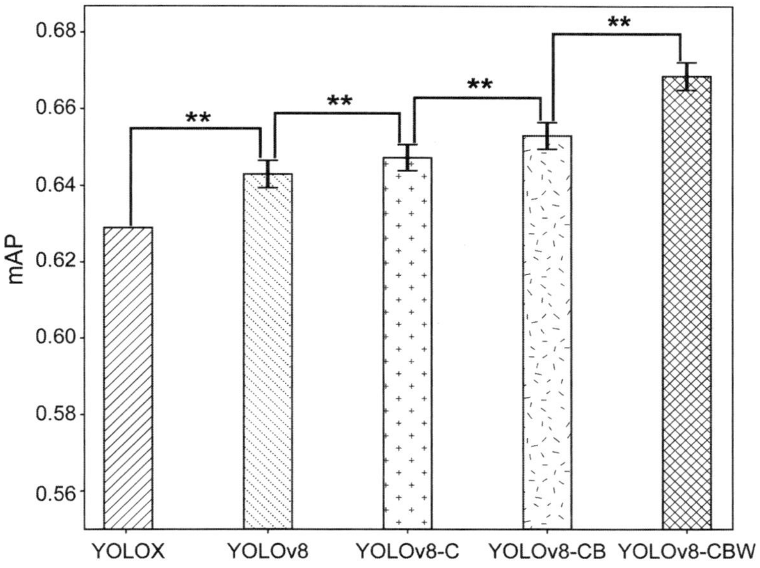

图7 不同模型的mAP比较

图8展示了YOLOv8和YOLOv8-CBW在不同IoU-T下的mAP结果。在IoU-T变化时，YOLOv8-CBW的mAP始终高于YOLOv8，反映出本研究的改进策略是成功的。当IoU-T逐渐提高时，两个模型的mAP均呈现下降趋势。这是由于随着IoU-T的增加，模型对预测结果的判断标准变得更为严格，导致真阳性(TP)的数量减少。

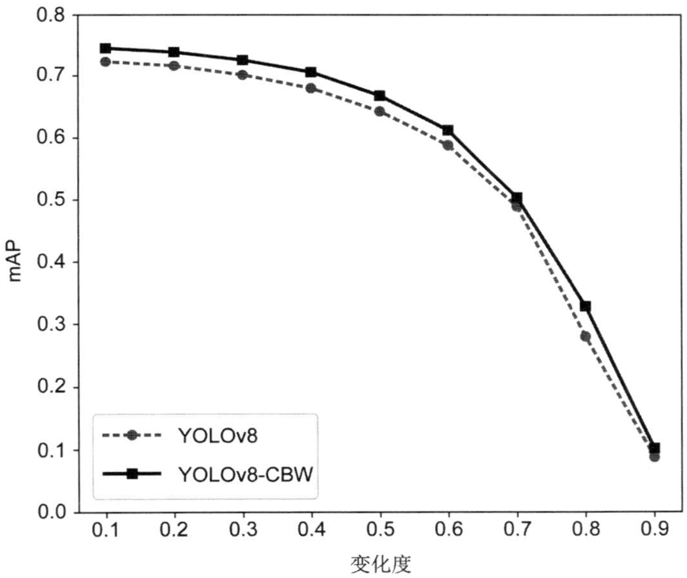

图8 不同IoU-T下mAP变化

2. 模型在各个类别上性能及对比

本研究对YOLOv8和YOLOv8-CBW在各个病变类别上的AP进行了对比，如图9所示。通过配对t检验，两个模型在各类别的AP值之间均存在显著的统计学差异($P<0.01$)。特别地，尽管YOLOv8-CBW在肺气肿和结节的检测上AP略低于基线模型，分别低1.028%和1.024%，但在其余12个类别上，YOLOv8-CBW均表现更佳。其中肺不张和肿块检测的AP提升最为显著，分别高达7.299%和7.075%；气胸和纤维灶的AP也有明显提升，分别为4.858%和3.566%；积气的提升则相对较小，为0.367%。除了肺不张、结节和胸膜增厚3个类别以外，两者在其余的11种病变的AP均超过了0.5，尤其是术后金属和静脉置管这2类的AP值均超过了0.9，展现出了非常好的定位性能。

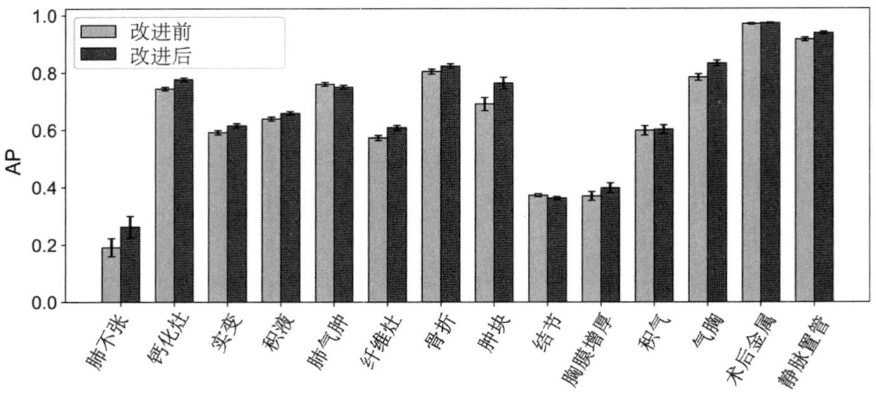

图 9　YOLOv8 和 YOLOv8-CBW 在不同病变类别上的平均精确率比较

此外,本文对比了 YOLOv8 与 YOLOv8-CBW 在精确率、召回率和 F1 值上的表现。从综合了精确率和召回率的 F1 值来看,其结果与 AP 的对比趋势一致。具体而言,基线模型在肺气肿和结节检测的 F1 值上略胜一筹,而 YOLOv8-CBW 在其他 12 个类别的检测上均展现出更高的 F1 值,特别是在肺不张和肿块检测上的优势最为明显。

综上所述,YOLOv8-CBW 在 CXR-AL14 数据集上表现出色,特别是在训练数据量最少的肺不张类别上取得了显著的改进,这在一定程度上克服了数据集长尾分布对模型性能可能产生的负面影响。

然而,YOLOv8-CBW 对肺不张、结节和胸膜增厚 3 个类别的检测效果仍然不够理想。其中肺不张检测效果差的主要原因还是训练数据量过少,虽然通过模型改进后对其的检测性能得到了显著提升,但仍处于较低水平;对于结节的检测,则面临了多重挑战。首先,由于 X 线成像技术的局限性以及血管充盈状态的差异,垂直于 X 线束的肺部小血管在影像上呈现出与肺结节相似的圆形或椭圆形高密度影,这极大地增加了结节的误诊风险。此外,肺部炎症、纤维化等病理状态也可能改变肺部组织的密度和纹理,使得其他病灶与肺结节在 X 线图像上难以区分,进一步加剧了误诊的可能性。这一点在混淆矩阵(图 10)中得到了验证,其中结节的假阳性数量显著多于假阴性,即误诊是导致结节检测结果差的主要原因;对于胸膜增厚,胸膜是紧贴于胸壁和肺表面的一层薄膜,其厚度较薄,正常情况下在 CXR 上几乎不可见。因此,当胸膜发生增厚时,

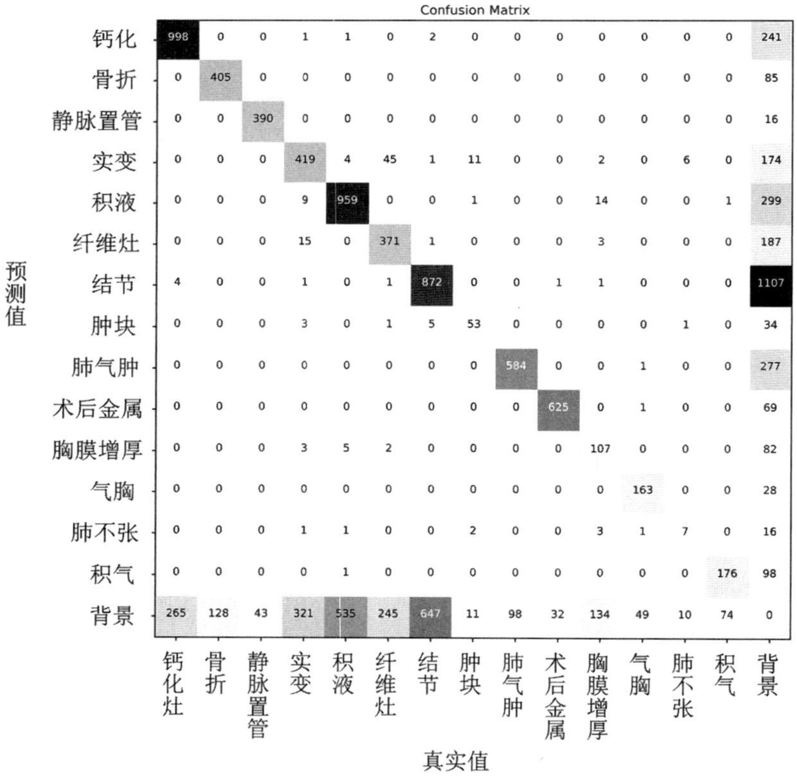

图 10　YOLOv8-CBW 预测不同胸部病变的混淆矩阵

由于增厚程度可能相对较小，且与其他胸部结构重叠，使得在CXR上难以直接观察到。在混淆矩阵中也可以看出胸膜增厚检测性能差的主要原因是假阴性，即未被检测出来，漏诊是导致胸膜增厚检测结果差的主要原因。

3. 模型的检测效果

为验证YOLOv8-CBW模型检测效果的提升，本文分别使用YOLOv8、YOLOv8-CBW模型对CXR中的14种胸部病变进行检测，部分检测结果对比如图11所示。通过比较图11(a)、(b)、(c)可见，YOLOv8未检测到左胸的胸腔积液，而YOLOv8-CBW则没有漏诊。通过比较图11(d)、(e)、(f)可知，YOLOv8模型将正常的主动脉弓识别为钙化灶，而YOLOv8-CBW则做到了正确识别，同时骨折的识别置信度提高了。比较图11(g)、(h)、(i)，YOLOv8-CBW模型在检测两个肺实变病灶时，相比YOLOv8模型展现出了更高的检测置信度。对图11(j)、(k)、(l)进行对比，在钙化灶的定位上，YOLOv8-CBW优于YOLOv8。

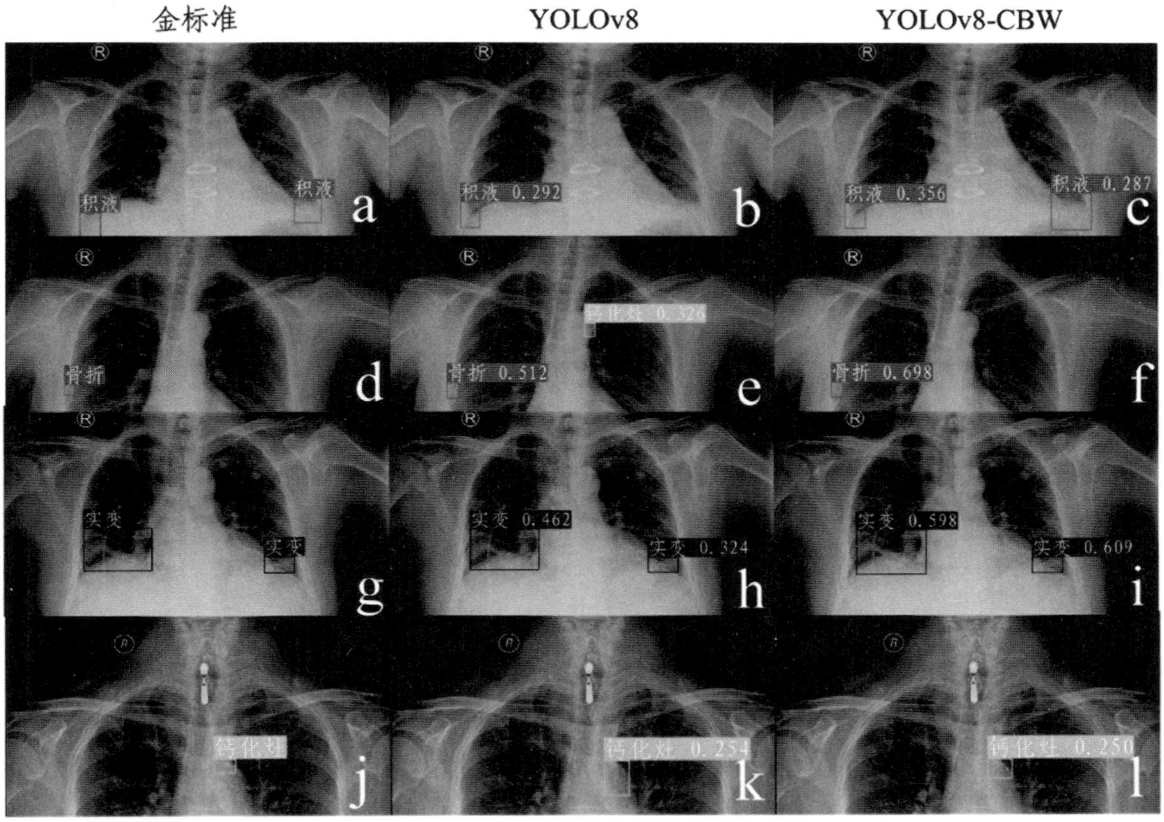

图11 YOLOv8与YOLOv8-CBW检测结果比较

(二)模型分类性能

最后，同样在6000张CXR的测试集中，以患者单张CXR为单位，本研究测试了YOLOv8-CBW模型在病例级别上对于不同类别病变的分类能力。结果如图12所示，其中包含了14种病变的ROC曲线和AUC值，每条ROC曲线代表了YOLOv8-CBW识别CXR上相应类别病变的能力。从中可以看出，YOLOv8-CBW对绝大多数病变均具有良好的识别效果，其AUC值均在0.9以上，仅对肺不张的识别性能略低，其AUC为0.786。上述结果表明，针对病变识别与定位的难度要远远高于单纯的分类任务。

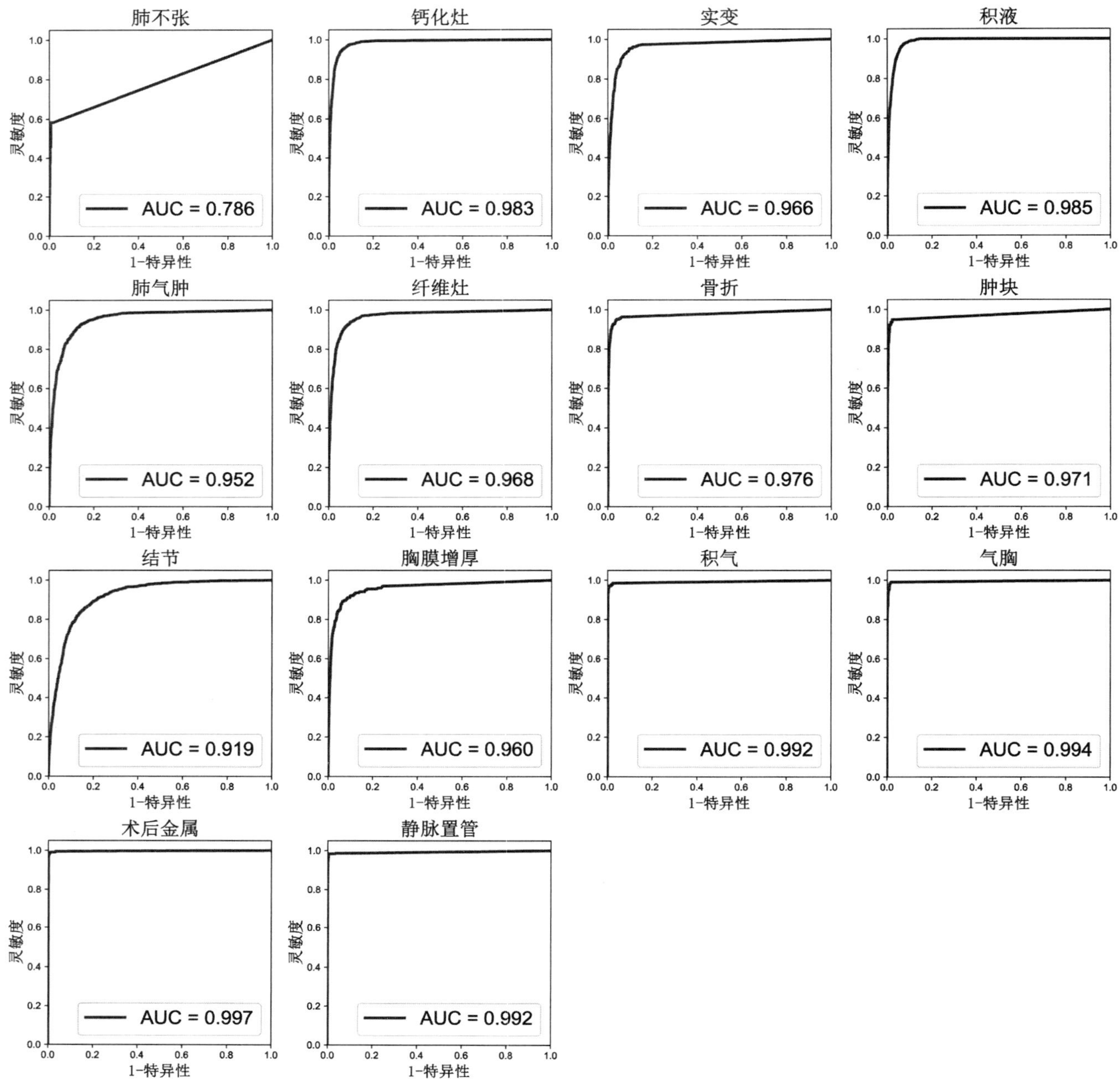

图 12　YOLOv8-CBW 对不同类别胸部病变的 ROC 曲线

(三)消融实验

消融实验为验证本研究中改进策略的有效性而设计,通过对比 YOLOv8、YOLOv8-C、YOLOv8-CB、YOLOv8-CBW 等模型的性能,本研究展示了这些变体在目标检测任务上的表现。如表 3 所示,实验结果表明,与 YOLOv8 基线模型相比,YOLOv8-C 在 mAP 上平均提升了 0.432%,YOLOv8-CB 提升了 1.002%,而 YOLOv8-CBW 则显著提升了 2.562%。

在模型复杂度的考量上,尽管 YOLOv8-C、YOLOv8-CB 以及 YOLOv8-CBW 的参数量相较于基线模型有所增加,但这种增长相对有限。更为重要的是,即便是在模型参数量有所增加的情况下,YOLOv8-CBW 仍然能够达到平均 10.739 张/秒的推理速度,这一性能指标显示了其在推理速度上的优异表现,成功维持了 YOLOv8 系列的实时性要求。

通过消融实验的结果分析,本研究中提出的三个改进策略在该数据集上的目标检测任务中均展现出了显著的有效性。这些策略不仅提升了模型的检测精度,而且在保持实时性的同时,对模型复杂度的增加控制在了合理范围内。

表3 消融实验结果

模型名称	Yolov8-l	Conv3	BiFPN	Wise-IoU	mAP@IoU-T=0.5 (95% CI)	参数量	毫秒/张
YOLOv8	√	×	×	×	64.298% (64.228%,64.369%)	43.617M	11.559
YOLOv8-C	√	√	×	×	64.730% (64.662%,64.797%)	43.620M	10.929
YOLOv8-CB	√	√	√	×	65.300% (65.231%,65.369%)	45.555M	10.800
YOLOv8-CBW	√	√	√	√	66.860% (66.787%,66.934%)	45.555M	10.739

(四)人机对比

本研究引用Fan等人[21]的人机对比结果,绘制了IoU-T为0.5的情况下,YOLOv8-CBW模型对14种病变的PR曲线,以及六名放射科医生标注的性能点如图13所示。不难发现,YOLOv8-CBW模型在选取最优操作点后,除了在肺不张和肺气肿这两种病变的检测上略低于放射科医生外,其余12种病变的识别能力均达到了或超越了高年资放射科医生的水平。这一结果充分表明,YOLOv8-CBW模型的性能,能够达到高年资放射科医生诊断水平,在实际临床应用中具有极高的潜力和价值。

值得关注的是,六名放射科医生在结节和胸膜增厚的识别上表现欠佳。虽然上文提到YOLOv8-CBW模型对这两种病变的检测结果也较差,但根据人机对比结果,YOLOv8-CBW模型对这两种病变的检测能力仍然与放射科医生相当。此外,这一现象也间接反映出在数据标注过程中,由于结节和胸膜增厚病变的复杂性,标注者可能难以准确识别,从而导致标注数据中存在一定数量的错误标注,这进一步影响了模型在这两个类别上的性能表现。

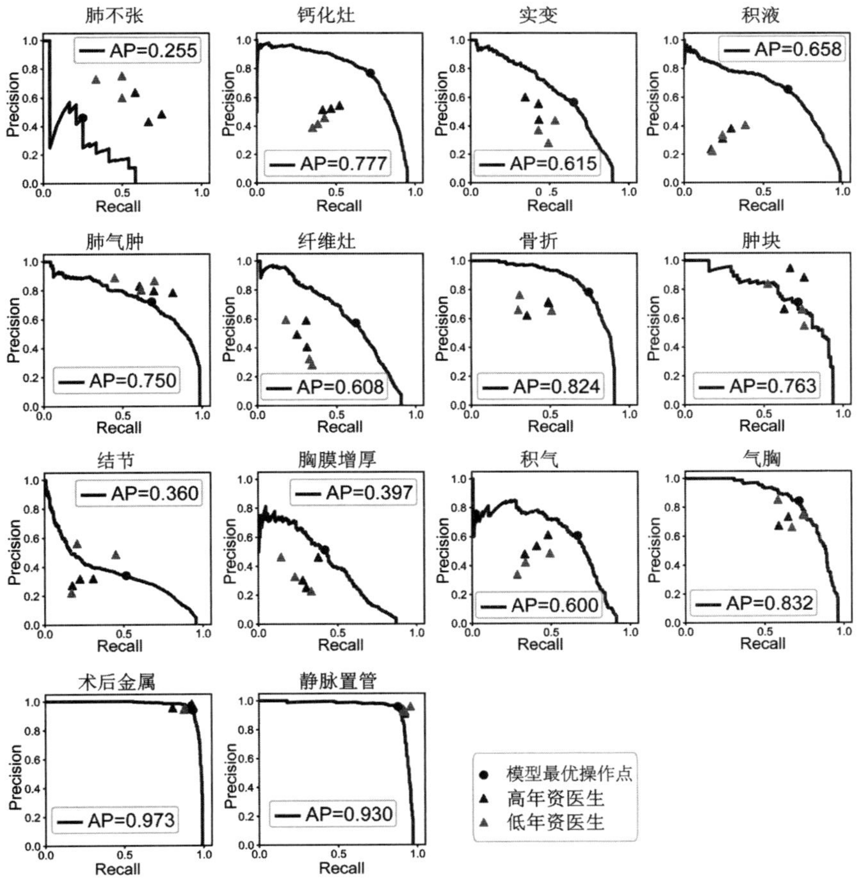

图13 YOLOv8-CBW人机对比结果

(五)压力测试

在CXR的临床诊断中,图像的亮度和对比度是影响图像质量的重要参数。图14展示了YOLOv8-CBW在不同亮度或对比度条件下的mAP变化趋势。两条曲线呈现出一种中间高两头低的趋势,表明轻微的亮度或对比度变化对YOLOv8-CBW模型的性能影响较小,而显著的变化则会导致模型性能明显下降。

图14给出的结果表明,模型具有良好的抗压能力,在亮度和对比度较大的变化度范围内(对比度变化度在0.5—1.5或亮度变化度在0.4—1.3间)模型的性能都能稳定在较高的水平上。在常规的临床实践中,CXR的亮度和对比度通常保持在相对稳定的范围内,极少出现亮度和对比度极端低或高的情况。此外,不同测试数据集中的CXR在亮度和对比度上可能存在差异,特别是在多中心测试集中,由于设备制造商的不同,采集到的CXR在默认窗宽和窗位设置上也会有所变化,但通常都在人眼可接受范围内,故该模型具有较强的适应性和临床适用性。

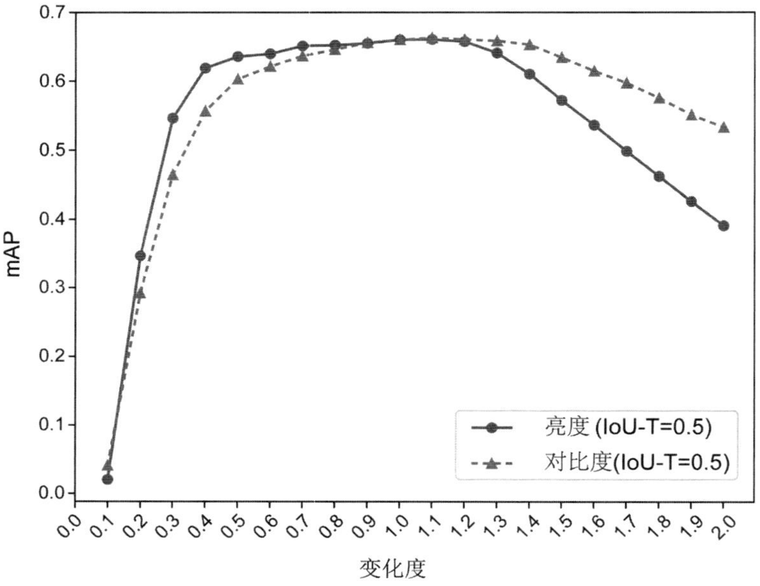

图14 YOLOv8-CBW在不同亮度或对比度条件下的性能变化

四、局限性

本项研究仍有一些不足之处。首先,CXR-AL14公开数据集中的CXR仅源自单一中心,若后续能纳入来自多个中心的数据,无疑将极大地增强该模型的鲁棒性。其次,数据中的长尾分布问题对模型带来的负面影响并没有完全消除,特别是肺不张类别的标注框稀缺,这在一定程度上制约了YOLOv8-CBW模型在特定病变识别和定位上的精准度。为了改善这一点,未来的研究应着重增加少见病变的样本量。最后,侧位CXR未能纳入本研究,而侧位CXR也能提供临床影像诊断信息,可以对病变的精准定位发挥一定作用。

五、结论

本研究在大型CXR数据集CXR-AL14的基础上,构建了一个能够同时识别和定位14种常见胸部病变的深度定位网络YOLOv8-CBW。该模型在测试集中表现出良好而稳定的诊断性能,部分病变的诊断效能达到甚至超过高年资放射科医生水平,具有良好的临床适用潜力。研究成果符合临床诊断实际,有望减轻放射科医生的日常工作压力并提高诊断效率,同时有助于解决基层医院或偏远地区医疗资源匮乏的问题。

【参考文献】

[1] 潘晓英,贾凝心,穆元震,等.小目标检测研究综述[J].中国图象图形学报,2023,28(09):2587—2615.

[2] WANG H,et al. Triple attention learning for classification of 14 thoracic diseases using chest radiography[J]. Med Image Anal,2021,67:101846.

[3] NAM JG, et al. Development and validation of a deep learning algorithm detecting 10 common abnormalities on chest radiographs[J]. Eur Respir, 2021, 57: 2003016

[4] BENGIO Y. Learning deep architectures for Al[J]. Foundations and Trends in Machine Learning, 2009, 2(1): 1—127.

[5] ANIS S, LAI K W, CHUAH J H, et al. An overview of deep learning approaches in chest radiograph [J]. IEEE Access, 2020, 8: 182347—182354.

[6] DUNNMON J A, YI D, LANGLOTZ C P, et al. Assessment of convolutional neural networks for automated classification of chest radiographs[J]. Radiology, 2019, 290(2): 537—544.

[7] KIM Y G, LEE S M, LEE K H, et al. Optimal matrix size of chest radiographs for computer-aided detection on lung nodule or mass with deep learning[J]. European Radiology, 2020, 30(9): 4943—4951.

[8] SIM Y, CHUNG M J, KOTTER E, et al. Deep convolutional neural network-based software improves radiologist detection of malignant lung nodules on Chest Radiographs[J]. Radiology, 2020, 294(1): 199—209.

[9] HWANG E J, PARK S, JIN K N, et al. Development and validation of a deep learning-based automatic detection algorithm for active pulmonary tuberculosis on chest radiographs[J]. Clinical Infectious Diseases: An Official Publication of the Infectious Diseases Society of America, 2019, 69(5): 739—747.

[10] TAYLOR A G, MIELKE C, MONGAN J. Automated detection of moderate and large pneumothorax on frontal chest X-rays using deep convolutional neural networks: A retrospective study[J]. PLoS Medicine, 2018, 15(11): e1002697.

[11] ZHOU L, YIN X, ZHANG T, et al. Detection and semiquantitative analysis of cardiomegaly, pneumothorax, and pleural effusion on chest radiographs [J]. Radiology Artificial Intelligence, 2021, 3 (4): e200172.

[12] ZECH J R, BADGELEY M A, LIU M, et al. Variable generalization performance of a deep learning model to detect pneumonia in chest radiographs: a cross-sectional study[J]. PLoS Medicine, 2018, 15 (11): e1002683

[13] WANG H, JIA H, LU L, et al. Thorax-Net: an attention regularized deep neural network for classification of thoracic diseases on chest radiography[J]. IEEE journal of biomedical and health informatics, 2020, 24(2): 475—485.

[14] RAJPURKAR P, IRVIN J, BALL R L, et al. Deep learning for chest radiograph diagnosis: A retrospective comparison of the CheXNeXt algorithm to practicing radiologists[J]. PLoS Medicine, 2018, 15(11): e1002686.

[15] HWANG E J, NAM J G, LIM W H, et al. Deep learning for chest radiograph diagnosis in the emergency department[J]. Radiology, 2019, 293(3): 573—580.

[16] WANG G, LIU X, SHEN J, et al. A deep-learning pipeline for the diagnosis and discrimination of viral, non-viral and COVID-19 pneumonia from chest X-ray images[J]. Nature Biomedical Engineering, 2021, 5(6): 509—521.

[17] CHO Y, KIM Y G, LEE S M, et al. Reproducibility of abnormality detection on chest radiographs using convolutional neural network in paired radiographs obtained within a short-term interval[J]. Scientific Reports, 2020, 10(1): 17417.

[18] NGUYEN H Q, LAM K, LE L T, et al. VinDr-CXR: An open dataset of chest x-rays with radiologist's annotations[J]. Scientific Data, 2022, 9(1): 429.

[19] LIN C, ZHENG Y, XIAO X, et al. CXR-RefineDet: single-shot refinement neural network for chest x-ray radiograph based on multiple lesions detection[J]. Journal of Healthcare Engineering, 2022, 2022: 4182191.

[20] NGUYEN N H, NGUYEN H Q, NGUYEN N T, et al. Deployment and validation of an AI system for

detecting abnormal chest radiographs in clinical settings[J]. Frontiers in Digital Health, 2022, 4:890759.

[21] FAN W, YANG Y, QI J, et al. A deep-learning-based framework for identifying and localizing multiple abnormalities and assessing cardiomegaly in chest x-ray[J]. Nature Communications, 2024, 15:1347.

[22] GORBAN A N, MAKAROV V A, TYUKIN, et al. The unreasonable effectiveness of small neural ensembles in high-dimensional brain[J]. Physics of Life Reviews, 2019, 29, 55—88.

[23] JOCHER, G, CHAURASIA, et al. Ultralytics YOLO (Version 8.1.0)[Computer software]. 2023, https://github.com/ultralytics/ultralytics.

[24] ZOPH B, GHIASI G, Lin T Y, et al. Rethinking pre-training and self-training. 2020, ArXiv. 2006.06882.

[25] PADMAPRIYA T, KALAISELVI T, PRIYADHARSHINI V. Multimodal covid network: multimodal bespoke convolutional neural network architectures for COVID-19 detection from chest x-ray's and computerized tomography scans[J]. International Journal of Imaging Systems and Technology, 2022, 32(3):704—716.

[26] LV, W, XU, et al. DETRs Beat YOLOs on real-time object detection. 2023, ArXiv, abs/2304.08069.

[27] T Y LIN, P DOLLAR, R GIRSHICK, et al. Feature pyramid networks for object detection[C]. IEEE Conference on Computer Vision and Pattern Recognition (CVPR), Honolulu, HI, USA, 2017, pp. 936—944.

[28] Y WU, Q YAO, X FAN, et al. PANet: A point-attention based multi-scale feature fusion network for point cloud registration[J]. IEEE Transactions on Instrumentation and Measurement, 2023, vol. 72, pp. 1—13.

[29] M TAN, R PANG, Q V LE. EfficientDet: scalable and efficient object detection[C]. IEEE/CVF Conference on Computer Vision and Pattern Recognitio (CVPR), Seattle, WA, USA, 2020, pp. 10778—10787.

[30] ZANJIA T, YUHANG CHEN, ZEWEI XU, et al. Wise-IoU: bounding box regression loss with dynamic focusing mechanism. 2023, ArXiv, abs/2301.10051.